Carola Meier-Seethaler

Ursprünge und Befreiungen

Die sexistischen Wurzeln
der Kultur

Fischer Taschenbuch Verlag

Die Frau in der Gesellschaft
Herausgegeben von Ingeborg Mues

Die Originalausgabe erschien 1988 unter dem Titel
›Ursprünge und Befreiungen. Eine dissidente Kulturtheorie‹
im Arche Verlag, Zürich

4. Auflage: Oktober 1998

Veröffentlicht im Fischer Taschenbuch Verlag GmbH,
Frankfurt am Main, Oktober 1992

Lizenzausgabe mit freundlicher Genehmigung
des Arche Verlags, Zürich
© Arche Verlag AG, Raabe + Vitali, Zürich 1988
Umschlaggestaltung: Ingrid Hensinger, Hamburg
Umschlagabbildung: Niki de Saint Phalle, ›Tanzende Negermama‹
© VG Bild-Kunst, Bonn, 1992
Druck und Bindung: Clausen & Bosse, Leck
Printed in Germany
ISBN 3-596-11038-6

Meinen beiden Töchtern Andrea und Martina
und allen Töchtern und Söhnen.

Inhalt

Vorwort 11
Einleitung 15

Kapitel I
Die matrizentrische Frühzeit 33
Vorbemerkungen zur Datierung und zu den Quellen der Vorgeschichte 35
1. Die Große Göttin 44
2. Das männliche Prinzip und die kosmischen Ursymbole 55
3. Die Priesterin 70
4. Das Opfer 81
5. Der Primat weiblicher Gottheiten: ein Korrelat zur Ackerbaukultur? 91
6. Das System des Totemismus aus matrizentrischer Sicht 94
7. Die matrizentrische Gesellschaftsstruktur 100
  1. Die Familienstruktur 100
  2. Die Arbeits- und Rollenteilung zwischen den Geschlechtern 114
  3. Rechtsordnung und soziale Schichtung in matrilinealen Gesellschaften 125
  4. Zur Rolle der Sexualität in der Frühgesellschaft 140

Kapitel II
Die matrizentrischen Hochkulturen 145
1. Das Kulturdreieck Mesopotamien–Ägypten–Kreta 150
  1. Das sakrale König- und Königinnentum und die Große Göttin als deren Bezugspunkt 154
  2. Die Stellung der Frau im Kult, im öffentlichen Leben und in der Familie 179
2. Das vormosaische Palästina und das vorislamische Arabien 188
3. Das vorbrahmanische Indien und der vorkonfuzianische, vorbuddhistische Ferne Osten 196
4. Das vorklassische Griechenland 206
5. Das etruskische Italien 221
6. Die Kelten vor ihrer Romanisierung 228

Erste Zwischenbilanz 233

Kapitel III
Die Konstituierung des Patriarchats 251
1. Mord, Raub und Vergewaltigung als Basismotive der patriarchalen Mythologie und ihre Parallele zur Praxis 260
2. Die Lüge als Zwillingsbruder der Herrschaft 270
3. Die Diskriminierung der Arbeit 277
4. Die Geburt des Krieges 288
5. Der tödliche Wettbewerb 306
6. Die patriarchale Familienstruktur als Grundmuster der patriarchalen Gesellschaftsstruktur 309
7. Männerhaus und Geistgeburt 337
8. Die Konstruktion der Geschlechter-»Mythen« 361
9. Das Dilemma der Sexualität unter patriarchalen Vorzeichen 376

Zweite Zwischenbilanz 399

Kapitel IV
Befreiung zur Partnerschaft 409
1. Die individuelle Ebene 416
2. Die familiäre Ebene 440
3. Die politische Ebene 465
4. Die kulturelle Ebene 494

Statt eines Nachworts: Meine persönliche Gleichung 523

Anmerkungen 527
Register 563
Bilddokumentation 581
Abbildungsnachweis 592

Yin-Yang Symbol, umrahmt von den acht Trigrammen der Wandlung.
Alte chinesische Lackarbeit auf Holz.

Vorwort

Die kulturkritischen Werke des letzten Jahrzehnts sind voller berechtigter Anklagen gegen unsere gewalttätige und naturentfremdete Welt, in welcher der Mensch zunehmend »antiquiert« (Günther Anders) ist und zwischen den Produkten seiner instrumentellen Vernunft nur noch einen funktionellen Platz einnimmt. Bei der Rede von der Selbstentfremdung des Menschen rückt das Schlüsselwort »Patriarchat« immer mehr ins Zentrum, und zwar am klarsten in der feministischen Kultur- und Gesellschaftskritik, die diesen Begriff nicht nur soziologisch faßt als sexistische Vorherrschaft der Männer über die Frauen, sondern darüber hinaus als ein Herrschaftssystem, das mit seinem Denken in den Kategorien der Macht dem gesamten kulturellen Leben von der Theologie und Philosophie bis zur Wissenschaft, Technik und Kunst seinen Stempel aufdrückt.

Nun bleibt aber trotz aller scharfsinnigen Analysen ein Problem als ungelöstes Rätsel zurück: Wie und aus welchen Gründen hat sich die Gewaltherrschaft des Patriarchats in der Geschichte der Menschheit etabliert? Waren es wirtschaftliche oder organisatorische Zwänge, war es eine den Menschen eingeborene Gier nach Reichtum und Überlegenheit?

Seit Bachofen die gottgegebene oder naturgegebene Priorität des männlichen Geschlechts für die Kulturentwicklung in Frage gestellt hatte, rückten zum erstenmal die vorpatriarchalen, matrizentrischen Kulturen ins Blickfeld der Historiker. Diejenigen, die eine solche Form des nichtherrschaftlichen Zusammenlebens und die ursprünglich starke gesellschaftliche Stellung der Frau überhaupt für möglich hielten, kannten für den kulturellen Umbruch im Grunde nur zwei Erklärungsmodelle. Dasjenige Bachofens selbst, der die matriarchale Frühstufe der Menschheit als notwendiges Durchgangsstadium für die Entstehung des menschlich-männlichen Geistes sah, eine Interpretation, der Erich Neumann im wesentlichen folgte, und das marxistische Modell von Friedrich Engels, das die ökonomischen Bedingungen der Produktionsweise zum Angelpunkt der menschlich-männlichen Herrschaft über die Natur und über die Frauen machte. So unvergleichbar die romantisch-evolutionäre und die marxistisch-sozialrevolutionäre Weltsicht auch sind, so ist doch beiden gemeinsam, daß jede auf ihre Weise den Herrschaftsanspruch der Ratio als eine Höherentwicklung der Menschheit bewertet. Erst durch die feministische Patriarchatskritik und die feministische Wiederentdeckung der matriarchalen Kulturen kommt es zur Umkehr dieser Wertung. Nun werden dem Patriarchat die heute sichtbaren verhängnisvollen Kulturentwicklungen angelastet, und der patriarchale Mann wird als Übeltäter der Weltgeschichte dingfest gemacht, allerdings ohne daß dafür ein plausibles Tatmotiv angegeben würde. Ohne ein solches Motiv aber könnte nur ein biologisch verankertes Aggressionspotential der Männer als Ursache aller Übel gelten, eine wenig hoffnungsvolle Perspektive, welche die Frauen erneut zum schwachen Geschlecht deklariert und sie in die zwiespältige Opferrolle der unfreiwillig Duldenden oder der tugendhaften Märtyrerinnen drängt.

Mein eigener Erklärungsversuch zur Ursprungsgeschichte des Patriarchats ist ohne die Psychoanalyse als Schlüssel zur Aufklärung menschlicher Motivationszusammenhänge – individueller und kollektiver Art – nicht denkbar. Allerdings erweist sich dieser Schlüssel erst dann als wirklich brauchbar, nachdem seine androzentrischen Prägungen wie auch seine ethnozentrischen Prägungen abgeschliffen sind, d. h., wenn die einseitig männliche und einseitig europäische Kultursicht, von der die Psychoanalyse ausging, um die feministische und die ethno-psychoanalytische Perspektive erweitert wird.

Ist damit der theoretische Ansatz meines Buches punktuell bezeichnet, so schildere ich in der Einleitung den empirischen Zugang zu meinem Thema.

Hier schulde ich zunächst denjenigen ein persönliches Wort des Dankes, von denen ich geistige Anregung und menschliche Unterstützung empfing. Dabei müßte ich als erstes eine ganze Reihe großer Namen nennen, denen ich meine geistigen Grundlagen verdanke. Neben den Psychoanalytikern Freud, Adler, Jung und Erich Neumann die Philosophen und Philosophinnen Max Scheler, Karl Jaspers, Hannah Arendt, Susanne Langer, Max Horkheimer und, als eine Verbindung zwischen psychoanalytischer, soziologischer und philosophischer Weltsicht, das Werk Erich Fromms.

Dazu kam relativ spät meine Entdeckung der feministischen Denkerinnen wie Betty Friedan, Kate Millet, Marielouise Janssen-Jurreit, Heide Göttner-Abendroth, der Bielefelder Kreis und andere Autorinnen der »beiträge zur feministischen theorie und praxis«.

Nach jahrelangen einsamen Studien traf ich Anfang 1986 auf eine Gruppe junger Philosophinnen an der Universität Bern, die sich systematisch mit der neueren feministischen Literatur auseinandersetzen. Ihnen verdanke ich eine Fülle von Denkanstößen, u. a. die Begegnung mit dem gegenwärtigen französischen Feminismus und seinen philosophischen Hintergründen, wobei ich Stefanie Brander, Angelika Baum, Heidi Lauper und Marianne Ulmi verpflichtet bin, und nicht zuletzt Prof. G. Jánoska, unter dessen Ägide das Colloquium stattfand, und der auch eines seiner Hauptseminare unserem Thema widmete. Für die Anteilnahme an meinem Buch danke ich auch Prof. Esther Fischer-Homberger und Marie-Louise Könneker, für wichtige Hinweise auf ethnologische Literatur Prof. W. Marschall, für die Einführung in die feministische Kunstkritik Ursula Eggenberger.

Hinzu kommt die wesentliche Horizonterweiterung, die ich durch das politische Engagement meiner Tochter Martina erfuhr, die mir den Einblick in die Umweltbewegung und die politische Alternativszene ebenso eröffnete wie den Zugang zu wichtigen politischen und feministischen Schriften.

Nicht zu vergessen sind die vielen Hinweise auf einschlägige Literatur und deren unermüdliche Beschaffung durch den Frauenbuchladen Bern (Irene Candinas und ihre Mitarbeiterinnen) und das Entgegenkommen der öffentlichen Bibliotheken (Stadtbibliothek Burgdorf und Stadt- und Universitätsbibliothek Bern, Landesbibliothek und Bibliothek des Historischen Museums Bern).

Menschliche Unterstützung fand ich in hohem Maße bei meiner inzwischen verstorbenen alten Freundin Liselotte Adam (München), bei meinen beiden Töchtern Andrea und Martina und Ruth Baumgartner, wie auch durch Stella Janko, ohne deren unbegrenztes Engagement für die Fertigstellung des Manuskripts dieses Buch nie zustande gekommen wäre.

Dank gebührt schließlich dem Arche Verlag und den beiden Verlegerinnen Elisabeth Raabe und Regina Vitali, die mit ihrem bewundernswerten Elan eine ungewöhnlich rasche Veröffentlichung ermöglichten und mit ihrem ganz persönlichen Stil meine Intentionen unterstützten.

Die unmittelbarsten Anstöße zum vorliegenden Buch erhielt ich freilich von meinen Patientinnen und Patienten, die mich an ihren persönlichen Problemen teilnehmen ließen und für die es immer um sehr reale Leidenserfahrungen ging. Deshalb ist Ausgang und Ziel meiner Überlegungen die konkrete Situation des weiblichen und männlichen Menschen und steht über allem theoretischen Interesse das Eintreten für konkrete Schritte in Richtung echter Partnerschaft und zur realen Veränderung der kulturellen und politischen Situation.

Bern, Mai 1988

Einleitung

Der Impuls zu diesem Buch entsprang meiner praktischen Arbeit als Psychotherapeutin. Durch sie wurde mir zunehmend bewußt, daß die psychischen Schwierigkeiten von Frauen und Männern nicht nur das Ergebnis einer gestörten Individualentwicklung sind, sondern ebenso stark von kollektiven Rahmenbedingungen abhängen, die zu überschreiten dem Einzelnen nur sehr bedingt möglich ist. Eine der offensichtlichen Rahmenbedingungen bildet die hergebrachte *Arbeitsteilung zwischen den Geschlechtern*, die mir im Laufe meiner Erfahrungen immer grotesker erscheinen mußte: Nicht selten wurden Ehepaare unabhängig voneinander und oft von den gleichen Ärzten an mich überwiesen, bei denen der Mann infolge von Überbeanspruchung im Berufsleben psychosomatische Störungen entwickelt hatte, während die Ehefrau – seit vielen Jahren zurückgeworfen auf das Ghetto des Haushalts – an ihren brachliegenden Potentialen schier erstickte, was ebenfalls nervöse Symptome hervorrief. In einigen Fällen gelang es, die Lebensumstände zu verändern, d. h. die Männer hinsichtlich beruflicher Verantwortung zu entlasten und den Frauen einen teilweisen Wiedereinstieg in ihren alten Beruf zu vermitteln – dies mit verblüffendem Erfolg und dem spontanen Verschwinden massiver psychischer und somatischer Symptome. Wo dies aus äußeren oder inneren Gründen nicht möglich war, mußte ich mich ernsthaft fragen, wie lange es sich eine Gesellschaft rein wirtschaftlich wird leisten können, ihre überbelasteten Männer je länger je früher zu Herzinfarkt-Kandidaten zu machen und die dazugehörigen Frauen wegen der Folgen ihres Begabungs- und Produktivitäts-Staus mit Psychopharmaka und stützender Gesprächstherapie über Wasser zu halten. Ganz abgesehen von den persönlichen Leiden solcher Paare und den Schäden, welche die Kinder davontragen.

Andere, weniger sichtbare kollektive Bedingungen bestehen in *psychischen Rollen-Stereotypien*, die zwangsläufig zu Paar- und Lebenskonflikten führen. So etwa die Zuweisung des gesamten Gefühls- und Beziehungsbereiches an die Frau: Sie hat das »Herz« der engeren und weiteren Familie zu sein und trägt damit die Gesamtlast der psychischen Probleme aus ihrer Umwelt, während der Mann ausschließlich um materielle Dinge kämpft. Unter anderem kann dies zur »Vererbung« chronischer seelischer Überforderung von den Müttern auf die Töchter führen; hier hilft dann auch die persönliche Abnabelung von der individuellen Mutter nicht weiter, solange die kollektive »Mutter-Imago« die überfordernde Erwartungshaltung der Umgebung nährt und die krankmachende Selbstüberforderung suggeriert.

Parallel dazu sind Väter und Söhne noch stärker in kollektiven Rollenmustern befangen, weil psychische Probleme ganz allgemein beim Mann tiefer verdrängt und daher völlig unbewußt sind; die Folge davon ist, daß Männer nur äußerst selten eine Psychotherapie direkt aufsuchen, und wenn überhaupt, erst über den Umweg somatischer Leiden.

Im besonderen ist das Ablösungsproblem des Sohnes von der Mutter ein die Generationen übergreifendes Problem, weil häufig die Mutter in der Beziehung zum Sohn die entbehrten emotionalen Anteile aus der ehelichen Partnerschaft nachzuholen versucht und gerade dadurch den Sohn in seiner Fähigkeit behindert, seinerseits eine reife Partnerschaft einzugehen. In seiner späteren Ehe muß dies wiederum zur Enttäuschung der Partnerin führen, worauf sich der Teufelskreis schließt und die Frau sich als Mutter möglicherweise wieder zu eng an den Sohn bindet.

Der komplementäre Mechanismus einer ungelösten Vater-Tochter-Beziehung ist dagegen deshalb seltener, weil im allgemeinen die Väter in der Familie viel weniger präsent sind und dadurch die Erziehung der Kinder einseitig den Müttern überlassen bleibt.

Je stärker also der gesellschaftliche Hintergrund in die psychologische Erhellung der persönlichen Situation einbezogen wird, desto deutlicher erkennt man auch die kollektiven Wurzeln der Partnerschaftskonflikte. Für die psychologische Betrachtung geht es dabei nicht in erster Linie um die Emanzipation der Frau in einem politisch-rechtlichen Sinn – so dringend nötig diese auch ist –, sondern um eine *psychische Emanzipation aus den Rollenverkrustungen*, bei der die Emanzipationsleistung des Mannes mindestens ebenso fundamental gefordert ist wie diejenige der Frau. Müssen die politischen Bestrebungen zunächst den »Geschlechterkampf« notgedrungen verschärfen, so besteht die psychisch-geistige Emanzipationsleistung für beide Geschlechter darin, die *unbekannten Wurzeln für das Zustandekommen der heutigen Geschlechterrollen und die unbewußten Motivationen für deren Aufrechterhaltung rückhaltlos aufzudecken.*

Wer sich auf diesen mühevollen Weg begibt, wird sich bald mit einer *Überfülle kulturhistorischer Fakten* konfrontiert sehen, die immer weiter in die Menschheitsgeschichte zurückführen, und mit *Kulturtheorien*, die einander aufs heftigste widersprechen. Freud war bei seinem Versuch, den individuellen Ödipuskomplex in urgeschichtlichen Konstellationen zu verankern, ganz von patriarchalen Vorstellungen ausgegangen. Anders C. G. Jung und, ihm folgend, E. Neumann: Sie griffen auf die Forschungen J. J. Bachofens (1815–1887) zurück, der mit seiner Behauptung einer frühgeschichtlichen matriarchalen Kulturphase der Menschheit ebenso viel Aufsehen wie Ablehnung bei seinen Zeitgenossen erregt hatte.

Die »Analytische Psychologie« trieb in ihrer Rezeption Bachofens vor allem die *Mythenforschung* voran und sah in der Mythengeschichte den Niederschlag der kollektiven Bewußtseinsentwicklung. Demgegenüber weigerten sich Historiker und Anthropologen größtenteils bis heute, der Frage nachzugehen, inwieweit den frühen Mutterreligionen auch eine gesellschaftliche Realität entsprochen hat, die vom patriarchalen Schema abweicht. Die Befangenheit fast aller männlichen Wissenschaftler im patriarchalen Denkschema war und ist so stark, daß sie allein die Vorstellung einer weiblich dominierten oder auch nur weiblich inspirierten Kultur in eine völlig unreflektierte Abwehrhaltung versetzt. So lehnte es etwa der Mythenforscher J. G. Frazer (1854–1941), dem wir profunde Erkenntnisse über das sakrale Königtum und seine Verbindung mit den großen Muttergöttinnen verdanken, a priori ab, die Mythengeschichte in irgendeinen soziologischen Kulturzusammenhang zu bringen und dies, obwohl er die »mutterrechtliche« Organisation der frühen Kulturen als Faktum anerkannte. Er erklärt vielmehr kategorisch, »daß die Menschheit in der Vergangenheit durch männliche Kraft und männliche Intelligenz regiert worden ist und daß dies, wenn die menschliche Natur dieselbe bleibt, auch in Zukunft so bleiben wird«. An gleicher Stelle nennt er die Idee »chimärisch«, d. h. ungeheuerlich oder absurd, »daß die Vorherrschaft von Göttinnen unter einem System der Mutterverwandtschaft eine Schöpfung des weiblichen Geistes ist ... Die Männer machen Götter, und die Frauen verehren sie«.[1]

Mehr als 40 Jahre später äußert sich der Vor- und Frühhistoriker G. Smolla zwar sehr viel positiver über den Beitrag der Frau zu den frühen Kulturleistungen, wenn er die Kultivierung der Pflanzen und eine Reihe früher Kulturtechniken zu den Schöpfungen der Frau rechnet. Dann aber spielt Smolla solche gewichtigen Aussagen fast ängstlich wieder herunter, um nicht in den Verdacht zu kommen, matriarchalen Kulturvorstellungen das Wort zu reden. Er warnt im Gegenteil vor Begriffen wie Mutterrecht oder Matriarchat mit der Begründung, daß »solche Stichwörter jedes Gespräch zur heftigen Diskussion werden lassen«. »Hier gibt es«, fährt er fort, »keine Neutralität im Sinne einer eigenständigen ›dritten Position‹, erst recht keinen Pluralismus«.[2] Der Artikel endet dann mit einem zynischen Heine-Zitat, wonach die Weiber heimlich die Männer regieren und damit indirekt auch die Geschichte.

Solche Auslassungen zeigen bereits genügend, daß es sich bei diesen profunden kulturhistorischen Fragen keineswegs nur um einen theoretischen Gelehrtenstreit handelt. Sie sind mit einem so hohen Maß an affektivem Potential aufgeladen, daß der Psychologe oder die Psychologin darunter einen Komplex unbewältigter Probleme vermuten muß, und zwar nicht bloß persönlich unbewußte, sondern kollektiv unbewußte Konflikte. Mit anderen Worten, es steht zu vermuten, daß die *Entstehungsbedingungen für den Geschlechterkampf mit schmerzhaften, aber verdrängten kollektiven Erinnerungen verknüpft* sind und daß die männliche oder weibliche »Natur«, auf die man sich so gerne beruft, ohne die Kenntnis dieser Bedingungen nicht zu analysieren ist. Simone de Beauvoir, die in ihrer großangelegten Untersuchung über »Das andere Geschlecht« (1949) eine solche Analyse unternahm, war noch zu sehr in den Konstruktionen und Projektionen des männlichen Denkens befangen, als daß sie dem patriarchalen Denkschema entkommen wäre. So hat sie zwar den Weg zur Befreiung der Frau sehr klar als Protest gegen die männlichen Zumutungen gesehen, nicht aber das grundsätzlich einseitige Kultur- und Menschenbild des patriarchalen Mannes durchschaut.

Aber gerade weil jede Kulturkritik, die erst beim etablierten Patriarchat ansetzt, soziologisch und psychologisch zu kurz greift, kann ich Marielouise Janssen-Jurreit und anderen Feministinnen nicht zustimmen, welche den Zankapfel der angeblich nicht belegbaren Frühgeschichte beiseitelassen wollen. Immerhin haben einige wenige Historiker aus ihrer detaillierten Kenntnis der Frühgeschichte heraus zum Problem Stellung genommen, u. a. E. Kornemann, der 1946 die von ihm so benannte »afrikanisch-eurasische Grundkultur« folgendermaßen umrissen hat: »Sie war familienrechtlich, gesellschaftlich und sozial jahrhunderte- vielleicht jahrtausendelang anders organisiert als die ausschließlich mit dem Manne, dem Mannesrecht, der Manneskraft und der Mannesdeszendenz aufgebaute spätere Welt, aus der unsere heutige europäische Kultur entstanden ist... In dieser mediterranen, mutterrechtlich aufgebauten alten Welt nahm die Frau eine ganz andere Stellung in Familie, Staat und Gemeinschaft ein als später. Sie war die Schwester und Gefährtin des Mannes, war nicht nur die Gebärerin, sondern auch die Erzieherin der Kinder, denen sie ihren Namen und ihren Erbteil gab. Sie war im Sport gleichberechtigt mit dem Manne, stand gesellschaftlich auf einer hohen Stufe und war stellenweise am Staat, ja sogar am Kriege aktiv beteiligt.«[3]

Auch gibt es unter den Publikationen einer jungen Generation von Historikern, Archäologen und Ethnologen wichtige Bestätigungen und

Ergänzungen dieser Sicht der Frühzeit. Gerade *die archäologische Forschung ist geeignet, einen einseitigen Geschichtsbegriff aufzubrechen*, der nur die schriftliche Überlieferung als historischen Quellenbeweis anerkennt und somit die Menschheitsgeschichte vor der Erfindung der Schrift in ein unbestimmtes Dunkel der sogenannten »vorhistorischen Zeit« verweist. Nach diesem Kriterium beginnt die menschliche Geschichte rund 3000 v. Chr. mit der sumerischen Schrift, bzw. mit der Aufzeichnung zusammenhängender Texte, während der homo sapiens mit seiner heutigen körperlichen und hirnanatomischen Ausstattung mindestens 35 000, wenn nicht 70 000 Jahre alt ist. Diesen ganzen Zeitraum als »terra incognita« zu betrachten, läßt sich nach den gewaltigen Fortschritten in der Archäologie der letzten Jahrzehnte nicht mehr rechtfertigen. Bis zurück zum Jungpaläolithikum, das in Europa mit der Eiszeitkultur zusammenfällt, also bis vor rund 30 000 Jahren, verfügen wir über eine solche Fülle von archäologischen Fakten, daß wir dadurch über Gräberkultur und kultische Kunst, Siedlungs- und Wirtschaftsformen, Werkzeuge, Kleidung und Lebensweise des frühen Menschen ein höchst anschauliches Bild erhalten. Besonders reich an archäologischen Zeugnissen ist das Neolithikum, also die Jungsteinzeit, die sich etwa vom 10. bis zum 4. bzw. 2. Jahrtausend v. Chr. erstreckt. Im Vorderen Orient sind bereits ab dem 8. Jahrtausend v. Chr. Städtegründungen bekannt, als erste Jericho, gefolgt von Çatal Hüyük und anderen Städten in Anatolien, woran sich dann die frühen Hochkulturen im 4. und 3. Jahrtausend v. Chr. in Mesopotamien anschließen.

Sobald aber die frühgeschichtlichen Zeiträume in die Betrachtung mit einbezogen werden, kann das Patriarchat nicht länger als die selbstverständliche Grundlage der menschlichen Gesellschaft gelten. Es mehren sich vielmehr ständig die Hinweise auf eine zusammenhängende *matrizentrische Kulturtradition* über viele Jahrtausende hinweg von der Eiszeitkultur bis in die Periode der frühen Hochkulturen, was nichts Geringeres heißt, als daß am *Beginn unserer heutigen Kulturbasis ein tiefgreifender gesellschaftlicher Wandel* gestanden hat. Eine solche Umwälzung muß aber von großen sozialen und psychischen Spannungen begleitet gewesen sein, deren Spuren nur deshalb so weitgehend verwischt werden konnten, weil sie *bewußt gelöscht oder unbewußt verdrängt* worden sind und man bis heute der Erinnerung an sie Widerstände entgegensetzt.

Im Zeichen solcher *Verdrängungen* stand bis vor kurzem auch die Ethnologie bzw. – im angelsächsischen Bereich – die »cultural anthropology«, die sich vor allem mit der Beschreibung der sogenannten »Naturvölker« befaßt. Dabei war L. H. Morgan als einer der ersten großen Vertreter dieser relativ jungen Wissenschaft ein ausgesprochener Pionier, dessen Werk »Ancient Society« (1877) allerdings ein ähnliches Schicksal beschieden war wie dem Werke Bachofens. Seine Entdeckung der matrilinealen Gesellschaftsordnung bei den nordamerikanischen Indianern, die sich in bezug auf die Stellung der Frau so grundlegend von der europäischen unterschied, wurde – jedenfalls in der westlichen Welt – nur als Kuriosum zur Kenntnis genommen und in ihrer großen Tragweite nicht erfaßt.

Während rund 100 Jahren gingen die soziologischen Analysen ganz vom Mann aus, und wo man interessante Einzelheiten über das weibliche Leben schilderte, wurde sorgfältig vermieden, daraus irgendwelche prinzipiellen Schlüsse zu ziehen. Erst die jüngsten Veröffentlichungen, zu denen Frauen einen nicht unerheblichen Beitrag leisten, sprengen diesen von sexistischen Vorurteilen beengten Rahmen. Dennoch wird die ethnologische Forschung – jedenfalls innerhalb der Hauptströmungen der westlichen Schulen – durch eine methodische Selbstbeschränkung eingeengt, die prinzipiell jeden evolutionistischen Ansatz ablehnt, wie ihn Morgan angeregt und R. Briffault fortgeführt hat. Dies bedeutet bewußte Beschränkung auf reine Feldforschung, die den gegenwärtigen Zustand einer Ethnie möglichst exakt zu erfassen versucht, hingegen historische und damit langzeitliche Entwicklungen weitgehend außer acht läßt.

Immerhin sind auch die klassischen amerikanischen Untersuchungen über matrilineal lebende Völker der Gegenwart (1974) aufschlußreich, obwohl sie evolutionistische Gesichtspunkte nur sehr am Rande berücksichtigen. Zunächst zeigt allerdings das dogmatisch-patriarchale Vorwort des männlichen Herausgebers, daß der Vorsatz streng empirischer Wissenschaftlichkeit mit unbewußten ideologischen Voraussetzungen durchaus Hand in Hand gehen kann. Wenn ich einen Teil dieses Vorworts hier zitiere, so deshalb, weil an ihm deutlich wird, wie stark die richtige Einschätzung der Geschlechterrollen und ihre tatsächliche Gewichtung von der Definition des Autoritätsbegriffes abhängt. D. M. Schneider scheint Autorität ganz selbstverständlich mit physischer Überlegenheit und äußerer Machtausübung gleichzusetzen, wenn er schreibt: »Ein zweiter Gesichtspunkt zur Unterscheidung der Geschlechter hat mit Autorität zu tun. Die Rolle der Frauen als Frauen wurde als die der Verantwortlichkeit für die Kinderpflege definiert. Ich füge nun hinzu, daß die Rolle der Männer als Männer dadurch definiert ist, daß sie Autorität über Frauen und Kinder haben. (Ausgenommen vielleicht bei ganz speziellen Bedingungen, unter denen sie auf ganz wenige Frauen übertragen werden kann.) Die Ränge der höchsten Autorität innerhalb der matrilinealen Verwandtschaftsgruppe werden deshalb normalerweise von Männern besetzt sein.«[4]

Ganz abgesehen davon, daß Schneiders Prognose durch die Einzeluntersuchungen der mit diesen Worten eingeleiteten Studie nicht bestätigt wird, handelt es sich hier um einen höchst einseitigen Autoritätsbegriff, der hierarchisch gedacht ist im Sinne von Vorherrschaft über eine untergeordnete Gruppe. Wir können aber die *Eigenart nicht-patriarchaler Kulturen* nur dann erfassen, wenn wir berücksichtigen, daß zu anderen Zeiten und in anderen Gesellschaften ganz *andere Autoritätsvorstellungen* Geltung hatten und haben. Der Medizinmann oder Schamane »primitiver« Stämme bezieht seine Autorität weder aus physischen Machtmitteln noch aus einer festgelegten gesellschaftlichen Rangstellung. Seine Autorität ist einzig und allein eine magisch-religiöse, zu der er sich aufgrund persönlicher Erfahrungen berufen fühlt oder die er mittels eines Initiationsweges als Jünger eines Meisters erwirbt. Der »primitive« Mensch ist der Überzeugung, daß bestimmte Menschen in einer besonderen Nähe zum Göttlichen stehen und daher über außergewöhnliche Kräfte verfügen, denen die Gemeinschaft sich anvertraut. Mit Herrschaft im späteren Sinn hat dies nichts zu tun, viel aber mit Einfluß und Charisma im Sinne von magischer Ausstrahlung.[5]

Im ersten Teil meines Buches werde ich darstellen, wie die *Kultur der menschlichen Frühzeit* von dem Bewußtsein durchdrungen war, daß das weibliche Geschlecht in besonderem Maße magische Kräfte besitzt, was mit der *Fruchtbarkeit der Frau* in Zusammenhang steht. Ihre Fähigkeit, Leben hervorzubringen, verlieh ihr den Nimbus des Heiligen und prädestinierte sie zur Mittlerin zwischen den göttlichen Mächten und der menschlichen Gemeinschaft. Kulturen, in denen der weibliche Einfluß dominiert, sollten deshalb streng genommen nicht als »Matriarchate« bezeichnet werden, weil in diesem Begriff das Wort »Herrschaft« steckt und er daher die These suggeriert, in der vorpatriarchalen Gesellschaft hätten die Frauen »geherrscht« im Sinne eines hierarchischen Machtgefälles. Eine solche Vorstellung aber wäre nichts anderes als die Rückprojektion des patriarchalen Herrschaftsstils in die Vergangenheit, nur mit umgekehrten Vorzeichen. Ich bevorzuge daher die Wortprägung »*matrizentrisch*«, wie Erich Fromm sie vorgeschlagen hat, um damit auszudrükken, daß in solchen Kulturen die magisch-mütterlichen Kräfte der Frau im Zentrum der Gemeinschaft und im Zentrum des kultischen Lebens stehen. Dabei ist nicht zu übersehen, daß auch dieser charismatische Einfluß unter den Mitgliedern der Gemeinschaft starke innere Abhängigkeiten schafft und daß die matrilineale[6] Sippenordnung immer dann, wenn die Frauen die Hauptträgerinnen der Subsistenzwirtschaft sind, auch zur materiellen Abhängigkeit der Männer von ihren Matriclans führt. Doch sind im Gegensatz zu den späteren Herrschaftsverhältnissen des Patriarchats solche Macht- und Abhängigkeitsverhältnisse nicht bewußt geschaffen, sondern die natürliche Folge der mutterzentrierten Familie.

Das matrilineale Sippenmodell, das mit größter Wahrscheinlichkeit sehr viel älter ist als das patriarchale Familienmodell, weist zunächst dem Ehemann und Vater nur eine marginale Rolle im Leben der Sippe zu. Dabei fiel ursprünglich die (weitgehend unbekannte) Erzeugerrolle nicht mit der sozialen Vaterrolle zusammen. In den matrilinealen Verwandtschaftsgruppen übernimmt der Bruder der Mutter die soziale Vaterrolle für deren Kinder, d. h. für seine Nichten und Neffen, während er als Vater seiner leiblichen Kinder lange Zeit kaum eine Rolle spielt. So merkwürdig uns heute eine solche Konstellation erscheint, so entspricht sie von den Gefühlsbeziehungen her durchaus der menschlichen Entwicklung: Neben der Mutter-Kind-Beziehung stellt ursprünglich die Geschwister-Beziehung den stärksten emotionalen Zusammenschluß innerhalb der Gruppe dar, so daß der Bruder bei seiner Schwester die Liebe und Fürsorge für die nächste Generation kennenlernt. Die Geschlechtspartner, die aus zwei fremden Sippen zueinander kommen, stehen sich hingegen gefühlsmäßig sehr viel ferner. Deshalb war ein familiäres Zusammengehörigkeitsgefühl auf der Basis der »Kernfamilie« (Vater-Mutter-Kind) über lange Zeiträume nur schwach ausgebildet.

Durch meine Beschäftigung mit ethnologischem Material wurde mir überhaupt erst klar, in welch komplizierten Schritten die menschliche Familienbildung vor sich ging, wie relativ jung die Kernfamilie als selbständiges Gebilde eigentlich ist und wie groß die Spannungen zwischen den beiden Herkunftsfamilien der ehelichen Partner seit jeher gewesen sind. Weltweite historische und ethnologische Beobachtungen führen sogar zu dem Schluß, daß es bis heute *kaum je ein allseitig befriedigendes Ehe- und Familienmodell* gegeben hat. Dies wahrzunehmen, war für mich als Psychotherapeutin in gewissem Sinne entlastend, weil dabei ins Bewußtsein tritt, daß wir uns heute noch mit uralten Problemen herumschlagen, deren Lösung nicht einfach vom guten Willen der individuellen Partner abhängt und deren Schwierigkeiten nicht auf individuelle »Schuldkonten« zu buchen sind. Aber auch für die kollektive Gesellschaftsentwicklung sind bis jetzt die psychosozialen Spannungen innerhalb der frühen Sippenbildung viel zu wenig in Rechnung gezogen worden. Dabei müssen wir davon ausgehen, daß sich die *Frau als Mutter* von jeher bereits *in die Gemeinschaft mit anderen Müttern und Kindern eingebunden fand*, während der Mann sich seine soziale Position in der Großfamilie erst erobern mußte. Mit dieser ursprünglichen *Outsider-Position des Mannes* hängt aber entscheidend zusammen, daß der *Geschlechterkampf* überhaupt je entbrannte und daß er eindeutig von der Männerseite ausging. Wenn ich diese Zusammenhänge herauszuarbeiten versuche, so nicht deshalb, um für den männlichen Herrschaftsanspruch oder gar für die Unterdrückung der Frau eine nachträgliche Rechtfertigung zu geben. Wir können aber viele verhängnisvolle Entwicklungen im Zuge der Konstituierung des Patriarchats nicht bis an ihre Wurzeln verfolgen, wenn wir die ursprünglichen Motivationen nicht erfassen. Ich bin im Gegenteil der Überzeugung, daß die Interpretation des Geschlechterkampfes als Auswirkung realer sozialer Spannungen sehr viel weniger zu ideologischen Fehlinterpretationen verleitet, als wenn wir ihn, wie Erich Neumann, als notwendige Folge der menschlichen Bewußtseinsentwicklung betrachten. So reich Neumanns »Ursprungsgeschichte des Bewußtseins« an psychologischen Erkenntnissen ist und so entscheidend sie auch zum Verständnis weiblicher Erfahrungswelten beigetragen hat, bleibt sie letzten Endes doch einem Kulturraster verhaftet, das die Prinzipien des Weiblichen und des Männlichen in eine hierarchische Ordnung zueinander bringt. Wenn man das Weibliche mit der Natur und dem Unbewußten gleichsetzt und das Männliche mit Bewußtwerdung und Geist, so wird das Weibliche zwangsläufig zu etwas, das überwunden bzw. erhöht werden muß.[7]

Zu Beginn der Kultur standen sich aber nicht die Natur in Gestalt der Frau und der zur Geburt drängende Geist in Gestalt des Mannes gegenüber, sondern beide Geschlechter standen im *Überlebenskampf in der Natur* und waren in einer *existentiellen Auseinandersetzung mit ihren Lebensbedingungen* begriffen, die zu den typisch menschlichen Kulturschöpfungen führte. Dabei waren weder die psychischen Schöpfungen von Mythos und Kult noch die materiellen Kulturinnovationen dem männlichen Geschlecht vorbehalten, vielmehr spricht alles dafür, daß sowohl *im sozialen wie im kulturellen Bereich zunächst ein Ungleichge-

wicht zugunsten der Frau bestanden hat, was zu vielschichtigen Kompensationen auf der Seite des Mannes führte.

Die kulturhistorische Entwicklung von der matrizentrischen Gesellschaft zur patriarchalen Überherrschung[8] läßt sich meines Erachtens überhaupt nur aus diesem anfänglichen Ungleichgewicht plausibel machen. Alle anderen Erklärungen, welche ökonomische Gründe geltend machen wie den technischen Fortschritt und die Steigerung der Produktion oder soziologische Gründe wie die Entstehung komplexer Gesellschaftskörper und die daraus resultierenden Organisationsprobleme usw., decken nur Teilaspekte dieser Entwicklung ab. Sie können vor allem nicht begründen, warum es bei der angeblich aus Sachzwängen entstandenen Etablierung des Patriarchats zu so großen *Unterschieden in der Rigidität dieser Herrschaft* kam. Sowohl unter den Naturvölkern als auch innerhalb der Hochkulturen gibt es unter patriarchalem Vorzeichen ein beachtliches Gefälle zwischen einer mehr oder weniger verdeckten Patt-Situation der Geschlechter bis hin zur rigorosen Unterdrückung der Frau durch den Mann. Würde dahinter eine strukturelle Eigendynamik stehen, so bliebe der Tatbestand völlig ungeklärt, daß wir gesellschaftlich und kulturell hochentwickelte Staaten – wie etwa das alte Japan – kennen, deren Kultur weitgehend matrizentrisch geprägt blieb, und andererseits »primitive« Pflanzerkulturen, die trotz überschaubarer Größe ausgesprochen männerherrlich bzw. frauenfeindlich organisiert sind.

Demgegenüber kann der geschlechterpsychologische Ansatz, der ein ursprüngliches Spannungsverhältnis zwischen den Geschlechtern als ein wesentliches Agens gesellschaftlicher Veränderungen erkennt, mehr Licht in solche Kulturentwicklungen bringen. Aus dieser Sicht lassen sich die verschiedenen *gesellschaftlichen Systeme* als Versuche verstehen, auf irgendeine Weise – durch entsprechende Arbeitsteilung, durch Regelung der Teilnahme am Kult, an der Regierung usw. – ein *labiles Gleichgewicht zwischen den Geschlechtergruppen* herzustellen bzw. dort, wo dies nicht gelingt, durch physische Gewalt einerseits und durch ideologische Diskriminierung der Frau andererseits eine scheinbar endgültige Lösung zugunsten des Mannes zu erzwingen.

So fand ich mich also, nachdem ich von individualpsychologischen Problemen ausgegangen war, durch das Einbeziehen kollektiver Verflechtungen und historischer Entwicklungen unversehens mitten in fundamentale Kulturbetrachtungen gestellt, die ihrerseits zum Versuch einer umfassenden Kulturtheorie herausfordern. Eine solche zu entwerfen ist freilich ein Unterfangen, das eigentlich einer interdisziplinären Teamarbeit bedürfte, von der wir aber leider weiter denn je entfernt sind. Meine Recherchen zu der vorliegenden Arbeit haben mir im Gegenteil deutlich vor Augen geführt, wie spezialisiert und voneinander abgeschirmt die heutigen Einzelwissenschaften voranschreiten. So scheint dem Vertreter oder der Vertreterin einer Einzelwissenschaft nur die Alternative zu bleiben zwischen dem resignierten Rückzug auf den unverfänglichen eigenen Leisten und dem *Wagnis eines Gesamtentwurfs*, der sich mit seinen Lücken und unausbleiblichen Fehlern zur Zielscheibe der Kritik macht.

Wenn ich die zweite Möglichkeit der ersten vorziehe und meine kulturtheoretische Konzeption zur Diskussion stelle, so sehe ich mich durch bedeutende Ansätze auf diesem Gebiet aus dem wachsenden Kreis feministischer Wissenschaftlerinnen ermutigt. Leider wurden diese Ansätze bis jetzt von der offiziellen, männlichen Wissenschaft mehr oder minder ignoriert und damit ins Abseits gedrängt, was die Gegenposition auf Seiten der Feministinnen zwangsläufig verschärft. Dies hat positive Effekte insofern, als radikale Fragen gestellt und zu frühe und zu oberflächliche Harmonisierungen vermieden werden. Es birgt aber auch die Gefahr in sich, daß ein weiblicher Gegenmythos geschaffen wird, der dem entlarvten patriarchalen Mythos nun seinerseits einen absoluten Anspruch entgegenstellt.

Tatsächlich läuft in der jungen Generation dem neuen Selbstbewußtsein der Frau zum Teil eine Verunsicherung im Selbstbewußtsein des Mannes parallel. Diese Einbuße an männlicher Selbstsicherheit ist so lange nötig und positiv, als sie einen selbstkritischen Prozeß in Gang bringt und die alte Selbstverblendung und Arroganz abbauen hilft. Sie wird aber dann bedenklich, wenn dadurch der männlichen Identität jeder Boden entzogen wird. Dies kann im Endeffekt nur zu erneuten Kompensationen führen.

Dennoch bilden die fundamentale Kritik an der patriarchalen Ideologie und die Analyse der Fehlentwicklungen, die sich unter ihrer Regie vollzogen haben, die unabdingbare Voraussetzung dafür, das menschliche Zusammenleben auf privater wie auf politischer Ebene auf eine neue Basis zu stellen.

Dazu kommt die dringende Notwendigkeit, das Verhältnis des modernen Menschen zur Natur zu revidieren. Wenn sich die heutige geistige Linke aus *Feminismus, Pazifismus und Ökologiebewegung* zusammensetzt, so ist dies keineswegs ein Zufall: Diese scheinbar grundverschiedenen politischen Strömungen haben ihre gemeinsame Wurzel in der Kritik an der patriarchalen Kultur.

Der *gesellschaftlichen Konstituierung des Patriarchats* und ihrer ideologischen Entsprechung in Theologie und Philosophie ist der zweite Teil meines Buches gewidmet. Es geht dabei u. a. um die Auseinandersetzung mit den patriarchalen Begriffen der Macht und der Gewalt, um die patriarchale Definition von Arbeit, Familie und Sexualität und nicht zuletzt um die spekulative Definition des Weiblichen durch die männliche Philosophie.

Simone de Beauvoir hat philosophisch formuliert, was die Theoretikerinnen der ersten Frauenbewegung um die Jahrhundertwende schon ausgesprochen hatten: daß nämlich die Frau in den Augen des Mannes zum willkürlichen Projektionsgefäß wurde, zum »*anderen*« *Geschlecht*, das sich als komplementäres Traumgebilde sowohl mit den Ergänzungswünschen des Mannes als auch mit seinen Ängsten und Erniedrigungswünschen füllen ließ. Die Spaltung des Weiblichen in ein *idealisiertes Mutterbild*, das mit allen Attributen des Heiligen ausgestattet ist, und in ein *verworfenes Geschöpf*, das in seiner Primitivität und Amoralität der strengen Zucht des Mannes bedarf, gehört zu den spezifischen Widersprüchen der patriarchalen Ideologie. Ich bezeichne das weibliche Zwitterwesen, das aus diesen entgegengesetzten Projektionen entsteht, als »*Muttersklavin*«. Damit will ich ausdrücken, daß man der Frau alle seelischen Bürden des Lebens auflädt – was voraussetzt, daß sie die Stärkere ist – und ihr zugleich alle untergeordneten Arbeiten zumutet, die ihrem inferioren Wesen zu entsprechen scheinen. Eine geradezu geniale Einrichtung für diejenigen, die ihren Nutzen daraus ziehen, ohne sich dessen überhaupt bewußt zu sein.

An der Fiktion der »Muttersklavin« wird aber auch offenbar, was sich hinter der glänzenden Fassade des Patriarchats immer verbergen ließ: daß dem Mann auf der psychischen Ebene die Emanzipation aus dem Reiche der Mütter nur selten gelang und daß sein *Machtanspruch über die Frau* vielfach nichts anderes ist als der *infantile Allmachtsanspruch des Kindes*, den Freud in dem Bestreben sah, die wunscherfüllende Mutter zu tyrannisieren.

Sobald die Wurzeln der Frauenunterdrückung freigelegt sind, stoßen wir auf das ganze Geflecht der *patriarchalen Ideologie*: auf die geistige Abwehrhaltung der Philosophie gegenüber den Urgründen des Lebens und der Natur, auf den Versuch der Wissenschaft, nicht nur die Macht der Natur, sondern auch ihre Spontaneität zu brechen, indem sie zur vorausberechenbaren und manipulierbaren Materie degradiert wird, und auf die illusionistische Herrschaftsattitüde des Mannes, sich durch seine Erfindungsgabe von den Notwendigkeiten des Lebens und der Arbeit zu befreien. Dabei erweist sich die *philosophische Gleichsetzung von Mann und Geist bzw. von Frau und Natur* als eine Spaltung mit gleichermaßen tragischen Konsequenzen für die Frau wie für die Natur. Deshalb müssen im Namen der Menschlichkeit und im Namen des Lebens auf unserer Erde die Grundlagen unserer gesamten Geisteskultur radikal in Frage gestellt werden.

Das eigentliche Thema meines Buches, die *Befreiung zur Partnerschaft*, kann erst nach dieser Analyse konkrete Gestalt annehmen. Erst wenn die ursprünglich kompensatorischen Motivationen erkannt sind, die zur Errichtung des Patriarchats führten, erst wenn wir große Teile des patriarchalen Geisteslebens als Trugbilder durchschauen, die den Mann den Traum von seiner Suprematie über die Frau träumen ließen, wie auch den Traum von seiner Allmacht über eine unerschöpfliche Natur – Muttersklavin auch sie –, wird eine echte *Emanzipation des menschlichen Bewußtseins* möglich. Erst jenseits der Illusionen kann die Menschheit als Ganzes und können beide Geschlechter zu einer realistischen Einschätzung ihres menschlichen Potentials gelangen: der Mann zur Absage an seinen Macht- und Machbarkeitswahn, die Frau zur Zurückweisung des betörenden Angebots, eine alles verstehende – und selbstlos dienende – Göttin zu sein. Ebenbürtige Partnerschaft setzt sowohl das *Bewußtsein der eigenen Stärke* als auch das *Wissen um die eigenen Grenzen* voraus.

Wer aber befürchtet, mit den Illusionen auch die erotische Spannung zwischen den Geschlechtern zu verlieren, muß sich die Gegenfrage gefallen lassen, ob denn die romantische Spannung jemals zu einer wirklichen erotischen Befriedigung geführt hat. Um an einer besseren partnerschaftlichen Zukunft zu bauen, werden wir sehr weit von vorne beginnen müssen. Wir werden die Fragen der Sexualität ebenso neu zu stellen haben wie die Frage nach der Ehe oder anderen dauerhaften Gemeinschaften. Glücklicherweise gibt es unter den jungen Menschen solche, die für grundsätzlich neue Fragestellungen offen sind und auch bereit, jenseits von ideologischen Vorstellungen authentische Gefühls- und Lebenserfahrungen zu sammeln. Es existieren ja bereits Ansätze für *neue Partnerschafts- und Familienmodelle*, wenn sie auch noch zerbrechlich sind, weil sie nicht in die starren Umrisse des bisherigen bürgerlichen Rahmens passen. Das Schicksal der Zerbrechlichkeit teilen sie mit allen neuen Strukturen auch der biologischen Evolution, allerdings mit dem Vorteil, daß kulturelle Innovationen von Beispielen lernen können, die weit zurück oder weit entfernt in einem anderen Kulturkreis liegen. Es ist ja nicht so, daß in den vergangenen Jahrtausenden zwischen den Geschlechtern nur Kampf und Leiden stattgefunden hätten. Trotz ungerechter Gesetze und trotz einengender Ideologie gab es zu allen Zeiten *Beispiele geglückter Partnerschaften*, die sich, durch besondere Umstände begünstigt, über die Konventionen ihrer Zeit hinwegsetzten.

Freilich kann die Befreiung zur Partnerschaft nicht nur im individuellen Raum stattfinden. Wenn sie jemals eine breitere Wirkung erreichen soll, ist sie an grundlegende *gesellschaftliche Veränderungen* gebunden: vor allem an ein *neues Verständnis der Arbeit und deren gesellschaftliche Aufteilung*, aber auch an ein neues *partnerschaftliches Verhältnis zur Natur* – das weder ausbeuterisch noch romantisch ist. Beides zusammen führt unweigerlich zur *Neudefinition unseres Kulturbegriffs*. Das nun schon geflügelte Wort des Feminismus »Das Persönliche ist politisch« birgt eine weit größere revolutionäre Kraft, als man oberflächlich vermuten würde. Es rüttelt an der Basis der gesamten patriarchalen Kultur und entlarvt deren Säulen als tönerne Füße. Dies gilt im besonderen für den Eckpfeiler der Herrenkultur: für das künstliche Auseinanderreißen des menschlichen Lebenszusammenhanges in eine »höhere« Welt der »*Transzendenz*« oder des sogenannten objektiven Geistes einerseits, in welcher die produktiven Tätigkeiten in Beruf, Kultur und Politik den Männern reserviert sind, und in die häusliche Welt der Frau bzw. die »*Immanenz*« des Lebens andererseits, die als zur Natur und nicht zur Kultur gehörig definiert wird und deren Tätigkeiten deshalb nur als reproduktiv und nicht als produktiv gelten. Dabei führt die Trennung der menschlichen Lebenswelt in Immanenz und Transzendenz nicht nur zur Diskriminierung der Frau und zu unerträglichen Spannungen in der Kleinfamilie, sondern auch zur *Schizophrenie des patriarchalen Kulturkonzepts* mit seiner säuberlichen Trennung zwischen Macht- und Kapitalinteressen, harter Wissenschaft und Technik auf der einen Seite und erbaulichen Sonntagspredigten, esoterischem Geistesleben und elitärer Kunst auf der anderen Seite. Um diese für die Gesellschaft tödliche Schizophrenie zu überwinden, bedarf es nicht nur der *Öffnung der »transzendenten« Kulturräume für die Frau*, sondern ebensosehr des *Wiedereintritts des Mannes in den immanenten Lebenszusammenhang* und des Verzichts auf seine illusionären Fluchtmechanismen. Dazu gehört auch der Verzicht auf die männlich-heroische Weltsicht, welche eine echte Friedensdiskussion immer noch mehr behindert als alle Sachzwänge. Heute sind es die Frauen, welche die Forderung »Zurück zu den Sachen« stellen, und zwar im ursprünglichen, phänomenologischen Sinn: die Forderung nämlich, die Dinge in ihrem immanent gegebenen, lebendigen Lebenszusammenhang zu erfassen und nicht spekulativ oder manipulativ über sie hinwegzuschreiten, wohinter sich immer irrationale Motive und illusionäre Zielsetzungen verbergen.

Aber gerade weil die zentralen Begriffe der patriarchalen Ideologie als Folgen irrationaler psychischer Komplexe entschlüsselt werden können, besteht die Hoffnung ihrer prinzipiellen Überwindbarkeit. Es gibt die *Vision einer menschlicheren Zukunft*, die sich keineswegs in eine Traumwelt unerfüllbarer Wünsche flüchtet, sondern die sowohl die menschliche Existenz als auch das kreatürliche Leben als Ganzes in seiner Totalität realistisch erfaßt. Eine Vision, welche die verdrängten Anteile der menschlichen Gefühlswelt und der Lebenswerte zum erstenmal rational in die Gesellschaftsplanung einbezieht und sich weigert, die verkürzte Sicht des rationalistisch-mechanistischen Denkstils zum Maß aller Dinge zu machen. Nur lebensbezogenes und d. h. *partnerschaftliches Denken und Fühlen* im weitesten Sinn enthält die Chance zur Abwendung der drohenden ökologischen Katastrophen ebenso wie zur Rettung aus der immer weiter um sich greifenden psychischen Verelendung der Menschen inmitten ihres materiellen Wohlstands.

Kapitel I
Die matrizentrische Frühzeit

Vorbemerkungen zur Datierung und zu den Quellen der Vorgeschichte

Wir wissen heute, daß die Entstehung des Menschen sehr viel weiter in erdgeschichtliche Zeiträume zurückreicht als man noch um die Jahrhundertwende annahm. Nach wie vor schwanken die Zeitangaben unter den namhaften Forschern noch immer beträchtlich, doch ist das Auftreten des sogenannten »homo habilis« – wörtlich: des befähigten, d. h. des Werkzeuge herstellenden Menschen – auch nach vorsichtigen Schätzungen mindestens 2 Mio. Jahre vor unserer Zeitrechnung anzusetzen. Es folgt der »homo erectus«, der aufrecht gehende Mensch ab 1 Mio. Jahren, dessen Hirnvolumen dann zwischen 200 000 und 100 000 Jahren mit steigender Beschleunigung zunimmt. Am Ende dieser Periode ist bereits vom »homo sapiens«, also vom einsichtsvollen, denkenden Menschen zu sprechen, dessen wichtigster Vertreter in Europa der »homo sapiens neandertalensis« ist. Die Verbreitung des Neandertalers fällt in die Zeit zwischen ca. 70 000 und 35 000 Jahre v. Chr. Von da an wird er von einem anderen Menschentypus abgelöst. Die ältesten sorgfältigen Bestattungen auf europäischem Boden finden sich in französischen Höhlen um 70 000 v. Chr. Der Gebrauch des Feuers ist aber sehr viel älter und läßt sich schon um 600 000 nachweisen.

Es war lange Zeit umstritten, ob der homo sapiens neandertalensis der Sprache schon mächtig gewesen sei, doch gibt es dafür gewichtige Hinweise seit den Sprachforschungen R. Festers.[1] Unter den 150 Sprachen, die er nach gemeinsamen Wortstämmen untersuchte, fand er einige wenige Urworte, die auf aller Kontinenten anzutreffen sind, u. a. die Worte für das Runde und das Hohle, für Berg und Tal, für Feuer und Wärme, für Mutter und Kind. Daraus wäre zu schließen, daß die menschliche Sprachfähigkeit zu einer Zeit entstanden sein muß, als es noch eine relativ kleine, zusammenhängende Gruppe des homo sapiens gab, bevor dessen Nachkommen bei ihrer Verbreitung die gemeinsamen Urworte in alle anderen Weltgegenden mitnahmen. Was wir mit Sicherheit wissen, ist die Tatsache, daß der Mensch bereits während der letzten Eiszeit zwischen 30 000 und 20 000 v. Chr. den größten Teil der Erde besiedelt hatte und auf allen Kontinenten anzutreffen war, wobei man annimmt, daß die Vergletscherung während der Eiszeiten und die dadurch bedingte Senkung der Meeresspiegel mehr Landbrücken zwischen den Kontinenten hervortreten ließen, was die Wanderungen wesentlich erleichterte.

Aus dieser letzten Eiszeit stammen bereits die großartigen Höhlenmalereien von Altamira in Spanien und einer großen Zahl ähnlicher Kulthöhlen in Frankreich, Nordafrika und Südosteuropa. Als der spanische Geologe Vikanova auf dem Prähistorikerkongreß in Lissabon 1880 Nachzeichnungen von Altamira zeigte, wurden sie als Fälschungen abgetan, und keiner der Gelehrten fand sich bereit, die Felsbilder auch nur zu besichtigen, für so unmöglich hielten sie eine derart großartige Leistung in jener frühen Menschheitsepoche. Heute wissen wir, daß die Eiszeitkultur zwischen 30 000 und 10 000 Jahren v. Chr. die eigentliche Grundlage unserer heutigen Menschheitskultur darstellt: Seit dieser Zeit haben sich Körpergestalt und Hirnvolumen des Menschen nicht mehr wesentlich verändert, und die heutigen Eskimos, die unter vergleichbaren klimatischen Bedingungen leben, sind in allen ihren kulturellen Äußerungen mit denjenigen der Eiszeit vergleichbar. Sie benutzen noch immer die nahezu identischen Harpunen, Fellschaber und Tranlampen wie damals, sind ähnlich gekleidet, und ihre Kunst ist thematisch und stilistisch der damaligen verwandt. So müssen wir also bereits den Eiszeitmenschen als den »homo sapiens sapiens« ansprechen, wie die Gelehrten den heutigen Menschen bezeichnen.

Seit ca. 10 000 Jahren v. Chr. nimmt das kulturelle Entwicklungstempo der Menschheit außerordentlich zu, und es setzen grundlegende Veränderungen in den Lebens- und Wirtschaftsformen ein, die der Archäologe Gordon Childe als die neolithische, d. h. jungsteinzeitliche Revolution bezeichnet hat. Gemeint ist damit die Ablösung des sogenannten »Wildbeutertums« (Sammeln und Jagen) durch die systematische Bearbeitung des Bodens und die Züchtung von Wildgetreide sowie durch die Zähmung der Haustiere. Die Bearbeitung immer härterer Metalle und die Erfindung des Eisenpfluges hat dann zur Intensivierung des Ackerbaus und zur Produktion von Nahrungsüberschüssen geführt, die innerhalb weniger Jahrtausende die Gründung von Großsiedlungen und Städten erlaubte.

Homo habilis ab 3–2 Mio. Jahren	**Altpaläolithikum** (untere Altsteinzeit)
Homo erectus ab ca. 1 Mio. Jahren	**Altpaläolithikum** (untere Altsteinzeit)
Homo sapiens neanderthalensis ab ca. 100 000 – 35 000	**Mittelpaläolithikum** (mittlere Altsteinzeit)
Homo sapiens sapiens ab ca. 35 000 Jahre	**Jungpaläolithikum** (jüngere oder obere Altsteinzeit)
Homo sapiens sapiens ab ca. 15 000 Jahre	**Mesolithikum** (Mittelsteinzeit)
Neolithische Revolution und beginnende Agrarkultur ab 10 000	**Neolithikum** (Jungsteinzeit)
Erste Stadtgründungen ab 8 000	**Neolithikum** (Jungsteinzeit)
Erste sumerische Schriftzeichen ab 3 000	**Beginn der »Historischen Zeit«**

Mit den ersten sumerischen Schriftzeichen um 3 000 v. Chr. beginnt die Periode der Geschichtsschreibung, die allerdings nicht schon deshalb als objektive Quelle gelten kann, weil sie lesbare Worte hinterließ. Zu allen Zeiten standen die Historiker unter der Zensur der Mächtigen. Die scheinbar stummen Zeugen der Geschichte sind jedoch nicht weniger zuverlässig, wenn wir sie sorgfältig genug interpretieren. Zu diesen stummen Zeugen der Archäologie zählen neben Grab- und Skelettfunden die Überreste menschlicher Behausungen und Kultbauten, Werk- und Gebrauchsgegenstände, Kult- und Kunstgegenstände, Malereien und ornamentale Symbole, Musikinstrumente, Schmuck und Reste menschlicher Bekleidung.

Zunächst standen bei den Ausgrabungen Gegenstände aus Stein, Horn, Knochen, Keramik und Metall im Vordergrund, alles feste Materialien, welche die Jahrtausende am besten überdauert hatten. So sind wir gewohnt, in Stein- und Metallzeitaltern zu denken, wie Stein-, Bronze- oder

Eisenzeit oder auch in Keramikzeitaltern wie Hallstattzeit, La Tène-Zeit oder Trichterbecherkultur. Erst in jüngster Zeit hat sich die Archäologie von diesen einseitigen Etikettierungen distanziert und sich bemüht, einen kulturgeschichtlichen Zeitabschnitt in der Ganzheit seiner Erscheinungen zu erfassen. Dazu hat die 1947 entwickelte und in jüngster Zeit noch verfeinerte Radiokarbon-Methode viel beigetragen, mit deren Hilfe auch kleinste Reste weniger haltbarer Materialien datiert werden können wie von Holz, Textilien und Rohrgeflechten oder Reste von Pflanzen und deren Abdrücke in Gefäßen. Mit der Halbzeit des Zerfalls radioaktiver Kohlenstoffe kann dabei das Alter der untersuchten Materialien relativ genau bestimmt werden.

Eine ganz andere Quelle zur Erschließung der Vorgeschichte stellen mythische Erzählungen, religiöses Brauchtum und der sogenannte Aberglaube dar, Überlieferungen, die zu Recht als »kulturelle Fossilien« bezeichnet wurden, weil sie sich zäh über Jahrtausende hinweg erhalten haben, auch wenn ihre ursprünglichen Bedeutungen und Zusammenhänge längst vergessen sind. Im weitesten Sinn gehört unser gesamter Sprachschatz zur Fundgrube solcher »Konservierungen«, im besonderen die sprachlichen Wendungen zur Bezeichnung von verwandtschaftlichen Verhältnissen, wie sie zu genealogischen Studien herangezogen werden. Auf den Gebieten der Mythologie, der Heldensagen und der Märchen hatten die Gelehrten der Romantik die ersten systematischen Untersuchungen unternommen, nachdem bereits Dichter und Schriftsteller der Antike eine fast unüberschaubare Fülle von mythischen Stoffen gesammelt hatten, worunter Hesiod, Homer, Sophokles, Aischylos und Euripides an erster Stelle stehen. Noch in der Tradition der Romantiker stehend, ist vor allem J. J. Bachofen zu nennen und von den Mythenforschern unseres Jahrhunderts J. Frazer, H. Kerenyi, R. v. Ranke-Graves, L. Lévy-Bruhl, M. Eliade, C. G.Jung und E. Neumann.

Wenn wir davon ausgehen, daß alle mythischen Erzählungen ursprünglich mündlich überliefert wurden, und dies über Jahrhunderte und Jahrtausende hinweg, so kann uns die ständige Veränderung der Orte und Namen und die Vermischung verschiedener Mythenmotive untereinander nicht verwundern. Auch wurden viele Mytheninhalte zur Zeit ihrer schriftlichen Fixierung schon nicht mehr verstanden, oder, wie wir noch sehen werden, bewußt umgedeutet. Mit der Rekonstruktion der ursprünglichen Mythenmotive befassen sich in jüngster Zeit vor allem feministische Forscherinnen wie Heide Göttner-Abendroth, Cillie Rentmeister, Gerda Weiler, Renate Schlesier u.a.

Als dritte (indirekte) Quelle wäre die Erforschung ursprünglich lebender Völker zu nennen, die – wie die schon genannten Eskimos – eine archaische Kultur bewahrt haben, wobei allerdings zu bedenken ist, daß zu der Zeit, als sich die Ethnologen für sie zu interessieren begannen, ihre Traditionen häufig bereits abgebröckelt waren, sei es durch die Berührung mit der Zivilisation der Hochkulturen, sei es durch die Isolation sehr kleiner Gruppen auf deren Rückzug vor fremden Eroberern. Dennoch gibt es zwischen solchen Restvölkern und den archäologisch erschlossenen Frühkulturen verblüffende Übereinstimmungen hinsichtlich ihrer materiellen wie auch ihrer geistigen Kultur.

Was die Auswahl der ethnologischen Literatur betrifft, so fällt diese bei der fast unüberschaubaren Fülle nicht leicht. Einen ersten Überblick bieten die großen Enzyklopädien (»Bild der Völker«, 1974; »Der Mensch«, 1983), detailliertere Informationen die neueren Aufsatzsammlungen (»Matrilineal Kinship«, 1974; »Menschenbilder früher Gesellschaften«, 1983; »Die Braut«, 1985) und einschlägige Monographien. Für den Einstieg in die Matriarchatsproblematik sind J.J. Bachofen, L. H. Morgan und R. Briffault nach wie vor unentbehrlich. Die geringschätzige Art, mit welcher der letztere oft abgetan wird, hat wohl damit zu tun, daß er ein Außenseiter war und sich hartnäckig einem Thema widmete, das die offizielle Wissenschaft verdrängt hatte. Wenn von Briffaults riesigem Werk (2000 Textseiten) »The Mothers« (1927) wiederholt gesagt wurde, es sei nichts als eine Kompilation von unsicheren ethnographischen Quellen, so ist dies eine ebenso diffamierende wie unhaltbare Behauptung. Der Vorwurf der Kompilation kann unschwer gegen jedes Werk erhoben werden, das weitverstreute Quellen sammelt; bei Briffault sind diese aber weder unverarbeitet noch unsicher. Seine ca. 5000 Literaturhinweise, die sich auf alle damals bekannten ethnologischen Arbeiten einschließlich der frühen Missionsberichte und der Kongreßberichte der großen ethnologischen Gesellschaften beziehen, sind genauestens dokumentiert, und bei unzähligen Stichproben fand ich seine Angaben durch anerkannte Wissenschaftler neuerer Kompendien bestätigt. Das heißt natürlich nicht, daß seine Schlußfolgerungen kritiklos hinzunehmen wären. Wie Bachofen bleibt auch Briffault auf halbem Wege stehen, wenn er in den weiblich geprägten Frühkulturen nur eine Vorstufe für die eigentlich anzustrebende, männliche Kultur sieht und auf typisch romantisierende Weise der Frau den emotional-karitativen Sektor in der Gesellschaft zuweist. Immerhin hat E. Fromm 1933 dem Werk eine faire und kritische Würdigung gewidmet.[2]

Eine der größten Schwierigkeiten, an wichtige Quellen heranzukommen, besteht bis heute darin, daß kaum ein wissenschaftliches Standardwerk systematische Untersuchungen zum Thema matrizentrischer Kulturen anbietet oder im Index entsprechende Stichworte verzeichnet. Erst in jüngster Zeit zeigt sich das Interesse am Thema Frau in der steigenden Zahl wissenschaftlicher Monographien und internationaler Ausstellungen.

Dies aber ist vor allem der Pionierarbeit feministischer Wissenschaftlerinnen zu verdanken, die seit den siebziger Jahren auf allen Gebieten der Humanwissenschaften neue Wege beschreiten und dabei zu höchst beachtlichen Ergebnissen kommen. Dennoch gleicht die Quellensuche zu unserem Thema immer noch der Suche nach weit verstreuten »apokryphen« Schriften, die erst mühsam zusammenzutragen sind, um sie für eine kulturgeschichtliche Gesamtschau fruchtbar zu machen.

Für die beiden ersten Kapitel meines Buches sind allerdings die bildhaften Quellen aus der Kunst der Frühzeit von noch größerer Bedeutung als die literarischen Zeugnisse. Die bildhaft-symbolischen Aussagen waren für mich ein ganz wesentlicher Schlüssel zum Verständnis frühgeschichtlicher Zusammenhänge. Deshalb bezieht sich mein Text auf eine große Anzahl von Bildbänden und Ausstellungskatalogen, von denen leider nur eine sehr kleine Auswahl als Illustrationen wiedergegeben werden kann. Dies aber ist, wie ich hoffe, insofern keine allzugroße Beschneidung, als mir weniger das einzelne Symbol als die Universalität der Bildsymbole über die Jahrtausende hinweg wichtig sind. Eine breite Bilddokumentation würde den Rahmen dieses Buches sprengen und wäre ein groß anzulegendes Unternehmen für sich.

Seit den frühesten Anfängen der Kultur hat die Menschen nichts so sehr beschäftigt wie die Frage nach Geburt und Tod. Daher konnte der Toten- und Gräberkult für uns Spätere zum eigentlichen Kriterium des Menschseins werden. Doch während niemand mit Sicherheit weiß, wohin das rätselhafte Tor des Todes führt, kannte man von Anbeginn als den Ort des werdenden Lebens und als das Tor der Geburt den weiblichen Schoß. Nur die eine Hälfte der Menschheit bringt offensichtlich Leben hervor, und deshalb steht am Beginn der menschlichen Kultur die *Verehrung des Weiblichen* als des Numinosen, welches das *Geheimnis des Lebens* birgt.

Erst im Laufe der Jungsteinzeit, wenn uns in den frühesten Städten Kleinasiens und Mesopotamiens das *Bild der Großen Muttergöttin* in seiner ganzen Erhabenheit entgegentritt, wird dieses Faktum vollkommen deutlich. Aber schon in den Kunst- und Kulturformen des Eiszeitmenschen können wir religiöse Grundmuster entdecken, von denen aus eine direkte Linie bis zu den jungsteinzeitlichen Dorf- und Stadtkulturen führt.

Dieser Entwicklungsbogen zeichnet sich nicht nur im eurasischen Kulturbereich ab, sondern auf allen Kontinenten der Erde. Besonders deutlich wird er in Afrika, wo wir ihn von den mittelsteinzeitlichen Felsmalereien über das vordynastische Ägypten bis weit hinein in das Ägypten des Alten Reiches verfolgen können. Eindrucksvolle Beispiele liefert auch Australien mit seinen berühmten Felszeichnungen im nördlichen Arnhem-Land, wo eine 20 000jährige Tradition matrizentrischer Mythologie noch heute bei den Ureinwohnern weiterlebt. Auch die indianischen Kulturen beider Amerika tradieren bis in die Gegenwart eine uralte Verehrung von Muttergottheiten.

Parallel zur matrizentrischen Religiosität stoßen wir bei den Frühkulturen auf eine vorwiegend *weibliche Priesterschaft*, die sich sowohl für die Primitivkulturen wie für die frühen Hochkulturen nachweisen läßt. Dazu kommt die ursprünglich matrilineale Sippenordnung, das heißt die Verwandtschaftsrechnung nach der Mutter und die mutterrechtliche Erberegelung, wie sie heute noch bei ca. 100 Volksgruppen gilt. Im Laufe der Jahrtausende wurde die Frau zwar in fast allen Teilen der Welt aus ihrer zentralen Stellung im Kult und im Sippenleben verdrängt und durch männliche Priester beziehungsweise patriarchale Gesetze überherrscht, doch wirft auch die Art und Weise dieser Verdrängungsvorgänge ein bedeutendes Licht auf die ursprüngliche Stellung der Frau in Gesellschaft und Kultus.

Nicht zuletzt waren während der unermeßlichen Zeiten des Wild- und Feldbeuterdaseins und während der frühen Ackerbaukulturen die *Hauptträgerinnen der Subsistenzwirtschaft* die Frauen und nicht die Männer, deren Beitrag zur Ernährung der Gruppe durch die Jagd bisher bei weitem überschätzt wurde.

Die Zusammenschau aller dieser Fakten rechtfertigt es, von einer *globalen matrizentrischen Frühphase der Kultur* zu sprechen, und wenn auch bis heute noch viele Einzelheiten fehlen, so bildet sich doch aus einer Unzahl von Mosaiksteinen ein immer deutlicheres Bild einer solchen Frühkultur heraus.

Als Ausgangspunkt für dieses Mosaik wähle ich den kleinasiatisch-europäischen Raum, und zwar zunächst Çatal Hüyük, die Stadt aus der Steinzeit Anatoliens, die, erst 1961 von James Mellaart erschlossen, mit ihren untersten Schichten bis weit ins siebte Jahrtausend zurückreicht. Diese bisher bestbelegte Stadtkultur in so früher Zeit – 4000 Jahre vor den sumerischen und ägyptischen Städten – ist bis jetzt in ihrer Bedeutung noch viel zu wenig bekannt. Sie ist nicht nur eindeutig matrizentrisch geprägt, sondern stellt in vieler Hinsicht eine Brücke dar zwischen den afrikanisch-eurasischen Hochkulturen des dritten Jahrtausends und den archaischen Kulturen der Jungsteinzeit bis zurück zur jüngeren Altsteinzeit.

Çatal Hüyük

50 km südöstlich von Konya in Anatolien (Türkei) erhebt sich das ovale Tell von Çatal Hüyük 17 m über dem heutigen Erdboden und stellt mit seiner Länge von über einem halben Kilometer und seiner Breite von ca. 300 m den bisher *größten Fundplatz aus dem frühen Neolithikum* (Jungsteinzeit) dar.

Die zwölf Siedlungsschichten zwischen 17 m über und 19 m unter der Oberfläche sind zum Teil durch Brände zerstört, im Ganzen aber hervorragend erhalten und dokumentieren die Siedlungsgeschichte von ca. 6500 v. Chr. bis 5700 v. Chr.

Mitten durch die Stadt zieht sich das Bett eines Flüßchens. Die heute fast baumlose Konya-Ebene war während der Jungsteinzeit mit Wäldern bedeckt, und am Ostrand der Ebene erheben sich Vulkanberge, die noch bis ins zweite vorchristliche Jahrtausend tätig waren. Der Ausbruch eines dieser Vulkane ist auf einem Wandgemälde festgehalten, das auf 6200 v. Chr. datiert wird.

Erst der 30. Teil der gesamten Anlage ist ausgegraben. Die Stadt wurde nach sorgfältigem *Bauplan* von viereckigen Grundrissen und mit Lehmziegeln von einheitlichen Maßen erbaut. Die einstöckigen Häuser jeder Schicht, die im Konstruktionstypus stets gleich bleiben, stehen eng aneinandergedrängt, jeweils zwei bis drei Häuser terrassenförmig übereinander und aneinander gebaut. Dabei überragen sich die Flachdächer nur so viel an Höhe, daß Fenster- und Türöffnungen im oberen Teil der Frontwand Platz haben. Der Zugang zu den Häusern war nur über Leitern möglich – auch dies wird auf einem Wandgemälde gezeigt –, was Sicherheit vor Feinden bot. Die Einwohnerzahl muß auf mehrere Tausend geschätzt werden. Schon in den untersten Schichten fanden sich Reste von Emmer, Einkorn, Weizen und Gerste sowie Beweise für Schafhaltung. In den späteren Schichten ist wahrscheinlich auch das Rind domestiziert. Anfangs konnten die Erträge aus *Ackerbau und Viehzucht* den Nahrungsbedarf vermutlich nicht decken, so daß er durch Jagdbeute ergänzt werden mußte, wofür die zahlreichen Jagdszenen in den unteren Schichten sprechen. Im Verlauf der 800jährigen Siedlungsgeschichte wurden 14 verschiedene Kulturpflanzen gezüchtet und angebaut, u. a. Linsen und Erbsen, Leinsamen und Mandeln zur Ölgewinnung, Äpfel und die Frucht des Zürgelbaumes zur Weingewinnung. Auch Bier war als Getränk bekannt.

Unter den *Gebrauchsgegenständen* sind hervorragend gearbeitete Holzgefäße zu nennen, darunter das Urbild der Pokalform, dazu Körbe, Matten und Textilien von erstaunlich feiner Flecht- und Webart. In den späteren Schichten kommen Metallgegenstände hinzu, für die bereits geschmolzenes Kupfer und Blei in einer Art Einlegetechnik Verwendung fanden. Schon in den ersten Schichten tritt einfarbige Gebrauchskeramik auf, die erst in den späten Schichten verfeinert ist.

Die *Werkzeuge* waren zum Teil aus Feuerstein (Flint) und Grün- oder Speckstein gearbeitet, Materialien, die schon aus den eiszeitlichen Funden bekannt sind, zum Teil aus Obsidian, einem dunklen, glasigen Vulkangestein, das wahrscheinlich in den nahen Bergen abgebaut wurde und das, geschliffen, eine spiegelnde Oberfläche erhält. Man fand ganze Säcke mit Obsidiansplittern gefüllt, was für den Handel mit diesem wertvollen Rohmaterial spricht. Als Schmuckstein und zur Herstellung von Spiegeln war es in den folgenden Jahrtausenden im ganzen Orient ein begehrtes Handelsobjekt.

Wir verdanken es dem Zufall, daß bei den Grabungen als erstes das *Kult- und Priesterviertel* ans Tageslicht kam mit insgesamt 139 Räumen, darunter 40 Kulträumen. Die Kultstätten und auch die meisten Wohnräume sind so gut erhalten, daß sie sich bis in alle Details rekonstruieren ließen. Ihre Grundrisse wie auch die reiche Ausstattung der Kulträume mit Wandgemälden, Reliefs, vollplastischen Figuren und anderen sakralen Gegenständen bleiben in allen Schichten im Wesentlichen die gleichen, was auf die Kontinuität der gesellschaftlichen Verhältnisse über mindestens 800 Jahre schließen läßt und ein sehr genaues Bild von der religiösen Vorstellungswelt der damaligen Menschen vermittelt.

1. Die Große Göttin

Figürliche Darstellung der Göttin
Das hervorstechendste an diesem außerordentlichen Zeugnis frühmenschlicher Religiosität ist die Tatsache, daß die *Bildnisse von Gottheiten* in Menschengestalt *nahezu ausschließlich weiblichen Geschlechts* sind. Unter den insgesamt 33 kleinen vollplastischen Figuren in einer Höhe von 4,5 bis 30 Zentimetern befinden sich nur sieben männliche Gottheiten, davon die meisten knabenhaft oder in jugendlichem Alter. Auf die mutmaßliche Bedeutung der letzteren wird noch zurückzukommen sein.

Die 17 erhaltenen großen *Wandreliefs* in einer Höhe von einem bis über zwei Metern zeigen ausnahmslos das Bild der Göttin von Çatal Hüyük, und zwar immer in einer den Kultraum beherrschenden Position. Die aus Gips geformten und bemalten Halbfiguren stellen die Göttin zum Teil nackt, zum Teil bekleidet dar in einer eigenartigen Haltung, die man als

Abb. 1 *Gebärstellung* bezeichnet hat. Sie zeigen die Göttin en face, mehr oder weniger schematisiert mit ausgebreiteten oder angewinkelten Armen und ebenso ausgestreckten oder angewinkelten Beinen und mit betonter Bauchregion. Manchmal ist der schwangere Leib mit einer Spirale bemalt, und mehrmals tritt aus der Leibesöffnung ein Tierkopf hervor, meist der eines Stieres oder der eines Widders.

Stier-, Widder- und Hirschköpfe, vor allem aber Stierköpfe, bilden neben der Göttin das beherrschende Motiv religiöser Verehrung in Çatal Hüyük. Wir finden sie einzeln oder in Gruppen an die Kultwände geheftet, zum Teil als plastische Gipsreliefs, zum Teil mit Originalhörnern des Wildtiers, dazu ganze Reihen von Stierhornscheiden in Gipsbänke eingelassen zu sogenannten Bukranien, wie sie rund 4000 Jahre später auch in den kretischen Palästen gefertigt werden. Stier, Widder, Hirsch und andere gehörnte Tiere als Manifestationen des *männlich-göttlichen Prinzips im Sinne zeugender Fruchtbarkeit* sind universelle Kultsymbole der frühen Religionen, die uns noch häufig begegnen werden. In unserem Zusammenhang ist zunächst wesentlich, daß die *Tiergeburt* die weibliche Kultfigur zu einer wirklichen Göttin macht, zu einer *Gottesgebärerin*, und dies hebt sie weit über irgendein vages Fruchtbarkeitssymbol hinaus.

Dazu kommt, daß die Göttin von Çatal Hüyük nicht als lokale Einzelerscheinung verstanden werden darf, sondern in einer großen mythischen Tradition gesehen werden muß, deren Vorbilder bis weit in die mittlere und jüngere Altsteinzeit zurückreichen und die eine große Reihe späterer Nachfahren hat.

Ihre eindrucksvolle Gebärstellung findet sich schon bei den Muttergottheiten der australischen Felszeichnungen aller Epochen bis vor 20000 Jahren. Auf den australischen Mythenbildern sehen wir eine Urmutter, häufig auch zwei Schwestern als Urschöpferinnen dargestellt, zwischen deren angewinkelten Schenkeln das Menschengeschlecht hervorkommt.[1] Auch unter den von E. Anati entdeckten Felszeichnungen aus dem Raum Brescia/Oberitalien befinden sich schematische Figuren, die der Gebärstellung der Göttin auffallend gleichen.[2]

Abb. 2

Lange vor der Entdeckung von Çatal Hüyük hat Erich Neumann in seinem Werk »Die Große Mutter« eine umfassende Bilddokumentation zusammengestellt, zu der auch ein sumerischer Siegelzylinder gehört mit der Göttin Inanna oder Ischtar in Gebärstellung und ein Bronzerelief aus dem 6. Jahrhundert v. Chr., das die Gorgo Medusa in Gebärstellung hockend zeigt, die Arme auf zwei Löwinnen gelehnt. Aus dem mesoamerikanischen Kulturkreis stammt das Bild der aztekischen Erdgöttin Tlazolteotl, die in ebendieser Gebärstellung einen Menschenkopf hervorbringt.[3]

Wer die Fruchtbarkeitssymbole bei heute noch lebenden Naturvolkgruppen studiert, findet darunter ganz ähnliche Konfigurationen. So tragen z.B. die Vornehmen der Dogon, eines Stammes in Mali und Obervolta, noch heute bei bestimmten Fruchtbarkeitszeremonien eine Kopfmaske (Kanaga-Figur), die möglicherweise die Gebärstellung der Göttin in Gestalt ihres heiligen Tieres, der Eidechse, wiedergibt[4] (vgl. S. 274).

Neben den großen Wandreliefs weisen in Çatal Hüyük auch die kleinen *vollplastischen Statuetten* die Göttin als Muttergottheit aus. Sie zeigen sie stehend als schwangere Göttin, sitzend als Gebärende oder sitzend mit Kind auf den Armen. Ein Teil dieser Figuren ist nackt und fettleibig und erinnert an jene fülligen und steatopygen (fettsteißigen) weiblichen Idole, die man schon in den Kult- und Wohnstätten der Eiszeitmenschen fand. Unter diesen wurde die sogenannte »Venus von Willendorf« am bekanntesten, die aus einem Fundort in Kärnten von vor 28 000 Jahren stammt und bei der sowohl Brust und Bauch als auch Scham- und Gesäß-Region stark betont sind.[5] Ähnliche Frauenfiguren, die alle sehr sorgfältig aus Kalkstein, Speckstein oder Elfenbein und später aus Ton gearbeitet sind, wurden zu tausenden aus den prähistorischen Fundstellen vom Jungpaläolithikum (jüngere Altsteinzeit) bis zum späten Neolithikum (Jungsteinzeit) geborgen, was einen *Zeitraum von rund 20 000 Jahren* umfaßt und dies auf einem *riesigen geographischen Gebiet*. Sie gleichen einander in auffallender Weise, ob sie nun aus Spanien oder Frankreich, aus Mittel-, Nord- oder Osteuropa stammen, aus dem Iran, aus Nordindien, Syrien, Palästina, von den Mittelmeerinseln oder aus Ägypten. Von ihren Entdeckern wurden diese Kultfiguren, die man hauptsächlich an Herdplätzen und in Vorratsbehältern fand, allerdings oft nur beiläufig erwähnt und in den Zusammenhang mit irgendeinem Fruchtbarkeitskult gestellt. Daß sie in der Mythengeschichte so lange vernachlässigt wurden, mag unter anderem mit ihrem *Kleinformat* zusammenhängen. Sie alle sind durchschnittlich nur zwischen 10 und 20 cm hoch, doch weist ihre *sorgfältige Bearbeitung* und das zum Teil sehr *kostbare Material* auf ihre hohe Bedeutung hin.[6]

Abb. 3 An den Statuetten von Çatal Hüyük zeigt sich eindrücklich, daß auch die kleinen bis sehr kleinen Figuren einen hohen religiösen Stellenwert besitzen. Eine der 26 weiblichen Figuren stellt die Göttin während des Geburtsvorgangs dar,[7] wobei sie sich mit den Armen auf zwei Raubkatzen stützt wie später die Gorgo Medusa. Hier begegnen wir zum erstenmal einem Motiv, das bei späteren vorderasiatischen und griechischen Göttinnen unter dem Begriff »*Herrin der Tiere*« bekannt ist. So wird Jahrtausende später die Große Göttin von Mesopotamien, Ischtar, auf dem Löwen stehend dargestellt, in gleicher Weise die hethitische Kubaba, später die phrygische Kybele auf dem Löwenwagen und die griechische Artemis mit zwei gebändigten Löwen in Händen. Dabei ist anzumerken, daß auf allen vorklassischen Bildwerken die Raubkatzen immer als weibliche Tiere abgebildet sind – noch das berühmte Löwentor von Mykene zeigt zwei Löwinnen,[8] während der männliche Löwe als königliches Wappentier erst viel später auftritt.

Hier geht es noch nicht um die inhaltliche Bedeutung dieses Motivs, sondern darum, daß auch sehr kleine Kultfiguren große Göttinnen repräsentieren können. Dies wurde in jüngster Zeit auch für das *Artemisheiligtum in Ephesos* nachgewiesen, wo man sehr wertvolle Gold- und Elfenbeinstatuetten in einer Höhe von nur 10–16 Zentimetern fand. Aus der Art ihrer Kleidung, die den großen Statuen weiblicher Gottheiten genau entspricht, konnten sie als solche identifiziert werden. Eine davon ist das getreue Abbild der Göttin Kubaba (Kybele) von Karmenisch, andere lassen die »Artemis im Chiton« (hemdartiges Gewand) vermuten, deren große Statue in Ephesos zwar nicht erhalten ist, auf die sich aber ein griechischer Hymnus bezieht.[9]

Eine weitere Parallele zwischen den Kultstatuetten von Çatal Hüyük und den übrigen prähistorischen Mutterfiguren ergibt sich bei der Betrachtung der schematisierten plastischen Figuren. Neben den fülligen Gestalten besitzt Çatal Hüyük auch *schlanke Statuetten*, u. a. eine stehende Figur, bei der die Arme rechtwinklig vor die Brüste gelegt sind, eine Haltung, wie sie für viele jungsteinzeitliche Idole typisch ist. Gekreuzte Arme über den Brüsten, beide Hände oder auch nur eine Hand auf die Brust gelegt, stellen Variationen dieser Haltung dar, die wir noch bei vielen antiken Göttinnen und auch bei den späteren Madonnenstatuen wiederfinden. Es liegt nahe, darin die Betonung des nährenden Charakters der *Mutterbrüste* zu sehen.[10]

Dagegen fehlt in Çatal Hüyük merkwürdigerweise die schematische Betonung des *Schoßdreiecks*, wie sie für die meisten Vorzeitgöttinnen so charakteristisch ist. Das ist bei den Tonfiguren aus Zypern, Kreta und Mesopotamien der Fall, sowie bei den frühen Idolen aus Syrien, Phönizien, Indien und dem vordynastischen Ägypten aus dem 4. bis 2. Jahrtausend v. Chr. Sie alle heben neben den Brüsten das Schoßdreieck sehr deutlich hervor, sei es in Form der ausgezogenen Linien des Dreiecks, der Betonung des Vulvaeinschnittes oder der angedeuteten Schambehaarung in Form von Punkten.[11] Dasselbe gilt für die eiszeitlichen Darstellungen in den französischen Kulthöhlen, bei denen Marie König eine fortschreitende Stilisierung des weiblichen Körpers beobachten konnte, welche das Schoßdreieck immer mehr in den Vordergrund rückt.

Sowohl auf den Felsritzungen wie bei den plastischen Figuren geht die Schematisierung so weit, daß schließlich en face nur noch ein geometrisches Dreieck und von der Seite aus gesehen das Schenkel-Gesäß-Dreieck übrig bleiben.[12] Man fand sogar eine Anzahl rein geometrischer plastischer Dreiecke, die, an einer Ecke durchbohrt, wahrscheinlich als *Amu-*

lette getragen wurden. Auch gehört das abstrakte Dreieck zu den häufigsten sogenannten *Ideogrammen* an den Wänden der eiszeitlichen Kulthöhlen, die zu Tausenden als tiefe Furchen in den Fels geritzt sind. Wir sehen an seiner Amulettfunktion, daß das weibliche Genitale von frühester Zeit an nicht nur als Fruchtbarkeitssymbol verstanden wurde, sondern zugleich eine *symbolische Schutzfunktion* erfüllte. Noch im klassischen Griechenland galt das Delta als apotropäisches, d. h. als Gefahren abwendendes Zeichen, wobei das als Dreieck geschriebene Delta im Griechischen sowohl den Buchstaben »D« wie auch das Schoßdreieck der Frau bedeutet.[13]

Immerhin befindet sich unter den Grabbeilagen in Çatal Hüyük die Halskette einer Priesterin, die sich aus blauen Halbedelsteinen zusammensetzt, welche die hochstilisierte Form einer steatopygen Göttin wiedergeben. Es handelt sich dabei um die Seitenansicht des Schenkel-Gesäß-Dreiecks, wie es nahezu identisch in den Felszeichnungen französischer Kulthöhlen erscheint.[14]

Interessant und beziehungsreich ist eine Figur aus Çatal Hüyük, die aus einer Tropfstein-Kalkablagerung herausgewachsen scheint, wobei nur der Kopf geformt und der Körper als rohe Gesteinsablagerung belassen wurde. Sie kann nur aus einer Höhle stammen, und dies legt den Schluß nahe, daß es in der Umgebung von Çatal Hüyük *Höhlenheiligtümer* gegeben hat.[15] Dies ist schon deshalb wahrscheinlich, weil in den Jahrtausenden nach Çatal Hüyük im ganzen Vorderen Orient, in Kreta und in Griechenland Felsenheiligtümer in großer Zahl bestanden, und die ersten uns bekannten Kultstätten der Eiszeit ebenfalls Höhlenheiligtümer waren. Auch hat man schon in den eiszeitlichen Kulthöhlen den Tropfsteingebilden besondere Aufmerksamkeit geschenkt und solche Ablagerungen in die Gestaltung von Plastiken einbezogen. H. P. Duerr berichtet, daß die Basken noch heute eine Höhlenheilige in Form eines Tropfsteinpfeilers verehren, nämlich die Hirten- und Vegetationsgöttin Andra mari (Herrin Mari), deren Verehrung sich mit dem Madonnenkult vermischt hat. Nimmt man die Tatsache hinzu, daß viele baskische Häuser bis in die Gegenwart von der Herdstelle aus durch unterirdische Gänge mit ehemaligen Kulthöhlen aus der Steinzeit verbunden sind, so ergibt sich daraus jedenfalls für diesen Teil der Welt eine lückenlose Tradierung matrizentrischer Religiosität.[16]

Paar- und Gruppenbilder

Neben den Einzeldarstellungen der Göttin gibt es in Çatal Hüyük auch bedeutende *Paar- und Gruppenbilder* von Gottheiten, darunter das größte Relief der gesamten Anlage. Das 2,20 m hohe Bildwerk zeigt eine *Doppelfigur der Göttin* auf stark schematisierte Art. Wir sehen zwei mächtige vertikale Pfeiler, durch die zwei Körper angedeutet sind, darüber zwei Halbkugeln als stilisierte Köpfe, dann aber nur einen durchgezogenen Querbalken an Stelle zweier ausgestreckter Armpaare. Eine ähnliche Verschmelzung zu einer Doppelfigur wiederholt sich bei einer kleinen Plastik aus weißem Marmor, die aus zwei Köpfen und zwei Brustpaaren besteht, aber nur aus einem Unterkörper und nur einem Paar Arme. Und nochmals erscheint die Verdoppelung der weiblichen Gottheit an einer Kultwand, wobei diesmal zwei Reliefs in Gebärstellung direkt nebeneinander gesetzt sind, mit dem Unterschied allerdings, daß die etwas größere Gestalt starke Brüste trägt, während die etwas kleinere keine Brustbetonung aufweist. Schon hier liegt die Vermutung nahe, daß es sich bei den Doppel-Göttinnen um eine *Mutter-Tochter-Figuration* handelt, was sich in dem berühmtesten Gruppenbild von Çatal Hüyük zu bestätigen scheint. Diese wundervoll gearbeitete Statuettengruppe aus braun und blau bemaltem Kalkstein stellt zwei Göttinnen dar, beide hinter einem Leoparden stehend. Die braune Figur ist nackt, ihr zugeordnet in der gleichen braunen Farbe ein Knabe, auf einem jungen Leoparden sitzend. Mellaart hat diese Gruppierung als Muttergöttin mit göttlichem Sohn gedeutet und die zweite weibliche Figur, die blau bemalt und mit einem Stück Leopardenfell bekleidet ist, als Tochtergöttin.[17]

Abb. 5

Abgesehen von dem uns vertrauten Bild der Muttergöttin mit Kind taucht auch hier eine Mutter-Tochter-Dualität auf, die uns später im *Demeter-Kore-Motiv* in Kreta und Griechenland wiederbegegnet. In den sogenannten »Knossos-Texten« werden Muttergöttin und jugendliche Tochtergöttin als »die zwei Herrinnen« bezeichnet.[18]

Abb. 6

Mit dieser Dualität der Göttin, die sich später in den matrizentrischen Hochkulturen zu einer Trinität erweitert, sind wir auf einen ganz entscheidenden Wesenszug der frühen Muttergottheiten gestoßen. Sie sind niemals nur auf eine Rolle oder auf einen Lebensbereich festgelegt, sondern sind *universale Gottheiten*, die Jugend und Alter, Leben und Tod und auch Wiedergeburt verkörpern.

Den Todesaspekt der Göttin von Çatal Hüyük hat Mellaart sicher zu Recht in den *Geierdarstellungen* gesehen, die zu den größten und eindrucksvollsten Wandbildern zählen. In schwarzer Farbe gemalt, mit riesi-

Abb. 7

gen ausgespannten Flügeln, bedecken sie meist die Wand des Kultraumes, die dem Relief der Göttin in Gebärstellung gegenüberliegt. Sie stürzen sich auf menschliche Figuren ohne Kopf, die wahrscheinlich als Leichen zu deuten sind.[19] Vermutlich ist diese Symbolgestalt der Göttin kein Zufall, sondern hat auch einen realistischen Hintergrund. Jedenfalls setzt die Bestattungsart in Çatal Hüyük, wo sich die Skelette mehrerer Generationen unter den Lagerstätten befanden oder Skelette in Hockstellung in großen Körben aufbewahrt wurden, eine Entfernung des Fleisches und der Eingeweide vor der Grablegung voraus. Möglicherweise wurde diese den Geiern überlassen, eine Sitte, die sich im alten Iran sehr lange erhalten hat; davon legen die sogenannten »Türme des Schweigens« Zeugnis ab, auf denen man die Leichen aussetzte.[20]

Abb. 8   Lange nach dem Untergang von Çatal Hüyük bleibt der Geier über viele Jahrtausende das Kultsymbol der Göttin als Todesgöttin. So tragen die sumerische Lilith und die babylonische Ischtar Geierflügel, ebenso die ägyptische Isis, welche die Toten mit ihren Geierflügeln beschützt. Geierflügel tragen die weiblichen Sphingen im hethitischen Hattusa und im griechischen Ephesos, die geflügelten Göttinnen auf etruskischen Vasen, und selbst die christlichen Engel sind noch mit Geierflügeln bekleidet. In Ägypten bleibt die Geierhaube als königlicher Kopfschmuck das priesterliche Hoheitszeichen der Pharaonin bis in die hellenistische Zeit.[21]

Neben dem Geier treten in Çatal Hüyük der Fuchs und das Wiesel als *Todestiere* auf. Als eine merkwürdige Verquickung von Lebens- und Todessymbolik finden sich an den Kultwänden aus Gips geformte Brüste, in die Skelettköpfe von Fuchs und Wiesel eingelassen sind. Später nehmen als Begleittiere der antiken Todesgöttinnen Wolf und Hund die Stelle von Fuchs und Wiesel ein, bei anderen Völkern Schakal und Hyäne, die alle – wie der Geier – zu den *Aasfressern* gehören. Neben dem Hund als Begleittier der Todesgöttin Hekate in Griechenland ist der spitzohrige Anubishund der ägyptischen Mythologie hierfür das bekannteste Beispiel. Aber auch Fuchs und Wiesel blieben in der Fabelwelt und im europäischen Hexen- und Aberglauben als Symboltiere unvergessen. Beide werden im Aberglauben als weibliche Tiere verstanden, die Todesahnungen wachrufen, die aber auch Trägerinnen von Liebeszauber sind. Fuchsschwanz und Hermelin galten bis in die jüngste Zeit als apotropäische Zeichen, der Hermelin sogar am Mantel der Könige.[22]

Wie stark sich im Numinos-Weiblichen der Lebensaspekt mit dem Todesaspekt verbindet, zeigen sehr anschaulich die sogenannten *Gefäßfiguren*, die ab dem 3. Jahrtausend v. Chr. in ganz Kleinasien und im

Mittelmeerraum auftauchen. Es handelt sich dabei um Vorrats-, Weihe- und Urnengefäße, die als weibliche Körper geformt sind, häufig *doppelgesichtig und vierbrüstig*, die Henkel als Arme gebildet, wobei die Formen später abstrakter werden und die Brüste nur noch als Ausbuchtungen angedeutet sind. Schon das Motiv der Doppelgesichtigkeit, das wir vom griechischen Januskopf her kennen, verrät den Doppelaspekt von Leben und Tod.

Vollends deutlich wird der Todesaspekt an den sogenannten *»Gesichtsurnen«*, die eine weibliche Figur mit ernst blickenden Augen zeigen und in deren mütterlichen Leib der tote Körper als Asche wieder zurückkehrt.[23] Schon vor der Sitte der Urnenbestattung stehen Grab und Sarkophag sinnbildlich für den Mutterleib, was durch die Bestattung in embryonaler Hockstellung noch betont wird. Die Skelettkörbe von Çatal Hüyük, die den Toten ebenfalls in Embryonalstellung bergen, sind als unmittelbare Vorgänger der Skelettkrüge und der Keramikurnen zu betrachten, wie ja auch rein handwerklich die Töpferei aus der Korbmacherei hervorging. Daß es die Große Göttin ist, die den Toten wieder umfängt, ist schließlich an den ägyptischen Sarkophagen unmittelbar abzulesen, wo häufig die Innenseite der Sarkophagdeckel das Bild der Göttin Neith-Nut zeigte.[24]

Neben diesem friedlichen Bild der letzten Ruhe im Mutterleib steht allerdings das schreckenerregende Bild der *verschlingenden Todesgöttin*. In Çatal Hüyük tritt es uns im Bild des Geiers entgegen, in Ägypten in der Todesgöttin Tahurt, einer Mischgestalt aus Krokodil, Nilpferd und Löwin, während die indische Kali und die griechische Gorgo Medusa in Menschengestalt mit aufgerissenen Mäulern und geöffneten Schenkeln dargestellt werden, als zugleich oral und genital Verschlingende, wodurch der Mutterleib nicht nur zum Tor der Geburt, sondern auch zur Todespforte wird.[25]

Schon in Çatal Hüyük gibt es aber noch einen dritten Aspekt der Großen Göttin, nämlich ihre Rolle als *Liebesgöttin*. Eines ihrer Wandbilder zeigt sie in einer Haltung, die von der en face-Abbildung in Gebärstellung völlig abweicht. Hier sehen wir die Göttin im Profil mit langen, wehenden Haaren, und, soweit dies die Schematisierung zuläßt, in einer Beinstellung, welche Bewegung andeutet. Mellaart hat darin die *tanzende Göttin* gesehen. Auch aufgrund dieses Kultbildes kommt Çatal Hüyük eine Mittlerrolle zwischen der Eiszeitkultur und den euroasiatischen Hochkulturen zu.[26]

Der berühmte *»Frauentanz«*, eine Felsmalerei aus der Höhle von Cogul/Spanien,²⁷ auf der neun Frauen in langen Gewändern und in bewegter Pantomimik in erstaunlich gekonnter Manier festgehalten sind, ist ein Zeugnis für die uralte Tradition des kultischen Tanzes, der dann besonders in Kreta zum Mittelpunkt des sakralen Geschehens und des religiösen Theaters wird. Auch die babylonische Ischtar ist eine Göttin des Tanzes, der Musik und der Liebe, und als solche wird sie die göttliche »Hetäre« genannt.

Die göttliche Hetäre in ihrer *Liebesumarmung* mit einem jugendlichen Gott entdeckte Mellaart auf einem besonders wertvollen Fundstück aus Çatal Hüyük, einer Schieferplatte, auf der vier Figuren in erhabenem Relief zu sehen sind: links das sich umarmende Paar als das Urbild der später so oft künstlerisch gestalteten »*Heiligen Hochzeit*«, rechts die Göttin mit dem Kind als der Frucht des heiligen Aktes.²⁸

Hier begegnet uns zum erstenmal eine erwachsene männliche Gottheit, allerdings deutlich als bartlose, jugendliche Gestalt, die noch ganz von der Großen Göttin umfangen erscheint. Dies erinnert an die jugendlichen Geliebten der vorderasiatischen Göttinnen, die Erich Neumann als »Sohngeliebte« der Muttergöttin verstanden hat. Jedenfalls steht überall in der Frühkultur der *jugendliche Gott ganz in Abhängigkeit von der Großen Göttin* und wächst erst allmählich in die Rolle des Gefährten und Gatten hinein. Dabei schaltet sich als Zwischenglied häufig die Bruderrolle ein wie beim ägyptischen Horus-Osiris, der zuerst als Sohn, dann als Bruder und schließlich als Gatte der Isis verehrt wird. Eine ähnliche Entwicklungsreihe ist im Verhältnis Apollos zur Artemis und in der Stellung des nordischen Baldurs zur Freya zu beobachten.

Das Fehlen des Vatergottes

Eine Tatsache jedenfalls ist festzuhalten: In der gesamten Frühphase der menschlichen Kultur und ihren religiösen Bildern *fehlt die Gestalt eines Vatergottes*, die in Ägypten und Vorderasien im Laufe des zweiten, in Europa erst im Verlauf des ersten vorchristlichen Jahrtausends in das Pantheon der antiken Welt Einzug hält. Diese erstaunliche Tatsache mag zum Teil damit zusammenhängen, daß der physiologische Prozeß von Zeugung und Vaterschaft lange Zeit im Dunkeln lag.

Noch heute wissen einzelne Naturvolkgruppen nicht, daß bereits ein einmaliger Geschlechtsakt die *Zeugung* bewirken kann, weshalb sich auch die Frage nach der eindeutigen Vaterschaft nicht stellt. Dabei sind diese Menschen natürlich nicht so lebensfremd, wie dies manche Gelehrte annehmen, um nicht vom Zusammenhang zwischen Geschlechtsakt und

Fruchtbarkeit der Frau zu wissen. Nur wird in ihren Augen diese Fruchtbarkeit nicht durch einen einmaligen Akt garantiert und auch nicht allein durch die Kraft des sterblichen Mannes. Für sie sind immer *kosmische Kräfte mit im Spiel*, seien es Mond, Wind oder fließendes Wasser, seien es mythische Tiere oder die Ahnengeister.[29]

Auch geht die sexuelle Aktivität in den frühen Mythologemen deutlich stärker von der Frau als vom Mann aus. In der Mythologie des alten Mesopotamien ist die Göttin die Werbende, ja die Männerhungrige und Unersättliche, die sich ihre Liebhaber wählt, sich zu eigen macht und wieder fallen läßt, was Gilgamesch in dem nach ihm benannten berühmten Epos so bitter beklagt.[30]

Der völlig andere Zugang zur Sexualität in der matrizentrischen Kultur ist ein ebenso wichtiger Unterschied zur patriarchalen Ordnung wie die völlig verschiedene Familienstruktur. Nicht nur die Mutterschaft, auch die *Sexualität als magische Lebenskraft*, als ekstatisches Ereignis, das höchste Lebensfreude und zugleich heiligsten Dienst am Leben bedeutet, steht im Zentrum jeder matrizentrischen Kultur. Deshalb ist es erstaunlich, wenn Mellaart hervorhebt, daß an den Kunsterzeugnissen von Çatal Hüyük keine Spur von erotisch-sexueller Betonung zu entdecken sei und dies dem Umstand zuschreibt, daß diese Kultur rein weiblich geprägt war. Ich kann in dieser Auffassung nur ein puritanisches Mißverständnis erblicken, das merkwürdigerweise auch Erich Fromm in seinem Aufsatz über Çatal Hüyük übernimmt. Auch die bildende Kunst Ägyptens ist äußerst zurückhaltend in der direkten Darstellung erotischer Szenen, und trotzdem war die Ägyptische Kultur eine eminent sinnliche Kultur, wie dies ihre Liebesliteratur bezeugt. Alle matrizentrischen Kulturen, die aus Vergangenheit und Gegenwart bekannt sind, praktizieren Riten oder verehren Kultobjekte, deren sexuelle Symbolik unverkennbar ist. Nicht zuletzt geht dies aus den hellenistischen Mysterienkulten hervor.

Die Konzeption der Kultstätten

Es fällt schwer, sich vorzustellen, daß die Priesterinnen von Çatal Hüyük stellvertretend für die Göttin nur den Todesritus vollzogen, wie dies Mellaart so ausführlich erörtert, und nicht auch den *Ritus des Lebens*. Dafür, daß der Ritus der Heiligen Hochzeit schon in den Kulträumen von Çatal Hüyük gefeiert wurde wie später in den sumerischen Tempeln oder in den kretischen Heiligtümern, gibt es einige wichtige Hinweise aufgrund der räumlichen Konzeption der Kultstätten.

Was den Entdecker von Çatal Hüyük besonders überraschte, ist der

Umstand, daß *Wohn- und Kulthäuser* nach ein und demselben Grundschema konzipiert sind. Beide Male besteht das Haus aus einem großen Hauptraum mit einer durchschnittlichen Fläche von 5 mal 6 Metern, von dem aus durch niedrige Wandöffnungen noch kleine Nebenräume zu erreichen sind, die wahrscheinlich der Vorratshaltung dienten. Ein Drittel des Hauptraumes nimmt jeweils die Küche ein mit der Kochstelle und separaten Backöfen. In den Wohnhäusern wurde der verbleibende Raum als kombinierter Schlaf-Wohnraum benutzt, wozu die sogenannten Plattformen dienten. Dies sind niedrige, gemauerte und sorgfältig verputzte Aufbauten mit gerundeter Einfassung, die das Urbild des türkischen Diwans darstellen. Bei der L-förmigen Anordnung der Lagerstätten entlang zweier aneinanderstoßender Wände fällt auf, daß die größte Plattform, die gegenüber den anderen erhöht ist und von meist rot bemalten Holzpfeilern eingerahmt wird, immer der Hausherrin gehört; unter dieser Hauptplattform fand man in allen Schichten der Siedlung stets Frauen mit ihren Kindern begraben, wogegen die männlichen Skelette immer unter den kleineren Plattformen lagen. Die soziologischen Schlußfolgerungen aus dieser Anordnung werden uns später beschäftigen.

Hier interessiert, daß auch die Kulträume neben ihrer reichen sakralen Ausgestaltung an Wänden und Bänken immer auch mit Plattformen ausgestattet sind, wenn auch nur mit wenigen Schlafplätzen. Jedenfalls fehlt in keinem Kultraum jene Hauptplattform zwischen zwei Pfeilern, die in sämtlichen Häusern immer direkt neben der Herdstelle liegt. Wie in den Wohnhäusern, so bilden auch im Kultraum *die Herdstelle und die Lagerstatt der Hausherrin* – hier als Opferherd und Lagerstatt der Priesterin – die beiden Pole des weiblichen Bezirks. Diese beiden Elemente, das heilige Herdfeuer, das unter dem Schutz der Göttin und unter der Obhut der Priesterin steht, und das geheiligte Lager, auf dem die Priesterin stellvertretend für die Göttin mit dem Priester oder dem sakralen König die Heilige Hochzeit vollzieht, bilden die Grundelemente aller späteren matrizentrischen Kulte, und es ist kaum anzunehmen, daß dies in Çatal Hüyük anders war. Daß unter den Plattformen der Kulträume die Skelette von Priesterinnen und Priestern bestattet waren, spricht für diese These.

2. Das männliche Prinzip und die kosmischen Ursymbole

Parallel zur Verehrung des Weiblich-Mütterlichen verläuft in den frühen Kulturen die *Verehrung des Männlich-Zeugenden*. Allerdings ist das letztere für uns weniger sichtbar, weil das männlich-göttliche Prinzip zunächst *in phallischen Symbolen* und erst relativ spät in menschlicher Gestalt erscheint. Während das weibliche Prinzip seit urdenklichen Zeiten als Mutter- und Liebesgöttin im Bilde der menschlichen Frau sakral gestaltet wurde, begegnet uns die männliche Gottheit über viele Jahrtausende hinweg zunächst im Bilde des Tieres.

In Çatal Hüyük ist es vor allem die Gestalt des Wildstieres mit seinem phallischen Gehörn, der neben der Großen Göttin die höchste kultische Verehrung erfährt. Diese findet ihren Ausdruck in den Stierköpfen und Stierhornscheiden der Kulträume wie auch in den Jagdszenen auf den großen Wandgemälden. Unter diesen fällt ein Bild mit einem riesigen roten Stier ins Auge, der praktisch eine ganze Wand einnimmt, und gegen den sich die winzigen Menschenfiguren, die um ihn gruppiert sind, wie Mücken ausnehmen.

Neben dem Stier figurieren Widder und Hirsch als sakrale Tiere, der letztere auf einem der besterhaltenen Wandgemälde von Çatal Hüyük. Abb. 4 Dieses Bild einer Hirschjagd veranschaulicht sehr gut, daß es sich dabei nicht um eine »profane« Jagd handelt: Die Tiere werden mit Seilen eingefangen, obwohl die Jäger mit Pfeil und Bogen bewaffnet sind. Wahrscheinlich hat Mellaart recht, wenn er die mit Leopardenfellen bekleideten »Jäger« als Priester deutet und die Hirsche als Opfertiere.[1] Hinweise auf eine rituelle Tieropferpraxis fand er in Form von Knochenresten auf den Opferherden. Im übrigen erinnert die ganze Szenerie der großen Wandbilder mit ihren leuchtenden Farben und ihrer dynamischen Bewegtheit stark an die großartigen Tierbilder der französisch-spanischen Eiszeithöhlen, unter denen ja auch die gehörnten Tiere wie Mammut, Bison, Stier und Hirsch am häufigsten auftreten.

Gestirnsymbolik

Den Hintergrund für diese Bevorzugung bildet andererseits wohl die Tatsache, daß das geweihtragende Tier in seiner Männlichkeit besonders gekennzeichnet ist und daß die genannten Tiere zudem die kräftigsten und mächtigsten Tiere der damaligen Fauna vorstellen. Bei Bison und Stier kommt aber noch ein entscheidender Faktor hinzu, nämlich die nicht nur phallische, sondern auch *lunare Bedeutung* ihrer Hörner, d. h. ihr mythischer Zusammenhang mit dem Mond. Marie König hat diese Bedeutung mit großem Scharfsinn bei ihren Untersuchungen französischer Kulthöhlen herausgestellt. Unter anderem beobachtete sie, daß die Darstellung der Hörner immer so erfolgt, daß sie harfenförmig nach innen gedreht sind und zwar unabhängig davon, ob das Tier von vorne oder von der Seite zu sehen ist. Ritzungen von losgelösten Hornpaaren in dieser Stellung scheinen ihre lunare Bedeutung zu bestätigen.

Die Ähnlichkeit des Stierhornpaares mit der abnehmenden und zunehmenden Sichel des Mondes hat in der ganzen antiken Welt die Phantasie beflügelt, und König zitiert einen sumerischen Text, in dem der Mond als Himmelsstier bezeichnet wird, der mit seinen goldenen Hörnern die Zeit bestimmt. Von der Antike bis zu Shakespeare bleibt das Bild vom *Mondhorn* zumindest als *poetische Metapher* lebendig, während wir Späteren gewohnt sind, von der Mondsichel zu sprechen, also in einem Bild, das erst während der Ackerbaukultur entstanden sein kann, als man die Klingen zum Schneiden des Getreides nach dem Bild des Mondes formte.[2]

Es ist evident, daß beide, Stierhorn und Mondhorn, phallischen Charakter tragen und daher Sinnbild der zeugenden Lebenskraft sind. Daraus ergibt sich die *früheste mythologische Bedeutung des Mondes als männliches Gestirn*. Die ersten Mondgottheiten Mesopotamiens, Palästinas und Syriens sind männlichen Geschlechts, und in der Folklore spielte der Mondmann zu allen Zeiten eine Rolle. Auch in vielen Naturvolkmythen ist der Mond ein männliches Gestirn, das die Frauen schwängert, wie auch von jeher der Menstruationszyklus der Frau mit dem Mondzyklus in Zusammenhang gebracht worden ist. Der Mond gilt als Buhle der Frauen wie als Gestirn der Feuchtigkeit, der Fruchtbarkeit und des Wachstums.[3]

Die heilige Zahl Drei erhielt ebenfalls durch ihre Beziehung zum Mond ihre erste sakrale Bedeutung. In allen Frühkulturen wurden die wechselnden *Mondphasen* zum *Zeitmesser*, und lange vor dem Sonnenjahr kannten die Menschen das Mondjahr, das aus Monaten, und das heißt aus »Monden« besteht. Für den frühen Menschen sind Vollmond und Neumond (bzw. Schwarzmond) die beiden Fixpunkte, zwischen denen jeweils die Sichel des zunehmenden oder abnehmenden Mondes erscheint. Noch der englische Ausdruck »a fortnight« für 14 Tage läßt erkennen, daß die dadurch gebildete Zeitphase nach Nächten und nicht nach Tagen gezählt wurde.

Die eigentlich sichtbaren Figuren am Nachthimmel aber sind von *dreierlei Gestalt*: zunehmender Mond, Vollmond und abnehmender Mond. Wie genau bereits der Eiszeitmensch das nächtliche Gestirn beobachtet hat, geht aus einem Mondkalender hervor, den man auf einem langen Tierknochen eingeritzt fand. Diese kalendarische Kenntnis voraussetzend, hat Marie König auch bestimmte Dreiheiten unter den Ideogrammen als Mondzeichen gedeutet. So bemerkte sie unmittelbar neben dem Kopf des größten Stiers im sogenannten »Saal der Stiere« von Lascaux drei senkrechte rote Striche, die offensichtlich mit den ebenfalls rot umrandeten Stierhörnern in Verbindung stehen. Sie hat dann die symbolische Verbindung zwischen Mond, Stier und der Zahl Drei auch in späteren Kulturen verfolgt und Beispiele aus Mesopotamien, Kreta und Ägypten gefunden, bei denen Stiere auf ihren Flanken Mondsicheln tragen, die Mondscheibe zwischen den Hörnern oder das Zeichen des Dreiecks auf der Stirn. Das Dreieck wäre hier als eine der vielen Konfigurationen der lunaren Dreiheit zu verstehen, wie sie in den eiszeitlichen Ideogrammen graphisch variiert werden: als drei senkrechte oder waagrechte Striche, als drei übereinander oder nebeneinander gesetzte Punkte, als in Dreiecksposition gesetzte Punkte oder als Dreieck mit ausgezogenen Linien.[4]

Uns mag dies alles heute weit hergeholt erscheinen, aber offenbar entspricht es der Weltsicht der frühen Menschen, daß sie die Bilder aus ihrer Umwelt in den Himmelsbildern gespiegelt sehen wie das Stierhorn im Mondhorn und daß umgekehrt die Himmelsfiguren mit dem Ablauf des irdischen Lebens in Zusammenhang stehen wie der Mondzyklus mit dem Rhythmus des weiblichen Körpers oder der zeitliche Ablauf der Mondphasen mit der irdischen Lebenszeit. Jedenfalls gehören *Astronomie und Astrologie* mit ihren Sternbildern und Tierkreiszeichen zu den ältesten geistigen Dokumenten der Menschheit überhaupt.

Dabei ist überraschend, wie relativ spät die Sonne zum Mittelpunkt mythischen Denkens wird und welch überragende Rolle der Mond in allen Naturvolksmythen und im Volksbrauchtum spielt; doch hat die Vorstellung mancher primitiver Stämme, wonach der *Mond das mächtigere Gestirn* sei, weil er es wage, in der Nacht zu scheinen, wahrscheinlich einen sehr realen psychologischen Hintergrund.[5] Wenn wir mit Rudolf Otto davon ausgehen, daß das religiöse Gefühl der Menschen in einem heiligen Schauder vor den unheimlichen Mächten der Natur wurzelt, so wird mit einem Mal verständlich, warum die frühesten Religionen nächtliche Mythen hervorbrachten: mehr als der Tag ist die Nacht und mehr als die Sonne ist der Mond von jenem unheimlich-heiligen Fluidum umgeben, das Otto das »Numinose« genannt hat. Noch unsere theologischen Begriffe der »Gottesfurcht« und der »Ehrfurcht« verraten das heilige Erschauern als den Ursprung des Religiösen. Nichts aber erregte die numinose Furcht des Menschen so sehr wie der Tod, und keine Botschaft wurde so schmerzlich ersehnt wie die von der Überwindung des Todes. Der Mond aber schien eine solche Verheißung an den nächtlichen Himmel zu schreiben: das Gesetz des Wachstums von der zartesten weißen Sichel bis zum vollen rötlichen Rund, das Los des Schwindens und Verlöschens durch den abnehmenden bleichen Halbmond bis hin zum Versinken des Gestirns im schwarzen Todesschoß des Himmels. Und dann seine Wiedergeburt im »Neu«mond mit der auferstandenen Sichel des Jungmonds, die von Mondanbetern aller Zeiten mit Jubel begrüßt wurde – ein Freudenfest, dem auch der älteste jüdische Sabbath seine Entstehung verdankt.[6]

Als Symbol für Wachstum und Wiedergeburt hat der Mond aber auch eine enge Beziehung zum Weiblichen, und so überrascht es nicht, wenn in vielen matrizentrischen Kulturen der *Mondmythos* mit der Figur der Großen Göttin verschmilzt. Dann werden die drei Mondgestalten zu Symbolen für die *drei Lebenszyklen der Großen Mutter*: die zunehmende Sichel für die jugendliche Tochtergöttin – in der griechischen Mythologie vertreten durch Artemis mit dem »silbernen Bogen« –, der rote Vollmond für die Liebesgöttin in ihrer vollen Reife und der verlöschende Mond als Wahrzeichen der Todesgöttin.

Durch die Identifizierung der Monddreiheit mit den Gestalten der Großen Göttin verbinden sich dann in der *abstrakten Symbolsprache* zwei trinitarische Zeichen: das lunare Dreieck mit dem weiblichen Delta. In beiden Symbolen wird die numinose Macht des Lebens und des Wachstums eingefangen, und beide stehen in geheimnisvollem Zusammenhang mit Tod und Wiedergeburt.

Schon aus der ambivalenten Beziehung des Mondes zur Geschlechtssymbolik geht hervor, daß die *kosmischen Symbole nicht immer so eindeutig geschlechtsspezifisch* waren, wie uns dies durch eine polarisierende Ideologie suggeriert wird. Weder waren der Himmel und seine Gestirne immer die Symbolträger des Männlichen, noch war die Erde durchgängig Symbolbild des Weiblichen, noch sind Blitz und Regenbogen die angestammten Hoheitszeichen des patriarchalen Hochgottes. Ägypten kennt die Himmelsgöttin Nut und den Erdgott Geb, die hethitische, indische und japanische Mythologie große Sonnengöttinnen, und australische Mythologeme sehen die Muttergöttin als Regenbogenschlange am Himmel.

Auch wäre es ein Fehlschluß zu meinen, die ursprünglich männliche Besetzung des Mondes in seiner Eigenschaft als zeugende kosmische Macht würde das matrizentrische Weltbild des frühen Menschen sprengen. Dem Mond übergeordnet bleibt das nächtliche Himmelsgewölbe, das weiblich gedacht und in der ägyptischen Mythologie durch die Muttergöttin Hathor in Kuhgestalt repräsentiert wird, an deren Bauch Sonne, Mond und Sterne als »Augen« erscheinen. Auch im pelasgischen Schöpfungsmythos ist der Mond das Produkt der Muttergöttin Erynome, die in Gestalt der Taube das nächtliche Gestirn als »Weltenei« hervorbringt. Die Mutter ist immer der Anfang, und ein mutterloses Wesen ist für den frühen Menschen unvorstellbar. So heißt es in altägyptischen Texten von der Göttin Nut/Neith: »Sie, die die Sonne gebar, die zuerst gebar, ehe denn geboren wurde.«[7] Abb. 15

Der astralen Übergeordnetheit der Himmelsmutter über die Gestirne – noch Maria steht auf dem Mond und trägt das Sternenkleid – entspricht in den Kultbildern von Çatal Hüyük die Beziehung zwischen Muttergöttin und Stier. Überall thront die Göttin über dem Stier, weil sie es ist, die das heilige Tier gebiert. Und wie eine ferne Vorgängerin der Göttin von Çatal Hüyük hält schon die »Venus mit dem Horn«, ein bekanntes Steinrelief aus dem eiszeitlichen Laussel, ein Stierhorn in ihrer Rechten als Herrin der Tiere.[8]

Tiersymbolik

Ähnlich wie bei der Gestirnsymbolik gelingt auch für die Tiersymbolik eine eindeutige Zuteilung bestimmter Tiere zu weiblichen und männlichen Gottheiten nicht, wenn man von der banalen Tatsache absieht, daß von ein und derselben Gattung das weibliche Tier der Göttin und das männliche Tier dem Gott zugeordnet sind wie Kuh–Stier, Schaf–Widder, Ziege–Ziegenbock usw. Versuchen wir aber, die Tiere nach ihren Lebensbereichen oder nach ihrem Charakter zu ordnen, etwa die Vögel als Lufttiere, die Fische und die Schlangen als Unterweltstiere, den Löwen als Raubtier oder das scheue Wild als friedliches Tier, so scheitert eine feste geschlechtsspezifische Zuordnung in den meisten Fällen.

So gehören die *Vögel*, die wir als Geisttiere anzusehen gewohnt sind und mit männlichen Gottheiten zu assoziieren pflegen, in den matrizentrischen Kulturen zu den *Symboltieren der Großen Göttin*, wofür der Geier ein erstes Beispiel war. Im Mittelmeerraum, in Nord- und Osteuropa und in Kleinasien stehen vor dem 2. Jahrtausend v. Chr. praktisch alle bekannten Vogelarten in ihrem Umkreis: Adler und Eule, Falke und Krähe, Taube und Schwalbe, Gans und Ente, Schwan und Kranich, sie alle waren die Symboltiere Großer Göttinnen. Auch die großen *Raubkatzen* als Attribute der Göttinnen wechseln später sowohl ihr Geschlecht als ihren Herrn. Allen voran ist die *Schlange ein zwitterhaftes Wesen*, das sich schillernd zwischen weiblicher und männlicher Symbolik bewegt.

Zwischen Göttinnen und Göttern gibt es bei der Symbol-Zuordnung nur *einen* durchgängigen Unterschied, und dieser liegt darin, daß bei den *weiblichen Gottheiten* der *Akzent primär auf der menschlichen Gestalt* liegt und Tiere oder Gestirne sekundäre Verkörperungen oder Attribute sind, während umgekehrt die *männlichen Gottheiten primär in außermenschlichen Bildern* gedacht werden und erst sekundär menschliche Gestalt annehmen.

Dafür spricht unter anderem die weltweite archäologische Beobachtung, daß an den ältesten Fundstellen neben den *Kleinfiguren der Muttergöttin* fast durchwegs, und zwar aus dem gleichen Material und ebenfalls äußerst sorgfältig gearbeitet, Tierfiguren auftauchen, die zum Teil als Amulette zugerüstet und als sakrale Gegenstände aufzufassen sind.[9] Dagegen fehlen für diese weiten vorgeschichtlichen Zeiträume männliche Götterbilder.

Noch in der gesamten ägyptischen Mythologie steht bei den männlichen Gottheiten die *Tiergestalt* im Vordergrund. So wurde der Apis-Stier als die Verkörperung des Gottes Osiris bis in die hellenistische Zeit als heiliges Tier gehalten und sein feierlicher Prozessions- und Opferweg als eines der größten Feste in Ägypten begangen. Meistens treten die ägyptischen Götter auch mit Tierköpfen auf: Re mit dem Skarabäuskopf, Ammon mit dem Widderkopf, Thot als Pavian oder mit dem Ibiskopf. Und während Horus mit dem Falkenkopf dargestellt wird, behält die Göttin Hathor ihr typisches Gesicht mit den nach außen gebogenen »Hathorlocken«, wenn auch mit Kuhohren und Kuhhörnern bestückt oder, seltener, auf dem gefiederten Körper eines Falken.[10] Eine Ausnahme von dieser Regel bilden nur die Todesgöttinnen. In ihrer Funktion als Todbringende und Verschlingende erscheint die Göttin von Çatal Hüyük in Geiergestalt, die ägyptische Sachmet als Löwin und die verschlingende Tahurt als eine Mischung aus Löwin, Krokodil und Nilpferd.

Wenn wir den Leoparden oder besser die Leopardin als Symboltier von Çatal Hüyük betrachten, das dort als göttliches Begleittier erscheint und dessen Fell zur Kleidung der Göttin und der Priesterschaft dient, so fällt die unterschiedliche Beziehung auf, die Mutter- und Tochtergöttin einerseits und jugendliche Götter andererseits zu ihrem Begleittier haben. Die Muttergöttin stützt sich als Gebärende souverän auf zwei Raubkatzen, Mutter und Tochter stehen frei und ungezwungen vor dem Tier, während männliche Figuren mit den Leoparden, auf denen sie reiten, geradezu verschmelzen, wie später die griechischen Kentauren mit dem Pferd.[11]

Den Primat der Tiergestalt bei den männlichen Gottheiten illustriert unter anderem der römische Bericht über Brennus, den Anführer der Kelten, der schallend gelacht haben soll, als er sah, daß Griechen und Römer ihre Götter in Menschengestalt verehrten. Das kann sich nur auf die männlichen Götter bezogen haben, denn die Kelten verehrten die »Drei Matres« als Muttergottheiten in Menschengestalt, während an oberster Stelle ihres männlichen Pantheons der Hirschgott stand. Dem nordischen Fürsten mag die Kraft des Menschen neben der Kraft des Hirsches oder des Stieres lächerlich erschienen sein. Vielleicht ist auch der griechisch-kretische Mythos von Europa und dem Stier dahingehend zu verstehen, daß Zeus es für nötig gefunden hatte, sich in einen Stier zu verwandeln, um bei der archaischen Göttin Gehör zu finden, weil nur die Tiergestalt seine Göttlichkeit garantierte.

Jedenfalls wird auf diesem Hintergrund das Phänomen der *sakralen Zoogamie*, das im Mythos von Zeus und Europa anklingt, weniger unverständlich, ein Phänomen, dem die meisten Religionswissenschaftler bisher mehr oder weniger hilflos ausgewichen sind. Besonders von Ägypten ist der Ritus der sakralen Zoogamie bis in die griechische Zeit verbürgt. Plutarch erwähnt die Heilige Hochzeit zwischen einer Priesterin und dem göttlichen Ziegenbock als einen festen Bestandteil der Religionsausübung, und auch dem göttlichen Stier wurden auf seiner Reise weibliche Gespielinnen mitgegeben. F. Heiler vermutet einen symbolischen zoogamen Ritus im Zusammenhang mit dem großen Pferdeopfer des vorbrahmanischen Indien, bei dem sich die Priesterin neben das Opfertier legte.[12]

Zudem berichten alle totemistischen Mythologeme der Naturvölker über die sagenhaften Verbindungen ihrer Stammesmütter mit den von ihnen verehrten Totemtieren. Die Eskimomärchen sind voll von Geschichten über die Heiraten legendärer Frauen mit Bären, Hunden, Walen und Vögeln, und noch in unseren Volksmärchen begegnet die Prinzessin manchmal zuerst einem Bären, einem Esel oder einem Frosch, bevor dieser in einen Prinz verwandelt wird. Unsere christlich-puritanische

Märchendeutung, wonach die Jungfrau den Mann aus seiner Triebhaftigkeit erlösen muß, stellt die ursprünglichen Zusammenhänge freilich auf den Kopf. Wie die Göttin als Liebesgöttin, so wird auch die archaische Frau im Märchen nur deshalb Jungfrau genannt, weil sie jung und an keinen Gatten gebunden ist. Sie erlebt die Begegnung mit dem Männlichen zunächst unpersönlich als animalische Naturkraft, und erst wenn ihre emotionale Bindung an den Gefährten stark genug wird, um ihn als Person zu lieben, verwandelt sie ihn in den geliebten Menschen.

Die Menschengestalt der frühen Götter tritt aber nicht nur hinter der Tiergestalt zurück, auch die *männliche Gestirnsymbolik* bleibt relativ lange *ohne anthropomorphe Darstellung*. In Sumer taucht erst Ende des 3. Jahrtausend v. Chr. das Bild des Mondgottes Nanna auf einer Stele in Ur auf, nachdem sein Kult schon mindestens 1000 Jahre vorher in Form von Stieropfern in den sumerischen Tempeln vollzogen wurde. Demgegenüber gibt es einen großartigen Marmorkopf der Göttin Inanna von Uruk schon 800 Jahre vor dieser Stele, eine Göttin, die wahrscheinlich auch mit dem Mond in Beziehung stand, wofür die Mondfarben des berühmten schwarz-weiß-roten Mosaiks an ihrem Tempel in Uruk sprechen.[13]

Abb. 9

Nach allem, was wir bisher kennen, erhält die *männliche Gottheit erst als Sohn der Großen Mutter ihre Menschengestalt*. Zuerst als der göttliche Knabe auf ihrem Schoß, später als ihr Jünglingsgeliebter, der als Fruchtbarkeits- und Vegetationsgott mit ihr zusammen das Leben auf der Erde garantiert.

Mutter-Tochter-Idole

Alle Vorstellungen von einem »Urelternpaar« sind relativ späten Datums, wie auch der jüdische Schöpfungsbericht von Adam und Eva in der alttestamentlichen Form erst aus dem 1. vorchristlichen Jahrtausend stammt. Groteskerweise werden manche vorhistorischen Paarfiguren von den Forschern als ein solches Urelternpaar gedeutet, obwohl beide Figuren Brüste tragen und eindeutig als Doppelgöttinnen bzw. als *Mutter-Tochter-Gottheit* zu identifizieren sind.[14]

Gerade an den Mutter-Tochter-Idolen wird klar, daß in den frühen mythischen Vorstellungen die göttliche Generationenfolge matrilineal tradiert wird, von der Mutter zur Tochter, und deshalb geht in vielen uns bekannten Kulturen das Demeter-Kore-Motiv dem Isis-Horus-Motiv voraus. Dabei ist die Geburt der göttlichen Tochter als *Parthenogenesis*, also als eine Geburt *aus dem Weiblichen* ohne Verbindung mit einem Vatergott, zu verstehen. Auffallenderweise wird die Tochtergöttin nie als Kleinkind dargestellt, sondern immer schon als junge Frau, gewissermaßen als eine jugendliche Erneuerung und Verdoppelung der Mutter. So zeigt ein ägyptisches Gemälde aus dem Grab Ramses VI. ein Göttinnen-Paar, bei dem die junge Göttin zwischen den emporgehaltenen Händen der Mutter auf deren Kopf steht und ihrerseits mit derselben Geste die neugeborene Sonnenscheibe in Händen hält. Das gleiche Motiv kehrt auf einer ägäischen Marmorstatuette aus dem 2. vorchristlichen Jahrtausend wieder. Auch dort steht die kleinere Tochterfigur auf dem Kopf der Mutter, wie diese nackt und mit verschränkten Armen unter den Brüsten, schon wieder bereit, die nächste Generation an ihren Brüsten zu nähren.[15] Auch die griechische Kore entsteigt als erwachsene Jungfrau im Frühling der Erde,[16] während im alten Zeusmythos der göttliche Knabe als Säugling aufgezogen wird wie auch der ägyptische Horus, den man noch immer auf dem Schoß der Mutter sitzend abbildet, nachdem er längst ägyptischer Hochgott geworden ist. Schließlich findet sich in der kunstvollsten Gruppendarstellung von Çatal Hüyük die später oft wiederholte Kombination von Muttergöttin, Tochtergöttin und göttlichem Sohn, wie sie auf einem berühmten mykenischen Bildwerk und in Griechenland als Gruppe Demeter-Kore-Pluto wiederkehrt. (Vgl. S. 208) Noch Leonardo da Vinci gestaltet in seinem Bild der »Hl. Anna Selbdritt« das uralte Motiv der Mutter-Tochter-Göttin (Anna-Maria) mit dem göttlichen Sohn (Jesus).

Neben der Gestirn- und Tiersymbolik bediente sich die sakrale Kunst aller Kulturen auch der *Pflanzensymbolik*, für die es aber in Çatal Hüyük nur einige wenige Andeutungen gibt und die erst in den frühen Hochkulturen ihre reiche Metaphorik entfaltet.

Architektursymbolik

Hingegen gibt es in Çatal Hüyük konkrete Hinweise für eine *Architektursymbolik*, wie sie im späteren Tempel- und Palastbau hervortritt. Sowohl in der schon genannten Stalagmitenfigur, bei welcher nur der Kopf der Göttin modelliert und der Leib als Natursteinsäule belassen ist, wie auch im großen Doppelrelief der Göttin, wo die Körper der Mutter- und Tochtergottheit als streng parallel verlaufende Pfeiler gebildet sind, haben wir ein Urbild der Pfeiler- und Säulensymbolik vor uns.

Das Haus sowie Pfeiler und Säule als Träger des Hauses sind in allen frühen Kulturen *dem Weiblichen zugeordnet*. Bei zwei bekannten weiblichen Idolen aus Syrien aus dem 3. Jahrtausend v. Chr. sind die Körper als Pfeiler bzw. als Rundsäule gestaltet.[17] In Kreta und im minoischen

Mykene vertritt der Pfeiler als solcher, ohne irgendeine figürliche Gestaltung, die Göttin, so daß auch die Säule am mykenischen Löwentor zwischen den beiden Löwinnen die Anwesenheit der Göttin verkündet. Im klassischen Griechenland wird dieses Symbol dann zur architektonisch-stilistischen Pose, wenn die Karyatiden als Säulenmädchen das Gebälk der Tempel tragen.

Im Gegensatz zu Säule und Pfeiler ist der freistehende *Obelisk ein männlich-phallisches Symbol*, das in Ägypten den Sonnengott repräsentiert. Hingegen ist die symbolische Bedeutung der Pyramidenform bis heute ungeklärt, wenn auch das gleichseitige Dreieck als das Schlüsselelement der Pyramide eher in die Richtung der weiblichen Symbolik bzw. in die der Mondsymbolik weist.[18]

Das Pendant zu den ägyptischen Obelisken bilden in Mittel- und Nordeuropa die Menhire aus der Megalithkultur, Steinsäulen aus einem einzigen Block bis zu 20 Metern Höhe. Dabei haben keineswegs alle megalithischen Steinidole phallische Bedeutung. Cillie Rentmeister weist auf die kegelförmigen Menhire in Sardinien hin, die mit ihren angedeuteten Brüsten eindeutig weiblich gedacht sind, wie ja auch im ältesten Aphrodite-Heiligtum in Paphos auf Zypern die Göttin in Gestalt eines kegelförmigen Steines verehrt wurde.[19]

Phallischen Charakter und zugleich apotropäische Funktion haben die sogenannten »*Mondhörner*«, die in Kreta die Zinnen der Paläste krönten und eine architektonische Entsprechung zu den Bukranien, den Stierhornbänken darstellen. Diese aus Stein geformten, stilisierten Gebilde tauchen auch in den etruskischen Totenstädten und an prähistorischen Fundstellen Mitteleuropas auf.[20] Noch die heutigen matrilineal lebenden Frauen von Minangkabau auf Sumatra tragen einen zeremoniellen Kopfschmuck mit den Hörnern des Wasserbüffels, wie auch der Dachgiebel ihrer Häuser das Gehörn des Büffels symbolisiert.[21]

In welchem Maß der frühe Mensch die beiden Träger der Fruchtbarkeit, den weiblichen Schoß und den Phallus, gemeinsam verehrte, beweist eine in Süddeutschland aufgefundene rötliche Kalksteinstatuette aus der jüngeren Altsteinzeit, die unter dem Namen »Die Rote« bekannt ist. Die Figur stellt eine Kombination der weiblichen und männlichen Genitalien dar, wobei auf ein weibliches Gesäß ein Phallus aufgesetzt ist.[22] Ganz ähnliche, wenn auch viel kunstvollere Kultobjekte gibt es im hinduistischen Indien, wo aus dem stilisierten weiblichen Schoß (yoni) der göttliche Phallus (lingam) aufragt.[23]

Im übrigen hat sich auch in manchen *Alltagsgegenständen* der hochzivilisierten Völker die sexuelle Symbolik erhalten, am deutlichsten in den Gebäckformen, die auf uralte Vorbilder zurückgehen. So geben wir den »Brötchen« den Einschnitt des weiblichen Genitales und formen die »Hörnchen« oder die »flûte« nach dem männlichen Glied.

Abstrakte Formelemente

Die sakrale Bedeutung einer Kultstätte erschöpft sich jedoch nicht in den gegenständlichen Bildwerken der Kunst, sondern ist auch in den abstrakten Formelementen zu suchen, die zunächst nur als stilistisch-ästhetische Nebensächlichkeiten erscheinen. Dies hat M. König anhand der Ideogramme in den eiszeitlichen Kulthöhlen überzeugend dargestellt, in denen sie eine »Zeichensprache des frühen Menschen« entdeckte, die in ungebrochener Tradition in die *ornamentale Symbolik* der späteren Kulturen einging.

Eines dieser uralten »Muster«, die wir Späteren als bloße Verzierung wahrnehmen, ist die *Spirale*. Mehrmals ist auf dem schwangeren Leib der Göttin von Çatal Hüyük eine Spirale aufgemalt, was den Zusammenhang dieses Motivs mit der Lebenssymbolik nahelegt.[24] Wir finden die Spirale in der vorgeschichtlichen Welt von Westeuropa bis nach Rußland, von Nordeuropa bis in den Mittelmeerraum. Sie erscheint auf den Megalithsteinen des Neolithikums, auf Kult- und Gebrauchsgegenständen der Bronzezeit, und immer wieder in der Kretischen und Griechischen Antike.[25] Aus der Art ihrer Verwendung ist abzulesen, daß die Spirale in Form der von innen nach außen sich entfaltenden Linie Zeichen des Wachstums und des Lebens war, als von außen nach innen sich rollendes Band das Symbol der Rückkehr zum Urbeginn und des Todes, wobei sich in den fortlaufenden Bändern des Mäanders und des »laufenden Hundes« (der Hund ist Tier der Todesgöttin!) der ständige Wechsel von Werden und Vergehen spiegelt. Wahrscheinlich liegt auch dem Zickzack-Band und der Wellenlinie, die als Bandmuster einer ganzen keramischen Epoche ihren Namen gaben und die auch in Çatal Hüyük als Ornamente häufig sind, die Lebens- und Todessymbolik zugrunde.

Schon in den Kulthöhlen der Eiszeit hat M. König ein anderes unsterbliches »Muster« entdeckt, eine tannenzweigartige Figuration, die als »*Fischgratmuster*« in den englischen Stoffen weiterlebt. Seine Verwendung auf jungsteinzeitlichen Grabstelen macht den Sinn dieses Zeichens klar. Der »Tannenzweig« mit den aufstrebenden »Nadeln« steht für das Leben, die Form mit den abfallenden Schrägstrichen für den Tod.[26] Diese Sinngebung ist in der germanischen Lebens- und Todesrune erhalten, und auch der Pfeil als eiszeitliches Ideogramm ist nicht nur die tödliche Waffe des Jägers, sondern auch ein universelles Symbol für den Tod.

Vom Symbolgehalt des Dreiecks als Zeichen für das Weibliche und als eine Variante der heiligen Zahl Drei war schon die Rede. Neben dem Dreieck zählen Viereck, Quadrat und Netzmuster zu den häufigsten eiszeitlichen Ideogrammen, wobei das Viereck vielfach von senkrechten oder diagonalen Linien durchkreuzt ist. Die letztere Konfiguration kennen wir als »Union-Jack«-Muster von der englischen Fahne. M. König deutet diese Abwandlung der Vierecks-Konstellation als Raumorientierungs-Symbol mit den 4 Himmelsrichtungen als Eckpunkten. Daß auch das Netz aus quadratisch sich kreuzenden Linien mit der Weltordnung zu tun hat, geht aus dem sogenannten »magischen Quadrat« hervor, das in China jahrtausendelang die heilige Ordnung des Kosmos symbolisierte. Weil die Schildkröte diese Ordnungslinien auf ihrem Panzer trägt, galt sie in China und in anderen Frühkulturen als heiliges Tier.[27]

Ähnliches gilt für das Rautennetz, das auf den Kaisermänteln des Mittelalters und auf Fahnentüchern als Nationalsymbol bis in unsere Zeit seine Aussagekraft behalten hat, während wir das »Karo« nur noch als »Farbe« im Kartenspiel oder als triviales Stoffmuster wahrnehmen.

In den matrizentrischen Kulturen gehören alle diese Zeichen in den *Umkreis der Göttin*. So sind auch die Bemalungen der Göttin von Çatal Hüyük, die eine Bekleidung andeuten, mit Dreiecken, Vierecken und Rauten versehen. Eine ebenfalls jungsteinzeitliche Tonfigur aus Thrakien zeigt identische Zeichen als Gravierungen, dazu eine doppelt gewundene Spirale im Schoßdreieck.[28] Bei den sogenannten *Inkrustationen*, die als tiefe Furchen den ganzen weiblichen Körper bedecken, zeigen die Idole aus Rumänien, Griechenland und Cypern des 4. und 3. vorchristlichen Jahrtausends ebenfalls die Raute, das Viereck und Dreieck, sowie die Spirale. Dazu aufstrebende und abfallende Linien, die möglicherweise dem Tannenzweigmuster entsprechen.[29]

Als immer wiederkehrendes Wandornament nimmt in Çatal Hüyük das »Union-Jack«-Muster einen hervorragenden Platz ein, oft in den Mondfarben schwarz-weiß-rot oder blau-weiß-rot gehalten, Muster und Farben, die häufig noch heute auf unseren Nationalflaggen erscheinen.[30]

Ebenso alt wie die schon genannten Zeichensymbole ist das *Zeichen des Kreuzes*. In den Kulthöhlen tritt es aufrecht oder diagonal auf, oder, wie schon geschildert, als Unterteilung des Vierecks. Es fanden sich dort aber auch plastisch gearbeitete Kreuzesformen, die den plastischen Dreiecken entsprechen und wie diese Durchbohrungen aufweisen, die ihre Verwendung als Amulette wahrscheinlich machen. Die Funktion des Kreuzes als apotropäisches Zeichen deutet an, daß in ihm von Anbeginn mehr gesehen wurde als abstrakte Weltordnungskoordinaten. Flache plastische Anhänger in Kreuzesform, sog. Kreuzidole, die aus archäologischen Funden von Zypern stammen (3. Jahrtausend v. Chr.),[31] verraten diesen zusätzlichen Sinngehalt: sie zeigen deutlich die Formung eines Kopfes am oberen Ende des Längsbalkens und die durch eine Kerbe angedeutete Zweiteilung der Beine am unteren Ende des Längsbalkens. Nimmt man den Querbalken als Andeutung ausgebreiteter Arme hinzu, so haben wir im Kreuz das schematisierte Bild der Großen Göttin vor uns, wie es bereits in Çatal Hüyük am großen Doppelrelief der Göttin angedeutet ist, wenn auch dort mit zwei Köpfen und zwei Längsbalken.

Das Zeichen des Kreuzes als bildliche Kurzformel für die Göttin begegnet uns wieder in der sumerisch-babylonischen und in der ägyptischen Sakralkunst, wo diese Konfiguration in der Fachliteratur als »Anch«- oder Lebenszeichen, als Lebensschleife oder Henkelkreuz bezeichnet wird. Wir sehen es immer wieder gewissermaßen als Lebensschlüssel, den die babylonischen, vor allem aber die ägyptischen Göttinnen in Händen halten und der auch zum Hoheitszeichen der Pharaonen geworden ist.

Eine Variante dieses Zeichens taucht in der Astrologie als Signet für den Ischtar- oder Venus-Stern auf, welches bis heute das Symbol für den Planeten Venus und das Zeichen für »weiblich« geblieben ist. Auch darin können wir unschwer das Bild der Göttin erkennen mit dem Kopfrund und den ausgebreiteten Armen.

Auch die sogenannten »Steckkreuze« aus dem Mittelalter, die man aus Naturheiligtümern und aus römischen Ruinen barg und die auf heidnische Traditionen zurückgehen,[32] zeigen vorchristliche Kreuzesformen, bei denen der oder die Querbalken als Andeutungen ausgebreiteter Arme bzw. ausgebreiteter Beine verstanden werden können. Und selbst Varianten christlicher Kreuze zeigen eine Formgebung – wie das Doppelkreuz der griechisch-orthodoxen Kirche oder das Lothringerkreuz –, die aus der christlichen Ikonographie nicht zu verstehen ist. Das Doppelkreuz hat seine Entsprechung nur in der Gebärstellung der Großen Göttin, und so ist es wohl auch kein Zufall, daß die französischen Ethnologen das sakrale Fruchtbarkeitssymbol der Dogon (die sog. Kanaga-Figur) als eine Art Lothringerkreuz bezeichneten.

Interessant in diesem Zusammenhang ist schließlich die keltische Darstellung eines Kruzifixus, der eindrucksvolle Spiralornamente auf Brust und Bauch trägt wie als Erinnerung an die uralten Unsterblichkeitssymbole der Großen Göttin.[33]

Vermischung der Symbolbereiche
Nun gibt es aber auch eine *Vermischung der verschiedenen Symbolbereiche*, vor allem eine Kombination von Natursymbolen mit abstrakter Ornamentalsymbolik, die in der Sakralkunst aller frühen Hochkulturen einen großen Teil der künstlerischen Motive ausmacht und von großer geistiger Aussagekraft ist. Als Beispiel dafür sei eine sogenannte Kultstandarte aus dem 3. Jahrtausend v. Chr. erwähnt, die aus dem nordostanatolischen Fundort Alaca Hüyük stammt. Sie besteht aus einer Hirschfigur aus Bronze, über der in großem Bogen eine riesige, zweiköpfige Schlange sich windet. Der linke Kopf der Schlange ist betont nach links außen gedreht, ihr rechter Kopf ebenso betont nach rechts außen (s. Titelbild).[34] Eine ähnlich janusköpfige Schlange ist auf einem bekannten spartanischen Wassergefäß aus dem 6. Jahrhundert v. Chr. zu sehen, die sich ebenfalls horizontal am oberen Rand der plastischen »Verzierung« befindet. In deren Mitte steht eine geflügelte Göttin, die oben und unten von einem Löwenpaar flankiert wird. Dabei wenden sich die Löwen oben voneinander ab, unten einander zu, wobei ihre Schwänze jeweils zu einer linksdrehenden bzw. rechtsdrehenden Spirale aufgewickelt sind, eine Gegenläufigkeit, die sich im Spiralornament zu Füßen der Göttin wiederholt. Daß jeder dieser Gegensätze den Lebens- und Todesaspekt symbolisiert, wird vollends deutlich an den beiden Hasen, welche die beiden unteren Löwen in ihren Pfoten halten, wobei der linke mit dem Kopf nach oben, der rechte mit dem Kopf nach unten zeigt.[35]

Abb. 17

Möglicherweise sind alle doppelköpfigen Tiere der Mythologie in diesem Sinne zu deuten: der zweiköpfige Adler, auf dem die Göttinnen von Hattusa stehen, die zweiköpfigen Enten aus Ägypten, das doppelköpfige mykenische Pferd und der Hund der Hekate als der Herrscherin über Leben und Tod, der allerdings meist in seiner in den Mondfarben gehaltenen dreiköpfigen Variante zu sehen ist.[36]

Auch das berühmte chinesische *Yin-Yang*-Zeichen, welches wir gewohnt sind, als *das* Symbol für männlich-weiblich zu betrachten, hat ursprünglich wohl einen anderen Sinngehalt. Auf den alten Bildern, die reliefartig gearbeitet sind, können wir deutlich *einen nach oben und einen nach unten gerichteten Schlangenkopf* erkennen.[37] Der nach aufwärts gerichtete ist in heller, der nach abwärts gerichtete in dunkler Farbe gestal-

Abb. S. 9

tet, wobei die komplementären Farbtupfer als die beiden Augen aufzufassen wären. In der Einleitung zum I Ging von Richard Wilhelm ist nachzulesen, daß der Ursinn der Worte »Yin« und »Yang« im Chinesischen *nichts mit »weiblich« oder »männlich« zu tun* hat. »Yin« ist in seiner Urbedeutung das »Wolkige, Trübe, Dunkle«. »Yang« bedeutet das »Helle, Beleuchtete« und bezieht sich ursprünglich auf »in der Sonne wehende Banner«. Beide Bilder sind also aus der Anschauung des Himmels gewonnen und legen in keiner Weise die Polarisierung Himmel-Erde nahe. Die Deutung des Zeichens als Kontrapunkt Erde-Himmel und, parallel dazu, als weiblich-männlich kommt weder im Text des I Ging noch in einem der frühen Kommentare vor. Sie ist erst während der ersten vorchristlichen Jahrhunderte durch philosophische Gelehrtenspekulationen in das Yin-Yang-Symbol hineininterpretiert worden, während dieses selbst und auch das Buch der Wandlungen sehr viel älter sind.[38]

Höchstwahrscheinlich war auch das *Tai-Gi* genannte Zeichen (was so viel bedeutet wie das Eine, das Allererste) *ursprünglich ein Lebens- und Todessymbol* wie die übrigen zweiköpfigen und gegenläufigen Tiersymbole (vgl. S. 202 f.).

Was aber die *zweiköpfige Schlange* anbelangt, so finden wir dieses Motiv nicht nur bei den schon erwähnten Beispielen aus Anatolien und Sparta, sondern in den verschiedensten frühen Hochkulturen. In Indien taucht es an Arm- und Halsringen in Form von gegenständigen Schlangenkopf-Enden auf.[39] Außerdem bilden in der brahmanischen Symbolik zwei Schlangen in abwärts und aufwärts gerichteter Bewegung das Sinnbild für den göttlichen Schlaf und das göttliche Erwachen in den Nächten und Tagen Brahmas, des obersten Gottes des Pantheons.[40] In Mexiko war die doppelköpfige Schlange eines der großen Staatssymbole der Azteken, welches Macht, Magie und Klugheit verkörperte,[41] doch ist anzunehmen, daß auch dieses patriarchal annektierte Symbol ursprünglich eine umfassendere Bedeutung hatte. Schließlich kennt auch die keltische Ornamentik die doppelköpfige Schlange, wie sie noch an keltisch beeinflußten frühchristlichen Gräbern, Handschriften und Kirchen Süddeutschlands zu sehen ist. Dabei verweist ihre Verbindung mit dem Kreuz auf die dahinterstehende Lebens- und Todessymbolik.[42]

3. Die Priesterin

Parallel zur Dominanz der Großen Göttin stoßen wir in Çatal Hüyük auf eine Priesterschaft, deren höchste Ämter in den Händen von Priesterinnen lagen.

Gehen wir von den Skelettfunden aus, so zeichnen sich die *Bestattungen* in den Kulträumen dadurch aus, daß sie mit besonderer Sorgfalt vorgenommen und daß allen männlichen und allen weiblichen Personen Grabbeilagen von besonderer Art mitgegeben wurden. Bei Bestattungen in den Wohnhäusern fehlen vielfach solche Beilagen, und wo sie auftauchen, sind sie von ganz unterschiedlicher Qualität. Es handelt sich dabei um Gebrauchsgüter aller Art, um Werkzeuge und Waffen, Tonsiegel und Schmuck.

Unter den Skeletten aus den Kulträumen, welche Mellaart für bestattete Priester und Priesterinnen hält, fallen elf durch eine besondere *Präparierung der Gebeine und des Schädels mit Rotocker* auf, eine bevorzugte Behandlung, die bei allen übrigen – im Ganzen ungefähr 400 aufgefundenen Skeletten aus Wohn- und Kulträumen – nirgends vorkommt. Diese elf Skelette sind mit größter Wahrscheinlichkeit alle ausnahmslos weiblichen Geschlechts, und deshalb hat der Entdecker in ihnen die sterblichen Überreste von *Hohepriesterinnen* gesehen.[1] Wenn diese Interpretation richtig ist – und es gibt keinen plausiblen Einwand gegen sie –, so haben wir hier in Çatal Hüyük eine frühe Form jener weiblichen Dominanz in der Priesterschaft vor uns, die 4000 Jahre später in Sumer und Babylon historisch aktenkundig geworden ist. Erst der babylonische König Hammurabi, der von 1793–1750 v. Chr. regierte, hat das Amt der Hohenpriesterin für sein Land offiziell abgeschafft. Als historische Zwischenglieder könnten schriftlose Zeugnisse aus Nordgriechenland und dem Mittelmeergebiet gelten. Es sind dies kleine Tonmodelle von Kultplätzen, auf denen Kultszenen aus dem 4. und 3. vorchristlichen Jahrtausend festgehalten sind und die als *Kultakteurinnen ausschließlich Priesterinnen* zeigen.[2]

Kultattribute

Neben der Rotockerbestattung einiger weniger fällt bei den weiblichen Bestattungen im Çatal Hüyük eine Grabbeilage auf, die sich in den Wohnhäusern sonst nirgends fand und die deshalb als Charakteristikum für die

Priesterin gelten kann, nämlich der *Obsidianspiegel*.[3] Zu diesem Attribut der Priesterin kommen Schminkplatten und Schminkkörbchen, gefüllt mit Rouge, sowie besonders wertvolle Halsketten, Arm- und Fußringe.

Bei den männlichen mutmaßlichen *Priestern* fand man ebenfalls *Halsketten* und *Amulette*, allerdings weniger zahlreich und aus bescheidenerem Material. Die Stelle der Obsidianspiegel nehmen hier die *Obsidiandolche* ein, oft mit sehr kunstvollen Griffen versehen, so daß sie als Zeremonialdolche verstanden werden können. Dazu fein polierte Gürtelschnallen und Ösen, die wahrscheinlich dem Zusammenhalten der zeremoniellen Leopardenfellkleidung dienten, wie sie auf einem der großen Wandbilder abgebildet ist.

Bereitet die Deutung der männlich-priesterlichen Grabbeilagen kaum Schwierigkeiten, weil Zeremonialdolche und andere kultische Waffen wie auch die Leoparden- oder Löwenfellbekleidung als Attribut der Opferpriester aus anderen Kulturkreisen bekannt sind, so ist die Bedeutung der weiblichen Grabbeilagen als Zeichen priesterlicher Würde weniger offensichtlich. Hier macht Mellaart den Fehler vieler Archäologen vor ihm, den Spiegel, die Schminkutensilien und den Schmuck lediglich für die Requisiten der weiblichen Schönheitspflege zu halten. Dies werden sie erst lange Zeit später, nachdem man den Frauen von Stand kein anderes Betätigungsfeld mehr übriggelassen hatte.

Daß diese Gegenstände ursprünglich einen völlig anderen Sinn gehabt haben, geht unter anderem daraus hervor, daß *Halsketten und Ringe* sowohl in den alten Hochkulturen wie bei den Naturvölkern *auch von Männern getragen* werden, und daß noch die mittelalterlichen Kaiser, ja noch die Bürgermeister unserer Tage den Siegelring oder die Amtskette zum *Zeichen ihrer Würde* anlegen.

Die Kostbarkeit und die besondere Art des Schmuckes bestimmten aber nicht nur den gesellschaftlichen Rang einer Person, wie dieser etwa an den keltischen Halsgeschmeiden, den sogenannten Torques, ablesbar war. Sie sind vielmehr für den frühen Menschen zugleich *Ausdruck seiner mythisch-magischen Vorstellungswelt*. Halsketten und Amulette sind als Grabbeilagen bereits für die Altsteinzeit verbürgt, bestehend aus Muscheln, Tierzähnen und Knochenperlen, und diese einfachen Materialien finden sich noch in den Gräbern der Wohnanlagen von Çatal Hüyük. Wahrscheinlich hatten sie sowohl apotropäischen Charakter, weshalb sie auch Kindern beigegeben wurden, als auch die Rolle der magischen Aufladung ihres Trägers wie noch die Zauberringe in unseren Märchen.

Auch das *Schminken des Gesichts* – als Teil der Körperbemalung – ist weder bei den Naturvölkern noch bei den alten Hochkulturen den Frauen vorbehalten. Der ägyptische Pharao, der indianische Schamane und die Magier aller Völker bis hin zu deren letztem kleinen Verwandten, dem Zirkusclown, sie alle schminken ihr Gesicht nicht aus Eitelkeit, sondern um ihre *magische Ausstrahlung* zu betonen.

Wenn also in Çatal Hüyük die Gräber der Priesterinnen sowohl mit Schminkpaletten als auch mit reichem Schmuck ausgestattet sind – unter ihnen Halsgeschmeide aus Elfenbein, Kupfer oder Halbedelsteinen wie die schon erwähnte Kette mit den schematisierten Figuren der Göttin –, so kann dies nur heißen, daß die Priesterin als Mittlerin göttlich magischer Kräfte hervorragende Funktionen ausübte.

Das spezifische Hoheitszeichen der Priesterinnen aber ist der *Spiegel*. Um dieses Phänomen erfassen zu können, müssen wir weit verstreute Kulturerscheinungen heranziehen. Einen ersten Hinweis für seine *magische Bedeutung* gibt der Spiegel in der Hand der sibirischen und vieler anderer Schamanen, die ihn als Hilfsmittel für ihre seherische und weissagende Tätigkeit benutzten. Zudem ist im Volksaberglauben die Verwendung des Spiegels zur Weissagung universell, wobei hier auffällt, daß sich vor allem Frauen dieses Mittels bedienen. Das Handwörterbuch des Deutschen Aberglaubens liefert eine ganze Kulturgeschichte des Spiegels. Schon aus den sprachlichen Verwandtschaften geht hervor, daß der älteste Spiegel die Wasseroberfläche ist. Die Spiegelung des Mondes im See bildet wahrscheinlich die mythisch-zauberhafte Atmosphäre, die zur Wahrnehmung außersinnlicher Erfahrungen im Spiegel führte.

Bekanntlich befragt die böse Königin im Märchen von Schneewittchen einen Zauberspiegel über fernliegende Dinge, wenn es ihr auch scheinbar nur darum geht, wer die Schönste im Lande sei. Freilich wäre zu sagen, daß auch Schönheit ursprünglich mehr bedeutet hat als ästhetischen oder erotischen Reiz: nämlich Charisma, Faszination und damit auch Macht.

Im übrigen kann es kein Zufall sein, daß der Spiegel in allen frühen Hochkulturen zu den »Kunst«-Gegenständen mit vollendeter Ausführung und reichsten *mythologischen* »Verzierungen« gehört. Man denke an die Spiegel der ägyptischen Pharaoninnen oder an die etruskischen Spiegel, die für die Nachwelt zu einzigartigen Zeugen für die Mythengeschichte der Etrusker geworden sind. Eine Ahnung von der ursprünglichen Bedeutung des Spiegels lebt noch in den Rokokofiguren, wo er in der Hand der weiblichen Heiligen nicht »Vanitas« (Eitelkeit), sondern ausdrücklich »Prudentia«, also Weisheit symbolisiert.

Auf diesem Hintergrund wird klar, warum den Priesterinnen von Çatal Hüyük der *Obsidianspiegel ins* Grab folgte. Er ist Zeichen ihrer Funktion als *Seherin* und möglicherweise auch als *Orakelpriesterin*, Funktionen, die uns von den priesterlichen Frauen der späteren Hochkulturen durchaus vertraut sind. Das Alte Testament verzeichnet die Priesterin und Prophetin Debora, die durch ihre Sehergabe das Volk leitete, ehe es noch Könige in Israel gab, Homer schildert in seiner Ilias Kassandra als die große Seherin Trojas, die Orakelpriesterin von Delphi weissagte den Herrschern der Antike ihr persönliches und politisches Geschick, und die römischen Sybillen als Nachfolgerinnen kleinasiatischer und etruskischer Prophetinnen beeinflußten durch ihre heiligen Bücher maßgeblich die römische Politik. Wie wir aus den römischen Kriegen gegen die Nordprovinzen wissen, spielten auch keltische und germanische Priesterinnen wie Boudicca (Boadicea) und Veleda als Seherinnen und Führerinnen ihres Volkes eine historische Rolle.

Feuer und Wasser

Gehen wir von den Opferherden aus, die, wie schon erwähnt, ihren Platz immer direkt neben der Lagerstatt der Priesterin hatten, so scheint schon in Çatal Hüyük das *Bewahren des sakralen Feuers ein Amt der Priesterin* gewesen zu sein, was später zur vornehmsten Aufgabe der römischen Vestalinnen wird.

Bei allen Völkern der Erde gilt der *häusliche Herd als ein sakrales Zentrum*, deren Vestalin die Frau des Hauses ist, und diese Tradition geht vermutlich bis in die Altsteinzeit zurück, wo man Figurinen der Göttin an den Herdplätzen der ältesten menschlichen Behausungen fand. Nach der Vorstellung einiger Naturvölker haben die Frauen das Feuer als ein Geschenk vom Himmel erhalten,[4] sei es vom Blitz, der als Regenbogenschlange vom Himmel niederfährt, oder vom Mond, wie die australischen Ureinwohner glauben. Das glimmende Holzscheit, das die australischen Frauen auf ihren Streifzügen von Lager zu Lager mit sich tragen, hat sein Pendant in der mythischen Deutung der Mondflecken, in denen der Mondmann mit einem glühenden Holzscheit gesehen wird.[5]

Wenn die Eskimofrauen sich bis vor kurzem ihre Tranlampen aus Speckstein ausschnitten und sie wie kleine Boote formten, in die sie Tran und Moosdochte füllten, so waren diese *Unakrits* dem Mond nachgebildet und dienten nicht nur als Herdflamme, sondern, wie ihr Urbild, auch als *Lichtquelle*.[6] Ganz ähnlichen Tranlampen begegnen wir bereits in den eiszeitlichen Kulthöhlen,[7] und es ist wahrscheinlich, daß sie schon damals von (priesterlichen?) Frauen gehandhabt wurden, wie viele Jahrtausende später die Öllämpchen der klugen und törichten Jungfrauen im Neuen Testament. Die Bedeutung des Feuers als Lichtquelle in den Händen der Frau spiegelt sich auch im Feuer- und Lichtaspekt der Göttinnen früher Hochkulturen. So werden Kybele und Demeter und die Priesterinnen der Eleusinischen Mysterien mit der Fackel in der Hand dargestellt.[8]

Neben dem Feuer gilt seit jeher das *Wasser* als *heiliges Element,* zu dem die Frau in besonderer Beziehung steht. In Çatal Hüyük, wo wir die Naturheiligtümer nicht kennen, gibt es dafür kaum einen Hinweis, es sei denn, man bringe die aufgefundenen Kultgefäße mit Libationsopfern in Verbindung. Daß diese Trankopfer in den frühen Hochkulturen bevorzugt von Frauen dargebracht wurden, ist bekannt. Bei den Zigeunern, die noch viele alte Bräuche tradieren, reicht in den Tagen der Trauer ein junges Mädchen den anwesenden Verwandten Wasser aus einem eigens dafür bestimmten Krug. Und wenn ein Kind geboren wird, geht die Hebamme mit einem Eimer Wasser von Zelt zu Zelt, besprengt die Männer damit und beglückwünscht sie zu ihrem Nachwuchs.[9]

Die »*Taufe*« mit Wasser als magischer Segen ist unter den Naturvölkern universell und *sehr viel älter als das Christentum.* Auch Taufe im Sinne von Namengebung ist bei ursprünglich lebenden Völkern Sache der Frauen. Bei den Eskimos war es vor der Christianisierung meist die Hebamme der Mutter, die dem Neugeborenen den Namen eines Stammesangehörigen ins Ohr flüsterte; heute übernimmt die Hebamme die Rolle der christlichen Taufpatin.[10]

Bei nahezu allen Naturvölkern sind die *Frauen Wasserträgerinnen,* wobei dies immer auch einen religiösen Hintergrund hat. Dies geht aus einem alten phönizischen Text hevor, in welchem der »guten Tochter« drei Aufgaben überantwortet werden: Sie sieht nach den Vorräten, holt das Wasser und verfügt über die Gabe der Weissagung.[11]

Schon die Kulthöhlen der Eiszeit wurden bevorzugt in der Nähe unterirdischer Quellen angelegt, die man wahrscheinlich als Pforten zur Unterwelt verstand wie die Seen und »Opferteiche«, in welche der Mensch der Altsteinzeit seine Tieropfer versenkte.

Die Antike kannte eine große Zahl von *Quellenheiligtümern,* die alle zu göttlichen Nymphen in Beziehung standen und von Priesterinnen gehütet wurden, woraus sich auch die Benutzung von *Heilquellen und Heilbädern* entwickelte.[12]

Totenkult

Wie wir oben gesehen haben, liefert die Kultszene von Çatal Hüyük auch Anhaltspunkte dafür, daß hier die Priesterinnen im Zentrum von Liebes- und von Todeskulten standen. Den Totenkult entdeckte Mellaart in einem Sakralraum, in dem menschliche Totenschädel rituell aufgestellt sind und auf dessen Wandgemälden eine Geiergestalt zu sehen ist, an deren Vogelkörper er menschliche Füße zu erkennen glaubte. Er hat dies als Darstellung einer Kulthandlung gedeutet, bei der eine Priesterin das Geiergefieder als Kultmaske trägt und darin die Göttin in ihrer Gestalt als Todesgöttin vertritt.[13] Diese spekulative Deutung erhält einige Wahrscheinlichkeit, wenn wir zwei einander sich stützende Argumentationen bedenken. Zum einen erscheinen in den frühesten Bildwerken der Hochkulturen wie auch in ihren Dichtungen stets Frauen als die Trauernden, die den Tod eines Menschen beweinen. Homer berichtet, daß bei der Totenklage die Frauen die Gesänge anführten, und aus dem 2. vorchristlichen Jahrtausend gibt es eine hethitische Quelle, die das Totenritual für die Könige beschreibt. Auch hier leitet eine hochgestellte Priesterin das Bestattungszeremoniell.[14] Daß seit der Neandertalerzeit Kinder liebevoll begraben wurden[15] – eines davon liegt auf einen Schwanenflügel gebettet – und sich in Çatal Hüyük sogar das bestattete Skelett einer Frühgeburt befand,[16] macht die These wahrscheinlich, daß der *Totenkult ursprünglich in weiblichen Händen* lag.

Zum andern wurde in der Antike der *Geier* als eine rein weibliche Art betrachtet, die sich durch Windbefruchtung fortpflanzt, so daß sich wohl kaum ein männlicher Priester in die Maske dieses Tieres gehüllt hätte.

Das Ritual der Heiligen Hochzeit

Den zweiten Hinweis, den Mellaart übersah, liefert die obligate Lagerstatt der Priesterin im Kultraum, woraus wir bereits folgerten, daß die *Priesterinnen* von Çatal Hüyük wahrscheinlich auch *im Zentrum von Fruchtbarkeitsriten* standen. Vom Ritus der Heiligen Hochzeit wissen wir Genaueres jedoch erst von den sumerischen Kulten.[17] Dort befand sich auf der obersten Stufe der sogenannten »Zikkurat«, des sumerisch-babylonischen Stufentempels, das Brautgemach der Hohenpriesterin. Man nimmt an, daß der Stufentempel die Nachbildung eines Berges und damit eine würdige Stätte für die Große Göttin der Sumerer, Inanna, war, die wie ihre babylonische Schwester Ischtar auf Berggipfeln verehrt wurde. Hier oben empfing die Hohepriesterin als Stellvertreterin der Göttin im Frühling den sakralen König, um ihn und das Land mit lebensspendenden Kräften zu segnen. Gleichzeitig vollzogen die übrige Priesterschaft und ein Teil des Volkes in ekstatischen Riten die Heilige Hochzeit mit. Von ähnlichen Riten berichtet das Alte Testament aus Kanaan, dem alten Phönizien, zu Ehren der Göttin Astarte.

Nun liegen zwischen den sumerischen Quellen und der Kultur von Çatal Hüyük rund 3000 Jahre, aber dieser Abstand verringert sich wesentlich, wenn wir bedenken, daß die Anfänge der mesopotamischen Städte lange vor der Entwicklung der Keilschrift zu suchen sind und bis ins 5. Jahrtausend v. Chr. zurückgehen. Zudem befinden sich zwischen Anatolien und der mesopotamischen Ebene noch Hunderte von ungehobenen Tells, unter denen jungsteinzeitliche Siedlungen verschüttet sind, die einst eine Kulturbrücke darstellten.[18]

Für die universelle Geltung der matrizentrischen Kulte aber ist wesentlich, daß das Ritual der Heiligen Hochzeit nicht nur in allen frühen Hochkulturen weiterbestand, sondern daß es auch bei den Naturvölkern und möglicherweise schon in der Altsteinzeit *im Zusammenhang mit Schamanenkulten* eine Rolle gespielt hat. Diese bislang kaum oder überhaupt nicht beachtete Seite des Schamanenpriestertums hat H. P. Duerr herausgearbeitet. In seiner detaillierten Studie über den indianischen Schamanismus konnte er nachweisen, daß in den alten indianischen Legenden von Alaska bis Mexiko der männliche Schamane immer in Beziehung zu einer Mutter- und Fruchtbarkeitsgöttin stand, die in Höhlen oder auch in Gewässern als Herrin der Tiere verehrt und angerufen wurde. Dabei spielen diese Überlieferungen entweder auf seine imaginierte Vereinigung mit der Göttin an oder auf die sakrale Vereinigung des Schamanen mit einer »Heiligen Frau«, d. h. mit einer Schamanenpriesterin. Duerr bringt mehrere Fassungen der Erzählung vom legendären Schamanen namens »Aufrechte Hörner«, der zusammen mit seiner »Heiligen Frau« eine Höhle besucht, von der es in der späteren Version heißt, daß darin der Große Geist wohne, während frühere Fassungen von der »Mutter der Büffel« oder der »Herrin der Bisons« sprechen. In jedem Fall waren, bevor der Schamane in die Höhle eintrat, die Hörner seiner Büffelkappe schlaff, und wenn er die Höhle mit seiner Begleiterin verließ, standen diese aufrecht. Dem Paar aber folgte eine riesige Büffelherde nach. Das kann nichts anderes heißen, als daß dort im Berg eine Heilige Hochzeit vollzogen wurde, bei welcher die »Heilige Frau« als Priesterin die Göttin vertrat, deren Lebenskraft und Fruchtbarkeit auf das Paar und zugleich auf die Herde überging.[19]

Im übrigen haben bis in die jüngste Zeit auf den großen indianischen

Stammesfesten sexuelle Gruppenorgien stattgefunden, bei denen die führenden Männer des Stammes mit einer priesterlichen Frau den rituellen Beischlaf vollzogen. Erst in den zwanziger Jahren unseres Jahrhunderts wurden solche Feste von der amerikanischen Regierung endgültig verboten.[20]

Ausgehend von den Höhlenheiligtümern der Indianer, aber auch von den sogenannten »Gebärhöhlen« der Australier, welche diese als Uterus der Muttergöttin auffassen,[21] wirft Duerr die Frage auf, ob nicht bereits die eiszeitlichen Kulthöhlen der Schauplatz von Fruchtbarkeitsriten gewesen sein könnten. Tatsächlich liefern die französischen und spanischen Höhlen dafür einige Anhaltspunkte. Dort gibt es eine ganze Reihe von Felsbildern, die merkwürdige Figuren zeigen, die mit ihrer Fellverkleidung und ihren Geweihmasken an sibirische und indianische Schamanen erinnern. Im bekanntesten von ihnen, dem sogenannten »Zauberer« von Les Trois Frères, hat man denn auch sogleich den Stammvater der Schamanen und den Kronzeugen für eine angeblich uralte männliche Priesterherrschaft sehen wollen.[22] Nun ist aber auffallend, daß einige dieser Gestalten in sexueller Erregung dargestellt sind, was ihren Zusammenhang mit sakralen Fruchtbarkeitsriten nahelegt. Daß es in jungpaläolithischer Zeit auch die dazugehörigen »Heiligen Frauen« gegeben hat, können wir aus dem schon genannten »Frauentanz« von Cogul schließen.

Aus matrizentrischer Sicht ist es gegenstandslos, sich darüber streiten zu wollen, ob das weibliche oder das männliche Priestertum das frühere war. Es ist vielmehr anzunehmen, daß es *von jeher weibliche und männliche Kultträger* gab, weil die sinnliche Seite der matrizentrischen Kulte mit ihrer Hochschätzung des sexuellen Aktes als ein zentrales Sakrament des Lebens die Beteiligung beider Geschlechter am kultischen Leben unentbehrlich machte.

Nur sind dabei die Rollen der sich vereinigenden Geschlechter deutlich anders verteilt, als wir dies aus unserer patriarchalen Sicht erwarten. In matrizentrischem Verständnis gibt sich bei der Heiligen Hochzeit nicht die »Braut« dem »Bräutigam« hin, sondern umgekehrt: *der Bräutigam geht in den Schoß der Braut ein, die stellvertretend für die Göttin steht,* und ihm, wie allen Kreaturen, ihre Lebenskraft spendet. Noch die von den ersten Christen als »Tempeldirnen« mißverstandenen »Hierodulen« der Antike standen im Dienste der göttlichen Lebenskraft. Nach Herodot, der den Brauch schildert, daß sich jedes assyrische Mädchen einmal im Leben im Tempelbezirk der Aphrodite einem Fremden hingeben mußte, wirft dieser Fremde eine Münze in den Schoß des

Mädchens mit den Worten »Ich rufe Dich, Göttin Mylitta«. Dies zeigt, daß auch hier das Mädchen die Stellvertreterin der Liebesgöttin ist.[23]

Solange die Große Göttin im Zentrum des religiösen Denkens steht, ist es nur folgerichtig, daß die Priesterin als ihre Stellvertreterin eine bedeutendere Rolle spielt als ihr männlicher Partner, und daß sich dieses Verhältnis erst verschiebt bzw. umkehrt, wenn das matrizentrische Pantheon einem patriarchalen Götterhimmel weicht.

Dennoch ist festzuhalten, daß alle uns bekannten *matrizentrischen Kulturen* aus Vergangenheit und Gegenwart *den Mann nie aus den sakralen Funktionen ausschließen*, während es umgekehrt zu den auffallendsten Merkmalen der patriarchalen Kulturen gehört, daß sie überall die Frauen aus dem Priesteramt verdrängen. Dafür gibt es unzählige Beispiele nicht erst bei den Hochkulturen. Auch viele Naturvolkgruppen kennen männliche Geheimgesellschaften, zu denen Frauen keinen Zutritt haben und die allen weiblichen Mitgliedern der Gemeinschaft den Gebrauch der Kultgegenstände streng verbieten, nicht selten sogar unter Androhung der Todesstrafe. Allein schon solche Verbote sprechen dafür, daß es da etwas zu verbieten gab und daß die Männer, um selbst sakrale Macht zu übernehmen, die Frauen mit Gewalt aus ihren Priesterfunktionen vertreiben mußten. Dazu kommen Legenden unter noch lebenden Wildbeutervölkern in verschiedenen Teilen der Welt, die von einem weit zurückliegenden Kampf zwischen männlicher und weiblicher Priesterschaft berichten, wobei sich die Männer gegen die Frauen zusammengeschlossen und ihnen, wie es in einer australischen Mythe heißt, »die Heiligen Gegenstände gestohlen« haben sollen. Andere Mythen berichten davon, daß die Priesterinnen erschlagen worden seien, nachdem man ihnen ihre Weisheiten entrissen hatte.[24]

Nachahmung im Priesteramt

Charakteristischerweise scheinen sich aber die Männer dabei ihrer Sache nicht sehr sicher gewesen zu sein, denn gleichzeitig mit der Aussperrung der Frau kam es zu deren *Nachahmung im Priesteramt*. R. Briffault zählt 16 verschiedene Völker aus allen Teilen der Welt auf, bei denen die männlichen Priester weibliche Kleider tragen oder trugen, darunter Priester aus Celebes, die »Tjalabai« heißen, was wörtlich »Nachahmer der Frauen« bedeute. Die indianischen Schamanen Kaliforniens erklären sogar ausdrücklich, daß ihnen Frauenkleidung größere Kräfte verleihen würde.[25] Bei manchen indianischen und sibirischen Schamanen ging dies so weit, daß sie zu eigentlichen Transvestiten wurden und als sogenannte »weiche Männer« in homosexuellen Gemeinschaften lebten.[26] Beim Jahresfest eines westafrikanischen Stammes, von welchem die Frauen strikt ausgeschlossen waren, trat einem alten Bericht zufolge der Hauptakteur in Frauenkleidern auf, sprach mit hoher Stimme und ließ sich während der ganzen Zeremonie mit »Mutter der Ekong« ansprechen.[27]

Hinter solchen männlichen Verhaltensweisen scheint eine *doppelte Motivation* zu stehen. Einerseits der Wunsch der Männer, die *Frauen aus den sakralen Ämtern auszuschließen*, um sich nicht weiterhin von deren stärkeren magischen Kräften dominieren zu lassen, und andererseits das Bestreben, eben diese weiblichen Kräfte an sich zu ziehen. Das letztere ist allerdings deshalb nie vollkommen erreichbar, weil im Verständnis der Frühkultur die stärkeren magischen Kräfte der Frau an ihre Fortpflanzungsfähigkeit gebunden sind. So werden in den Liedern der australischen Ureinwohner von Arnhem-Land die Frauen als von Natur aus »heilig« bezeichnet, und zwar dank ihrer lebensspendenden Organe. In der schon zitierten Mythe, in welcher vom Diebstahl der sakralen Gegenstände die Rede ist, trösten sich die Frauen, nachdem sie von den Männern beraubt worden waren, gegenseitig mit den Worten: »Wir haben eigentlich nichts verloren, denn wir wissen alles. Sind wir nicht heilig trotz des Verlustes unserer Tragetaschen? Haben wir nicht immer noch unsern Mutterleib?«[28]

Selbst die Papua von Neuguinea, die eine gewaltsame Männerherrschaft aufrechterhalten, wissen noch: »Alle Männer und Frauen kommen aus der Mutter. Alles, was wichtig oder kraftgeladen ist, kommt von den Müttern.« Von der Hexerei glauben sie, daß sie den Frauen angeboren und ihre Kunst am meisten zu fürchten sei, während sie die Männer erst erlernen müßten.[29]

Daß die Fruchtbarkeit der Frau und ihre Nähe zum Mysterium des Lebens ihre ursprüngliche Vorrangstellung als Priesterin bestimmte, geht indirekt auch aus Riten hervor, in denen männliche Priester einen Geburtsvorgang nachahmten wie beim großen Ariadnefest auf dem antiken Zypern.[30]

Die Schamanenpriesterin

Es gibt aber auch viele direkte Hinweise dafür, daß bei den Naturvölkern die Stellung der Schamanenpriesterin ursprünglich sehr bedeutend war. So leiten viele männliche Schamanengruppen ihre Kunst von einer sagenhaften »Großmutter« ab, und K. E. Müller zitiert eine sibirische Legende, nach welcher die Seelen der Schamanen vor ihrer irdischen Inkarnation von einer vogelgestaltigen weiblichen Gottheit, der »Schamanenmutter«, auf den Zweigen des Weltenbaumes ausgebrütet werden.[31] Die Eskimomärchen sind voll von Geschichten über weibliche Angakoks, die sich mit ihren männlichen Kollegen messen und diesen im Einsatz zauberischer Mittel überlegen sind.[32]

Welche Rolle die afrikanischen Priesterinnen ursprünglich spielten, zeigt sich an der Bedeutung der Frauen innerhalb der heutigen Voodookulte Brasiliens, die von den afrikanischen Negersklaven dorthin mitgebracht wurden.[33]

Zudem stammen verschiedene *Hilfstechniken*, deren sich die Schamanen in aller Welt bedienen, eindeutig *aus dem weiblichen Tätigkeitsbereich*. Den Spiegel als ein solches Hilfsmittel lernten wir bereits kennen. Ein weiteres schamanistisches Instrument ist die Trommel, die bei sehr vielen Naturvölkern zu den sakralen Gegenständen gehört, und deren ekstatische Rhythmen die Schamanen in Trance versetzen. Nach übereinstimmender Meinung der Ethnologen wurden die ältesten Trommeln von Frauen aus Tontöpfen hergestellt, die sie mit Tierfellen überspannten.[34] Ja, die Trommel symbolisiert eigentlich den Mutterleib, wofür ein noch bestehender Brauch bei den Ponape auf den Karolinischen Inseln ein anschauliches Beispiel liefert. Dort treten Mädchen als Trommlerinnen auf, indem sie sich ein Brett am Bauch befestigen und mit Holzschlegeln dagegentrommeln.[35]

Aber auch die Einnahme von *stimulierenden Drogen*, unter deren psychedelischer Wirkung die Schamanen ihre Geistheilungen und Geisterbeschwörungen vornehmen, weisen in dieselbe Richtung. Fraglos hatten die Frauen als Pflanzensammlerinnen von jeher einen Vorsprung in der Kenntnis von genießbaren und giftigen Pflanzen und kannten auch die heilende Kraft und die stimulierende oder narkotisierende Wirkung einzelner Drogen. In unseren Märchen besitzen Feen und Hexen die Geheimnisse des Lebenskrautes und des Liebesapfels, der Rausch- und Verwandlungstränke wie auch der tödlichen Gifte, und noch in der Neuzeit wurden kräuterkundige Frauen der Hexerei, besonders der Giftmischerei, bezichtigt. Von daher ist es naheliegend, daß die *Medizin»männer«* in früheren Zeiten auch, wenn nicht sogar vorwiegend, weiblichen Geschlechts waren. Dies um so mehr, als die Frauen über die uralte Kenntnis der Geburtshilfe verfügten und damit über die Anfänge der Chirurgie. Deshalb sind alle Göttinnen der Frühzeit Helferinnen der Geburt und oft die Begründerinnen der Medizin, wie dies für die kretische Göttin und die ägyptische Isis überliefert ist. Noch Asklepios als der Urahne der griechischen Ärzte bezieht sich auf die Göttin Hygieia.[36]

Auch wenn der Medizinmann für das Wetter, in den Trockengebieten für den Regen, zuständig ist, so bleibt in manchen Naturvolkmythen und in unserem Sagengut auch diese Funktion mit weiblichen Personen verknüpft. Den afrikanischen und indianischen Regengöttinnen[37] entspricht unsere Frau Holle und die Wetterhexe auf unseren Kirchtürmen. Der Besen, auf dem die letztere reitet, bildet das Pendant zum Schamanenstab, den dieser als »Steckenpferd« für seine Reise ins Geisterreich benutzt.

Im übrigen gab es noch im letzten Jahrhundert Schamaninnen bei den Indianern, den sibirischen Völkern und den Eskimos. Für die matrilineal lebenden Puebloindianer Neumexikos, die Minangkabau auf Sumatra und für die Stämme auf Celebes und Flores werden noch in den 50er und 70er Jahren unseres Jahrhunderts einzelne weibliche Schamanen erwähnt.[38]

Dagegen haben die großen *Hochreligionen* in aller Welt die *Frauen ausnahmslos von den priesterlichen Funktionen ausgeschlossen*, und innerhalb des Christentums gibt es erst seit neuester Zeit vorsichtige Versuche, an dieser Tradition zu rütteln.

4. Das Opfer

Das religiöse Menschen- und Tieropfer existiert seit urdenklichen Zeiten und spielt in allen matrizentrischen Frühkulturen eine zentrale Rolle.

Beweise für rituelle Tötungen von Tieren und Menschen gibt es *schon für die Altsteinzeit*. Wir kennen sie von allen frühen Hochkulturen des Vorderen Orients und noch im vorklassischen Griechenland gehörten sie zur religiösen Praxis.[1] Phönizier, Punier, Etrusker, Kelten und Germanen übten die sakralen Blutopfer ebenso aus wie die Träger der mexikanischen Hochkulturen und der indianischen Stammeskulturen beider Amerika. Bei einzelnen Naturvolkgruppen fanden Menschenopfer noch bis ins 19. Jahrhundert statt, wie dies englische Augenzeugenberichte aus Bengalen von den matrilineal lebenden Khond schildern.[2] Bei den ebenfalls matrilineal organisierten Minangkabau auf Sumatra gab es bis in die jüngste Zeit einen »hilang malam« genannten Brauch, was »verloren in der Nacht« bedeutet. Dabei verschwanden Männer spurlos, ohne daß die Weißen jemals etwas über den Hintergrund des Geschehens in Erfahrung bringen konnten.[3]

Zweifellos sind die *psychologischen Wurzeln* für solche Opferhandlungen ursprünglich im Ausgeliefertsein des frühen Menschen an die Mächte der Natur zu sehen, in seiner Hilflosigkeit gegenüber Krankheit, Tod und Naturkatastrophen. Von historisch belegten Opferstätten wie Karthago oder Kalkutta wissen wir, daß die Zahl der sakralen Opfer beim Ausbruch von Erdbeben oder anderer Katastrophen stieg. Die jüngsten Grabungen in Kreta brachten eine Menschenopferung im Zusammenhang mit dem Ausbruch eines Erdbebens ans Licht.[4] Angesichts solcher Naturkatastrophen, welche Menschen jeden Alters unbarmherzig verschlangen, angesichts der mörderischen Raubtiere und der tödlichen Gifte von Schlangen, Insekten und einzelnen Pflanzen, mußte die *Furcht vor den dämonischen Kräften der Großen Mutter Natur* ebenso entstehen wie die *Verehrung ihrer lebensspendenden Kraft.*

Allen frühen Opferpraktiken liegt diese eine, zugleich furchtbare und großartige Vorstellung zugrunde: der Herrin über Leben und Tod aus eigenem, menschlichen Entschluß Tribut zu zollen, ihr freiwillig einen Teil des eigenen geliebten Lebens in den Todesschlund zu werfen, um künftig von ihr verschont zu werden. Menschen- oder Tieropfer sind immer *stellvertretende Opfer:* es wird das Erstgeborene geopfert, damit die folgenden Kinder vom Tode verschont sein mögen, es opfert sich der Jüngling oder die junge Frau, um für die Stammesgemeinschaft Segen zu bewirken, und noch bei der Gründung der griechischen Polis wird eine Jungfrau in den Grundmauern lebendig begraben, um der Stadt das Wohlwollen der Göttin zu sichern.[5]

Daß die Adressaten solcher Opfer vorwiegend weibliche Gottheiten waren, geht aus der Kulturgeschichte eindeutig hervor und bestätigt einmal mehr, daß überall auf der Welt die Große Göttin als Herrin über Leben und Tod galt. In Indien war es vor allem die Todesgöttin Kali, die Menschen- und Tieropfer in erschreckenden Ausmaßen empfing, in Peru die Erdmutter Pachamama, der die Inkas Kinderopfer darbrachten. Aus dem Vorderen Orient ist besonders die Göttin Anat aus Ugarit für ihre Blutopfer bekannt, und noch im vorklassischen Griechenland hat man der großen Artemis Menschen geopfert. Später wurden anläßlich der griechischen Thesmophorien, dem Herbstfest der Demeter, der Göttin Jungschweine dargebracht, die man lebend in Felsspalten warf, und zu Ehren der Artemis wurden lebende Tiere auf Berghöhen verbrannt.[6]

Opfer beiderlei Geschlechts

Die Tatsache, daß an den Opferhandlungen Männer und Frauen sowohl passiv als auch aktiv beteiligt waren, wird durch die Überlieferung der spätagrarischen Kulturen verdeckt, bei denen das männliche Opfer in Gestalt des Jahreskönigs in den Mittelpunkt der kultischen Opfer rückt. Schon die Funde aus der Altsteinzeit belegen aber, daß *in frühester Zeit die Geopferten männlichen und weiblichen Geschlechts* waren. Die Aztekten vollzogen die jährliche Opferung des »Maismädchens« an die Maisgöttin, die Kelten opferten die Erstlinge von Mensch und Tier ungeachtet ihres Geschlechts, und auch bei den erwähnten Beobachtungen aus Bengalen starben noch im letzten Jahrhundert ein Mädchen und ein Jüngling den Opfertod. Auch die Tieropfer sind da keine Ausnahme, wie schon das keltische Beispiel zeigt. Der Artemistempel in Ephesos barg die Überreste weiblicher Tieropfer, nämlich die der Wildziege, welche der Göttin heilig war.[7]

Tier- und Menschenopfer

Immer wieder wurde argumentiert, das Tieropfer habe ersatzweise das Menschenopfer abgelöst. Wenn dies auch für viele patriarchale Kulturen zutrifft, so ist dieser Zusammenhang nicht ohne weiteres auf die matrizentrischen Kulturen übertragbar. Menschen- und Tieropfer reichen gleich weit in die Vorgeschichte zurück. Im ursprünglichen Verständnis besaßen Mensch und Tier eine ähnliche Wertqualität, wofür auch die kultische Bestattung von Tieren spricht, wie sie in der Altsteinzeit dem Höhlenbären zuteil wurde[8] und wie sie im Alten Ägypten noch gang und gäbe war. Im totemistischen Weltbild erscheint das *Tier als Bruder des Menschen* und deshalb stehen auch Menschenopfer und Tieropfer Seite an Seite. Noch im Stierkampf ist etwas von dieser ursprünglichen Äquivalenz erhalten: im Grunde tritt hier Opfer gegen Opfer an, wenn auch das Tier mit viel geringerer Überlebenschance. Aus der Antike kennen wir aber auch die umgekehrte Chancenverteilung zuungunsten der Menschen. Den etruskischen Totenopfern ging ein ungleicher Zweikampf voraus, bei welchem sich ein fast nackter Mann, mit einer Keule bewaffnet, gegen einen wilden Hund zu verteidigen hatte. Da aber der Kopf des Kämpfenden in einen Sack gehüllt war und der Hund an einer langen Leine geführt wurde, verfing sich der blind um sich Schlagende unweigerlich in der Leine des Tieres und fiel der Bestie zum Opfer. Diese Form des etruskischen Menschenopfers ist das direkte Vorbild für die römischen Zirkusspiele, bei denen wilde Tiere auf Menschen gehetzt wurden.[9]

Opferpriesterinnen und Opferpriester

Was die aktive Rolle bei der Opferung betrifft, so neigen wir dazu, uns den Opferpriester als männliches Wesen vorzustellen, wie wir es aus verschiedenen Hochkulturen kennen und wie dies auch für Çatal Hüyük naheliegt. Besonders im kretisch-griechischen Kulturraum fungierten aber auch Frauen als Opferpriesterinnen, was auf einem der Fresken am kretischen Sarkophag von Hagia Triada zu sehen ist. Hier werden Priesterinnen im Zusammenhang mit der sakralen Tierschlachtung gezeigt.[10]
Von den Mänaden, den griechischen Dionysos-Priesterinnen, wissen wir, daß sie in ihrer tranceartigen Raserei die Opfertiere mit bloßen Händen zerrissen, während bei den offiziellen Staatskulten männliche Priester die Tiere töteten. Immerhin finden sich auf griechischen Vasen immer wieder Opferszenen, bei denen das Opfermesser, in einem Korb halb versteckt, von Priesterinnen zum Altar gebracht wird.[11]
Römische Schriftsteller berichten aus den gallisch-keltischen Kriegen von keltischen Opferpriesterinnen – hier sind es alte Frauen –, die den römischen Gefangenen die Kehle durchschnitten und ihr Blut in einem sakralen Opferkessel auffingen.[12]
Am letzten Beispiel wird deutlich, daß es bei den sakralen Tötungen nicht zuletzt um das *Blut als geheiligte Lebenssubstanz* ging, mit welchem die Türen der Häuser bestrichen und in den Agrarkulturen der Boden begossen wurde, um die *Fruchtbarkeit von Mensch und Natur* zu garantieren. In den Umkreis solcher Praktiken gehört auch die Zerstückelung der toten Körper, um den Blutsegen so weit wie möglich zu verteilen, wie dies noch im 19. Jahrhundert mit den Menschenopfern der Khond in Bengalen geschah.

Kultische Kastration

Das magische Bewirken von Fruchtbarkeit scheint auch hinter der *kultischen Kastration* zu stehen, die in den matrizentrischen Kulturen weit verbreitet war. Dabei opfert der Mann seinen Samen der Großen Göttin oder es werden ihr die Fruchtbarkeitsorgane der Tiere dargebracht. Namhafte Forscher sind heute der Meinung, daß die Deutung der berühmten Artemisstatue in Ephesos als »vielbrüstige Artemis« eine Fehlinterpretation ist. Vielmehr sei anzunehmen, daß im Heiligtum zu Ephesos den Opfertieren die Hoden abgetrennt und der großen Artemisstatue angeheftet wurden, so daß ihr ganzer Oberkörper mit Stierhoden bedeckt war.[13]
Von den Priestern der babylonischen Ischtar und der phrygischen

Kybele ist bekannt, daß sie *Kastraten* waren, von den ägyptischen Priestern wird dies zum Teil angenommen, und noch bei Geheimriten aus hellenistischer Zeit kam es zu freiwilligen Entmannungen unter den Anhängern der archaischen Göttin.[14]

Das sogenannte »*Haaropfer*«, das für Kreta und Ägypten bezeugt und in abgeschwächter Form bei Priestern verschiedener Religionen heute noch üblich ist – wie die Tonsur bei den katholischen Mönchen –, wurde schon früh als Opfer der Manneskraft aufgefaßt (Simson im Alten Testament!) und ist wohl an die Stelle der eigentlichen Kastration getreten.[15] Wahrscheinlich stellten ursprünglich Kastration und Tötung des männlichen Opfers einen zusammenhängenden Handlungsablauf dar, durch den beide Lebenssubstanzen, das Blut und das Sperma, dem Ackerboden als fruchtbringendes Lebenselexier zugeführt wurden.

Ob die sakrale Kastration von Knaben und jungen männlichen Tieren eine Ablösung der Menschen- und Tieropfer darstellt oder neben diesen praktiziert wurde, ist schwer zu sagen. Es ist aber m. E. naheliegend anzunehmen, daß die Aufzucht kastrierter Individuen eine Entdeckung mit sich brachte, die ursprünglich gar nicht intendiert war: die Wesensveränderung der männlichen Tiere und der jungen Männer im Sinne einer augenfälligen Aggressionsdämpfung. Das würde bedeuten, daß die *kultische Kastration* der Stiere und Hengste der *Ursprung für ihre Zähmung* war, die es dann erlaubte, sie als Zugtiere in das Joch des Ackerpflugs zu spannen, eine Erfahrung, die zur systematischen Gewinnung von Tiersklaven führte.

Beschämenderweise wurde diese Art der Ausbeutung in den fortgeschrittenen Hochkulturen auch für die *Gewinnung von Menschensklaven* übernommen. Lange nachdem die patriarchale Kultur den matrizentrischen Götterhimmel gestürzt und die blutigen Rituale der matrizentrischen Kulte verdammt hatte, gab es in Griechenland auf bestimmten Inseln eine ganze »Industrie«, die aus jungen Männern kastrierte Sklaven fertigte, um sie für die niederen Arbeiten gefügig zu machen.[16] Noch im neuzeitlichen Italien übte man die zweckgebundene Kastration, damit den päpstlichen Sängerknaben die hohen Stimmen erhalten blieben, oder manipulierte damit die Karriere eines Sängers als »Heldentenor«.

Freiwillige Opfer

Demgegenüber erscheinen die ursprünglichen Opferkulte in einem sehr viel menschlicheren Licht, und dies um so mehr, als sich die Menschenopfer der »primitiven« Kulturen vor deren Verwicklung in patriarchale

Eroberungskriege nicht aus Kriegsgefangenen, sondern aus *Freiwilligen* rekrutierten. Dabei war die Erkürung des Opfers ursprünglich immer eine Ehrensache und die Opferung selbst ein freiwilliger Heldenakt, wie dies vor allem für Mexiko und alle indianischen Kulturen wie auch für Indien bezeugt ist. In den frühen Hochkulturen des Orients waren es die Söhne und Töchter des Hochadels, die als Sühneopfer antraten, um durch ihr stellvertretendes Leiden fatale Übel wie Mißernten, Erdbebenkatastrophen und andere Heimsuchungen von ihrem Volk abzuwenden. Auf Mexiko bezogen schreibt Ignacio Bernal folgendes: »... doch war für sie das Menschenopfer nichts Grausames; es war eine notwendige Pflicht zur Erhaltung der Kontinuität des Lebens. Auch die Opfer erkannten diese Notwendigkeit an, innerhalb der Gesellschaft wurden sie nicht als Verbrecher, sondern als ehrenvolle Boten zu den Göttern betrachtet. Vielfach scheinen sie sich in das ihnen von Kindheit an vertraute Schicksal gefügt zu haben, daß ihre Bestimmung ihnen nicht nur ein glücklicheres Leben nach dem Tode gewährleistete, sondern ihnen auch den Vorzug vor anderen gäbe.«[17]

Dasselbe berichtet Frazer von den schon erwähnten Jünglingen und Mädchen in Bengalen, die von Kind auf zu Menschenopfern auserwählt und vom ganzen Dorf mit größter Hochachtung und Liebe bedacht wurden. Einen ihrer Höhepunkte erreicht diese Auffassung im sakralen Königtum, wenn der sich opfernde König durch seinen Tod Unsterblichkeit gewinnt und damit zur Göttlichkeit erhoben wird. Im Umkreis solchen Glaubens folgten auch die nächsten Gefolgsleute dem sterbenden König in den Tod nach, um an seiner Unsterblichkeit teilzuhaben, und dies freiwillig, wie sich an den Skelettfunden aus den frühesten sumerischen Königsgräbern eindeutig belegen läßt. Für das alte Ägypten gibt es ein ähnliches Beispiel im Grab einer Königin, die ihren Unsterblichkeitsanspruch wahrscheinlich ihrem Amt als Hohepriesterin verdankte.[18]

Bei solchen Entdeckungen hat das patriarchale Vorurteil zunächst immer auf Niedermetzelung der Dienerschaft geschlossen, wozu erst das zur Tyrannei entartete Königtum mit seiner Sklavenhaltung fähig war. Auch die berüchtigte Witwenverbrennung in Indien, das »sati«, war ursprünglich religiös motiviert und erhielt erst durch die patriarchale Interpretation seine Frauenfeindlichkeit und Unmenschlichkeit.[19]

Eine besondere Art, die Opfer zu erküren, stellen die sogenannten *»Blumenkriege«* der Azteken dar, bei denen befreundete Clans darin wetteiferten, Gefangene für ihre Menschenopfer zu machen.[20] Daß es sich dabei nicht um echte Kriege handelte, zeigt schon ihre Grundregel, nach der keine der beiden Parteien einen materiellen Vorteil oder gar Landgewinn aus dem Kampfverlauf ziehen durfte.

Etwas ganz Ähnliches spielte sich bis vor kurzer Zeit bei den rituellen *Kopfjagden der Papua* auf Neuguinea ab. Auch diese Fehden waren keine Kriege in unserem heutigen Sinn, sondern eine Art sakraler Turniere mit tödlichem Ausgang, die zwischen verschwägerten Clans ausgetragen wurden. Jeder Teilnehmer setzte sein Leben ein und riskierte, unter den Opfern zu sein. War er aber unter den Siegern, so hatte er mit dem Kopf des Getöteten wertvolle Lebenssubstanz in Form des Gehirns gewonnen und so zur Erhaltung des Stammes beigetragen.

Das Gehirn als Sitz des Geistes bildet neben Blut und Sperma bei den frühen Kulturen die dritte magische Lebenssubstanz, welche bei den Kopfjägern durch kannibalistische Einverleibung die eigene Lebenskraft erhöht.

Auch der *rituelle Kannibalismus* im Sinne der oralen Kommunion mit dem Fleisch des Geopferten spielt bei den frühen Menschenopfern eine Rolle, wie dies sowohl für die Vorgeschichte wie für das Alte Mexiko bezeugt ist.[21]

Noch in der christlichen Religion klingt in der Heiligen Kommunion in vergeistigter Form die uralte Teilhabe an Leib und Blut des Geopferten an. Im übrigen ist die Ausübung sakral-kannibalistischer Akte nicht, wie Evelyn Reed glaubt, an das männliche Geschlecht gebunden. Auch die Priesterinnen matrizentrischer Kulte tranken das Blut der Geopferten.[22]

Zum heroischen Charakter des Menschenopfers gehört auch das *Martyrium und die damit verbundenen Marterpraktiken*, die uns heute nur noch als gräßliche Verirrungen erscheinen, die aber im ursprünglichen Kontext nichts mit sadistischen Exzessen zu tun hatten wie später die Folterungen unter patriarchalen Vorzeichen. Der mexikanische Opferaltar und der indianische Marterpfahl, an welchen freiwillige Menschenopfer – allerdings unter Einwirkung schmerzdämpfender Drogen – die entsetzlichsten Qualen erlitten, müssen als heroische Anstrengungen gesehen werden, die Leidensleistung des Opfers zu meliorisieren. Auch heute noch werden bei den Proto-Indochinesen in Vietnam den Opferstieren vor der Schlachtung zu Ehren der Erdgöttin die Sprunggelenke durchschnitten, was dem stehenden Tier schreckliche Schmerzen verursacht. Dahinter steht der Glaube, daß das Opfer um so wirksamer sei, je mehr die Tiere leiden.[23]

Liebe und Tod

Am Phänomen des religiösen Menschenopfers interessiert in unserem Zusammenhang neben dem allgemeinen psychologischen Hintergrund der *geschlechtsspezifische Unterschied in der Psychologie des Opfers*. Ungeachtet der Tatsache, daß in den matrizentrischen Frühkulturen beide Geschlechter den Opferweg gehen, nimmt der Mann als sich opfernder doch eine andere Stellung ein als die Frau.

Gehen wir zunächst vom Mythos aus, so klingt im *Demeter-Kore-Mythos* die Opferung der Tochtergöttin an die Unterwelt an, und Kore erscheint als eine Vegetationsgöttin, die im Herbst dem Tod anheimfällt, um als Frühlingsgöttin verjüngt wieder aus der Erde emporzusteigen. Spätestens seit der vollentwickelten Ackerbaukultur tritt neben oder an die Stelle dieses Bildes der sterbende und wiederauferstehende männliche Vegetationsgott, der als Sohn und als jugendlicher Geliebter der Großen Göttin zum Symbol der männlich-zeugenden Fruchtbarkeit wird. In ihrem jahreszeitlichen Ablauf sind sich beide Mythologeme sehr ähnlich. Auch der Korngott erblüht im Sommer zur vollen Reife und stirbt mit der geschnittenen Ernte wie das Kornmädchen. Aber bei der Demeter-Kore-Konstellation ist es die Göttin selbst, die sich in verjüngter Gestalt opfert und das Verschwinden des Lebens auf der Erde am Ende der Vegetationsperiode beklagt, um sich nach dem Gang in die Unterwelt in neuer Epiphanie dem Kosmos zu zeigen. Es ist also gewissermaßen ein innergöttliches Drama, was sich da abspielt, ein Werden und Vergehen nach dem durch die Göttin repräsentierten Gesetz von Leben und Tod. Dies gilt jedenfalls, solange wir vom Motiv des Raubes der Kore durch Hades absehen, einem Mythologem, das wahrscheinlich eine spätere Einfügung ist.[24]

Sobald aber der männliche Gott als Sohngeliebter auftritt, entsteht eine *Dualität der Prinzipien* von weiblich und männlich, wenn auch mit deutlichem Übergewicht des Weiblichen. Der männlich-göttliche Partner verdankt nicht nur der Muttergöttin seine Existenz und ist ihr Geschöpf, er gibt sich als ihr Geliebter auch an das Große Weibliche hin. In der Liebesumarmung läßt er seine Männlichkeit in den Schoß der Göttin hineinsterben, indem er diesen befruchtet, und nach dem »Hieros gamos« stirbt er einen gewaltsamen Tod. Dabei wird er häufig durch ein wildes Tier zerrissen oder von einem dunklen Bruder getötet, jedenfalls von einer Macht, die im Umkreis der Großen Göttin steht. In einer altindischen Mythe ist es die Göttin selbst, die den Geliebten tötet.[25]

Liebe und Tod, Liebesumarmung und Selbstopferung gehören hier eng zusammen, und im Liebesakt selbst klingt das männliche Kastrationsopfer an. In der Mythe von Isis und Osiris sucht die Göttin Isis den getöteten Körper des Sohngeliebten und findet ihn als zerstückelten Leib mit abgetrenntem Glied, worauf sie sich mit dem Samen des toten Osiris schwängert, um Horus, den neuen Osiris, zu gebären.[26] Hier wird das sakrale Mysterium des Männlichen geradezu durch das Selbstopfer definiert und erhält damit einen masochistischen Zug, der sich nicht nur für die frühen Hochkulturen, sondern auch für manche primitive Stammeskulturen nachweisen läßt. Auch in dieser Hinsicht hat das patriarchale Denkmodell die ursprünglichen mythischen Bilder ins Gegenteil verkehrt: immer wieder wurde in der abendländischen Kunst das Motiv »*Der Tod und das Mädchen*« literarisch und bildlich gestaltet und als Selbstaufgabe des Weiblichen bzw. als Opferung der Jungfräulichkeit interpretiert. Dem geht aber das sehr viel ältere Motiv voraus, das »Der Mann und die Tödin« genannt werden könnte. Auch heute noch ist nicht überall auf der Welt der männliche Schnitter die Symbolgestalt des Todes. In einer alten Kultur wie Kambodscha, die viel von ihren matrizentrischen Zügen bewahrt hat, wird der Tod als Frau gedacht,[27] so wie es in der altgriechischen und altgermanischen Mythologie eine der Moiren bzw. der Schicksalsnornen ist, die den Lebensfaden der Menschen abschneidet.

Die Nähe des Mannes zum Tod

Auf der menschlichen Ebene ist der *Opfergang des Mannes* durch eine Besonderheit geprägt, die der Selbstopferung der Frau im allgemeinen fehlt: Die männliche Selbstopferung scheint nicht nur ein Not-wendender Tribut an das Leben zu sein, sondern darüber hinaus ein *Medium zur Selbstfindung* und ein wesentlicher Teil der eigenen Identität. Auch in der Praxis des Menschenopfers spiegelt sich die Grundsituation des frühen Menschen, in der die Frau ihre Identität als Lebensspenderin von jeher schon hat, während der Mann sie erst suchen muß. Daß die besondere Beziehung des Mannes zum Martyrium und zum Tod eine der möglichen Kompensationsleistungen gegenüber der größeren Lebensnähe der Frau darstellt, geht aus verschiedenen religiösen Vorstellungen und rituellen Bräuchen hervor. So waren im alten Mexiko diejenigen Männer, die den Opfertod am Altar der Göttin zum Heile ihres Volkes starben, in der Verheißung ihrer Unsterblichkeit nur noch mit einer Gruppe gleichgestellt: mit den Müttern, die im Kindbett starben.[28] An dieser Parallele wird deutlich, daß der Mann in der todesverachtenden Selbstopferung die *Ebenbürtigkeit mit der Frau als Mutter* herstellen konnte. Wenn auch hier für beide Gruppen die Qualifikation des Martyriums in Anspruch genommen wird, so nimmt doch die Frau im Kindbett den Geburtsschmerz oder, äußerstenfalls, den Tod nur in Kauf (wobei auch die Naturvolkfrau keineswegs ohne Schmerzen gebiert, es aber ihrer Würde nicht entspricht, diese zu zeigen), während der Mann aktiv den Opfertod sucht.

Brigitte Hauser-Schäublin hat erstmals die Kopfjägermythen auf Neuguinea aus dieser Perspektive betrachtet. In einer dieser Mythen wird der Kopf des getöteten Jägers mit der Kokosnuß verglichen, aus der die neue Kokospflanze hervorbricht. Das heißt nichts anderes, als daß der Mann durch sein Opferritual zur Fruchtbarkeit der Natur beiträgt. Daß dies in mehrfacher Hinsicht kompensatorisch zur Lebensleistung der Frau gedacht ist, geht aus einer anderen Mythenversion hervor, bei der die Kokosnuß einen Frauenkopf symbolisiert und die davon erzählt, daß einst die Frauen als erste die Pflanzen auf ihre Verträglichkeit kosteten und dabei ihr Leben riskierten.[29] Wieder steht hier der selbstverständlichen Risikobereitschaft der Frau im Dienste des Lebens die sehr bewußte und provozierende Opferhaltung des Mannes gegenüber. *Durch sein Tötenkönnen wie sein Sterbenkönnen kompensiert der Mann die weibliche Gabe der Lebensspendung.* Seine größere Nähe zum Tod bildet das Pendant zur größeren Lebensnähe der Frau.

Die *masochistische Komponente* dieser Nekrophilie kommt vielleicht am krassesten bei den Asmat in Neuguinea zum Ausdruck, die ebenfalls Kopfjäger sind. Als Totemtier haben sie sich eine Insektenart erwählt, die unter dem Namen »Gottesanbeterin« bekannt ist. Bei dieser Art tötet das weibliche Tier das männliche nach dem Begattungsakt, indem es dem Männchen den Kopf abbeißt. Selbst wenn diese zoologische Beobachtung eine Fehleinschätzung ist, wie man vor kurzem entdeckt zu haben meinte, so ist die mythische Verbindung der rituellen Kopfjagd mit der »männermordenden« Insektenart psychologisch jedenfalls bedeutsam.[30] Sie findet ihre Parallele in der sakralen Rolle der Biene in vielen matrizentrischen Kulturen, wenn die Große Göttin den Namen »Mylitta« (= Biene) trägt und damit nicht nur an die lebensspendende Kraft der Bienenkönigin erinnert wird, sondern möglicherweise auch an den »Opfer«-Tod der Drohnen nach dem Hochzeitsflug.

An den sakralen Opferkriegen ist aber noch eine andere, psychologisch bedeutende Komponente ablesbar: daß nämlich *beim männlichen Opfertod das Töten und das Getötetwerden in gewisser Weise auswechselbar ist.* In diesen »Kriegen« gehörten ja Freunde und Feinde im Grunde zum gleichen Lager, denn beide waren Todgeweihte für den Altar der Götter und das Leben ihres Volkes. Noch bei den römischen Gladiatorenkämpfen standen sich zwei Opfer mit der reziproken Möglichkeit gegenüber, entweder Vollstrecker des Opfers oder selber Opfer zu sein. Und wenn sie vor ihrem mörderischen Kampf dem Cäsar zuriefen: »Die Todgeweihten grüßen Dich«, so klingt darin noch nach, daß die zur Volksbelustigung herabgesunkenen Spiele auf einer ursprünglich sakralen Praxis beruhten.

Der Beitrag zum Leben durch Selbstopferung scheint jedenfalls tief in der männlichen Psychologie verwurzelt zu sein, und wir werden dieses Phänomen nicht nur für das sakrale Königtum der frühen Hochkulturen im Auge behalten müssen, sondern auch für alle späteren Kulturen, in denen *der patriarchale Mann* einen *Teil seiner Selbstidentität aus der Rolle des Helden und des sterbenden Kriegers* bezieht.

5. Der Primat weiblicher Gottheiten: ein Korrelat zur Ackerbaukultur?

Um den Kult der Großen Muttergottheiten in seiner Universalität zu erfassen, muß ein verbreiteter Irrtum korrigiert werden, der in der Diskussion um matrizentrische Kulturen immer wieder auftaucht. In den meisten kulturgeschichtlichen Abhandlungen wird behauptet, daß sich die Verehrung der Muttergottheit erst in den Agrarkulturen herausgebildet habe und daß sie der Ausdruck der Erd- und Schollengebundenheit der seßhaften Bauern sei.

Zutreffend an dieser Behauptung ist nur, daß die *Anfänge der Pflanzenkultivierung* überall als *weibliche Innovation* gelten,[1] weil die sammelnden Frauen es waren, die – wahrscheinlich an der Auskeimung der Vorräte – den Regenerationsvorgang der Pflanzen beobachteten. Aus der Sammlerin wurde die Gärtnerin, die den Samen und die Knolle bewußt setzt und später die Bäuerin, die mit der Hacke oder dem primitiven Holzpflug die Felder bestellt, wie dies heute noch die Frauen vieler Naturvolkgruppen tun.

Dementsprechend erscheinen die *Göttinnen der frühen Hochkulturen*, deren Basis der Ackerbau war, als »*Herrinnen der Pflanzen*«.[2] So wird die ägyptische Isis als Lehrmeisterin des Ackerbaus gepriesen,[3] die griechische Demeter mit der Ähre in der Hand dargestellt, und die Indianer Nordamerikas riefen drei göttliche Schwestern an, die den drei Hauptkulturpflanzen, dem Mais, der Bohne und dem Kürbis entsprachen.[4]

Aber diese Kulte stellen eben *nur eine Facette der Großen Göttin* dar: Sie verkörpert sehr viel mehr als die »Mutter Erde«, die sie zweifellos auch ist. Schon an unserem Ausgangspunkt Çatal Hüyük können wir feststellen, daß die Göttin in allen Grabungsschichten gleich dominierend ist, von den Anfängen der Ackerbaukultur, die noch stark von der Jägerkultur überlagert war, bis zur voll entwickelten Agrarwirtschaft im Laufe von 800 Jahren.

Die alt- und mittelsteinzeitlichen Kulturen vor der sogenannten neolithischen Revolution, d. h. vor der Errungenschaft des Ackerbaus, basierten Zehntausende von Jahren ausschließlich auf der Sammelwirtschaft und dem Jägertum, und trotzdem brachten die archäologischen Funde aus diesen schier unermeßlichen Zeiten in allen Teilen der Welt nur die Bildnisse weiblicher Gottheiten zutage.

Die *Eskimos*, die schon aus klimatischen Gründen niemals irgendeine Form von Ackerbau betrieben und heute noch weitgehend so leben wie die eiszeitlichen Fischer und Jäger, verehrten immer Große Göttinnen unter den verschiedensten Namen: Sedna, was H. P. Duerr mit »Jene, die vorher ist« übersetzt, »Meerfrau« (Imapnukiaka), »Alte Frau« (Arnakapsaluk) oder »Die immer Brünftige« (Nuliajuk).[5] Vom Glauben der Eskimos an die Meerfrau berichtete Knud Rasmussen: wie sie in deren Vorstellung auf dem Meeresboden haust und die Seetiere in ihren Haaren gefangen hält, wenn sie den Menschen zürnt.[6]

Von einer ähnlich mächtigen und launischen Göttin (Apelamananisa) wissen die *Vezos auf Madagaskar*, die auch für dieses Fischervolk die Herrin des Meeres ist.[7] Ähnliches gilt für die ältesten Jägervölker Australiens und Afrikas. Auch die Reste der *Buschleute* am Okavango rufen *eine Schöpferin und Herrin der Tiere* (Kxyani) an, wenn das Jagdwild ausbleibt.[8]

Eines der eindrucksvollsten Beispiele dafür, daß der Kult der Großen Mutter nicht an die Ackerbaukultur gebunden ist, sind die *Zigeuner* als ein Volk, das auf seinen endlosen Wanderungen nie seßhaft wurde und in Osteuropa zum Teil heute noch ein Leben wie die Wildbeuter führt. Sie verehren eine *schwarze Göttin*, die während der Christianisierung zur »Heiligen Sarah« wurde, die aber ihre uralte Herkunft verrät, wenn sie beim jährlichen Hauptfest der Zigeuner in Les-Saintes-Maries-de-la-Mer in feierlicher Prozession ans Meer getragen und dort mit den Wellen des

Meeres genetzt wird. Dabei fungiert die Tochter des Anführers als Priesterin – trotz der längst patriarchalen Sippenordnung der Zigeuner – und alle anwesenden Zigeunerinnen üben während des Festes ihre Wahrsagekunst, wenn diese auch zum merkantilen Zweck herabgewürdigt ist und die ursprüngliche Würde der Seherin nur noch ahnen läßt.[9]

Aber auch die Göttinnen derjenigen Kulturen, die auf eine lange Ackerbautradition zurückblicken, werden keineswegs nur als Erd- und Fruchtbarkeitsgöttinnen verstanden. Wie universell die Göttinnen der großen Ackerbaukulturen der Antike waren, wird sich bei den matrizentrischen Hochkulturen noch in aller Deutlichkeit zeigen.

Jedenfalls läßt sich die matrizentrische Religion *weder aus irgendeiner Wirtschaftsform herleiten noch auf sie beschränken*. Sie ist viel, viel älter als die neolithische Revolution und entspricht nicht einer bestimmten Produktionsstufe, sondern der Lebenserfahrung der frühen Menschen.

Auf diesem Hintergrund wird verständlich, warum die *Missionarsberichte* aus allen Teilen der Welt, von Südamerika ebenso wie aus Afrika und Ostasien immer wieder voller Erstaunen den gleichen Tatbestand wiederholen: daß die Missionare, wohin sie auch kamen, die »*Mutter Gottes« jeweils schon vorfanden* und keine Mühe hatten, diese in die christliche Madonna umzubenennen.[10]

Dagegen hatten sie oft große Schwierigkeiten, den männlichen dreifaltigen Gott mit der Vorstellungswelt der Primitiven in Verbindung zu bringen. Es gibt aber Beispiele dafür, daß kurzerhand eine *ursprüngliche Schöpfergöttin zum christlichen Schöpfergott umgewandelt* wurde, wie dies bei den Ayizo in Westafrika geschah. Der Schöpfergott »Mawu« trägt dort den ursprünglich weiblichen Namen einer Göttin.[11]

Im allgemeinen sind die *Schöpfungsmythen am radikalsten von patrizentrischen Vorstellungen überformt* worden, so daß heute nur noch einzelne Mythologeme an ursprünglich weibliche Schöpfungsmythologien erinnern.

Die Toba Batak in Südostasien tradieren einen Welterschaffungsmythos, bei dem eine Göttin als mythische Weberin die obere und die untere Welt zusammenwirkt und so die Welt der Menschen hervorbringt.[12] Das mythische Symbol der Großen Spinnerin wiederholt sich in der Schöpfungsmythe der Hopi-Indianer. Sie beginnt damit, daß der Sonnengeist Tawa die Welt erschafft, und zwar zuerst die Insekten. Aber er ist unzufrieden mit seinem Werk, weil diese Wesen den Sinn des Lebens nicht verstehen. Daher beauftragt er die »Großmutter Spinne«, daß sie die Insekten in eine andere Welt führen soll. Auf einem langen, mühsamen

Weg werden diese zunächst in größere Tiere, dann in Menschen verwandelt. Großmutter Spinne lehrt die Menschen Kleider zu nähen, Töpfe anzufertigen und Bäume zu pflanzen, unter anderem den Bambus, der bis hinauf zum Himmelsloch wächst, durch das die Menschen in eine obere Welt klettern. Dabei singen sie, damit der Bambusbaum gerade hinauf in den Himmel strebt, und Großmutter Spinne tanzt dazu, um die Menschen bei ihrem Aufstieg zu unterstützen.[13]

Wie wir sehen, vertritt die *Schöpfergöttin* hier gerade nicht den erdhaften Aspekt, sondern den *kulturellen und geistigen Schöpfungsvorgang*. Freilich geht auch das Bild von der Erschaffung des Menschen aus Lehmerde, wie es der jüdisch-christliche Schöpfungsbericht wiedergibt, auf viel ältere, matrizentrische Vorbilder zurück. Ein babylonisches Fragment um 2000 v. Chr. beschreibt die Große Ischtar als göttliche Töpferin, die aus Lehm die Glieder der Menschen formt und zusammenfügt.[14] Eine ganz ähnliche mythische Überlieferung gibt es in China von der Göttin Nü-kua. Sie soll das Menschengeschlecht geschaffen haben, indem sie Männer und Frauen aus gelbem Ton formte.[15]

6. Das System des Totemismus aus matrizentrischer Sicht

Erst nach und nach hat die Wissenschaft den Totemismus, der bei den nordamerikanischen Indianern entdeckt wurde und aus deren Sprache der Begriff stammt, als ein universales Phänomen sehen gelernt, das eine sehr *frühe Weltsicht des Menschen* reflektiert.

Zunächst wurde er ganz unter dem verengten Blickwinkel der Jägerkultur betrachtet und seine Rituale als »Jagdzauber« und »Vermehrungsmagie« in einem grob utilitaristischen Sinn gedeutet. Verschiedene Stammesgruppen, so meinte man, verehrten je eine bestimmte Tierart, die als Jagdtier für die Ernährung der Gruppe entscheidend war und deren Vermehrung man deshalb magisch zu beeinflussen suchte. Ganz in diesem Sinn ging man auch zunächst an die Interpretation der Eiszeitkunst heran.

Wenngleich das Interesse an Beutetieren bei den Vermehrungsriten mitspielt, so konnte dieser Erklärungsversuch doch nicht das ganze Phänomen des Totemismus abdecken; denn man fand, daß auch seltene Vogelarten als Totemtiere figurieren, die, außer ihrem magischen Federschmuck, wenig direkten Verwendungszweck für den Menschen haben. Dazu kommen Pflanzen aller Art, die ebenfalls als geheiligte Totemwesen gelten, und auch unter ihnen befinden sich nicht nur Nutzpflanzen. Endlich begriff man die *Ausdehnung des totemistischen Bezugssystems* zwischen Mensch und Natur auf die gesamte lebendige und, nach unserer Vorstellung, »tote« Natur. Auch Berge und Täler, Quellen und Flüsse, Mineralien und die Gestirne sind darin vertreten.

Die Schöpfungsmythen der Aborigines in Australien und der Trobriandinsulaner illustrieren die totemistischen Grundvorstellungen sehr eindrücklich: Zum einen verdankt jeder Teil der Natur seine Entstehung einem bestimmten Schöpfungsakt, der an einen umschriebenen Ort des Landes gebunden ist. Dabei treten als mythische Urschöpfer weibliche und tierische Urahnen oder eine Mischung zwischen beiden auf. Zum andern entstehen alle Wesen dieses Naturausschnitts gleichzeitig: Landschaften, Pflanzen, Tiere und Menschen sind nicht voneinander getrennt im Sinne ganz verschiedener Wesenskategorien. Und deshalb gibt es auch keine gesonderte Erschaffung der Menschen, sondern nur *die ganzheitliche Schöpfung eines »Naturgeschlechts«*, auf dessen verzweigtem Stammbaum alle Wesen genealogisch und emotional miteinander verbunden sind.

Dementsprechend fühlt sich die jeweilige Totemgemeinschaft, die ihre Abstammung auf eine gemeinsame Urahnin zurückführt, mit einem bestimmten Ausschnitt ihrer natürlichen Umwelt mythisch verwandt und rechnet ganz bestimmte Arten der Naturerscheinungen zur Genealogie ihres Stammes. Für diese ihre *»Naturverwandten«* fühlt sich die Totemgemeinschaft ebenso verantwortlich wie für die eigene menschliche Sippe. Jede Art muß erhalten bleiben, darf niemals durch Jagd oder Übernutzung der Böden dezimiert oder gar ausgerottet werden. Auch die *mythischen Schöpfungsorte* sind heilig zu halten, wozu ganz bestimmte Riten dienen, welche gewissermaßen die Schöpfung permanent in Gang halten. Dazu gehört unter anderem die ständige Erneuerung bzw. Übermalung der Felsbilder, welche einerseits die schöpferischen Urahnen und andererseits die Geschöpfe im Bilde festhalten.[1] Diese *Mitverantwortung für die Schöpfung und ihr Weiterbestehen* stellt die einzige *Sonderstellung des Menschen* innerhalb des totemistischen Systems dar.

Vielleicht hat es der grotesken Fehlentwicklung unserer industriellen

Kultur bedurft mit ihrer blinden Ausplünderung der Natur und der systematischen Zerstörung unserer Lebensbasis, bis wir die *tiefe Weisheit solcher Stammeskulte* einigermaßen begreifen lernen. Stellen sie doch den extremen *Gegenpol zu unserer patriarchalen Weltsicht* dar, die vom alttestamentarischen Schöpfungsbericht ausgeht und von dessen Auftrag an den Menschen, sich die Erde »untertan« zu machen.

Was bis heute viel zu wenig ins Bewußtsein tritt, ist die Tatsache, daß dieses *völlig andere Naturbild der alten Völker* auf einer *matrizentrischen Kultur* beruht, was wir sowohl an den mythischen Hintergründen als auch an deren Verbindung mit der matrilinealen Sippenordnung ablesen können.

So sind bei den matrilineal organisierten Trobriand die totemistischen Schöpfungsmythen direkt mit ihrem Sippensystem verknüpft. Nach ihrer Vorstellung wird ihre Insel von vier großen Clans bevölkert, von denen jeder seinen Ursprung auf eine weibliche Ahnenfigur zurückführt, die mit einem tierischen Urahnen der Unterwelt entstiegen ist. Alle Clanmitglieder fühlen sich als »ein Leib«, weil sie alle derselben Urmutter entstammen, und ebenso gehören zu jedem Clan eine Reihe von Pflanzen, Landtieren und Fischen, mit denen sie eng verbunden sind. Dabei ist interessant, daß nicht nur die genauen Stellen beschrieben werden, an denen die Urahninnen jeweils auftauchten, sondern auch der Vorgang der ersten Dorfgründungen. Diese erfolgten nicht etwa durch ein Urelternpaar, sondern durch ein Bruder-Schwesterpaar als den beiden Eckpfeilern der avunkolaren Sippenordnung.[2]

Die gesamte totemistische Weltsicht spiegelt die uralte mütterliche Zuwendung, die sich nicht nur auf die menschliche Nachkommenschaft beschränkt. Sie galt der jungen Pflanze ebenso wie dem jungen Tier, und deshalb ist die Begrüßung des Frühlings mit seiner Erneuerung der Natur ein wesentlicher Bestandteil aller matrizentrischen Kulte. *Sorgebereitschaft für das Leben und kosmische Lebensbejahung* gehören ursprünglich zusammen, und so kann es auch nicht verwundern, daß selbst die Gestirne als die »Kinder« des Nachthimmels in die Erhaltungs- und Wiedergeburtsriten mit einbezogen sind. Wir wissen von ekstatischen Tänzen vieler Naturvölker, die bei Neumond stattfinden, um das Wiedererscheinen des Mondes zu gewährleisten, wir wissen von den altmexikanischen Ballspielen, daß sie den Lauf der Gestirne unterstützen sollten,[3] und auch *die olympischen Spiele* haben als religiöse Feste begonnen. Der Ballspieler und der Diskuswerfer tragen das Symbol des Mondes und der Sonnenscheibe in Händen und fühlen sich mitverantwortlich dafür, daß die Sonne täglich ihren Aufgang nimmt und der Jungmond jeden Monat am Himmel wiedergeboren wird. Zusammen mit den Wettläufern setzten sie einst alle ihre Kräfte dafür ein, den Lauf der Gestirne und des ganzen Kosmos in Gang zu halten; sie trugen damit zu einer religiösen Feierlichkeit bei, deren Vorsitz auf dem olympischen Feld bis in die klassische Zeit eine Priesterin der Großen Göttin Demeter führte.[4] Erst im späteren Griechenland sind die olympischen Spiele dann zu dem geworden, was sie heute noch in verstärktem Maße sind: Schauplatz immer maßloserer Leistungswettkämpfe und persönlicher Ruhmsucht, die den Zusammenhang mit der Natur und dem Humanen in ihr verloren haben.

Männerbünde

Daß der Totemismus trotz seiner matrizentrischen Basis lange Zeit geradezu als Paradebeispiel für Männerbünde und männlichen Geist galt, hat mehrere Ursachen. Einmal besetzen in fast allen Stammesgemeinschaften die Männer die Prestigeposten und schmücken sich mit den dekorativen Totemzeichen, so daß sie rein äußerlich als deren Hauptträger erscheinen. Zum andern hat sich aber auch, besonders in den indianischen Totemgemeinschaften, tatsächlich ein Wandel in ihrer Ideologie vollzogen. Immer mehr wurden die Mythen von einer Urahnin durch die Vorstellung von einem »Großen Geist« überdeckt. Damit war für die Männergemeinschaft eine »Geistverwandtschaft« geschaffen, die ihr erst eine eigene Identität verlieh und die sie abhob von der früheren, viel allgemeineren Identität, »ein Leib« zu sein mit allen Wesen, die ihr Leben den Totem-Ahnen verdanken. Wir dürfen aber auch nicht vergessen, daß die männliche Komponente des Totemismus und die Ideologie des »Großen Geistes« von den Missionaren unterstützt und im Sinne eines monotheistischen Gottesbegriffes interpretiert wurde, während ursprünglich das »Manitu« (von Mana, wirksam) als eine unpersönliche, den ganzen Kosmos durchströmende Kraft gedacht war, wie sie auch andere Naturvölker unter anderen Namen kennen.

Wie lange aber die ursprünglichen Vorstellungen des Totemismus auch in die Hochkulturen hineingewirkt haben, können wir an den *Wappentieren der Fürstenhäuser* ablesen, die vor allem in Gestalt des Bären, des Löwen oder des Adlers die Erbtradition eines Hauses dokumentieren. Viel farbiger noch spiegeln die *bürgerlichen Wirtshausschilder* das alte Symbolgut: neben den schon genannten Tieren finden wir auf ihnen den Hirschen und das Lamm, den Falken und den Schwan, das weiße Rößl, den Rappen und den Ochsen, aber auch den grünen Baum, die drei Lilien oder die drei Tannen, die zum Verweilen einladen und unter deren Wappenschild sich die Gäste am »Stamm«-Tisch treffen.

Im übrigen sind auch die *Geweihe*, die unsere Großväter in ihren bürgerlichen Wohnstuben aufhängten, ein letzter Ausläufer totemistischer Weltsicht; nur daß hier die »Jagdtrophäen« dem männlichen Prestige dienen und der kapitale Hirsch den größten Geltungswert besitzt, während 10 000 Jahre früher im mittelsteinzeitlichen Opferteich von Hamburg der Schädel der ältesten Rehkuh auf einem Kultpfahl ehrenvoll aufgestellt war.[5]

Der Kreislauf des Lebens

Zuletzt sei noch auf ein Ideengut der totemistischen Weltsicht aufmerksam gemacht, das wir bei allen Totemgemeinschaften antreffen und das in deutlichem Kontrast zu späteren, patrizentrischen Ideen steht, nämlich die Vorstellung von der *Wiedergeburt der Seelen*. Von den Eskimos der Arktis bis zu den Südseeinsulanern herrscht die Überzeugung, daß die Seele nach dem Tode nicht verlorengeht; doch hat dies mit der Idee einer persönlichen Unsterblichkeit im Grunde nichts zu tun. Die Ahnengeister, die mit dem Stamm in Verbindung bleiben, die man verehrt und anruft, manchmal aber auch fürchtet und abwehrt, treten wieder in den Kreislauf des Lebens ein, indem sie sich in einem Neugeborenen reinkarnieren. Deshalb tragen auch die Kinder die Namen der Vorfahren, nicht nur zu ihrem Andenken, sondern weil sie die Neuerscheinungen dieser Ahnen sind. So bleibt die Summe aller Seelen in einer Stammesverwandtschaft konstant, und in sehr alten Kulturen sind auch Tiere und Pflanzen mit in diesen Seelen- und Wiedergeburtskreislauf einbezogen.[6] Am bekanntesten ist die indische Lehre von der Seelenwanderung, die von den orphisch-pythagoräischen Religionsgemeinschaften in Griechenland übernommen wurde. Allerdings ist sie uns in einer Form überliefert, die bereits eine moralisch-patriarchale Einfärbung hat: Wiedergeburt bedeutet hier einen Läuterungsprozeß, der ganz vom Individuum her gedacht ist. Der sündige Mensch wird in anderer Gestalt wiedergeboren, um seine moralischen Versäumnisse nachzuholen. Aus dieser anthropozentrischen Sicht bildet die Verwandlung in ein Tier oder in eine Pflanze die Strafe für ein menschenunwürdiges Leben, ein Gedanke, welcher der ganzheitlich-totemistischen Denkweise völlig fremd ist. Noch in unseren Märchen sind die sprechenden Tiere nicht immer »verwunschene« Menschen, die es zu erlösen gilt, sondern oft die Helfer und weisen Ratgeber, die dem Menschen auf seinem Schicksalsweg beistehen und ihm Orientierung geben.

Diese alte Auffassung von der *Seelenkonstanz und der Seelenverwandtschaft* aller Wesen hat aber auch eine sehr bedeutsame »*politische*« *Konsequenz*. Wie wir schon aus den Schöpfungsmythen der Totemgemeinschaften entnehmen konnten, ist das Leben eines Stammes an einen ganz bestimmten geographischen Ort gebunden, und der Verlust dieses Ortes ist für ihn unvorstellbar. Deshalb bedeutet eine Zwangsumsiedlung von Naturvolkgruppen oder die Zerstörung ihres Lebensraumes sehr viel mehr als den Verlust der Heimat, nämlich den Verlust der Seelensubstanz selbst, die für den frühen Menschen nicht nur unteilbar ist, sondern an das Land seiner Ahnen gebunden bleibt. Dies bedeutet auch, daß dem frühen Menschen freiwillige »Auswanderungen« ebenso fremd waren wie Eroberungskriege. Denn was hätte er mit einem Land anfangen sollen, in dem seine Ahnengeister nicht wohnten?

Wenn man diesem Gedankengang folgt, wird man die *Ausbreitung des Menschen* über die Erde während der Altsteinzeit nur als einen Vorgang begreifen können, der ungeheure Zeiträume beansprucht hat, weil er immer *nur schrittweise*, als Erweiterung des schon vertrauten Lebensraumes, erfolgt sein konnte. Der Eroberungskrieg aber, der zu dem Zweck geführt wird, sich fremde Territorien gewaltsam anzueignen, um dann als Besatzungsmacht in einem fremden Land zu leben, ist in der ursprünglichen Denkweise der »Primitiven« überhaupt nicht nachvollziehbar. Dies schildert Ruth Benedict sehr eindrucksvoll anhand ihrer Untersuchungen über heute noch lebende indianische Stämme.[7]

Wer sich mit der Vorstellungswelt der Frühkulturen vertraut macht, wird jedenfalls zu dem Ergebnis kommen, daß der *Krieg in unserem heutigen Sinn keine sehr alte Gewohnheit des Menschen* sein kann. Er setzt eine völlig andere Lebensphilosophie voraus, deren Entstehung und Entwicklung wir in späteren Kapiteln nachgehen werden.

7. Die matrizentrische Gesellschaftsstruktur

1. Die Familienstruktur

Wenn wir noch einmal von Çatal Hüyük ausgehen, wo die Wohnanlagen sehr genau rekonstruierbar sind, so ist zunächst zu bemerken, daß diese Stadt mit ihren mehreren tausend Einwohnern schon eine hochentwickelte Organisationsform voraussetzt, und wir deshalb nicht erwarten können, hier auf die ursprünglichen Formen der Familien- und Gesellschaftsorganisation zu stoßen. Hinzu kommt, daß die soziale Struktur des bisher freigelegten Priesterinnenviertels möglicherweise von derjenigen der noch nicht erschlossenen Wohnquartiere abweicht.

Wohneinheiten

Bei den bis jetzt bekannten Wohneinheiten sind wir in bezug auf die Personenzahl und ihre verwandtschaftliche Zusammensetzung auf Vermutungen angewiesen. Mellaart schätzt, daß das durchschnittliche Raumangebot der Lagerstätten für ca. acht Personen ausreiche, wobei man allerdings noch in Betracht ziehen muß, daß jeweils zwei oder drei der zusammengebauten Häuser, die einen gemeinsamen Hof umschließen, möglicherweise zu einem Sippenverband gehörten, der in kleinere Familiengruppen unterteilt war.

Mit Sicherheit ist nur festzustellen, daß jeweils die *Hauptplattform der Frau des Hauses gehörte* und daß die *Kinder immer zusammen mit der Mutter unter dieser Plattform bestattet* wurden, während die Männer getrennt von ihren Frauen – meist unter der kleinen Eckplattform – beigesetzt waren. Solche Begräbnissitten erinnern zum Teil an die Bestattungsordnung der indianischen Stämme, die zuerst Morgan am Beispiel der Irokesen beschrieben hat. Noch bis ins 19. Jahrhundert wurden selbst auf christlichen Friedhöfen die indianischen Ehegatten getrennt begraben, jeder bei seiner mütterlichen Herkunftsfamilie, während die Kinder immer der Mutter ins Grab folgten.

Hier in der priesterlichen Siedlung verblieben die *Männer* auch nach ihrem Tode im gemeinsamen Haus, doch *überließen sie im Leben wie im Tod den Frauen deutlich den Ehrenplatz*. Dies ist nicht nur an der viel größeren Lagerstatt der Frau abzulesen – die ja aus praktischen Gründen größer sein mußte, um auch den Kindern Raum zu geben –, sondern auch an ihrem deutlich erhöhten Aufbau und ihrer dekorativen Betonung. Diese ganze Anordnung macht eine matrilineale Familienorganisation höchst wahrscheinlich. Dies würde auch heißen, daß sich die benachbarten Familien innerhalb einer Hofgemeinschaft aus den mütterlichen Verwandten der Frau, wahrscheinlich aus ihren Schwestern und deren Familien zusammensetzten.

Prähistorische Wohnformen

Gehen wir bis zu den ersten, eiszeitlichen Wohnstätten zurück, so gehören dazu große Wohngruben bei Solutré in Mittelfrankreich, die tief in den Erdboden eingegraben und wahrscheinlich mit Fellen und Reisig überdacht waren. Ihr Ausmaß von 18 m Länge und 9 m Breite und die Tatsache, daß sie mehrere Feuerstellen aufweisen,[1] läßt sie als *Urmodelle für die späteren Langhäuser der Irokesen* und noch heute lebender matrilinealer Stämme erscheinen. Ähnliche Grundrisse tauchen auch bei den Fundstätten aus Mähren und Südrußland auf. Daneben scheint es einen zweiten Wohntypus gegeben zu haben, bei dem kleine, katen- oder zeltartige Wohnstätten dicht nebeneinanderliegen und durch überdachte Gänge miteinander verbunden sind.[2] Auch dies ist eine Anordnung, die in abgewandelter Form bei heutigen matrilinealen Gruppen immer noch besteht.

Beide Siedlungstypen deuten auf eine kollektive Wohnform mehrerer Generationen hin, wie sie für matrilineale Sippen so typisch ist. Entweder wohnt dabei die ganze Gruppe unter einem Dach, wobei die einzelnen Feuerstellen (Küchen) die Sippe in Untergruppen teilen, oder die Untergruppen leben in getrennten Häusern, welche durch direkte Zugänge miteinander verbunden sind.[3]

Freilich können wir aus dieser Parallele nicht ohne weiteres die Folgerung ziehen, daß sich in dem ähnlichen äußeren Rahmen vor rund 25 000 Jahren auch ein ähnliches Leben abgespielt hat wie bei den uns bekannten matrilinealen Gruppen. Nimmt man jedoch die Tatsache hinzu, daß an sehr vielen Feuerplätzen der prähistorischen Wohnstätten weibliche Kultfiguren gefunden wurden, so liegt der Schluß auf eine matrizentrische Gesellschaftsstruktur zumindest sehr nahe. Jedenfalls wirkt auf diesem Hintergrund das *patriarchale Vorurteil* befremdend, mit dem ein so bekannter Archäologe wie Gordon Childe ein neolithisches Dorf in Schottland beschreibt und seine Sozialstruktur interpretiert. Dieses Dorf aus der Jungsteinzeit besteht aus sechs Häusern, die untereinander mit überdachten Gängen verbunden sind, was Childe sicher zu Recht als den Wohnkomplex einer Großfamilie mit kollektiver Wirtschaftsweise versteht. Wenn er aber die genaue Einrichtung der einzelnen Wohnungen schildert – den Herd in der Mitte, links und rechts zwei steinerne Lagerstätten, wovon das rechte Bett immer deutlich größer ist als das linke –, so schließt Childe mit Selbstverständlichkeit daraus, daß die größere Lagerstatt dem Hausherrn gehört. Dabei wissen wir von ganz ähnlichen Einrichtungen aus der gleichen Epoche in Çatal Hüyük mit Sicherheit, daß die größere Plattform immer von der Frau und ihren Kindern bewohnt war.[4]

Wie sich das matrilineale Sippenleben tatsächlich abspielt, wissen wir seit Morgans Schilderung der Irokesen (»Ancient Society«, 1877) sehr genau. Dieses Bild stimmt zu einem großen Teil mit dem Sippenleben der heutigen Minangkabau auf Sumatra überein. Die Gelehrten nannten diese Form des Zusammenlebens »*matrilokal*« oder genauer »*uxorlokal*« (uxor=Frau), weil dabei der Ehemann jeweils im Clanhaus der Braut Wohnung nimmt. Doch ist eine solche Gruppe eigentlich gar nicht dazu geeignet, vom Ehemann aus definiert zu werden, weil dieser darin eine recht untergeordnete Rolle spielt. Die matrilokalen Sippen sind in erster Linie weibliche Lebens- und Wirtschaftsgemeinschaften, in denen eine ganze Reihe von Mutter-Tochter-Generationen mit ihren Kindern das gemeinsame Land bestellen und die gemeinsamen Vorräte verwalten.

Matrilineale Grundtypen

Die matrilokale Sippenordnung ist aber weder die einzige noch die ursprünglichste matrizentrische Lebensform. In der amerikanischen Studie »Matrilineal Kinship« (1973) beschreibt Kathleen Gough eine Reihe verschiedener matrilinealer Grundtypen,[5] von denen ich hier die wichtigsten skizziere. Sie alle setzen die matrizentrische Verwandtschaftsvorstellung voraus, wonach die Kinder nur mit der Mutter blutsverwandt sind und demzufolge vom weiblichen Clan aufgezogen und wirtschaftlich versorgt werden. Im Falle einer Scheidung bleiben sie immer bei der Mutter. Für die Männer bedeutet dies, daß sie zu ihren leiblichen Kindern zunächst nur eine sehr lose Beziehung haben und ihre emotionalen Bande wie auch ihre sozialen Verpflichtungen an die weibliche Herkunftssippe geknüpft bleiben. Besonders zu einer bestimmten Schwester bauen sie während der Jugend eine starke Beziehung auf, die sich auf deren Kinder überträgt. So überläßt der Mann sein persönliches Erbe auch nie seinen leiblichen Kindern, sondern den Kindern seiner Schwester.

Das »lineage segment«

Das »lineage segment« scheint das ursprünglichste Familienmodell überhaupt gewesen zu sein und kommt hauptsächlich bei nichtseßhaften Gruppen vor. Es stellt das *Zusammenleben einer Sippenmutter mit einigen Generationen ihrer direkten Nachkommen* dar, und zwar mit ihren Kindern beiderlei Geschlechts und den Kindern ihrer Töchter. Bei einer solchen Siedlungs- und Wirtschaftsgemeinschaft existiert eine sogenannte »Kernfamilie« – bestehend aus Mutter, Vater und Kindern – überhaupt nicht, wie es auch keine Ehen in unserem heutigen Sinne gibt, weil die Geschlechtspartner nicht zusammen wohnen und leben. Es gibt aber dauerhafte Geschlechtsbeziehungen auf Besuchsebene zwischen Partnern verschiedener lineage segments, die, wie alle sexuellen Beziehungen in matrizentrischen Gemeinschaften, unter dem *Exogamiegebot* stehen. Diese äußerst strikt eingehaltene Regelung erlaubt den sexuellen Kontakt nur zwischen Angehörigen verschiedener Siedlungsgruppen, die nicht zur gleichen Lebens- und Ritualgemeinschaft gehören, unter keinen Umständen aber innerhalb der »endogamen« Abstammungsgruppe.

Für die sogenannten »*Besuchsehen*«, bei denen meist der Mann als der mobilere Partner die Frau in deren Matriclan besucht, ist die äußerste Kürze solcher Besuche charakteristisch. Bei den von Gough beobachteten Nayar in Südwestindien besteht die Vorschrift, daß der Gatte erst nach dem Abendessen zu seiner Frau und deren Kindern kommt, nur eine Nacht bleibt und am nächsten Morgen das Haus wieder verläßt, bevor sich die Familie zum Morgenessen versammelt.

Dies ist deshalb aufschlußreich, weil offenbar das Zusammen-Essen von den Nayars für die größere emotionale Intimität gehalten wird als das Zusammen-Schlafen. Bei ihnen gilt es heute noch als unschicklich für eine Tochter wie für einen Sohn, enge emotionale Beziehungen zum Ehepartner zu unterhalten. *Emotionale Bindung und dauernde Zuneigung* gebührt nach matrizentrischem Verständnis ausschließlich der *blutsverwandten Herkunftsfamilie*, und in diesem Sinne ist die ursprüngliche matrilineale Sippenordnung durchaus »familienfeindlich«, wenn man unter Familie die Kernfamilie versteht. Ein »ungetreuer« Sohn, der sich zu fest an seine Ehefrau anschließt, wird von den Müttern der Nayars sogar mit Flüchen belegt, die dem Ungetreuen Verderben von Seiten der Stammesgöttin bringen sollen.[6] Dieses Beispiel zeigt schon sehr gut, auf welche Weise psychische *Machtausübung*, u.U. sogar psychische Nötigung *in der matrizentrischen Gesellschaft* praktiziert wird, eine weiblich-mütterliche Möglichkeit, die bis heute in der Kindererziehung besteht.

Bei der Besuchsehe haben beide Ehegatten keinen Anspruch auf den ausschließlichen Sexualkontakt mit dem Partner. Die Nayarfrau hat nicht nur gelegentliche Liebhaber, sondern häufig zwei oder drei offizielle Ehemänner, die ihrerseits die Freiheit haben, mehrere Frauen zu besuchen. Es versteht sich von selbst, daß die Kinder aus solchen Verbindungen der Mutter zugerechnet werden, weil ein individueller Vater gar nicht feststellbar ist. Die Väter, die meist gut miteinander bekannt oder verwandt sind, respektieren sich gegenseitig und wechseln sich sogar verabredungsgemäß in einem bestimmten Turnus ab. Sie unterhalten alle freundliche Beziehungen zu den Kindern, bringen diesen und den Ehefrauen auch kleine Geschenke, haben darüber hinaus aber keinerlei Unterhaltspflichten gegenüber der Mutter oder den Kindern, die wirtschaftlich vollumfänglich von der Muttersippe getragen werden. Die offiziellen Eheschließungen scheinen, wie Gough vermutet, einzig den Sinn zu haben, legale exogame Beziehungen zu dokumentieren. Diese Form der sehr lockeren Besuchsehen ist kein Einzelfall. Sie waren früher auch bei den Minangkabau auf Sumatra die Regel, dort aber mit einem deutlichen Übergang zur matrilokalen Residenz des Paares.

Daß auch in den frühen Hochkulturen die patriarchale Eheform relativ späten Datums ist, geht unter anderem aus dem Alten Testament hervor. Es liefert nicht nur deutliche Hinweise für die historisch frühere, matrilokale Eheresidenz der jüdischen Familie, sondern auch für die Einrichtung der Besuchsehe unter den israelitischen Stämmen.[7]

Während Gough vorschlägt, die Siedlungs- und Eheform der lineage segments als »*duolokal*« zu bezeichnen, weil beide Ehepartner in zwei verschiedenen Residenzen, nämlich in ihrem jeweiligen mütterlichen Herkunftsclan (Matriclan) leben, hält Karla Poewe, die Untersuchungen bei den Luapula in Sambia durchführte, die Bezeichnung »*amorph*« für angemessener. Sie will zum einen damit sagen, daß solche Ehen nirgends eine feste Lokalität haben, und zum andern, daß sie auch in bezug auf die Partnerzahl nicht festgelegt sind.[8]

Für die *Entstehung fester Eheresidenzen* macht Gough *bestimmte Produktionsverhältnisse* verantwortlich. Bei den Sammlerinnen und Jägern ist das Problem wenig akut, weil dort Männer und Frauen ihre getrennten Arbeitsgebiete haben. Bei seßhaften Pflanzern und Ackerbauern hingegen, die nur noch ergänzend von der Jagd leben, arbeiten auch die Männer in den Pflanzungen der Frauen, die auf der frühen Stufe der Agrarwirtschaft sehr arbeitsintensiv sind. Hier scheint nun ein Tauziehen zwischen den beiden Herkunftsclans verheirateter Paare zu beginnen:

Einerseits beanspruchen die Mütter und Schwestern des Ehemanns dessen Arbeitskraft auf ihren Feldern, andererseits wünscht der Clan der Ehefrau, wohin der Mann regelmäßig zu Besuch kommt, ebenfalls dessen Mitarbeit.

Die matrilokale Großfamilie mit uxorlokaler Eheresidenz
In Minangkabau auf Sumatra ist zu beobachten, wie aus diesem Tauziehen schließlich der Matriclan der Ehefrau als Sieger hervorgeht, und dies wahrscheinlich deshalb, weil die Zusammenarbeit der Frauen auf den Feldern seit dem Beginn des Ackerbaus etabliert war und jedes weibliche Clanmitglied einen festen Platz in dieser bestehenden Ordnung einnahm. Wenn also dem *Hin- und Herpendeln des Ehemannes zwischen zwei Arbeitsorten* ein Ende gesetzt werden sollte, so lag es näher, den *»fliegenden« Ehemann als Hilfskraft im Matriclan der Frau* zu integrieren als ein weibliches Mitglied aus der festgefügten Arbeitsorganisation herauszulösen und in den Matriclan des Mannes zu verpflanzen.

Daß das Zusammenleben des Paares in uxorlokaler Residenz mit der frühen Ackerbaukultur in Zusammenhang steht, findet Reed im englischen Wort für »Ehemann« bestätigt. »husband« kommt von »husbandry = Landwirtschaft« und »husbandman« heißt heute noch im englischen Sprachgebrauch »Bauer«. Das Wort »husband« bezeichnet also ursprünglich keinen Familienstatus, sondern die Tätigkeit des Mannes im Garten oder Ackerland der Frau, die ihm die Pflicht, aber auch das Recht einbrachte, in ihrem Matriclan zu leben und das tägliche Brot mit ihm zu teilen.

Für diesen wichtigen Schritt, der dem Herkunftsclan des Mannes den *Verzicht auf den Sohn oder Bruder als produzierendes Mitglied der Gemeinschaft* abfordert, muß allerdings ein *wirtschaftlicher Ausgleich* geschaffen werden. Eine der möglichen Lösungen liegt darin, daß der Ehemann zwar seine ganze Arbeitskraft für den Clan seiner Frau einsetzt, aber einen Teil des Ernteertrages an seinen Herkunftsclan, meist an die ihm zugeordnete Schwester, abgibt. Interessanterweise besteht in Minangkabau, wo sich die Matri-(Uxor-)lokalität erst relativ spät durchgesetzt hat, die Einrichtung eines *»Bräutigamspreises«*, den wir als Schadenersatz dafür ansehen können, daß die Arbeitskraft des Mannes fortan dem Matriclan der Braut zur Verfügung steht.[9] Die Kenntnis dieses gewissermaßen umgekehrten Ehevertrags erleichtert uns auch das Verständnis für den sogenannten *»Brautpreis«*, der in der Vergangenheit von vielen Forschern mißinterpretiert wurde. Heute sind sich alle Ethnologen darin einig, daß mit dem Brautpreis, der meist in Naturalien, häufig aber auch in Wertgegenständen bezahlt wird, nicht gemeint ist, daß eine Frau käuflich erworben und gleichsam als Ware gehandelt wird. Darauf kann es unter Umständen hinauslaufen, wenn die ursprünglichen Produktionsbedingungen von kapitalistischen Wirtschaftsformen überlagert werden. Gerade aus den alten afrikanischen Gepflogenheiten geht aber eindeutig hervor, daß es sich bei der Festlegung des Brautpreises oder einer Mitgift immer um den *wirtschaftlichen Ausgleich zwischen zwei Sippen* handelt.[10]

Die festgelegte Eheresidenz hat aber nicht nur wirtschaftliche Konsequenzen für die beiden Herkunftssippen, sondern ebenso bedeutende *psychologische Folgen für die Ehepartner*. Diese sind in uxorlokalen Verhältnissen für den Bräutigam deutlich ungünstiger als für die Braut. Während die Frau sich sicher und geborgen fühlt, weil sie ihre ganze Lebenszeit in ihrem angestammten Clan verbringen kann, muß der Ehemann sein Heim verlassen und bleibt als Nicht-Blutsverwandter in der Sippe seiner Frau bestenfalls ein Gast, wenn nicht ein Fremder. Er besitzt weder Autorität noch Sicherheit. Schon der Missionar A. Wright hatte die unstabilen Ehen bei den Irokesen geschildert, wo der eingeheiratete Mann jederzeit die Aufforderung erhalten konnte, »sein Bündel zu schnüren und sich zu trollen«, wenn er beim Matriclan der Braut in Ungnade gefallen war.[11] Dasselbe beobachtete Ruth Benedict bei den matrilokal lebenden Hopi-Indianern. Bei den Minangkabau auf Sumatra sagt ein Sprichwort vom verheirateten Mann: »Er ist wie Asche auf dem Baumstumpf; bläst man dagegen, so fliegt er weg.«[12] Deshalb zögern dort junge Ehemänner längere Zeit, ganz zu ihrer Braut überzusiedeln oder behalten sich noch eine Werkstatt bei ihrer Mutter, um jederzeit eine Rückzugsmöglichkeit zu haben. Die Situation in Minangkabau, wie sie Keeba von Benda-Beckmann schildert, ist deshalb besonders beachtenswert, weil sie sich ungeachtet der Islamisierung erhalten hat. Selbst der geistliche Würdenträger, der tagsüber islamisches Recht lehrt, kehrt abends ins Haus seiner Frau zurück und nimmt dort eine ebenso unsichere Stellung ein wie alle anderen Ehemänner.

Die virilokale Eheresidenz

Die Festsetzung eines Brautpreises in bedeutender Höhe kommt jeweils dann ins Spiel, wenn es darum geht, daß die Braut ihren Herkunftsclan verlassen und für immer in den Matriclan des Bräutigams übersiedeln soll. Gough arbeitet heraus, daß es wirtschaftliche Umstände gibt, die eine enge Zusammenarbeit der Männergruppe erfordern wie der mit dem Pflug intensiv betriebene Ackerbau oder die Haltung von Großtierherden. Unter diesen Umständen bietet sich eine Eheform an, bei welcher der Ehemann mit seinen Brüdern und der übrigen angestammten Männergruppe zusammenbleiben und zusammenarbeiten kann, was nur dann möglich ist, wenn die Braut zu ihm übersiedelt und nicht umgekehrt.[13]

Man nennt ein solches Arrangement »*virilokal*« (vir=Mann), eine Bezeichnung, die *mit dem Begriff »patrilokal« nicht zu verwechseln* ist. Bei matrilinealen Gesellschaften sind sowohl die uxorlokale Eheform (Wohnen im Clan der Ehefrau) als auch die virilokale Eheform (Wohnen im Clan des Ehemannes) matrilokal insofern, als das Paar immer im Matriclan des einen oder anderen Partners lebt. Patrilokalität, also das Leben bei den Stammvätern, setzt ein völlig anderes System voraus, nämlich die Abkunftsrechnung nach der väterlichen Linie, von der in rein matrilinealen Verhältnissen noch gar nicht die Rede ist.

Ein virilokales Arrangement wird aber nun vom Matriclan der Braut nur sehr ungern gesehen und deshalb *mit großen Auflagen verbunden*. Man darf nicht vergessen, daß in matrilinealen Verhältnissen Sohn und Tochter einen unterschiedlichen Realwert für die Sippe darstellen. Mit der Tochter verliert sie nicht nur eine Arbeitskraft, sondern auch die bluteigene Nachkommenschaft. Häufig wird vom *Bräutigam* verlangt, daß er zunächst *ein paar Jahre im Clan der Braut arbeitet,* und erst dann wird die Braut freigegeben. Neben oder auch an Stelle dieses sogenannten *Bräutigamsdienstes* ist ein genau festgelegter Brautpreis zu entrichten, der als einmalige Zuwendung oder auch lebenslang in Raten zu bezahlen ist. Parallel dazu unterstützt aber auch der Bruder der Braut seine zum Ehemann übersiedelte Schwester mit Gütern, weil sie immer noch als Erbin und somit als Nutznießerin der Bodenerträge ihres Matriclans gilt. Auf diese Weise stehen beide lineages in einem verwickelten Verhältnis des Gebens und Nehmens zueinander.

Die psychologische Situation verändert sich bei virilokaler Eheresidenz *zugunsten des Mannes*, denn er lebt jetzt bei seiner Mutter und im Kreise seiner männlichen Verwandten; doch bleibt auch hier die Verwandtschaftswertung matrizentrisch. Bei den virilokalen Tyyar in Südwestindien werden die Ehegatten wie bei den matrilokalen Irokesen getrennt begraben, jeder in seinem Herkunftsclan, wobei der oder die Hinterbliebene nicht einmal am Begräbnis teilnimmt.[14] Daß sich die Frau niemals zum Matriclan ihres Mannes zugehörig fühlt, versteht sich von selbst: Zu allen wichtigen Ereignissen in ihrem Leben, besonders während und nach den Geburten, verbringt sie längere Zeit in ihrem Herkunftsclan. Bei den virilokal lebenden Ashanti in Westafrika feiert die Mutter die Menstruation ihrer Töchter mit einem Fest bei ihrer weiblichen Verwandtschaft.[15] Schießlich kehrt sie als alte Frau mitunter ganz in ihren Ursprungsclan zurück wie bei den Ayizo in Westafrika.[16]

Was die *Stabilität* dieser *virilokalen Ehen* angeht, so bleiben sie ursprünglich ebenso unsicher wie die der uxorlokalen Residenzformen, weil die Ehefrau, wenn sie mit den Verhältnissen unzufrieden ist, jederzeit zu ihrem Bruder heimkehren kann, der sie ohnedies materiell unterstützt. Dies ändert sich erst dann, wenn beim Ehevertrag die Rückerstattung des Brautpreises im Falle der Scheidung vereinbart wird. An dieser Regelung ist vor allem der brautnehmende Clan interessiert, weil sie der Ehefrau den Rückweg in ihren Herkunftsclan erschwert. Um materielle Nachteile zu vermeiden, ist dieser dann ebenfalls daran interessiert, die eheliche Verbindung möglichst dauerhaft zu halten.

Erst mit der *Beständigkeit der Ehe* nimmt die *Bedeutung der Kernfamilie* zu und damit auch die *Bedeutung des Vaters für die Kinder*. Beim zwar nicht unauflöslichen, aber doch möglichst lange aufrechterhaltenen Ehebündnis wächst zudem die wirtschaftliche Verantwortlichkeit der Väter für die Kinder.

Auf der anderen Seite birgt auch die virilokale Variante der matrilinealen Eheformen Spannungen in sich, die damit zusammenhängen, daß die im Clan verbleibenden Söhne des virilokalen Paares für diesen einen Fremdkörper darstellen, weil sie blutsmäßig zur sippenfremden Mutter gerechnet werden. Um mögliche Feindseligkeiten und aggressive Handlungen unter den sippenfremden Männern zu vermeiden, bot sich eine Lösung an, die zum sogenannten *Avunkulat* führte.

Das Avunkulat

In dieser heute noch verbreiteten Form matrilinealen Zusammenlebens müssen die *Söhne im Pubertätsalter oder schon früher das elterliche Haus verlassen*, um in das Dorf eines mütterlichen Onkels zu ziehen. Auf diese Weise entstehen in jeder Sippe Männergruppen, die als Onkel und Neffen in der mütterlichen Linie verwandt sind, wobei die Arbeitsorganisation unter der Kontrolle des ältesten Onkels steht, der meist der Dorfälteste ist.

Am bekanntesten wurde das Avunkulat der Trobriandinsulaner durch die Feldforschungen Malinowskis.[17] Er schilderte unter anderem die relativ stabile und von starken Emotionen zusammengehaltene Kernfamilie bei den Trobriand, wo das Elternpaar nicht unter einem Dach mit der Sippe des Mannes lebt, sondern ein eigenes Haus mit dazugehörigem Land bewohnt, das es gemeinsam bewirtschaftet. Die Europäer setzte das besonders innige Verhältnis zwischen Vätern und Kindern in Erstaunen und die ausgesprochene Begabung der Trobriandmänner, zärtlich und verständnisvoll schon mit Säuglingen umzugehen. In diesem Teil der Welt herrscht jedenfalls eine *egalitäre Arbeitsteilung zwischen Mann und Frau*, welche die übliche Rollenzuweisung sogar eher in entgegengesetzter Richtung verschiebt. Die Frauen, die stark in der Gartenarbeit engagiert sind, überlassen ihren Ehemännern einen Gutteil der Kinderbetreuung, und das Kind einer ledigen Mutter wird von den Trobriand geradezu bedauert, weil es die Fürsorge eines liebevollen Vaters entbehren muß.

Malinowski und die späteren Feldforscher schildern aber auch die *menschlichen Tragödien*, die mit dem avunkularen Arrangement verbunden und als solche in der Organisationsform selbst vorprogrammiert sind: Die jungen Söhne müssen sich schon früh von den Eltern und den geliebten Vätern trennen, um zum Onkel überzusiedeln, und die Väter müssen sich von den Söhnen lösen, um sich auf einen matrilinealen Neffen umzustellen, der ab der Pubertät seiner Autorität untersteht und der sein künftiger Erbe ist. Auf diesem Hintergrund kann es nicht verwundern, wenn die Männer der einflußreichen Clans alle möglichen Tricks anwenden, u. a. die Verheiratung der Söhne mit weiblichen Verwandten der eigenen Sippe, um diese dennoch an sich zu binden. In diesen Bestrebungen wären erste *Übergänge zur patrilinealen Verwandtschaftsorganisation* zu sehen.[18]

Alles in allem kann keines der geschilderten matrilinealen Ehemodelle die Tatsache verwischen, daß sie ursprünglich nicht auf die Kernfamilie zugeschnitten sind und daß diese im matrilinealen Rahmen immer eine geteilte Familie bleibt. Diese Tatsache und die damit verbundenen emotionalen Spannungen hat D. M. Schneider in seiner Einleitung zur mehrfach genannten amerikanischen Studie in aller Schärfe herausgearbeitet und damit den emotionalen Sprengstoff entdeckt, der früher oder später die Auflösung des matrilinealen Familienmodells provoziert hat.

Hochzeitsrituale

An dieser Stelle möchte ich auf die Frage nach den Hochzeitsritualen in matrilinealen Verhältnissen eingehen, weil die Unscheinbarkeit bzw. das Fehlen solcher Zeremonien einige Verwirrung anläßlich der Kölner Ausstellung »Die Braut« (1985) gestiftet hat. Bei ihrer Sammlung der verschiedenen Hochzeitsriten fanden sich die Initiatorinnen dieser Ausstellung in ihrer Erwartung enttäuscht, daß sich darin die unterschiedliche Art der jeweiligen gesellschaftlichen Stellung der Frau niederschlagen würde. Bei aller Verschiedenheit in den Details ergab sich indessen immer wieder der gleiche Gehalt der Zeremonie, nämlich die feierliche Übergabe der Braut in den Autoritätsbereich des Mannes und seines Clans.[19] Dies kann jedoch dann nicht überraschen, wenn man weiß, daß es in matrizentrischen Kulturen überhaupt kein ausgeprägtes Hochzeitsritual gibt, weil in ihrem Verständnis die *Heirat* nicht eine Familiengründung bedeutet, sondern nur das *Arrangement gegenseitiger Hilfeleistung* zwischen zwei Sippen. Das eigentliche Familienfest für den Matriclan ist der Eintritt des Mädchens in den Kreis der Mütter durch seine erste Menstruation, während die Eheschließung höchst formlos begangen wird. Neben den mehr oder weniger ritualisierten Eheverhandlungen zwischen den beiden Clans beschränkt sich das Hochzeitszeremoniell darauf, daß man für die Brautleute einen gemeinsamen Schlafplatz bereitstellt und das Paar sein erstes gemeinsames Mahl einnimmt, meist im Kreise der Verwandten, bei denen es sich niederläßt. Das letztere als Zeichen, daß der nicht blutsverwandte Partner hier geduldet wird.[20]

Erst in patrilinealen und patriarchalen Verhältnissen wird das Hochzeitsfest zu jenem einschneidenden Ereignis, das zu den unterschiedlichsten *Bräuchen* Anlaß gab. Den Kern bildet dabei immer der *feierliche und schmerzliche Abschied der Braut von ihrem Herkunftsclan* und ihre Übergabe an den Patriclan des Bräutigams. Deshalb die unzähligen Sitten des Weinens der Braut, das ritualisierte Sich-Sträuben beim Verlassen des Elternhauses oder sogar der Scheinraub oder die rituelle Entführung. Deshalb auch die dramatisch gestalteten Hochzeitszüge vom Hause der Braut zum Hause des Bräutigams, wobei der Übertritt über dessen Schwelle einen besonders kritischen Punkt darstellt. Schon Briffault hatte bemerkt, daß hinter der römischen Sitte, die Braut über die Schwelle zu tragen, die sich in vielen europäischen Volkssitten erhielt, nicht die Idee der liebevollen Courtoisie steht, die wir hineinzuinterpretieren pflegen. Sie ist vielmehr das Zeichen der Angst, es könne sich in diesem entscheidenden Moment ein Zwischenfall ereignen wie das Straucheln der Braut, was für das Glück der Ehe ein schlimmes Omen bedeutet hätte.[21]

Wie sehr es der ursprünglichen, matrizentrischen Vorstellung zuwiderläuft, daß eine Mutter ihre Tochter und deren künftige Kinder verliert, zeigt sich an einem tibetanischen Hochzeitsritus, bei dem die verletzte Weltordnung symbolisch wiederhergestellt werden muß, die das Scheiden der Tochter hervorruft.[22] Deshalb wird ganz allgemein die »brautgebende« Familie mit größerem Respekt behandelt als die »brautnehmende«. Wenn in den meisten patriarchalen Kulturen das Fest der Vermählung im Heim der Braut stattfindet, so ist dies als ehrenvolles Zugeständnis an die Familie der Braut zu verstehen.

Matrilinealität: eine universelle Frühform des Zusammenlebens
Die amerikanische Studie über »Matrilineal Kinship« rollt auch die prinzipielle Frage nach dem Ursprung der matrizentrischen Gesellschaftsordnung auf, die seit Morgans *evolutionistischer Theorie* ein Zankapfel geblieben ist. Mir scheint es wichtig festzustellen, daß die *geistige Auseinandersetzung mit Morgans Werk* von Anfang an *unter einer doppelten Belastung* stand: Zum einen stieß seine Schilderung der matrizentrischen Urgesellschaft auf das patriarchale Vorurteil, das die irokesische Sozialstruktur nur als einen exotischen Ausnahmefall zur Kenntnis nahm, zum andern rief seine Idealvorstellung von einer friedlichen und herrschaftsfreien Gesellschaft das tiefe Mißtrauen der herrschenden politischen Kreise hervor.

Als dann Marx und Engels Morgan zum Kronzeugen für die Existenz einer »kommunistischen« Urgesellschaft machten, fiel sein ethnologischer Ansatz in den westlichen Ländern in Ungnade und wurde nur noch von Außenseitern verfolgt. So von Robert Briffault, der viele Jahrzehnte später sein monumentales Werk »The Mothers« veröffentlichte und darin eine Fülle von Beispielen für matrilineal lebende Völker in allen Teilen der Welt gab. Nach seiner Schätzung waren um 1800 noch ungefähr die Hälfte der damals bekannten Naturvolkgruppen matrilineal organisiert, und vor der Verbreitung der patriarchalen Weltreligionen müßte ihr Anteil bei weitem überwogen haben. Dabei verkennt Briffault nicht, daß es auch bei Völkern auf sehr primitiver Zivilisationsstufe vor jeder Berührung mit den patriarchalen Hochkulturen bereits patrilineale Stammesorganisationen gab. Er glaubt aber nachweisen zu können, daß die *patriarchale Gesellschaftsstruktur* weder bei den Hochkulturen noch bei den Naturvölkern eine genuin gewachsene Kultur ist, sondern immer eine sekundäre *Überformung einer früheren, matrizentrischen Kulturstufe*.

Die Ethnologengeneration nach ihm hat sich nahezu geschlossen von dieser »evolutionistischen« Kulturauffassung distanziert, offiziell aus wissenschaftsmethodischen Gründen, zum Teil wohl aber auch aus politischen oder sexistischen Bedenken.

Seitdem sind wieder Jahrzehnte verstrichen, in denen sich durch die

Technisierung in den heute so genannten »*Drittweltländern*« *tiefgreifende Wandlungen vollzogen* und das westliche Wirtschaftssystem zusammen mit der Verstädterung die alten Stammesstrukturen zersetzten. So ist bis zur Gegenwart die Zahl der eindeutig matrilineal organisierten Völker auf 8 % aller Gesellschaften (ca. 100) zusammengeschrumpft, was bedeutet, daß der Forschungsgegenstand, dem man sich seit rund 20 Jahren in der Ethnologie wieder zögernd annähert, zu verschwinden droht, bevor er endlich ans Licht gezogen wird.

Auch aus der grundsätzlichen Schlußbetrachtung von »Matrilineal Kinship«[23] spüren wir die Ambivalenz heraus, mit der die offizielle Wissenschaft dem evolutionistischen Gedanken gegenübersteht. D. F. Aberle stellt darin zwar fest, daß die Übergänge zwischen den verschiedenen matrilinealen Organisationsformen stets in einer bestimmten Richtung verlaufen, nämlich immer in der Richtung von strikt matrizentrischen, herrschaftsfreien Verhältnissen hin zu stärkerer Ausprägung männlicher Machtpositionen und zu Anfängen patrilinealer Strukturen. Dennoch lehnt er die evolutionistische Vorstellung, wonach das matrilineale Verwandtschaftssystem eine universelle Entwicklungsstufe darstellen könnte, strikt ab. Statt dessen versucht er, die Matrilinealität als die bestmögliche Form der gesellschaftlichen Anpassung an die Ökonomie des Gartenbaus und der frühen Ackerbaukultur zu verstehen. Um diese Hypothese zu belegen, wertet er die Daten der 84 matrilinealen Ethnien aus, die in Murdocks »World Ethnographic Sample« verzeichnet sind.

Dabei ergeben sich zwar, wie erwartet, hohe Korrelationen zwischen Matrilinealität und früher Ackerbaukultur, doch steht *der relativ hohe Prozentsatz der matrilineal organisierten Wildbeutervölker* seiner Theorie entgegen. Dies um so mehr, als die Mehrzahl der heutigen Sammlerinnen und Jäger bilateral organisiert ist (Verwandtschaftsrechnung nach der mütterlichen und der väterlichen Seite), bei unilinealer Rechnung jedoch die Matrilinealität überwiegt.

Dabei verdeckt die Statistik immer noch die Tatsache, daß sich hinter bilateralen Organisationsformen häufig nicht eine gleichwertige doppelte Rechnung verbirgt, sondern daß dabei der mütterlichen Abstammung immer noch das wesentlichere Gewicht zufällt. Karla Poewe konnte dies für afrikanische Verhältnisse überzeugend darstellen.[24]

Dazu kommen nach Aberles eigener Einschätzung zwei besonders gravierende Gegenbeispiele, für die er im Rahmen seiner Theorie keine Erklärung hat. Das eine davon sind die *Wedda*, die heute nur noch in gebirgigen Rückzugsgebieten Südindiens leben, die aber den Restbestand einer archaischen Rassengruppe bilden, welche in frühhistorischer Zeit große Gebiete Süd- und Südostasiens besiedelte. Die Sammel- und Jagdgründe dieser auf steinzeitlicher Kulturstufe stehenden Wedda sind im *Kollektivbesitz der Frauen,* und ihre Verwandtschaftsrechnung ist eindeutig *matrilineal.*[25]

Das zweite Beispiel, das aus dem Rahmen fällt, sind die *Crow-Indianer* in Kanada. Als Großwildjäger und Viehzüchter weisen sie ein geradezu klassisches matrilineales Muster auf und dies, obgleich die Pastoralwirtschaft als Prototyp für die patrilineale Stammesordnung gilt.

Aberle erklärt dies aus der agrarwirtschaftlichen Vergangenheit der Crow-Indianer, welcher durch ihre Vertreibung in den unwirtlichen Norden ein Ende gesetzt wurde. Diese Erklärung ist durchaus plausibel, aber sie gilt für sämtliche Hirtennomaden. Wir müssen annehmen, daß sie alle *ursprünglich Ackerbauern* gewesen sind, weil, wie der Nomadenforscher R. Herzog überzeugend argumentiert, sich die Viehzucht ohne bäuerliche Grundkultur und den Anbau von Futtermitteln gar nicht hätte entwickeln können. Alle heute existierenden Hirtennomaden kennen zumindest Spuren früherer Agrarwirtschaft oder leben symbiotisch mit Ackerbauern zusammen.[26]

So überrascht es auch nicht, wenn wir bei den *Tuareg* als den bekanntesten Hirtenkriegern Afrikas unübersehbare Züge einer matrizentrischen Gesellschaft finden. Bei ihnen werden nicht nur die Adelslinie und die Erbfolge des regierenden Souveräns in der weiblichen Linie tradiert; die Tuaregfrau nimmt auch ökonomisch und gesellschaftlich eine Stellung ein und genießt Freiheiten, die mit der islamischen Religionsgemeinschaft, der sie heute angehört, eigentlich unvereinbar sind.[27]

Die Tuareg, wie auch die Massai und ähnliche Hirtenvölker geben uns überdies ein anschauliches Beispiel dafür, daß die stolzen Hirtenkrieger mit ihrer Verachtung des Feldbaues und des Handwerks keine selbsttragende Subsistenz aufbauen können. Sie bleiben immer auf die Kleintierhaltung und die Arbeit der Frauen angewiesen oder auf bäuerliche Vasallen. Die Vorstellung von einer urwüchsigen *patriarchalen Hirtenkultur* erweist sich überall als eine *romantische Idealisierung.* In Wirklichkeit stellt die pastorale Lebensform eine Sekundärentwicklung dar, die auf einer matrizentrischen, bäuerlichen Kultur aufruht.

Alle Versuche, die matrizentrische Sippenstruktur auf ganz bestimmte, ökonomische Umstände einzuschränken, sind zum Scheitern verurteilt. Wo immer wir an der Oberfläche kratzen, kommt unter einer dünneren oder dickeren Schicht patrilinearer oder bilateraler Strukturen eine Grundschicht zum Vorschein, die Reste der alten matrizentrischen Ordnung erkennen läßt.

2. Die Arbeits- und Rollenteilung zwischen den Geschlechtern

Es gibt wohl kaum ein Thema aus dem anthropologischen Bereich, das von sexistischen Vorurteilen dermaßen besetzt ist wie das der geschlechtsspezifischen Arbeits- und Rollenteilung, so daß es beinahe hoffnungslos erscheint, die ursprünglichen Tatsachen einigermaßen unverzerrt ans Licht zu ziehen.

Die älteren anthropologischen Arbeiten gehen wie selbstverständlich davon aus, daß die Arbeitsteilung zwischen den Geschlechtern von jeher darin bestand, daß Frauen Kinder gebären und aufziehen sowie ihre Familien mit den täglichen Dienstleistungen versehen, während die Männer zum einen die »Ernährer« der Familie darstellen, und zum andern deren Beschützer, indem sie die Familie mit Waffengewalt verteidigen. Grosso modo ist das einfach die *Rückprojektion des patriarchalen Selbstverständnisses in die Vorgeschichte*. Ganz dieser Voreingenommenheit entsprechend galt als Hauptberuf der prähistorischen Menschheit die Jagd der Männergruppe und als *das* Werkzeug der frühen Kultur die Waffe, die gleichermaßen dem Jägerhandwerk wie dem Kriegshandwerk diente. Die Sammeltätigkeit und das friedliche Handwerk, die weitgehend in den Händen von Frauen lagen, traten dabei in den Hintergrund.

Erst in neuester Zeit ist dieses Modell vor allem durch die amerikanischen Ethnologinnen modifiziert worden, indem sie erkannten, daß die Jagd als Ernährungsquelle des frühen Menschen bisher überschätzt wurde. Auch bei den heutigen »*Sammlerinnen und Jägern*«, wie der neue Terminus für die Wildbeuter heißt, bilden das Sammeln von Pflanzen und Früchten und das Einfangen von Kleintieren als Eiweißlieferanten die Haupternährungsbasis der Gruppe. Diese Tätigkeiten aber werden weltweit von den Frauen und den größeren Kindern geleistet, wobei das Sammelergebnis nicht nur quantitativ, sondern wegen des größeren Fettreichtums auch qualitativ das Jagdergebnis der Männer bei weitem übertrifft. Dazu kommt, daß das Stillen der Säuglinge eine nicht wegzudenkende Ernährungsgrundlage für die Menschen der Frühzeit bildet.

Davon, daß in allen Mythologemen die Frauen als die Begründerinnen der Pflanzenkultivierung, d.h. des Garten- und Ackerbaus gelten, war schon die Rede. Auch von seiten der Wissenschaft ist der primitive

Ackerbau als weibliche Kulturleistung heute unbestritten. G. Smolla hebt die Tatsache hervor, daß nur diejenigen Völker den Übergang von der nomadisierenden zur seßhaften Lebensweise vollzogen haben, bei denen die Sammelwirtschaft mindestens gleichbedeutend neben der Jagd bestand. Das heißt aber nichts anderes, als daß die Frau die Promotorin der »neolithischen Revolution« war.[1]

Was die *Domestikation der Tiere* und die Haustierhaltung anbelangt, liegen ihre Entstehungsbedingungen bis heute im dunkeln. Man ist sich nicht einmal über den ursprünglichen Zweck dieser kulturellen Errungenschaft einig, doch spricht vieles dafür, daß die Milchgewinnung zunächst bedeutender war als die Fleischgewinnung. Daß Frauen an der Zähmung der Tiere einen wesentlichen Anteil haben, liegt schon deshalb nahe, weil das Versorgen verwaister oder das Einfangen wilder Jungtiere und deren Aufzucht mütterliche Erfahrung voraussetzt. Aus Reiseberichten wissen wir sogar, daß die Frauen der Tasmanier die kleinen Hunde, welche die Weißen mitgebracht hatten, an ihren Brüsten säugten.[2] Dazu kommt, daß Schaf-, Ziegen- und Kuhmilch schon sehr früh in der Antike als Ersatznahrung für die Muttermilch gebräuchlich war und also von daher ein Interesse der Frauen an der Haustierhaltung bestand.

Selbst dort, wo Ackerbau und Viehzucht wegen der Klimaverhältnisse weitgehend entfallen, am extremsten bei den Eskimos der Arktis, und die *Jagd als einzige Ernährungsbasis* übrigbleibt, kann die Arbeitsteilung zwischen den Geschlechtern nicht so interpretiert werden, als seien die Männer die Ernährer der Gruppe, während die Frauen auf Kinder und Haushalt beschränkt sind... »Ein Mann ist der Jäger, den seine Frau macht«, sagt ein Eskimosprichwort,[3] und dies spielt darauf an, daß die Frauen den größten Teil der Jagdausrüstung – die Harpunen ausgenommen – produzieren: Sie reinigen und gerben die Felle, nähen daraus Kleidung, Stiefel und Fellschlitten und fügen auf technisch perfekte Art Tierhäute für die wasserdichten Kanus zusammen. Für alle diese Kürschnertechniken stellte sich die Eskimofrau ihre Werkzeuge bis in die jüngste Zeit selbst her. Zu diesen gehört eine Art Universalwerkzeug, das sogenannte »Frauenmesser«, das ursprünglich aus Speckstein geschnitten und mit einem Knochengriff versehen war. Es ist so gut wie identisch mit den sogenannten Fellschabern, die man zu Tausenden unter den Steinwerkzeugen der Eiszeit fand. Auch ähnelt die Kleidung der Eiszeitmenschen, die uns aus Funden bekannt ist, auf erstaunliche Art derjenigen der Eskimos. Schon damals war die Kleidung gegerbt, gefärbt und mit dekorativem Schmuck aus Muscheln und winzigen Knochenperlen verziert.

Und auch damals schon fertigten Frauen Nähnadeln aus Knochen – sogar ein gefüllter Nadelköcher wurde gefunden –, stellten Faden aus Tierdärmen her und verfügten offenbar über äußerst feine Ahlen zur Durchbohrung der Knochenperlen.[4]

Die Handwerkerin
Wir stehen also vor der Tatsache, daß von Anbeginn der menschlichen Kultur der »*homo faber*« *keineswegs in erster Linie ein Maskulinum* war. Simone de Beauvoirs Satz aus den vierziger Jahren »Der große Pan beginnt zu schwinden, wenn der erste Hammerschlag fällt«[5] identifiziert den Pan, also die Natur, einseitig mit der Frau und spricht dem Mann die eigentlichen Kulturleistungen zu. Dies basiert auf der irrtümlichen Annahme, daß der Mann der alleinige Schöpfer des Handwerks gewesen sei und deshalb die Frau mit dessen Entwicklung ihren Einfluß verloren habe. Für den Beginn der Kultur liegen die Dinge aber eher umgekehrt.

Ein besonders faszinierendes Feld *weiblichen Handwerks* stellt die *Textiltechnik* in allen ihren Facetten dar. Es gibt praktisch keine Pflanzenfaser, die nicht für irgendeine Flecht-, Knüpf- oder Webetechnik verarbeitet worden wäre. Dabei sind die Arbeitstechniken und die Fülle der Formen von einem schier unerschöpflichen Reichtum, und die Feinheit der Gewebe und Geflechte stellt auch bei vielen heutigen Naturvölkern die maschinelle Technik der Europäer in den Schatten.

Nach der Fell- und Lederbekleidung, der in den wärmeren Klimate die Rindenstoffe entsprechen, gehören das *Spinnen und Weben* von tierischen und pflanzlichen Fasern zu den genialsten Erfindungen der Frühgeschichte. Daß Frauen die Schöpferinnen der Leinen- und Wollstoffe wie auch der Seidenraupenzucht und der Seidenherstellung waren, darüber lassen die Mythen der alten Kulturen keinen Zweifel aufkommen.[6]

Ebenso spricht alles dafür, daß Frauen die Urheberinnen der *Töpferei* gewesen sind. In Ägypten ist die Hieroglyphe für Topf identisch mit dem Zeichen für Frau, und die Dogon, bei denen, wie bei vielen anderen Naturvölkern, die Töpferei bis heute eine Domäne der Frau geblieben ist, tradieren eine Mythe, die den weiblichen Ursprung der Töpferei bezeugt. Dabei steht die keramische Kunst als eine der wichtigsten Kulturschöpfungen überhaupt erst am Ende einer langen Entwicklungsreihe, der die Herstellung der verschiedensten Gefäßformen aus anderen Materialien vorausgeht. Vor den Tongefäßen schufen sich die Frauen ihre Koch-, Speise- und Vorratsgefäße aus Speckstein, Knochen oder Holz, aus Muscheln, Kürbisschalen oder aus Korbgeflecht. Die ersten Tontöpfe scheinen mit einer Lehmschicht überzogene Körbe gewesen zu sein, die man an der Sonne trocknen ließ. Dafür sprechen die keramischen Gefäße, die in ihrer Form oder in ihrem Dekor geflochtene Körbe nachahmen.[7]

Auch der *primitive Hausbau* ist ursprünglich Sache der Frau, und auch hier werden häufig Flecht- und Lehmtechnik miteinander verbunden. Die ägyptische Bäuerin baute noch bis in die jüngste Zeit ihr Haus oder ihren Kornspeicher, indem sie Bündel von Schilfrohr oder Palmwedeln mit Lehm bewarf und auf diese Weise eine feste Mauer entstehen ließ. Die ägyptischen Tempel mit ihren Papyrussäulen erinnern noch immer an dieses Urbild weiblicher Architektur. Bis zum heutigen Tag stellt die Buschnegerfrau ihren Windschirm aus pflanzlichem Material selbst her, und die Eskimofrauen bauen die Sommerzelte aus einer Verbindung von Zweigen, Fellen und Moos. (Während die Schneehäuser heute das Werk der Männer sind.)[8]

Aber nicht nur eine Vielzahl von Kulturtechniken und Handwerkszweigen geht auf Fraueninitiative zurück, auch die kleinen *Märkte*, auf denen sie die verschiedensten Produkte zum Tausch oder Kauf anbieten, sind bei den meisten Naturvolkgruppen noch heute in Händen der Frauen. In ganz Afrika, in den Anden und in Neuguinea gehört der Markterlös zum Eigentum der Frau, über das sie dem Mann keine Rechenschaft schuldet. Dies ändert sich erst in Verhältnissen, in denen sich ein eigentlicher Handel über weitere Entfernungen hinweg entwickelt.[9]

Die Frage nach der geschlechtsspezifischen Arbeitsteilung
Auch wenn die heutige Wissenschaft den weiblichen Beitrag zur Subsistenzwirtschaft der Frühzeit stärker würdigt, hat sie damit noch nicht ihre Vorurteile über eine »naturgegebene« Arbeitsteilung revidiert. Jedenfalls gehen die meisten Anthropologen nach wie vor davon aus, daß der Mann als der körperlich weit Stärkere einerseits die Großwildjagd übernahm und andererseits – als Äquivalent für die Reproduktionsleistung der Frau – die Verteidigung von Frauen und Kindern gegen äußere Feinde.

Als erstes ist dagegen zu sagen, daß die Großwildjagd eine relativ späte Form des Jägerdaseins ist. Erst nachdem die Pflanzen- und Kleintiernahrung durch Klimaverschlechterung immer mehr weggefallen war, mußten sich die Eiszeitmenschen auf sie umstellen.

Zudem erweist sich das Kriterium der größeren männlichen Körperkräfte zur Übernahme bestimmter Tätigkeiten als nur sehr bedingt richtig. Unter den heutigen Naturvolkgruppen leisten *Frauen schwerste kör-*

perliche Arbeit beim Feldbau und beim Dreschen des Korns, beim Schöpfen und Tragen von Wasser, beim Hausbau und beim Transport der Wanderzelte. Bei den Eskimos und den Nomaden Nordsibiriens gehen ledige Frauen allein im Kanu auf Robbenjagd, in Australien handhaben Frauen den Bumerang ebenso geschickt wie die Männer, und auch von den Indianerinnen ist bekannt, daß sie einst sehr geschickte Jägerinnen waren.[10] Nur werden diese Tatsachen von den meisten männlichen Forschern hartnäckig übersehen, oder es kommt zu so grotesken Aussagen wie der folgenden bei der Schilderung der afrikanischen Dogon. Dieses westafrikanische Volk ist für die Herstellung sehr großer und schwerer Tonkrüge als Wasser- und Vorratsbehälter bekannt, die ausschließlich von Frauen geformt und gebrannt werden. Dazu heißt es in der Enzyklopädie »Bild der Völker«: »Die Arbeitsteilung in der Gemeinde ist starr. Die Frauen kochen, stellen Töpferwaren her, färben und spinnen Wollfasern. Den Männern bleiben die anstrengenderen Arbeiten, sie weben und flechten Körbe«.[11] Der Mythos vom schwachen Geschlecht hält sich hartnäckig.

Im Gegensatz zur modernen Zivilisation hat es in *prähistorischer Zeit eindeutig mehr Frauen-»Berufe«* als Männer-»Berufe« gegeben, wenn auch nicht im Sinne einer vollspezialisierten Beschäftigung, die es sehr lange nicht gab, sondern im Sinne eines Nebeneinanders verschiedener Tätigkeiten. Der prähistorischen Sammlerin und Pflanzerin, der Kürschnerin und Schneiderin, der Flechterin, Spinnerin, Färberin und Weberin, der Töpferin und der Hauskonstrukteurin stand zunächst *nur eine begrenzte Zahl typisch männlicher Leistungen* gegenüber. Das sind einerseits die Jagd und die zunehmende Verfeinerung der Jagdwaffen, und andererseits der Bergbau, der in der Mittelsteinzeit mit dem systematischen Abbau von Flint und Obsidian beginnt, gefolgt von der Kupfer-, Zinn-, Silber- und Goldgewinnung, bis hin zum Eisen, das dann zu Beginn der historischen Zeit eminente Bedeutung erhält. An den Bergbau schloß sich das Schmiedehandwerk an, das wahrscheinlich den ersten vollspezialisierten Beruf überhaupt darstellt. Jedenfalls ist es sicher kein Zufall, daß Jäger, Bergmann und Schmied im Märchen und in der Folklore von einem besonderen Nimbus der Männlichkeit umgeben sind.

Hingegen muß die immer wieder mit großer Selbstverständlichkeit aufgeführte *Funktion des Mannes als Verteidiger* der Gruppe gegenüber einbrechenden Feinden für die früheste Geschichte des Menschen mit *Skepsis* aufgenommen werden, weil alles dafür spricht, daß der *Krieg im heutigen Sinne keine Urtatsache der menschlichen Geschichte* ist. Stammesfehden sind, soweit wir sie von den ältesten Naturvölkern her kennen, entweder Ausdruck religiöser Riten oder ein Mittel zur kollektiven Schuldbegleichung im Zusammenhang mit der sogenannten Blutrache (vgl. S. 125 ff.).

Alles in allem gab es ursprünglich *keine lebenswichtige Tätigkeit für die Selbsterhaltung der Gruppe, die die Frauen nicht ebenso erfüllen konnten wie Männer*. Und wenn wir bedenken, daß die Urfamilie höchst wahrscheinlich eine Mutterfamilie war, zu der die erwachsenen Männer nur in einer losen Beziehung standen, so waren die letzteren ursprünglich weder dazu vorgesehen, der Frauen- und Kindergruppe Nahrung zu verschaffen noch diese gegen Feinde zu verteidigen.

Dies ist im übrigen eine Situation, die wir bei den weitaus meisten Säugetierarten finden. Hier versorgen und verteidigen die Mütter ihre Jungtiere ohne die Mithilfe der Männchen. Auch unter den Primatenherden, die biologisch den Menschen am nächsten stehen, bilden die Mutter-Kindergruppen die stabilste soziale Struktur: Bei den Menschenaffen ist ausschließlich die mütterliche Verwandtschaft maßgebend und der Rang der Jungtiere vom Rang der Mutter abhängig.[12]

Noch ein anderes, hartnäckiges Vorurteil hält der Realität nicht stand, nämlich die Vorstellung, die Frau sei stets an einen beschränkten Lebens- und Erfahrungsraum gebunden gewesen, während dem Mann von jeher die Welt und ihr weiter Horizont offengestanden hätten.

Betrachten wir das Leben der *Frau als Sammlerin*, so kann keine Rede davon sein, daß sie ans Haus gebunden war. Ihre Tätigkeit zwang sie vielmehr, regelmäßig ein großes Terrain zu durchstreifen und sich detaillierte Kenntnisse über ihre Umwelt anzueignen. Demgegenüber ist der Aktionsradius des Jägers nicht wesentlich größer, solange die Stammesgruppen klein sind und die alte Totemordnung besteht.

Wenn später in der Agrarwirtschaft das *Frauenkollektiv seßhaft* wird und den Männern die Außenposten überläßt, so liegt das weniger an der Behinderung der Frauen durch die Mutterpflichten als an ihrer Verantwortung für die Subsistenzwirtschaft. Seit jeher waren die Mütter äußerst erfindungsreich im Tragen ihrer Säuglinge; zudem unterstützten und vertraten sie sich gegenseitig in der Kinderbetreuung und sogar beim Stillen. Vielmehr sind diejenigen, die Aussaat und Ernte, Vorratshaltung und Güterverteilung leiten, in der Agrarwirtschaft unentbehrlich. Vom Frauenkollektiv aus gesehen lag es viel näher, die entbehrlicheren Männer hinauszuschicken, um Handelsmissionen zu erfüllen und politisch-diplomatische Funktionen als Verbindungsleute zu anderen Stämmen zu übernehmen. Solche Aufgaben waren zunächst nicht mit einem besonderen Sozialprestige oder irgendwelchen Machtbefugnissen verbunden. Personen die sich damit befaßten, vornehmlich Brüder der mütterlichen Sippe, bauten diese Funktionen erst allmählich zu eigentlichen Machtpositionen aus und schufen auf diese Weise hierarchische Strukturen, die der matrizentrischen Sippenordnung ursprünglich fremd sind. Diese Entwicklung wird uns im nächsten Abschnitt beschäftigen.

Das Tabu als Schutz
Von frühester Zeit an hatte sich aber eine ganz andere *Aufteilung von Innenraum und Außenraum* herausgebildet, bei der der Mann der Ausgeschlossene war. Seit jeher scheinen die Frauen den Bezirk der Geburt und alles, was damit zusammenhängt, gegen die Männer abgegrenzt zu haben. Dafür spricht das universelle »*Wochenbett-Tabu*« aller uns bekannten Naturvölker, das aus patriarchaler Sicht fälschlicherweise mit dem Etikett der »Unreinheit« versehen wurde. Nichts könnte dem matrizentrischen Lebensgefühl mehr widersprechen als die Verbindung der geheiligten Vorgänge mit der Vorstellung von Schmutzigkeit oder Minderwertigkeit. Briffault argumentiert zu Recht, daß das Wochenbett-Tabu in der mutterzentrierten Familie nur einen einzigen Sinn gehabt haben konnte, nämlich den Schutz der Mutter und des Neugeborenen vor unerwünschter männlicher Zudringlichkeit.

Höchstwahrscheinlich geht auch das *Menstruationstabu* auf eine weibliche Abwehrhaltung zurück, die im gleichen Sinne zu verstehen wäre wie das häufige Schwangerschaftstabu. Wie wir wissen, halten viele Naturvolkgruppen das Menstruationsblut für den Aufbaustoff des Embryos und somit für die wesentliche Substanz zur Entstehung des Lebens. Die Vermutung liegt nahe, daß die Frauen während ihrer Menstruation deshalb keine sexuellen Beziehungen aufnahmen, weil sie die Lebensvorgänge in ihrem Körper nicht beeinträchtigen wollten. Dieses Motiv steht offensichtlich auch hinter der sexuellen Enthaltung während der Schwangerschaft und der ersten Stillzeit.[13]

Demgegenüber spiegelt die gängige Interpretation des Menstruationstabus eines der hartnäckigsten patriarchalen Vorurteile wider: Noch heute wird fast ausnahmslos an der Theorie festgehalten, die Tage der Menstruation hätten von jeher als unreiner Zustand der Frau gegolten im Sinne von minderwertig und unheilbringend. Richtig daran ist, daß alle patriarchalen Kulturen strikte Vermeidungstechniken gegenüber menstruierenden Frauen entwickelt haben, die in ihrer Zwanghaftigkeit geradezu paranoid sind. Doch läßt schon solche panische Angst vermuten, daß hinter der Abwehr des Mannes mehr steht als körperlicher Ekel. Dieser wäre für Naturvölker ohnedies irrelevant, weil der archaische Mensch keinerlei Ekel vor Körperausscheidungen kennt. Schweiß, Speichel, Urin und sogar Fäkalien galten ursprünglich als wertvolle Substanzen, die alle in der frühen Medizin zu Heilzwecken verwendet wurden. Insbesondere bedeutet das Blut für alle Naturvölker das geheiligte Lebenselixier schlechthin, so daß es völlig unverständlich wäre, wenn das Leben aufbauende Menstruationsblut darin eine Ausnahme bilden würde. Man kennt im Gegenteil magische Fruchtbarkeitsriten unter Ackerbauvölkern, bei denen menstruierende Frauen die Felder umschreiten, und zur Jagdmagie benutzten die Jäger noch bis in die Neuzeit in Menstruationsblut getauchte Stoffähnchen, weil sie glaubten, das Jagdwild damit anzuziehen.[14]

Gegen die patriarchale Deutung der Unreinheit läßt sich aber das noch grundsätzlichere Argument ins Feld führen, wonach diese Deutung den Tabu-Begriff auf den Kopf stellt. Für alle Tabus des frühen Menschen gilt der klassische Satz Briffaults: »The tabu is the cause not the effect of his disgust«.[15] Nicht der Abscheu vor irgendeiner Sache läßt ein Tabu entstehen, sondern genau umgekehrt. Weil aus religiösen oder gesellschaftlichen Gründen ein Schutztabu entsteht, empfindet der Mensch vor dem tabuisierten Gegenstand »Scheu«, was ursprünglich gleichbedeutend ist mit »*heiliger Scheu*«. Erst die sozial antrainierte Abwehrhaltung macht aus dieser Scheu »Abscheu«. Dies hat Briffault an Beispielen von Speisetabus überzeugend dargestellt. So beruhen die Speisetabus für das Pferd, das Schwein und viele andere Tiere in alten Kulturen auf deren Verehrung als sakrale Totemtiere, die auch als heilige Tiere einer Gottheit galten und die deshalb nicht oder nur zu bestimmten sakralen Anlässen geschlachtet werden durften. Nicht die betreffenden Tiere sind unrein – sie sind vielmehr unantastbar –, sondern derjenige macht sich der Selbstverunreinigung schuldig, der das Tabu bricht. Deshalb müssen sich vielerorts die Jäger nach der Jagd einem Reinigungszeremoniell unterziehen.

Eine interessante Ausnahme vom Menstruationstabu bilden einige sehr archaische Ethnien, nämlich die Truk im Pazifik, die Maori in Neuseeland, die Kamba in Ostafrika und die Walapai-Indianer in Arizona. Bei ihnen wird im Gegenteil der Geschlechtsverkehr während der Menstruation zur Pflicht gemacht.[16] Dies mag darauf hinweisen, daß ursprünglich für alle Menschen die Zeit der Menstruation die bevorzugte Phase für den Geschlechtsverkehr darstellte, wie dies ja für alle Säugetiere die Regel ist.

Das läßt aber den Schluß zu, daß das Menstruationstabu das Ergebnis der matrizentrischen Lebenstheorie ist: Weil die frühen Menschen das Menstruationsblut für den Stoff hielten, von dem der Embryo sich ernährt – abgeleitet von der Beobachtung, daß bei beginnender Schwangerschaft die Blutung ausbleibt –, haben sie diesen Stoff zum Tabu erhoben.

Wenn wir die frühmenschliche Situation aus dieser Sicht betrachten, so waren *ursprünglich nicht die Frauen die Ausgegrenzten*, sondern die Männer diejenigen, die zu einem wesentlichen Lebensbezirk keinen Zugang hatten.

Eine solche Konstellation könnte den Schlüssel für eine so merkwürdige und verbreitete Sitte wie die »Couvade« liefern: Hier legen sich die Männer während der Niederkunft ihrer Frauen ins »Männerkindbett«, um wenigstens in der Vorstellung nachzuvollziehen, was die Natur ihnen versagt hat. Auch gewisse Formen der männlichen Beschneidung gehören in diesen Zusammenhang, wenn diese ausdrücklich als Ersatz für die fehlende Menstruationsblutung aufgefaßt wird.[17] Seit Margret Mead wurde mehrfach darauf hingewiesen, daß offenbar am Anfang der Kultur nicht der von Freud diagnostizierte »Penisneid« der Frau steht, sondern der »Gebärneid« des Mannes. Alle späteren *Disqualifikationen der Frau als unreines Wesen* im Zusammenhang mit den Reproduktionsvorgängen sind als *Abwehrreaktionen des patriarchalen Mannes* zu verstehen bzw. als Selbsterhöhungsideologie mittels Abwertung der Frau.

Monopolisierung der Tätigkeiten

Offensichtlich hatte der Mann der Frühzeit seine sozial unbedeutendere Rolle immer wahrgenommen und dieses Ungleichgewicht deshalb auf verschiedene Weise zu kompensieren versucht. Als erstes wurde die heldische Mystifizierung der Jagd ein wichtiger Bestandteil des männlichen Selbstwertgefühls. Auch wenn der Beitrag zum täglichen Nahrungsbedarf der Gruppe relativ gering war, so verstärkte das abenteuerliche »Jägerlatein« das Image des Jägers. Margret Mead bemerkt einmal treffend, daß in jeder uns bekannten Gesellschaft jede beliebige Tätigkeit, sobald Männer sie ausführen, viel wichtiger genommen und deshalb von der Gesellschaft weit höher geschätzt werde, als wenn Frauen die gleiche Tätigkeit verrichten.[18]

Dazu kommt, daß Männergruppen weltweit zur Monopolisierung ihrer Tätigkeiten tendieren und die Frauen rigoros davon ausschließen. Dies gilt für angestammte männliche Bereiche wie das Jagen ebenso wie für Aufgaben, die ursprünglich den Frauen und ihren magischen Kräften vorbehalten waren: So verbieten die Männer der Hirtenstämme den Frauen auch das Melken, sobald sie die Zucht bestimmter Großtiere zu ihrer Domäne machen.

Bei vielen Pflanzern beanspruchen die Männer den Anbau bestimmter, wichtiger Kulturpflanzen als ihren ausschließlichen Aufgabenbereich. Die Abelam in Neuguinea wählten dafür den Anbau der Yamswurzeln, wobei nach ihrer Vorstellung die Pflanzen nur richtig gedeihen, wenn die Frauen die Gärten nie betreten. Auch enthalten sich die Pflanzer während der ganzen Vegetationsperiode – das sind rund sechs Monate – des Geschlechtsverkehrs, um das Wachstum nicht zu gefährden. Hier wird weibliche Sexualität bewußt als eine Bedrohung für das männliche Werk empfunden, weil die Abelam glauben, die Frauen seien von Natur aus schöpferisch; sie selbst aber könnten ihre Kreativität nur durch Einhalten strenger Tabus entwickeln. Wahrscheinlich ist diese psychische Unsicherheit auch die Ursache für ihren ausgeprägten Hang zum Wettbewerb. Auf ihrer paradiesischen Insel, weit ab von unserer hochtechnisierten Leistungsgesellschaft betreiben die Männer von Neuguinea einen geradezu grotesken Konkurrenzkampf darum, wer die riesigsten Yamswurzeln züchten kann. Dabei illustriert ihr eigenes Selbstverständnis, wonach die Knollenfrüchte als leibliche Kinder des Mannes gelten, auf einzigartige Weise das kompensatorische Motiv, der Gebärfähigkeit der Frau eine Ersatzleistung entgegenzustellen.[19]

Eine andere Möglichkeit, sich einen hervorragenden Platz in der Gesellschaft zu verschaffen, besteht in der *Übernahme religiöser Funktionen* (vgl. S. 70 ff.) So bauten die matrilokal lebenden Zuni der Hopi-Indianer die Regenzeremonien zu einem komplizierten Ritualsystem aus, das die meiste Zeit im Leben eines Mannes beansprucht. In dieser Funktion nehmen die Männer als Brüder im Haushalt ihrer Schwestern eine starke Stellung ein, während sie gleichzeitig als Ehemänner und Landarbeiter auf den Feldern der Frauen eine untergeordnete Rolle spielen.[20]

Kunst und Fest

Mit der ausschließlichen Übernahme der Priesterämter geht aber noch ein weiteres Monopol der Männer Hand in Hand, das bisher wenig Beachtung fand: Gleichzeitig mit dem Gebrauch verboten die Männer den Frauen auch die Herstellung von sakralen Gegenständen, so daß überall auf der Welt die sakralen Musikinstrumente, Tanzmasken und Fetische von Männern geschnitzt oder modelliert werden. Dies hatte zur Folge, daß die Eingeborenenfrauen heute selbst glauben, sie seien gar nicht fähig dazu, solche Dinge herzustellen. Wenn wir aber davon ausgehen, daß sich die Frauen von frühester Zeit an in den Handwerkskünsten übten und sich schon in der Eiszeit die Technik des religiösen Kunsthandwerks nicht von derjenigen der Gebrauchsgegenstände unterschied, so kann diese Einseitigkeit nur künstlich erzeugt worden sein. Diese frühe *Diskriminierung der Frau in der sakralen Kunst* führte zu der folgenschweren Konstellation, daß auch in der Neuzeit, als sich die Kunst von ihrer religiösen Eingebundenheit löste, der »Künstler« noch lange ein Maskulinum blieb. Den Beweis für ihre ursprünglichen künstlerischen Fähigkeiten erbringen heute die Eskimofrauen, wenn sie staatlich gefördert werden. Ihr Kunstschaffen im Rahmen der Canadian Foundation ist besonders bekannt geworden. Das Erstaunliche aber ist, daß die Zeichnungen und Skulpturen, die gegenwärtig unter den Händen der Eskimos entstehen, in Technik und Vorstellungswelt deutlich an die sakralen Gegenstände der Eiszeit erinnern. Manche Tierskulptur könnte geradezu in der jungpaläolithischen Werkstatt von Dolni Vestonice (Tschechoslowakei) entstanden sein, wo man Tieridole aus einem keramischen Werkstoff fand. So dürfen wir wohl annehmen, daß schon damals, *vor 25 000 Jahren, Frauen als Künstlerinnen* arbeiteten.[21]

Das Auseinanderreißen von Handwerk und sakraler Kunst durch das religiöse Monopol der Männer ist aber auch nicht ohne Folgen für die großen Feste geblieben. Wir beobachten heute weltweit das Phänomen, daß viele Naturvolkgruppen getrennte *Männerfeste und Frauenfeste* feiern. Dabei treiben die Männer einen riesigen Aufwand und lassen ihre Feste mit großem Pomp und steifer Würde über die Bühne gehen, während die Frauenfeste viel zwangloser und fröhlicher verlaufen und wegen ihres geringeren Aufwandes von den Ethnologen oft gar nicht bemerkt werden. Beide Geschlechter halten ihre Feste voreinander geheim, mit dem Unterschied freilich, daß die Männer dennoch das Publikum der Frauen brauchen und wünschen. Brigitte Hauser-Schäublin schildert das festliche Flötenspiel der Männer bei den Iatmul (Neuguinea), die ebenso ängstlich darauf bedacht sind, von den Frauen nicht gesehen wie erpicht darauf, von ihnen gehört zu werden. Gleichzeitig irritiert sie die selbstgenügsame Fröhlichkeit der Frauenfeste, an der sie keinen Anteil haben.[22]

Aus dem geringeren Aufwand der Frauenfeste ist aber nicht zu schließen, daß sie immer nur kleine »Kammertheater« ohne mythologische Bezüge und ohne ein festes Ritual gewesen seien, wie K. E. Müller dies behauptet.[23] Bei rein matrizentrischen Kulturen wie bei den Nayar in

Südwestindien gibt es bis zum heutigen Tag große Sippenfeste, an denen beide Geschlechter teilnehmen, deren Inhalte aber von den einschneidenden Ereignissen des weiblichen Lebens geprägt sind. Der Festreigen beginnt bei der Geburt eines Kindes und dessen Namengebung, erreicht seinen Höhepunkt beim großen Tali-Fest, bei dem die Mädchen durch rituelle Defloration in den Kreis der erwachsenen Frauen eintreten, und schließt alle Trauerzeremonien ein, die nicht nur beim Tode eines Clanmitglieds, sondern auch bei der jährlichen Wiederholung des Todestages feierlich begangen werden. Alle diese Feste laufen nach einem strengen Ritual ab und stehen mit mythischen Vorstellungen und weiblichen Gottheiten in Beziehung.[24]

Die bisher geschilderten Anstrengungen der Männergruppen, ihr Sozialprestige zu erhöhen, sind aber nicht plausibel zu machen, wenn wir als Ausgangslage einen sozial gleichgewichtigen Zustand zwischen den Geschlechtern annehmen. Sie werden nur daraus verständlich, daß sich in der menschlichen Frühzeit die Waagschale deutlich auf Seiten der Frau senkt – nicht nur, weil sie als Mutter einen für den Mann nicht aufhebbaren Produktionsvorsprung besaß, sondern weil sie gleichzeitig die Führende bei den ersten großen Kulturleistungen war.

3. Rechtsordnung und soziale Schichtung in matrilinealen Gesellschaften

Ein Blick auf die soziale und politische Organisation innerhalb matrilinealer Verhältnisse ist nicht zuletzt deshalb interessant, weil er uns möglicherweise *Rückschlüsse auf die Entstehung der ersten männlichen Führungspositionen* und auf die Herausbildung *der ersten hierarchischen Strukturen* erlaubt.

Zu den wichtigen Entdeckungen Morgans bei den matrilinealen Irokesen gehörte das Fehlen jeder sozialen Schichtung sowie die Nichtexistenz irgendeiner Amtsgewalt oder clanübergreifender politischer Organe. Der berühmte Irokesenbund entstand erst infolge der Bedrohung durch die weißen Eindringlinge, und die von den Weißen so genannten »Chiefs« oder Häuptlinge hatten ursprünglich keinerlei politischen Befugnisse. Es gab nur Schamanenämter, welche die Medizinmänner (zum Teil aber auch Frauen) bekleideten, oder die »Führer auf dem Kriegspfad«, die sich durch besondere Tapferkeit ausgezeichnet hatten und eine freiwillige Gefolgschaft um sich scharten. In den Ratsversammlungen, die aus allen erwachsenen Blutsverwandten bestanden, wurden die Entscheidungen gemeinsam gefällt, wenn man auch den Stimmen der erfahrenen Clanmitglieder, vor allem der älteren Frauen, besonderes Gehör schenkte.[1]

Sehr ähnliche Gemeinschaften *ohne institutionalisierte Machtpositionen* finden sich noch heute bei matrilinealen Ethnien, wenn auch in reiner Form nur in relativ kleinen Stammesgruppen mit extensiver Wirtschaftsform. Dies gilt sowohl für mobile Wildbeuter oder Viehzüchter wie etwa die Navaho in Arizona/New Mexico als auch für seßhafte Pflanzergruppen wie die Truk auf den Carolinischen Inseln.[2] Bei ihnen gibt es weder Personen, die von der Nahrungsproduktion befreit und ausschließlich mit Spezialaufgaben betraut sind, noch ein offizielles politisches oder religiöses Amt. Hingegen spielt das *Lebensalter in bezug auf Ansehen und Beeinflussung der Gruppe* eine deutliche Rolle. Manchmal wird ein älteres Mitglied spontan dazu erwählt, gemeinsame Aktivitäten zu organisieren wie Gruppenarbeiten oder religiöse Feste, oder auch dazu, die Gruppe als Sprecher bei Nachbarsgruppen zu vertreten. Niemals jedoch ist eine solche Aufgabe mit der persönlichen Verfügungsgewalt über irgendein anderes Gruppenmitglied verbunden. Das heißt, die betreffende »Führer«-Person, wie etwa ein Dorfältester, kann keine Befehle erteilen, sondern nur Vorschläge machen und durch das eigene Vorbild überzeugen. Auch die religiösen Aktivitäten sind an keine Amtspriesterschaft gebunden, sondern entwickeln sich aus althergebrachten Ritualen, die wachzuhalten einige Gruppenmitglieder sich berufener fühlen als andere. Ebensowenig gibt es in diesen Gruppen eine offizielle Rechtsprechung mit dem dazugehörigen »Strafvollzug«.

Trotz dieses »gesetzlosen« Zustandes, wie ihn die weißen Entdecker solcher Gesellschaften nannten, leben diese Gruppen durchaus geordnet und weitgehend friedlich, weil *ungeschriebene Gesetze* in Form von Tabus und streng geregelten Bräuchen den Spielraum für das Individuum sehr klein halten.

Das Tabu als Friedenssicherung

Bevor wir die Weiterentwicklung größerer Stammesgruppen und die ersten hierarchischen Strukturen innerhalb der matrilinealen Ordnung verfolgen, sei hier eine kurze Betrachtung solcher Tabus und Bräuche eingeflochten, weil sie zu den grundlegenden und zugleich ungeklärtesten Einrichtungen der menschlichen Gesellschaft gehören. Wie wir dies am Beispiel des Wochenbett- und Menstruationstabus bereits bemerkten, hat die Wissenschaft mit ihren patriarchalen Denkmustern nur wenig zu deren eigentlichem Verständnis beigetragen. Dies gilt auch für das *Exoga-*

miegebot, das in sämtlichen matrilinealen Kulturen die Sexualbeziehungen regelt und dort unumstößliche Geltung hat. Die vielen Versuche, die Entstehung dieses Tabus zu erklären – sei es die Theorie vom »Frauentausch« von Lévi-Strauss oder die psychoanalytische Theorie, die darin die Lösung für den Urkonflikt zwischen Vater und Söhnen sieht –, gingen immer von männlichen Vorstellungen und von der männlichen Familienkonstellation aus. Dabei existierte in der Frühzeit weder ein Konflikt zwischen Vätern und Söhnen, noch konnten Männer über Frauen verfügen, um sie anderen Stämmen zum Tausch anzubieten und auf diese Weise clanübergreifende Beziehungen aufzubauen.

Auch die Meinung, das Inzesttabu habe der Vermeidung von Inzucht gegolten, ist angesichts der geringen physiologischen Kenntnisse der frühen Menschen gegenstandslos. Und wenn ein neuerer biologischer Erklärungsversuch sich darauf beruft, daß schon im Tierreich die Tendenz zur Inzestvermeidung zu beobachten sei,[3] so wird damit die Absolutheit, mit der die Exogamieregel bei allen frühen Kulturen Geltung hat, in keiner Weise plausibel.

Unter allen bisherigen Theorien scheint mir die Auffassung Evelyn Reeds dem Kern der Sache am nächsten zu kommen, wenn sie in der Exogamieregel eine *Friedenssicherung innerhalb der eigenen Gruppe* sieht. Der Grundgedanke dabei wäre, die möglichen Anlässe für Rivalität unter den Geschwistern und anderen nahen Verwandten zu vermeiden. Wenn wir die ursprüngliche matrizentrische Familie vor Augen haben, bestehend aus Mutter und heranwachsenden Töchtern und Söhnen, und, ab der zweiten Generation, auch aus Tanten, Nichten und Neffen, so hätte wohl nichts die Eifersucht der Jugendlichen mehr erregt, als wenn ein Geschwister den gemeinsam geliebten Bruder oder die gemeinsam geliebte Schwester, Mutter oder Tante sexuell begehrt hätte. Dem entspricht die Tatsache, daß in matrilinealen Verhältnissen neben der Mutter-Sohn-Beziehung der *Bruder-Schwester-Kontakt* weitaus am stärksten tabuisiert ist.[4] Trotz – oder gerade wegen – der engen emotionalen Bindung zwischen Bruder und Schwester werden von Kindheit an die strengsten Vorsichtsmaßnahmen getroffen, um jeden auch nur andeutungsweisen sexuellen Kontakt zu vermeiden. In matrilokalen Sippen sind in solche Distanzregeln auch die mütterlichen Parallelcousins und die matrilinealen Tanten und Neffen einbezogen. Erst vor diesem Hintergrund ergibt sich ein plausibles Motiv für die strikte Regelung, wonach sich Clanmitglieder ihre Sexualpartner stets außerhalb der blutsverwandten Gruppe zu suchen haben.

Steht hinter dem Exogamiegebot ursprünglich die Sorge um den Frieden innerhalb der eigenen Gruppe, so regeln die *Speisetabus den Frieden mit der Natur und den göttlich-dämonischen Wesen.* Wir kennen eine ganze Fülle von Versöhnungs- und Entschuldigungsritualen, welche die Jäger der Naturvolkgruppen anwenden, um durch die Tötung eines Tieres nicht den Zorn der Tierdämonen oder der Götter auf sich zu ziehen. Dabei wird dasjenige Totemtier, mit dem sich die Gruppe am engsten verwandt fühlt, normalerweise geschont und nur bei rituellen Anlässen verspeist, wobei die Vorstellung besteht, daß die Kraft des Tieres auf die Menschen übergeht.

Dazu kommt als Friedensregelung unter Fremden das geheiligte *Gastrecht*, das aber ursprünglich nur innerhalb der Gemarkung der eigenen Sippe gilt und dem Fremdling die Immunität seiner Person während seines Aufenthalts garantiert. (Unsere diplomatische Immunität ist nur der letzte Ausläufer dieses Tabus!) Dabei wurde besonders das gemeinsam eingenommene Mahl – das Hochzeitsmahl, das Fest mit befreundeten Gruppen oder das Trinken von »Blutsbrüderschaft« – zum universellen Symbol für einen freundschaftlichen Nichtangriffspakt unter Fremden, d. h. zwischen Mitgliedern verschiedener Sippen.

So grundlegend alle diese Tabu-Ordnungen für die gesamte menschliche Kultur waren und zum Teil heute noch sind – sehr viele unserer »Anstandsregeln« basieren noch immer auf ihnen –, so dunkel und letztlich unbeantwortbar ist die *Frage, welche Instanz diese Tabus einmal gesetzt hat.* Briffault stellt die interessante These auf, daß »*die Mütter*« diese Schranken aufgerichtet und den Verstoß gegen sie mit ihren Flüchen abgesichert hätten. Er stützt seine These durch den Hinweis darauf, daß bei vielen Naturvölkern nichts für so unauflöslich gilt wie der Fluch einer Mutter.[5] Wenn wir an das Beispiel der Nayar denken, bei denen die Mütter ihre Söhne und Töchter mit angedrohten Flüchen an sich binden, so spricht einiges für sie. Auch der Eskimoforscher Kai Birket fand unter den robusten Eskimomännern viele »Pantoffelhelden«, die einen »tief eingewurzelten Respekt vor den Zungen ihrer Frauen«[6] haben. Das gleiche scheint jenes Sprichwort der Minangkabau auszudrücken, nach dem das Glück des Mannes unter der Fußsohle der Mutter zu suchen ist: »Heaven is below the sole of mothers foot«.[7] Noch heute haben viele Völker in Afrika und Asien eine reale Angst vor Verwünschungen und Hexerei, und es kann kein Zufall sein, daß besonders Frauen im Verdacht solcher Verwünschungen stehen.

Die Magie des Wortes

Daß das menschliche Wort ursprünglich auch eine magische Bedeutung hat, bezeugen noch unsere Märchen.[8] Daß aber in der menschlichen Frühzeit die Frau die Wortgewaltigere war, dafür sprechen nicht nur die Überlieferungen des Hexenglaubens und der sibyllinischen Bücher, sondern neuerdings auch die Sprachwissenschaft. Nach dem Hinweis Richard Festers, daß die universalen Urworte der Menschheit aus dem weiblichen Bereich stammen, wird auch die These wahrscheinlich, nach der *die Beherrschung und Tradierung der Sprache in erster Linie von der Frauengruppe* ausging, was in unserem Wort von der »*Muttersprache*« weiterlebt.[9]

Wirkt das Tabu einschränkend auf die Handlungsfreiheit des Individuums, so ist der positive Zusammenhalt ursprünglicher Gruppen durch das ungeschriebene *Gesetz der gegenseitigen Hilfeleistung* gewährleistet. Abgesehen davon, daß es anfänglich nur kollektiven Bodenbesitz gibt, wird auch das Sammelgut oder die Jagdbeute geteilt, wenn ein Gruppenmitglied aus eigener Kraft nicht dazu in der Lage ist, sich und seine engsten Angehörigen zu versorgen.[10] Alle Clanmitglieder gewähren sich gegenseitige Gastfreundschaft und Hilfeleistungen bei Krankheit, wie auch oft die ganze Gruppe zum Brautpreis beisteuert.

Bis zu einem gewissen Grad haftet die Gruppe auch für die Handlungsweise ihrer Mitglieder gegenüber einer anderen Gruppe. Bei Beleidigungen entrichtet die Gruppe ein Sühnegeld, bei schwerer Körperverletzung oder Totschlag eines fremden Clanmitgliedes tritt vielfach der Mechanismus der – fälschlich so genannten – *Blutrache* in Kraft. Ursprünglich hat Blutrache nichts mit der individuellen Rache an einem individuellen Mörder zu tun, sondern stellt den Schutz der Gruppe für das Leben ihrer Mitglieder dar, eine Solidarität, die abschreckend auf aggressive Übergriffe von Fremdgruppen wirken soll. Dabei ist in matrilinealen Gruppen die fortgesetzte individuelle Blutrache, bei der ein Opfer das andere nach sich zieht, äußerst selten. Bei regelmäßig abgehaltenen Stammesfehden scheint es vielmehr um eine Art »Abrechnung« zu gehen, bei der ein Ausgleich der Getöteten auf beiden Seiten angestrebt wird. Sehr oft findet dieser Ausgleich auch durch Bezahlung eines Sühnegeldes statt, das sogenannte »Wergeld«, das in Naturalien beglichen wird – und interessanterweise für eine ums Leben gebrachte Frau deutlich höher veranschlagt ist als für einen erschlagenen Mann. Dies zeugt nicht nur für die Hochschätzung der Frau, sondern ist dann sinnvoll, wenn es sich bei der Schadenersatzforderung um eine Lebensrechnung handelt und nicht um die Rache um ihrer selbst willen oder um einen Loskauf von der Verpflichtung zur Rache.[11] Erst unter heldisch-patriarchalen Vorzeichen wird Blutrache zu einem sich verselbständigenden Ehrenkodex.

Initiationsrituale

Nun gibt es noch eine wichtige gesellschaftliche Institution, die für alle akephalen (nicht-hierarchischen) Gesellschaften eine nicht wegzudenkende Rolle spielt, nämlich die Initiation, durch die ihre Mitglieder einen bestimmten gesellschaftlichen Status erhalten. Wie wir gesehen haben, wächst die Autorität eines Gruppenmitglieds mit zunehmendem Alter, und dabei entspricht der Gewinn an Einfluß nicht nur der wachsenden Lebenserfahrung, sondern auch dem biologischen Reifungsprozeß, für den die Geschlechtsreife den entscheidenden Wendepunkt darstellt. Dementsprechend bilden die Pubertäts- und Initiationsriten die wichtigsten Festpunkte für die soziale Rollenentwicklung. Freilich trübte auch hier die einseitig patriarchale Perspektive die klare Sicht der ursprünglichen Bedeutung dieser Rituale. Wenn in der Initiation in erster Linie ein Aufnahmeritual in den privilegierten Kreis der erwachsenen Männer gesehen wird, so geraten dabei nicht nur die weiblichen Initiationsriten in den toten Winkel, sondern auch die Tatsache, daß die *weibliche und männliche Initiation in erster Linie einen biologischen Reifungsvorgang* artikulieren. Weltweit bildet die Initiation des jungen Mannes die Voraussetzung für seine Heiratsfähigkeit, und die Prüfungen, die der Initiand zu bestehen hat, dienen unter anderem dem Nachweis seiner Fähigkeiten als Ehemann und Vater.[12] Dazu wäre zu bemerken, daß in allen matrilinealen Gruppen nicht-verheiratete Männer als unreife Männer gelten, die in der Sippe kaum Ansehen genießen. Wie die junge Frau erst dann zählt, wenn sie Mutter geworden ist, so der Mann, wenn er Verantwortung für den Nachwuchs übernimmt, d. h. in matrilinealen Verhältnissen durch seinen Onkel-Status.

Auch gilt in rein matrizentrischen Kulturen die Aufmerksamkeit stärker der weiblichen Initiation als der männlichen. Einige kennen sogar nur einen weiblichen Pubertätsritus und keinen entsprechenden männlichen. So die Nayar, bei denen die Erstmenstruierenden ein dreitägiges Fest zu Ehren der Göttin Bhagvadi feiern. Schon vor der ersten Menstruation findet das erwähnte große Tali-Fest statt, für das jedes Mädchen einen rituellen Bräutigam erhält und von dem es im Verlauf des mehrtägigen Festes defloriert wird.[13]

Aus solchen Sitten wird zweierlei deutlich: einmal die *Hochschätzung der produktiven Kräfte der Frau und der Menstruation* als deren äußerer Beweis und zum andern die völlig *andere Wertung der Jungfräulichkeit*. Nicht die Unberührtheit des Mädchens wird hier geschätzt und als Voraussetzung für die Heirat gehütet wie später in der patriarchalen Ideologie. In matrizentrischem Verständnis ist es im Gegenteil die *Defloration*, die als Voraussetzung zur Erfüllung der Mütterlichkeit gilt. Briffault äußerte deshalb die Vermutung, daß sowohl die weitverbreitete Hochzeitssitte, nach der Hochzeitsnacht ein blutbeflecktes Laken als Jungfräulichkeitsbeweis für die Braut öffentlich vorzuweisen, als auch die für uns so empörende Sitte der »jus primae noctis« (das Recht des Fürsten, jede Frau seiner Untertanen vor der Hochzeitsnacht zu deflorieren) möglicherweise eine Umdeutung viel älterer, sakraler Sitten darstellt.[14]

Dasselbe könnte seiner Meinung nach für die *weibliche Beschneidung* gelten.[15] Wenn heute die Klitoridektomie bei den Arabern und anderen patriarchalen Kulturen ein Ausdruck repressiver Männerherrschaft ist, so beruht auch sie möglicherweise auf einer Verfälschung von Beschneidungsriten, die durch das Zurückschneiden der Labien der Erweiterung der Geburtswege dienten. Jedenfalls muß die Tatsache, daß bei afrikanischen und indianischen Stämmen die weibliche Beschneidung von alten Frauen vorgenommen wird und sich Frauenfeste daran knüpfen, ebenso hellhörig machen wie das Bedauern der Schipibo-Frauen in Peru über die Abschaffung der weiblichen Beschneidung: Seitdem, so klagen sie, würden die jungen Frauen schwerer gebären.[16]

Undurchschaubare Natur

Neben den durch Brauchtum und Tabu zu lösenden zwischenmenschlichen Problemen bleibt für die unter primitiven Bedingungen lebenden Naturvolkgruppen ein schwerwiegender Rest von *Heimsuchungen*, die eine undurchschaubare Natur in Gestalt von Dürre, Unwettern und Naturkatastrophen, in Form von Hungersnot, Krankheit und vorzeitigem Tod an sie heranträgt. Für die archaischen Menschen scheint nur ein begrenzter Katalog von Möglichkeiten zu bestehen, *diese Phänomene zu deuten und mit ihnen umzugehen*: als Laune einer Gottheit, die günstig gestimmt werden muß, als Folge von Hexerei von Seiten irgendeines feindselig gesinnten Menschen oder als Folge einer Tabuüberschreitung. In den heutigen matrilinealen Verhältnissen spielen alle diese Vorstellungen eine Rolle. Trotz jahrhundertelanger mohammedanischer Tradition glauben die Minangkabau auf Sumatra immer noch an Dämonen, besonders an solche in weiblicher Gestalt, welche das Gedeihen der Kinder gefährden können. Der Verdacht auf Hexerei, der Versuch des Gegenzaubers oder die Forderung auf Schadenersatz, wenn eine Person als der Hexerei überführt gilt, sind auch heute noch alltägliche Vorkommnisse in Nordostindien, bei den Trobriand und in vielen afrikanischen Gesellschaften.

Bei einer *Tabuüberschreitung* müssen die Betreffenden ihre Verfehlungen eingestehen, doch hat dies mit einem moralischen Sündenbekenntnis in unserem Sinn wenig zu tun. Der Schamane will zwar die Ursache für einen unheilvollen Zustand herausfinden, aber die Verursacher werden nicht eigentlich bestraft, sondern haben sich einem *Reinigungszeremoniell* zu unterziehen, wodurch der Verstoß gegen die Sitte und seine Folgen für die Gruppe unschädlich gemacht werden. Die Navaho kannten bis vor kurzem einen besonderen Ritus zur Wiedergutmachung eines Inzests, bei dem die Motte als Symboltier eine Rolle spielte.[17] Heute wird eine aus Motten gewonnene Medizin als Gegenmittel gegen die verschiedensten Übel angewandt, woraus hervorgeht, wie nahe die »Rechtspraxis« früher Kulturen der Geistheilung und der Medizin steht. Die gnadenlose *Verfolgung von Schuldigen* und die eigentlichen *Hexenjagden* liegen *außerhalb der matrizentrischen Ideologie* und gehören bereits einer männlich geprägten Rechtspraxis an.

Beginnende Hierarchie

Wenn wir uns im folgenden den größeren matrilinealen Volksgruppen mit intensiver Wirtschaftsproduktion zuwenden, so können wir zum einen die schrittweise Entstehung männlicher Machtpositionen beobachten und zum anderen, daß auch dort, wo sich hierarchische Systeme etablierten, die *Basisstrukturen* egalitär geblieben sind.

Aufgrund von höherer wirtschaftlicher Produktivität können die lineages in größerer Generationentiefe zusammenleben, was dann, wenn sie zu groß werden, zur Unterteilung in Subclans führt. Schon bei diesem Vorgang entstehen oft gewisse *Rangunterschiede*, weil sich die älteren Generationen – die »founder-lineages« – auf den besten Böden niedergelassen haben oder über die besten Jagd- und Fischgründe verfügen. Dadurch bildet sich – noch auf der Basis des kollektiven Bodenbesitzes der Subclans – eine Art aristokratische Schicht der alteingesessenen lineages heraus, deren kollektive Produktionsmittel am meisten Wohlstand bringen. Diese durch die Gunst der Lage bevorzugte Schicht genießt bald ein höheres Ansehen und wird auch häufiger mit organisatorischen Aufgaben wirtschaftlicher oder religiöser Art betraut.

Innerhalb *großer Stammesgemeinschaften* entstehen dann zur Aufrechterhaltung der gesellschaftlichen und wirtschaftlichen Beziehungen die *Posten von Botschaftern und »Managern«*. Meist übernehmen die Brüder der ältesten Frauen diese Funktionen und geben sie an ihre matrilinealen Neffen weiter. Bei solchen *politischen Ämtern* unterscheidet Kathleen Gough drei Ebenen.[18]

Die unterste von ihnen stellt die *Dorfebene* dar, zu der mehrere lineages gehören und die nach außen hin von einem *»village headman«* vertreten wird. Geht die politische Organisation nicht über diese Ebene hinaus, wofür in Goughs Material die Truk und die Hopi repräsentativ sind, ist die persönliche Verfügungsgewalt der männlichen Autoritätsfigur allerdings noch sehr gering. Der village headman kann sich nicht in die inneren Angelegenheiten der einzelnen lineages einmischen, die nach wie vor in den Händen der älteren Frauen liegen, und er hat auch über niemanden eine direkte Befehlsgewalt. Als der Älteste der angesehensten founderlineage kann er aber aus seinen *Manageraufgaben* einige nicht unbeträchtliche persönliche Vorteile ziehen: So reserviert sich etwa der Dorfälteste der Truk bei der Ernteverteilung die besten Stücke für seinen Matriclan, oder der headman der Hopi verschafft sich persönliche Anhänger daraus, daß er befugt ist, ungenutztes Land an jüngere lineages zu verteilen und dabei einzelne zu bevorzugen.

Der Dorfälteste nimmt aber auch *religiöse Funktionen* wahr im Sinne einer Entscheidungshilfe, wenn die religiösen Persönlichkeiten des Dorfes sich über das Vorgehen bei Mißernten und sonstigen unglücklichen Ereignissen nicht einigen können. Er bestimmt dann, worin die Ursache eines Schadens zu sehen und wie diesem zu begegnen sei. Seine Kompetenz setzt sich dabei aus einer eigenartigen Mischung von übernatürlichen Kräften, die man ihm zubilligt, und der allgemeinen Unterstützung zusammen, die man seinen Argumenten als privilegierter Persönlichkeit gewährt. Neben seiner mehr oder weniger großen persönlichen Überzeugungskraft hat aber der Dorfälteste keine Befugnis im Sinne einer richterlichen Gewalt oder irgendeines Strafvollzuges. Selbst die Blutfehden bleiben eine innere Angelegenheit des Clans.

Möglicherweise gab es aber auf der Dorfebene ursprünglich gar keinen head»man«, sondern eine *Dorfälteste*, wie dies der Name des Dorfhäuptlings bei den Haida (Nordwestküsten-Indianer) anzeigt. Sein Titel heißt wörtlich übersetzt »*Dorfmutter*«, und Träger dieses Titels ist heute ein männlicher Vertreter der mütterlichen Linie.[19]

Erst auf der zweiten politischen Ebene, wie sie sich beispielhaft bei den

Trobriand und den Mayombe (Zentralafrika) findet, kommen persönliche Machtbefugnisse ins Spiel, die fraglos mit der viel stärkeren Stellung des Mannes in diesen Gesellschaften zu tun haben. Typischerweise basieren die letztgenannten Gesellschaften auf der virilokalen beziehungsweise avunkulokalen Residenzordnung und nicht mehr wie die Truk und Hopi auf der matrilokalen Großfamilie.

Diese zweite Ebene faßt ca. *zwölf Dörfer zu einem Distrikt oder chiefdom* zusammen, dem der *Distrikthäuptling oder Chief* vorsteht, und der meist mit dem headman des größten und reichsten Dorfes identisch ist. Hier beginnen sich die *ersten Herrschaftsstrukturen* abzuzeichnen und ein Führungsstil, welcher der matrizentrischen Lebensform ursprünglich fremd ist.

Auf der familiären Ebene sind die Distrikthäuptlinge dadurch privilegiert, daß sie mehrere Frauen heiraten dürfen: Bezeichnenderweise werden als solche die Schwestern oder andere weibliche Verwandten der Dorfhäuptlinge oder der lineage-Ältesten gewählt, weil diese allseitige Verschwägerung den Einfluß des chief im ganzen Distrikt garantiert und ihm darüber hinaus einen enormen *Reichtum über das Frauengut* (Urigubu) sichert. Diese Einkünfte werden dann zum Teil für öffentliche Anlässe eingesetzt, wie die Abhaltung großer und verschwenderischer Feste, zum andern aber benutzt sie der district-chief auch für ganz persönliche Zwecke. So heuert er sich z. B. unter den ärmeren lineages Arbeiter an, die ihm Dienstleistungen auf seinem Familienland erbringen und dafür in Naturalien bezahlt werden. Oder er läßt sich Kanus bauen, für deren Baurecht er das Monopol beansprucht, und die er dann gegen ein Entgelt in Naturalien an andere vermietet, wodurch er den gesamten Fischfang kontrollieren kann. Ja, das Bedürfnis nach Macht geht bei den Distrikthäuptlingen bereits so weit, daß sie mitunter Kriege gegen andere Distrikte führen, um ihre Territorien abzurunden oder zu verteidigen, wofür ihnen allerdings keine reguläre »Armee« zur Verfügung steht. Ein Häuptling kann aber von ihm abhängige Gefolgsleute mobil machen. Dazu zieht er auch seine zahlreichen Söhne heran, die er – entgegen der ursprünglichen avunkulokalen Sitte – im eigenen Dorf zurückbehalten kann, statt sie in die Dörfer ihrer mütterlichen Onkel ziehen zu lassen.

Im Bereich der *Rechtsprechung* hat der Trobriand-Chief allerdings keine größeren Befugnisse als jeder andere village-headman und ist zu keiner Art von Strafvollzug bevollmächtigt. Kraft seines Reichtums ist er aber in der Lage, die besten Zauberer anzuheuern und für seine Zwecke zu benutzen.

Bei den Mayombe kommt eine weitere Kategorie der Herrschaft hinzu, die allerdings von außen an das Stammesgebiet herangetragen wurde: Schon früh kam dieser zentralafrikanische Stamm mit dem arabischen Sklavenhandel in Berührung, in den er sich dann auch aktiv einschaltete. Die Distrikthäuptlinge der Mayombe sicherten sich nicht nur das Monopol, Sklaven an die Araber zu vermitteln, sondern auch das Monopol auf den Lohn, den sie dagegen eintauschten, nämlich Schußwaffen. Diese wiederum verstärkten ihre Macht um eine ganz neue Dimension, die sie dann auch zu Kriegen gegen Nachbardistrikte mißbrauchten.

Gleichzeitig kontrollierten die Chiefs den *Elfenbeinhandel* bzw. die Elefantenjagd und machten den Gebrauch bestimmter Attribute zu ihren persönlichen Insignien: so eine bestimmte Körperbemalung, die Bekleidung mit Leopardenfell und das Tragen von Leopardenzähnen.

Am einschneidendsten wurde die Gesellschaftsstruktur der Mayombe allerdings dadurch verändert, daß das *Prinzip der Sklaverei* auf die eigene Gemeinschaft überging und sich dadurch eine völlig neue Art der Arbeitsteilung eröffnete: Hatte man früher bestenfalls ärmere Clanmitglieder zu »Lohnarbeitern« gemacht, die diese Arbeiten immerhin freiwillig verrichteten, so zeigte das fremde Beispiel nun die Möglichkeit zur Beschaffung unbezahlter Arbeitskräfte. Aber damit nicht genug. Grundsätzlich korrumpiert wurde durch den Sklavenhandel auch die bisherige kollektive »Rechts«-Praxis: Früher hatte man ein Clanmitglied, das gegen die Regeln der Gemeinschaft verstieß und das mit den hergebrachten Methoden religiöser Beeinflussung nicht zur Ruhe gebracht werden konnte, schlimmstenfalls aus dem Clan ausgestoßen, worauf dieses versuchen mußte, von einem anderen Clan adoptiert zu werden. Nun konnte der Distrikthäuptling einen Mißliebigen, bei dem es sich häufig um einen jungen Mann handelte, als Sklave verkaufen oder für seine eigenen Zwecke als Sklave halten, womit die Entscheidung in jedem Fall zu seinen Gunsten ausfiel. Damit entstand aber überhaupt erst ein von einer politischen Persönlichkeit geleitetes und von sakralen Bezügen unabhängiges *Strafgericht*.

Bei den Minangkabau auf Sumatra besteht die Einrichtung, die »runaways« aus der Umgebung als Sklaven zu beschäftigen. Bei ihnen setzte sich allerdings der alte Brauch der *Adoption von Fremdlingen* nach ein paar Generationen wieder durch, so daß die Enkel und Urenkel der ehemaligen Sklaven wiederum im Matriclan integriert sind. Hier siegt also letztlich die matrizentrische Lebensauffassung, nach der die Kinder immer den Müttern gehören, gleichgültig, von welchem Vater sie stammen, und dies wirkt einer Kastenbildung entgegen.

Erst auf der dritten politischen Ebene, die bei den Ashanti und den Minangkabau von der *royal lineage* gebildet wird, gibt es so etwas wie eine *Kastenbildung*. Der *König oder »paramount chief«* ist der district chief mit der ältesten und vornehmsten Genealogie, auf den landesweite Befugnisse übertragen werden. Diese königliche Linie ist als einzige befugt, die strikt exogamen Heiratsregeln zu durchbrechen und endogam, das heißt in die eigene, wenn auch weit verzweigte Linie, zu heiraten. Interessanterweise gilt bei den Minangkabau für die royal lineage sogar die *patrilineale Erbfolge*, so daß wir sehen, wie stark Patrilinealität mit männlichen Machtinteressen Hand in Hand geht.

Die *Privilegien des Königs* gehen über alles bisherige hinaus. Er kontrolliert nicht nur den Handel mit den wertvollsten Gütern wie Gold, Elfenbein, Cola, Pfeffer usw., sondern verfügt auch über eine große Anzahl von Sklaven und benutzt seine Stellung nun ganz offensichtlich zur persönlichen Bereicherung und Prachtentfaltung. Der König der Ashanti besaß sogar schwerere Gewichte zur Abwägung von Gold und anderen Gütern.

Entscheidend ist auch, daß sämtliche *Mitglieder der königlichen Familie* von der direkten Nahrungsproduktion befreit sind und als *Regierungsbeamte oder königliche Handwerker* einen eigenen Stand bilden. Die königlichen Handwerker widmen sich der kunstvollen Holz- und Metallverarbeitung, darunter die königlichen Frauen von Minangkabau der Herstellung von goldgewirkten Kleidern und Keramik. So wird die königliche Linie zugleich zum *Kulturträger des Landes* und zum Kunstmäzen.

Trotz dieser hierarchischen Strukturen und männlichen Machtstellungen bei einigen matrilinealen Ethnien bleibt an deren Basis die *egalitäre Lebensform* und der *starke Einfluß der Frauen* erhalten. Sowohl bei den Ashanti wie bei den Minangkabau ist die Selbstverwaltung der Dörfer gegenüber dem Distrikthäuptling autonom. Wie F. u. K. von Benda-Beckmann nachweisen konnten, wird auch heute noch unter den Minangkabau nach alter Sitte, dem sogenannten »*adat*« Recht gesprochen. Trotz des Islam als offizieller Landesreligion wurde weder an der matrilokalen Residenzordnung noch am matrizentrischen Scheidungsrecht jemals gerüttelt, und bei offiziellen Gerichtsprozessen, bei denen es meist um Erbprobleme anläßlich von Clanteilungen in Subclans geht, läuft das Prozedere im Stile des »*adat*« ab. Charakteristisch dafür ist, daß es *kein schriftlich fixiertes »absolutes« Recht* gibt, daß man vielmehr immer einen Weg sucht, der alle Beteiligten zufriedenstellt. Deshalb nimmt der »headman« eines Clans bei einem Prozeß auch niemals von vorneherein eine klare Position ein, was die modernen Gerichte verwirrt. Er muß immer wieder zurückfragen, um die Meinung seines Clans, aber auch die der Gegenpartei zu erkunden, bevor er Stellung nehmen kann.[20] Auch wenn die lineages nach außen hin immer von Männern vertreten sind, so bedeutet dies keineswegs, daß sie innerhalb der Sippe das Sagen haben.

Der *Ort der politischen Willensbildung* ist nach wie vor die »musyawarah«, die *beratende Versammlung der mütterlichen Sippe*, an der alle erwachsenen Frauen teilnehmen, nachdem sie Mutter geworden sind, und die blutsverwandten Männer, sobald sie den Onkelstatus erreicht haben. Wie bei den Irokesen gehören die Ehemänner nicht zur Ratsversammlung. *Tonangebend sind die älteren Frauen* und an ihrer Spitze das älteste weibliche Sippenmitglied, das in der Regel weit älter ist als der headman, nämlich seine Mutter oder seine Tante. Die Aufgabe des männlichen Oberhauptes besteht lediglich darin, die Beratungen zu organisieren und dafür zu sorgen, daß ihre Entscheidungen weitergeleitet oder ausgeführt werden. Die Beschlüsse selbst werden auch hier aufgrund eines allgemeinen Konsenses gefaßt, der eine lange Prozedur des gegenseitigen Zuhörens und der gemeinsamen Meinungsfindung voraussetzt.[21]

Bei den Ashanti hat sich die matrizentrische Lebensauffassung insofern bis in die höchste politische Ebene gehalten, als das Königtum selbst keine erbliche Monarchie, sondern ein *Wahlkönigtum* ist, dessen Wurzeln unverkennbar auf das alte sakrale Königtum zurückgehen. Wie in den frühen Hochkulturen der König ursprünglich durch die Oberpriesterin in den Besitz seiner königlichen beziehungsweise göttlichen Würde kam (vgl. S. 150 ff.), so wird auch der mit einer göttlichen Aura umgebene König der Ashanti von der ranghöchsten Frau der königlichen Linie, der sogenannten Königinmutter, zur Wahl vorgeschlagen. Ist er dann vom Ältestenrat bestätigt, so ist es wieder die Königinmutter, die ihn auf dem goldenen Thron feierlich inthronisiert. Während aber der König auch wieder abgesetzt werden kann, gewährleistet die Königinmutter auf ihrem eigenen, silbernen Thron die Kontinuität der Regierung und schlägt einen neuen Thronprätendenten vor.[22]

Auch ist es den Ashanti trotz großer Anstrengung nie gelungen, die eigentliche Patrilinealität durchzusetzen. Selbst die Virilokalität bei matrilinealer Verwandtschaftsrechnung hat sich gegenüber der Matrilokalität nur zum kleineren Teil durchgesetzt. Hingegen sind besonders die angesehenen lineages auf bestimmte *Heiratsarrangements* spezialisiert, die eine Erbübertragung vom Großvater auf die Enkel erlauben. (Dies wird durch systematische Kreuzcousinen-Heiraten möglich, bei denen der Sohn mit der Tochter des Schwesterbruders, oder umgekehrt, die Tochter mit dem Sohn des Schwesterbruders verheiratet wird, so daß in der dritten Generation beide Elternlinien zusammentreffen.)[23]

Was in unserem Zusammenhang als Bilanz aller dieser Beispiele interessiert, sind die Beweggründe, wieso es *innerhalb matrizentrischer Gemeinschaften* überhaupt zur *Herausbildung hierarchischer Strukturen* und zur Etablierung eigentlicher Herrscherämter kommt. Bekanntlich beruft sich die herkömmliche Begründung für politische Macht immer auf Sachzwänge. Jede komplexere Produktionsgemeinschaft, so wird argumentiert, erfordere einen hierarchischen Verwaltungsapparat, sonst könne sie einfach nicht funktionieren.

Wir haben aber am Beispiel der Minangkabau gesehen, daß die Verwaltung großer Kollektivbetriebe sehr gut ohne eine hierarchische Struktur in unserem Verständnis auskommt. *Nicht-hierarchische Strukturen* scheinen überhaupt eine *Eigenart der weiblich bestimmten Gruppen* zu sein. Bei allen Naturvölkern – und zwar nicht nur bei den heute matrilineal organisierten – fällt auf, daß die Frauengruppen sehr formlos und unkompliziert kooperieren. Die weiblichen Verwandten einer Sippe, die Schwestern, Mütter, Tanten, pflegen einen zwanglosen, herzlichen Umgangston untereinander, ungeachtet des Respekts, den sie dem Alter entgegenbringen. Ganz im Gegenteil dazu herrscht allgemein unter den männlichen Mitgliedern ein förmlich-steifer Stil und eine streng hierarchische Ordnung schon unter Brüdern.[24] Dieser grundsätzlich verschiedene Gruppenstil scheint zum Teil auf der höheren Aggressionsbereitschaft zwischen den Männern zu basieren, eine Tatsache, derer sich Naturvolkgruppen mitunter selbst bewußt sind. So rufen etwa die bilateralen Ayizo in Westafrika, wenn die Häupter ihrer männlichen Gerichtshöfe zu keiner Einigung kommen, die verstreut lebenden matrilinealen Verwandten zu einem Fest zusammen in der Hoffnung, daß die weibliche Linie den Frieden wiederherstelle.[25]

Das würde heißen, daß dem *Streben nach hierarchischer Ordnung* viel weniger ein sachlich begründetes und auch nicht ein allgemein-menschliches Bedürfnis zugrundeliegt, sondern ein ausgesprochen *männliches Bedürfnis*. Was wir beim männlichen Führungsstil auf politischer Ebene beobachten konnten, geht allerdings über das Bedürfnis nach einer formalen Rangordnung weit hinaus. Der Distrikthäuptling begnügt sich nicht mit seinem Managerposten, der auf ihn bestimmte Verantwortlichkeiten überträgt, sondern er benutzt diesen auch, um ihn zu einem *persön-*

lichen Machtinstrument auszubauen und um *persönliche Vorteile* daraus zu ziehen.

Hier liegt es nahe, sich auf die These vom angeblich angeborenen Profitstreben des Menschen zu berufen, woraus folgen würde, daß sich jedes Verwaltungsamt unweigerlich in eine Quelle persönlicher Nutznießung verwandelt.

Ganz abgesehen davon, daß es auch heute noch einzelne Naturvölker gibt, denen unser Besitzstreben fremd ist – wie etwa die Hopi-Indianer –, scheinen sich *die weiblich organisierten Sippengruppen* jahrtausendelang *in kollektiven Bodenverhältnissen* wohlgefühlt zu haben. Schon die Frauen der Wildbeuterstufe, die als Sammlerinnen der wichtigen Pflanzennahrung am direktesten über die Nahrungsvorräte verfügten, sind immer für deren soziale Verteilung eingetreten, wie sie auch ihre ureigene Nahrungsquelle nicht nur den eigenen Kindern vorbehielten, sondern auch die Kinder ihrer Schwestern stillten.

Wieder scheint also das *Profitstreben* ursprünglich ein männliches Motiv gewesen zu sein, nur daß es sich bei näherem Zusehen nicht in erster Linie als ein Streben nach materiellem Besitz, vielmehr als ein *Streben nach Prestige* entpuppt. Die Distrikthäuptlinge und Könige, die sich mit exklusiven Rangabzeichen schmücken, die aufwendige Feste veranstalten und eine prunkvolle Hofhaltung führen oder die sogar mit einer kleinen Privatarmee das Territorium ihres Stammes abrunden, sie alle haben dabei weniger ihre persönliche Bereicherung im Sinn als ihr hohes Ansehen und die Wichtigkeit ihrer Person. Man muß die Festreden der Häuptlinge mancher Nordwestküsten-Indianer gelesen haben, die sie anläßlich der sogenannten Potlatches halten, um das ganze Ausmaß der Prahlsucht zu erfassen, das in solchen Männerfiguren zum Ausdruck kommt. Auf diesen Stammesfesten werden eine Unmenge toter und lebender Güter vernichtet und verbrannt, nur um zu zeigen, wie reich man ist.[26]

Wären die Sucht nach Reichtum und Geltung und das Streben nach politischer Macht als Kompensationsmechanismen wirklich durchschaut, so würde sich das Problem der Notwendigkeit von hierarchischen Verwaltungsstrukturen völlig neu stellen. Erst unter Eliminierung des irrationalen Machtfaktors könnte sich erweisen, was davon in der »Natur der Sache« liegt und deshalb im Interesse der Gesellschaft und was nicht.

4. Zur Rolle der Sexualität in der Frühgesellschaft

Von der außerordentlichen Bedeutung der Sexualität in kultisch-magischer Hinsicht war schon die Rede. Hier folgen noch einige Bemerkungen zur zwischenmenschlichen Rolle der Sexualität unter matrizentrischen Vorzeichen, deren Verständnis uns lange Zeit die christlich-europäischen Vorurteile verstellten. Reisende und Missionare waren schockiert über die großen sexuellen Freiheiten vor und während der Ehe bei den Indianern, Eskimos, Südseeinsulanern oder Südindern, und dies um so mehr, als diese Freiheiten den Frauen gleichermaßen zustanden wie den Männern.

Dazu kommt das *Unverständnis gegenüber den polygamen Eheformen*, bei denen sich Europäer nicht vorstellen können, weshalb es nicht zu Eifersuchtsszenen zwischen mehreren Frauen oder mehreren Männern kommt. Karla Poewe zeigt am Beispiel einer Klage, mit der sich ein offizielles Gericht in Sambia zu beschäftigen hatte, wie völlig anders polygame Beziehungen von den Eingeborenen selbst empfunden werden. Dort beschwerte sich ein Ehemann keineswegs darüber, daß seine Ehefrau mit anderen Männern sexuelle Beziehungen pflegte, sondern darüber, daß er selbst nicht imstande war, dasselbe zu tun, weil seine Frau ihn angeblich »verhext« hatte. Er fühlte sich so stark von ihr angezogen, daß er nur mit ihr sexuell verkehren konnte, während er anderen Frauen gegenüber impotent war.[1] Hier kommt zum Ausdruck, wie Sexualität einerseits als eine magische Macht der Frau über den Mann angesehen wird und andererseits als ein allgemeines Lebenselixier, das vorzuenthalten oder einzuschränken gegen das natürliche Lebensrecht verstößt. Nur auf diesem Hintergrund werden auch die sexuellen »*Angebote*« verständlich, die von den Eskimos und anderen Naturvölkern an den Gast gemacht werden. Der Europäer pflegt sie fälschlich als Gunstbezeugungen des Ehemannes zu interpretieren, der ihm seinen ehelichen Besitz zur Verfügung stellt. In Wahrheit ist die Frau völlig frei, wem sie ihre Gunst gewähren will, und wenn der Mann das Angebot an den Gast formuliert, so ist dies nur ein Zeichen seiner Höflichkeit und zwar sowohl dem Fremden als auch seiner Frau gegenüber.[2]

Bei den Toda in Südindien, jenem Subkontinent, auf dem polyandrische (Ehe einer Frau mit mehreren Männern) Verhältnisse die größte Tradition haben, verstießen noch bis vor kurzem Männer gegen die gute Sitte, wenn sie gegen die freien Sexualbeziehungen ihrer Frauen Einwände erhoben.[3]

Wenn es heute nur noch wenige Ethnien gibt, die Polyandrie offen praktizieren, so liegt dies unter anderem daran, daß die Kolonialmächte die »Vielmännerei« als den Inbegriff der Unmoral brandmarkten und z.B. in Indien mit schweren Strafen verfolgten, während sie häufig die »Vielweiberei« recht tolerant behandelten. Die letztere blieb nur den Missionaren stets ein Dorn im Auge.

Aber gerade in dieser »*doppelten Moral« der Weißen* liegt der Schlüssel für die Fehlinterpretation der Eheformen früher Völker. Der Europäer unterstellt jeweils, daß Mehrehe die Macht des Einen über die Vielen bedeute, ein Besitz- oder gar Sklavenverhältnis, das die Überlegenheit und den Suprematieanspruch des einen Geschlechts über das andere anzeigt und das er, wenn überhaupt, nur als männliche Herrschaftsposition akzeptieren kann. Solchen Mißverständnissen haben zweifellos die polygynen (die Ehe eines Mannes mit mehreren Frauen) Ehen arabischer Potentaten Vorschub geleistet, wiewohl die Europäer auch das Leben in den alten Harems nicht richtig erfaßten. Dem »primitiven« Denken unter matrizentrischem Vorzeichen ist aber die Vorstellung der sexuellen Unterjochung durchaus fremd.

Verschiedene Ehemodelle

Noch in den heutigen matrilinealen Gesellschaften bestehen die unterschiedlichsten Ehemodelle nebeneinander: polyandrische, polygyne und scheinbar monogame, ohne daß sich darin – jedenfalls nicht primär – ein Herrschaftsverhältnis ausdrücken würde. Prinzipiell sind in matrizentrischen Kulturen die sexuellen Beziehungen immer polygam und zwar für Frauen und für Männer, während die vertraglich geregelte Ehe nach völlig anderen Gesichtspunkten geschlossen wird. Beim Ehevertrag spielen ursprünglich individuelle Motive eine sehr untergeordnete Rolle, dafür um so mehr die Überlebensbedingungen und die wirtschaftlichen Bedürfnisse der Sippe.

Unter welchen Bedingungen sich ursprünglich eine Eheform anbot, bei welcher mehrere Männer sich einer Frau und deren Matriclan anschlossen, bzw. die andere Variante, daß ein Mann Eheverträge zu mehreren Frauen und deren Clans unterhielt, ist heute kaum noch auszumachen. Wahrscheinlich spielte dabei auch das statistische *Gleichgewicht bzw. Ungleichgewicht zwischen den Geschlechtern* eine Rolle. Wir können davon ausgehen, daß bei Naturvölkern ohne nennenswerte kriegerische Aktivitäten eher ein Männerüberschuß herrscht, weil relativ viele Frauen das Kindbett nicht überleben, während sich in allen kriegerischen Kulturen die starke Dezimierung der Männer in einem Frauenüberschuß auswirkt, der sich durch die Geburtenhygiene der modernen Zivilisation noch verstärkt.

Daß die *Mehrfachehen* ursprünglich dem *Interesse der Gruppe* dienten und nicht aus der freien Wahl des einzelnen entstanden, geht schon daraus hervor, daß in matrilinealen Gesellschaften eine polyandrische Ehe in der Regel immer aus einer Reihe von Brüdern besteht und das polygyne Sippenarrangement aus einer Reihe von Schwestern. Eine Ausnahme davon bilden gewisse polygyne Häuptlingsehen wie bei den Trobriand, die aber auch nicht das Ergebnis einer freien Wahl, sondern das von politischen Interessen sind.[4] Im übrigen müssen wir uns den Status dieser polygyn lebenden Trobriand-Frauen alles andere als unterdrückt vorstellen. Jede von ihnen bewohnt ein eigenes Haus und führt einen unabhängigen Haushalt, in welchem der Häuptling jeweils nur Gast ist.

Aber auch die Ehen mit nur einem Partner sind in den ursprünglichen Kulturen nicht monogam in unserem Sinn. Die meisten afrikanischen Eheverträge verlangen weder die eheliche Treue noch die lebenslange Dauer der Ehe. Zudem kennen viele Naturvölker so etwas wie »eheliche Pflichten« nicht. Bis heute hat besonders die afrikanische Frau ein viel selbstverständlicheres Verfügungsrecht über ihren Körper als ihre europäischen Schwestern.

Bei einem bedeutenden Stamm in Kenia, den Kikuyu, die heute patrilineal organisiert sind, gibt es eine bestimmte Zeremonie, durch welche eine Frau ihrem Ehegatten bedeutet, daß sie keinen Geschlechtsverkehr mehr wünscht. Sie braucht sich dazu nur tagsüber in seiner Gegenwart völlig zu entkleiden, und von diesem Augenblick an werden sie nie mehr sexuell miteinander verkehren, ohne daß die Ehe deshalb aufgelöst würde.[5]

Dieses Zeremoniell sagt viel über die *ursprüngliche Integrität der Frau* aus und auch darüber, daß ihre Nacktheit einst eine ganz andere Bedeutung hatte als die heute geläufige. Dasselbe wird durch das Verhalten der Afrikanerinnen vom Tubu-Stamm dokumentiert: Als Antwort auf eine öffentliche Beleidigung durch ihre Männer entkleiden sie sich an Ort und Stelle und schreiten stolz von dannen.[6] *Nacktheit* wird hier offensichtlich als ein *Zeichen von Würde* verstanden, wie Jahrtausende früher die Großen Göttinnen nackt dargestellt wurden zum Zeichen ihrer Hoheit und wie noch im Mittelalter die Hexenpriesterinnen nackt zu ihren Zusammenkünften erschienen als Ausweis ihrer Eingeweihtheit.

Afrika scheint auch der Kontinent zu sein, auf dem sich *die sexuelle*

Aktivität der Frau und ihre Initiative in der Liebeswahl am ursprünglichsten erhalten hat und zwar unabhängig von matrilinealer oder patrilinealer Verwandtschaftsordnung. Nicht nur besuchen verwitwete oder geschiedene Frauen die großen Märkte, um sich dort ganz ungeniert nach einem neuen Partner umzusehen; es gibt auch Beispiele für die offizielle Wahl des Ehepartners durch die Mädchen. Die Fulbe organisieren jährlich eine regelrechte *Bräutigamsschau*, bei der sich die jungen Männer durch Tänze und Geschicklichkeitsübungen vor den Mädchen produzieren. Dazu schminken sie ihr Gesicht und versuchen in Mimik und Gestik möglichst vorteilhaft zu erscheinen.[7]

Ein eigentliches Monopol für die Wahl des Partners besitzen die Mädchen auf den Bissagosinseln vor der Westküste Afrikas.[8] Hier gibt es ein strenges Ritual für den weiblichen Heiratsantrag an den jungen Mann, bei dem dieser nur ein sehr bedingtes Rückweisungsrecht hat. Er kann zwar den Antrag der jungen Frau, den er in Form einer Schüssel gekochten Reises vor seinem Haus findet, ignorieren, aber es wäre verhängnisvoll für ihn, dies ein zweites Mal zu tun. Dann nämlich müßte der Mann damit rechnen, vom Kollektiv der heiratsfähigen Mädchen boykottiert zu werden. Um überhaupt noch eine Heiratschance zu haben, wäre er gezwungen, auf eine andere Insel auszuwandern.

Dieses Beispiel zeigt, daß auch bei grundsätzlich nicht-hierarchischer sexueller Beziehung der Wahlmechanismus entscheidend dafür sein kann, ob der Partner – in unserem Beispiel der Mann – in den Status des »Sexualobjekts« versetzt wird. Inwiefern das Recht zur Liebeswahl einen Konfliktstoff zwischen den Geschlechtern bildet, wird uns im Zusammenhang mit patriarchalen Ehepraktiken – wie dem Frauenraub – noch beschäftigen.

Bevor wir die Umwandlungsprozesse von der matrizentrischen zur patriarchalen Gesellschaftsorganisation und damit auch die Konstituierung der patriarchalen Ehe verfolgen, haben wir uns aber noch einem Gesellschaftsmodell zuzuwenden, das in bestimmten Teilen der Welt unmittelbar an die matrizentrische Frühkultur anschließt und das als matrizentrische Hochkultur zu bezeichnen ist.

Kapitel II
Die matrizentrischen Hochkulturen

Als matrizentrische Hochkulturen bezeichne ich Gesellschaftsgebilde, die alle Anzeichen einer Hochkultur tragen und dennoch *nicht dem gewohnten Bild von männlichen Herrschaftsstrukturen und kriegerischer Machtentfaltung entsprechen.*

Tatsächlich gibt es in unterschiedlichsten Teilen der Welt während der Frühphase der Hochkulturen gesellschaftliche Systeme, die in einigen bedeutenden Punkten vom scheinbar selbstverständlichen Schema abweichen: Stadtstaaten von beachtlicher Größe, mit fortgeschrittener Spezialisierung der Arbeit und einer bedeutenden Höhe der materiellen und geistigen Kultur, die auf kollektivem Bodenbesitz und kollektiver Produktion beruhen und die ihre Güter auf eine Art verteilen, wie es der althergebrachten Sippenordnung weitgehend entspricht. Das heißt, wir haben es bei den matrizentrischen Hochkulturen mit einer Staatsform zu tun, die das Leben der matrizentrischen Sippe in einem größeren Maßstab zu wiederholen und die führenden Funktionen der »Mütter« auf die Priesterinnen der Tempelverwaltung zu übertragen scheint. Dieser durchaus *folgerichtige Übergang von der matrizentrischen Agrarkultur zur matrizentrischen Stadtkultur* während der Jungsteinzeit, wie er zum erstenmal in Çatal Hüyük greifbar wird, läßt sich analog für viele Hochkulturen nachweisen, die alle aus dem Produktionsüberschuß der neolithischen Agrarwirtschaft erst möglich wurden.

Sehr früh schon sprach Heide Göttner-Abendroth von – allerdings »matriarchalen« – Hochkulturen. Wenn ich den Ausdruck »matrizentrische Hochkulturen« bevorzuge, um damit die weibliche Form der sozialen Organisation von der männlichen Herrschaftsstruktur abzugrenzen, so handelt es sich ungeachtet der verschiedenen Wortwahl um die gleichen historischen Phänomene. Gemeint sind die Frühphasen der vorderasiatischen und der altägyptischen Hochkulturen sowie die Kultur des alten Kreta und Teile der vorklassischen Kulturen Griechenlands und Italiens. Dazu kommen gewisse Aspekte der frühen Hochkulturen Indiens, Chinas und vor allem Japans.

Dabei ist der Begriff der »*Hochkultur*« an sich ein problematischer und relativer Begriff, der die Tendenz hat, die übrigen Kulturformen als »primitiv« abzuwerten, und in Abgrenzung von diesen ganz bestimmte Kulturkriterien für sich in Anspruch nimmt. So etwa die Entwicklung der Schrift, die technische Fortgeschrittenheit der Produkion, die Gründung großer Städte oder die Etablierung einer komplexen Staatsorganisation.[1] Es ist hier nicht der Ort, uns mit solchen grundsätzlichen Definitionen auseinanderzusetzen. Wichtig in unserem Zusammenhang ist die Tatsache, daß sich *alle frühen Hochkulturen kontinuierlich aus einer jungsteinzeitlichen Ackerbaukultur* entwickelt und nicht nur deren spirituelle Tradition übernommen haben, sondern für eine mehr oder weniger lange Zeit auch deren Gesellschaftsstruktur. In Mesopotamien war die fortgeschrittene Agrarkultur des Tell-Halaf-Kreises und der sogenannten Obed-Zeit des 4. vorchristlichen Jahrtausends, die den sumerischen Stadtgründungen vorausgingen, eindeutig matrizentrisch geprägt, wofür die vielen Tonfiguren nackter Muttergottheiten und die kultischen Stierfiguren archäologische Zeugen sind. Dasselbe gilt für die ägyptische Dorfkultur des 5. und 4. vorchristlichen Jahrtausends, von der die weiblichen Kultfiguren mit erhobenen Armen Berühmtheit erlangten. Zudem lassen die dörflichen Kornspeicher der vordynastischen Zeit auf kollektive Bodenwirtschaft schließen.[2] Vollends zeigt die kretische Kultur eine ununterbrochene matrizentrische Tradition vom Beginn ihrer steinzeitlichen Spuren bis zur Palastzeit.

Die historischen Daten für die matrizentrischen Frühphasen der Hochkulturen abzustecken, ist nur bedingt möglich, weil die Geschichtsschreibung erst um die Mitte des 3. Jahrtausends v. Chr. einsetzt und dieser Zeitpunkt mit dem Beginn der patriarchalen Machtergreifung zusammenfällt. Dennoch versuche ich, in der nachstehenden Tabelle wenigstens eine ungefähre zeitliche Zuordnung zu geben.

Von der Wende des 3. zum 2. Jahrtausend v. Chr. an wird das Geschehen im östlichen Mittelmeerraum und in Vorderasien durch die indogermanischen Einwanderungen überlagert, wovon – wenigstens weitgehend – nur Ägypten und am längsten Kreta verschont geblieben sind. Aber trotz der patriarchalen Umstrukturierung von innen und der fremdherrschaftlichen Überlagerung von außen sind in allen genannten Gebieten die Spuren der ursprünglich matrizentrischen Hochkulturen unübersehbar – vorausgesetzt, daß man sie sehen will.

Mesopotamien

Frühsumerische Stadtkulturen Eridu und Uruk ca. 3200–2800 v. Chr.

Frühdynastische Stadtkulturen Kisch, Lagasch und Ur 2800–ca. 2600 v. Chr. Von da an patriarchale Überlagerung und schließlich Absage an die matrizentrische Tradition durch den babylonischen König Hammurabi (1793–1750).

Älteres Hethiterreich um 1730–1500 v. Chr.
Jüngeres Hethiterreich 1450–ca. 1200 v. Chr.
} beide patriarchal überlagert

Palästina

Byblos und Ugarit ab 3200–ca. 2500 ?

Von da an patriarchale Wandlung bei stark erhaltenen matrizentrischen Zügen

Griechenland

Mykenische Kultur 1600–1100 v. Chr.

Weite Strecken der vorklassischen Zeit, 1100–?, wobei Sparta sehr viel länger matrizentrische Gesellschaftsformen behält als Athen

Ägypten

I. bis IV. Dynastie

ca. 2500–2465 v. Chr. (wobei es auch frühere Datierungen gibt). Abgeschwächt noch während des ganzen Alten Reiches, 2650–2150.

Teile des matrizentrischen Kultureinflusses bleiben bis in die hellenistisch-römische Zeit lebendig.

Nordindien

Die Frühphase der Stadtkulturen Harappa und Mohenjo-daro 2900 v. Chr. – ?

Erste Hälfte der vedischen Periode Erste Hälfte des 2. Jahrtausends v. Chr.?
} beide patriarchal überlagert

Kreta

Vorpalastzeit
2600–2000 v. Chr.
Zeit der alten Paläste
2000–1700 v. Chr.
Zeit der neuen Paläste
1700–ca. 1450 v. Chr.

Ferner Osten

Die Zeit vor der Shang-Dynastie (vor 1500 v. Chr.) und der frühe Taoismus in China

Der Shintoismus in Japan
Hier reicht die matrizentrische Gesellschaftsstruktur bis ins frühe Mittelalter hinein

Italien

Etruskische Stadtstaaten um 1000– ca. 500 v. Chr.

Datierung nach: Propyläen Weltgeschichte Bd. 1

1. Das Kulturdreieck Mesopotamien – Ägypten – Kreta

Eine Zusammenschau dieser drei Geburtsstätten der afroeurasischen Hochkulturen ist schon deshalb gerechtfertigt, weil deren *Entstehungszeit in einen vergleichbaren historischen Zeitraum* fällt, in das Ende des 4. bzw. den Anfang des 3. Jahrtausends v. Chr., und weil schon sehr früh zwischen diesen Zentren *Handelsbeziehungen und ein reger Kulturaustausch* bestanden. – Im Grunde müßten wir sogar von einem Viereck sprechen und die Frühkultur Anatoliens hinzunehmen, weil sowohl Mesopotamien als auch Kreta und Ägypten in starkem Maß von Anatolien her inspiriert waren, Ägypten spätestens durch die Vermittlung der Hethiter. – Mesopotamien, Ägypten und Kreta gehören aber auch deshalb eng zusammen, weil sie – im Sprachgebrauch der Historiker – sogenannte »*Theokratien*« waren, d. h. Gesellschaftsgebilde, in denen die priesterlich-religiösen Funktionen zugleich die staatliche Macht konstituierten. Dies zeigt sich an den großen Tempelanlagen Sumers und Ägyptens ebenso wie an den Tempelpalästen Kretas, die alle religiöse Kultstätten und zugleich Regierungssitz und ökonomisches Verwaltungszentrum waren. Der Boden des Landes und sämtliche Produktionsmittel waren Eigentum des Tempels, Privatbesitz lange Zeit unbekannt und die gesamte Wirtschaft kollektiv organisiert. In den Stadtstaaten Sumers, Ägyptens und Kretas liefen alle Fäden des Gemeinschaftslebens im Tempelbezirk zusammen, den wir uns als Verwaltungszentrale für den kommunalen Bodenbesitz, als großes Markt- und Handelszentrum und oft auch als breitgefächerten Manufakturbetrieb vorstellen müssen, in dem die Produkte des Landes verarbeitet wurden. Zeitgenössische Darstellungen und Berichte führen uns tempeleigene Molkereien, Bäckereien, Bierbrauereien, Spinnereien und Webereien vor Augen, und in den kretischen Palästen sind heute noch riesige Vorratsbehälter und eine Unzahl von Vorratsräumen zu sehen, wie auch die Räumlichkeiten für palasteigene Töpfereien und Schmiedewerkstätten.

Allerdings ist die Bezeichnung »Theokratie« für die frühen Phasen dieser Kulturen, und für Kreta bis zu seinem Untergang, durchaus unzutreffend, weil es sich ursprünglich nicht um »Gottes«-Herrschaft und nicht um männliche Priesterherrschaft handelt, sondern um die *Beziehung der Gesellschaft bzw. des König- und Königinnentums zu einer*

Großen Göttin und deren vorwiegend weiblicher Priesterschaft, was mit dem Terminus »*Theakratie*« (Göttner-Abendroth) wiederzugeben wäre. In Ägypten wird das Land als solches mit der Göttin Isis identifiziert, und die Erträge ihres Landes werden an die Kinder der Großen Mutter gerecht verteilt im Sinne der Ma'at, der Göttin der Gerechtigkeit und der Harmonie. Auch in Mesopotamien und Kreta wacht die Göttin als oberste Instanz über eine gerechte Statthalterschaft auf Erden, die in ihrem Namen von der Priesterverwaltung und vom Priesterkönigtum wahrgenommen wird. Dabei wissen wir mit Sicherheit, daß in der Frühzeit ein hoher Prozentsatz der leitenden Funktionen in den Händen von Priesterinnen lag, wie auch dem Königtum ein Königinnentum mindestens gleichberechtigt zur Seite stand.

Daß Oberpriesterin und Königin bzw. Oberpriester und König in *Personalunion* verbunden waren und es ursprünglich keine vom Tempel unabhängige Staatsverwaltung gab, schlägt sich unter anderem darin nieder, daß weder in den altsumerischen Stadtstaaten noch während der frühen Epochen des Alten Reiches in Ägypten neben den Tempeln ein eigenes Herrscherhaus existierte.[1] Die ersten Könige scheinen vor allem sakrale Aufgaben ausgeübt zu haben, und der Titel »Pharao«, der »großes Haus« bedeutet, taucht erst relativ spät in der ägyptischen Geschichte auf. Auch gab es im ganzen Alten Reich Ägyptens erst eine relativ kleine Beamtenschaft und noch kein Kastensystem.[2]

Für die immensen *Verwaltungsaufgaben* der frühen Tempel-Stadtstaaten mit einer Bevölkerungszahl von ca. 10 000 – ca. 100 000 Menschen dienten vor der Erfindung der Schrift Zehntausende von *Siegeln* aus Ton oder Halbedelsteinen, um die Waren bzw. ihre Absender und ihre Empfänger zu registrieren. Diese kunstvollen Siegel, von denen uns eine enorme Anzahl erhalten ist, stellen in unendlichen Variationen fast ausnahmslos *religiöse Motive* dar, in deren Mittelpunkt eine Göttin steht, und als solche bilden sie eine noch nicht annähernd ausgeschöpfte Quelle für die matrizentrische Mythologie der Frühzeit.

Das allen diesen Frühkulturen gemeinsame Grundkonzept eines relativ *egalitären, gerecht verwalteten kollektiven Wirtschaftssystems* ist ein real praktizierter Kulturentwurf, auch wenn die historischen Quellen bald den Mißbrauch der priesterlichen Ämter durch das Emporkommen ehrgeiziger Priesterkasten beklagen. Immerhin reichen die schriftlichen Quellen Sumers und Ägyptens weit genug zurück, um wesentliche Unterschiede im Lebens- und Regierungsstil zwischen den ältesten und den späteren Epochen deutlich werden zu lassen, was sich vor allem auch auf die Königsherrschaft bezieht. So wurde etwa der Bau der Cheopspyramide im Alten Reich noch nicht von Sklaven, sondern von freien Personen ausgeführt, die einen Teil ihrer Arbeitskraft von jeher dem Tempel zur Verfügung stellten. Daß diese kollektive Hilfeleistung dann von den Herrschern der III. und IV. Dynastie für die Errichtung ihrer Denkmäler überbeansprucht wurde, bedenkt die ägyptische Geschichtsschreibung mit herber Kritik.[3]

Auch ist in den allerersten Abschnitten der sogenannten historischen Zeit noch sehr *wenig von Kriegen die Rede*, was für Ägypten[4] ebenso gilt wie für Mesopotamien. Wie die uralte Stadt Çatal Hüyük in Anatolien, so wiesen auch die ersten Schichten von Kisch und Ur in Mesopotamien noch keine Befestigungsmauern auf, und die erste Zerstörung von Uruk um 3000 v. Chr. ist nicht auf kriegerische Vorgänge, sondern auf eine große Überschwemmung zurückzuführen.[5] Im Alten Kreta gab es überhaupt keine Befestigungen, weder bei den alten noch bei den neuen Palästen, ja, man fand nicht einmal Waffen in nennenswerter Zahl.

Bemerkenswert ist die einhellige Meinung aller Ägyptologen und Orientalisten in dem Punkt, daß die Epochen der jeweils *alten Reiche* eine erste *Hochblüte der Kunst* hinterlassen haben, die von den späteren Phasen kaum noch übertroffen und in mancher Hinsicht sogar nie wieder erreicht wurde. Dabei zeichnet sich die frühe Kunst Mesopotamiens, Ägyptens und Kretas bei höchster handwerklicher Meisterschaft durch eine natürliche Würde und bestechende Schlichtheit aus, was später in Ägypten, in Babylon und Mykene von einem Streben nach Machtdemonstration und monumentaler Prachtentfaltung überwuchert wird. Ebenso übereinstimmend urteilen die Kunsthistoriker über die *allgemeine Lebensstimmung*, die sich in den ältesten Kunstzeugnissen der alten Hochkulturen niederschlägt. Sie strahlen etwas Heiteres, Natur- und Lebensbejahendes aus und entbehren auch nicht der humorvollen Züge, während die späteren Kunstdenkmäler in ihren Motiven immer kriegerischer und düsterer werden.

Grundlegender Wandel

Es hat sich also offensichtlich im Laufe der frühen Hochkulturen ein grundlegender Wandel vollzogen, der sich auf allen Ebenen beobachten läßt, auf der künstlerischen, soziologischen und politischen Ebene: der Wandel *von einer relativ freien und egalitären Gesellschaft zu einer immer stärker hierarchisch strukturierten*, und ebenso der Wandel *vom sakralen Königtum mit seiner beschränkten Macht zu einer immer auto-*

kratischeren und aggressiveren Königsherrschaft. Parallel dazu oder leicht phasenverschoben verläuft der mythologische Umbruch *von der matrizentrischen Religiosität zur patriarchalen Theologie* und die *Ablösung des matrizentrischen durch das patriarchale Familiensystem.*

Der mythologisch-ideologische Umbruch manifestiert sich in Ägypten erstmals in der sogenannten »Kosmogonie von Heliopolis« und ihrem Stammbaum der Götter sowie in der sogenannten »Memphitischen Theologie« des Alten Reiches, vor allem während der V. Dynastie (2465–2328 v. Chr.), worin der *Sonnengott Re* zum obersten Staatsgott und zum Vater aller Götter proklamiert wird. In einem vergleichbaren Zeitraum steigt in Mesopotamien der *Mondgott An* zum obersten Himmelsgott auf, beziehungsweise wird der *Sonnengott Marduk* vom babylonischen König Hammurabi (1993–1750) zum Staatsgott erhoben. Nur Kreta hat den mythologisch-ideologischen Wandel offensichtlich nicht mitgemacht. Bis 1450 v. Chr., als die minoischen Paläste einer Naturkatastrophe zum Opfer fielen, legen die Kult- und Regierungsstätten aller Epochen Zeugnis ab von einer ununterbrochenen matrizentrischen Tradition, die dann erst allmählich durch die griechischen Eindringlinge modifiziert wird.

Es liegt in der Natur der Sache, daß wir für die mittleren und späten Epochen der frühen Hochkulturen sehr viel mehr Belege im Sinne einer eigentlichen Geschichtsschreibung besitzen als für die sehr frühen Epochen. Zum einen hat sich die Schrift erst zu Beginn der Hochkulturen entwickelt, zum andern aber spricht vieles dafür, daß die bewußte *Geschichtsschreibung überhaupt erst im Dienste der patriarchalen Herrschaftsideologie* entstand. Jedenfalls scheinen die ersten Geschichtsschreiber vor allem darum bemüht zu sein, die Großtaten ihrer jeweiligen Herrscher zu verzeichnen, während sie andere wichtige Ereignisse, von denen wir aus priesterlichen Klageliedern erfahren, unerwähnt lassen.[6] Das würde heißen, daß die Geschichtsschreibung von allem Anfang an nicht nur tendenziös, sondern auch höchst lückenhaft ist, so daß wir nicht erwarten können, von ihr auf direkte Weise etwas über Einrichtungen oder Ereignisse zu erfahren, die außerhalb des patriarchalen Interesses lagen. Wir sind vielmehr auf indirekte Hinweise angewiesen und müssen sozusagen zwischen den Zeilen lesen, wobei die inoffiziellen literarischen Überlieferungen wie Kulttexte, Liebes- und Klagelieder, aber auch die bildhaften Zeugnisse der Siegel und der bildenden Künste eine große Hilfe darstellen.

Eine der in unserem Zusammenhang wichtigsten Tatsachen des alten Sumer könnte buchstäblich aus einer Textlücke der Geschichtsschreibung hervorgehen: Historiker beklagen den Umstand, daß es schwierig sei, eine genealogische Ordnung in die ersten sumerischen Dynastien zu bringen, weil die Inschriften der Stadtfürsten und Könige nie ihre Väter, sondern nur gelegentlich ihre Mütter nennen, wie das bei Gudea von Lagasch und seinen Vorgängern der Fall ist.[7] Dabei kommt aber keiner auf den Gedanken, daß dies möglicherweise den matrilinealen Erbgang des frühen Königtums und der sumerischen Verwandtschaftsrechnung überhaupt anzeigen könnte. Dies wäre keineswegs erstaunlich, nachdem sich im Hethiterreich, das die babylonische Herrschaft in Nordmesopotamien ablöste, nachgewiesenermaßen Reste der matrilinealen Erb- und Thronfolge erhalten haben.[8] Dem entspricht die These namhafter Ägyptologen, daß der ägyptische Thron ursprünglich nur in der weiblichen Linie besetzt werden konnte.[9] Nur von da aus wird auch die Tatsache plausibel, daß sich viele Pharaonen auf ihren Standbildern zusammen mit ihren Müttern abbilden ließen und nie mit ihren Vätern.[10]

Die Bedeutung der Stammesmutter und Königin für die Hochkulturen erschöpft sich aber nicht in der Weitergabe des königlichen Blutes, sondern das Königinnentum ist für das sakrale Königtum essentiell, weil die *Oberpriesterin/Königin das unentbehrliche Bindeglied zwischen dem König und seiner Legitimation durch die Große Göttin* darstellt.

1. Das sakrale König- und Königinnentum und die Große Göttin als deren Bezugspunkt

Unsere Vorstellungen von den altorientalischen Kulturen sind geprägt von den relativ späten Geschichtsperioden, in denen ihre Herrscher eine unumschränkte Macht ausübten und von denen viele die Verehrung als göttliche Wesen schon zu ihren Lebzeiten genossen. Demgegenüber ist hervorzuheben, daß die frühen sumerischen Könige, wie auch die ägyptischen Könige vor der III. Dynastie, nicht zu Lebzeiten als Gott verehrt, sondern *erst nach ihrem Tode vergöttlicht* wurden.[1] Dies stellt, wie sich zeigen läßt, eine *Reminiszenz an das sakrale Opferkönigtum* dar, bei dem der König der todgeweihte Heros seines Volkes war, der eben durch seinen Opfertod Unsterblichkeit errang und mit seinem göttlichen Vorbild identifiziert wurde.

Ägypten

Im Alten Reich Ägyptens hat man den König nach seinem Tod mit Osiris identifiziert, mit jenem Sohngeliebten der Isis, den wir als Totenrichter der Unterwelt kennen, der aber ursprünglich vor allem ein *Vegetations- und Fruchtbarkeitsgott* war. Er ist der Mondgott und Spender der Feuchtigkeit, der Gott der Äcker und Saaten und der große Samenspender, dessen Phallus in riesiger Nachbildung auf Kultprozessionen herumgetragen wurde. Als die irdische Inkarnation des Osiris galt der Apisstier – geheimnisvollerweise durch Mondstrahlen im Muttertier erzeugt – und als solche wurde er seit der II. Dynastie als heiliges Tier im Tempelbezirk von Memphis gehalten. In Abständen von 12 oder mehr Jahren wurde eine dramatische Opferprozession mit dem Apisstier abgehalten, der dann im Tempelbrunnen von Memphis feierlich ertränkt wurde, ein Zeremoniell, das der griechische Geschichtsschreiber Herodot noch erlebte und beschrieb.[2] Es muß als höchst wahrscheinlich betrachtet werden, daß dieses Stieropfer das Königsopfer abgelöst hat.

Während seiner Regierungszeit galt der König als irdischer Stellvertreter des Horus, jenes Gottes, den die Große Göttin Isis mit dem sterbenden Osiris zeugt. Charakteristischerweise wird aber noch in der II. Dynastie der König zugleich mit Seth identifiziert, mit jenem dunklen Bruder des Horus, der im Mythos als Mörder und Zerstückler seines Vaters Osiris auftritt.[3] Diese *doppelte Identifikation des Königs mit dem Mörder des Vorgängers und mit dem Sohn*, der ihm nachfolgt, macht den *Zusammenhang mit dem sakralen Opferkönigtum*, wie es J. G. Frazer für sehr viele Frühkulturen herausgearbeitet hat, vollends wahrscheinlich.[4] Frazer vertritt die Theorie, daß weltweit der erblichen Monarchie ein sakrales Königtum vorausgegangen ist, das ein Wahlkönigtum auf Zeit und eng mit den alten Vegetationskulten verknüpft war. Er geht davon aus, daß es sich dabei ursprünglich um ein *Jahreskönigtum* handelte, bei welchem der junge König am Beginn der Vegetationsperiode durch einen heiligen Wettstreit erkürt und für das laufende Jahr inthronisiert wurde, um dann nach der Ernte den Opfertod zu sterben. Den eigentlichen Höhepunkt des sakralen Jahres bildete die *Heilige Hochzeit* zwischen dem Jahreskönig und einer Priesterin, welche die Große Göttin vertrat. – Noch heute erinnern zahllose Volksbräuche an dieses längst verschwundene Jahreskönigtum, wenn im Frühling der Maikönig und die Maibraut gewählt und vorher der Winterkönig verbrannt wird.

Schon früh allerdings wurde die *Lebensfrist des sakralen Königs* auf drei oder sieben Jahre, später auf neun, zwölf oder mehr Jahre verlängert, doch durfte seine Regierungszeit nicht länger andauern als er im Vollbesitz seiner Kräfte stand. Begannen die Körperkräfte und die Potenz des Königs zu schwinden, so mußte er einem jungen König weichen, um das

Heil seines Volkes nicht zu gefährden. In Afrika war diese Form des sakralen Königtums noch im letzten Jahrhundert lebendig, und die heutigen Schilluk in der Republik Sudan – auf dem Boden des alten Ägypten – bewahren daran eine detaillierte Erinnerung. Bei den Schilluk wurden, wie ehemals auch in Abessinien, die alten Könige rituell erdrosselt, entweder durch ihre Frauen, die sie nicht mehr befriedigen konnten, oder durch einen ihrer Söhne, der nachts ins Zelt des Vaters schlich und diesen in einem stummen Kampf überwältigte. Dabei verbot es die Ehre des Königs, um Hilfe zu rufen.[5] Wenn auch im dynastischen Ägypten kaum noch direkte Spuren an diesen tragischen Hintergrund des sakralen Königtums erinnern – es sei denn, man interpretiere die bekannte Palette des Narmer aus der I. Dynastie in diesem Sinne[6] –, so waren die ägyptischen Könige immer noch für die Fruchtbarkeit ihres Landes verantwortlich, wobei nach einem alten Zeremoniell der König in vollem Ornat die Felder umschritt.[7] Auch waren sie stets für die Bewässerung zuständig, und die sorgfältige Notierung des Steigens und Sinkens der großen Flüsse und die künstliche Flußregulierung gehörten zu den vornehmsten Aufgaben der ägyptischen Könige am Nil wie auch der mesopotamischen Könige an Tigris und Euphrat. Dazu kommt, daß überall im alten Orient der König den Titel »*der gute Hirte*« trägt, was darauf anspielt, daß er für die Erhaltung und Mehrung des Viehbestandes und für dessen Schutz gegenüber wilden Tieren und räuberischen Nomaden verantwortlich war.

Sumer

Immer aber steht der *König in einer engen Beziehung zur Großen Göttin*, von der er seine Lebenskraft bezieht. Historisch am eindeutigsten belegt ist dies für die sumerischen Könige, von denen sich Schulgi von Ur (2105–2057) »Bräutigam der Inanna« nennt.[8] Dies soll ausdrücken, daß er sich als Stellvertreter des himmlischen Geliebten der Großen Göttin versteht, jenes göttlichen Hirten oder Gärtners, der bei den Sumerern Tamuz und bei den Babyloniern Damuzi hieß. In dieser Identifikationsfigur für den König spiegelt sich der alte Vegetationskult noch eindeutiger als im ägyptischen Horus-Osiris, weil hier ein und derselbe jugendliche Gott Geliebter der Göttin, sterbender Gott und schließlich der Wiederauferstandene ist, nachdem Inanna/Ischtar ihn aus der Unterwelt zurückholt. Zudem wissen wir von der III. Dynastie von Ur, der Schulgi angehört, und der III. Dynastie von Isin, daß der König erst durch den Vollzug der Heiligen Hochzeit mit der »en« genannten Hohenpriesterin in den

Besitz der geheimnisvollen »me«-Kräfte gelangt, weil sie als Stellvertreterin der Göttin deren Kraft an den irdischen Geliebten vermittelt.[9]

In dieser Epoche glauben die sumerischen Könige, bereits durch den Vollzug der *Heiligen Hochzeit* in den Stand der *Unsterblichkeit* versetzt zu werden, während der ursprüngliche Erwerb der Göttlichkeit durch den Opfertod nur noch als Erinnerungsspur in den Königsriten weiterlebte. So bestand die merkwürdige Sitte, daß der sumerische König beim Neujahrsfest symbolisch abgesetzt wurde, indem der Oberpriester ihm die Herrschaftsinsignien abnahm und diese einem »*Tauschkönig*« oder »*Maskenkönig*« übergab, der für die Dauer des Festes nach seinem Belieben über den Hofstaat und die Frauen des Königs verfügen konnte. Dazu gibt es eine Erzählung aus der I. Dynastie von Isin, die von einem Maskenkönig berichtet, der ein Gärtner (wie Tamuz!) war. In diesen verliebte sich die Göttin Ischtar und ließ den richtigen König sterben[10] (statt seiner, wäre zu ergänzen, dem sie dadurch das Leben rettete). Offenbar gab es eine Periode, während der man den Tauschkönig tötete in Umgehung des ursprünglichen Königsopfers, wie dies Frazer auch bei verschiedenen Primitivkulturen vorfand und wie es als Karnevalsscherz symbolisch noch immer mit unseren Faschings-(Masken-)Prinzen geschieht. Zur Zeit, aus der die Erzählung stammt, wurde bei den babylonischen Neujahrsfeierlichkeiten (nur noch) ein Schafbock im Tempel des Marduk geopfert, nachdem der Oberpriester dem König die Insignien abgenommen und ihm dabei einen Backenstreich versetzt hatte. Zur Interpretation des Tieropfers als Ersatz für das Königsopfer scheint die Stelle aus einem sumerischen Kulttext zu passen: »Das Lamm tritt an die Stelle des Menschen, er hat ein Lamm für sein Leben gegeben.«[11] Zu den gleichen babylonischen Neujahrsfeierlichkeiten gehörten eine Prozession und ein Festspiel, das den Tod des Gottes Marduk in einer Bergeshöhle in Szene setzte, sowie seine Wiedererweckung durch eine Göttin Beltis, welche die »Herrin von Babylon« genannt wird.[12]

Wir sehen, wie die Namen von Land zu Land wechseln, der Grundgedanke aber immer ein und derselbe bleibt, daß nämlich der *König in den Dienst der Großen Göttin* tritt, wobei das *Königsopfer allmählich in Vergessenheit* gerät, dafür aber die *Feier der Heiligen Hochzeit* immer mehr ins Zentrum rückt.

Der *Hergang des sumerischen Hochzeitsrituals* ist uns in vielen Einzelheiten bekannt. Im obersten Gemach der Zikkurat oder im Königspalast wird am Abend das Brautgemach der Hohenpriesterin feierlich bereitet, und der Chor der Priesterinnen zitiert Kultlieder, deren sexuelle

Anspielungen äußerst direkt sind und deren symbolische Bilder zum Teil dem bäuerlichen Leben entstammen. Hier die Wechselrede zwischen Oberpriesterin und König, wobei die Ichform der Oberpriesterin stellvertretend für die Göttin steht.[13]

Priesterin: Für den Wildstier, für den Herrn habe ich mich gebadet,
Für den Herrn habe ich mich gebadet
Wenn ich meine Lenden in seine zärtlichen Arme gebettet
Wenn er zum reinen Bette der Göttin kommt
Und er mir mit Milch und Sahne den Schoß glättet...

Wer wird mich, die Jungfrau pflügen
Meine Vulva und ihren wasserreichen Grund
Mich, die Königin, wer wird seinen stoßenden
Stier hier festmachen?

König: Königliche Herrin, der König selbst
wird den Pflug über dich führen
Der König selbst wird dir die Vulva pflügen.

Priesterin: Pflüge meine Vulva, Mann meines Herzens!

Gleichzeitig stimmt die versammelte Kultgemeinde den Abendchoral an:

Hinunter ist der Sonne Schein
Die du zu Bett mit ihm gegangen bist
und zu ihm aufschaust
Wenn du den Herrn jetzt zärtlich kost
Gib Leben dem Herrn
Erwecke dem Herrn Stecken und Stab!

Zweimal ist in diesen Beispielen vom »Wildstier« die Rede, was zweifellos die Stiergestalt des alten Wetter- und Mondgottes anklingen läßt, und insofern ist dieser Kulttext wahrscheinlich älter als der Damuzi-Mythos vom göttlichen Gärtner und Hirten, der einer seßhaften Ackerbaukultur entspricht.

Parallelen zwischen Ägypten und Sumer
Wenn wir nun einen Sprung zurück nach *Ägypten* machen, so finden wir dort in der *Beziehung des Königs zur Großen Göttin* und in den

mythischen Bildern für diese Beziehung verblüffende Parallelen zu den sumerischen Verhältnissen, wenn diese auch viel weniger bekannt und schwieriger zu rekonstruieren sind. Die wichtigste Bezugsfigur für die Könige des Alten Reiches war die Große Göttin Hathor, die mit der Sonnenscheibe zwischen ihren Kuh- bzw. Mond-Hörnern und den für sie typischen »Hathorlocken« dargestellt wird. Sie ist die große Himmelsgöttin, die Herrin über Sonne, Mond und Sterne, und sie ist nahezu identisch mit Isis, aber auch mit Neith/Nut und mit Nechbet und Nephtys und anderen Göttinnen, die von Region zu Region verschiedene Namen tragen. Die Könige der ersten fünf Dynastien nennen sich »von Hathor erwählt«,[14] was, wie wir gleich sehen werden, auf die *erotische Erwählung* durch die Göttin anspielt; die Huldigungsadresse an den König »Hathor schenke Dir Leben«, gehört zu den stereotypen Formeln des Alten Reiches.[15]

Wie Isis und Osiris, so bilden *Hathor und Horus* ein göttliches Paar, wobei Horus wie sein Vater Osiris ursprünglich ein Mondgott war, sich aber zum Sonnengott wandelte und als solcher in Gestalt des Sonnenfalken die täglich neugeborene Sonne repräsentiert. Diesen Sonnenfalken führt der ägyptische König als Stellvertreter des Horus in seinem Staatssiegel, und in dessen Namen trägt er die Horuskrone.

Die uns so vertraute *Verbindung des Pharao mit dem Sonnengott Re* tritt erst ab der V. Dynastie in Erscheinung, nachdem die »*Memphitische Theologie*« ein Königsdogma formuliert hat, das den König den »Sohn des Re« nennt. Dieser relativ junge Gott Re entstand aus einer Verschmelzung des Sonnengottes Horus mit dem alten Fruchtbarkeitsgott Ptah aus Memphis, dem der Skarabäus heilig war und der nun durch diese Verschmelzung zum Sonnenkäfer wurde. Als Vegetationsgott stand aber Ptah ursprünglich dem Mond nahe, wie übrigens auch Amun von Theben, der dem Amun-Re Pate stand. In Anlehnung an die sog. Kosmogonie von Heliopolis, wird dann dieser *Amun-Re der sich selbst erschaffende Sonnengott* und Vater aller Götter, aber die alten Totenbücher künden noch davon, daß Re jeden Morgen von der Himmelskönigin Nut/Neith als Sonnenkalb geboren wird, das am Mittag zum feurigen Sonnenstier heranwächst und am Abend als greiser Stier im Westen versinkt.[16]

Sowohl die Stiersymbolik des Re wie auch die Widdersymbolik des Amun verraten die frühere Verbindung dieser Götter mit dem Mond: Stierhorn und Widderhorn korrespondieren mit dem goldenen Horn des Mondes, nicht mit der Sonne, wie auch die berühmte Sonnenbarke des Re aus seiner lunaren Vergangenheit entlehnt scheint, denn nur die Mondsichel gleicht einer Barke, die über das Nachtmeer des Himmels hinzieht. Solche Überformungen und die daraus entstehenden Unstimmigkeiten sind überaus typisch für jede patriarchale Theologie, doch dürfen wir uns durch die Betonung der (männlichen) Sonne im späteren Ägypten nicht darin beirren lassen, daß es durchaus eine ägyptische Entsprechung zu den uralten anatolischen und mesopotamischen Stier- und Mondgottheiten mit ihrer phallischen Symbolik gibt. Dies gilt ganz besonders für Horus, dessen durch die Sonnenmetapher verdeckte Mondsymbolik in den ägyptischen Kultliedern zur Heiligen Hochzeit angesprochen wird, wenn dort vom leuchtenden Horn des Horus die Rede ist. Merkwürdigerweise wird von den Ägyptologen eine Kultfeier des »hieros gamos« kaum je erwähnt, obwohl es Anhaltspunkte für ein solches Zeremoniell im Zusammenhang mit der jährlichen Nilfahrt des Königspaares und dem »schönen Fest von Opet«[17] gibt. Zudem sind uns einige großartige »Liebeslieder« überliefert, welche das kultische Liebesgespräch zwischen der Göttin Hathor und dem von ihr erwählten König zum Inhalt haben. Hier ein Auszug:

> Die Göttin (Oberpriesterin):
>
> Sieh, sie kommt Dir entgegen,
> die schöne Himmelsgöttin, Dir entgegen,
> mit ihren schönen Locken, und sie sagt:
> »Es kommt der, den ich geboren habe,
> dessen Horn leuchtet,
> die schwarze Säule,
> ein Stier des Himmels.
> Herrlich ist Deine Gestalt!
> Zieh in Frieden, nachdem ich Dich umarmte!«
>
> Der Pharao:
>
> Pharao kommt, zu tanzen.
> Er kommt, zu singen.
> Gebieterin, sieh, wie er tanzt!
> Frau des Horus, sieh, wie er springt!
>
> Pharao mit duftenden Händen,
> mit reinen Fingern
> Gebieterin, sieh, wie er tanzt!

> Frau des Horus, sieh, wie er springt!
> ...
>
> O Gold! Wie schön sind diese Lieder,
> wie das Lied des Horus selbst.
> Pharao singt als Obersänger.
> Er ist der Knabe, der das Sistrum schüttelt.
>
> Du Schöne, Du Zauberreiche,
> Du seine herrliche Herrin,
> Du Gold der Götter!
>
> Dir huldigt Pharao,
> gib daß er lebt...

Dazu kommt der Chor der »sieben Hathoren«, der für die Göttin tanzt, singt und musiziert, und der in seiner Siebenzahl an die griechischen Musen erinnert. Diese sieben Begleiterinnen nennen Hathor unter anderem

> »die Gebieterin des Jubels, die Herrin des Tanzes,
> die Gebieterin der Musik, die Herrin des Harfenspiels,
> die Gebieterin des Reigens, die Herrin des Springens.
> die Gebieterin nie endender Trunkenheit...
> die Gebieterin der Hymnen, die Herrin der Bibliothek
> die große Archivarin vor dem Haus der Bibliothekare...
>
> die Gebieterin der Szepter
> der Halskette und des Sistrums
> die Gebieterin der Musik, für die man spielt.
>
> Wir preisen täglich Deine Majestät
> Vom Abend bis die Erde hell wird.
> Wir trommeln vor Dir, Herrin in Dendera...«[18]

Hier haben wir die vollständige kultische Szenerie vor uns, die der Kultszene der Heiligen Hochzeit in Sumer sehr ähnlich ist. Wie dort der Chor das Abendlied anstimmt, so singt und musiziert auch hier im großen Hathortempel von Dendera der Chor der Hathoren »vom Abend bis die Erde hell ist«. Als Stellvertreterin der Göttin »mit ihren schönen Locken« kommt die Oberpriesterin dem Pharao entgegen und ruft ihn als den irdischen Stellvertreter des Gottes Horus, der ihr Sohngeliebter ist. Horus/Pharao aber ist »der Stier des Himmels, dessen Horn leuchtet« und den die Göttin in Gestalt der Oberpriesterin umarmt. Der Pharao »tanzt und springt« für seine Herrin, die ihm Leben schenken wird. Wenn auch im Gegensatz zum sumerischen Kulttext der sakrale Akt selbst nur angedeutet wird, so sind die Anspielungen klar genug. Auch ist die Parallele zwischen der ägyptischen und der mesopotamischen Göttin darin auffallend, daß *Hathor* hier, wie die »Große Hetäre« Ischtar, als die *Göttin der Musik, des Tanzes und der ekstatischen Liebe* gefeiert wird, wenn sie unter anderem »die Gebieterin nie endender Trunkenheit« heißt.

»Königin und König«
Wenn wir diese mythischen Bilder und die kultischen Szenen ernst nehmen, so wird uns erst klar, wie einseitig bisher die Aufmerksamkeit der Figur des Königs galt und wie wenig derjenigen der Königin, die darin eine mindestens ebenso große Rolle spielt. Unter dem sakralen Vorzeichen wäre es sogar korrekter, von »Königin und König« zu sprechen und nicht von König und Königin. Denn die Königin ist ja ursprünglich die Hohepriesterin, und in dieser Eigenschaft ist sie als *Stellvertreterin der Göttin dem sakralen König übergeordnet*. Diese umgekehrte Gewichtung findet in der Geschichte Sumers auch ihre offizielle Bestätigung; wenn wir sie richtig lesen, so begreifen wir, daß die En-Priesterin niemand anderer als die Königin war und daß der König seine Legitimität daraus bezog, daß er ihr Gemahl wurde und nicht umgekehrt.[19] Hammurabi war gezwungen, das Amt der En-Priesterin abzuschaffen, um der mythisch begründeten Vorrangstellung der Königin ein Ende zu setzen und den Weg für die patriarchale Monarchie frei zu machen. Dies allerdings um den Preis, daß er auf das sakrale Königtum überhaupt und damit auf die Vergöttlichung des Königs nach seinem Tod verzichtete.

Ägypten ist da einen anderen Weg gegangen. Trotz der patriarchalen Theologie von Memphis und Heliopolis bleibt die *ägyptische Königin Hohepriesterin*, nur daß sie dieses Amt nun im Tempel des Amun Re wahrnimmt. Dort trägt sie den Titel »*Gottesgemahlin*«, womit sie zur irdischen Gattin des Götterkönigs erklärt wird, von dem sie auf mystische Weise ihren Sohn, den jungen Pharao empfängt.[20] Damit aber rückt die Königin noch einmal näher an das Göttliche heran als der regierende Pharao selbst, und von da aus gesehen wird die hervorragende Rolle, welche die Königin auch im späteren Ägypten spielt, durchaus verständlich. Dies könnte unter anderem die Darstellung des Königspaares auf dem Grabrelief Menhotep II. aus dem mittleren Reich plausibel machen, bei der der König hinter der Königin steht, die in ihrer Eigenschaft als Hohepriesterin erscheint.[21]

Das Wesen des sakralen König- und Königinnentums erschöpft sich aber nicht im kultischen Liebesbund mit der Göttin (bzw. später im Liebesbund der Königin mit dem Gott). Ursprünglich bildete die *weibliche Hochgottheit* auch den *Leitstern für das königliche Regierungsamt*, das die Statthalterschaft der Göttin auf Erden darstellte. Im Hymnus der sieben Hathoren wird Hathor »die Gebieterin des Szepters und der Halskette« (als Zeichen der königlichen Würde) genannt, und schon der älteste Titel des ägyptischen Herrschers lautet »Die zwei Herrinnen«. Dieser Titel bezieht sich auf die beiden Göttinnen von Ober- und Unterägypten, Nechbet und Uto oder Buto, von denen der einen die Sutpflanze (Papyrusstaude) und der Geier, der anderen die Biene und die Uräusschlange heilig waren. Deshalb nannte sich der König auch »Träger der Sutpflanze und der Biene«.[22] Interessanterweise wurde die Uräusschlange der Göttin Buto als schützendes Stirndiadem von König und Königin übernommen, während nur die Königin den Geier der Nechbet (als Zeichen der Todesgöttin) in Form der Geierhaube trug.

Besonders hervorzuheben ist, daß die berühmte Federkrone von der Straußenfeder der Ma'at stammt, der Göttin der Gerechtigkeit und der Harmonie, die das Maß aller Dinge im Kosmos und auf Erden bestimmt. In den ägyptischen Totenbüchern wird das Herz der Verstorbenen auf einer Waage gewogen, auf deren zweiter Waagschale die Straußenfeder der Ma'at liegt.[23] Nun trägt aber diese Federkrone der Ma'at wieder nicht nur der König, sondern auch die Königin, was unübersehbar darauf hinweist, daß die Königin ursprünglich auch Regentin war und nicht nur sakrale Funktionen innehatte. Historische Anhaltspunkte dafür finden sich in der I. Dynastie, während der die offizielle Staatskartusche, ein »serekh« genannter viereckiger Rahmen, neben dem Horusfalken und dem Namenszug des jeweiligen Herrschers auch das Symbol der Neith und den Namenszug der Königin enthielt.[24]

Mesopotamien: Staatsgöttin und Regentin
Historische Belege für die Existenz einer *offiziellen Staatsgöttin einerseits* und für das *Regentinnenamt der Königin andererseits* gibt es erst in *Mesopotamien*. Beides zusammen finden wir im Hethiterreich, das während des 2. Jahrtausends v. Chr. neben Babylonien und Ägypten die dritte Großmacht seiner Zeit war und das von seinem Gebiet in Nordme-

sopotamien/Anatolien aus während des jüngeren Reiches seine Macht nach Süden bis nach Syrien ausdehnte. Im Staatswesen der Hethiter, die als erste Indogermanen in den vorderasiatischen Raum eindrangen, haben wir schon eine mehrfach überlagerte Kultur mit ausgesprochen kriegerischen Zügen vor uns, die ihre *matrizentrische Grundstruktur* nur noch sehr gebrochen widerspiegelt. Dennoch übermitteln uns die hetithischen Texte das bisher genaueste Bild von der Beziehung zwischen matrizentrischer Religiosität und königlicher Regentschaft. Die Sonnengöttin von *Arinna*, wie die Hethiter ihre Große Göttin nennen, ist nicht nur die große Lebensspenderin und Liebesgöttin, mit der sich die hethitischen Könige in der Heiligen Hochzeit verbinden, sondern sie ist darüber hinaus eine eigentliche Staatsgöttin. Dies bedeutet sehr viel mehr als die Eigenschaft einer Kriegsgöttin, wie sie Ischtar im patriarchalen Babylon, Anat in Palästina und Athene/Minerva in der Antike zukam. Das sakrale Symbol der Sonnengöttin, die *geflügelte Sonnenscheibe*, bildet zugleich das hethitische Staatswappen, und in ihrem Tempel legen die Könige die Urkunden und Staatsverträge nieder zum Zeichen, daß sie in allen Staatsangelegenheiten der Göttin Rechenschaft schulden. Eine Hymne preist sie als »Vater und Mutter jeden Landes« und als oberste Herrin des Gerichts, so daß wir sie in jeder Hinsicht als eine *weibliche Hochgottheit* begreifen müssen. Unter anderem heißt es von ihr:

Du Sonnengöttin von Arinna, bist eine angesehene Gottheit.
...

Es gibt keine andere Gottheit, mehr angesehen und größer als du.
...

Über Himmel und Erde übst du gnädig die Königsherrschaft aus.
Der Länder Grenzen setzest du.
...

Jedes Landes Vater und Mutter bist du.
Des Gerichtes begnadete Herrin bist du.
An der Stätte des Gerichts gibt es für dich kein Ermüden.
Unter den uralt-ewigen Göttern bist du die gefeierte...

Die Staatsgöttin inspiriert aber nicht nur die Regentschaft des Königs, sondern im gleichen Atemzug auch die Regentschaft der Königin, wenn eine stehende Formel für sie heißt: Die Sonnenkönigin von Arinna, »die im Hethiterlande Königtum und Königinnentum leitet«.[25] Daß dies nicht nur eine leere Floskel ist, beweist unter anderem das hethitische Staatssiegel, das zu allen Zeiten die Signaturen von König und Königin enthielt. Zeitweise benutzte die Königin sogar ein eigenes, auf ihren Namen geprägtes Staatssiegel, wie die bedeutende Königin Pudehepa im 13. Jahrhundert v. Chr., die ihre eigene politische Korrespondenz führte und vom ägyptischen Pharao jeweils die gleichlautenden Briefe wie ihr königlicher Gemahl erhielt. Zudem scheint der Thron der »Tawa-nanna« genannten Königin eine vom Thron des Königs unabhängige Einrichtung gewesen zu sein, denn auch nach dem Tod ihres Gatten blieb die Witwe regierende Königin, und der Nachfolger auf dem männlichen Thron, oft ein Neffe der Tawa-nanna, konnte sich erst mit einer jungen Regentin verbinden, wenn die alte Königin gestorben war. Nach ihrem Tod aber genossen beide, König und Königin, göttliche Verehrung.[26]

Königlicher Totenkult
Vor einem solchen Hintergrund erhalten die *frühesten Königsgräber* in Anatolien, Sumer und Ägypten einen hohen Stellenwert, denn wenn die Voraussetzung stimmt, daß der Einfluß der Priesterinnen bzw. der Priesterköniginnen am Beginn der Hochkulturen am größten war, so müßte sich dies an ihren Grabbeilagen ablesen lassen. Tatsächlich wird diese Erwartung auf geradezu spektakuläre Weise erfüllt. Bei den Schachtgräbern des hethitischen Alaca Hüyük/Anatolien aus der 2. Hälfte des 3. Jahrtausends stammen einige der wertvollsten Funde aus einem Frauengrab, das *neben kostbarem Schmuck ein Diadem und einen Spiegel* enthielt. Schon diese Fundgegenstände würden die Tote als eine Priesterin von hohem Rang ausweisen. Dazu kommen aber die *Kultfigur eines Hirsches* und *drei sogenannte Kultstandarten*, zu denen möglicherweise auch die uns schon bekannte Standarte mit dem Hirschmotiv und der doppelköpfigen Schlange gehört (siehe Titelbild) und bei denen es sich um die Hoheitszeichen des Landes handelt.[27] Daß Kultstandarten Staatssymbole sind, gilt für alle Theakratien, was in Kreta dann ganz offensichtlich wird.

Noch älter sind die Königsgräber von Ur, die aus dem Anfang des 3. Jahrtausends datieren. Bei dieser aufsehenerregenden Entdeckung durch C.L. Woolley aus den dreißiger Jahren fand man 16 Gräber mit sogenannten *Nachfolgebestattungen* von sieben bis zu 80 Personen, wovon wieder die beiden prächtigsten Gräber mit einer besonders hohen

Zahl an Mitbestatteten die Skelette zweier königlicher Frauen bargen. Aus einem dieser Gräber, das den Titel »Herrin« (Nin) und den Namen »Schubad« auf einem Siegelzylinder verrät, stammt die berühmte Goldschmiedearbeit eines *königlichen Kopfschmuckes aus Goldblättern und -blüten,* aus dem namenlosen Königinnengrab ein (Staats-?)Siegel aus purem Gold und aus dem großen Schacht der ebenso berühmte *Widder aus Gold und Lapislazuli,* den man als sumerische Kultstatuette deutete.

Abb. 10

Im »Todesschacht«, der zum Schubadgrab führt, fand man eine große Anzahl männlicher und weiblicher Skelette, die vollkommen friedlich und wohlgeordnet nebeneinander lagen, jedes einen kleinen Becher neben sich, was auf freiwillige Selbsttötung durch Gift schließen läßt. Nimmt man die näheren Umstände hinzu, nämlich daß ein Teil der weiblichen Skelette goldgewirkte Gewänder und einen ähnlichen Kopfschmuck wie die Königin selbst trug und kostbare Kultharfen neben ihnen standen, so liegt die Deutung nahe, daß hier *hochrangige Priesterinnen mit ihrer Priesterkönigin in den Tod gegangen* sind. Daß die Königin selbst mit der Göttin Inanna identifiziert wurde, geht aus dem Blütenmotiv ihres Diadems hervor, das identisch ist mit demjenigen am goldenen Blütenstrauch, zu dem sich der sakrale Widder der Kultstatuette emporhebt. Wohl zu Recht hat man das heilige Tier als Verkörperung eines Vegetationsgottes gedeutet und den Blütenstrauch als die Vergegenwärtigung der Göttin Inanna.[28]

Es gibt auch eine ägyptische Parallele zu diesen Königinnengräbern, und zwar aus der gleichen Zeit, nämlich die Grabstätte einer königlichen Frau der I. Dynastie. Auch dort fand man Nachfolgebestattungen der Dienerschaft, und auch diese dürften von dem Wunsch motiviert gewesen sein, der Herrin in die Unsterblichkeit zu folgen. Merkwürdigerweise blieb dies das einzige Beispiel in Ägypten, wo man sonst kein Pharaonengrab mit Nachfolgebestattungen entdeckte.[29] Jedenfalls aber hat in Ägypten die Vorstellung, daß die Königin nach ihrem Tod zur Großen Göttin eingeht, bis ins Neue Reich ihre Gültigkeit bewahrt. Dies wird uns am großartigsten im Felsengrab der Nefertari, der Gemahlin Ramses II. vor Augen geführt. Ein Bildnis im dazugehörenden Tempel zu Abu Simbel, in dem Nefertari zusammen mit Isis und Hathor göttliche Verehrung genoß, zeigt die Königin zwischen beiden Göttinnen, die ihr die Krone aufs Haupt setzen.[30] Hier ist man versucht, von einem *Königinnentum von Göttin Gnaden* zu sprechen, so, wie man später von einem Königtum von Gottes Gnaden sprach. Auch ist auffallend, daß alle Königinnen der frühen Hochkulturen getrennt von ihren königlichen Gatten ihre eigenen

Grabstätten haben, was den Verhältnissen im Hethiterland entsprechen könnte, daß nämlich der Thron der Königin unabhängig vom Amt des Königs bestand.

Männliche Thronstreitigkeiten

Demgegenüber sind die Anfänge des männlichen Königsthrones hinsichtlich Besetzung und Erbfolge, besonders während der ersten Dynastien in Sumer und im Hethiterreich, bis heute undurchsichtig geblieben. Wir wissen nur soviel, daß es ständig blutige Erbstreitigkeiten gab, was mit der *Ablösung der matrilinealen durch die patrilineale Erbtradition* zu tun haben könnte. Im Hethiterreich bezeichnet sich der König als »Neffe der Frau seines Vorgängers«,[31] was vermutlich heißt, daß er der Sohn des Bruders der Königin war, und dies wäre eindeutig eine matrilineale Thronfolge. Die sumerischen Königsgräber in Ur haben insofern Rätsel aufgegeben, als die dort *prunkvoll bestatteten Könige* in den offiziellen Königslisten nicht aufzufinden sind. Ob dies damit zusammenhängt, daß die betreffenden Könige in einem Teil des Landes nicht anerkannt oder ob sie nur Stadtfürsten von Ur waren, wie Woolley annimmt, muß offenbleiben. Besonders irritierend aber ist, daß es in Ur *zwei verschiedene Arten von Königsbestattungen* gibt. Einmal die gemauerten Königsgräber, die denjenigen für die Königinnen entsprechen und ebenfalls »Todesschächte« für Nachfolgebestattungen aufweisen; zum andern einfache Grabnischen, die aber bedeutende königliche Hoheitszeichen bargen wie einen goldenen Helm, eine Doppelaxt aus Elektron oder ein Staatssiegel. Durch die räumliche Zuordnung gewann Woolley den Eindruck, daß diese einfacheren Gräber in einem besonderen Zusammenhang zu denen der Königinnen stehen. In einem davon fand sich sogar eine Widmung des Verstorbenen an die Königin.[32] Da bei beiden Begräbnisformen gelegentlich der Titel König (lugal) vorkommt, ist nicht auszuschließen, daß wir hier *zwei verschiedene Kategorien von Königen* vor uns haben.

Schon Frazer hatte in seinem Material beobachtet, daß sakrales Königtum und weltliche Regierungsmacht nicht immer in einer Hand vereinigt waren.[33] Immerhin wäre die Möglichkeit zu bedenken, daß in frühdynastischer Zeit der Bruder der Königin die Regierungsgeschäfte führte, während der sakrale König als der ursprüngliche Opferkönig der Geliebte und später der Gatte der Königin war. Dabei könnte man sich die *allmähliche Verschmelzung beider Königsämter* auf zweierlei Weisen vorstellen: entweder hätte sich der sakrale König, der mit der Zeit immer länger in seinem Amt verblieb, gegen den Bruderregenten durchgesetzt und schließlich seinen eigenen Sohn und nicht dessen Sohn zum Nachfolger bestimmt. Dieser Prozeß würde einen plausiblen Hintergrund für die unaufhörlichen Thron- und Erbfolgekonflikte in den ägyptischen, sumerischen und hethitischen Herrscherhäusern abgeben. Aber auch die umgekehrte Entwicklung ist denkbar, bei welcher sich der Bruderregent durchgesetzt und den sakralen König verdrängt hätte, indem er der Gatte seiner königlichen Schwester wurde. Durch die königliche Geschwisterehe konnte jedenfalls das Erbfolgeproblem eindeutig gelöst werden, weil die Söhne aus dieser Verbindung zugleich die Söhne des Bruderregenten und des königlichen Gatten sind.

Man macht heute allerdings geltend, daß die *Geschwisterehe* in den alten Hochkulturen *oft nur formaler Natur* waren,[34] so daß die *Erbstreitigkeiten* hinter den Kulissen weitergingen. Besonders die ägyptische Geschichte führt uns vor Augen, daß die jeweiligen Herrscher im Gegensatz zu ihrer äußeren Machtentfaltung recht wacklig auf ihrem Thron saßen und jederzeit einer Palastintrige zum Opfer fallen konnten, hinter denen meist die Frauen und die nächsten Verwandten des Königs standen.[35]

Königinnenthron: eine selbstverständlich gewachsene Institution
Wie immer sich das Amt des königlichen Herrschers konstituiert haben mag, so müssen wir entgegen dem üblichen Denkschema feststellen, daß der Königinnenthron in der Frühgeschichte als unproblematischer erscheint. Er stellt sich als eine selbstverständlich gewachsene Institution dar, die zum einen auf der Macht der Stammesmutter als Trägerin des Blutes und zum andern auf der religiösen Legitimation durch die Große Göttin beruht, deren Stellvertreterin in erster Linie die Königin ist. Damit hängt wahrscheinlich auch die Tatsache zusammen, daß uns die Namen der Pharaoninnen von der ersten bis zur letzten Dynastie sorgfältig überliefert sind.[36] Demgegenüber gibt es bei den Pharaonen wegen der Thronstreitigkeiten bisweilen Zweifel an der korrekten Königsliste. Strenggenommen ist schon im Mythos die göttliche Identifikationsfigur für den König nicht eindeutig, sondern schillernd, wenn die Stellung des Osiris zu Isis zwischen der Geliebten/Gatten-Rolle und der Bruder-Rolle hin- und herschwankt.

Mit am eindrücklichsten hat sich die bedeutende Rolle der Königin für die Frühphase der Hochkulturen vielleicht in den uralten *königlichen Brettspielen* erhalten, deren Abkömmlinge unser »Damespiel« und unser Schachspiel sind. Kunstvolle Exemplare solcher Spiele hat man schon in vordynastischen Gräbern Ägyptens, in den Königsgräbern von Ur und im

Palast von Knossos auf Kreta gefunden, und die Grabmalereien des Nefertari-Grabes zeigen die Königin am Spieltisch.[37] Im Schachspiel nimmt bekanntlich die Königin stets auf ihrer Farbe Aufstellung, die weiße Königin auf dem weißen, die schwarze Königin auf dem schwarzen Feld, so daß das Spiel sozusagen matrilokal stattfindet. Dabei ist die Königin in ihren Wirkungsmöglichkeiten die vielseitigste Figur, wogegen der König bloße Repräsentationsfigur bleibt. Dazu ist allerdings zu sagen, daß dieses Brettspiel, wie vermutlich alle sehr alten Spiele, einen religiösen Hintergrund hat, wie schon seine Gegenwart im Nefertari-Grab beweist, und insofern in erster Linie die Rolle der Göttin und erst in zweiter Linie diejenige der Königin reflektiert.

Jedenfalls hat die enorme Bedeutung einer weiblichen Gottheit als Bezugspunkt für das Königtum noch sehr lange weiterbestanden, auch nachdem sich die patriarchale Herrschaft und – wenigstens theoretisch – die patriarchale Theologie durchgesetzt hatten. Noch Ramses II. (XIX. Dynastie), der als Pharao längst den offiziellen Titel »*Sohn des Re*« führte, ließ sich auf seinem Standbild *zwischen den Göttinnen Hathor und Isis* verewigen, wovon Isis den Ausspruch trägt: »Ich bin deine Mutter groß an Zauberkraft, ich habe Platz genommen an deiner Stirn für ewig«.[38] Mit diesem Platznehmen an der Stirn des Pharao ist die Uräusschlange gemeint, die Isis ihm als apotropäisches Diadem verleiht, während die patriarchale Ideologie die matrizentrische Herkunft dieses Symbols verleugnet und es zum »Auge des Re« umdeutet, das mit seiner aggressiven Strahlkraft die Feinde vernichtet. Außerdem war Isis offiziell zur Tochter des Re erklärt worden.

Selbst in Assyrien, der Hochburg patriarchal-kriegerischer Mentalität im mesopotamischen Raum, setzt sich Assurnassipal I. (1052–1033 v. Chr.) in seiner Hymne an Ischtar über die offizielle Theologie hinweg, welche die Große Göttin längst entthront und zur Tochter des An (Sin) zurückgestuft hatte; und er erinnert sich noch der Liebeswahl durch die Göttin, durch die sein Zepter gerechtfertigt ist:

...
Der Königin der Götter...
Der Herrin von Niniveh,
Der Tochter des Sin, der Lieblingsschwester des Schamasch
die über das gesamte Königtum verfügt,
...

Du bist Ischtar, die ehrfurchtgebietende Alleinherrscherin der Götter,
durch das Aufheben deiner Augen bestimmtest du mich und
:::begehrtest meine Herrschaft.
Du holtest mich aus dem Gebirge und beriefst mich zum Hirtentum
::über die Menschen,
du bestätigtest ein rechtmäßiges Zepter...[39]

Hundert Namen

Hathor/Isis und Inanna/Ischtar sind aber nur die herausragendsten Figuren unter den *vielen Gestalten der Großen Göttin*. Im gesamten Alten Orient von Kleinasien bis Persien, von Mesopotamien über Syrien und Palästina bis Ägypten ist die Altertumsforschung auf ca. 100 Namen gestoßen, die alle eine Große Göttin bezeichnen und denen ähnliche Funktionen für ihre Region zukamen.[40] Die meisten dieser Namen sind heute vollkommen vergessen, wie etwa die Ninhursang (wörtlich Herrin des Gebirges) von Ur und Kisch, für die einer der ältesten und großartigsten sumerischen Tempel erbaut wurde, oder Bau (auch Baba) von Lagasch, der Gudea von Lagasch einen Hymnus weihte und von der wir eine Statue besitzen.[41] Andere Namen der Göttin blieben länger im Gedächtnis der Völker wie die hurritische Hepat und die luwische Kubaba, die persische Anahita und die Ba'alat von Byblos, die semitische Anat, Astarte und Aschera oder die phönizische Mylitta und Tanit. Bis in die hellenistisch-römische Zeit hatten die Namen der syrischen Atargatis und der phrygischen Kybele einen bedeutungsvollen Klang, und beide Göttinnen erlebten als Dea Syria und als Magna Mater eine Renaissance ihrer Kulte im späteren Rom.

Von den Kulten dieser Großen Göttinnen behielten besonders die *orgiastischen Kulte* eine große Anziehungskraft, die mit dem *Mythos vom Jünglingsgeliebten der Göttin* verknüpft waren. Dem sumerisch-babylonischen Paar Inanna-Tammuz beziehungsweise Ischtar-Damuzi entsprechen die hurritische Hepat und ihr Geliebter Telepinus, die Beziehung des göttlichen Jünglings Attis zur phrygischen Kybele oder zur syrischen Atargatis, wie auch die Konstellation Adonis-Anat/Astarte, die später durch das göttliche Paar Artemis-Adonis abgelöst wird. Gerade diese Kulte aber weisen auf uralte Opferpraktiken im Zusammenhang mit dem sakralen Königtum zurück: Wenn sich die Priester der Kybele und anderer großer Göttinnen freiwillig entmannten in der Nachfolge des göttlichen Attis, der sich im Mythos selbst kastriert und daran verblutet, so ist darin wohl ein Rest des ursprünglichen Opfertodes des Königs zu sehen.

Daß es sich um *alte Vegetationsriten* handelt, geht unter anderem daraus hervor, daß im Mythos aus dem Blut des sterbenden Gottes die Frühlingsblumen sprießen. Sind es bei Attis Veilchen, so bringt die blutgetränkte Erde nach dem Tod des Adonis die nach ihm benannten Adonisröschen hervor. Auch die kretischen Jünglingsgestalten, die mit ihren originalen Namen in die griechische Mythologie eingegangen sind, wie Narkissos oder Hyakinthos, sind solche »*Blumengötter*«, zu denen vielleicht auch der sogenannte »Lilienprinz« von Knossos gehört. Noch Goethes Veilchen-Gedicht läßt das Motiv des Opfertodes ahnen, wenn die Schäferin das jünglingshafte Veilchen zertritt, das freudig unter ihren Füßen stirbt.

Kreta

Wenn wir nun die Situation im Alten Kreta, dem dritten Punkt unseres Kulturdreieckes betrachten, so besteht hier die Schwierigkeit, daß die kretische Schrift bis heute nicht entziffert ist und wir zum einen auf die griechische Sagentradition und zum andern auf die Zeugnisse der Archäologie und der kretischen Kunst angewiesen sind. Aber auch wenn wir die Namen der kretischen Göttin nur aus der griechischen Mythologie erschließen können, Namen von Muttergottheiten und Mondgöttinnen wie Ariadne und Europa, Eileithyia, Britomaris und Diktynna, so wird durch die *Kunstdenkmäler Kretas* und die Ausstattung seiner Tempelpaläste, wie sie uns in dieser Geschlossenheit von keiner anderen Frühkultur überliefert sind, die Rede von der »Theakratie« doch nirgends so evident wie hier. In den kretischen Palästen sind die *Bilder und Symbole der Großen Göttin und ihre Regentschaft auf Erden* allgegenwärtig, was um so bedeutsamer ist, als ihr Kult ursprünglich ein Berg- und Höhlenkult war und auch noch in der jüngeren Palastzeit zu jedem Palast ein in der Nähe gelegenes Höhlenheiligtum gehörte. Auch ist in Kreta der nahtlose Übergang von der steinzeitlichen Kultur mit ihrer matrizentrischen Religiosität zur matrizentrischen Hochkultur mit der weiblichen Hochgottheit besonders eindrücklich. Hier können wir die Entwicklung von den nackten steinzeitlichen Idolen der Göttin über die mit einem Rock halbbekleideten Figuren (auf den Siegeln) bis hin zur Darstellung der Göttin in den Palästen verfolgen, wo sie im typischen kretischen Stufenrock mit dem offenen Jäckchen erscheint.

Das Hauptsymbol in den Kulträumen wie in den Staatsräumen der kretischen Paläste bildet die *Doppelaxt*, wenn auch die Wortwahl für dieses Hoheitszeichen irreführend ist und es mit einer Axt oder Waffe ursprünglich nichts zu tun hat. Auf den Siegelbildern trägt die Göttin einen Schaft als Halterung für paarig angeordnete sichelförmige Gebilde, welche vermutlich die Mondphasen in ihrer zunehmenden und abnehmenden Form repräsentieren. Bei der massiven Ausführung der bronzenen Kultaxt-Standarten gehen Halbkreisform und Dreiecksform ineinander über.[42] Daß die Doppelaxt als *Mondzepter* zu begreifen ist, veranschaulicht gut eine parthische Darstellung aus dem 2. Jahrhundert n. Chr., wo sie auf der einen Seite als Halbkreissegment und auf der anderen Seite deutlich als Mondsichel gestaltet ist.[43] Im übrigen ist das Symbol der Doppelaxt sehr alt und erscheint, wie schon erwähnt, auch in den Königsgräbern von Ur. Es taucht bereits in den Wandornamenten von Çatal Hüyük auf, und M. König glaubt, es schon in den Kulthöhlen der Eiszeit zu entdecken, wo es, wie alle Dreiecksformen, im Zusammenhang mit den Mondphasen zu interpretieren ist.

Evans bemerkte auf einem Siegelbild auch den sogenannten *Sprinkler* in der Hand der Göttin, das kultische Gerät des Regenmachens, wie es später von den römischen Priestern als »aspergillum« und heute noch von den katholischen Priestern als Weihwasserwedel benutzt wird.[44] Offenbar hat die kretische Göttin die für die südlichen Länder so lebenswichtige Funktion des Regenspendens nie an eine männliche Gottheit delegiert, denn wir entdecken in Kreta keine Spur von einem Wettergott, wie er für die Kulturen Mesopotamiens, Syriens und Palästinas so typisch ist.

Es hat vielmehr den Anschein, als würde sich hier in Kreta die sakrale Konstellation von Çatal Hüyük wiederholen, wo sich neben der Großen Göttin und einer untergeordneten Jünglingsgestalt das *männlich-göttliche Prinzip im Bilde des Stieres* manifestiert. Die großartigen Trankopfergefäße in Form eines Stierkopfes, die Stierbildnisse in Form von Reliefs und Fresken und die »Mondhörner« als Zinnen auf den Palästen gehören zu den eindrücklichsten Kunstdenkmälern Kretas.[45] Das Argument einiger Forscher, der Stier könne in Kreta nicht als Gott verehrt worden sein, weil er nachweislich das sakrale Opfertier war, ist in keiner Weise stichhaltig, wenn wir die ägyptische Mythologie und die dazugehörigen Kulte bedenken: Der Apis-Stier ist die Verkörperung des Gottes Osiris und zugleich das allerheiligste Opfertier. Auch spricht die griechische Vasenkunst, die Europa und den stiergestaltigen Zeus zu einem ihrer unsterblichen Motive machte, unmißverständlich dafür, daß wir in der Kombination von *Göttin und Stier* ein *göttliches Paar* vor uns haben.

Die Parallele zu Çatal Hüyük zeigt sich aber auch darin, daß die kretische Göttin wiederholt in zweifacher Gestalt erscheint, als *Mutter- und Tochtergottheit*. So deutet J. A. Sakellarakis die beiden berühmten

Fayencestatuetten aus Knossos als Mutter- und Tochtergöttin, wobei die etwas größere Figur mit der hohen Tiara ihre Arme und Schultern bis hinauf zum Kopf mit Schlangen umwinden läßt, während die kleinere und schlankere Figur in ihren erhobenen Händen zwei kleine Schlangen hält und auf dem Kopf ein Blütendiadem und ein katzenartiges Tier trägt.[46] Auch auf den beiden Schmalseiten des berühmten Sarkophags von Hagia Triada sehen wir einen von Greifen bzw. von Wildziegen gezogenen Wagen, den zwei Göttinnen lenken.[47]

Auf den Siegelbildern und in abstrakten Symbolen erweitert sich diese Dyade zu einer *Triade*, wie sie für die alten *Mondgöttinnen* typisch ist, wobei die Siegel die jugendliche »Kore«-Figur deutlich hervorheben. Sie hält Mohnkapseln in Händen oder ist – auf Statuetten – mit Mohnkapseln gekrönt wie später die griechische Kore, und sie erscheint auf dem berühmten Siegelring von Isopata als kleine Figur am oberen Bildrand schwebend als die Epiphanie der Frühlingsgöttin, die von zwei »erwachsenen« Göttinnen emphatisch begrüßt wird.[48]

Daneben begegnet uns auf den Siegelbildern aber auch eine männliche jugendliche Figur, um welche die Göttin trauert und die ebenfalls als wiederauferstehende Gottheit gefeiert wird.[49] Wir haben es in Kreta also gleichzeitig mit *einer weiblichen und einer männlichen Variante der Vegetationsgottheit und des Vegetationskultes* zu tun, und dieser Umstand muß für das sakrale Königtum Konsequenzen gehabt haben. Wenn eine weibliche und eine männliche Identifikationsmöglichkeit für das sakrale Opferkönigtum bestand, so könnte das auch heißen, daß in der Vorpalastzeit sowohl auserwählte Mädchen im Namen der »Kore« wie auch auserwählte Jünglinge im Namen des Vegetationsgottes, der in der kretisch-griechischen Überlieferung den Namen »Velchanos« trägt, den Opferweg für ihr Land gegangen sind. Dafür könnte die *kretische Form des Stierkampfes* sprechen, dessen sakrale Bedeutung unbestritten ist. Bekanntlich sind auf dem Stierspielfresko in Knossos sowohl Stierspringer als auch Stierspringerinnen abgebildet. Dieses Spiel, bei dem der Stier bei den Hörnern gefaßt und über Kopf und Rücken des Tieres ein salto mortale (!) vollführt werden mußte, stellt zweifellos die abgeschwächte Form (die Hörner der Stiere waren während der Palastzeit abgestumpft) früherer Menschenopfer dar, als das Spiel noch ein sakraler Stierkampf auf Leben und Tod war.[50]

Dementsprechend hätten wir uns in Kreta die *Heilige Hochzeit* ursprünglich als die Vereinigung eines jungen Paares vorzustellen, als die Hochzeit der sakralen Jahreskönigin mit dem sakralen Jahreskönig. In

Abb. 12

diesen Zusammenhang könnte der von Homer überlieferte *Springtanz der Kreter* gehört haben, bei dem eine Reihe junger Paare einen kultischen Fruchtbarkeitstanz mimten, der wahrscheinlich den Balztanz einer Vogelart nachahmte (des Rebhuhns?) wie später der im Detail überlieferte Kranichtanz auf der Insel Delos. Nach Homers Schilderung fand dieser Springtanz auf dem »Tanzplatz der Ariadne« statt (Tanzplatz von Knossos?) und bewegte sich spiralförmig fort, eine Bewegung, durch die sowohl die Lebens- als auch die Todesrichtung der Spirale hätte nachvollzogen werden können. Man glaubt, in den Spuren eines spiralförmigen Bodenmosaiks in Knossos die steinerne Choreographie dieses Tanzes entdeckt zu haben, wie sie möglicherweise in den antiken Labyrinth-Mosaiken von Pompeji und in anderen Teilen der antiken Welt weiterlebten.[51]

Die zentrale Rolle der Oberpriesterin

Solche Hypothesen helfen uns freilich wenig, um dem tatsächlichen Wesen des altkretischen Königtums näherzukommen. Mit Sicherheit wissen wir nur, daß während der Palastzeit die Oberpriesterin als Stellvertreterin der Göttin eine zentrale, wenn nicht *die* zentrale Rolle in Knossos gespielt hat. Die großen Wandfresken wie auch die Miniaturen zeigen priesterliche Frauen überall im Mittelpunkt des Geschehens, sei es in den Loggien der Tempelfassaden, auf Prozessionen oder auf den Ehrenplätzen der Theatertribüne. Die riesige Festprozession auf dem berühmten Fresko des Prozessionskorridors von Knossos bewegt sich von zwei entgegengesetzten Seiten her auf eine in der Mitte stehende Oberpriesterin zu, und eine Hohepriesterin leitet die Opferzeremonie auf dem ebenso berühmten Sarkophag von Hagia Triada. Auch das Bildnis der leichthin so genannten »Pariserin«, das Teil einer großen Kultszene ist, stellt eine Hohepriesterin mit dem Kultknoten im Nacken dar.[52] Nachdem das Modell einer Tragsänfte und ein Freskenbruchstück gefunden wurden, das die Sänfte als den tragbaren Thron der Oberpriesterin ausweist,[53] haben verschiedene Forscher ernsthaft erwogen, ob nicht *auf dem berühmten Thron von Knossos eine Priesterkönigin* und nicht ein König gesessen habe. Dafür könnte unter anderem der Thronsaal selbst sprechen mit seinem großen Greifenfresko hinter dem Thron, beziehungsweise die Wiederholung dieser Bildkomposition auf einem Siegel, in der die Göttin auf dem von Greifen flankierten Thron sitzt.[54] Auch lernen wir aus den Greifendarstellungen der mykenischen Siegel, daß diese Fabeltiere aus Adlerkopf und Vogelflügeln, Löwenkörper und Schlangenschwanz als weibliche Tiere aufzufassen sind.[55]

Historisch gesehen wissen wir über das kretische Königtum so gut wie nichts. Der sagenhafte König Minos bei Homer, dem die minoische Kultur ihren Namen verdankt, bezieht sich kaum auf eine konkrete Gestalt, sondern nur auf einen allgemeinen Titel für das königliche Amt wie der Name »Pharao« für den ägyptischen König. Merkwürdigerweise besitzen wir kein einziges Bildnis eines minoischen Herrschers, nur die jugendliche Gestalt des berühmten »Lilienprinzen« vom Prozessionsfresko in Knossos mit der Lilienkrone und dem Pfauenfedernbusch. Freilich wissen wir durchaus nicht sicher, ob zum Lilienprinzen, der aus drei verschiedenen Fundstücken rekonstruiert wurde, die Krone auch wirklich gehört. Auf dem Sarkophag von Hagia Triada hingegen besitzen wir den Beweis dafür, daß die Oberpriesterin diese *Lilien- und Federkrone* trug. Dies gilt auch für die Prinzessin auf einem mykenischen Wandbild und für eine kleine Elfenbeinfigur aus Knossos, die eine weibliche Sphinx mit eben dieser Federkrone wiedergibt.[56]

Die vielgestaltigen Symbole der Göttin
Von großer Aussagekraft sind neben der Doppelaxt noch andere immer wiederkehrende Kultsymbole der Göttin. Der sogenannte *heilige Knoten*, den unter anderem die Oberpriesterin als Zeichen ihrer Würde wie als Teil ihrer Haartracht im Nacken trägt, scheint eine Art Schicksalsknoten zu sein, den die Göttin als Zuteilerin des Geschicks binden und lösen kann.[57] Er findet sich als selbständiges Objekt in verschiedenen Materialien und als Ornament häufig in Verbindung mit der Doppelaxt.

Die kultische Bedeutung des heiligen Knotens ist nicht auf Kreta beschränkt, sondern existiert auch in anderen matrizentrischen Frühkulturen wie in Sumer, wo er auf Siegelbildern als sogenanntes »Schilfringbündel« für die Göttin selbst steht,[58] und in Ägypten als Lebensschleife oder »Shenring« in der Hand der Göttin. Auch dem berühmten »Gordischen Knoten« liegt eine sakrale Bedeutung zugrunde.

In Kreta scheint der Knoten auch in Verbindung mit den Verschlingungen des Schlangenleibes zu stehen bzw. mit dem Schlangenhaar der Göttin, das die griechische Medusa von ihr erbte.

Alle diese Symbole sind nicht nur Zeichen der Macht, sondern auch apotropäische Zeichen, was in besonderem Maße vom dritten großen Kultsymbol Kretas gilt, vom sogenannten *Achterschild*. Es tritt in Großformat auf Wandmalereien auf oder als plastisches oder malerisches Dekor auf unzähligen Gegenständen. Zweifellos stellt es – wie die alten Violinidole – den Leib der Göttin selbst dar und hat mit einem Kampfschild, wie er in dieser Form dann von den dorischen Kriegern benutzt wurde, ursprünglich nichts zu tun.[59] Erst wenn eine patriarchale Theologie die Große Göttin zur Kriegsgöttin umfunktioniert, wie es auch das Schicksal der Großen Athene war, ist die Göttin nicht mehr der Schutzschild aller Menschen in Form ihres schützenden Leibes, sondern nur noch der spezifische Schutzschild für den Krieger.

Im übrigen scheinen in der kretischen Symbolik die angestammten Hoheitszeichen aller Großen Göttinnen vereint zu sein. So tritt sie uns auf einem bekannten Siegelbild als *Herrin der Tiere* entgegen, hocherhaben auf einer Bergspitze, flankiert von zwei Löwen,[60] und ebenso als *Herrin der Pflanzen*, an deren Altären heilige Bäume stehen und heilige Zweige, Blumen und Feldfrüchte niedergelegt werden.

Unter den Blütenmotiven ist in Kreta besonders die Lilie in die Ornamentalsymbolik eingegangen, die das Pendant zum orientalischen Lotusmotiv darstellt und in der Madonnenlilie und der bourbonischen Lilie weiterlebt. Der Baum repräsentiert wie in anderen matrizentrischen Kulturen die Göttin selbst, wie uns schon Inanna im Blütenstrauch entgegentrat oder Isis als Dattelpalme dargestellt wird, und wie sich auch hinter dem Baum des Paradieses der Granatapfelbaum der ostmediterranen Liebesgöttinnen verbirgt.[61] Der Aspekt der *Großen Muttergöttin* ist in Kreta u. a. durch die Tiersymbolik vertreten: in Gestalt der Kuh oder der Wildziege, die ihr Junges säugen, oder in Gestalt der *Biene*, deren Honig als mütterliche Nahrung aufgefaßt wird. Der berühmteste Goldschmuck von Heraklion besteht aus zwei einander zugewandten Bienen, die eine Honigwabe halten.[62]

Abb. 13

Wahrscheinlich repräsentieren die beiden Bienen die »zwei Herrinnen von Knossos«, das heißt die Mutter- und Tochtergottheit, die uns auch in Form von zwei *Tauben* auf einem steinernen Opfertisch begegnen.[63]

Die Tauben erscheinen noch einmal auf den Kapitellen der drei Kultsäulen,[64] die, wie andere Trinitätssymbole, für die dreifaltige Mondgöttin stehen. Das Attribut der Taube teilt die kretische Göttin mit der babylonischen Ischtar, der syrischen Atargatis und der griechischen Aphrodite. Sie ist keineswegs nur der gurrende Liebesvogel, der die Göttin in ihrer Eigenschaft als Liebesgöttin begleitet, sondern wie Falke, Adler und Eule und der Straußenvogel der ägyptischen Ma'at ein *Geistvogel*, der sehr viel später als Taube des Heiligen Geistes wiederkehrt. Aber während die patriarchale Theologie deren matrizentrische Herkunft verschweigt, erinnert die christliche Mystik mit ihrem Begriff der Sophia an dieses ursprünglich weibliche Geistprinzip.[65]

Die *Mehrdimensionalität der Göttin* drückt sich zum einen in der Gestalt des Baumes aus, der mit seinen Wurzeln bis in die Unterwelt reicht, dessen Früchte der Erde gehören und in dessen Wipfel die Geistvögel nisten, zum andern in der Metamorphose des Schmetterlings von der Raupe zum Falter, die in Kreta Symbol der Unsterblichkeit ist. Am eindrücklichsten wird die Herrschaft der Göttin über Himmel, Erde und Unterwelt allerdings durch jene merkwürdigen *Mischwesen* symbolisiert, die für die matrizentrische Mythologie so typisch sind: Das Pendant zu den orientalischen Sphingen mit dem weiblichen Löwenleib und den Vogelschwingen und zur geflügelten Schlange in Ägypten[66] bilden die kretischen Greife, deren Schlangenschwanz an den Unterweltsaspekt der Göttin mahnen.

Wir dürfen nicht vergessen, daß die kretische Göttin auch eine Todesseite hat und als Erdbebengöttin die tragischen Aspekte der Natur vertritt, der in der Stunde der höchsten Not sogar Menschenopfer dargebracht wurden, wie neueste Funde belegen.[67] Schon das janusköpfige Mondzepter bringt den Lebens- und Todesaspekt zur Geltung, indem es auf der einen Seite die aufgehende und auf der anderen Seite die untergehende Sichel des Mondes trägt.

An den kretischen Siegelmotiven und an den scheinbar nur dekorativen Elementen der Kunst können wir aber auch ablesen, wie ungeheuer *komplex und fließend die matrizentrische Symbolsprache* ist. Tier- und Pflanzensymbolik, abstrakte Ornamente, Architektur- und Gestirnsymbolik gehen ineinander über und demonstrieren in unendlichen Variationen die *Präsenz der Göttin im kosmischen Geschehen und im Leben der Menschen*.

Auf Siegelbildern blickt sie uns als eulengestaltige Göttin an, als Kranichgöttin, Schmetterlings- und Bienengöttin wie auch im Bild des großäugigen »schlangenhaarigen« Tintenfischs.[68] Auf den Vasendekors ist sie in der doppelläufigen Spirale ebenso gegenwärtig wie in den Blütenmotiven, in Oktopus und Nautilus und im Delphin. Schließlich verschmilzt die Tier- und Pflanzensymbolik mit den astralen Symbolen des Göttlichen. Wie sich das Stierhorn im Mondhorn spiegelt, so erinnert die achtblättrige Blütenrosette der Göttin in Kreta wie in Sumer an den achtstrahligen Ischtar/Venus-Stern, der in Kreta zur stella maris, dem Meerstern für die Schiffahrt wird. In der griechisch-kretischen Sage versetzt Dionysos das goldene Blütendiadem der Ariadne als »corona borealis« in den Sternenhimmel, wie es später als Rosen- und Sternenkranz das Haupt der Madonna umstrahlt.[69]

Abb. 14

Beziehungsnetz des Kosmos

Allen diesen ineinanderfließenden matrizentrischen Symbolen ist eines gemeinsam: sie kennen *keine Spaltung zwischen Himmel und Erde, zwischen Geist und Natur*, und sie konstituieren *keine polare Wertung von Oben und Unten*. Sie stellen vielmehr ein Beziehungsnetz zwischen allen Wesen des Kosmos dar und repräsentieren die Fülle des Lebens in seinen ständig sich wandelnden Gestalten, für das der Tod nur Durchgang zu neuer Gestaltung ist.

Kampf zwischen zwei Prinzipien, Kampf um seiner selbst willen ist, wie Kreta eindrücklich zeigt, kein matrizentrisches Motiv. Nirgends finden wir irgendwelche Kampf-, Kriegs- oder Jagdszenen, die im griechischen Mykene so beliebt sind, und nicht einmal bei den Stierspielen fand eine Waffe Verwendung. Die kunstvollen Dolche und Schwerter der Paläste sind, nach ihren mythologischen Dekors zu urteilen, Zeremonialwaffen, die der sakralen Opferpraxis dienten.[70]

Auch lassen die *Grundrisse der kretischen Städte* auf eine Gesellschaft schließen, die zwar nicht ohne hierarchische Schichtung, jedoch frei von kastenbildenden Unterscheidungen war. Es gibt neben den Palästen auch große Herrenhäuser, aber zu beiden befinden sich die übrigen Wohnhäuser nicht in respektvoller Distanz, sondern schließen übergangslos an deren Bezirk an. Auch die Abbildungen von Landarbeitern und Fischern und von andersrassigem Hilfspersonal geben keinen Anlaß, an Sklavenwirtschaft zu denken, sondern eher an die Beschäftigung von Fremdarbeitern. Wir kennen jedenfalls keine andere Hochkultur, die eine so fortgeschrittene technische Kultur entwickelt hat – unter anderem sanitäre Einrichtungen, wie sie erst wieder von den Römern erreicht wurden – und dabei einen derart *friedlichen Charakter sowohl nach innen wie nach außen* bewahrte.

So weit Kreta auch seinen Straßenbau, das Transportwesen und vor allem seinen Schiffsbau vorantrieb, so hat es auf die Entwicklung einer Kriegstechnik völlig verzichtet. Diese Konzentration auf die lebensbejahende und lustvolle Seite der Kultur hat freilich unsere patriarchal denkenden Geschichtsschreiber bis in die Gegenwart zu recht abfälligen Bemerkungen über das Alte Kreta veranlaßt. »So sehr sich die Minoer im allgemeinen um die Förderung von Wirtschaft und Technik bemühten«, schreibt der Historiker F. Schachermeyr, »so gelangten sie doch in mancher Hinsicht zu keinem durchschlagenden Erfolg ... sie waren als Arbeiter allzu lässig und scheuten vor jedem Auslandsaufenthalt zurück ... es mangelte ihnen der Pioniergeist und der Drang in die Ferne ...

und die minoische Thalassokratie (Seeherrschaft) wurde nie zu einem Seereich ausgebaut.«[71] Wird hier im Klartext gerügt, daß Kreta keine Eroberungskriege führte, so gibt E. Friedell sein patriarchales Urteil über die kretische Kunst ab. An den kretischen Palästen mit ihren verwinkelten Grundrissen und Treppen, die ihnen den Namen Labyrinth in seiner heutigen Bedeutung eingetragen haben (ursprünglich Haus der Labrys, das heißt der Doppelaxt), vermißt er den klaren Formwillen und, da sie nach den praktischen Bedürfnissen des Lebens von innen nach außen gebaut wurden, die streng geschlossene Außenfassade. »Es fehlt«, so sagt er unter anderem, »jeder Wille zur Monumentalität«. In bezug auf die kretische Dichtung, die uns aus Unkenntnis der Schrift noch völlig verschlossen ist, versteigt er sich sogar zu der Behauptung: »Die gesunde, schlichte Kraft Homers können jene Poeten nicht besessen haben ... Die Dichtungen der Kreter werden farbenschillernde Blasen gewesen sein, Luftspiegelungen der Phantasie, die mit allem bloß spielt.«[72]

Solche Argumentationen sprechen für sich selbst. Wem aber die griechische Kunst als Wertmaßstab gilt, muß sich zumindest entgegenhalten lassen, daß die *Geburt der Tragödie* und die Geburt des Theaters überhaupt höchstwahrscheinlich nicht in Griechenland stattgefunden hat, sondern ein Jahrtausend früher in Kreta. Auf einer kretischen Miniatur ist festgehalten, daß die Theaterterrasse von Knossos (oder Festos), zu der die unverkennbaren rechtwinkligen und diagonalen Prozessionswege führen, Schauplatz religiöser Weihespiele in Form von Gesängen und Tänzen war.[73] Nimmt man die Kultszenen auf den Siegelbildern hinzu, die das Klagen um den Tod der Vegetationsgottheit und den Jubel über ihr Wiedererscheinen dramatisch wiedergeben, so wird damit der ursprüngliche Inhalt der griechischen Tragödie dargestellt. (Dem Wort nach heißt Tragödie »Bocksgesang«, so daß als deren Ursprung ein Chorgesang zu Ehren des Dionysos angenommen wird, dem ein Ziegenbock geopfert wurde.)[74]

Möglicherweise haben einige Grundelemente des mimischen Tanzgesangs, wie sie in Kreta zuerst entwickelt wurden, bis heute in den uralten Tänzen und Gesängen des Mittelmeerraumes überlebt, wie wir sie noch im spanischen Flamenco und im Cante jondo vor uns haben.[75]

2. Die Stellung der Frau im Kult, im öffentlichen Leben und in der Familie

Zum Teil ist die Frage nach der Stellung der Frau im Kult schon im ersten Abschnitt beantwortet worden, jedenfalls was die Stellung der Oberpriesterin/Königin anbelangt. Nun benötigte aber in den frühen Hochkulturen der Tempeldienst nicht nur eine relativ große Priesterschaft für die täglichen Rituale und die Vorbereitung und Durchführung der großen jahreszeitlichen Feste, sondern darüber hinaus eine Vielzahl von *Priesterbeamten*, die in der Verwaltung tätig waren und die Tempelökonomie in Gang hielten, von der Abrechnung der Tempelsteuer (die ursprünglich in Naturalien bezahlt wurde) über die Leitung der tempeleigenen Manufakturbetriebe bis hin zum Tempelunterricht im Schreiben, Lesen und Rechnen.

Die Stellung der Priesterin
Sowohl im Ägypten des Alten Reiches wie in Sumer/Babylon vor der Reform Hammurabis war der *Anteil der weiblichen Priesterschaft sowohl für die sakralen Aufgaben als auch für die Verwaltungsaufgaben sehr groß*. Im Tempel für die Göttin wurde der priesterliche Dienst in erster Linie von Frauen wahrgenommen, und zwar auch und gerade in den höchsten Rängen.[1] In Ägypten ist die Zahl der namentlich genannten Priesterinnen während der ersten drei Dynastien sehr hoch, doch nimmt sie zusehends ab, und nach der XII. Dynastie finden wir unter der höheren Priesterschaft als weibliche Namen nur noch Königinnen und Prinzessinnen.[2] Für die ersten Dynastien sind »Vorsteherinnen« in der Tempelverwaltung belegt, auch eine »Wesirin« und »Richterin«, sowie eine »Schatzmeisterin« und vor allem Schreiberinnen. Wir wissen von Ägypten wie von Sumer, daß in den Tempelschulen ursprünglich Mädchen und Knaben unterrichtet wurden, und im Alten Ägypten war die Patronin der Schreibkunst und die Gottheit der Schrift eine Göttin namens Seschat.[3] Der Keilschriftforscher A. Falkenstein entdeckte *im Sumerischen eine eigene »Frauensprache«*, die von der Normalsprache dialektisch abweicht und von den Priesterinnen als *Kultsprache* gebraucht wurde. In dialogischer Form erscheint sie bezeichnenderweise auch als »Streitsprache«, was wahrscheinlich die Spannungen zwischen weiblicher und männlicher Priesterschaft reflektiert.[4] Nachdem Hammurabi das Amt der Hohenpriesterin aufgelöst hatte, verschwanden auch viele Priesterinnen aus den höheren Rängen, doch tauchten die entlassenen Priesterinnen, die man vielsagend die »Brachliegenden« nannte, schon bald als Betreiberinnen von angesehenen Tempelbanken wieder auf.[5] Dies kann wohl nur heißen, daß sie schon vorher neben ihren sakralen Aufgaben auch leitende Verwaltungsfunktionen wahrgenommen hatten.

Was im Alten Orient und in Ägypten den Frauen immer erhalten blieb, sind diejenigen priesterlichen Funktionen, die für die aufstrebenden männlichen Priesterkasten keine Konkurrenz darstellten, und natürlich solche, die an ihr Geschlecht gebunden waren. So finden wir in allen Epochen priesterliche *Musikantinnen und Tänzerinnen* und die sogenannten *Hierodulen*, wörtlich »Heilige Mägde«, welche im Zusammenhang mit den alten erotischen Kulten standen. Waren Musik, Tanz und sexuelle Riten, wie wir das an den Tempelkulten von Dendera sahen, in der Frühzeit ein substantieller Teil religiöser Praxis, so verflachen sie in der Spätzeit zum individuellen Genuß einer elitären Gesellschaft. Auch wandelte sich das Selbstverständnis der Hierodule entsprechend den sich wandelnden theologischen Akzenten. War sie zu Beginn die Stellvertreterin der Göttin, welche in deren Namen Liebe gewährte und göttliche Kraft vermittelte, so diente sie später dem Gott des Tempels und vollzog mit einem Priester als Stellvertreter des Gottes den sakralen Akt. In jedem Fall aber war die sogenannte *Tempelprostitution* eine gesellschaftlich hoch geachtete Institution, der sich Töchter aus den höchsten Gesellschaftskreisen widmeten,[6] wie auch die spätere profane Prostitution im Orient nie der gleichen gesellschaftlichen Verfemung anheimfiel wie im christlichen Abendland.

Im Unterschied zu Mesopotamien und Ägypten gibt es in *Kreta* im Laufe der 500jährigen Palastzeit, der eine ebensolange matrizentrische Vorpalastzeit vorausgeht, *keinen Wandel in der Stellung der Priesterin*. Bis zum gewaltsamen Untergang der Paläste bleiben die höchsten Priesterämter immer den Frauen vorbehalten, woran sich auch nach der griechischen Eroberung während der mykenischen Epoche nichts geändert hat. Wie schon erwähnt, führen auf allen uns erhaltenen Darstellungen Priesterinnen die Prozessionen an und leiten die sakralen Handlungen. Vergleichen wir die kretischen Fresken mit den gleichzeitigen ägyptischen Darstellungen aus der ersten Hälfte des 2. Jahrtausends, so sind die Rollen zwischen Priesterin und Priester gerade umgekehrt verteilt. Sehen wir von den kultischen Funktionen der ägyptischen Königinnen und Prinzessinnen ab, so finden wir die ägyptische Priesterin vorwiegend als Musikantin, Tänzerin und Opferträgerin, während die männlichen Priester als Opferpriester auftreten, jedenfalls für die blutigen Rituale, die sie meist in Fellkleidung vollziehen. In Kreta hingegen sind die Musikanten und Opferträger männlichen Geschlechts und die *Priesterinnen die Hauptpersonen bei den Opferriten* und dies interessanterweise sowohl bei den unblutigen wie auch bei den blutigen Ritualen. Die Tötung des

Opfertieres als solche wird zwar nie direkt gezeigt, aber auf dem Sarkophag von Hagia Triada ist es eine hochrangige Priesterin, die den gebundenen Stier berührt, und eine zweite Priesterin, die in der typischen Fellkleidung der Opferpriester vor einem Altar steht. Auch auf dem kleinen Teilstück eines Freskos führt eine fellbekleidete Priesterin eine Art Wildziege oder Rehbock zum Opferaltar.[7] Dazu kommt die vollständig erhaltene Szene eines Menschenopfers im neuesten Tempelfund von Archanes, bei welcher man unmittelbar neben dem männlichen Opfer einen Zeremonialdolch und die Skelette eines Priesters und einer Priesterin fand. (Beide wurden offenbar durch das Erdbeben selbst getötet, das sie im letzten Augenblick durch ein Menschenopfer zu verhindern suchten.)[8] Aus all dem geht klar hervor, daß die kretische Priesterin nicht nur auf den vordersten Plätzen repräsentierte, sondern die Verantwortung für das gesamte kultische Leben übernahm. So treten auch auf der uns erhaltenen Theaterszene ausschließlich Frauen als Handelnde auf, die offensichtlich ein religiöses Weihespiel mit Tänzen und Gesängen darbieten.[9]

Eine Besonderheit bei den *männlichen Priestern* in Kreta darf nicht unerwähnt bleiben. Auf dem großen Prozessionsfresko wie auch auf dem Sarkophag von Hagia Triada werden die untergeordneten männlichen Priester, wie die Opferträger, in der üblichen kretischen Männertracht gezeigt, nämlich mit nacktem Oberkörper und kurzem Rock, die *Musikanten* aber, die Lyra- und Flötenspieler, tragen knöchellange *Frauenkleider* und sind nur durch ihre braune Hautfarbe von den Priesterinnen zu unterscheiden. Wenn auch die Welt der altkretischen Kulte längst entschwunden ist, so begegnen wir dem Priester im Frauengewand noch heute auf den Straßen Kretas: Der orthodoxe Pope ist nicht nur mit einem langen, wallenden Gewand bekleidet, sondern trägt unter seinem polosartigen Hut – wie er uns von den weiblichen Idolen her bis zu den etruskischen Adelsfrauen vertraut ist – einen regelrechten Haarknoten. Nur die Vertrautheit mit diesem Bild macht vergessen, daß der Priester in diesem Land ursprünglich ein Femininum war und daß der männliche Sakralträger seine Würde daraus bezog, daß er sich in das Gewand der Priesterin hüllte.

Die Frau im öffentlichen Leben
Ist die Bedeutung der Priesterin für die frühen Hochkulturen wenigstens bis zu einem gewissen Grad bekannt, so weiß man im allgemeinen fast nichts über die Stellung der Frau im öffentlichen Leben der damaligen Zeit.

Relativ geläufig ist die formale *Unterscheidung zwischen männlichen und weiblichen Personen durch die Farbgebung ihres Teints*, wie wir sie von der griechischen Vasenmalerei her kennen und wie wir sie zur Unterscheidung zwischen männlichen und weiblichen Priestern bei den kretischen Darstellungen schon heranzogen. Nach einer sehr alten Tradition, die schon in Ägypten zu beobachten ist, kennzeichnet die *bräunlich-rote Färbung den Mann*, die *helle Hautfärbung die Frau*. Kunsthistoriker haben diese konventionelle Unterscheidung der Geschlechter damit erklärt, daß sich die Frauen von jeher vornehmlich im Hause aufgehalten hätten und deshalb von bleicher Gesichtsfarbe waren, indessen die Männer vom Aufenthalt bzw. der Arbeit im Freien gebräunt gewesen seien.

Diese scheinbar plausible Erklärung geht offensichtlich von einem spätbürgerlichen Rollenverständnis aus und bedenkt zudem das bäuerliche Leben nicht. Jedenfalls paßt sie gar nicht zur Schilderung des hellenistischen Ägyptens durch Herodot. Der patriarchale Sitten gewohnte Grieche ist höchst erstaunt über die »*verkehrte« Welt in Ägypten, wo sich die Frauen frei auf den Märkten bewegen und allen möglichen Berufen nachgehen*, während viele Männer in ihren häuslichen Werkstätten arbeiten und nach seiner Ansicht weibliche Tätigkeiten verrichten wie das Herstellen von Textilien.[10] Ganz ähnliches berichten bekanntlich die Juden aus der ägyptischen Gefangenschaft. Schon gar nicht paßt die Vorstellung von der blassen Hausfrau zu einer Inschrift Ramses III., worin er sich rühmt, daß »der Fuß der ägyptischen Frau wandeln könne, wohin es ihr beliebe«, ohne daß sich ihr jemand entgegenstelle, beziehungsweise ohne daß sie jemand belästige.[11] Das ist mehr als die europäische Frau je erreicht hat!

Was immer die helle bzw. die gebräunte Farbgebung der beiden Geschlechter ursprünglich bedeutet haben mag (vielleicht die stärkere oder weniger starke Körperbehaarung?), so mit Sicherheit nicht die Fesselung der Frau an den engen häuslichen Bezirk. Auf den ägyptischen Wandmalereien sehen wir Bäuerinnen, Bierbrauerinnen, Bäckerinnen und Händlerinnen, und von der sumerischen Tempelökonomie wissen wir, daß in ihrer frühen Phase dort die Frauen als Tempelangestellte neben den Männern arbeiteten. *Durch ihre eigene gewerbliche Tätigkeit war die Frau vom Manne wirtschaftlich unabhängig*,[12] und sie konnte, wie bereits erwähnt, verantwortliche und höchste Ämter in der Tempelverwaltung bekleiden.

Auch *am gesellschaftlichen Leben im engeren Sinne nahm die Frau der frühen Hochkulturen völlig frei und ungeniert teil*. Ägyptische Darstellungen zeigen Frauen auf Festgelagen, wo sie vom – sogar übermäßigen – Weingenuß in der Öffentlichkeit keineswegs ausgeschlossen sind.[13] Auf den kretischen Miniaturen besetzen luxuriös gekleidete Damen nicht nur die ersten Zuschauerränge des Theaters, sondern Frauen mischen sich auch unter die männlichen Zuschauer und sitzen nicht strikt von diesen getrennt – Szenen, die im klassischen Griechenland undenkbar wären.

Die Frau in der Familie

Hinzu kommt, daß das Hauswesen nicht bloß die Instandhaltung der Behausung und die Versorgung der Familie umfaßte, sondern den gesamten landwirtschaftlichen Betrieb, der zu jedem Heim in den agrarischen Kulturen gehörte, wenn man von den ganz wenigen rein städtischen Familien absieht. Dabei scheint sich in Sumer vor der Privatisierung des Bodenbesitzes die Größe der vom Tempel zur Bearbeitung zugewiesenen Felder nach der Familiengröße gerichtet zu haben.[14] Gleichgültig, ob in Abhängigkeit von der Tempelverwaltung oder als privates Anwesen betrieben, stand in Ägypten zu allen Zeiten die Frau dem gesamten Hauswesen vor. Es gibt *in der ägyptischen Sprache nur ein Wort für Hausherrin* (Nebhat), aber kein entsprechendes Wort für Hausherr. Dies ist umso gravierender, als der Ägypter sein häusliches Dasein für wichtiger hielt als seine öffentliche Tätigkeit. Für die *Abhängigkeit des ägyptischen Mannes von seiner Hausherrin* zeugt ein vielzitierter Brief eines Armeeobersten aus der Zeit um 1000 v. Chr., in welchem dieser an den Pächter seines Landguts folgendes schreibt: »Ich teile dir mit, daß ich nach Theben zurückgekehrt bin. Nun hatte ich dir gesagt: Ich werde dich nicht mehr wirtschaften lassen. Doch siehe, meine Ehefrau, die Herrin meines Hauses, hat mir gesagt: Nimm dem Pächter den Acker nicht weg. Überweise ihn ihm wieder, laß ihn ihn weiterbewirtschaften. Wenn nun mein Brief zu dir gelangt, so nimm dich des Ackers an und vernachlässige ihn nicht...«[15]

Mit Vorliebe ließen sich die ägyptischen Beamten – wie die Pharaonen – auf ihren *Standbildern im Kreise ihrer Familie* verewigen, und diese bildhaften Zeugnisse sind für das Verhältnis der Geschlechter zueinander besonders vielsagend. Fast immer wird die Frau in der aktiveren Pose gezeigt als der Mann: Sie ist es, die ihn an der Hand faßt, ihren Arm auf seine Schulter legt oder um den Rücken des Mannes schlingt. Von gleicher Körpergröße oder etwas kleiner an Wuchs, ist die Haltung der Ehefrau stets selbstbewußt und der Ausdruck ihres Gesichtes sehr persönlich geprägt.[16]

Erst spät, bei den Monumentalstatuen der Pharaonen und den offiziellen Thronbildern aus dem Neuen Reich, erscheinen die *Frauen als Miniaturfiguren* zu deren Füßen, wobei der Gedanke naheliegt, darin eine Kompensation für die tatsächlichen Machtverhältnisse zu sehen, die, wie wir wissen, am Hofe selbst oft äußerst prekär für den König waren.

Vieles spricht dafür, daß die *Ehen im Alten Reich Ägyptens matrilokal* geschlossen wurden, d. h., daß der Mann in das Haus der Frau zog und daß es sogar Reste der ursprünglichen Besuchsehe gab. Die aus dieser Zeit erhaltenen Eheurkunden werfen ein Licht auf die außerordentlich starke Stellung der Ehefrau auch in wirtschaftlicher Hinsicht. Sie tritt als diejenige auf, die den Ehevertrag diktiert und sich die Erfüllung ihrer Forderungen durch den Ehemann ausbedingt. Dieser überschreibt oft sein ganzes Vermögen an die Ehefrau unter der einzigen Bedingung, daß sie zeitlebens für seinen Unterhalt aufkommt und nach seinem Tode seine Begräbniskosten bestreitet (die in Ägypten sehr aufwendig waren!). Briffault bemerkt dazu mit Recht, daß der Mann nach *matrizentrischem Erbrecht* keine andere Möglichkeit hatte, seine Habe an seine Kinder weiterzuvererben als über seine Gattin, und daß dies der Grund für seine bereitwillige Überschreibung gewesen sei. Ganz in den matrizentrischen Kontext gehört die *sexuelle Freiheit der Ägypterin vor der Ehe*, das *Fehlen offizieller Hochzeitsfeierlichkeiten*[17] und das *Scheidungsrecht der Frau*. In einem Ehevertrag heißt es ausdrücklich: »Wenn ich dich als meinen Gatten verlasse, weil ich dich zu hassen beginne oder weil ich einen anderen Mann liebe, werde ich dir 2½ Maß Silber geben und dir die 2½ Maß Silber zurückgeben, die du mir als Brautpreis gabst.«[18] Konsequenterweise übernimmt aber auch der weibliche Teil der Familie die *soziale Verantwortung*. Wie Herodot berichtet, sind in Ägypten nicht die Söhne, sondern die Töchter für die Versorgung der alten Eltern verantwortlich.[19]

Bei dieser rechtlichen Stellung der Frau fällt die Anpassungsleistung in der Ehe mehr dem Mann als der Frau zu, was in einem der ältesten Bücher der Welt, den Maximen des ägyptischen Philosophen Ptah Hotep, deutlich zum Ausdruck kommt. »Liebe dein Weib«, heißt es darin, »sei zärtlich zu ihr und erfülle alle ihre Wünsche, solange du lebst, denn sie ist ein Besitz, der viele Vorteile bringt. Beobachte, was sie wünscht und wonach ihr der Sinn steht, denn dadurch wirst du sie dazu bringen, bei dir zu bleiben. Wenn du dich gegen sie stellst, wird es dein Ruin sein.«[20]

Für *Kreta* sind der *matrilokale Familiensitz* und die *matrilineale Erbfolge* durch griechische Historiker belegt. Noch zur Zeit Plutarchs

(50–125 n. Chr.) spricht man in Kreta von »Metris«, Mutterland, und nicht von »Patris«, Vaterland.[21] Dies ist bekanntlich in der Türkei noch heute so, worin sich das uralte anatolische Mutterrecht spiegelt. Im mesopotamisch-anatolischen Raum sind es wieder die *Hethiter*, die auch im Familienrecht die *matrizentrischen Sitten* am ausgeprägtesten bewahrten. Wir finden dort Reste matrilokaler Ehesitten in Form eines längeren Aufenthalts des Bräutigams im Hause der Braut, wo er seinen Brautpreis abarbeitet; bei virilokaler Ehe behält die Frau nicht nur ihre Mitgift zur freien Verfügung, sondern erwirbt dazu die Hälfte des eheherrlichen Vermögens. Auch das Sklavenrecht, das im Hethiterland immer sehr viel humaner war als in Babylonien, wirft ein Licht auf die starke Betonung der weiblichen Herkunft: Heiratete ein Sklave eine freie Frau, so wurde er frei.[22]

Wie zu erwarten, ist das Familienrecht der großen Gesetzessammlung des Königs Hammurabi durchaus patriarchal, doch schimmert das frühere sumerische Erbrecht noch in einem Passus durch, der auch den Töchtern das Erbrecht zugesteht, sofern sie zum Stand der Priesterinnen gehören. Immerhin verfügt auch im babylonischen Gesetz jede Ehefrau über ihre Mitgift, und sie hat ein Recht, die Scheidung zu verlangen, wenn der Ehemann seine patriarchalen Rechte allzusehr mißbraucht. Dieser Fall steht im Gesetzestext des Hammurabi in der matrizentrisch klingenden Formulierung: »Wenn eine Frau ihren Gatten verschmäht und ›nicht wirst du mich (mehr) umfassen‹ sagt, so wird ihre Sache in ihrem ›Tor‹ (Stadtviertel) untersucht...«.[23] Das viel ältere sumerische Recht ist nur bruchstückhaft bekannt, doch drückt die Sentenz in einem sumerischen Text sehr gut die *matrizentrische Moral der Sumerer* aus, wenn es darin heißt: »Auf das Wort deiner Mutter richte deinen Sinn wie auf das Wort Gottes.«[24]

Bedeutende Dichterinnen

Unser Bild vom Leben und vom prägenden Einfluß der Frau während der frühen Hochkulturen wäre unvollständig, wenn wir nicht auch die bedeutende Rolle der Dichterinnen wahrnehmen würden. In Mesopotamien und Ägypten sind uns zwar nur ganz wenige Dichterinnen namentlich bekannt wie etwa Hedanna, die mutmaßliche Tochter des Königs Sargon von Akkade (um 2014–2358 v. Chr.).[25] Wir besitzen aber eine große Zahl *anonymer Kult-, Liebes- und Klagelieder*, von denen ein Teil offensichtlich von Frauen verfaßt ist. Die Autorinnen der ältesten Kultlieder waren höchstwahrscheinlich Priesterinnen, die, wie wir sahen, die Worte der

Göttin in Ich-Form formulierten. Dazu kommen ägyptische Liebeslieder und sumerische Klagelieder, die aus der Feder hochbegabter Frauen stammen und die uns in ihrem Inhalt und in der Vollendung ihrer sprachlichen Form noch heute tief berühren. Hier zunächst zwei Beispiele aus der ägyptischen Liebeslyrik, welche die aktive Rolle der Frau in der Liebeswerbung veranschaulichen.

> Ach, kämest Du eilends zu der Geliebten
> wie eine Gazelle, die über die Wüste jagt,
> deren Füße lahmen, deren Glieder erschöpft sind,
> in deren Leib Schrecken gefallen ist.
>
> Jäger sind hinter ihr her, Hunde um sie.
> Nicht sieht man sie vor ihrem Staub.
> Sie sieht einen Rastplatz als Hindernis an
> und nimmt den Fluß als Weg.
>
> Mögest Du meine Höhle erreichen
> ehe Deine Hand viermal geküßt werden kann!
> Du suchst die Liebe der Geliebten,
> denn die Goldene befiehlt es Dir, mein Freund!
>
> Kornblumen,
> Mein Herz ist Dir gewogen.
> Ich tue Dir, was es wünscht,
> wenn ich in Deinen Armen liege.
>
> Mein Wunsch danach ist meine Augenschminke.
> Erblicke ich Dich, so strahlen meine Augen.
> Ich schmiege mich Dir an, damit ich Deine Liebe sehe.
> Du, der Gemahl in meinem Herzen.
>
> Überaus schön ist diese Stunde.
> Möge die Stunde zur Ewigkeit anschwellen.
> Seit ich mit Dir geschlafen habe,
> hast Du mein Herz erhoben.
>
> Ob es klagt oder frohlockt,
> entferne Dich nicht von mir![26]

Und hier eines der ergreifenden sumerischen Klagelieder, das wahrscheinlich mit der Zerstörung von Ur am Ende des 3. Jahrtausends in Zusammenhang steht:

> Der Feind ist mit Schuhen an den Füßen in mein Gemach eingetreten,
> Der Feind hat mich mit seinen ungewaschenen Händen angefaßt,
> hat mich angefaßt, hat sich nicht gefürchtet, ich habe mich gefürchtet,
> der Feind hat mich angefaßt, hat mich vor Furcht vergehen lassen...
> Der Feind hat mir mein Kleid abgenommen, sein Weib damit bekleidet,
> Der Feind hat mir meine Edelsteine abgerissen, seine Kinder damit behängt...
> In meinem Haus hat er mich gehetzt, in meinem Bau mich in Schrecken gesetzt
> wie eine furchtsame Taube verbrachte ich die Zeit auf einem Dachbalken,
> wie eine (schnell) fliegende Fledermaus schlüpfte ich in die Mauerspalten.
> Wie einen Vogel hat man mich aus meinem Haus wegfliegen lassen,
> hat mich, die Herrin, aus meiner Stadt wegfliegen lassen.[27]

So kann nur eine hochgestellte Frau (Priesterin?) sprechen, für die Krieg und Plünderung etwas Unerhörtes darstellen, etwas, das mit ihren bisherigen Erfahrungen nicht in Einklang zu bringen ist. Obwohl die Rivalitätsstreitigkeiten zwischen den sumerischen Stadtstaaten historisch weit zurückgehen und wir schon 500 Jahre vor der Zerstörung von Ur die erste gesicherte Nachricht von einer kriegerischen Eroberung haben,[28] so scheint doch der Krieg im frühen Sumer noch keine Selbstverständlichkeit gewesen zu sein.

2. Das vormosaische Palästina und das vorislamische Arabien

Die Tradition der christlichen Geschichtsschreibung war bis weit in die Neuzeit hinein bemüht, die Weltgeschichte mit der Geschichte des Alten Testaments beginnen zu lassen, und noch heute herrschen in bezug auf das Alte Testament unklare Zeitvorstellungen. Wenige wissen, wie jung die altjüdische Geschichte eigentlich ist. Die ersten Bücher des Alten Testaments wurden im Laufe des 1. Jahrtausends, wahrscheinlich ab 900 v. Chr., niedergeschrieben, und der Stammvater Abraham kann allerfrühestens zwischen 1500 und 1400 v. Chr. gelebt haben.[1] Die Geschichte Palästinas reicht aber bis ins 8. Jahrtausend v. Chr. zurück. Jericho ist die älteste archäologisch erschlossene Stadtsiedlung im ganzen Orient, wo schon ein Jahrtausend vor Çatal Hüyük die Kultivierung von Getreide und die beginnende Viehzucht nachweisbar sind. Es gibt also vor den jüdischen Patriarchen eine 6000jährige Geschichte an der *Ostküste des Mittelmeers, die ab 3000 v. Chr. alle Anzeichen einer frühen Hochkultur* trägt. Dazu gehört unter anderem die Übernahme der sumerischen Keilschrift durch die Phönizier, aus der diese dann die Buchstabenschrift entwickelten und an die Griechen weitergaben. Dabei waren die Küstenstädte Ugarit, Byblos und Sidon die Hauptzentren der phönizischen Kultur.

Das frühe Palästina

Wie in sämtlichen uns bekannten jungsteinzeitlichen Kulturen dominieren auch im frühen Palästina *weibliche Kultfiguren*, daneben *Tieridole*, unter denen der Stier besonders häufig ist.[2] Diese matrizentrischen Kulturdenkmäler gehen wie in Ägypten und Mesopotamien nahtlos in die Verehrung einer Hochgöttin über, die in Byblos schon um das Jahr 3000 v. Chr. unter dem Namen »*Ba'alat*« verehrt und in allen offiziellen Staatsurkunden angerufen wird. Ihr Kult gleicht im wesentlichen demjenigen der vorderasiatischen Göttinnen mit den jahreszeitlichen Festen und der Heiligen Hochzeit als Höhepunkt. Dazu gehören *orgiastische Sexualriten* und die *Opferung von Tieren*, lange Zeit auch die *Opferung von Menschen*, vor allem von Kindern.

Steht der Ba'alat von Byblos der göttliche Geliebte und sterbende Vegetationsgott Baal zur Seite, so bilden in der Gegend südlich von Byblos Astarte/Aschera und El das Götterpaar, im nördlichen Ugarit Anat und ihr Brudergatte Ba'al. Ganz ähnlich wie bei der Isis-Osiris-Mythe spielt auch hier ein feindlicher Todesbruder eine Rolle, der unter dem Namen Mot die Funktion des ägyptischen Seth übernimmt.[3] Und wie die ägyptischen und sumerischen Könige sich als irdische Stellvertreter des göttlichen Geliebten der Großen Muttergöttin sahen, so nennen sich auch die phönizischen Könige »Pfleglinge der Göttin Aschera«.[4]

Die Philister, die sich während der Seevölkerwelle um 1200 v. Chr. in Palästina ansiedelten, verehrten die *syrische Göttin Atargatis,* der als

»Herrin und Mutter aller Dinge« Fische, Schlangen und Tauben heilig waren, das heißt wie allen großen Göttinnen, die Symbole für Unterwelt, Erde und Himmel.⁵

Patriarchalisierung der Sippenstruktur
Zur Zeit, als die Juden in Kanaan einwanderten – wie sie in ihrer Sprache das phönizische Land nannten –, also Ende des 13. Jahrhunderts, war bereits eine *Verschiebung am phönizischen Götterhimmel* im Gange. Im Sinne einer patriarchalen Umdeutung wurde dann aus dem göttlichen Geliebten Baal/El der Himmelsherr und Göttervater, während man nun der Aschera die Gattinnenrolle und der Anat die Tochterrolle zusprach. Dies führte unter anderem zur Veränderung der Opferpraktiken, indem immer mehr der *männliche Hochgott zum Empfänger der Tier- und Menschenopfer* wurde; so der berüchtigte *Baal* oder *Moloch,* dem man noch im Karthago der klassischen Antike Menschen als Brandopfer darbrachte. Wahrscheinlich ging mit dieser theologischen Umstrukturierung auch die Patriarchaisierung der Sippenstruktur Hand in Hand sowie eine neue Rollenzuweisung für Mann und Frau. Dies deutet eine Götterlegende aus dem bekannten Tontafelfund von Ugarit (dem heutigen Ras-Schamrah) an, die vom Streit zwischen der Göttin Anat und einem Königssohn handelt. Es geht um einen magischen Bogen (vgl. den Bogen der Artemis), welchen der junge König für sich beansprucht mit den provozierenden Worten an die Göttin: »Ein Bogen ist etwas für Krieger, kann eine Frau etwa damit auf die Jagd gehen?« Da allerdings rächt sich Anat an ihm, indem sie sich als »Mutter der Geier« auf ihn stürzt und ihn tötet.⁶ (Diese Geschichte lebt weiter im griechischen Mythos von Akteion, der die Artemis mit einem ähnlichen Verhalten reizt und ebenfalls mit dem Tode dafür büßt.)

Mitten in diese Zeit der dramatischen Umstrukturierung der phönizisch-kanaanitischen Gesellschaftsideologie fällt die *Einwanderung der israelitischen Wüstenstämme,* die sich auf der Suche nach Weideland in der fruchtbaren Küstenebene niederlassen und von den Kanaanitern nicht nur den Ackerbau, sondern auch einen Teil ihrer Sprache und ihrer geistigen Kultur übernehmen. (Das Aramäische mischt sich mit dem Phönizischen zum Hebräischen.) Entgegen der vielfach herrschenden Vorstellung haben die jüdischen Stämme weder die patriarchale Stammesordnung noch die monotheistische Religion als definitives Modell nach Palästina mitgebracht. Das Alte Testament gibt deutliche Hinweise auf eine *ehemals matrilineare Stammesordnung mit matrizentrischen*

Eheformen, wie sich auch aus mehrfach umgewandelten Textstellen auf ein *ursprünglich matrizentrisch geprägtes Welt- und Gottesbild der alten Juden* schließen läßt. Hier seien nur einige wenige Beispiele genannt und im übrigen auf die detaillierte Studie von Gerda Weiler über »Das verborgene Matriarchat im Alten Testament« hingewiesen.[7] Bekannt ist die Stelle bei Moses, der nach Midian zieht, um »einem Weibe anzuhangen« und die Schafe seines Schwiegervaters zu weiden, was deutlich auf die matrilokale Eheform verweist.[8] Auch sind den drei Patriarchen Abraham, Isaak und Jakob die vier Stammesmütter Sarah, Rebecca, Rachel und Lea an die Seite zu stellen. Ohne den matrizentrischen Hintergrund wären Gestalten wie die Richterin Deborah, die Priesterin Hannah und die Seherinnen Mirjam, Abigail und Hulda überhaupt nicht verständlich.

Aber auch der *jüdische Gottesbegriff* selbst war einer großen Wandlung unterworfen. Erst *relativ spät wurde Jahwe zum majestätischen Himmels- und Vatergott*, von dem man sich kein Bild machen durfte, während er Jahrtausende vorher im Bild des Stieres verehrt wurde als einer unter vielen Vegetations- und Wettergöttern des ostmediterranen Raumes. Noch nach Salomos Tod stand im Tempel von Jerusalem ein Stierbild als Altarsockel anstelle der Lade,[9] und auch die biblischen Sprachbilder bewahren die Erinnerung an den Wettergott Jahwe, wenn es heißt, daß er »auf den Wolken reitet« und Blitz und Regen schickt (Psalm 68,5). G. Weiler verweist auf eine Reihe von Textstellen, die auf das Horn des Jahwe anspielen, wie auch auf die Tatsache, daß Michelangelo den Jahwepriester Moses mit Stierhörnern darstellt, was wahrscheinlich auf eine alte Stierkultmaske zurückgeht.[10]

Der Gott der Propheten

Die Haßtiraden der Propheten gegen das »Goldene Kalb« werden überhaupt erst verständlich, wenn man weiß, wie ähnlich ursprünglich die israelitischen Kulte den kanaanitischen Stierkulten waren. Das gleiche gilt für die Göttin Aschera, deren Verehrung sich unter den Juden so hartnäckig hielt, daß noch im Tempel des Salomo eine Kultstatue der Aschera stand.[11]

Wenn sich die Propheten mit heiligem Zorn gegen die orgiastischen Kulte im Zusammenhang mit der Feier der Heiligen Hochzeit im kanaanitischen Ritus wenden und sie als »Tempelhurerei« verdammen, so darf darüber nicht vergessen werden, daß eine ganze Reihe der schönsten Stellen in den jüdischen Psalmen die beinahe wörtliche Übersetzung von alten phönizischen Kultliedern sind. So war das *Hohelied der Liebe* zweifellos einst *Bestandteil der phönizischen Kultgesänge im Ritual der Heiligen Hochzeit.*[12]

Jedenfalls war die *Herausbildung der streng patriarchal monotheistischen Religion der Juden ein langer Prozeß und ein erbitterter Kampf,* der nicht zwischen zwei grundverschiedenen Kulturen geführt wurde. Wenn die jahwistische Theologie Jahwe mit El identifiziert, der im phönizischen Götterhimmel zum obersten Göttervater erhoben worden war, so bürgt dies dafür, daß die Patriarchalisierung der jüdischen Religion auch Anregungen von kanaanitischer Seite erhielt.[13]

Für die relativ späte Ausbildung einer streng patriarchalen Theologie spricht auch eine Besonderheit des Alten Testaments, auf die in jüngster Zeit Helen Schüngel-Straumann erneut aufmerksam gemacht hat.[14] Es handelt sich um den Begriff »ruah«, der im Griechischen mit »pneuma« wiedergegeben wird, und der den Geist Gottes im Sinne von Wind, Atem und Lebenskraft bezeichnet. In den 400 Textstellen, an denen dieser Begriff vorkommt, wird er fast durchwegs in einem grammatikalisch weiblichen Kontext gebraucht, und das heißt, daß »ruah« ursprünglich als eine *weibliche Lebenskraft* aufgefaßt wurde, mit der Gott das Weltall schuf und dem Menschen Leben einhauchte. Dies geht durch die griechische Übersetzung verloren, wo »pneuma« ein Neutrum ist, und wird vollends verdunkelt durch das Maskulinum des lateinischen »spiritus«. Nur in der jüdischen Mystik taucht dieses weibliche Geistprinzip wieder auf, wenn die Kabbala der männlichen Gottheit die »Schechina« zur Seite stellt, mit der zusammen die göttliche Einheit erst vollkommen ist.[15]

Erscheint ein solcher Befund dem abendländischen Denken geradezu schockierend, so ist er von der altorientalischen Tradition her gesehen durchaus vertraut. Wir begegneten dem weiblichen Geistprinzip bereits in Gestalt der *ägyptischen Ma'at* und in Gestalt der *sumerischen Me-Kraft,* welche die Hohepriesterin in Sumer dem König vermittelt.[16] Noch deutlicher wird die weibliche kosmische Urkraft im *chinesischen Tao* und in Gestalt der *indischen Shakti.* Wie sich in Indien die männlichen Schöpfergottheiten der weiblichen Schöpfungskraft der Shakti bedienen,[17] so könnte auch der jüdische Schöpfergott die weibliche Urkraft der »ruah« adaptiert haben.

Arabien

Was die arabische Welt betrifft, so ist sie als die *Wiege aller semitischen Stämme* sowohl der Kultur Palästinas wie auch der des semitischen Babyloniens sehr verwandt. Der im ganzen Vorderen Orient so bedeutende *Mondgott Sin* hat seinen Ursprung wahrscheinlich auf dem *Sinai*, was wörtlich »Berg des Sin« heißt, wobei das Wort Sin im Kurdischen heute noch »Mond« bedeutet.[18] Hier, auf der arabischen Halbinsel, wurde der Mondgott im Bilde der Schlange verehrt, woran die eherne Schlange des Moses erinnert, die im Gegensatz zur Schlange im Schöpfungsbericht ein positives Symbol darstellt.[19]

In Arabien stand aber seit urdenklichen Zeiten diesem Mondgott eine *dreifaltige Mondgöttin* gegenüber, welche unter den Namen Allât, die Göttin, Al Uzzâ, die Mächtige, und Manât, Schicksal, bekannt ist. Von den Babyloniern wurde sie mit der großen Ischtar gleichgesetzt, und mit dieser teilte sie auch das Schicksal, von einer patriarchalen Theologie einem himmlischen Vater unterstellt zu werden. Im Islam werden aus der dreifaltigen Göttin Arabiens die drei Töchter des Allah.[20] Freilich war ihr Kult so alt, daß die Erinnerung an die Große Göttin nicht ganz getilgt werden konnte. Ihr *Baum- und Steinkult* machte Jahrhunderte vor dem Erscheinen Mohammeds die Ka'aba von Mecca zu einem Kultzentrum der arabischen Stämme, wo die Göttin in Form eines schwarzen Steines, eines Meteoriten, verehrt wurde. Noch heute heißen die Wächter der Ka'aba, an der einst Priesterinnen wirkten, »Beni Shaybath«, das heißt »Söhne der Alten Frau«, und immer noch küssen die Muslime den alten Stein und trinken aus der Quelle neben dem Heiligtum, die, wie auch die drei Palmen, ursprünglich irdische Erscheinungen der Göttin waren.[21]

Eine Form des uralten Steinkults der Göttin, der wahrscheinlich auch hinter manchen noch rätselhaften Megalith-Denkmälern steht, lebte auch unter den Juden in den sogenannten »Mazzeben«, einer Vorform ihrer steinernen Altäre, die man mit dem Blut der geopferten Tiere bestrich.[22]

In Südarabien, dem Land der Königin von Saba und dem heutigen Jemen gibt es Zeugnisse für eine *altarabische Sonnengöttin* (Shams), der ein Mondgott oder auch ein männlicher Morgen- und Abendstern zugeordnet war und der Menschenopfer dargebracht wurden. Interessanterweise steht dabei ein *Mädchenopfer* im Mittelpunkt, das als »Sonnenmädchen« und »weiße Taube« für die Fruchtbarkeit des Landes vom Regengott getötet und von der Sonnenmutter in Gestalt des weißen Geiers wiedererweckt wird.[23] Das wäre also wieder ein Demeter-Kore-Motiv!

Die arabischen Stämme waren, dem Klima der Halbinsel entsprechend, nomadisierende Hirtenkrieger wie die Tuareg und andere Berberstämme in Afrika. Und wie sich bei den Tuareg deutliche Spuren einer matrizentrischen Lebensform erhielten, so scheint in Arabien *vor der Islamisierung* die *matrizentrische Lebensordnung noch vollkommen intakt* gewesen zu sein. Der griechische Geograph Strabon (63 v.–20 n. Chr.) berichtet von Frauengemeinschaften, was für *Matriclans und Besuchsehen* sprechen könnte.[24] Die matrilineale Ordnung wird auch in der vorislamischen Dichtung angedeutet, wenn sich etwa der Dichter Al Hallil als »Sohn der Aëscha« bezeichnet, und Ta'abbata Scharran in seiner Totenklage sagt: »Es erbt meine Rache der Schwester Sohn«.[25] Auch werfen die Worte des Dichters Schanfara (in der Meierschen Übersetzung), mit denen er sich trotzig zum Kriegertum bekennt, ein Licht auf die Verhältnisse des Alten Arabiens.

> Ich bin keine jener Memmen
> Die bei ihren Fraun' nur weilen
> Und von ihnen über Alles
> Rat sich lassen erst erteilen.
>
> Bin kein zahmer Stubenhocker
> Der nur stets mit Mädchen scherzet
> Früh und spät sich parfumieret
> Und die Augenwimpern schwärzet.[26]

Besonders die letzten Zeilen muten uns merkwürdig an für einen Hirtenkrieger, doch weiß man von den Tuareg, den Massai und anderen, daß sie ihrem Äußeren höchste Aufmerksamkeit schenken, und daß die Massai und die Fulbe im Sudan sich ebenfalls schminken. Dies gehört zu ihrer erotischen Kultur, die vom Mann eine ebenso hohe Anstrengung für seine Selbstdarstellung verlangt wie von der Frau.[27]

Dazu kommt, daß die *altarabischen Matriclans* allem Anschein nach *im Besitz der Herden* waren und die *Männer als Viehhirten in der Sippe der Ehefrau* arbeiteten. R. Briffault zitiert eine alte arabische Redensart für die Absicht des Mannes, sich scheiden zu lassen, die besagt: »Ich will nicht länger deine Schafe weiden«.[28] W. Daum schildert die matrilokale Hochzeit in Südjemen und die Rolle der Mütter als Stifterinnen der Ehen.[29]

Stammesköniginnen

Auch auf der Stammesebene haben arabische Frauen in den vorchristlichen Jahrhunderten offenbar eine hervorragende Rolle gespielt. Die assyrischen Texte, die eine ganze Reihe von arabischen Stammesköniginnen nennen, machen klar, daß die Königin von Saba aus dem Alten Testament, die den König Salomo besuchte, keine Ausnahmeerscheinung war.[30] Auch der Koran berichtet von Bilqīs, einer Königin von Saba, die sich dadurch ausgezeichnet habe, daß sie einen demokratischen Führungsstil praktizierte und die Staatsangelegenheiten mit ihrem Volk beratschlagte. Noch während der Zeit des Islam gab es berühmte Herrscherinnen im 11.–13. Jahrhundert, darunter die Königin Arwā, welche die zweite Bilqīs genannt wird.[31] Demgegenüber bezogen die Männer und alle arabischen Herrscher ihr Prestige aus dem Kriegertum, das eines der Hauptthemen der altarabischen und der mittelalterlichen Dichtung bildet.

Neben dem *Heldenlied* stehen die *Totenklage* und das *Liebeslied*, und beide wurden während aller Perioden der arabischen Geschichte auch von *Dichterinnen* verfaßt. Leider ist uns von den Ghaselen, den arabischen Liebesliedern, aus der vorislamischen Zeit so gut wie nichts erhalten. Die meisten aus der späteren, vom Islam beeinflußten Zeit büßen ihre unmittelbare Sinnlichkeit ein und werden von einer asketisch-mystischen Haltung überlagert.[32] Doch aus dem, was wir aus späteren Liedern rekonstruieren können, spricht eine ungewöhnliche Freiheit der Frau in ihrer Liebeswahl und ihre *unverhüllte, selbstbewußte Sinnlichkeit*.[33]

Im übrigen scheinen sich die *Frauen des Kriegeradels* den stolzen und kämpferischen Sinn der Männer durchaus zu eigen gemacht zu haben, denn sie tauchen nicht nur als Mitstreiterinnen bei ihren Kriegszügen auf, sondern gelegentlich sogar als Anführerinnen im Kampf.[34] Ähnlich wie von der Tuaregfrau muß von der Araberin ein besonderer Zauber ausgegangen sein: von ihrer ungewöhnlichen Schönheit ebenso wie von ihren Talenten und ihrer stolzen Haltung, und vielleicht hat gerade ihre hohe soziale Stellung dazu beigetragen, daß die spätere patriarchale Gesellschaftsordnung des Islam die Frau so demonstrativ und rigoros unterdrückte.

3. Das vorbrahmanische Indien und der vorkonfuzianische, vorbuddhistische Ferne Osten

Noch komplexer als die Geschichte Palästinas stellt sich die *Vorgeschichte Indiens* dar. Hier stoßen zwei völlig verschiedene Rassen und Kulturkreise zusammen, seit im 2. Jahrtausend v. Chr. die Indogermanen aus Innerasien über den Iran nach Nordindien eingewandert sind. Wie bei allen indogermanischen Überlagerungen steht dabei die *autochthone Grundkultur auf einem viel höheren Niveau als die der Eroberer*, was freilich für die meisten Völkerwanderungen gilt, weil durch jahrzehntelange Wanderzüge notgedrungen ein Teil des Kulturgutes abbröckelt, auf welcher Stufe auch immer das betreffende Volk vorher gestanden hat.

Zum Verständnis der entstehenden Mischkultur in Indien – wie später in Griechenland – ist zunächst ein Vorurteil abzubauen, das unausrottbar scheint: nämlich die Vorstellung, daß die beiden Kulturen, die indogermanische und die vorgefundene, die hier aufeinanderstoßen, sich in ihrer gesellschaftlichen und religiösen Orientierung in einem diametralen Gegensatz befunden hätten. Wie schon den Israeliten in Palästina, so wird auch den Ariern in Indien und später den indogermanischen Achäern in Griechenland unterstellt, sie seien als patriarchale Hirtenkrieger mit einem voll ausgebildeten patrizentrischen Weltbild in den alten, matrizentrischen Kulturraum einmarschiert. Aber dieses *polare Denken* erweist sich überall als *falscher Ansatz*.

Richtig ist, daß die vorgefundene *Grundkultur im Indusgebiet weitgehend matrizentrische Züge* trug, und zwar sowohl die dörfliche Ackerbaukultur, die nach den neuesten Funden in Mehrgarh bis ins 7. Jahrtausend zurückreicht, als auch die Frühphasen der Hochkulturen am Indus mit ihren Städten *Harappa und Mohendjo-daro* im 3. Jahrtausend v. Chr. Dort haben wir ein kollektives Wirtschaftssystem vor uns, von dessen kultischem Hintergrund die bekannten Terrakotten von Muttergöttinnen zeugen. Wenn wir auch die Schrift dieser bedeutenden Kultur nicht entziffern können, so erkennen wir auf den Siegeln doch die vertrauten Motive der matrizentrischen Mythologie: eine nackte Baumgöttin, gehörnte Tiere (zum Teil mit menschlichen Gesichtern), Mischwesen und kultische Stierspiele.[1]

Von da an durchzieht ein matrizentrisches Grundmuster die gesamte indische Geistesgeschichte, was unter anderem an der Kunst ablesbar ist. Für Indien bleibt über Jahrtausende hinweg die Darstellung des weiblichen Körpers wesentlicher als die des männlichen – ganz im Gegensatz zur griechisch-römischen Antike.[2]

Indoarische Frühkultur

Betrachten wir auf der anderen Seite die frühesten Kulturdenkmäler der eingewanderten Arier, wie sie in den ältesten Heiligen Schriften, den Veden, überliefert sind, so spricht aus ihnen eine sehr viel frauenfreundlichere Haltung als aus den später verfaßten Veden. So erhält die *Rigveda* (die ersten vier Veden aus der Zeit um 1000 v. Chr.) Richtlinien, die der *Frau relativ große Freiheiten auf familiärer und kultischer Ebene* einräumen. Eine Witwe der damaligen Zeit konnte sich ohne weiteres nach eigener Wahl wiederverheiraten, und Frauen nahmen als Priesterinnen aktiv an den Stammesriten teil. Beim schon genannten Roßopfer stand im Zentrum nicht der brahman, der Oberpriester, sondern dessen Frau, die Oberpriesterin, die eine symbolische Heilige Hochzeit mit dem getöteten Weihehengst vollzog. Einige Sanskritforscher nehmen sogar an, daß eine der frühesten Veden von einer Frau verfaßt sei, während es in den späteren Jahrhunderten den Frauen verboten war, die Heiligen Schriften auch nur zu lesen. Hierin läuft die indische Entwicklung der altjüdischen parallel, bei der das Verbot für die Frauen, die Thora zu lesen, ebenfalls erst späten Datums ist.[3]

Auch verrät das *Pantheon in den frühen vedischen Schriften* noch deutlich seine matrizentrische Grundstruktur. Der Hauptgott Indra als der kraftstrotzende Kriegsgott des Eroberervolkes ist zugleich der Wettergott und Regenbringer, wie auch der Gott des Rauschtrankes (Soma), der sehr viel mehr an einen Fruchtbarkeitsgott erinnert als an einen patriarchalen Hochgott. Daß sich hinter der *Sonnen- und Lichtgöttin Usas* die einstige Hochgöttin der Indoarier verbirgt, legen die prächtigen Hymnen nahe, welche die heiligen Schriften der Veden ihr widmen. Darin wird sie als leuchtende Morgenröte gefeiert, die allen Kreaturen täglich Odem und Leben spendet, und als die rosige Jungfrau und geschminkte Kokotte, was ganz an die Rolle der Ischtar als Liebesgöttin erinnert. Wir können sie als Pendant zur Sonnengöttin von Arinna verstehen, der Großen Göttin jener Hethiter, welche als erste Indogermanen in die Geschichte des Orients eintraten. Die indische Sonnengöttin Usas hat aber auch indogermanische Nachfolgerinnen in der griechischen Göttin der Morgenröte E(s)os, in der römischen mater matuta (Göttin des Frühlichts und universelle Muttergottheit) und in ihren nordischen Schwestern Eostra und Ostara, den Göttinnen der Frühlingssonne.[4]

Dazu ist die Rolle des *männlichen Sonnengottes Surya* aufschlußreich, der, wie es heißt, der Morgenröte wie ein Geliebter auf ihren Spuren folgt. Dieser Surya ist der Sohn des Himmelsgottes Dyaus, dem der griechische Zeus seinen indogermanischen Namen verdankt.[5] Wem die immer wiederkehrende matrizentrische Mythen-Konstellation präsent ist, wird in diesem Vater-Sohn-Verhältnis einerseits und im Verhältnis des jugendlichen Sonnengeliebten zur Großen Sonnengöttin andererseits unschwer das Muster des alternden (sterbenden) und sich verjüngenden Gottes und seine Beziehung zur Großen Göttin erkennen. Somit würde nicht nur der mykenisch-kretische Mythos auf einen jugendlichen Zeus hinweisen, der in Abhängigkeit von der Göttin steht, sondern auch sein indogermanischer Ursprung ihn als sterbenden und auferstehenden Gott charakterisieren, der erst viel später zum Vatergott im Sinne des souveränen Himmelsherrschers wurde (vgl. S. 206 ff.).

Brahmanismus

Was aber die Entwicklung der arischen Kultur betrifft, so tritt uns erst relativ spät, in der Gesetzessammlung des Manu, die *patriarchale Ideologie der Brahmanen* mit aller Schärfe und auf allen Ebenen entgegen. Wie so oft wird zwar auch Manu als der patriarchale Kulturschöpfer von der herrschenden Priesterkaste als Stammvater in die Vorgeschichte zurückprojiziert; doch seine Bücher können erst nach 500 v. Chr. entstanden sein, also erst 1500 Jahre nach der arischen Einwanderung, an die nicht einmal mehr in den frühen Veden erinnert wird. Noch viele Jahrhunderte nach der Landnahme durch die Arier nahmen die Brahmanen als Priester einen eher untergeordneten sozialen Status ein im Vergleich mit der sehr viel einflußreicheren Kriegerkaste. Erst durch die Überwachung der kultischen Rituale und durch die *Ausbildung eines komplizierten Riten- und Sittensystems* gelang es den Brahmanen allmählich, das gesamte gesellschaftliche und politische Leben zu kontrollieren und die Frauen ganz aus dem religiösen Leben zu verdrängen. Um so grotesker mutet das matrizentrische Relikt in den Priesterschriften, den »Brahmanas« an, welche *die Göttin Vach als Verkörperung der Rhetorik* ihre Schirmherrin nennen.[6]

Hinduismus

Langfristig gesehen gelang es allerdings weder dem Brahmanismus noch dem ungefähr gleichzeitig entstandenen Buddhismus je vollständig, den *uralten Strom matrizentrischer Religiosität in Indien* einzudämmen. Im Hinduismus, dem Sammelbecken der unterschiedlichsten religiösen Strömungen, lebt besonders in den großen Festen bis heute die Verehrung der alten Muttergottheiten fort, sei es in Gestalt der mächtigen und dunklen *Göttin Kali* oder Durga, sei es in der *Schönheitsgöttin Lakschmi* oder der *Liebesgöttin Shakti*. In Kalkutta werden bis heute der Großen Kali auf ihrem dreitägigen Herbstfest ca. 800 Ziegen geschlachtet, deren blutige Köpfe vor dem Bildnis der Kali aufgeschichtet liegen und deren Blut die Fruchtbarkeit der Erde für das nächste Jahr garantieren soll. Eine der bedeutendsten und rätselhaftesten Figuren stellt *Shiva* dar, der, auf seinem Stier Nandi reitend, als Gott des Phallus (linga) verehrt wird und zugleich als Todesgott in Gestalt des vierarmigen Herrn des Tanzes mit dem Totenschädel in Händen. Wie Kali stammt er aus der vorvedischen Epoche und gilt als ihr Gatte. Einige Kultbilder zeigen aber auch Kali/Durga als vierarmige Göttin, wie sie auf dem toten Shiva tanzt und ihn dadurch wieder zum Leben erweckt. Dies erinnert an die alte Konstellation von Muttergöttin und sterbendem und wieder auferstandenem Jünglingsgott. Jedenfalls weist die Vierarmigkeit des Götterpaares auf die vier Himmelsrichtungen hin, und dies macht sie zur Herrin und zum Herrn des Kosmos.

In der hinduistischen Mystik, dem nach den heiligen Schriften (Tantren) so genannten *Tantrismus*, spielen Shiva und als seine Partnerin die Göttin in Gestalt der Liebesgöttin Shakti die zentrale Rolle. Der Tantrismus stellt ein religiöses Gegengewicht zum brahmanischen und buddhistischen Asketismus dar und führt die *Tradition uralter Fruchtbarkeitsriten* fort, bei denen *Shakti als das Urprinzip allen Lebens und als allumfassende weibliche Potenz* aufgefaßt wird, von der alle anderen Götter ihre Kraft beziehen. Später geriet auch der indische Buddhismus in den Sog dieser mystischen Lehre, so daß bis heute die tantrischen Riten, wenn auch zum Teil in vergeistigter Form, das religiöse Leben im gesamten indischen Raum prägen.[7]

Obwohl das gesellschaftliche Leben Indiens in krassem Gegensatz zu seiner matrizentrischen Mythentradition steht, so vergißt man in Indien wenigstens einmal im Jahr beim »*Holi*« genannten großen Frühlingsfest das patriarchale Kastensystem und feiert über alle Klassenunterschiede hinweg gemeinsam das keimende Leben, wobei sich die Menschen gegenseitig mit rotem Wasser besprengen – wohl als Surrogat für das uralte magische Lebenselixier des Blutes.[8]

Kulturumbruch im frühen China

Um in das Dunkel der chinesischen Frühgeschichte einzudringen, sind wir ganz auf archäologische Fakten angewiesen, nachdem in der berühmten Bücherverbrennung unter Kaiser Shih Huang Ti im Jahre 213 v. Chr. die gesamte historische und mythologische Tradition ausgelöscht wurde. Alles, was von diesem Zeitpunkt an von den konfuzianischen Gelehrten, die das Autodafé überlebten, in die Vergangenheit zurückprojiziert wurde, muß als tendenziöse Geschichtsfälschung gelten. So etwa werden sämtliche grundlegenden Erfindungen der Menschheit einer Reihe sagenhafter Kaiser und Kulturheroen zugeschrieben, und es wird ein männliches Pantheon konstruiert, das die himmlische Kopie des bürokratischen Beamtentums auf Erden darstellt.[9]

Was aus dem 4. und 3. Jahrtausend v. Chr. erschlossen ist, zeigt eine gut entwickelte *bäuerliche Kultur* vor allem im Norden Chinas mit der universellen *matrizentrischen Symbolik* der neolithischen Zeit. Neben die doppelt gewundene Spirale, die Raute und das Dreieck tritt hier die in ihrer Form an die Vulva erinnernde Kaurimuschel. Bis jetzt wurden keine figürlichen Idole gefunden, wollen wir nicht in einer kleinen Marmorfigur eines hockenden Bären (Bärin?) ein solches Kultidol sehen.[10]

Die historische Zeit beginnt mit der *Shang-Dynastie* (ca. 1523–1028), die uns eine Fülle von schriftlichen Zeugnissen in einer Vorform des Chinesischen hinterließ, die aber nur teilweise lesbar sind. Aus ihnen geht hervor, daß wir uns in der Hauptstadt Anyang, die um 1300 v. Chr. gegründet wurde, schon inmitten einer stark gegliederten Gesellschaft mit kriegerischen Zügen befinden, deren Vorformen wir nicht kennen und über deren Entstehung wir auch aus der anschließenden Chou-Zeit (1027–256) nichts erfahren. Es sieht so aus, als habe um die Wende des 1. Jahrtausends jener Kulturumbruch begonnen, der zur *Mißachtung des Mythos* und zu einer *streng rationalen Kultur mit patriarchalen Vorzeichen* geführt hat, eine Entwicklung, die mit den Lehren des *Konfuzius* ihren Höhepunkt erreicht (551–479) und schließlich in die dogmatische Erstarrung der unduldsamen Gelehrtenschulen mündet. Erst die spätere *Han-Dynastie* (206 v. Chr.–221 n. Chr.) bringt eine *Wiederbelebung der alten mythischen Motive* wenigstens in der Kunst, doch waren damals ihre ursprünglichen Bedeutungen bereits vergessen, so daß wir deren Sinn nur erahnen können.

Die kostbaren Sakralbronzen aus der Shang-Zeit, die häufig als Tierkörper gestaltet sind, und die vielen Tiermasken (t'ao-t'ieh) weisen in die Richtung eines *totemistischen Weltbildes*, die Orakel- und Opferbräuche auf einen ausgesprochenen *Ahnenkult*. Dabei ist uns die Tiersymbolik der Bronze- wie auch der Jadegegenstände zum großen Teil aus matrizentrischen Kulturen vertraut. So vor allem die vielen Mischgestalten aus Löwe und Schlange, die greifenartigen Drachen, die bekannten Vogelgestalten der Eule (hier kombiniert mit dem Schlangengefieder), des Kranichs, der Taube und der Gans und die großen gehörnten Tiere wie Rhinozeros, Wasserbüffel und Elefant. Eine besondere Rolle spielen die Zikade, die, wie der Schmetterling in Kreta, als Symbol der Unsterblichkeit figuriert, und die Schildkröte, auf deren Panzer häufig die Orakelbotschaften an die Ahnen oder an die Götter geschrieben stehen. Dazu kommt die große Bedeutung des Dreifußes unter den Opfergefäßen und Kochkesseln, wie er auch in den frühen Mittelmeerkulturen im Zusammenhang mit matrizentrischen Kulten auftaucht (vgl. S. 217). Möglicherweise wurde ein Teil von ihnen zur Aufbewahrung des Opferblutes benutzt, denn wir besitzen Belege für regelmäßig vollzogene *Menschenopfer weiblichen und männlichen Geschlechts*. Von den ganz wenigen mythischen Menschendarstellungen ist eine gehörnte männliche Figur erwähnenswert und zwei eindrückliche weibliche Gestalten, deren eine auf einer bronzenen Sakraltrommel in Gebärstellung zu sehen ist und eine zweite als Tigerdämonin, in deren raubtiergezähntem Maul eine männliche Figur sitzt. Merkwürdigerweise scheint sich die letztere in dem mütterlichen Riesenmaul nicht in Panik zu fühlen, aber wir wissen nicht, ob sich dahinter ein Todesmythos oder ein Todesopfer-Mythos verbirgt.[11]

Die jüngste Entdeckung (1977) eines vollkommen intakten königlichen Grabes der Shang-Dynastie führt uns auf beeindruckende Weise den hohen Rang der Frau in der chinesischen Frühzeit vor Augen. Das Grab gehört der Königin Fu Hao, Gemahlin des Königs Wu Ding. Als Grabbeilagen fand man eine unvorstellbare Fülle wertvollster Gegenstände, davon viele sakraler Natur, Orakeltexte der Königin an die Götter und eine große Zahl von Bronzewaffen, unter anderem ein sakrales Enthauptungsbeil. Zu diesen Zeichen kultischer und staatlicher Macht kommen 16 Nachfolgebestattungen (Männer und Frauen, zwei Kinder) als Indiz göttlicher Verehrung nach dem Tode. Die Grabinschriften berichten von erfolgreichen Kriegszügen, welche die Königin an der Spitze der von ihr ausgehobenen Truppen führte, was sie allerdings eher als eine Art chinesischer Hatschepsut erscheinen läßt denn als typische matriarchale Regentin.¹² Immerhin muß diese *Königin in einer langen matrizentrischen Tradition* gestanden haben, denn die Schriftzeichen ihrer Zeit, die anstelle des Familiennamens das Zeichen »Frau« und das Zeichen »geboren« stellen, zeugen für die *matrilineale Verwandtschaftsrechnung*. Diese wird durch die späteren Geschichtsspekulationen bestätigt, wonach der legendäre Fu Hi die patriarchale Ehe eingeführt haben soll, während vorher, wie es heißt, die Kinder den Namen ihres Vaters nicht gekannt hätten.¹³

Taoistische Religion und das I Ging

Leider verdeckt die konfuzianische Lehre, die ihrem Wesen nach nicht religiös, sondern ethisch/juristisch orientiert ist und die den Menschen auf peinlich genaue Art ihr schickliches Verhalten in der Gemeinschaft vorschreibt, den Ursprung der taoistischen Religion. Man führt die taoistische Lehre auf Laotse, den älteren Zeitgenossen des Konfuzius zurück, doch ist sie in Wirklichkeit sehr viel älter. Der Taoismus bildet das eigentliche religiöse Grundwasser Chinas, aus dem alle späteren Weisheitslehren schöpfen, besonders das I Ging, das »Buch der Wandlungen«, mit seinen immer neuen Kommentierungen. Es ist mit dem Schafgarbenorakel verbunden und geht in seinen Ursprüngen wahrscheinlich bis in die Shang-Zeit zurück. Das *Tao* als der alles umfassende Urgrund des Seienden ist als *weibliches Prinzip* aufzufassen, als die Wurzel, das Tor, die Bahn, auf der das All sich bewegt, kurz, als der *mütterliche Beweggrund des Alls*.¹⁴

Dieser geheimnisvolle weibliche Seinsgrund ist das ewig Bestehende über alle Wandlungen hinweg, denen alles Seiende ständig unterworfen ist. Die Wandlungen selbst werden als Nacht und Tag, Dunkel und Helle, Winter und Frühling, Nichtsein und Sein beschrieben, die in ständigem Wechsel ineinander übergehen. Was wir in der ursprünglichen Weisheitslehre des *I Ging* vor uns haben, ist der religiöse Versuch, den Wandel vom Leben zum Tod und wieder zum Leben demütig zu akzeptieren und sich nicht gegen das *ewige Gesetz von Werden und Vergehen* aufzulehnen, vielmehr im Einklang mit ihm, sich dem Wirken des Tao zu überlassen und daraus inneren Frieden zu gewinnen. Laotse selbst versteht diese menschliche Grundeinstellung auch politisch, wenn er erklärt, daß das bewußte menschliche Schaffen und Einwirken auf die Geschichte zu immer größeren Kriegen und Nöten führe.¹⁵

Wie ich schon im Kapitel über die menschlichen Ursymbole darlegte, hat das berühmte *Yin-Yang-Prinzip* des I Ging mit den später so geläufigen Polarisierungen von Himmel und Erde oder männlich und weiblich ursprünglich nicht das mindeste zu tun. Das älteste Schriftzeichen für Yin ist eine Wolke als Zeichen des Dunkels, das für Yang ein in der Sonne wehender Wimpel als Zeichen für Helle. Dazu gesellt sich das Bildzeichen des Berghanges, einmal in seiner beschatteten, einmal in seiner besonnten Seite. In einem alten Kommentar zum I Ging heißt es: »Was einmal das Dunkle und einmal das Helle hervortreten läßt, das ist der Sinn.« (Tao)[16]

Bezeichnenderweise heißt das Prinzip der Wandlung »Yin-Yang« und nicht »Yang-Yin«, was ganz *mit der matrizentrischen Tradition in Einklang* steht, die Nacht als den Urgrund des Seins zu betrachten, die alle Gestirne als Lichtkörper und damit den Tag erst gebiert. Hingegen muß der Vorrang des »Yin« für eine patriarchale Deutung durchaus unverständlich bleiben, denn jede patrizentrische Theologie läßt den Tag über die Nacht und den Himmel über die Erde dominieren. Somit müßte »Yang« – mit dem auch der chinesische Himmelsgott Shang-Ti identifiziert wird – eigentlich das vorrangige Prinzip sein. Die Identifikation der Frau mit der Erd- und Nachtseite der Natur schlägt sich auch in der konfuzianischen Gesellschaftslehre entsprechend nieder, welche der Chinesin eine denkbar demütigende Stellung zuweist. Freilich ist ein solches Wertgefälle mit der taoistischen Lehre prinzipiell unvereinbar, denn sie basiert auf der grundsätzlichen Gleichwertigkeit des kosmischen Yin und Yang. Vermutlich hat aber gerade die *Unvereinbarkeit der taoistischen Lehre mit der patriarchal-philosophischen Spekulation über das Wesen der Geschlechter* zu dem unermüdlichen Gelehrtenfleiß geführt, mit dem versucht wurde, das Unstimmige mit Hilfe komplizierter Analogieschlüsse in ein scheinbar logisches System zu zwingen.

Wenn wir den ursprünglichen Kern des Yin-Yang erfassen wollen, so sollten wir auf die üblichen komplementären Begriffspaare wie Himmel-Erde, Geist-Materie, Männlich-Weiblich ganz verzichten. Wir kommen diesem Kern viel näher, wenn wir von den ältesten Gegenüberstellungen wie Dunkelheit und Helle, Nacht und Tag, Winter und Sommer, (Noch-) Nichtsein und Sein ausgehen und sie als *fließendes Gleichgewicht zwischen schöpferischer Pause und schöpferischem Neubeginn* verstehen, d. h. als die rhythmischen Grundelemente jeglichen Lebens überhaupt – und zwar ohne Ansehung des Geschlechts. Dann erschiene auch das Weiche und Empfangende als Stadium des Werdens ebenso geschlechtsunspezifisch wie das Feste und Gestaltete als Zustand des Gewordenen und Geprägten.

Mein Vorschlag, das *Tai'Gi* genannte Symbol für das Yin-Yang-Prinzip als die Köpfe zweier Schlangen mit Augen zu deuten, von denen der dunkel gefärbte Kopf im Relief zurücktritt und nach abwärts gerichtet ist, während der helle, nach aufwärts gerichtete den erhabenen Teil des Reliefs bildet, ist sehr viel plausibler als die rein formale Beschreibung des Zeichens als »geschlängelte« (!) Linie zwischen zwei Farbfeldern mit komplementären Farbtupfen.[17] Die Interpretation als Schlangenköpfe ergibt nicht nur einen bildhaften Sinn, sondern reflektiert auch die *uralte Bedeutung der Schlange als Lebens-, Todes- und Wiederauferstehungs-Symbol*.

Daß die *Schlange* in hohem Maße auch die Symbolsprache der chinesischen Kunst beherrscht, ist unbestritten. Hier sei nur ein Kultobjekt aus der späten Chou-Zeit erwähnt, ein Paukenständer, der aus zwei hochhalsigen, betont nach links und rechts außen blickenden Kranichen besteht und aus zwei ineinander gewundenen Schlangen, die den Sockel bilden. Dabei sind die beiden Schlangenköpfe, die ernst nach vorne blicken, bewußt hervorgehoben, wenn auch nicht in gegenläufiger Form. Dennoch kann über die Lebens- und Todessymbolik der gesamten Anordnung kein Zweifel bestehen.[18]

Im Sinne des Tao bildet der Tod die schöpferische Pause, aus dessen Schoß das Leben aufsteigt. An diese Deutung könnte sich auch eine Interpretation der sogenannten *Trigramme des I Ging* anschließen, deren acht Grundkonstellationen häufig das Tai'Gi-Zeichen ringförmig umgeben.[19] Diese aus dem Schafgarbenorakel hervorgegangenen Zeichen werden als durchgezogene Linie im Sinne des Yang, als unterbrochene Linie im Sinne des Yin verstanden. Dem könnte sich zwanglos die Vorstellung einfügen, Yin als die unterbrochene Linie stehe für die schöpferische Pause und das Noch-nicht-Seiende, während die ausgezogene Linie des Yang dem Geborenen und Festgefügten entspräche.

Historisch ist zu bemerken, daß der *Taoismus* spätestens seit dem »Ersten Kaiser« von China, dem schon genannten Shih Huang Ti im 3. Jahrhundert v. Chr. ganz in den *Dienst der Magie und der Alchemie* getreten ist und sich damit den *patriarchalen Machtansprüchen* unterstellte. Die selbstherrlichen Kaiser ließen u. a. fieberhaft nach einem Unsterblichkeitselixier suchen, ein Unterfangen, das der ursprünglichen Haltung der taoistischen Weisen diametral entgegensteht. Aber auch hierin griffen die Magier auf alte matrizentrische Vorstellungen zurück, indem sie das Unsterblichkeitskraut im Umkreis der »Göttin des Westens« (Xiwangmu) suchten. Möglicherweise haben wir es bei dieser Göttin des »Westens« (des Todes?), die auf den Grabreliefs der Han-Dynastie als oberste Schutzmacht in Begleitung des Hasen und des Fuchses erscheint (als Lebens- und Todestiere?), mit der Erinnerung an eine ehemals Große Göttin zu tun. Als ihre Wohnstätte galten die »heiligen Berge im Zentrum der Welt« und als Mondgöttin war sie auch Herrin des heiligen Jade-Steins, den man als kristallisierte Mondstrahlen auffaßte.[20]

Matrizentrische Religion und Kultur in Japan

Im Gegensatz zu China hat Japan seine matrizentrische Kulturtradition zum Teil bis in die Gegenwart bewahrt. Die gesellschaftliche Zurücksetzung der Frau spielte sich erst im frühen Mittelalter ab, eingeleitet durch die sogenannte *Taika-Reform* 645 n. Chr., die nach chinesischem Vorbild die patrilineale Verwandtschaftsrechnung und das patriarchale Erbrecht durchsetzte. Hingegen konnte die angestammte *matrizentrische Religion, der Shintoismus*, nie ganz vom Buddhismus verdrängt werden, sondern blieb bis zum letzten japanischen Kaiser die offizielle Nationalreligion Japans. Dabei ist viel zu wenig bekannt, daß an der Spitze des shintoistischen Pantheons über vielen Naturgottheiten, die in den Heiligen Bergen (Fujiyama), Wäldern und Flüssen verehrt werden, eine Große Göttin steht: die *Sonnengöttin Amaterasu*, wörtlich »Die am Himmel Leuchtende«. Sie gilt als Ahnfrau des japanischen Kaiserhauses, und ihr roter Sonnenball bildet bis heute das Symbol der japanischen Flagge. Ihr bedeutendstes Heiligtum ist der Tempelschrein von Ise, wo die Göttin unter anderem in der Gestalt eines Spiegels gegenwärtig ist. Diesen Heiligen Spiegel zu bewachen, war jahrhundertelang das Privileg der japanischen Prinzessinnen.[21]

Ihre Funktion als *Priesterin* trug der japanischen Frau einen enormen Einfluß am japanischen Kaiserhof ein. Die kaiserlichen Ehen wurden von den Priesterdynastien vermittelt, deren Töchter den meist jüngeren Kaiser ehelichten. So stand der jugendliche Herrscher ganz unter dem Einfluß der Kaiserin, zumal er nach altem Brauch schon mit ca. 30 Jahren abdanken mußte, um einem jüngeren Kaiser Platz zu machen (Reste des sakralen Königtums?). Zu den Funktionen der Priesterinnen gehörten neben den *rituellen Handlungen und heiligen Tänzen* die *Weissagung* und die *Heilkunst*. Hierin standen medial begabte Frauen aus dem Volk den Aristokratinnen nicht nach, denn der *weibliche Schamanismus* hat in Japan eine uralte Tradition. So konnten auch schamanistische Konkubinen zu Kaiserinnen aufsteigen und mit ihrer Sehergabe die Geschicke des Landes lenken.

Die Schamanin mit ihrem einsaitigen Bogeninstrument ist aber zugleich *Musikerin und Dichterin*. Aus dem 10. bis 13. Jahrhundert n. Chr. ist uns eine ganze Reihe namhafter Dichterinnen bekannt. Die berühmteste unter ihnen, Murasaki Shikibu, steht allerdings schon stark unter dem Einfluß des buddhistischen Askeseideals und kann deshalb nicht als typische Vertreterin weiblicher Dichtung gelten. Im japanischen höfischen Minnesang zeichnet sich eine ganz ähnliche Entwicklung ab wie im französisch-deutschen Minnelied des Mittelalters, wo für kurze Zeit eine echte erotische Literatur von hohem Rang erblühte, um unter dem Einfluß der kirchlichen Zensur von einer schmachtenden, sinnesfeindlichen Entsagungspoesie abgelöst zu werden.[22]

4. Das vorklassische Griechenland

Bevor indogermanische Stämme ab ca. 2000 v. Chr. von Nordosten her in die Balkanhalbinsel einfielen, war Griechenland ein blühendes Land mit einer hochentwickelten agrarischen Kultur. F. Schachermeyr schätzt, daß es um die Mitte des 3. Jahrtausends v. Chr. bereits ebensoviele, wenn nicht sogar mehr Dörfer gegeben hat als im heutigen (verkarsteten) Griechenland. Die Städte Athen und Lerna, Mykene und Tiryns auf dem Peloponnes bestanden als kleine, enggedrängte städtische Siedlungen bereits vor der kriegerischen Landnahme durch die Indogermanen.

Diese nach ihrem bekanntesten Fundort in Thessalien so genannte *Sesklo-Kultur* geht bis weit ins 5. Jahrtausend zurück und schließt sich in ihrem Kulturgut eng an die neolithische Dorf- und Stadtkultur Anatoliens (7. und 6. Jahrtausend Çatal Hüyük) an. Unter der bekannten Sesklo-Keramik finden wir besonders kunstvoll gearbeitete Statuetten der Muttergöttin als Zeugnisse der matrizentrischen Religiosität, wie sie in dieser Zeit für ganz Griechenland, die Inselwelt und die Westküste Anatoliens (Troia) typisch sind.[1] Der weitaus wertvollste Fund dieser Art stammt von der Insel Amorgos, nämlich eine fast lebensgroße weibliche Marmorstatue aus dem 3. Jahrtausend (2800–2200) v. Chr. Die nackte Figur erinnert in ihrer Haltung, mit ihren unter der Brust verschränkten Armen und dem Gesicht, das nur die Nase plastisch hervortreten läßt, ganz an einen weitverbreiteten Typus von Göttinnen-Idolen aus dem Neolithikum, und stellt somit den absolut logischen Übergang zwischen den unzähligen kleinen und kleinsten Vorzeitgöttinnen und den Großplastiken der Göttin

Abb. 11

dar, ein Zwischenglied, von dem immer behauptet wird, es würde fehlen. Von dieser Statue, die Henry Moore aufs höchste bewunderte, lernen wir auch, daß die fehlenden Gesichtszüge der Göttin durch Bemalung ergänzt waren, was den Begriff der »anikonischen«, das heißt gesichtslosen Köpfe vieler Vorzeitidole vielleicht gegenstandslos macht.[2]

Ein Jahrtausend später, also im 2. vorchristlichen Jahrtausend, begegnen wir einer vollentwickelten *Großplastik auf der Insel Keos*, wo man in einer Tempelanlage 19 – ursprünglich waren es wahrscheinlich 24 – freistehende weibliche Figuren von halber bis ganzer Lebensgröße fand. Hier ist der kretische Einfluß deutlich, denn die in Tanzbewegung dargestellten Frauen, wahrscheinlich Dionysospriesterinnen (im gleichen Heiligtum befand sich zur klassischen Zeit ein Dionysoskult), tragen die typische kretische Tracht. So taucht auf den griechischen Inseln die Großplastik auf, die man in Kreta vermißt, weil sie dort wahrscheinlich aus Holz geschaffen war und bis auf minimale Reste verbrannte[3] (ganz abgesehen davon, daß wir schon vor dem Jahr 2000 in Malta den Torso einer steinernen Kolossalstatue einer Muttergottheit von über 2 m Höhe vor uns haben, die wir aber, wie die gesamte westliche Megalithkultur, völkergeschichtlich nicht einordnen können). Jedenfalls zerstören diese frühen Zeugnisse das Vorurteil, erst die Griechen hätten dem Abendland die Großplastik gebracht.

Begegnung zwischen Indogermanen und ägäischer Kultur
Träger dieser hohen und durchwegs friedlichen Kultur vor den großen Einwanderungen war die *ägäische Urbevölkerung*, die mit derjenigen Anatoliens und Kretas rassisch und sprachlich eng verwandt war, und die von den Griechen später Pelasger, Karer, Lyder, Lykier, Legerer und Myser genannt wurde. Daß *alle diese Völker mutterrechtlich organisiert* waren, hatte Bachofen als erster aufgrund antiker Quellen nachgewiesen und bekannt gemacht.[4] Schon vor dem Einfall der Indogermanen erfuhr diese matrizentrische Grundkultur eine erste kriegerische Störung durch die nach einem Fundort so genannte »Dimini«-Wanderung der Bandkeramiker, deren Herkunft unbekannt ist, die aber in Thessalien bereits die ersten Burgen und Stadtmauern hinterließen. Als erste Eroberungswelle der Indogermanen kamen zu Beginn des 2. Jahrtausends die Achäer, die bis zum Peloponnes vorstießen und unter ihren steinernen Äxten den größten Teil der damaligen materiellen Kultur begruben.

Nach dieser barbarischen Auslöschung gab es in Griechenland 300 Jahre lang nur noch Spuren von primitivster Keramik, bis endlich der

Funke für ein neues kulturelles Licht vom versinkenden Stern Kretas auf das griechische Festland übersprang. Was man als die *mykenische Kultur* bezeichnet, ist nicht, wie oft behauptet wird, eine Verschmelzung der Erobererkultur mit der kretischen, sondern eine Übernahme und Ausbeutung der kretischen Kultur durch die neuen Herren von Griechenland. Ab 1600 v. Chr. stehen kretische Handwerker im Dienste des achäischen Kriegsadels, und durch sie entstehen in kurzer Zeit die Paläste von *Mykene und Tiryns* auf dem Peloponnes und die Paläste von Theben und Orchomenos in Boötien. Was wir hier sehen, ist praktisch eine Kopie der kretischen Paläste mit den gleichen sanitären Anlagen wie in Knossos – das Wort für Bad »asaminthos« bleibt in Griechenland immer ein kretisches Lehnwort – mit den gleichen Wandfresken und denselben sakralen Symbolen. Hier finden wir die Blumen- und Landschaftsmotive Kretas wieder, die Fabeltiere, die von Priesterinnen angeführten Opferprozessionen und das *Bild der kretischen Göttin*, von der in Mykene eine wundervolle Elfenbeinschnitzerei erhalten ist. Diese Gruppenplastik stellt zwei sitzende Göttinnen im typisch kretischen Stufenrock dar, die sich mit den Armen umfangen und auf ihrem Schoß ein Kind halten, was man wohl zu Recht als Vorläufer des Demeter-Kore-Pluto-Motivs in der späteren griechischen Mythologie gedeutet hat.[5] Nur die zyklopischen Befestigungsmauern Mykenes und die Jagd- und Kriegsszenen auf den Malereien haben die kriegerischen Herren zusätzlich in Auftrag gegeben, Szenen, die in Kreta durchwegs fehlen. Auch ließen sie sich eine Menge von Gebrauchswaffen in edler Ausführung anfertigen und Streitwagen, die ihnen zu Turnierspielen dienten. Pferde und Streitwagen haben die Achäer wahrscheinlich nicht selbst mitgebracht, sondern von den Hyksos, ihren indogermanischen Vettern, übernommen, die in Mesopotamien und Ägypten einen kurzen, aber spektakulären weltgeschichtlichen Auftritt hatten.

Spätestens hier stellt sich die Frage, wer diese Indogermanen eigentlich waren und warum sie in immer neuen Wellen aus ihrer Heimat, dem Raum um das kaspische Meer, nach Süden und Westen heranstürmten: die Hethiter nach Babylonien, die Arier nach Indien, die Hyksos bis nach Ägypten, die Skyten, Illyrer und Phrygier nach Kleinasien, die Philister nach Palästina, die Thraker, Achäer und Dorer auf den Balkan, die Italiker auf die Apenninen-Halbinsel. Allgemein wird angenommen, daß sie *Viehhirten, besonders Pferdezüchter,* gewesen sind. Im übrigen aber gehen die Meinungen auseinander: für stolze, hochbegabte Hirtenkrieger halten sie die einen, die dem Abendland die patriarchale Gesellschaftsordnung, den obersten Vatergott und die Idee der Jungfräulichkeit brachten und die sich zudem durch einen klaren, künstlerischen Formwillen auszeichneten; für unbedarfte Barbaren, die ihre ganze Kultur den überherrschten Urbewohnern verdanken, halten sie die anderen.[6] Wenn man ihre Einbrüche in Griechenland bedenkt, besonders auch die zweite Welle der Dorer im 12. Jahrhundert v. Chr., die nun ihrerseits die vorgefundene mykenische Kultur der Achäer brutal zerstörten, so neigt man eher zur zweiten Auffassung. Nach nochmaliger, wieder ca. 300 Jahre währender Dunkelheit über Griechenland kam es aber dann zu einer solchen *Blüte der griechischen Kultur auf den Gebieten der Architektur, der Dichtkunst und der Wissenschaft*, zu einer Originalität des Stils und einer Vollendung der sprachlichen Form im Idiom der Eroberer, daß wir diese schwerlich für pure Barbaren halten können.

Die Verwirrung beginnt bereits beim Begriff des Hirtenkriegers oder Hirtennomaden, der, wie schon einmal ausgeführt, deshalb irreführend ist, weil es reine Hirtenvölker als ursprünglichen Kulturzustand nicht gibt (vgl. S. 113). Wo sie auftreten, sind sie ehemalige Ackerbauern und Viehzüchter, die entweder durch zu rasches Bevölkerungswachstum in Raumnot gerieten oder durch Klimaverschlechterung ihre agrarische Existenzbasis verloren. Für die Stämme der Indogermanen könnte beides zutreffen: reiche Ackerböden im Nordwesten des Kaspischen Meeres einerseits, versteppte Flächen im Norden andererseits.

Für eine ehemals *seßhafte Agrarkultur* spricht das hohe handwerkliche Können verschiedener indogermanischer Stämme besonders auf dem Gebiet der Metallverarbeitung – man denke an die Schmiedekunst der Thraker und Skythen – und auch die Tatsache, daß sie keine Reiter waren, wohl aber den Wagen kannten, den sie auf ihren Wanderungen als Streitwagen benutzten. Nicht zuletzt setzt die hochdifferenzierte indogermanische Sprache wie das Hethitische, das indische Sanskrit und das Griechische Homers eine lange und weitgediehene Kulturentwicklung voraus.

Das agrarische Erbe würde aber auch eine *matrizentrische Mythologie und Gesellschaftsstruktur* nahelegen. Daß dies für die Hethiter, die ersten Indogermanen, die uns im mesopotamischen Raum begegnen, mit Sicherheit zutrifft, und daß auch für die Indoarier Spuren matrizentrischen Kulturgutes nachweisbar sind, haben wir bereits gesehen. Von allen übrigen Indogermanen, einschließlich der Griechen, wissen wir, daß sie sich den matrizentrischen Götterhimmel der besiegten Völker nahezu vollständig aneigneten und nur da und dort die Namen ihrer hergebrachten Götter hinzufügten. So ist der Name der griechischen Mutter- und

Erdgöttin Demeter bekanntlich eine Kombination aus dem vorgriechischen Da und dem indogermanischen mater.[7] Schon diese reibungslose *Verschmelzung der Mythenwelt* macht es wahrscheinlich, daß die aufeinandertreffenden Religionssysteme so verschieden nicht waren.[8] Wenn wir an die erste Berührung der beiden Kulturen in Mykene denken, so wäre es völlig abwegig, sich vorzustellen, die Eroberer hätten sich Kultbilder anfertigen lassen, die ihren eigenen religiösen Vorstellungen diametral zuwiderliefen. Nirgends aber begegnen wir in Mykene oder später in dem von den Dorern eroberten Kreta dem *olympischen Zeus*. Dieser Himmelsgott mit seinem indogermanischen Namen wurde vielmehr mit dem kretischen Velchanos gleichgesetzt, mit jenem Fruchtbarkeitsgott, der auf einer griechisch-kretischen Münze als bartloser, jugendlicher Gott in einer heiligen Weide (Baumkult der Göttin!) sitzend dargestellt ist und der in einem Hymnos als »Zeus, der größte Kouros« (Knabe) angerufen wird, der in alle Saaten und Vorratsgefäße und in alle Betten und Herden springen soll.[9] Wenn Homer sagt, die Kreter seien Lügner, weil sie behaupten, ihre Götter seien sterblich, so bestätigt dies nur den ursprünglichen Charakter des kretischen Zeus-Velchanos als sterbende und wiederauferstehende Vegetationsgottheit. Wieviel auch der klassische Zeus von seinem kretischen Vorbild übernommen hat, zeigt nicht nur sein Geburtsmythos, wonach er als Knäblein von seiner göttlichen Mutter Rhea in der Idahöhle auf Kreta verborgen wurde, um dort von der heiligen Ziege Amalthea und der göttlichen Biene Melissa aufgezogen zu werden, sondern auch seine mythische Verbindung mit dem Stier.

Wie Zeus als oberster Göttervater eine relativ späte Erscheinung am griechischen Götterhimmel ist, so ist die weitere Annahme, die Indogermanen hätten das *Ideal der Jungfräulichkeit* nach Europa gebracht, mit Sicherheit irrig. Dem sprechen die freien Sitten im alten Sparta geradezu Hohn (vgl. S. 211 f.).

Was aber die patriarchale Gesellschaftsordnung angeht, so war sie im Spiegel der *Orestsage*, wie sie Aischylos gestaltet hat, nicht die von jeher bestehende Ordnung bei den griechischen Stämmen. Die Tragödie selbst und die daran anschließende theologische Disputation schildern sehr deutlich die inneren Kämpfe, die während des heldischen Zeitalters bei der *Ablösung der matrizentrischen Lebensform durch die patriarchale Herrschaft* stattgefunden haben.

Kultische und staatspolitische Bedeutung der Frau

Für die ursprünglich hohe Stellung der Frau beim achäischen Kriegsadel sprechen auch die neusten Erkenntnisse über mykenische Grabfunde. Im Kuppelgrab von Dendra (ca. 1350 v. Chr.), in dem ein mykenisches Fürstenpaar mit seiner Tochter begraben liegt, sind die *Grabbeilagen* für die weiblichen Personen mindestens ebenso bedeutend wie für den Mann. Darunter befindet sich ein mit kultischen Motiven verzierter Siegelring, der bei der jungen Prinzessin lag; ein Umstand, den H. Müller-Karpe, der Neuinterpret des Grabes, allerdings für ein Versehen hält. Wenn wir aber an die Begräbnissitten für die ägyptischen Prinzessinnen denken, unter denen auch die jüngsten von ihnen mit allen Ehrungen der Thronerbin bestattet wurden, so müßte bei dieser Fundlage durchaus kein Irrtum vorliegen.[10] Das mitgegebene (Staats-?)Siegel könnte im Gegenteil auf die weibliche Tradierung des Thrones hinweisen. Aber auch wenn man es zu den Beigaben der Fürstin rechnet, so sind diese insgesamt ein Indiz für die kultische und staatspolitische Bedeutung der königlichen Frau.

Im übrigen wies H. Müller-Karpe (1985) die ursprüngliche Interpretation des Grabes durch seinen Entdecker A. Persson (1926) als aus der Luft gegriffen zurück, wonach es sich bei der Paarbestattung um »Sati« handeln sollte im Sinne einer gewaltsamen Nachfolgebestattung der Fürstin. Die umfangreichen Studien Müller-Karpes über Paarbestattungen im Neolithikum aus verschiedenen Teilen der Welt sind auch geeignet, Gordon Childe's Sati-Deutungen aus diesem Zeitraum zu entkräften, der mit dieser Bestattungsform die uralte Vorherrschaft des Mannes bestätigt sehen wollte.[11] Die hohe Stellung der Frau in der mykenischen Gesellschaft bezeugen zudem die Wandgemälde in den mykenischen Palästen, auf denen griechische Prinzessinnen die kretische Federkrone tragen und mit höchsten priesterlichen Würden ausgestattet sind oder auch als Wagenlenkerinnen bei den Turnierspielen auftreten.[12]

Die freien Sitten der Frauen in Sparta

Erst recht müssen wir an der Behauptung, die einwandernden Indogermanen hätten eine feste, patriarchale Sippenordnung schon mitgebracht, irre werden, wenn wir die gesellschaftlichen Strukturen im alten Sparta betrachten. Die Spartiaten, als die erfolgreichsten Krieger der Dorer und nach rücksichtslosen Kämpfen Herren des Peloponnes, sind im Spiegel der griechischen Schriftsteller für ihre harte militärische Zucht ebenso berühmt wie für die freien Sitten ihrer Frauen berüchtigt. Die Spartiatinnen nahmen nicht nur wie ihre mykenischen Vorläuferinnen aktiv an den

Wagenrennen teil, sondern traten auch nackt bei gymnastischen Veranstaltungen auf. Darüber hinaus ist bekannt, daß sie vor und während der Ehe außerordentliche sexuelle Freiheiten genossen und daß die unehelichen Kinder den ehelichen gleichgestellt waren, auch wenn sie von einem Sklaven stammten. Wenn man das letztere damit zu erklären versuchte, daß die zahlenmäßig kleine Oberschicht an einem möglichst großen Nachwuchs interessiert war, so deckt diese Erklärung weitere Berichte nicht ab, die eindeutige Indizien für eine *matrilineale Familienstruktur* darstellen: Der Grundbesitz in Sparta stand in der Verwaltung der mütterlichen Sippe, die spartanischen Heroen nennen ausschließlich die Namen ihrer Mütter, und es soll sogar Brüder-Polyandrie, also Vielmännerei unter den Spartiatinnen gegeben haben.[13] Auch beweist eine archaische Malerei aus dem dorischen Korinth, daß die Spartiatin *priesterliche Funktionen* wahrnahm. Die Weihegabe in Form einer Holztafel stellt eine Opferszene dar, bei der Priesterinnen die sakralen Handlungen vollziehen, während junge Männer als Musikanten und Ministranten dienen.[14]

Die starke Stellung des weiblichen Geschlechts scheint in der griechischen Frühzeit aber nicht auf Sparta beschränkt gewesen zu sein. An den frühesten panhellenischen Spielen in *Olympia* nahmen auch junge Frauen teil – allerdings auf Anweisung der Männer getrennt von diesen –, während eine Demeter-Priesterin den Vorsitz über die gesamten weiblichen und männlichen Spiele führte.[15] Gerade Olympia als religiöses Zentrum Griechenlands, das in seinen Anfängen weit in die Zeit vor der dorischen Einwanderung zurückweist, illustriert sehr gut den Entwicklungsweg des griechischen Götterhimmels von der matrizentrischen zur patrizentrischen Ideologie. Nicht Zeus, der Göttervater, steht am Anfang – sein berühmter Tempel in Olympia entsteht erst in der Mitte des 5. Jahrhunderts v. Chr. –, sondern die großen Muttergottheiten wie *Demeter und Hera*, deren ursprünglich aus Holz errichteter Tempel in Olympia mindestens 300 Jahre älter ist. R. v. Ranke-Graves nimmt an, daß das Wettrennen als die ursprünglichste Disziplin der olympischen Spiele in frühester Zeit einerseits der Erkürung der jungen Mondprinzessin diente, welche die alte Hohepriesterin des Heratempels ersetzte, und andererseits der Erkürung des sakralen Königs, der nach seinem Sieg durch seine Heirat mit der Priesterin König wurde. Dabei versteht er den Wink des Pythagoras an seine Freunde, sie sollten an den Wettkämpfen teilnehmen, aber nicht gewinnen, als einen Hinweis auf die Bestimmung des Siegers als Opferkönig.[16] An dieses sakrale Königtum hat freilich Homer schon keine Erinnerung mehr (oder er erwähnt es nicht), während in der Sage von Kekrops und Amphitryon das Wettrennen des Königs um die Erbtochter noch anklingt.[17] Auch ist uns vom Heratempel in Argos ein Katalog der Herapriesterinnen überliefert, der weit in die Frühgeschichte zurückreicht und aus dem hervorgeht, daß man dort die Jahre des Landes nach der Amtszeit der Priesterinnen zählte wie anderswo nach der Regierungszeit der Könige.[18]

Die Großen Göttinnen

Im übrigen waren alle frühen dorischen Tempel nicht dem Zeus, sondern den Großen Göttinnen geweiht: in Sparta selbst der Athene und der Artemis Orthia, vor deren Kultbild sich die spartanischen Jünglinge in einem flagellantischen Ritus auspeitschen ließen, in den spartanischen Kolonien Unteritaliens der Hera und der Athene (und dem Naturgott Poseidon), in der spartanischen Tochterstadt Korkya auf Korfu der großen Medusa.[19] Es kann kein Zufall sein, daß auf Korfu an einem der ersten großen Steintempel und im ersten uns erhaltenen Giebelrelief überhaupt im Zentrum die Riesengestalt der *Gorgo Medusa* erscheint, jene Göttin, die aus patriarchaler Sicht nur ein schreckliches, zu vernichtendes Ungeheuer war, das der Zeussohn Perseus enthauptete. Wer diese Medusa eigentlich war, verraten vielleicht am besten die vielen *Schutzfunktionen*, die auch im späteren Griechenland dem Medusenhaupt noch zukamen. Nicht nur trägt Athene ein Gorgonenhaupt auf ihrem Schild, auch der gewöhnliche Sterbliche umgab sich in seinen Häusern, auf Mauern und Toren, auf seinen Einrichtungsgegenständen und Gebrauchsgefäßen mit dem schützenden Bild der Medusa.[20] Von diesem apotropäischen »Gorgoneion«, dem Medusenhaupt mit Schlangenhaar und bleckender Zunge, sieht man auf griechischen Vasen und Weinschalen oft nur ein großes Augenpaar,[21] und dieses schutzbringende Augenidol erinnert einerseits an prähistorische Mutteridole mit teilweise starker Augenbetonung und andererseits an die Bildkompositionen der kretischen Siegel. Wenn uns die kretische Göttin als Eule mit großen Augen anblickt, als Schmetterlingsgöttin mit großen Augen auf den Flügeln – wobei die Augenzeichnung in der Natur tatsächlich ein apotropäisches Zeichen ist, das den Schmetterling vor dem Zugriff der Vögel schützt – oder als großäugige Tintenfischgöttin mit dem aus den Fangarmen gebildeten Schlangenhaar, so sind das die gleichen Augen, welche die griechische Medusa auf ihre Schutzbefohlenen richtet. Zweifellos war die Gorgo Medusa eine Große Göttin, die das Mittelglied zwischen der kretischen Göttin und der Großen Athene darstellt. Wie die Medusa ihren unheilgebietenden Blick – im Doppelsinn dieses Wortes – und ihr Schlangenhaar von der kretischen Göttin erbte (wobei die mediterrane Bezeichnung »Meduse« für die Meeresqualle die Beziehung der Medusa zur kretischen Tintenfischgöttin zu bestätigen scheint), so gab sie dieses Erbe an die »eulenäugige« Athene weiter, die auf ihren frühesten Statuen nicht nur die schlangengesäumte Aegis (Ziegenfell), sondern auch das Schlangenhaar trägt.[22]

Trotz ihrer späteren patriarchalen Festlegung auf die jungfräuliche Tochter des Zeus und, als »Pallas Athene«, auf die Kriegs- und Schutzgöttin Athens hat das kultische Leben Griechenlands die Erinnerung an die universale Göttin *Athene* immer bewahrt. Ihr sind die Ölbäume heilig, was sie, wie Demeter, zur Herrin der Pflanzen macht, und in ihrem Tempel hauste bis zu den Perserkriegen eine heilige Schlange, deren chthonisch-phallischer Aspekt sich in den alten Weihefesten erhalten hat. Ursprünglich war auch sie eine *Lebens-, Liebes- und Todesgöttin* und stand als solche in Beziehung zu den Mondphasen, wie sich aus ihrem Festkalender ablesen läßt.[23]

Das gleiche gilt für *Artemis*, die einen indogermanischen Namen trägt und die, wie Demeter, mit einer autochthonen Großen Göttin verschmolz. Sowohl in Sparta wie in der ionischen Kolonie Ephesos galt ihre Verehrung nicht der scheuen, jungfräulichen Jägerin, auf die sie die patriarchale Theologie reduzierte, sondern der großen *Muttergöttin und Heilerin*, in deren Umkreis sich der Aeskulap-Kult ansiedelte und der man als Herrin über Leben und Tod in frühgriechischer Zeit noch Menschenopfer darbrachte.[24]

Auf die unendlich komplexe *griechische Mythologie* näher einzugehen, ist hier nicht der Ort. Dazu muß ich auf die umfassenden Studien von Karl Kerenyi und Robert v. Ranke-Graves verweisen. Hier seien nur ein paar grundsätzliche Dinge ins Licht gerückt. Einmal die Tatsache, daß unsere Kenntnisse vom griechischen Götter-»Himmel« – ein Begriff, der an sich schon eine einseitige Verzerrung darstellt, weil er die erdhaften und die Unterweltsaspekte unberücksichtigt läßt – weitgehend von *Homer und Hesiod* stammen, und daß beide Dichter uns ein zum Teil sogar bewußt tendenziöses Bild der Götterwelt vermitteln. Homer (9. oder 8. Jahrhundert v. Chr.) als der Dichter des Kriegeradels hat die »olympischen« Götter, vertreten vor allem durch Zeus, Apollon und Pallas Athene, als die »oberen«, patriarchalen Gottheiten den »unteren«, chthonischen Gottheiten wie Demeter, Poseidon und Dionysos polar gegenübergestellt, eine *Polarisierung*, die dem kultischen Selbstverständnis der Griechen zu allen Zeiten fremd war.²⁵ Hesiod (um 700 v. Chr.) aber, dem in seinem persönlichen Leben viel Unrecht widerfahren war, wollte mit seiner berühmten »*Theogonie*« (wörtlich: das Werden der Götter) eine gerechte Götterordnung erst schaffen und versuchte, die unendliche Vielfalt der Mythologeme in eine konsequente theologische Ordnung zu bringen, die es in Wirklichkeit in Griechenland nie gab. Dies war schon deshalb nicht möglich, weil zu keiner Zeit eine zentral gelenkte Priesterschaft in Griechenland existierte.²⁶ Trotz seines Bemühens, die Vielfalt religiöser Überlieferungen an einen patrizentrischen Leitfaden zu knüpfen und den von ihm verehrten Zeus zum obersten Göttervater und Walter der Gerechtigkeit zu proklamieren, läßt Hesiod die Schöpfung aus *zwei Urgöttinnen – Nyx und Gaia* – entstehen. Und in seiner berühmten Einleitung zur Theogonie spricht er von fünf Weltaltern, von denen er das matriarchale Zeitalter (bei ihm das silberne) der heldischen Bronzezeit und seinem eigenen, eisernen Zeitalter vorausgehen läßt.

Zum andern besteht in Griechenland, wie in vielen anderen Hochkulturen, ein großer Unterschied zwischen dem *offiziellen Staatskult*, der von der patriarchalen Oberschicht getragen wird, und dem breiten *Strom des religiösen Lebens*, wie er sich in den großen Festen äußert oder auch in den *Geheimkulten*, welche die uralten matrizentrischen Gottheiten tradieren. Offiziell stehen Zeus und Apollon im Zentrum der Verehrung, aber es gibt in ganz Griechenland kein einziges großes Fest zu Ehren des Zeus. Die *Panathenäen*, jenes nationale Weihefest, das alle vier Jahre die Hellenen vereinte und das mit den olympischen Spielen vergleichbar ist, galt der Athene, und zwar nicht nur der Schutzgöttin der Stadt, sondern der universalen Großen Göttin. Ihr wurden in einer riesigen Prozession Tier- und Pflanzenopfer dargebracht, und für ihre Statue auf der Akropolis wirkten die Frauen Athens jeweils ein neues, prachtvolles Gewand. Die halsbrecherischen Pferdespiele und Wagenrennen lassen sogar das alte Motiv des Menschenopfers anklingen wie bei den kretischen Stierspielen: griechische Vasenbilder zeigen Kämpfer in voller Rüstung den salto mortale über einen Pferderücken vollführen, und die sogenannten »Apobaten« mußten bei den Wagenrennen in voller Fahrt ab- und aufspringen.²⁷

Die *Thesmophorien*, die in ganz Griechenland die Aussaat auf den herbstlichen Feldern begleiteten, riefen die Demeter um ihren Segen an, und die Eleusinischen Mysterien, die sich wahrscheinlich daraus entwickelten, feierten die geistige Erneuerung der Mysten durch Demeter/Kore und ihren Sohn Triptelemos/Dionysos.

Schließlich steht auch das griechische Theater unter dem Patronat des

Dionysos, der neben den großen Amphitheatern seine Kultstätte besaß und dem als Auftakt der Tragödie ein Tieropfer dargebracht wurde. Alle männlichen Götter, die im griechischen Volkskult, aber auch im Geheimkult eine Rolle spielen, sind phallische *Fruchtbarkeitsgötter*, allen voran *Hermes*, der Sohn der Erdgöttin Maia, und Dionysos, der Sohn der Demeter. Wie später die christlichen Kruzifixe, so standen an den Wegkreuzen des alten Griechenlands die sogenannten »Hermen«, Pfeiler mit dem Kopf des Hermes, die oft ithyphallisch gestaltet waren, d. h. mit erigiertem Glied. Auch von Dionysos kennt man die Pfeiler mit seiner Maske, und beide Götter tragen den phallischen Stab, Hermes das Kerykeion, den schlangenumwundenen Lorbeerstab, Dionysos den Thyrsosstab, der mit einem Pinienzapfen bekrönt und von Weinlaub und Efeu bekränzt ist. Alle diese Vegetationsgötter stehen auch in großer Nähe zum Tod. Bevor Hermes zum olympischen Götterboten wurde (und sein Stab zum Heroldsstab), war er der Begleiter der Toten in die Unterwelt, und besonders in der Gestalt des Dionysos spiegelt sich der Wechsel von Liebesrausch und Tod, von Ekstase und Selbstopferung. Feierten die *Mänaden* (Dionysos-Priesterinnen) und *Satyrn* im Gefolge des Dionysos orgiastische Feste zur Zeit der Weinlese, so zerrissen die gleichen Mänaden während der Lenäen im Winter in rasendem Tanz ein Widderkitz oder Böcklein, die wohl anstelle des ursprünglichen Jünglingsopfers getreten sind.[28]

Auch der berühmte *Linos*, der Kultgesang, den alle Griechen kennen, ist der uralte Klagegesang um den *sterbenden Gott*, den Herodot zu seinem Erstaunen in Ägypten wiederfand[29] und den er auch in ganz Kleinasien und Mesopotamien hätte antreffen können. Wie sich schon an der Entwicklung der Zeus-Gestalt zeigte, gibt es ursprünglich überhaupt keinen griechischen Gott außerhalb des Vegetationskultes. Dies gilt für den bocksgestaltigen Pan ebenso wie für den späteren Kriegsgott Ares, der einst der Geliebte der Aphrodite war. Selbst Apollon, dem verräterischerweise die phallische Pappel heilig ist und den der Wolf, das alte Todestier, begleitet, war ursprünglich ein Schützer der Herden und zugleich der todbringende Bogenschütze, bevor er als Sonnengott in den Olymp und als Gott der Weissagung in Delphi einzog.

Delphi selbst, genannt nach dem weiblichen Drachen Delphine, der die heilige Quelle Kastalia bewachte, war laut Aischylos die *Orakelstätte der Urzeitgöttin Gaia und ihrer Töchter Themis und Phoibe*, die aus dem Mund einer alten Priesterin, der *Pythia*, weissagten. Der Ort ist schon in mykenischer Zeit belegt, und es fanden sich dort Idole einer Urzeitgöttin mit weit ausgebreiteten Armen. Erst im 7. Jahrhundert v. Chr. wird der Apollontempel nach Delphi verlegt, wo der Liebling der olympischen Götter nach dem homerischen Mythos den Drachen tötete (der nun plötzlich ein männlicher Drache namens Python ist) und sich das Orakel zu eigen machte.[30]

Trotz dieser gewaltsamen Eroberung des Heiligtums durch den olympischen Apoll blieb das Medium des delphischen Orakels immer eine alte Priesterin, die auf ihrem geheimnisvollen *Dreifuß* saß, um von diesem Thron der Weissagung aus den Ratsuchenden ihre dunklen Antworten zu geben. Wenn wir dem Ursprung des rätselhaften Dreifußes nachgehen, so taucht er immer im Zusammenhang mit matrizentrischen Kulturen auf: wir finden ihn in Kreta als dreifüßigen Kochkessel, als Fruchtständer und Opfergefäß, in China in Form von dreifüßigen Sakralbronzen aus der Shang-Zeit, bei den Etruskern als kunstvolles dreifüßiges Räucherbekken, das die Römer übernahmen. Auch Athene trägt auf ihrem Schild mitunter das Bild eines Dreifußes.[31] Bei den Kelten dient der Dreifuß als Blutkessel für ihre Opferkulte und im Mittelalter beschäftigt er die Phantasie als Hexenkessel und als Hexenstuhl. Neben dem Dreifuß gibt es aber noch ein weiteres handgreifliches Indiz für den ursprünglich matrizentrischen Kult in Delphi, den sogenannten *Omphalos*, einen uralten, schwarzen Stein, der im Allerheiligsten als »Nabel der Welt« verehrt wurde,[32] vergleichbar mit dem schwarzen Stein der Ka'aba von Mekka. Wenn sich nach der klassischen griechischen Vorstellung auf diesem Stein zwei von Zeus ausgesandte Adler niedergelassen und damit das Heiligtum begründet haben sollen, so ist dies als Absicht zu verstehen, dem matrizentrischen Ursprung von Delphi eine patriarchale Wendung zu geben.

Die griechische Frau als Priesterin

Im übrigen spielte die *griechische Frau als Priesterin* nicht nur an der Orakelstätte von Delphi eine hervorragende Rolle. Beim Athenäum stellte die Oberpriesterin – die keine Jungfrau, sondern eine Matrone war – die Göttin Athene in ihren verschiedenen Festkostümen in corpore dar; bei den herbstlichen Thesmophorien scheint die Ausführung des Kultes, in dessen Mittelpunkt der heilige Krug (Kernos) mit dem Saatgut stand, ausschließlich priesterlichen Frauen vorbehalten gewesen zu sein, und bei den Eleusinischen Mysterien wurden die Adepten des Kultes von Frauen eingeweiht.[33]

Im klassischen Griechenland gab es sogar noch eine Reminiszenz an die sakrale Königin in Gestalt der *Basilenna* (wörtlich Königin) genannten

Hohepriesterin, die bei den *Antesterien*, dem Frühlingsfest von Athen, eine symbolische *Heilige Hochzeit mit Dionysos* in dessen Tempel vollzog.[34] Ihr Gemahl, der Basileus, war dagegen der Funktion des sakralen Königs längst verlustig gegangen.

Subordination der Athenerin in Ehe und Gesellschaft
In krassem Gegensatz zu ihrer Bedeutung in Mythos und Kult steht die *Subordination der Athenerin in der Ehe und in der Gesellschaft der klassischen Zeit*. Das patriarchale Ehegesetz machte sie praktisch rechtlos, so daß sie weder erbberechtigt war, noch irgendwelche Verträge oder Geschäfte abschließen konnte. Sie durfte nicht an öffentlichen Geselligkeiten teilnehmen, das Theater war ihr als Darstellerin wie als Zuschauerin verschlossen, und als Ehefrau war ihr jede höhere Bildung vorenthalten. Sie hatte ihren Ehemann als »Herr« anzureden und war sogar in ihrem eigenen Hause von der Tafel verbannt, wenn der Mann Gäste nach Hause brachte. Und während der Mann jede erdenkliche sexuelle Freiheit genoß, wurde die »Tugend« der Ehefrau durch einen gesetzlich bestellten Vormund peinlich bewacht.

Diese demütigende Lage der griechischen Frau wurde oft als Beispiel dafür zitiert, daß gesellschaftliche Unterdrückung der Frau und mythische Erhöhung des Weiblichen durchaus miteinander verträglich seien, ja, daß die schmeichelhafte religiöse Rolle der Frau sogar ein zynisches Kompensationsangebot des herrschenden Patriarchats darstellen könnte, welches Frauen daran hindert, ihre gesellschaftliche Rolle zu durchschauen. Diese Argumentation mag für fortgeschrittene patriarchale Systeme mit einer zentral gesteuerten Theologie, wie etwa das christliche Mittelalter, gelten, doch kann sie weder einen matrizentrischen Mythos, der dem patriarchalen vorausgeht, erklären, noch die angestammte Rolle der Frau im Kult. Wie wir sahen, war in früher Zeit, während der heldischen Epoche der Achäer und Dorer, auch die gesellschaftliche Stellung der Frau wesentlich freier als in der viel späteren, klassischen Zeit, eine Tatsache, die unter anderem auch aus Homers Heldenepen hervorgeht. Die streng *patriarchale Form der griechischen Ehe* ist eine *relativ junge Konstruktion*, für die, ganz ähnlich wie im alten China, ein sagenhafter Stifter namentlich genannt wird. Wie so oft wird der *patriarchale Kulturstifter in die Vergangenheit projiziert*, um gegenwärtige Zustände zu rechtfertigen, wobei das Jahr 1066 v. Chr., in welchem Kekrops sowohl die Ehe als auch die Akropolis von Athen ins Leben gerufen haben soll, immer noch ein junges Datum ist.[35]

Die Hetäre

In diametralem Gegensatz zur verheirateten Frau führte die *Hetäre Athens* ein höchst angesehenes und freies Leben und nahm an der Bildung ihrer Zeit teil. Dies ist nur dadurch zu erklären, daß die Hetären das Erbe der einst hochgeschätzten Hierodulen antraten. Die altorientalische Sitte, nach welcher die Töchter angesehener Geschlechter den heiligen Tempeldienst versahen und mit den Priestern, aber auch mit jedem Fremden, der im Tempel opferte, »die Werke der Aphrodite« pflegten, war auch im griechischen Raum heimisch. Diese Sitte bestand im Artemisheiligtum der ionischen Kolonie Ephesos ebenso wie im spartanischen Tempel der Aphrodite von Korinth.[36] Nun verloren diese Hierodulen aber ihre gesellschaftliche Verankerung, sobald das patriarchale Eherecht die Jungfräulichkeit der Braut forderte und ein Tempelmädchen keine bürgerliche Ehe mehr eingehen konnte. Ursprünglich war dies üblich und für den Ehemann sogar ehrenvoll. Im »freien Gewerbe« entstanden dann alle Abstufungen von der selbstbewußten, gebildeten Hetäre, die meist über ein hohes Einkommen verfügte und auch recht geschäftstüchtig sein konnte, bis hin zum billigen Straßenmädchen und zur Sklavin, die in einem der amtlich überwachten Bordelle arbeitete.

Dabei kann natürlich keine Rede davon sein, daß die *Jungfräulichkeit* als ein moralischer Wert an sich geschätzt worden wäre. Sie war einzig und allein das Unterpfand dafür, daß die Kinder der Frau vom Ehemann stammten und damit seine rechtmäßigen Erben waren. Es gehört im Gegenteil zur doppelten Moral des Patriarchats, daß man die gebildete Hetäre als Gesellschafterin sehr schätzte und daß einige von ihnen sogar den großen griechischen Bildhauern für ihre erhabenen Göttinnenfiguren Modell standen, daß es aber undenkbar gewesen wäre, die eigene Tochter für eine solche Laufbahn freizugeben. So waren im klassischen Griechenland die bekannten Hetären die Töchter von Nichtbürgern oder Sklaven.[37]

Auf der anderen Seite scheinen die Bürgerinnen ihr frustrierendes Leben an der Seite eines meist ungeliebten Mannes, den der Vater für sie bestimmte, dadurch kompensiert zu haben, daß sie untereinander rege Kontakte pflegten. Vasenbilder zeigen, wie solche Frauengruppen, ungestört von ihren ständig abwesenden Gatten, zusammen musizieren, Schriftrollen studieren, Tänze einüben und sogar Sport treiben.[38]

Sappho: nicht die große Ausnahmeerscheinung

Auch konnte sich die ursprünglich starke *Stellung der Frau auf den griechischen Inseln*, die im Windschatten der Zentren patriarchaler Macht lagen, beharrlicher halten als auf dem Festland. Besonders die Insel *Lesbos* ist mit dem Ruhm der Dichterin *Sappho* verknüpft. Doch wer weiß schon, daß sie nicht die große Ausnahmeerscheinung war, sondern nur der hellste Stern in einer ganzen Reihe von Dichterinnen? Namen wie *Korinna, Erinna, Praxille*, die unter den Dichtern der Antike großes Ansehen besaßen, sind heute kaum noch bekannt.[39] Auf den Inseln waren aber nicht nur die Poesie, sondern auch die *bildenden Künste* stark vom weiblich-matrizentrischen Geist geprägt. In den Ateliers von Melos und Rhodos entstand lange vor der klassischen Zeit des Festlandes während des 7. Jahrhunderts v. Chr. jener herrliche griechische Goldschmuck, der sowohl in seinen Motiven als auch in seiner handwerklichen Raffinesse ganz an kretische Goldschmiedearbeiten erinnert und in dieser Vollendung erst wieder von den Etruskern gefertigt wurde. Auf diesen Halsgeschmeiden, Ohrgehängen und Schmucknadeln finden wir die *matrizentrische Symbolik* in allen ihren Variationen: Stierhorn und Doppelaxt, Granatapfel und Rosette, geflügelte Löwin und Greifenkopf, Taube und Schmetterling, und immer wieder die »Melissai«, die Göttinnen mit dem Bienenleib.[40] Wie lange das hohe handwerkliche Können der Inselateliers die griechische Kunst beeinflußte, zeigt sich unter anderem am Beispiel der Zeusstatue in Olympia. Sehr wahrscheinlich benutzte Phidias für das Adler-Zepter ein viel älteres Vorbild aus Zypern, das uns unversehrt erhalten blieb: ein erlesenes Zepter aus Gold und bunter Emaille-Einlegearbeit, welches nicht den Adler, sondern ein Falkenpaar als Herrschaftssymbol trägt. Dabei erscheinen die ungewöhnlich ausdrucksstarken Vogelfiguren in ihrer Kombination von größerem und kleinerem Tier wie ein Pendant zum kretischen Taubenpaar, das die Mutter-Tochter-Gottheit repräsentiert.[41]

5. Das etruskische Italien

»Für die älteste Geschichte Italiens war die etruskische Welt eine ebenso unerwartete Enthüllung wie für die Geschichte der griechischen Welt die kretische Kultur. Weder aus der einen noch aus der anderen Entdeckung hat man seitdem die Konsequenzen gezogen.«

Diese Worte des Romanisten und Mythenforschers Pierre Grimals aus dem Jahr 1965[1] haben mehr als 20 Jahre danach noch immer ihre volle Gültigkeit. Ganz abgesehen von den fehlenden Konsequenzen, von denen Grimal spricht, ist die Parallelsetzung der beiden Kulturen – *Kreta und Etrurien* – höchst interessant, weil sie ja historisch gesehen viel zu weit auseinanderliegen, als daß hier ein direkter gegenseitiger Einfluß hätte stattfinden können. War die kretische Kultur als nationale Einheit bereits vor dem 14. Jahrhundert v. Chr. versunken, so tritt uns die etruskische Welt als unverwechselbares kulturelles Gebilde erst ab dem 8. vorchristlichen Jahrhundert entgegen. Aus der bäuerlichen Villanova-Kultur der italienischen Urbevölkerung herausgewachsen, verschmolz sie mit orientalischen Einflüssen, die durch Handelsbeziehungen nach Kleinasien und wahrscheinlich auch durch Zuwanderung von dort den Kunststil der Etrusker wesentlich mitprägten. Aber trotz der ganz anderen Entstehungsbedingungen und der historischen Kluft, welche die beiden Kulturen trennt, bemerkt der Etruskerforscher J. Heurgon zu Recht, daß man bis nach Kreta zurückgehen muß, um eine ähnlich archaische Gesellschaft zu finden mit einer derart starken Betonung des weiblichen Elements.[2]

Schon die höchst *lebendige Malerei* mit ihren starken Farben und ihrer dynamisch-tänzerischen Komposition ist in beiden Kulturen sehr ähnlich. Auch hier die gänzlich unmilitärische, auf Lebensfreude und friedliche Ziele ausgerichtete Mentalität, die sich durch das völlige Fehlen von Kriegsszenen auszeichnet, jedenfalls während der ersten Jahrhunderte und vor dem fatalen Zusammenstoß mit den römischen Eroberern.

Lehrmeister der Römer

Der Zusammenstoß der etruskischen Kultur mit den römischen Stämmen, die sich als die erfolgreichsten unter den indogermanischen Eindringlingen in Italien erwiesen, gehört zu den dunkelsten und bewußt verfälschten Kapiteln der europäischen Geschichte. Wir wissen heute, daß die *Etrusker* im gleichen Maße die *Lehrmeister der Römer* waren wie es die Kreter für die Griechen gewesen sind. Die Etrusker waren hervorragende Agronomen und Architekten, von denen die Römer die Trockenlegung der Sümpfe, den Aquädukt- und Straßenbau, die Konstruktion von Torbogen und Kuppel, und nicht zuletzt das Bronze- und Eisenhandwerk übernahmen.

Und wir wissen heute auch, daß die angebliche Gründung der Stadt *Rom* im Jahre 753 v. Chr. durch die Römer eine politische Legende ist und daß die ersten vier römischen Könige nie existierten. Die »ewige Stadt« ist eine *etruskische Gründung* aus dem Jahr 575 v. Chr., und ihr erster König trägt einen etruskischen Namen – Tarquinius Priscus – wie auch die Namen der Hügel Roms und der Stadt selbst aus etruskischen Sprachstämmen abgeleitet sind. Die Etrusker erbauten die Via sacra, den ersten Tempel der Göttin Vesta, und sie legten den Grundstein für den Circus Maximus.[3]

Vermutlich haben die Römer der klassischen Zeit nicht bloß deshalb ihre *Frühgeschichte umgedichtet*, um den Ruhm der etruskischen Kulturerrungenschaften für sich zu buchen, sondern gleichzeitig auch, *um den matrizentrischen Urgrund zu verleugnen*, den sie in der italischen Grundkultur vorfanden und den sie auch innerhalb ihres eigenen Kulturerbes zu bekämpfen hatten. Jedenfalls ziehen sich durch die ganze römische Geschichte die allzu eloquenten Lobpreisungen der patriarchalen Gesellschaftsordnung und die entsprechenden Schmähreden über die Verderbtheit und Sittenlosigkeit vor allem der etruskischen Frühzeit, wobei Livius den ausschweifenden Lebenswandel der etruskischen Frauen in grellen Farben schildert.[4] Ähnlich wie bei den jüdischen Propheten steht bei den Römern hinter dieser Abwehr eine tiefsitzende Angst vor dem Wiederaufleben des mühsam Gebändigten, wie dies Cato der Ältere (234–149 v. Chr.) in seiner Verteidigungsrede der patriarchalen lex oppia ganz offen ausspricht: »Erinnert euch all der Gesetze, durch die unsere Väter die Freiheit der Frau zurückgebunden, durch die sie die Frauen unter die Macht der Männer gebeugt haben... Sobald sie uns gleichgestellt sind, werden sie uns überlegen.«[5]

Von den einst blühenden *etruskischen Städten* zwischen Rom und Florenz: von Veji und Volsinii, vom alten Caere (Cerveteri) und Tarquinia, Norchia und Vulci, von Vetulonia, Populonia, Volterra und vielen anderen, haben nur *spärliche Reste* die brutalen Eroberungskriege der Römer oder die Plünderungszüge der Kelten überlebt. Was uns aber erhalten blieb, sind eine Reihe *unterirdischer Totenstädte*, die auf großartige Weise Gesellschaftsform und Kult der einstigen Städte spiegeln.

Präsenz der Frau im öffentlichen Leben

Auf den Wandgemälden der Grabanlagen fällt die Präsenz der etruskischen Frau *im öffentlichen Leben* sofort ins Auge. Wir sehen sie beim Gastmahl Wein trinkend neben ihrem Gatten liegen, sehen sie als Zuschauerin, Teilnehmerin und sogar als Vorsitzende von öffentlichen Spielen, und wir begegnen ihr als Priesterin im kultischen Tanz und bei Opferprozessionen.[6] Die etruskische Sprache, die wie das Kretische zu den altmediterranen Sprachen gehört, ist wie diese bis heute nicht entschlüsselt. Sie ist für uns nur deshalb lesbar, weil sie in einer Art griechischem Alphabet geschrieben ist, so daß wir wenigstens Eigennamen und gewisse Verwandtschaftsbezeichnungen entziffern können. Dabei zeigen genealogische Inschriften, die allerdings erst ab dem 6. Jahrhundert v. Chr. erhalten sind, bereits eine patriarchale Verwandtschaftsrechnung, doch fiel schon den Römern auf, daß – entgegen ihrer eigenen Gepflogenheit – neben dem Namen des Vaters immer auch der Name der Mutter verzeichnet steht. Verschiedene Fakten deuten darauf hin, daß die *mutterrechtliche Abstammungsrechnung in Etrurien die ursprünglichere war*, unter anderem die etruskische Thronfolge und die große Bedeutung der etruskischen Königinnen. Die Ernennung des Tarquinius Priscus zum König bzw. die Rolle, die seine berühmte Gemahlin Tanaquil dabei spielte, legen die weibliche Tradierung des Thrones nahe.[7]

Stempel einer matrizentrischen Kultur

Parallel zu Anatolien, Mesopotamien und Mykene tragen auch im etruskischen Raum die frühesten *Gräber* den *Stempel der matrizentrischen Kultur* besonders eindrücklich. Die prächtigsten uns erhaltenen Gräber aus Caere, Tarquinia und Praeneste (Palestrina), die im 8. Jahrhundert v. Chr. zu datieren sind, bargen die Gebeine von königlichen Frauen, die mit allen Insignien höchster gesellschaftlicher und sakraler Ehrungen bestattet worden waren. Es sind dies das Regolini-Galassi-Grab (genannt nach dem Entdecker) in Caere, das den Namen der Fürstin »Larthi« trägt, ein namenloses Grab aus Tarquinia und das prachtvolle Bernardinigrab aus Praeneste, das als letzte Ruhestätte einer fürstlichen Frau namens »Vetusia« identifiziert werden konnte.[8] Während das Grab von Tarquinia teilweise ausgeraubt ist, übertreffen die Grabbeilagen der beiden anderen alles an königlicher Pracht, was man bisher in einem etruskischen Einzelgrab fand: herrlichen Goldschmuck mit der berühmten etruskischen Granulationsarbeit, Prunkschalen und Bronzegefäße, im Falle des Larthi-Grabes auch einen Bronzethron, Rundschilde und eine sogenannte »Biga«, die als Kultwagen für Opferprozessionen und auch als Streitwagen Verwendung fand. Sowohl das Skelett der Larthi wie das der Unbekannten in Tarquinia war übersät mit den Goldplättchen eines königlichen Gewandes und bedeckt von einem goldenen Pectorale (Brustplatte), wie es uns in dieser Form nur als Zeichen der Hohepriesterwürde aus dem Orient bekannt ist. Das kann nur heißen, daß es sich bei den Trägerinnen um Priesterköniginnen gehandelt hat.

Freilich sind bisher aus diesen bedeutenden Funden nicht nur keine Konsequenzen gezogen worden, sondern sie wurden auch im »Jahr der Etrusker« – 1985 – hartnäckig verschwiegen. In den offiziellen Museums- und Reiseführern dieses Gedenkjahres ist jeweils von *dem* Toten im Regolini-Galassi-Grab oder von einer »fürstlichen Persönlichkeit« die Rede. Die große Etruskerausstellung in Florenz zeigte zwar das Pectorale der Larthi mit einem entsprechenden Hinweis, dies jedoch an einem völlig unscheinbaren Ort. Alle anderen Fundgegenstände sind im Vatikanischen Museum versenkt und praktisch unzugänglich.

Noch die Familiengräber aus dem 6. und 5. Jahrhundert v. Chr. enthielten bedeutende Kunstgegenstände als weibliche Grabbeilagen und zeichneten die *Hausherrin* durch eine *hervorgehobene Bestattungsart* aus: Während der Hausherr unter einer steinernen »Kline« begraben liegt, der Nachbildung des üblichen flachen Bettes mit vier Füßen, ist die Lagerstatt der Frau mit einem steinernen Sarkophag verkleidet, an dessen Kopf- und Fußende sich ein dreieckiger Giebel befindet. Häufig ist die Ruhestätte der Frau auch breiter und zeigt die plastische Andeutung eines zusätzlichen kleinen Kopfkissens für ein verstorbenes Kind.[9] Die Entdeckkung des weiblichen Ehrenplatzes im etruskischen Familiengrab durch Mengarelli wurde zwar von anderen Forschern heftig angegriffen und bestritten, doch beweist ein gut erhaltenes Urnengefäß aus Caere die Richtigkeit seiner Theorie. Dieses Tongefäß, welches einen Sarkophag mit dreieckigen Giebeln in Kleinformat nachbildet, zeigt auf seiner unteren Längsseite einen Fries, der aus einer Bordüre weiblicher Brüste besteht. Darin bestätigt sich die Zuordnung von Sarkophag und weiblicher Bestattung.[10]

Weibliche Gottheiten: Vorbilder für den römischen Götterhimmel
Wenn wir uns der etruskischen Mythengeschichte zuwenden, so treffen wir auch hier auf patriarchale Vorurteile. Bis heute wird als etruskischer Hauptgott Voltumna genannt, weil die Römer die etruskische Nationalgottheit zur Zeit des Städtebundes (5. Jahrhundert) trotz ihrer weiblichen

Endung männlich auffaßten; die zeitgenössischen Etrusker hingegen überlieferten eine weibliche und eine männliche Version (Voltumna, Vertumnus).[11] In den Jahrhunderten vor dem etruskischen Städtebund scheinen in den unabhängigen Stadtstaaten jedoch *weibliche Hochgottheiten die Hauptrolle* gespielt zu haben: Da ist *Northia*, die Schicksalsgöttin, in deren Namen und in deren Heiligtum die Priesterin jährlich einen Schicksalsnagel einschlägt (wie uns dies eine Spiegelgravur aus Perugia vor Augen führt), oder die Unterweltsgöttin *Vanth*, die wie Northia als geflügelte Göttin dargestellt wird. Da ist die Mondgöttin *Uni*, die im alten Veji den Beinamen »Regina« führt, und die von den Römern als Juno übernommen wird. Dazu kommt *Menvra*, die bei den Römern Minerva heißt, und die berühmte Statue einer sitzenden Göttin mit Kind aus einem Grabmal des 5. vorchristlichen Jahrhunderts, welche die Römer »Mater matuta« (Göttin des Frühlichts) oder »Bona Dea« (gute Göttin) nannten.[12]

Zur Zeit der großen etruskischen Tempelbauten im 5. und 4. Jahrhundert v. Chr. steht eine *Göttertrias* im Vordergrund: *Uni, Menvra und der männliche Gott Tinia*. Sie alle sind *Mondgottheiten*, mit denen die verschiedenen Mondphasen in Verbindung gebracht wurden, wobei die *Iden* – das heißt jeweils der 13.–15. Tag des Mondmonats, die mit der Vollmondphase zusammenfallen – dem Tinia heilig waren. Ob die Gestalt des Tinia die patriarchale Ersetzung der dritten Person einer ursprünglich dreifaltigen Mondgöttin darstellt, muß als Frage offen bleiben.[13] Jedenfalls haben die Römer dieses etruskische Dreigestirn als kapitolinische Göttertrias übernommen in Gestalt der *Juno, Minerva* und des *Jupiter*, der an die Stelle des Tinia trat. Erst später wurden dann die römischen Götter mit den griechischen in Parallele gesetzt und Juno der Hera, Minerva der Athene und Jupiter dem Zeus zugeordnet.

Übergang zum patriarchalen Bodenrecht
Um die *soziologischen Entsprechungen* zur etruskischen Mythengeschichte zu erfassen, lohnt es sich, den Gott Tinia näher zu betrachten. Er wird »der Gott der Grenzsteine« genannt, wie dies in einem der Beinamen seines Nachfolgers Jupiter noch enthalten ist, der »Jupiter Terminus« lautet. Nach etruskischen Überlieferungen hat der Gott Tinia seine Gebote dem Propheten und Halbgott Tages geoffenbart, der sein Enkel gewesen sein soll. Die Legende erzählt, wie dieser Tages aus einer Ackerfurche gesprungen sei, als ein Bauer den Pflug darüber führte. Er habe den Körper eines Kindes, aber den Kopf und die Weisheit eines Greises besessen und den Menschen die göttliche Botschaft überbracht. Auf dem

Hintergrund der matrizentrischen Mythologie erscheint diese Mischgestalt aus Kind und Greis wie eine Kontamination der Lebenszyklen des sterbenden und wiedererstehenden Vegetationsgottes. Die geoffenbarten Gesetze selbst stehen jedoch in schroffem Gegensatz zur matrizentrischen Tradition und ihrer kollektiven Wirtschaftsform. Von diesen Gesetzen heißt es in einem späten etruskisch-römischen Text: »Als Jupiter das Gebiet von Etrurien für sich beansprucht hatte, befahl und gebot er, daß die Ebenen vermessen und die Felder begrenzt würden. Da er die Habgier der Menschen und ihr Verlangen nach Grundbesitz kannte, wollte er, daß alles durch Grenzsteine gesichert sei...«[14] Die *göttlichen Gesetze*, die Jupiter/Tinia durch den Mund des Propheten verkündet, sind also nichts anderes als das *patriarchale Bodenrecht, das die matrizentrische Sippenordnung ablöst.*

Staatsgeschäfte mit sakralen Praktiken verknüpft: Vorbild für Rom
Was die *Staatsverwaltung* betrifft, so kennen wir die Aufgaben der sogenannten *Lukumonen*, der etruskischen Stadtkönige, aus der jüngeren etruskischen Geschichte ziemlich genau. Ihre weltlichen Regierungsgeschäfte waren *eng mit sakralen Funktionen verknüpft*: Vor jeder größeren politischen Entscheidung mußte der göttliche Wille in Form eines Orakels eingeholt werden, wozu man sich der Leberschau, der Blitz-Deutung und der berühmten *Sibyllinischen Bücher* bediente, welche Orakelsprüche über die Zukunft des Landes enthielten. Sibylle ist bis heute der Name für weissagende Frauen geblieben, wobei dieser, wie die geheimnisvollen Bücher, aus Kleinasien stammen soll. Gerade in diesen »mantischen« Geheimwissenschaften spielten auch priesterliche Frauen eine bedeutende Rolle, allen voran die legendäre Nymphe und Prophetin *Vegoia*, von der es heißt, sie habe das Wissen um die göttliche Sprache der Blitze vermittelt. Interessant sind zudem die etruskischen *Staatssymbole*, die ebenfalls eine magisch-sakrale Macht ausdrücken und erst von den Römern zu Symbolen physischer Gewalt umgeformt wurden. Wie in Kreta erscheint in Etrurien als Staatszepter die *Doppelaxt*, deren lunare Bedeutung die Römer nicht mehr verstanden und die sie deshalb als einfache Streitaxt übernahmen. Dazu kommen die *Faszes*, das römische Rutenbündel der Liktoren, das im etruskischen Verständnis wohl ein Blitzebündel war. Auch der *Krummstab*, das spätere Wahrzeichen des christlichen Bischofs, war ein etruskisches Hoheitszeichen mit dem matrizentrischen Symbol der Spirale, daneben eine Art Schlangenstab, dessen Bedeutung unbekannt ist.[15]

Obwohl sie sich auf militärische Gewalt stützen konnten, haben die Römer begierig die Orakellehren der Etrusker übernommen und die sibyllinischen Bücher nach Rom verschleppt. Auch setzten sie mit dem Amt des *flamen*, des römischen Oberpriesters, die religiöse Tradition der etruskischen Lukumanen in gewisser Weise fort. Aus dem etruskischen Erbe stammt vermutlich die bedeutende Stellung der *flaminica Dialis* in Rom, der Frau des Oberpriesters am Jupitertempel. Das Amt des flamen war erst gültig, wenn er eine Frau aus den nobelsten Geschlechtern geehelicht hatte, und es erlosch augenblicklich, wenn die flaminica vor ihm starb. Diese Unverzichtbarkeit auf die *magisch-religiösen Kräfte der Frau* wird durch die geradezu göttlichen Ehren bekräftigt, welche die *Vestalinnen* als Priesterinnen des Vestatempels auch im späten Rom noch genossen.[16]

Reminiszenzen matrizentrischer Kunst und Kultur
Betrachten wir die Motive der etruskischen Kunst, so sind die *Parallelen zur matrizentrischen Kunst Kleinasiens und Kretas* unverkennbar. Auch hier wieder die *weiblichen Sakraltiere* wie Tauben und Enten, Löwinnen und Leopardinnen, die weiblichen Greifen und nicht zuletzt die mütterliche Wölfin, die Rom als Staatssymbol übernommen hat. Dazu die phantastischen tierischen und tierisch-menschlichen Mischwesen wie die Chimäre aus Arezzo, die Sphingen und die schlangenleibigen Nymphen, die uralte *Spiral- und Rautensymbolik*, das schwarzweiße Karomotiv und die *Blatt- und Schleifenornamentik*. Noch im frühen Kirchenbau und vor allem in der Renaissance hat Italien von den etruskischen Kunstschöpfungen gezehrt, und etruskische Motive leben bis heute in der Volkskunst der südlichen Alpenländer (so im Engadin die doppelschwänzige Meeresnixe oder der »wilde Mann« mit dem geschulterten Baum als Variante des Vegetationsgottes).

Einen nachhaltigen Einfluß auf das römische Theater und den römischen Zirkus hatten die *etruskischen Spiele*, von denen uns die Grabmalereien ein höchst lebendiges Bild vermitteln und die alle einen mehr oder weniger deutlichen *Sakralcharakter* tragen. Sie zeigen viele Tanzszenen, die an dionysische Kulte erinnern, Pferderennen und sportliche oder jahrmarktähnliche Schaustellungen der verschiedensten Art. Ein Teil dieser Darbietungen war Bestandteil von Totenfeiern, zu dem das schon einmal erwähnte *Phersu-Spiel* gehörte (vgl. S. 83). Es handelt sich dabei um ein Menschenopfer, das in die Farce eines Kampfes zwischen dem Todgeweihten und einem wilden Hund gekleidet ist. Der Hund, das uralte Todestier, wird dabei von einer maskierten Person, dem Phersu, an einer langen Leine gehalten, in der sich der mit verhülltem Kopf Kämpfende unweigerlich verstrickt und so der Bestie zum Opfer fällt. Vermutlich verbirgt sich hinter der Gestalt des Phersu ein Todesgott. Jedenfalls gibt es eine parthische Darstellung, auf der ein Totengott den Höllenhund ebenfalls an einer Leine führt.[17] Die Römer haben aber nicht nur diese düsteren Seiten der etruskischen Spiele in Form von Gladiatorenkämpfen und Tierhatzen übernommen, sondern auch die heiteren Figuren, wie sie in den Masken des italienischen Karnevals heute noch lebendig sind.

Im Ganzen gesehen bestätigt sich bei den *künstlerischen Lebensäußerungen* der Etrusker einmal mehr, daß diese in den *frühen Epochen* der Hochkulturen ein mehrheitlich *heiteres Bild* ergeben, während die *Spätzeiten von düsteren und dämonischen Bildern geprägt* sind. Bei den Etruskern mag dies zum Teil mit ihrer tragischen Geschichte zusammenhängen, seit sie in den Würgegriff der römischen Militärmacht gerieten. Es spiegelt sich darin aber auch die veränderte Gesellschaftsstruktur, welche mit ihrem Macht- und Gewinnstreben die Menschen einander entfremdet hat. Krieg und Sklavenhaltung, Kastenbildung und das Entstehen sozialer Außenseiter machen das menschliche Leben zum Spielball der Gewalt, und von da an wird auch das Menschenopfer, für das man nun Kriegsgefangene und Verbrecher wählt, zu einem sinnlos grausamen Schauspiel, das seinen heroisch-sakralen Kern längst eingebüßt hat.

6. Die Kelten vor ihrer Romanisierung

Nicht alle Forscher stimmen darin überein, ob die keltische Kultur zu den Hochkulturen zu rechnen sei oder nicht. Sie hat aber die Frühgeschichte Europas so wesentlich mitbestimmt, daß einige ihrer Züge hier skizziert werden sollen.

Fest steht, daß die Kelten Indogermanen waren, deren Wanderungen in einer nicht näher zu bestimmenden Vorzeit begannen, und die dann in historischer Zeit vom Gebiet des heutigen Bayerns und Böhmens aus westwärts bis nach Spanien, Gallien und Irland, und ostwärts über den Balkan bis nach Kleinasien vorstießen. Manches aus ihrem mitgebrachten Kulturerbe belegt den ursprünglichen Zusammenhang mit den Indoariern, unter anderem die Metrik ihrer Verse und die Priesterorganisation der Druiden, die an die Priesterkaste der Brahmanen erinnert.[1] Was uns an den Kelten irritiert, ist die *Diskrepanz zwischen dem hohen Niveau einzelner Kulturleistungen und ihren im übrigen barbarischen Sitten.* Auf der einen Seite tradieren sie eine beachtliche, wenn auch nur mündlich überlieferte Poesie und leisten sie Außerordentliches in der Ornamentalkunst – man denke an die Hallstatt- und La Tène-Kultur oder an die gallisch-irische Kunst – auf der anderen Seite treten sie uns als primitive Kopfjäger entgegen, die mit nacktem Oberkörper in den Kampf ziehen und die abgeschnittenen Köpfe der besiegten Feinde am Gürtel tragen oder an ihren Häusern aufnageln. Auch muten ihre Menschenopfer besonders grausam an. Sie kennen nicht nur das Ertränken oder Verbrennen ihrer Jahreskönige. In den Opferschächten ihrer Oppida (befestigte Städte) wurden Menschen und Tiere gepfählt, und eine ihrer Orakelsitten bestand darin, einem Menschen das Schwert in die Brust zu stoßen, um aus seinen Todeszuckungen die Zukunft zu lesen.[2]

Wahrscheinlich ist dies aber eine Diskrepanz, die bei den Kelten zwar am schockierendsten hervortritt, die mehr oder weniger aber für alle Eroberervölker gilt, die auf einer langen Wanderzeit eine außerordentlich harte *Kriegermentalität* entwickelten. Tatsächlich war die Wanderroute der indogermanischen Kelten die längste, die man bei ein und derselben Volks- und Sprachgemeinschaft bisher beobachtete. Mit Pferden und Streitwagen vorrückend, stürzten sie sich in immer neue Abenteuer und Eroberungen, plünderten 390 v. Chr. Rom und 278 v. Chr. Delphi, um danach die Schätze Kleinasiens aufzuspüren. Daraus entwickelten sie ein heroisches Lebensgefühl, das sie immer weiter von friedlicher Arbeit entfernte, so daß den Kriegern auch in Friedenszeiten nur die Jagd und der Viehraub als angemessene Betätigung erschien, obwohl sie eigentlich Ackerbauern waren. Die Arbeit auf den Feldern überließen sie ihren Sklaven oder auch den Frauen. Wenn aber antike Schriftsteller die Prahlsucht und die Eitelkeit der keltischen Kampfhähne belächeln, wenn sie schildern, wie diese aus jeder geringfügigen Zurücksetzung eine persönliche Beleidigung und daraus einen Zweikampf um ihre Ehre machten, so scheinen sie zu vergessen, daß sich ein solches Gebaren gar nicht so sehr von dem der homerischen Helden unterschied.[3]

Keltische Göttinnen und Götter

Hinter einer äußerst männlichen Schale verbirgt sich in der keltischen Kultur jedoch ein weiblich-matrizentrischer Kern, der im mythologischen Bereich ebenso zum Ausdruck kommt wie im sakralen Königtum und in der gesellschaftlichen Rolle der Frau. Der Einfluß der weiblichen Gottheiten in der keltischen Religion ist außerordentlich stark und hat in Irland sogar die Christianisierung überdauert, indem dort keltische Göttinnen, wie die Große Brigit, als christliche Heilige übernommen wurden. In allen keltischen Siedlungsgebieten tauchen unter verschiedenen Namen die Gestalten einer häufig *dreifaltigen Göttin* auf, die *in enger Beziehung zum Mond und zu heiligen Quellen* stehen. Die Römer nannten sie die »Matres« oder »Matrones«. Von den namentlich überlieferten Göttinnen, die oft mit zwei Schwestern gleichen Namens auftreten, sind aus Irland die bekanntesten *Brigit, Danu* (Anu) und die kriegerische Todesgöttin *Morrigan*, aus der raetischen Region *Reitia* und *Noreia*, aus Gallien *Epona, Artio und Rosmerta*.[4] Teilweise wird die Universalität dieser Göttinnen durch die römische Überlieferung verschleiert, wie etwa bei Epona, die als »Pferdegöttin« eine spezielle Schutzpatronin der römischen Soldaten wurde. Die keltisch-römischen Kunstdenkmäler, die Epona in majestätischer Haltung zwischen zwei Pferden oder als Lenkerin einer Quadriga zeigen, lassen aber keinen Zweifel darüber, daß wir in ihr die alte »Herrin der Tiere« vor uns haben. Zudem erscheint sie auch als »Herrin der Pflanzen« mit dem Füllhorn im Arm oder auf dem Schimmel, dem nordischen Todestier reitend, als Herrin über Leben und Tod.[5] Mit der Stute als Sakraltier erinnert Epona an die griechische Demeter, während die Bärengöttin Artio Züge der Artemis trägt.

Die männlichen Götter der Kelten sind weniger greifbar, besonders wegen ihrer Entstellung durch die Römer, die ihnen ihr eigenes Götter-Pantheon überstülpten. Es lassen sich *Fruchtbarkeitsgötter* wie der Hirschgott Cerunnos oder der Stiergott Tarvos Trigaranus, *Kriegs- und Wettergötter, Feuer- und Lichtgötter* wie der bedeutende Gott Lug unterscheiden, dazu *Kulturbringer* wie Dagda und Ogmios als Götter der Kunstfertigkeit und Beredsamkeit.

Das Motiv des männlichen Kulturbringers steht in engem Zusammenhang mit der keltischen Priesterkaste der Druiden, die, ähnlich wie die Brahmanen, die religiöse Ritenpraxis kontrollierten und zugleich richterliche Funktionen ausübten.[6]

Dennoch hat sich die männlich patriarchale Herrschaftsstruktur bei den Kelten sehr viel weniger durchgesetzt als bei den Indern seit Manu.

Die antiken Schriftsteller berichten auch von *Druidinnen*, die als *Prophetinnen und Heilerinnen* das schamanistische Erbe der keltischen Religion hervortreten lassen.[7]

Die gesellschaftliche Stellung der Frau

Obwohl auch die keltische *Sippenordnung*, besonders in Gallien, *patrilineal*[8] und in einer Generationstiefe von vier Generationen organisiert war wie die indischen Sippengruppen, ist die gesellschaftliche Stellung der keltischen Frau, besonders in Irland, eine grundsätzlich andere als in Indien. Die *keltische Frau* scheint in mehrerer Hinsicht *dem Manne ebenbürtig* gewesen zu sein: so in ihrer relativ freien Gattenwahl, in ihrer beratenden Funktion auf Stammesversammlungen und in einzelnen Fällen sogar als Stammeskönigin und Heerführerin. Als solche führte die berühmte Boadicea 61 n. Chr. einen Aufstand gegen die römische Besatzungsmacht in Südengland an.[9]

Das *irische sakrale Königtum* war bis ins 12. Jahrhundert n. Chr. intakt, wobei die *Inaugurationsriten* der Könige ganz in der *archaischmatrizentrischen Tradition* stehen. Durch einen zu dieser Zeit nur noch symbolisch ausgeführten Beischlaf mit einer geopferten Stute vollzog der gewählte König die *Heilige Hochzeit* mit der »Herrschergewalt«, das heißt mit der Göttin, welche diesen Titel trug.

Der matrizentrische Geist der irischen Sagen

In der irischen Sagenwelt leben die alten Glaubensvorstellungen der Kelten am reinsten fort, und aus ihnen kommt uns der alte matrizentrische Geist auch am unmittelbarsten entgegen. Hier sind es königliche Frauen, bei denen die großen Helden in die Lehre gehen und von denen sie in das höhere Wissen ebenso eingeführt werden wie in die Handhabung der Waffen und in die Kriegskunst.[10] Selbst der irische Gott *Lug*, der manchmal als oberster Gott der Kelten aufgefaßt wird, steht in der Sage zu einer Großen Göttin als deren Geliebter in Verbindung.

Bis weit ins Mittelalter hinein haben die *keltischen Sagenkreise und ihre matrizentrischen Motive* die Phantasie der europäischen Dichter beflügelt und den *französischen Minnesang* ebenso beeinflußt wie die *Tristan-Dichtung* Gottfried von Straßburgs. Eines dieser Motive sei hier besonders hervorgehoben, nämlich die mythische Vorstellung einer »*Insel der Seligen*« mit ihrer dem Diesseits entrückten feenhaften Atmosphäre. Diese Jenseitsvorstellung, die im Gegensatz zum Geist-Himmel der christlich-patriarchalen Religion lebensfrohe und sinnliche Aspekte hat, stellt jedoch nicht eine Sonderform des keltischen Mythos dar, sondern scheint auch anderen matrizentrischen Kulturen eigen zu sein. Die Griechen haben ihre Vorstellung vom »Elysium« von den Kretern übernommen, und auch die etruskische Nymphenwelt erinnert atmosphärisch an die keltischen Feen- und Elfenmärchen.[11] Wahrscheinlich hat das christliche Paradies von den matrizentrischen Jenseitsvorstellungen mit ihren vielfältigen sinnlichen Genüssen den musikalischen Teil in Form von himmlischen Chören übernommen. In der irischen Folklore aber haben sich die derberen Züge einer orgiastischen Kultur in den jahreszeitlichen Festen erhalten, in der Feier des May Day, in der Walpurgisnacht und vor allem in den Mad-merry-marriages, einem Rest der keltischen Weihnacht.[12]

Erste Zwischenbilanz

Abgesehen von den Konsequenzen, die sich daraus ergeben, eines ist heute endlich als Tatsache anzuerkennen: Es hat *einen weiten Zeitraum menschlicher Gesellschaftsentwicklung gegeben, der nicht unter dem Diktat patriarchalen Denkens und Handelns stand und der seiner Dauer nach die sogenannte historische Zeit um ein mehrfaches übertrifft.* Dabei ist zu betonen, daß sich die vorpatriarchale Gesellschaftsform nicht nur auf kleine, primitiv lebende Gruppen beschränkt, sondern ab der Jungsteinzeit städtische Siedlungsformen von beträchtlicher Größe hervorbringt und zu Beginn der schriftlichen Geschichtsquellen die charakteristischen Züge der Hochkultur trägt.

Ablehnung, Glorifizierung, kritische Würdigung
Daß die Anerkennung dieser Tatsache so lange unterblieb und ihr auch heute noch erheblicher Widerstand entgegengesetzt wird, hat Gründe von unterschiedlichem Gewicht. Der Hauptgrund ist nach wie vor ein sexistischer Vorbehalt von männlicher Seite, d. h. die Unvereinbarkeit des männlichen Selbstverständnisses mit der Vorstellung, daß es außerhalb des männlichen Denkens überhaupt ein Denken gibt und daß ohne männliche Herrschaft etwas anderes als Chaos existieren kann. Selbst *Simone de Beauvoir* als erste feministische Theoretikerin folgt dem männlich-patriarchalen Denkschema, wenn sie behauptet, die Frau habe niemals eine eigene Vergangenheit, eine eigene Geschichte oder Religion gehabt und hätte den männlichen Kulturwerten niemals eigene Werte entgegengestellt.[1]

Zu dieser mangelnden Fähigkeit der Wahrnehmung weiblich geprägter Kulturen in der Frühgeschichte kommt die bewußte Abwehr gegenüber einer Fülle praktisch unübersehbarer Fakten, wie sie sich im Fehlen entsprechender Hinweise in den gängigen Geschichtskompendien und Lexika niederschlägt. So findet sich etwa im »Großen Brockhaus« (1977) unter dem Stichwort »Kreta« nicht der geringste Hinweis auf die matrizentrische Kulturprägung der alten Palastzeit. Dasselbe gilt für das Stichwort »Çatal Hüyük«. »Kindlers Kulturgeschichte Europas« (1983) widmet weder der kretischen noch der etruskischen Kultur einen eigenen Artikel. Dabei ist interessant, daß in älteren Enzyklopädien, zum Beispiel der »Ullstein Weltgeschichte« aus dem Jahre 1910, relativ viele Stellen auf matriarchale Kulturmomente hinweisen, so daß sich der Eindruck aufdrängt, die inzwischen erstarkte Frauenbewegung habe eine Art stillschweigende Zensur unter den männlichen Herausgebern bewirkt.

Es gibt aber auch grundsätzliche Vorbehalte von feministischer Seite.

M. Janssen-Jurreit distanziert sich zum einen von der Frage nach einer vorpatriarchalen Gesellschaft mit dem Hinweis auf die ungesicherten Befunde der vorhistorischen Zeit und äußert zum anderen die Befürchtung, daß der »Mythos vom Matriarchat« gegen die Interessen der Frau gerichtet sei, weil er den Männern eine Rechtfertigung für ihre Überherrschung an die Hand gebe.[2] Diese Sorge teilt sie mit der amerikanischen Ethnologin Joan Bamberger, die sich auf südamerikanische Indianermythen bezieht. Aus ihnen geht klar hervor, daß die Männer, die heute die kultischen Zeremonien kontrollieren und die Frauen davon ausschließen, dies damit rechtfertigen, daß die Frauen in grauer Vorzeit das kultische Vorrecht genossen, es aber mißbraucht oder mit so wenig Erfolg ausgeübt hätten, daß es ihnen von den Männern entrissen werden mußte.[3]

Bei der Argumentation J. Bambergers müßte man meiner Ansicht nach grundsätzlich unterscheiden zwischen einem von Männern kreierten Rechtfertigungsmythos und einer ethnischen Erinnerungsspur, die patriarchal umgedeutet wurde. Eine tendenziöse Entstellung von Mythen bzw. von kollektiven Erinnerungen sollte uns aber nicht davon abhalten, nach den realen Geschlechterbeziehungen und der Arbeitsteilung der Frühkulturen zu forschen. Auf den noch grundsätzlicheren Einwand, die Annahme oder die mögliche Existenz einer matriarchalen Kulturstufe könnte die Männer entlasten bzw. die Frauen belasten, läßt sich folgendes erwidern: *Nach Ursachen fragen, d. h. nach Situationen und Motivationen, die zur Konstitution des Patriarchats geführt haben, bedeutet nicht, die Etablierung des Patriarchats zu rechtfertigen.* Zum einen geht es darum, die patriarchale Herrschaft als Überreaktion zu diagnostizieren und ihre für das Weiterexistieren der Erde verhängnisvolle Ideologie als solche zu entlarven. Zum andern beansprucht die geforderte Rücknahme der patriarchalen Kompensationen und Projektionen von den Männern ein solches Maß an Einsicht und Bereitschaft zum Umdenken, daß mögliche Schuldzuweisungen an die Geschlechter der Vorgeschichte dabei völlig zweitrangig sind.

Unter den *Pionierinnen*, die seit den 70er Jahren die *Matriarchatsforschung* wiederbeleben und auf den Gebieten der Philosophie, Theologie und Archäologie vorantreiben, wie auch im Kreise derjenigen, die ihren Ergebnissen positiv gegenüberstehen, gibt es *unterschiedliche Positionen* hinsichtlich deren Stellenwert. Den einen bedeutet das neue Wissen eine *persönliche Ermutigung für ihr weibliches Selbstverständnis* (Ursa Krattiger), andere versuchen, durch die *Wiedererweckung matrizentrischer Spiritualität* (Mary Daly, Heide Göttner-Abendroth) die schöpferischen

Kräfte der Frauen wiederzubeleben und Modelle für eine andere Weltsicht zu gewinnen, oder erhoffen sich aus der *Rückbesinnung auf matrizentrische Sozialsysteme* einen Beitrag zur Friedensarbeit (Gerda Weiler) und zur Lösung der ökologischen Probleme (Cillie Rentmeister).

Ganz allgemein liegt es heute, auch auf männlicher Seite (R. Garaudy), nahe, das Heil in einer Re-Feminisierung der Gesellschaft zu sehen, seit nicht mehr zu leugnen ist, daß das patriarchale System unsere Zivilisation an den Rand ihrer Existenz gebracht hat. Demgegenüber stellt Christina Thürmer-Rohr mit aller Schärfe heraus, daß es sich als eine Falle für die Frauen erweisen könnte, wenn ihnen von männlicher Seite die unlösbare Aufgabe zugeschoben wird, den verfehlten Kurs durch ihre romantisch-idealisierten weiblichen Eigenschaften zu korrigieren.[4]

Andererseits besteht auch unter den Frauen selbst die Gefahr, durch unkritische *Glorifizierung einer matrizentrischen Vergangenheit* Illusionen zu nähren, die weder dieser Vergangenheit gerecht werden, noch der sehr harten Zukunftsarbeit, die vor uns liegt.

Dennoch stoßen wir auch bei nüchterner Bilanz aller historischen und ethnologischen Fakten, die uns zur Verfügung stehen, und ohne die Ausklammerung ihrer defizitären und negativen Aspekte auf eine Reihe höchst *positiver matrizentrischer Kulturmuster*, die nicht nur in viel höherem Maße die Basis unserer Gesamtkultur darstellen als dies jemals bewußt wurde, sondern die auch geeignet sind, unsere *Zukunftsvision von einer menschlicheren Gemeinschaft richtungweisend zu befruchten.*

Technische Kultur

Die frühzivilisatorischen Errungenschaften können die Vorstellung falscher Alternativen korrigieren helfen, mit der heute so oft argumentiert wird: entweder Beibehaltung des grenzenlosen Fortschritts unserer Hochtechnologie oder Rückfall in die Steinzeit. Dabei wird grundsätzlich unterschätzt, wie relativ hoch der technische Zivilisationsstand der frühen Hochkulturen bereits war und wie bescheiden die technischen Veränderungen bis zum Beginn der Neuzeit und darüber hinaus bis zur industriellen Revolution eigentlich gewesen sind. Erst die *Begründung der modernen Naturwissenschaft vor rund 300 Jahren* hat jene atemberaubende Entwicklung eingeleitet, vor deren Folgen wir heute ratlos stehen. *Vorher zehrte die menschliche Kultur viele Jahrtausende von den technischen Erfindungen der Vorgeschichte und der Antike.* Schon die neolithische Revolution hatte die entscheidenden Kulturinnovationen der Pflanzen- und Tierzucht gebracht, fast alle Handwerkszweige stehen bereits in vorgeschichtlicher Zeit in hoher Blüte, und wie wir sahen, war der Anteil der weiblichen Kulturschöpfungen dabei sehr hoch. Auch die Grundlagen des Bergbaus und der Metallverarbeitung wurden bereits in vorgeschichtlicher Zeit gelegt, erste Einsichten in physikalisch-chemische Prozesse beim Brennen von Ton, Schmelzen von Metallen, beim Koch- und Gärungsvorgang und bei der Produktion von Gerb- und Farbstoffen gewonnen. Die astronomischen und geometrischen Grundkenntnisse sind ebenfalls sehr alt, wie sich auch die Bautechnik seit der Erfindung des Rades, des Hebelprinzips, des Bogen- und Kuppelbaus, der Kanalisation und der künstlichen Bewässerung jahrtausendelang nur wenig verändert hatte. Selbst die sanitären Einrichtungen der Körperhygiene, auf die sich unsere westliche Kultur so viel zugute hält, haben längst vor der römischen Badekultur bei den matrizentrisch geprägten Kretern und Etruskern bestanden. Die erste Erwähnung des Bades steht im Zusammenhang mit den sumerischen Kulttexten zur Heiligen Hochzeit, wenn sich die Priesterin auf den Heiligen Akt vorbereitet, und das heißt, daß wir diese Errungenschaft nicht dem Luxusbedürfnis einer patriarchalen Elite, sondern der sakral-erotischen Kultur unserer Vormütter verdanken.

Friedensordnung

Einer der faszinierendsten Aspekte der matrizentrischen Frühkultur ist die Art ihrer politischen Organisation und die Tatsache, daß ihre Gemeinschaften *gesellschaftliche Macht ohne physische Gewalt* ausüben konnten. Das Zusammenleben der Gruppe ist ganz vom Stil des Frauenkollektivs bestimmt, einem bemerkenswert unaggressiven Stil, bei dem stets ein allgemeiner Konsens angestrebt wird. Das Grundprinzip der ungeschriebenen Sozialordnung scheint die Friedenssicherung der Gruppe zu sein, die durch ausgewogene Verteilung der Güter, gegenseitige Hilfeleistung und Vermeidung von Interessenkollisionen erreicht wird. Ausgleich und stabiles Gleichgewicht zwischen Gruppengröße und den Ressourcen der Umwelt bestimmen das Verhältnis zur Natur und deren Nutzung. Das grenzenlose Expansionsstreben des späteren Menschen ist der matrizentrischen Kultur fremd, und zwar sowohl im Hinblick auf territoriale Expansion als auch im Sinne ständiger Produktivitätssteigerung. *Alle Kulturleistungen dienen der Existenzsicherung und dem Wohlbefinden der Gruppe und stehen in Beziehung zu einer ganzheitlich-mythischen Weltsicht.*

Symbole: Basis des rationalen Diskurses

Daß der Aufbau einer solchen Kultur eine höchst komplexe geistige Leistung voraussetzt, kann nur demjenigen entgehen, der ausschließlich von unserem rationalistischen Denkstil und von unserer Idee des technischen Fortschritts ausgeht. Dabei ist es grotesk, wie wenig wir uns Rechenschaft ablegen über die *Grundlagen unserer rationalen Strukturen, die allesamt auf den Symbolen einer vorrationalen Kultur beruhen.* Die grundlegende Tatsache, daß jedem rationalen sprachlichen Diskurs eine wortlose »*präsentative*« Semantik (Zeichensprache) vorausgeht, welche nicht zweckorientiert im Sinne einer bestimmten Informationsvermittlung ist, sondern *Ausdrucksgestalten eines emotionalen Inhalts zur Kommunikation* bringt, hat *Susanne Langer* in ihrem philosophischen Werk brillant dargestellt.[5] Lange vor Julia Kristeva, auf deren Sprachkritik ich im vierten Teil meines Buches eingehen werde, hat sie an Beispielen von Mythos und Kunst den Bereich des nicht-diskursiven Denkens erschlossen. Dabei versteht sie die geistigen Produkte der schriftlosen Kulturen nicht als Resultate einer irrationalen und unkontrollierbaren Phantasie, sondern entdeckt in ihnen durchschaubare Strukturen, die einer nachvollziehbaren Logik des Gefühls entsprechen. Nur sind die nichtsprachlichen Symbole nicht in einem logischen Nacheinander erfaßbar, sondern nur in der gleichzeitigen Wahrnehmung ihrer »präsentativen« Ganzheit. Dies gilt für Formen und Farben in der darstellenden Kunst ebenso wie für Tonfolgen und Rhythmen in Musik und Tanz.

Historisch gesehen beginnt die Schöpfung der nicht-diskursiven Symbole mit der Kunst der jüngeren Altsteinzeit in Gestalt der *Ideogramme, Begräbnisriten und ersten Musikinstrumente*, setzt sich fort in den bedeutungsvollen *Ornamenten* des frühen Kunsthandwerks und erreicht ihren ersten Höhepunkt in den Kunst- und Kulturdenkmälern der frühen Hochkulturen. Es sind offensichtlich die weiblich geprägten Frühkulturen, die ein Höchstmaß an Kreativität zur Bildung sinnhaltiger Symbole entwickelten. Ohne dieses Erbe besäßen wir nur einen Bruchteil unserer architektonischen und ornamentalen Formen, wüßten nichts von religiösen Riten, Gesten und Sakramenten, die unsere Hochreligionen ausnahmslos von uralten kultischen Traditionen übernahmen. Wir würden keine Feste kennen, die diesen Namen verdienen, und hätten nie den Zauber der Töne und die befreiende Macht des Tanzes entdeckt. Ganz zu schweigen von den Sitten des Umgangs und den Gesten der mitmenschlichen Kommunikation.

In welchem Ausmaß die abendländische Kultur *seit jeher vom Symbol-*

schatz der vorpatriarchalen Menschheitsepoche gezehrt hat, geht uns erst auf, seit die Symbole verblassen und unsere rationalistische Wissenschaft und Technik unsere Lebensräume mit schönheitsverachtenden und gefühlstötenden Artefakten übersät. Erst heute bemerken wir, daß ästhetisch-symbolische Raumordnung, harmonische Verbindung von Architektur und Landschaft und dekorativ-symbolische Elemente für unsere Psyche lebenswichtige Nahrungsquellen sind, und daß deren Mißachtung zu schweren Irritationen und Depressionen führt. Und wir beginnen zu ahnen, in welch emotionalen Wüsten wir leben müßten, wenn alle seit Urzeit vertrauten Symbole als überflüssiger Luxus beiseitegeschoben und technischen Sachzwängen geopfert würden.

Sobald wir aber realisieren, daß ein wesentlicher Teil unserer geistigen Kultur auf einem vorpatriarchalen Fundament gründet, wird eine geistesgeschichtliche Zuordnung fragwürdig, welche die matrizentrische Frühzeit mit einem unbewußten Zustand der Menschheit und die patriarchale Entwicklung mit dem erwachenden menschlichen Bewußtsein gleichsetzt, wie Erich Neumann dies in seiner »Ursprungsgeschichte des Bewußtseins« getan hat. Der Inhalt seiner Darstellung ist m. E. auch nicht die Geburt des menschlichen Bewußtseins, sondern die Abhebung des männlichen Bewußtseins von der matrizentrischen Kultur, von dessen eigener Identität her gesehen der vorangegangene Zustand als unbewußt gelten mag. Dann aber ist der *Bewußtseinsbegriff* zu eng gefaßt, zu stark *an das antike Logosprinzip geknüpft*, das eine nicht-diskursive Form der Bewußtseinsbildung ausschließt. Das emotionale Erosprinzip, von dem Erich Neumann spricht und das er als das tragende Element der matrizentrischen Kultur erkannte, ist nicht unbewußt zu nennen. *Auch die emotionale Abgrenzung von der Umwelt ist eine Selbstkonstituierung des Subjekts.* Die Trauer der Menschen, die sakrale Bestattung und Beweinung der Toten stellen ebenso markante Bewußtseinsakte dar wie die spätere begriffliche Unterscheidung zwischen lebender und toter Natur. Es entspricht nur unserem rationalistischen Vorurteil, zu meinen, nur diejenigen erwachten zu selbstbewußten Subjekten, die sich, in Begriffen denkend, über das Objekt erheben.

Auch sind die Übergänge zwischen nicht-diskursiver und diskursiver Symbolik, besonders in der Dichtung, so fließend, daß wir hier nicht feststellen können, wo Bewußtheit anfängt und wo sogenannte Unbewußtheit aufhört. Gerade unsere Sprache ist ein Beispiel dafür, wie emotionale Bilder und Rhythmen über sie ebenso transportiert werden wie logisch eindeutig festlegbare Informationen. In bezug auf den vollen

Symbolschatz unserer Sprache müßte eher ihr rationalistischer Gebrauch als ein partiell unbewußter Vorgang bezeichnet werden, denn wir reden ständig in Bildern, deren Ursprung und deren emotionalen Gehalt wir gar nicht mehr reflektieren.

Wodurch sich das *begrifflich-diskursive Symbolsystem* vom nicht-diskursiven, das heißt mythisch-ästhetischen Symbolsystem unterscheidet, ist weniger sein Bewußtseinsgrad – der bei beiden Systemen von seinen individuellen Trägern abhängt – als die Art und Weise, *wie sich das symbolbildende Subjekt mit seiner Lebenssituation auseinandersetzt.* Stellt die matrizentrische Symbolik den Versuch dar, das Wissen um den Tod und die emotionale Betroffenheit durch dieses Wissen aufzuheben, indem symbolisch die Einheit mit der Natur wiederhergestellt wird, so dient die diskursive Logik der patriarchalen Ideologie dem Menschen dazu, die *Natur in den Griff zu bekommen und zu beherrschen,* oder *sich begrifflich von der Natur abzuheben in ein geistiges Reich, in welchem der Tod keine Gültigkeit* hat.

Beide Symbolsysteme dienen auf ihre Art der *menschlichen Leidens- und Todesbewältigung,* und beide haben ihre Grenze und ihre Tragik.

Versöhnung mit den Naturgewalten

Die matrizentrische Form der geistigen Lebensorientierung zahlt mit ihrer Opferpraxis einen hohen und tragischen Preis für die Versöhnung mit den unerbittlichen Mächten der Natur, und es ist nur die halbe Wahrheit, wenn wir rückblickend sagen, der archaische Mensch habe der Tragik des Lebens standgehalten und dessen unabwendbare Leiden akzeptiert. Zwar hat das matrizentrische Lebensgefühl nie die Illusion genährt, mit der Beherrschung der Natur eines Tages auch den Tod zu besiegen oder durch Weltentsagung ein jenseitiges Leben zu erlangen. Aber die *matrizentrische Geisteshaltung* hat das Leiden nicht stoisch hingenommen, sondern *hat sich in ihren blutigen Opferkulten rauschhaft mit der Todesseite der Natur identifiziert.* Die Priesterin, die mit ihren Händen das lebende Opfer zerreißt, ist eins mit der Göttin in ihrer majestätischen Gestalt als das Große Raubtier, mit der Bärin, Leopardin oder Wölfin, deren Fell sie als sakrale Kleidung trägt. Und das menschliche Opfer, das sein Leben den Todesmächten ausliefert, unterwirft sich ihnen in religiöser Ekstase. So tanzt der archaische Mensch den Todestanz gleichsam mit, um seinen Schrecken nicht passiv ausgeliefert zu sein und bietet den göttlichen Mächten zugleich eine Vorleistung an, die ihren Zorn besänftigen soll.

Das Menschen- und Tieropfer ist ein essentieller Teil der matrizentrischen Lebensphilosophie, der nicht einfach ausgeklammert oder dem männlichen Teil der archaischen Gesellschaft angelastet werden kann, wie dies Evelyn Reed und Marilyn French versuchen. *Die patriarchalen Ideologien und Hochreligionen lehnen* im Gegenteil *die matrizentrische Opferpraxis ab.*[6] Im Grund bedeutet auch die paradoxe Geschichte von Abraham und Isaak die Absage an das Menschenopfer, wenn Jahwe, der das Opfer scheinbar fordert, es im letzten Augenblick selbst verhindert. Daß die patriarchalen Systeme später das Menschenopfer durch ihre Hinrichtungspraxis an Verbrechern und Kriegsgefangenen weit übertrafen, ohne sich der irrationalen Wurzeln dieser »Rechtspraxis« bewußt zu sein, ist ein anderes Problem.

Auch die mythische Verbundenheit der matrizentrischen Kulturen mit allen Wesen der Natur und ihr tiefer Respekt vor dem natürlichen Gleichgewicht der Arten sollten nicht romantisch verklärt werden. Die Kehrseite dieser naturverbundenen Weisheit ist eine bemerkenswerte Unsentimentalität. In allen vorpatriarchalen Frühgesellschaften ist unter anderem die Kindstötung ein legitimes Mittel zur Geburtenkontrolle und bezieht sich auf Neugeborene beiderlei Geschlechts. Im matrizentrischen Kontext hat das Leben des einzelnen überhaupt nicht das Gewicht und den Wert, die wir ihm heute beimessen.[7] Die Sitte der Frühkultur dient in erster Linie dem *Überleben der Gruppe und seiner magischen Absicherung durch eine Reihe von Tabus.* Weder war die Erhaltung des Einzelnen ein höchstes Gut, noch trug dieser eine ganz persönliche moralische Verantwortung. Aus diesen Gründen tritt auch der Gedanke an ein persönliches Fortleben relativ spät in der Religionsgeschichte auf und bezieht sich zunächst nur auf die Unsterblichkeit der königlichen Sakralträger, während die totemistische Unsterblichkeits- und Seelenwanderungsidee auf die Erhaltung der kollektiven Seelensubstanz in ihren immer neuen Erscheinungsformen ausgerichtet ist.

Kein matrizentrisches Dogma

Trotz ihres kollektiven Charakters bleibt aber die matrizentrische Moral sowohl hinsichtlich ihrer Geltung als auch ihres Geltungsanspruchs auf die *eigene, blutsverwandte Gruppe beschränkt.* Mensch im moralisch verpflichtenden Sinn ist nur der Stammeszugehörige.[8] Alle anderen sind »Fremde«, die keinerlei Schutz genießen und nur durch das Tabu des Gastrechts vorübergehend gesichert sind.[9] Die positive Kehrseite dieser Beschränktheit liegt darin, daß die matrizentrische Lebensauffassung nie dogmatisch war, daß sie keine abstrakten, allgemeingültigen Wahrheiten postulierte und diese auch anderen nicht aufoktroyierte. Die matrizentrische Frühphase der Hochkulturen zeichnet sich durch eine erstaunliche *religiöse Toleranz* aus, die Mythen und Bräuche der fremden Gemeinschaften gelten läßt, selbst zwischen Eroberern und Eroberten. Glaubenskriege sind ein untrügliches Stigma der patriarchalen Kulturen.

Keine Polarisierung
Grundlegend unterscheidet sich die matrizentrische Weltsicht von der patriarchalen dadurch, daß sie *nicht auf geistigen Polarisierungen aufbaut*, einem Grundkonzept, das Lévi-Strauss als das konstituierende Moment aller Denksysteme, auch der primitiven, zu erkennen glaubte. Erst die jüngere Ethnologengeneration ist von diesem Konzept etwas abgerückt, unter ihnen Ethnologinnen, die zeigen, daß das polare Denkschema den Mythen ursprünglicher Kulturen nicht gerecht wird.[10] Ebenso unbrauchbar erweist es sich, wie wir gesehen haben, für die Frühphasen der alten Hochkulturen. Ihr Ideengut kennt weder die Spaltung zwischen Natur und Geist noch die Polarisierung von Gut und Böse. Die matrizentrische Sonne scheint über Gerechten und Ungerechten[11] und beide sind sterblich. Fortuna ist eine »launische« Göttin, die ihre Gaben ungleich und zufällig verteilt, und es ist des Menschen Teil, den göttlichen Augenblick zu nutzen.

Wenn die matrizentrische Symbolik erfüllt ist von *Lebens- und Todessymbolen*, so steht diese Symbolik doch nie für den Gegensatz von Diesseits und Jenseits oder von Immanenz und Transzendenz. Dies geht schon aus den alten Bandmotiven hervor, bei denen Lebens- und Todessymbole ineinander übergehen und zyklisch einander abwechseln wie zwei Bewegungen, die zusammen ein Ganzes bilden. Göttinnen und Götter verkörpern zugleich die großen Lebens- und Todesmächte, und von keiner matrizentrischen Gottheit wird je gesagt, sie habe den Tod überwunden im Sinne eines endgültigen Sieges über den Tod. Das Gilgamesch-Epos endet damit, daß die Unterweltsschlange das Unsterblichkeitskraut, das der Held schon errungen hat, wieder verschlingt.[12] In dieser *Einbeziehung des Todes* liegt aber nichts von der Todesverklärung einer romantischen Geisteshaltung. Die Frühkultur steht den grausam-unerbittlichen Zügen der Natur viel zu nahe, um die Schrecken des Todes aus den Augen zu verlieren. In der frühen Antike begegnen wir im Gegenteil einer unbeirrbaren *Lebensbejahung* und der Entschlossenheit, die kurze Lebensspanne auszuschöpfen. Bei den ägyptischen Festgelagen war es Sitte, eine Tafel mit einem Mumienporträt herumzutragen, um die Lebenden daran zu mahnen, die Freuden der Gegenwart auszukosten.[13]

Die matrizentrische Göttergenealogie konstituiert sich stets durch *Filialisierung und Delegierung*, niemals durch Polarisierung. Die Große Göttin des Nachthimmels gebiert die Gestirne als weibliche und männliche Kinder, wobei weder Sonne noch Mond noch Sterne geschlechtlich eindeutig festgelegt sind. Die große Quellgöttin des Lebens bringt weibliche und männliche Flußgötter hervor, wie die Erdgöttin den Korngott und die Korngöttin. Die Allumfassende delegiert ihre Funktionen an ihre Töchter und Söhne, und beide Generationen und beide Geschlechter tragen die gleichen göttlichen Hoheitszeichen: Sonnenfalke und Mondzepter, Blitz- und Regenspender, Schlangendiadem und Federkrone, Lebensschleife und Hörnerkrone. Dementsprechend gibt es *im matrizentrischen Pantheon nirgends eindeutige weibliche oder männliche Ressorts*, was männliche Forscher sichtlich zur Verzweiflung treibt. Lichtgöttinnen stehen neben Lichtgöttern, Erd- und Fruchtbarkeitsgötter neben Erdgöttinnen, Todesgötter neben Todesgöttinnen. Auch die Schutzgottheiten für bestimmte Berufsgattungen variieren in ihrem Geschlecht, wobei die weiblichen Gottheiten den männlichen fast immer vorausgehen. Es gibt die Göttin und den Gott der Schrift, die Göttin und den Gott der Dichtkunst, des Ackerbaus, der Töpferei, der Heilkunst usw. Im Keltischen war Brigit sogar die Göttin der Schmiede,[14] wie auch Athene die Göttin jeglichen Handwerks war.

Schon diese Unmöglichkeit einer geschlechtsspezifischen »Berufs«-Zuordnung unter den Gottheiten zeigt, wie wenig es in der matrizentrischen Mythologie darum ging, dem Weiblichen und dem Männlichen bestimmte Wesensmerkmale bzw. technische oder geistige Fähigkeiten zuzuschreiben. Dies ist ein Tatbestand, der durch die traditionelle Mytheninterpretation und ihre Polarisierungs-Manie bis heute verdunkelt wird. Ursprünglich hielt weder das eine Geschlecht den Himmel besetzt noch das andere die Erde. *Das Auseinanderreißen von Himmel und Erde wird im Mythos als physischer Kraft- oder Gewaltakt vorgestellt*, der in zahlreichen Mythologemen von einem mythischen Kulturheroen geleistet wird[15] und der den Einbruch der patriarchalen Ideologie in die Frühkultur anzeigt. Wenn Platon im »Symposion« an den alten Mythos erinnert, nach dem der Mensch ursprünglich ein Ganzes gewesen sei und aus einem weiblich-männlichen Doppelwesen bestanden habe, so hat dies nichts mit einem genitalen Zwitterwesen im Sinne des antiken Hermaphroditismus zu tun. Das androgyne Doppelwesen, bei dem Mann und

Frau mit dem Rücken aneinandergewachsen gedacht waren, könnte vielmehr die *geistige Einheit des frühen Menschen* symbolisieren. Der Mythos betont dessen Mächtigkeit, welche den Neid der (patriarchalen?) Götter erregte, so daß diese den Menschen spalteten, um besser mit ihm fertigzuwerden.

Ursprung der patriarchalen Mythologie

Die feministische Ideologiekritik hat mit großem Scharfsinn dargelegt, daß die *philosophische Polarisierung der Geschlechtscharaktere* das Kernstück einer ideologischen Strategie bildet, die dem patriarchalen Mann die Suprematie über die Frau sichern und diese gleichzeitig rechtfertigen soll.[16] Nun gilt es, darüber hinaus zu erkennen, daß die Polaritätstheorie nicht nur eine nachträgliche Rechtfertigungsideologie für schon bestehende Machtverhältnisse ist, sondern daß sie am Anfang der Patriarchatsgeschichte dem Mann überhaupt erst einen *Fixpunkt für seine eigene Identität* ermöglichte. Nur dadurch, daß er die Ganzheit des Lebens aufbrach und spaltete, konnte der Mann aus seiner Sohnesrolle ausbrechen und den *Status eines Delegierten der Großen Mutter* zurückweisen.

So gesehen bedeutet die Identifizierung der Frau mit der Erde nicht nur ihre Festlegung auf ihre Gattungsfunktion, sondern die Zuweisung derjenigen Hälfte der Ganzheit, die der Mann auszufüllen außerstande war. Er mußte notgedrungen den Himmel übernehmen und hat dann aus dieser Not eine Tugend gemacht. Dabei blieb die Ahnung davon, den schwächeren Teil erwählt zu haben, noch lange dunkel erhalten, was die frühpatriarchalen Mythen verraten, wenn sie den Todes- und Unterweltsaspekt der Erdgöttin grauenerregend überzeichnen.

Entsprechung von Mythos und Sozialstruktur

Der mythologischen Konstellation der matrizentrischen Frühzeit entspricht die gesellschaftlich-psychologische Konstellation aufs genaueste. Wie es im Mythos keine feste »Arbeitsteilung« unter den Göttinnen und Göttern gibt, so existiert auch in der menschlichen Gemeinschaft keine feste Arbeitsteilung zwischen den Geschlechtern, jedenfalls nicht im Sinne der Monopolisierung eines bestimmten Arbeitszweiges für eines der Geschlechter. Es gibt *weder eine Trennung zwischen »häuslich« und »öffentlich«, zwischen reproduktivem und produktivem Bereich, noch eine geschlechtsspezifische Zuteilung dieser Räume mit Ausnahme des Geburtsbereichs*, zu dem der Mann keinen Zutritt hat.

Im Ganzen gesehen tragen zunächst die *Frauen die Hauptverantwortung für die Gruppe*. Auch dies entspricht der Dominanz der Großen Muttergöttinnen im mythologischen Denken.

Wie im matrizentrischen Pantheon kein Ehepaar erscheint, sondern entweder die ungleichgewichtige Konstellation Göttin-Sohngeliebter oder das annähernd gleichgewichtige Schwester-Bruder-Paar, so stellt auch in der menschlichen Gesellschaft die Einheit des Ehepaares als Zentrum der Kernfamilie eine relativ späte Entwicklung dar. Wenn M. French behauptet, das Patriarchat habe die Liebesbande zwischen Mann und Frau zerstört,[17] so widerspricht dies den historischen Tatsachen. Als Folge der matrizentrischen Sippenordnung und ihres Exogamiegebots sind in den Frühkulturen die Ehegatten Fremde füreinander. *Die ursprünglichen Liebesbande sind Blutsbande*, und das zärtlichste und innigste Wort, das die frühe Liebeslyrik für den Geliebten oder die Geliebte bereit hält, ist die Anrede »Bruder« oder »Schwester«.[18]

Dagegen ist besonders bei der Betrachtung matrilokaler Eheverhältnisse deutlich geworden, daß sich der Mann im Matriclan der Frau gewissermaßen als »Bürger zweiter Klasse« fühlen muß[19] und in der Erfüllung seiner emotionalen Bedürfnisse benachteiligt ist.

Dazu kommt die ursprünglich größere magische Autorität der Frau als schamanistische Priesterin. Ihrem Status als *der »von Natur aus Wissenden«* hatte der Mann *nichts Entsprechendes entgegenzustellen*, wie er sich auch auf keine mythologische Identitätsfigur vom Range der Großen Göttin beziehen konnte.

Problematisches Selbstwertgefühl des Mannes

In der gesellschaftlichen Gesamtsituation der matrizentrischen Frühzeit gibt es also ein ganzes Bündel neuralgischer Punkte für das Selbstwertgefühl des Mannes. Ohne daß sie von den Frauen jemals unterdrückt oder bewußt diskriminiert worden wären, und lange bevor hierarchische Strukturen überhaupt entstanden, sahen sich die Männer am Beginn der Kultur aufgrund ihrer biologischen Geschlechtszugehörigkeit in der Situation der *Zweitrangigkeit*. Dies war einerseits die Folge des natürlichen, d. h. *biologisch bedingten Matrizentrismus der »primitiven« Familie*, und – was noch viel schwerer wiegt – die Konsequenz aus der *bewußten Wahrnehmung der lebensspendenden Produktionskräfte der Frau und deren Einschätzung als magisch-numinose Macht*.

All dies mußte im männlichen Teil der Frühgesellschaft psychische *Frustrationen* und einen entsprechenden *Leidensdruck* erzeugen. Wie immer bei Frustrationen, konnte die Reaktion darauf eine extravertiert-aggressive, eine introvertiert-aggressive oder eine Mischung aus beiden Komponenten sein. Folgt die *forcierte Opferhaltung* des archaischen Mannes der introvertierten Richtung der Aggression, so sind *Herrschaftsansprüche, kriegerische Ambitionen oder Profit- und Geltungssucht* Formen der extravertierten Aggression. Die dritte Art der Kompensation, in der beide Aggressionsrichtungen enthalten sind, wäre in jenem *asketischen Zug* zu sehen, der die patriarchale Mentalität seit jeher auszeichnet und der sich immer mit einer abwertenden Attitude gegenüber dem Weiblichen verbindet.

In der matrizentrischen Lebensphilosophie existiert der Begriff der Askese nicht. Diese Gegebenheit führt uns am Ende unserer Zwischenbilanz auf die sexuelle Beziehung der Geschlechter im engeren Sinn zurück, die in allen gesellschaftlichen Verhältnissen einen untrüglichen Indikator für die Art der Geschlechterrollen im gesamten Lebenszusammenhang darstellt.

Sexuelle Geschlechterbeziehung

Wie wir gesehen haben, ist *unter matrizentrischen Bedingungen die sexuelle Freiheit für beide Geschlechter sehr groß*, wie überhaupt der Stellenwert der Sexualität, unabhängig von Ehe und Bindung, ein höchst zentraler und positiver ist. Die genitalen Symbole gehören zu den allgegenwärtigen Kultsymbolen der Frühzeit, und zwar die delta-uterinen ebenso wie die phallischen, wenngleich dem weiblichen Genitale zunächst die größere Bedeutung zukommt. Auch dann, wenn sich die Kunst metaphorischer Stilisierung bedient (wie in den Symbolen der Lotosblume oder der Muschel für das weibliche, in den Symbolen des Mondhorns oder des Tiergehörns für das männliche Organ), weist diese Stilisierung nicht auf eine Sublimierung ins Geistige hin wie etwa im spätbuddhistischen Tantrismus. Im matrizentrischen Kult symbolisiert die *körperliche Vereinigung* nicht stellvertretend irgendeinen psychischen oder geistigen Prozeß, sondern ist zugleich Selbstzweck und Endzweck der Natur, *höchste Lusterfahrung des Menschen und sakraler Vollzug der Lebenserneuerung*.

Dabei stehen sowohl im Kultvollzug als auch in der persönlichen Liebesbegegnung die Geschlechter in einem *nicht-hierarchischen Verhältnis* zueinander. Niemals wird der Frau im Geschlechtsakt eine passiv-duldende und dem Mann eine aggressiv-fordernde Rolle zugedacht: Der Machismo ist in der Frühzeit unbekannt.

In allen Zeugnissen der ältesten Liebespoesie preisen beide Partner gleichermaßen die Schönheit und die Stärke des oder der Geliebten, so daß weder Schönheit als Charakteristikum der Frau, noch Stärke als Charakteristikum dem Manne vorbehalten sind. Beide stehen zitternd voreinander und genießen gegenseitig ihre Kraft und ihre Schönheit. Dementsprechend finden wir auch nirgends eine Spaltung zwischen Leidenschaftlichkeit und Zärtlichkeit. Neben der stehenden Version im Hohenlied des Alten Testamentes »Wenn seine Linke unter meinem Haupte wäre/und seine Rechte herzte mich« steht das andere, gewaltige Wort: »Stark wie der Tod ist doch die Liebe/fest wie die Unterwelt die Liebesleidenschaft«.

Das grundsätzlich nicht-hierarchische Fühlen in der sexuellen Beziehung läßt auch jeden Freiraum für verschiedene Formen der Liebesumarmung. Wir finden Hinweise auf die unterschiedlichsten Liebespositionen und keine positive oder negative Bewertung der einen oder anderen.[20] Das »Oben«- oder »Unten«-Liegen, das eine spätjüdische Schrift als Streitpunkt zwischen Adam und Lilith (der ersten Eva) schildert, ist m. E. schon eine Angelegenheit der patriarchalen Optik. Hier werden der Lilith die Worte unterschoben: »Weshalb sollte ich unten liegen? Ich bin ebensoviel (wert) wie du...«[21] Wer aber diese Frage eigentlich stellt, geht aus dem Ausgang der Geschichte hervor: Lilith verläßt Adam, weil sich erweist, daß sie ihm im Kampf unterlegen ist und befürchten muß, ihm zu »unterliegen«. Im matrizentrischen Kontext stellt gerade die sexuelle Ebene diejenige der Gleichberechtigung dar, und die glückhaften Augenblicke der körperlichen Liebe konnten den Mann vergessen lassen, daß seine soziale Position in der Sippengemeinschaft für ihn zum Teil unbefriedigend war.

Einschränkend wäre allerdings zu sagen, daß auch auf sexueller Ebene der Mann insofern benachteiligt blieb, als er ursprünglich nicht der Wählende war, sondern die Frau vorwiegend die Initiative ergriff. Das mußte diejenigen Männer, die von der Natur mit wenig körperlichen Vorzügen ausgestattet waren, in eine ähnlich unsichere Situation versetzen wie die unter patriarchalen Vorzeichen auf die Werbung des Mannes wartende Frau.

Ich halte es für außerordentlich wichtig, sich mit den wenigen, aber immerhin vorhandenen Quellen der vorpatriarchalen Formen der Sexualität vertraut zu machen, um nicht immer bereits von den patriarchal verzerrten Formen der Sexualität auszugehen. Durch die Einbeziehung der matrizentrischen Frühzeit und ihrer erotischen Bilder erfahren wir, daß es eine phallusbezogene Sexualität gibt, die in schroffem Gegensatz zur späteren »phallokratischen« Sexualität des Mannes steht. Erst das heldische Zeitalter der Antike, das auch bei vielen Naturvölkern seine Entsprechung hat, macht den Phallus zur Waffe des Mannes und zum Instrument der Unterwerfung. In der gesamten Frühkultur hingegen war der *Phallus ein Lust- und Segenbringer*, ein Geschenk des Mannes an die Frau und an das Leben. Wahrscheinlich würden Frauen aus dem vorpatriarchalen Kulturkreis völlig verständnislos vor unseren feministischen Sexualdebatten stehen, in denen – leider zu Recht – so viel von Vergewaltigung und »Penetration« die Rede ist. Denn erst die patriarchale Mentalität verwechselt Kraft mit Gewalt oder ersetzt Kraft durch Gewalt, und erst dann scheinen Zärtlichkeit und Stärke einander auszuschließen.

Daß es überhaupt jemals zu dieser Pervertierung von Kraft in Gewalt und Vergewaltigung kommen konnte, hat, wie jede destruktive Aggressivität, ihre psychopathologischen Entstehungsbedingungen. Daß und inwiefern das Phänomen der Vergewaltigung psychologisch und historisch mit der Konstituierung des Patriarchats gekoppelt ist, soll im nächsten Kapitel dargestellt werden.

Kapitel III
Die Konstituierung
des Patriarchats

Die Ursprungsgeschichte des Patriarchats ist die Geschichte von der *Emanzipation der Männer aus dem bis dahin mächtigen Einflußbereich der Mütter* auf allen Ebenen der Kultur. Die anfängliche Zweitrangigkeit des Mannes in bezug auf seine soziale Bedeutung hat früher oder später in allen Teilen der Welt zu erbitterten Kämpfen um eigene Geltungs- und Machtpositionen geführt und in den überwiegenden Fällen zur rigorosen Vormachtstellung des Mannes über die Frau. Deshalb ist die Geschichte des Patriarchats ihrem Wesen nach die Geschichte der Unterdrückung des weiblichen Geschlechts, die in ihren konsequentesten Ausprägungen *ihre eigenen Ursprünge verleugnet*, d.h. die Erinnerung an das matrizentrische Kulturerbe auslöscht.

Der Mann empfand sich aber nicht nur als Außenseiter gegenüber einer weiblich geprägten Sozietät, sondern darüber hinaus als *der Fremde in der Natur* und als der *Außenseiter des Lebens*, an dessen Magie er nicht unmittelbar teilhatte. Aus diesem *Unbehagen in der Natur* (um Freuds Rede vom Unbehagen in der Kultur abzuwandeln) erwächst die männliche Revolte gegen die Leiden des Lebens im endlos sich wiederholenden Zyklus von Geburt und Tod, und erwächst der männliche Widerstand gegen die ewig wiederkehrende, nie erfüllte Arbeit, wie sie im mythischen Bild des Sisyphos prototypisch erscheint.[1]

Von Grund auf aggressiv: das männliche Kollektivbewußtsein
Aus dem Gefühl des Ausgeschlossenseins von den Mysterien des Lebens und aus dem Gefühl der Fremdheit gegenüber deren immanenter Tragik erwacht das männliche Bewußtsein: Zweifelnd und hadernd erhebt es sich über die eigene Situation und über die kreatürliche Situation als solche und stellt den Mächten der Natur und dem blinden Zufall des Schicksals seinen *Kampf um Selbstbestimmung* und seinen *Willen nach rationaler Klärung und rationaler Kontrolle* entgegen. Deshalb ist das männliche Kollektivbewußtsein von Grund auf aggressiv konstituiert, entweder im Sinne der Überkompensation eines eigenen Mangels oder im Sinne der Empörung über die Mangelhaftigkeit des Daseins. Der zweite Ausgangspunkt des kritischen männlichen Lebensgefühls, der Protest gegenüber den Gegebenheiten des Lebens als solchen, wird eindringlich in einem Kampflied altkurdischer Hirtenkrieger aus dem 8. Jahrhundert v. Chr. wiedergegeben:

Du aber erhebe dich

Da die Quellen versiegt,
das letzte Grün des Grases verbrannt,
die zerrissene Krume verdorrten Bodens,
des Ackers fruchtbare Decke als Staub
durch den Gluthauch des Windes
emporgewirbelt Wolken bildet,
spürst du die Ohnmacht,
siehst das verendende Tier,
hörst das Weinen der Kinder,
und deine Fäuste
schaffen nicht Wasser,
geben den Gräsern nicht Leben,
schützen nicht die fruchtbare Erde des Ackers
vor dem Gluthauch des Windes
Zweifelst Du?
Schreit dein Herz nicht in Zorn
vor dem Tag –
Vergeblich duckt sich das Tier,
geduldig das Sterben erwartend,
Du aber erhebe dich![2]

Die Natur und den Tod transzendieren

Dieser Aufbruch des männlichen Widerstandes hat viele Gesichter und bringt aus der gleichen emotionalen Wurzel so *divergente Kulturerscheinungen* hervor wie die tollkühnen und grausamen Raubzüge der Hirtenkrieger, die Erforschung und Beherrschung der Natur durch Wissenschaft und Technik und die religiös-philosophische Übersteigung des Lebens zu einer abgehobenen geistigen Existenz. Jedes dieser weit auseinanderliegenden Kulturphänomene ist ein Teil des verzweifelten und zugleich heroischen Versuchs, die Natur und den Tod zu transzendieren, sei es durch eine große, *abenteuerliche Tat*, die dem Individuum seinen Ruhm in der Nachwelt verheißt, sei es durch ein *materielles oder geistiges Werk*, das die Zeit überdauert, oder durch die *prinzipielle Abkehr vom Leben* in religiöser Askese, welche die Teilhabe an einem transzendenten geistigen Reich verspricht. Immer soll dabei der Tod seine Macht über den Menschen verlieren: im todesverachtenden Kampf der Männer, die das ehrenvolle Fallen in der Schlacht dem heimtückischen Tod auf dem Krankenlager vorziehen, in der Suche nach dem Unsterblichkeitskraut durch die Alchemie oder in der Entwicklung lebensrettender Medikamente durch die moderne Medizin wie auch im religiösen Glauben an eine persönliche Unsterblichkeit.

Diesen Spielarten der männlichen Selbstverwirklichung begegnen wir auf den unterschiedlichsten zivilisatorischen Ebenen: in den männlichen Initiationsriten der Primitiven ebenso wie in den Theologien der patriarchalen Hochkulturen, im heroischen Lebensstil der großen Völkerwanderungszeiten wie in den endlosen Kriegen der Feudal- und Nationalstaaten, in der einsamen Suche des primitiven Schamanen-Novizen nach persönlicher Erleuchtung ebenso wie in den großen Weisheitslehrern und Religionsstiftern des Orient und Okzident.

Flucht vor der Mühsal des Alltags

Diejenigen unter den aufständischen Männern aber, die sich nicht vom eitlen Treiben der Welt zurückzogen und vom Leben als solchem abwandten, vielmehr sich dessen Beherrschung zum Ziel setzten, wollten nicht nur der Allmacht des Todes entrinnen, sondern auch der nie endenden Mühsal des täglichen Lebens. In der *Herrenkultur* befreit sich der Mann von der gleichförmigen Arbeit des Lebensunterhalts *auf Kosten der Frau und auf Kosten unterworfener Sklaven* oder durch die *Erfindung immer raffinierterer Maschinen*, welche die menschliche Arbeit ersetzen.

Daß die Rechnung von der Befreiung aus der Arbeit nicht aufgeht und daß die Herrschaft des Menschen über die Natur durch Wissenschaft und Technik an ihre Grenzen stößt, beginnen wir erst heute wahrzunehmen. Wohl hat uns das männlich-wissenschaftliche Denken aus der Begrenztheit der magisch-mythischen Weltsicht herausgeführt und unsere geistigen Horizonte auf spektakuläre Weise erweitert; wohl haben Wissenschaft und Technik das Individuum – zumindest als Mitglied der herrschenden Klassen – aus einer Flut von Leiden und Mühen befreit, aber der männlich-patriarchale Lebensstil hat auch eine *Unzahl neuer Leiden* geschaffen: Krieg und Völkerversklavung als schlimmste aller Leiden, die Selbstentfremdung des Menschen von seinem Lebenszusammenhang und seiner Arbeit durch Spezialisierung und Zerstückelung des Arbeitsprozesses und schließlich die Verarmung, wenn nicht die Zerstörung der Natur durch die grenzenlose Ausbeutung ihrer Ressourcen. So erhebt sich heute allen Ernstes die Frage, ob der *Preis für die Emanzipation des Mannes* und für die Errungenschaften der männlichen Kultur für die Menschheit als Ganze nicht zu hoch gewesen ist.

Es wäre freilich zu einseitig und zu einfach, angesichts der Tatsache, daß sich die patriarchale Kultur in eine Sackgasse hineinmanövriert hat, nur noch deren negative Aspekte zu sehen. Von Anbeginn zeigt sie uns ganz verschiedene Perspektiven: zerstörerische und aufbauende, irrationale und hellsichtige, machtbesessene und ethisch-humane. Neben dem verhängnisvollen *Willen zur Macht*, neben dem männlichen Größen- und Machbarkeitswahn durchzieht auch eine *ethische Motivation* das patriarchale Geistesleben, wenn diese auch immer wieder von politischen Partikularinteressen erstickt wurde und wird. Es gibt eine Reihe menschlicher Tugenden, die primär männlich sind, wozu auch das Mitleid in seiner radikalen Form gehört, das über die Blutsbande hinausreicht und Leiden nicht nur lindern, sondern an seiner Wurzel beseitigen will. Und es gibt eine verbindende Linie von der buddhistischen Botschaft des Mitleids über das christliche Gebot der Nächstenliebe bis hin zur Humanitätsidee der abendländischen Philosophie.

Auch die politische Geschichte des Patriarchats ist nicht nur vom Karrieredenken und vom *Willen zur Ausbeutung* geprägt. Daneben gab es immer auch die *Idee der Gerechtigkeit* und die großen Reformatoren, die für eine menschenwürdige Staatsform eintraten, von Gudea von Mesopotamien über Solon in Griechenland bis zu den Utopien des ausgehenden Mittelalters und den großen Theoretikern der bürgerlichen und der proletarischen Revolution. Nur sind alle diese *Reformbestrebungen* einschließlich der gewaltigen Anstrengungen der Französischen Revolution, des amerikanisch-demokratischen Unabhängigkeitskampfes und der marxistisch-kommunistischen Umwälzungen *nicht weit genug zu den eigentlichen Wurzeln der Herrschaftsstruktur vorgedrungen*. Trotz ihres Eintretens für die Gleichstellung der Frau haben weder die französischen noch die russischen Revolutionäre den *Ursprung der Herrschaft im Geschlechterkampf* selbst erkannt. Die marxistische Theorie hat ihn nur als »Nebenwiderspruch« gelten lassen. Deshalb gelang ihr zwar eine Kritik der Klassenherrschaft, nicht aber eine Kritik der patriarchalen Ideologie als solcher, von der sie unter anderem die naive Wissenschafts- und Fortschrittsgläubigkeit unkritisch übernahm. Von da aus lassen sich aber weder unsere ökologischen und kultursoziologischen Probleme lösen noch lassen sich die Werte einer vergessenen weiblichen Kultur einbeziehen.

Immerhin haben marxistische Theoretiker wie F. Engels und G. Thomson die Existenz einer vorpatriarchalen, d. h. matrizentrischen Gesellschaftsordnung anerkannt und damit sowohl die Etablierung der patriarchalen Familie als auch die Etablierung des hierarchischen Männerstaates als einen historischen Prozeß und nicht als naturgegebene Fakten erfaßt. Dennoch hielten sie an der *Gleichstellung von männlicher Bewußtseinsentwicklung und männlichen Produktionsbegriffen mit der menschlichen Kultur* überhaupt bzw. an der *Gleichsetzung der Frau mit der vorkulturellen Natur fest*, und dies führte auf der einen Seite zur Überschätzung der männlichen Kulturinnovationen und auf der anderen zur *Unterschätzung des Preises, den die Frauen für die Emanzipation des Mannes bezahlten*. Diese büßten nicht nur, wie dies Engels klar sieht, ihre persönliche Freiheit und die öffentliche Bedeutung ihrer Arbeit ein, indem man sie bevormundete und immer enger an den Kleinhaushalt fesselte, sondern sie verloren darüber hinaus ihre geistige und erotische Kultur und damit ihre Selbstidentifikation und ihre Geschichte.

Das Scheitern der männlichen Emanzipation
Das eigentlich Paradoxe am patriarchalen Herrschaftssystem aber ist, daß trotz der Unterwerfung der Frau und ihrer Verkürzung auf das Konstrukt der ihr zudiktierten »Weiblichkeit« die Emanzipation des Mannes im psychosozialen Bereich im wesentlichen mißlang. Von Radikallösungen des Eremitendaseins oder des Mönchtums abgesehen, hat sich der Mann nie aus der fürsorgenden Macht der Mütter befreit, sondern blieb äußerlich, und mehr noch innerlich, von ihr abhängig. Er hat die Frau zwar als »Muttersklavin« beherrscht, aber er konnte nie ohne ihre Nähe und ohne ihre Zuwendung leben, und deshalb gibt es *keine Herrenkultur ohne matrizentrische Unterströmungen, kein Patriarchat ohne die romantische Verklärung des Weiblich-Mütterlichen.*

Dieses zentrale Scheitern der männlichen Emanzipation wurde bisher viel zu wenig reflektiert und ist in seinem vollen Ausmaß vielleicht nur der psychoanalytischen Sicht zugänglich: Der Preis für die Autonomie des männlichen Bewußtseins ist die *Verdrängung der Abhängigkeitsgefühle ins Unbewußte oder ihre Verschiebung ins Irrational-Romantische*, und daraus folgt die *emotionale Infantilität des patriarchalen Mannes und der modernen Mentalität* überhaupt. Den brillanten Errungenschaften unserer rationalen Kultur steht die Unfähigkeit zur Bewältigung emotionaler Probleme gegenüber, die Hilflosigkeit angesichts psychischer Leiden, Alter und Tod und die Unfähigkeit, mitmenschliche Beziehungen offen und partnerschaftlich zu gestalten.

Für das individuelle Geschlechterverhältnis bedeutet dies die *Delegation des emotionalen Bereichs an die Frau*, eines Bereiches, der in der patriarchalen Ideologie zwar minderbewertet wird, im tatsächlichen Leben aber die uneingestandene Existenzbasis auch des Mannes bildet. Seine emotionale Daseinsberechtigung, d. h. die Garantie für den eigenen Lebenssinn, bezieht der Durchschnittsmann aus seiner Ernährerrolle für Frau und Kind, wobei er dafür gleichzeitig die Dankbarkeit und die bedingungslose emotionale Zuwendung seiner Schützlinge einfordert. In welchem Maße der Mann emotional vom Arrangement der patriarchalen Familie abhängig ist, zeigt sich spätestens dann, wenn die Frau von sich aus das eheliche Verhältnis auflöst und dabei der Mann psychisch völlig ins Leere fällt, bis er ein neues, emotional parasitäres Arrangement aufbauen kann.

Selbst die exakte Naturwissenschaft als das fortgeschrittenste Produkt männlich-rationalen Denkens zeigt sich bei kritischer Analyse nicht so frei von emotionalen und damit subjektiven Interessen, wie das die Doktrin von der objektiven Wissenschaft stets behauptet hat. Erst die psychoanalytisch fundierte *feministische Wissenschaftskritik* legte in jüngster Zeit die *»emotionale Substruktur«* des männlich-wissenschaftlichen Denkens frei, die viel mit dem Bedürfnis des Mannes zu tun hat, von allen spontanen Lebensäußerungen zu abstrahieren und sich nur auf diejenigen Seiten der Natur einzulassen, die sich in ein exaktes Schema pressen und vorausberechnen lassen.[3] Daß *hinter der Wissenschaft* nicht nur ein »interesseloser« Erkenntnisdrang und die Suche nach objektiver Wahrheit stehen, sondern auch ein *männliches Bedürfnis nach Macht* und nach Rückzug in die unangreifbare Festung manipulierbarer Fakten, manifestiert sich unter anderem darin, daß die Wissenschaft zum eigentlichen Götzen hochstilisiert wurde und eine *Eigendynamik jenseits aller praktischen und ethischen Vernunft* entwickelt hat. Neben den handfesten Kapitalinteressen der mächtigen Wirtschaftsgruppen verdanken wir es diesem irrationalen Moment des Wissenschaftsbetriebes, daß eine Kurskorrektur von ihm selbst gar nicht ernsthaft erwogen wird, obwohl dieser Kurs offensichtlich und mit zunehmendem Tempo zur Selbstzerstörung des Menschen und zur Zerstörung des Lebens führt. Dies gilt bezeichnenderweise auch für das Wissenschaftsverständnis der sozialistischen Länder, das nicht von kapitalistischen Interessen gesteuert ist.

Eine grundsätzliche Wende der gesellschaftlichen, politischen, ökonomischen und technologischen Strategien ist erst dann möglich, wenn das *patriarchale Kulturkonzept als Ganzes mit allen seinen bewußten und unbewußten Wurzeln in Frage gestellt* und seine Systemvorstellungen nicht länger als die einzig möglichen angesehen werden. Es wäre nicht das erste Mal in der Geistesgeschichte der Menschheit, daß ein *Paradigmenwechsel*, d. h. eine grundsätzlich neue Sicht der menschlichen Existenz, der Kulturentwicklung eine völlig neue Richtung weist. Nach der Abkehr der Vorsokratiker von der mythischen Apperzeption hin zur wissenschaftlichen Beobachtung, nach der Kopernikanischen Wende vom geozentrischen zum heliozentrischen Weltbild und nach Marx und Freud als den Bahnbrechern der ökonomischen und der psychologischen Ideologiekritik geht es heute um die *Entmythologisierung eines umfassenden sexistischen Weltbildes*, das die Rahmenbedingungen für unsere religiösen und psychosozialen Strukturen ebenso abgibt wie für unsere Wissenschaftstheorie, Ökonomie und Politik.

Reziproke Partnerschaft
Der heutige vielbeschworene Paradigmenwechsel kann allerdings weder in einer utopischen Umkehrung der sexistischen Herrschaftsverhältnisse bestehen, noch in einem sexistischen Balanceakt zwischen den angeblich männlichen und weiblichen Seelenanteilen im Sinne der traditionellen Yin-Yang-Philosophie, wie dies Fritjof Capra in seiner »Wendezeit« vorschlug. Weder machtbedingte Abhängigkeit, noch symbiotische Ergänzungen können den sexistischen Rahmen sprengen, sondern nur eine reziproke Partnerschaft zwischen Mann und Frau *ohne Ausgrenzung, ohne Privilegien und ohne soziale Rollenzuweisung*. Daß dies trotz und bei Anerkennung der rein biologischen Unterschiede zwischen den Geschlechtern möglich ist, darin besteht die Hoffnung und die *Vision von einer Gesellschaft jenseits des Geschlechterkampfes*. In dieser Gesellschaft der Zukunft wäre die Gebärfähigkeit der Frau weder die Basis für gesellschaftliche Macht noch ein Hinderungsgrund für ihr volles öffentliches Engagement, und wäre die phallische Erfahrung des Mannes losgelöst von den lebensfeindlichen Assoziationen des Macht-, Eroberungs- und Besitzstrebens. Noch aber sind diese Assoziationen so tief in unserem Bewußtsein und in unserem Unbewußten verankert, noch sind die sexistischen Klischees so fest in unsere Vorstellungs- und Verhaltensschemata eingebunden, daß es der Anspannung aller geistigen Kräfte bedarf, um die *Stationen der falschen Verknüpfungen zurückzuverfolgen* und deren Fäden zu entwirren. Erst dann wird es möglich sein, die männlichen und weiblichen *Charakterprägungen* nicht als genetisch festgelegte Wesensbestimmungen aufzufassen, sondern als *sozial auferlegte Verhaltensmuster*. Erst dann wird es gelingen, die existentiell verschiedene Ausgangslage für

die weibliche und männliche Bewußtseinsbildung zu durchschauen, wie sie sich ursprünglich aus der matrizentrischen und später aus der patriarchalen Familienkonstellation ergab.

1. Mord, Raub und Vergewaltigung als Basismotive der patriarchalen Mythologie und ihre Parallele zur Praxis

Was für die matrizentrische Kulturprägung und ihren Niederschlag im mythologischen Bereich gilt, trifft im gleichen Maß für die patriarchale Kultur zu: ihre *Mythen spiegeln aufs genaueste die gesellschaftlichen und psychischen Prozesse*, die sich real in der geschichtlichen Entwicklung abspielten. Wie in Wirklichkeit die patriarchalen Herrschaftsverhältnisse nur durch Gewalt installiert und aufrechterhalten werden konnten, so lösen auf der mythologischen Ebene die patriarchalen Götter auf gewaltsame Weise die matrizentrischen Gottheiten ab.

Mit Ausnahme der relativ späten, stark vergeistigten Hochreligionen finden wir bei den meisten uns bekannten Religionen das *Motiv des Götterssturzes* oder das *Motiv der Dämonentötung*. Entweder handelt es sich dabei um die Beseitigung eines ganzen Göttergeschlechts wie das der Titanen oder der Giganten in der griechischen oder das Geschlecht der Riesen in der germanischen Mythologie, oder um den sakralen Mord eines jugendlichen Gottes oder eines Kulturheroen an einem meist weiblich vorgestellten Dämon. So steht am Beginn der patriarchalen Theologie Babyloniens die heldische Tat des Sonnengottes Marduk (sumerisch Amar Utuk, Sonnenkind), der einst ein sterblicher Gewitter- und Fruchtbarkeitsgott war und durch seinen Mord an der Großen Göttin Tiamat zum obersten Sonnen- und Staatsgott emporstieg. Tiamat erscheint als Unterweltsgöttin in der Gestalt einer riesigen Meeresschlange, der Marduk einen Pfeil in den aufgerissenen Rachen schleudert und damit ihre Eingeweide zerfetzt. Nachdem der Gott die getötete Dämonin gefesselt und sich triumphierend auf ihren Leib gestellt hat, spaltet er diesen in zwei Hälften und formt daraus Himmel und Erde.[1]

Der Triumph des Männlichen über das Weibliche

In diesem Mythos klingen bereits alle Elemente an, die sich in ähnlichen Versionen, wenn auch nicht immer vollständig, bei anderen patriarchalen Mythologien wiederholen: der triumphale Sieg des Männlichen über das Weibliche, die *Vernichtung des Todesdrachens und die Spaltung des mütterlichen Urprinzips in den männlichen Himmel und die weibliche Erde*. Gleichzeitig wird mit dieser mythologischen Erzählung die Tatsache verschleiert, daß der männliche Gott den Kosmos bereits vorfand, und der Eindruck erweckt, als hätte er Himmel und Erde aus einer Art dämonischem Chaos erst geschaffen. Diese Rolle übernimmt in der patriarchalen Ideologie Ägyptens der Himmelsgott Schu, indem er in einem heroischen Kraftakt die Himmelsgöttin Nut vom Erdgott Geb trennt. Angeblich waren vor dieser Heldentat Himmel und Erde ungeschieden und das Universum ohne Licht – entgegen dem Zeugnis der alten Totenbücher, die Nut als Herrin der Gestirne und als Urheberin jeglichen Seins feiern. Auch Indra, der Hauptgott der Indoarier, durchbohrt die große Schlange Vitra, erlöst die Sonne, indem er Himmel und Erde trennt, und macht sich selbst zum Götterkönig.[2]

In anderen mythologischen Erzählungen tötet ein männlicher Gott in Gestalt des Adlers die Göttin in ihrer Schlangengestalt, unter anderen der aztekische Gott und Kulturbringer Quetzalcoatl, der nach dem sakralen Mord beide Symboltiere in sich vereinigt und als gefiederte Schlange dargestellt wird. Das heißt nichts anderes, als daß er die Totalität der altmexikanischen Göttinnen, die Himmel, Erde und Unterwelt repräsentierten, selbst übernimmt.[3]

Die indianischen Hochkulturen Südamerikas kennen den mythologischen Kampf des männlichen gegen das weibliche Prinzip auch in Form der Rivalität der Gestirne. In der Mythologie der Inkas heißt es, daß der Mond ursprünglich den helleren Schein warf als die Sonne, worauf der Sonnengott der Mondgöttin Asche ins Gesicht streute, um ihren Schein zu verderben und dadurch selbst heller zu leuchten.[4] Im Großen Tempel zu Mexiko haben die patriarchalen Azteken die Menschenopferung, zu der auch weibliche Opfer gehörten, als einen Nachvollzug der mythischen Tötung der Mondgöttin durch den Sonnengott interpretiert. Wie der Sonnengott Huitzlopochtli die Mondgöttin Coyolxauhqui köpfte und einen Hügel hinabwarf, so wurden die getöteten Opfer die Stufen des Pyramidentempels hinuntergeworfen.[5]

Auch die patriarchale Theologie Chinas hat die matrizentrischen Symbole entthront und die weiblichen Sakraltiere – Schlange, Kröte, Eidechse, Spinne und Tausendfüßler – als die fünf Giftwesen diffamiert, die vom Himmelsmeister Chang oder vom Geisttiger zertreten werden.[6]

Am vertrautesten ist uns das mythische Bild vom *Sturz Luzifers* aus den Apokryphen. Dieser »Lichtbringer« wie sein Name besagt, wurde mit dem Morgenstern identifiziert, und es spricht alles dafür, daß der von Jahwe zum Teufel herabgewürdigte Gott ein Delegierter der Großen Göttin war, die seit langem im Orient als Morgenstern verehrt und als Lichtbringerin mit der Fackel dargestellt wurde. In der Gnosis taucht sie als Mondgöttin Barbelos auf und wird hier als Lichtjungfrau und Mutter der sieben Dämonen (7 Planeten?)[7] bezeichnet. In der bildlichen Darstellung erscheint Luzifer als häßliche geflügelte Gestalt, die wir in der christlichen Ikonographie beim Drachenkampf des Erzengels Michael oder des Heiligen Georg wiedererkennen. Daß dieser Drache *ursprünglich ein Teil des Großen Weiblichen ist*, zeigt sich an jenen Madonnendarstellungen, auf denen die »Muttergottes« die Paradiesesschlange zertritt: Als »Neue Eva«, die sich als sanftmütige Magd dem Vatergott unterstellt, macht sie die »Alte Eva« zunichte. Die patriarchale Auffassung erträgt den alten Aspekt der Göttin als Lebens-, Liebes- und Todesmacht nicht mehr, sondern diffamiert ihn als das Dämonisch-Böse, das es zu besiegen und zu unterjochen gilt.

In den klassischen Sagen des antiken Griechenlands sind es die *patriarchalen Olympier,* welche das alte matrizentrische Göttergeschlecht vernichten oder es fortan beherrschen. Perseus als Sohn des Zeus tötet die Große Medusa aus dem Titanengeschlecht, Herakles vernichtet die neunköpfige Hydra, den Höllenhund Kerberos und den drachenschwänzigen Nemeischen Löwen, die alle den Todesaspekt der Großen Göttin verkörpern. Und wie in der *christlichen Madonna* der harmlos mütterliche Teil der Göttin abgespalten fortbesteht, so leben in der griechischen Götterwelt die alten Titanengöttinnen Gaia und Rhea als *Erd- und Muttergottheiten,* Hestia als die Göttin des häuslichen Herdes und Demeter als die Göttin des Kornes und der Fruchtbarkeit fort. Allerdings ließen sich die chthonischen Göttinnen Griechenlands nie vollständig auf harmlose Gnadenbringerinnen reduzieren, weil in den Geheimkulten ihre dämonischen Aspekte weiterlebten. Die Große Hera aber, die als einzige griechische Göttin ins patriarchale Ehejoch gezwungen wird, rächt sich für diese Fesselung an ihrem Göttergatten Zeus durch ständigen Ehestreit.

Die gewaltsame Ablösung der matrizentrischen Gottheiten bildet aber nicht nur ein zentrales Thema in den Mythen der Hochkulturen, sondern ebenso in der Mythologie der Naturvölker. Im Schöpfungsmythos der

Asmat (Neuguinea) tötet ein Kulturheros namens Fumeripits ein Riesenkrokodil, das er in Stücke zerschneidet, woraus aus den weggeworfenen Stücken die verschiedenen Menschenrassen entstehen.[8] Hinter diesem Riesenkrokodil steht die *Schöpferkraft des Großen Weiblichen*, wie sie ganz ähnlich in den ägyptischen Göttinnen Toeris und Tahurt verkörpert ist.

Auch der *Mythos von der Trennung von Himmel und Erde* ist im Pazifischen Raum weit verbreitet und oft mit der Vorstellung von einer Art *Ursünde* verbunden, welche die Menschen aus dem ursprünglichen Paradies vertrieben hat.[9] Während in Polynesien ein Kulturheros namens Tane die kosmische Trennung durch das gewaltsame Auseinanderreißen des Urelternpaares Rangi (Vater, Himmel) und Papa (Mutter, Erde) vollzog, und von da an Streit unter den Menschen herrschte,[10] ist es in Melanesien bezeichnenderweise ein Urmütterpaar, das wie siamesische Zwillinge aneinandergewachsen war und von deren Sohn und Kulturbringer Sosom gewaltsam getrennt wurde.[11] Ganz ähnlich sprechen die sogenannten Dema-Mythen von Neuguinea von zwei Urgöttinnen, deren eine, die Göttin des Tanzes und der Fruchtbarkeit, namens Hainuwele, von den Männern getötet, zerstückelt und begraben wird, woraus die Kulturpflanzen erwachsen. Die andere, die Göttin Satene, zieht sich nach diesem folgenschweren Mord von den Menschen zurück mit dem Fluch, daß sie von nun an nur noch durch die Pforte des Todes zu ihr gelangen können.[12]

Der Mythenstoff des Raubes

Zum einen klingt in diesen Naturmythen an, daß *Himmel und Erde, Leben und Tod ursprünglich weiblich* gedacht und erst *durch eine gewaltsame Trennung geschlechtlich polarisiert* wurden, und zum anderen zeigen sie, wie ambivalent der männliche Sieg empfunden wird, dessen *Preis die Vertreibung aus dem Paradies und die Sterblichkeit des Menschen* ist.

Eng verbunden mit dem Motiv des göttlichen Muttermordes ist der patriarchale Mythenstoff des Raubes. Es geht ja nicht nur darum, die *Vorrangstellung der Mütter aufzuheben*, sondern gleichzeitig darum, daß sich *die männlichen Götter und Kulturheroen deren magische Kräfte gewaltsam oder durch List aneignen*. Wieder sind es die Naturvolkmythen, die diesen Zusammenhang am unverstelltesten reflektieren.

Unter den vielen sogenannten »*Trickster*«-*Göttern* sei hier der polynesische Maui genannt, dessen größtes, tragisch endendes Abenteuer darin besteht, der Stammesmutter und Göttin Hine die Kraft des ewigen Lebens zu entreißen. Dazu kriecht er durch den klaffenden Mund der schlafenden Riesengöttin in ihr Leibesinnere, wo der Schatz des ewigen Lebens verborgen liegt, doch als er diesen schon in Händen hält und wieder zurück ans Tageslicht kriechen will, erwacht die Göttin und zermalmt ihn zwischen ihren Zähnen.[13] Dieser Mythos erinnert an das sumerische Gilgamesch-Epos, in welchem es dem Helden ebenfalls nicht gelingt, das Unsterblichkeitskraut in seinen Besitz zu bringen, weil es die Unterweltsschlange im letzten Augenblick verschlingt.

Erfolgreicher sind viele Kulturheroen mit dem *Raub des Feuers*, das nach melanesischen, australischen und afrikanischen Mythen *ursprünglich ebenfalls im Besitz der göttlichen Stammesahninnen war*, wobei das Element des Feuers ein Synonym für die sexuelle »Hitze« der Frau bildet. In einer melanesischen Erzählung beobachtet ein listiger Knabe die Ahnfrau, wie sie das Feuer zwischen ihren Beinen hervorzieht, um es zum Kochen zu benutzen. Danach gelingt es ihm, das Feuer auf abenteuerliche Weise zu stehlen, um es den Menschen zu überbringen.[14] Auch bei den westafrikanischen Dogon ist das Feuer weiblich, das aus dem Amboß, einem hochverehrten Kultobjekt weiblichen Charakters, geschlagen wird. Die patriarchale Priesterschaft hat einen legendären Schmied zum Ahnherrn, der einst mit seinem Schmiedehaken (phallisches Symbol) das Feuer von der bei den Dogon weiblichen Sonne stahl.[15]

Vergleichen wir damit den griechischen Mythos vom Raub des Feuers, so finden wir die *Prometheussage* in der patriarchal interpretierten Version Hesiods vor. Prometheus ist ein Titanensohn und hat wohl ursprünglich nicht den späteren olympischen Göttern das Feuer geraubt, sondern einer seiner Ahnherrinnen. Daran könnte seine furchtbare Strafe erinnern, die bekanntlich darin besteht, daß ihm ein Adler täglich die Leber aushackt, die über Nacht wieder nachwächst. Sowohl das Motiv des Todesvogels wie das der ewigen Wiederkehr klingt matrizentrisch, wenn der Vogel bei Hesiod auch als Adler und Symboltier des Zeus erscheint, während mythengeschichtlich der Geier oder die Krähe nähergelegen hätten.[16]

Zu den prominentesten göttlichen Räubern der Antike gehört *Herakles*, der den berühmten Dreifuß von Delphi raubt und damit den Olympiern das Unterpfand für die alte matrizentrische Sehergabe sichert. Zu seinen zwölf Arbeiten zählt auch der Raub der *Äpfel der Hesperiden*, jener uralten Symbole der Liebe und Fruchtbarkeit, welche seit jeher die Großen Göttinnen unter ihren unzähligen Namen verwalteten. (Unter anderem die »Alte Eva« die Granatäpfel am Paradiesesbaum.) Dasselbe Verlangen nach Wissen und Fruchtbarkeit veranlaßt Zeus, die Titanen- und Weisheitsgöttin Metis lebendigen Leibes zu verschlingen, während sie mit Athene schwanger geht. Zum einen bemächtigt er sich damit ihrer geistigen Potenz und zum anderen kopiert er ihre Schöpferkraft, indem er an ihrer Stelle die Tochtergöttin Athene aus seinem Gottvater-Kopf gebiert.[17]

Weisheit und Schöpferkraft als die begehrenswertesten Güter der Muttergottheit raubt auch *der göttliche Fuchs in der Mythologie der Dogon*, indem er seiner Mutter, der Erd- und Sonnengöttin, deren gewobenes, von Menstruationsblut rot gefärbtes Gewand stiehlt. Angetan mit diesem tanzt er den Auferstehungstanz, bei welchem die Schöpferworte herausfallen, die im Mantel der Göttin eingewoben sind. Noch heute tanzen die Priester der Dogon diesen Tanz zum Rhythmus der Trommel, die symbolisch für die Sonnengöttin steht, und tragen dazu rote Kleider mit künstlichen schwarzen Brüsten, wobei die Schweißtropfen der Tanzenden die heiligen Worte der Göttin symbolisieren. Auf ihren Köpfen aber tragen sie jene schon früher erwähnte sogenannte Kanaga-Figur, die das Schema der Göttin in Gebärstellung wiedergibt.[18]

Der indische Kampf der neuen Götter gegen die alten Dämonen entscheidet sich bezeichnenderweise dadurch, daß den alten Göttern die Befugnis zum Ritual entrissen wird und somit die neuen Götter über die Ritualgewalt verfügen. Diese verkörpert sich in drei Gottheiten – in Agni, dem Feuergott, Soma, dem Unsterblichkeitselixier, und Vach, der Göttin der Rede –, die laut patriarchalem Mythos angeblich zu den neuen Göttern überlaufen. Die *Verkörperungen der Ritualgewalt* entsprechen aber genau den Inhalten der alten weiblichen Macht: dem sexuellen Feuer, dem unsterblichen Leben und dem beschwörenden und Tabubindenden Wort.[19]

Vergewaltigung im Mythos

Neben Mord und Raub spielt das Thema der Vergewaltigung in vielen patriarchalen Mythologemen eine nicht wegzudenkende Rolle. Wo die Macht der weiblichen Gottheiten nicht durch Mord oder Diebstahl in männliche Hände übergeht, soll die *sexuelle Unterjochung der Frau* durch den Mann die numinose Faszination des weiblichen Schoßes bannen.

Im matrizentrischen Verständnis war die Göttin die *Große Hetäre*, die eine unwiderstehliche Anziehungskraft auf die Männer ihrer Umgebung ausübte, weil ihre weibliche Potenz alle Lebenskraft besaß, die sie dem Mann in der sexuellen Umarmung weitergab. Dabei wird uns diese Potenz zugleich als *unersättliches Liebesbegehren* geschildert, das ein einzelner Mann gar nicht einlösen kann, weshalb sich die Helden vom Schlage Gilgameschs gegen die Vielmännerei der Göttin empören und sich gekränkt von ihr abwenden. Dieser Versuch, sich aus der Hörigkeit vom Großen Weiblichen zu lösen, führt einerseits zur Hinwendung an den männlichen Freund und zur Homosexualität, wie sie schon im *Gilgamesch-Epos* angedeutet und in den griechischen Göttersagen dann offen praktiziert wird,[20] und andererseits zur physischen Vergewaltigung der Frau, durch die der Held ihre sexuelle Potenz übertrumpfen und zugleich die Fruchtbarkeit der Frau erzwingen und kontrollieren will.

In der griechischen Mythologie sind Vergewaltigungen sozusagen an der Tagesordnung. *Hades* raubt die Persephone, die Dioskuren *Kastor und Pollux* entführen gewaltsam die Töchter des Leukippos, *Apollon* macht eine Reihe von Nymphen zu Opfern seiner Verfolgung, wenn sich ihm auch Daphne im letzten Augenblick entziehen kann (indem die Erdgöttin ihr Flehen erhört und sie in einen Lorbeerbaum verwandelt). Allen voran bestehen die Taten des Götterkönigs *Zeus* in erster Linie darin, sämtlichen Göttinnen, Nymphen und Königstöchtern in seinem Umkreis nachzustellen, die weiblichen Blutsverwandten inbegriffen. Wenn sie sich ihm nicht willig hingeben, verfolgt er sie, sich oft in Tiere oder Naturerscheinungen verwandelnd, bis er sie überwältigen und ans Ziel seiner Wünsche gelangen kann. Dabei kehren sich die ursprünglichen Potenzverhältnisse zwischen Göttinnen und Göttern nicht nur um, sondern es kommt jetzt zu einer geradezu grotesken *männlichen Potenzprotzerei*, wenn etwa Herakles in einer einzigen Nacht die fünfzig Töchter des Thespios geschwängert haben will.

Parallelen zwischen Mythos und Realität

Alle drei Formen der Gewalttätigkeit im patriarchalen Mythos – Mord, Raub und Vergewaltigung – stehen in direkter Parallele zur realen Geschichte des Patriarchats, und es wäre ein großer Irrtum, sie nur als den phantastischen Niederschlag des erstarkenden männlichen Bewußtseins zu interpretieren, wie dies die Analyse E. Neumanns in seiner »Ursprungsgeschichte des Bewußtseins« zumindest nahelegt. Der Rigveda als der älteste Teil der indoarischen Überlieferung setzt sogar ausdrücklich den Kampf der Neuen Götter gegen die (matrizentrischen) Dämonen mit der Unterwerfung der indischen Urbevölkerung und deren matrizentrischer Kultur gleich.²¹ *In allen Teilen der Welt, in Primitivkulturen und in Hochkulturen, wurde die patriarchale Herrschaft gewaltsam etabliert,* sei es durch Niederwerfung und Eroberung einer fremden Kultur wie im Falle der indogermanischen oder der mongolischen Wanderungen, sei es durch die Errichtung einer hierarchischen Staatsstruktur mit ihrer Gewaltanwendung nach innen. Ob als Kriegsmacht oder als polizeiliche Schutzmacht, immer stehen den patriarchalen Potentaten Menschen und Mittel zur Verfügung, um im Zweifelsfalle ihre Ziele mit Waffengewalt durchzusetzen. *Herrschaft existiert nur durch tödliche Bedrohung nach außen und nach innen.* An der Oberfläche wurde dabei oft *Ruhe und Frieden vorgetäuscht* wie zur Zeit der berühmten Pax Romana. Der Insider Cicero aber wußte sehr gut, daß dieser Schein trog, wenn er in einer Rede vor dem Senat die brutale Unterdrückung der römischen Provinzen beklagt: »Es trauern alle Provinzen, es klagen alle freien Völker, ja alle Königreiche begehren wegen unserer Gier und unseren Rechtsverletzungen gegen uns auf. Bereits gibt es innerhalb des Ozeans keinen so entfernten, keinen so abgelegenen Ort mehr, wohin nicht in diesen Zeiten die Willkür und Unbilden der Unsrigen gedrungen wären.«²²

Aus diesem Zitat geht bereits hervor, daß für die patriarchale Herrschaft die Macht zu besitzen ebenso essentiell ist wie die Macht zu töten. *Patriarchale Kriege* werden um der Beute willen geführt und zwar nicht in erster Linie aus Not, sondern aus der Gier, wie Cicero sagt, aus der Sucht, *Macht über die Güter dieser Welt zu besitzen.* Wie sehr diese scheinbar rein materielle Sucht an das Motiv der *männlichen Selbstbestätigung* gekoppelt ist, geht aus den Raubzügen kriegerischer Hirtenstämme hervor. Bis in die jüngste Zeit galten die Plünderung von Karawanen und Raubüberfälle aller Art als ehrenvolle männliche Heldentat, wobei die reichen Stämme sich darin noch mehr hervortaten als die armen.²³ In den Initiationsriten kriegerischer Stämme muß der Initiand seinen Mut dadurch beweisen, daß er einen Menschen oder ein wildes Tier tötet oder auch ein Stück Großvieh raubt.²⁴ Von den alten hellenischen Stämmen wissen wir, daß der Brautpreis in Form von geraubtem Vieh bezahlt wurde,²⁵ und bei den schon mehrmals zitierten Dogon wird es allen Familienoberhäuptern zur sakralen Pflicht gemacht, beim Tode eines männlichen Sippenmitglieds unbeaufsichtigtes Vieh zu stehlen.²⁶

In dieses Bild fügen sich alle Piratenstreiche der alten und neuen Geschichte ein, von der Seeräuberei der Wikinger und Sarazenen über die mittelalterlichen Raubritter bis zu den Westernhelden und Mafiosi, die immer von der *Gloriole männlichen Draufgängertums* umgeben waren. Nicht zuletzt konnten sich hinter dieser Gloriole, auf die durch den aufkommenden Nationalismus noch der Glanz des *Patriotismus* fiel, die namenlosen Greuel des *europäischen Kolonialismus* verbergen, die wir uns erst heute in ihrem vollen Umfang eingestehen.

Gewaltsame Enteignung spielt sich aber ebenso *im Inneren der patriarchalen Staatsgründungen* ab. Ob im Alten Mesopotamien oder Ägypten, im Alten Mexiko oder in den antiken Stadtstaaten, immer wurde der kollektive Tempelbesitz oder der sippeneigene kollektive Bodenbesitz von einer Gruppe mächtiger Staatsträger oder einer Kaste privilegierter Bürger usurpiert, und in diesem historischen Sinn ist die marxistische These, wonach Eigentum Diebstahl sei, durchaus zutreffend.

Die dritte Säule der patriarchalen Herrschaft ist die Vergewaltigung und zwar sowohl im Sinne der leiblichen Versklavung von Arbeitskräften als auch im Sinne der sexuellen Vergewaltigung, was oft genug ineinander übergeht (und dies in der antiken Welt bei weiblichen wie bei männlichen Sklaven).[27] Durch die Beschäftigung der Öffentlichkeit mit den Problemen der Dritten Welt und nicht zuletzt durch die amerikanische Fernsehserie »Roots«, die das Schicksal der aus Afrika verschleppten Negersklaven in den USA schildert, ist ins allgemeine Bewußtsein gedrungen, welchen *Unmenschlichkeiten das neuzeitliche Europa und später die Weltmacht Amerika ihren wirtschaftlichen Aufschwung verdanken*. Seit der Entdeckung der Neuen Welt bis zum Verbot des Sklavenhandels um 1850 wurden rund 10 Millionen Negersklaven in die USA verschifft und unter mehrheitlich unmenschlichen Bedingungen ausgebeutet. Freilich hat auch dafür das Erbe der Antike das große Beispiel gegeben. In Rom wie in Griechenland überstieg die Zahl der Sklaven diejenige der freien Bürger bei weitem, und die immer wieder zitierten Freilassungen von Sklaven und die durchaus vorkommende menschliche Behandlung einzelner Hausssklaven sind nur ein schwaches Alibi für die Grausamkeiten an der Masse der Sklaven, auf welche die allgemein übliche Einrichtung der Sklavenfolter ein Licht wirft.[28]

Im Gegensatz zur – wenn auch zaghaften – Einsicht in die Tatsache, wie weitgehend die abendländische Kultur auf der Sklavenherrschaft beruht, ist kaum je ins Bewußtsein gedrungen, wie sehr auch die *sexuelle Vergewaltigung der Frau zum wesentlichen Bestand des patriarchalen Machtgefüges* gehört. Daß dies nicht nur für Sklavinnen zutrifft, sondern für *weite Teile der weiblichen Weltbevölkerung*, hat erst die feministische Forschung aufgedeckt.

Auch das Machtinstrument der sexuellen Vergewaltigung funktioniert gleichzeitig nach außen und nach innen, *gegenüber den erbeuteten Frauen des Feindes ebenso wie gegenüber den Frauen der eigenen Gesellschaft.* Aus der Lektüre der antiken Klassiker ist hinlänglich bekannt, wie die Helden vor Troja die Frauen ihrer Feinde, die Priesterinnen nicht ausgenommen, genauso selbstverständlich vergewaltigten wie die Römer die geraubten Sabinerinnen. Dieselbe Praxis gilt für jede beliebige Heeresmacht zu jeder historischen Zeit bis in die Gegenwart.

Wenn der hochgebildete Hausarzt meiner Familie angesichts der Übergriffe der Siegertruppen 1945 mich als 18jährige darüber belehrte, Vergewaltigung sei das natürliche Schicksal der Frau, so sprach er nur das aus, was in der Tradition seiner männlich-»humanistischen« Bildung lag. Diese These macht aber zugleich klar, wie sich die Grenzen zwischen Krieg und Frieden in bezug auf das Frauenschicksal verwischen. Auch dafür gibt es genügend historische und zeitgenössische Beispiele.

Immer haben die herrschenden Männer um politischer oder wirtschaftlicher Vorteile willen die eigenen Töchter ihren Feinden oder Rivalen als Ehefrauen angeboten und manchmal sogar ganz bewußt als sexuelle Beute. So lieferten die patriarchalen Azteken ihre Töchter skrupellos an die spanischen Eindringlinge aus, um sich damit, zusammen mit Goldgeschenken, von den unerwünschten Gästen loszukaufen.[29] Aus dem Buch der Richter im Alten Testament stammt die skandalöse Geschichte von einem jüdischen Hausvater, die Mary Daly zitiert. Dabei versucht dieser Mann im Namen des Gastrechts seinen ihm unbekannten männlichen Gast vor dem Zugriff gewalttätiger Männer zu retten, indem er diesen seine Tochter und deren Dienerin als Ersatz anbietet mit der ausdrücklichen Aufforderung, sie könnten ihnen nach Laune Gewalt antun.[30]

Es braucht wenig Phantasie, um sich vorzustellen, wie klein der Schritt von einer derartigen Verfügungsgewalt der Väter über ihre Töchter bis zum *Niederreißen der Inzestschranke zwischen Vater und Tochter* war. Tatsächlich haben sich alle patriarchalen Kulturen über die matrizentrischen Inzesttabus mehr oder weniger hinweggesetzt, und es wurden nicht nur aus dynastischen und erbstrategischen Gründen weibliche Verwandte geheiratet, sondern immer standen die weiblichen Mitglieder des Haushalts, seien es Töchter, Mündel oder Dienerinnen, in der Gefahr, vom Hausherrn oder von dessen Brüdern und Söhnen sexuell mißbraucht zu werden.

An dieser Grundsituation der Frau im Patriarchat hat sich bis heute nicht so viel verändert wie man gerne glauben möchte, auch wenn in allen

Rechtsstaaten Vergewaltigung und Inzest offiziell bestraft werden. Dies gilt nicht nur für Länder wie Indien und Pakistan, wo Vergewaltigungen von Frauen mißliebiger Rivalen an der Tagesordnung sind,[31] und nicht nur für die patriarchalen Stammesordnungen der Primitiven, bei denen die kollektive Vergewaltigung einer Frau ein offizielles Strafverfahren bei kultischen Übertretungen oder auch bei Arbeitsvernachlässigung darstellt.[32] Jeder Arzt und jeder Psychotherapeut weiß, daß auch in Mitteleuropa die sexuelle Ausbeutung junger Frauen und kleiner Mädchen außerhalb und innerhalb der Familie erschreckend häufige Vorkommnisse sind; von der streng tabuisierten Gewalt in der Ehe ganz zu schweigen.[33]

Daran kann sich erst etwas ändern, wenn das patriarchale Selbstverständnis von Sexualität grundsätzlich in Frage gestellt und die Anschauung revidiert wird, der männliche Sexualtrieb sei von Natur aus mit gewaltsamer Aggression gekoppelt. Die Herrschaft des Mannes ist nicht die Folge seiner sexuellen Überlegenheit, sondern umgekehrt: *der Einsatz sexueller Gewalt ist ein Mittel unter anderen, mit dem der Mann seine Herrschaft erst etabliert.* Noch heute gibt es einzelne Stämme, die das Phänomen der Vergewaltigung nicht kennen, und die weißen Eroberer Nordamerikas wurden durch die Irokesen in Staunen versetzt, die trotz ihrer Betonung männlicher Tapferkeit niemals einer Frau Gewalt antaten.[34]

2. Die Lüge als Zwillingsbruder der Herrschaft

Die geistige Form der Vergewaltigung ist die Lüge. Es wäre nicht möglich gewesen, das soziale Gefüge und die geistigen Vorstellungen von Jahrzehntausenden auf den Kopf zu stellen, ohne die *tradierten mythologischen Bilder von innen her auszuhöhlen, umzubiegen oder mit neuen Etiketten zu versehen.*[1] Um die *Macht der Großen Göttin zu brechen,* mußte sie im Mythos nicht nur umgebracht werden, sondern es mußte glaubwürdig erscheinen, daß dies zu Recht geschah. Dazu wurde zunächst *ihre Gesamtgestalt in verschiedene Einzelfiguren zerlegt:* in die

Erd- und Fruchtbarkeitsgöttin, die Mondgöttin, die Liebesgöttin, Göttin der Jagd, der Morgenröte usw. und, völlig isoliert von diesen Teilfiguren, in die Dämonin des Unheils und des Todes. Den Unheilsdrachen zu töten, war eine Heldentat, und das, was übrig blieb, war eine Art göttlicher Nippesfiguren, die den männlichen Gottheiten nicht mehr gefährlich werden konnten. Am schwierigsten zu neutralisieren war der Weisheits- und Schicksalsaspekt der Großen Göttin, was in der griechischen Mythologie durch den erstaunlichen Coup des Zeus gelang, die schwangere Metis zu verschlingen und Athene als eigenes Produkt mit Hilfe des Hermes als schädelspaltender Hebamme aus seinem Haupt zu gebären. Weniger kompliziert gelang es Apollon, die Gabe der Weissagung und Dichtkunst auf sich zu übertragen: Der patriarchale Mythos erzählt die rührende Geschichte, die Göttin Phoibe – wörtlich »Die Strahlende« und ein Beiname der Großen Artemis – habe dem Apollon ihre geistigen Gaben zum Geburtsgeschenk gemacht.

Die Umgestaltung weiblicher Gottheiten zu männlichen durch die *Verfälschung ihres Namens* – aus Phoibe wurde Phoibos – ist ein öfter angewandtes Mittel patriarchaler Mythenentstellung. So wurde aus Delphine Delphinos, aus den weiblichen Genien der männliche Genius, aus der etruskischen Göttin Voltumna der Gott Vertumnus, aus der Sophia die dritte Person des dreifaltigen Gottes. Parallel dazu werden die ursprünglich *weiblichen Symboltiere vermännlicht*. Die weibliche Taube wird zur Taube des Heiligen Geistes, die Löwinnen und Leopardinnen der Großen Göttin zum patriarchalen Löwen, der weibliche Jaguar Mexikos zum männlichen Symboltier, die Greifin zum Greifen, die Bärin zum Bären, die weibliche Sphinx zum männlichen Fabeltier.[2]

Hingegen sind die *weiblichen Sakraltiere*, welche die patriarchale Metamorphose nicht durchlaufen, von nun an durch eine Art *Rufmord der Verachtung* preisgegeben: der dumme Esel (das phallische Sakraltier), die dumme Kuh, die dumme Ziege, das dumme Schaf, die blöde Gans, das Kamel und vor allem das Schwein (als Fruchtbarkeitssymbol). Auch der »gemeine Hund« als der Todesbegleiter der Göttin teilt dieses Schicksal, und die Schlange (als Unterwelts- und Unsterblichkeitssymbol) wird im christlich-patriarchalen Verständnis zum Sinnbild des Bösen schlechthin, wie weithin auch die (schwarze) Spinne. Bis heute hat sich diese Diskriminierung in unseren Schimpfwörtern erhalten. Wir suchen vergeblich nach entsprechend negativen Assoziationen bei patriarchal usurpierten Symboltieren: Es gibt kein dummes Pferd, keinen blöden Elefanten, keinen gemeinen Löwen oder Adler. Dies ist ein Beispiel dafür, wie auch unsere

Sprache zu einem Instrument werden kann, das der ideologischen Wertverfälschung dient.

Verfälschung der Göttergenealogie

Die am weitaus häufigsten angewandte Methode, die Großen Göttinnen zu entthronen, bestand allerdings in der Verfälschung der Göttergenealogie. In den Mythologien nahezu aller patriarchalen Hochkulturen spielt sich immer der gleiche Prozeß ab: *Die ursprüngliche Hochgöttin und Mutter aller Götter wird zur Tochter oder bestenfalls zur Gattin eines aufgestiegenen Hochgotts erklärt.* So wurde Isis zur Tochter des Amun-Re, Ischtar zur Tochter des An, Al-Uzza zur Tochter des Allah, Astarte zur Gemahlin Baals, Hera zur Gattin des Zeus. Die Umkehrung der ursprünglichen Generationenfolge setzt allerdings bereits den Paradigmenwechsel in Bezug auf die Geburtstheorie voraus, wie ihn Aischylos in der Orestie durch den Mund des Apollon schildert.

> Die man wohl Mutter heißt, ist des Gezeugten Zeugerin nicht,
> ist Amme nur des frisch gesetzten Keims. Es zeugt,
> der sie befruchtet; sie hütet Anvertrautes nur,
> dem Gut des Gastfreunds gleich, wofern kein Gott dem Schoß
> noch Unheil bringt. Ich gebe gleich euch den Beweis,
> daß Vaterschaft auch ohne Mutter sein kann: Als
> lebendiges Zeugnis steht vor euch die Tochter Zeus!
> Kein dunkler Schoß hat sie gebildet, und doch ist
> so herrlich sie geschaffen wie kein Götterkind.
>
> Die Eumeniden

Hier haben wir die vollständige *Umkehrung der matrizentrischen Geburtstheorie* vor uns, die von der Parthenogenese, das heißt von der mütterlichen Zeugung ohne Mann, ausgegangen war. Erst die neue These vom Mann als dem eigentlichen Bewirker der Geburt macht die männlichen Götter zu natürlichen Stammvätern des Pantheons.

Auch dort, wo nicht zu solch abenteuerlichen Lösungen gegriffen wird wie zur Kopfgeburt der Athene oder zur Schenkelgeburt des Dionysos durch Zeus,[3] sondern der Gott sich mit einer Göttin oder einer irdischen Frau vereint, bleibt nun er der Schöpfer des Geborenen und die *Frau nur das Gefäß seiner Schöpfung*. In der griechischen Mythologie macht Zeus eine lange Reihe von Göttinnen zu empfangenden Gefäßen: Mit Leto zeugt er Apollon und Artemis, mit Dione Aphrodite, mit Hera Ares, Hebe und Eileithyia, mit Gaia die Nymphen, mit Eurynome die drei Grazien usw. Weil aber Lügen kurze Beine haben, kommt es bei der Umkehrung der Göttergenealogien zu recht absurden Ungereimtheiten: Nach Hesiods Stammbaum müßte Gaia, die nun die Geliebte des Zeus ist, seine Urgroßmutter gewesen sein,[4] und die Töchter, die er zeugte, wurden im griechischen Raum schon mindestens ein Jahrtausend vor ihm als Große Göttinnen verehrt.

In Ägypten geht die patriarchale Theologie in ihrer einseitigen Geburtstheorie noch einen Schritt weiter. Hier wird der *Göttervater Atum*, der mit Re verschmilzt, zum *Selbstzeuger und männlichen Gebärer*, indem er sich mit der Hand befriedigt, seinen eigenen Samen schluckt und aus seinem Mund Shu und Tefnut gebiert, die angeblichen Eltern der Himmelsherrin Nut und des Erdgottes Geb.[5] Freilich bleibt auch bei dieser Methode das Stillen des Säuglings ungelöst, das irgendwelchen Göttinnen überlassen werden muß. Möglicherweise hat dieses letzte Handicap auf dem Wege zur vollständigen Vater-Mutterschaft dazu geführt, daß sich der exzentrische Reformkönig Echnaton in einer Statue in Gestalt eines Frauenkörpers darstellen und als Gott verehren ließ.[6] In gewisser Weise scheint auch die Hermesstatue des Praxiteles diesen vollständigen Wunsch nach Mutterschaft auszudrücken, wenn er den Gott mit dem Dionysosknaben zeigt, wie er ihn an der linken Brust hält und ihm mit der Rechten eine Traube als Nahrung reicht.[7]

Auch der indische Brahmanismus hat seine eigene patriarchale Schöpfungstheorie entwickelt. Nach ihr erschafft Brahma/Prajapati den Kosmos dadurch, daß er seinen Samen in die kosmischen Fluten tropfen läßt, aus denen dann das Weltenei entsteht. Unlogischerweise stellt er aber vorher, um seinen Samen tropfen zu lassen, seiner »Tochter«, der Morgenröte, nach, obwohl diese eigentlich noch gar nicht existieren kann.[8]

Es ist immer wieder erstaunlich, wie lange man den Gläubigen der Hochreligionen solche Absurditäten zumuten konnte, zu denen ja schließlich auch der *Schöpfungsmythos des Alten Testaments* gehört. Entgegen jeder praktischen Vernunft erschafft Gott im Paradies die Eva aus Adam und zieht sie aus seinem Leib hervor und nicht umgekehrt. Allerdings ist dies nur die offizielle Version des alttestamentlichen Schöpfungsberichtes durch den sogenannten Jahwisten. Nach der *Genesis des Priestercodex* schafft Gott das erste Menschenpaar gleichzeitig und zwar Mann und Frau aus Lehmerde.[9] Auch dieses Bild geht auf viel ältere matrizentrische Vorstellungen zurück. Wie wir gesehen haben, schuf schon die babylonische Ischtar die ersten Menschen aus Lehm, und auch dies muß eine relativ junge mythische Vorstellung sein, weil sie das keramische Handwerk der Frauen voraussetzt.

Auch in der *Symbolik religiöser Gegenstände* findet die patriarchale Enteignung und Umdeutung statt. Paris reicht der von ihm erkürten Aphrodite den *Liebesapfel*, obwohl dieses Lebenssymbol von alters her im Besitz der Göttin ist und sie ursprünglich die Wählende war. Dasselbe gilt für andere universelle Symbole der Lebenskraft: für das *Lebensgefäß, das Quellwasser* verströmt, oder das *Füllhorn*, aus dem die Früchte der Erde quellen, und die wir als Attribute der mesopotamischen und mediterranen Göttinnen kennen. Auf assyrischen Darstellungen erscheint der Lebensquell dann plötzlich in Händen der männlichen Gottheit,[10] während sich die griechische Mythologie einer besonders verleumderischen Umkehrung bedient, um der Großen Göttin das Füllhorn abzuerkennen: Zeus spielt der Pandora ein Gefäß in die Hand, aus dem angeblich alle Übel dieser Welt hervorquellen. In gewisser Weise stellt die Erzählung von der *Büchse der Pandora* das griechische Pendant zur Verleumdung der Stammesmutter Eva im Alten Testament dar, denn in beiden Fällen soll die Frau alle Übel über das Menschengeschlecht gebracht haben.[11]

Wieder beschränkt sich die patriarchale Mythenverfälschung nicht auf die Theologie der Hochkulturen. Wir finden sie ebenso unter Naturvolkgruppen, wenn dort auch die schriftlichen Überlieferungen fehlen und wir auf bildhafte Vergleiche angewiesen sind. Auffallend gewollt ist zum Beispiel die heutige Interpretation der mehrfach erwähnten Kanaga-Figur der Dogon, von der ich überzeugt bin, daß sie ursprünglich die Göttin in Gebärstellung zeigt. Nach heutiger patriarchaler Auffassung wird sie als Hand des Schöpfergottes Amma erklärt, obwohl diese Figur in keiner Weise an eine Hand erinnert. Ziehen wir indessen die übrige westafrikanische Sakralkunst zu Rate, so stoßen wir auf eine ganze Reihe von Fetischfiguren in Gestalt einer Eidechse, deren Beinstellung natürlicherweise der menschlichen Gebärstellung gleicht und von der wir mit Bestimmtheit wissen, daß sie das weibliche Prinzip repräsentiert.[12]

Besonders auffallend ist die Übereinstimmung der patriarchalen Naturvolkmythen mit der Ideologie der patriarchalen Hochkulturen in bezug auf ihre *Vorstellung von Kulturheroen*, welche einerseits Halbgötter sind und als solche schöpferische Taten von kosmischer Tragweite vollbringen, und andererseits als Kulturstifter ihres Volkes dargestellt werden.

Ganz offensichtlich soll mit diesen Figuren die *schöpferische Rolle der Frau sowohl auf der Ebene der Schöpfungsmythen als auch auf der historisch-menschlichen Ebene verschleiert* werden. Sie schaffen nicht nur Raum für das patriarchale kosmische Licht und den patriarchalen Götterhimmel, indem sie das weiblich-kosmische Prinzip zerstören, sondern sie bringen den Menschen jene Kulturinnovationen noch einmal, welche ursprünglich weibliche Errungenschaften sind, wie den Ackerbau, den Hausbau, die Heilkunst etc.

In den Hochkulturen werden die Kulturheroen vielfach zu historischen Gestalten umgemünzt wie etwa die legendären ersten Kaiser von China, von denen der eine »*Shennung*«, das heißt der göttliche Ackersmann, genannt wird und der Erfinder des Ackerbaus gewesen sein soll.[13] Auch *Aeskulap* als der Ahnherr der griechischen Ärzte oder *Daedalos* als der Stammvater der Architekten und Bildhauer sind solche legendären Figuren, denen man die Erfindung der Heilkunst oder des Hausbaus zuschreibt. Wie historisch unglaubwürdig solche Legenden und ihre Datierungen sind, geht aus der Geschichte des athenischen Kulturstifters Kekrops hervor, der um 1000 v. Chr. der erste Heilige König von Athen gewesen sein soll und der dem Land Attika dessen Namen angeblich nach seiner Tochter Athis verlieh. In Wahrheit ist Athis ein Beiname der Göttin Athene (actis thea, Göttin der zerklüfteten Küste), die zwar von den Griechen mit Beinamen geschmückt, aber längst vor deren Einwanderung verehrt wurde.[14]

Die Geschichte umbiegen

Der Hang, die Geschichte nach eigenen Vorstellungen zurechtzubiegen, bleibt der patriarchalen Geschichtsschreibung zu allen Zeiten erhalten. Wie die rivalisierenden Pharaonen ihre göttlichen Namen und Inschriften gegenseitig ausmerzten und überschrieben, wie die Römer das etruskische Erbe durch römische Legenden übertünchten, so hören wir von der ersten Bücherverbrennung der Weltgeschichte aus dem Alten China unter dem sogenannten Ersten Kaiser Shih Huang Ti (259–210 v. Chr.). Dieser unterhielt bereits eine sogenannte »Legalistenschule«, die über die offizielle Staatsideologie zu wachen hatte und alle mythischen und philosophischen Überlieferungen tilgte, die dieser zuwiderliefen. Nach dem Tod des Herrschers wurde dem Volk dieses Ereignis wochenlang verschwiegen,[15] wie rund 2000 Jahre später der Tod des russischen Diktators Stalin.

Auch die meisten Hochreligionen wachen bis heute streng über die *Orthodoxie ihrer Lehre* und lassen *nur ganz bestimmte historische Quellen* gelten, während alle anderen unterdrückt werden. Bekanntlich gibt es neben den vier Evangelien eine ganze Reihe sogenannter apokrypher, d.h. geheimer biblischer Berichte, die im Untergrund weiterwirkten, wie auch die nicht jahwistischen Teile des Alten Testaments in die Gnosis und die jüdische Mystik (Kabbala) Eingang fanden. Und noch immer besteht der Bücher-Index bzw. die Glaubenskongregation der Römischen Kirche, welche jede Erkenntnis unterdrückt, die dem Dogma der Kirche entgegensteht.

Die Lüge als Zwillingsbruder der Herrschaft, die man später Propaganda nennt, hat immer mit denselben Mitteln gearbeitet: *die geistigen Errungenschaften der Unterdrückten werden ausgerottet oder totgeschwiegen* und die Schattenseiten ihrer Kultur zu moralischen Greueln hochstilisiert. Dies geschah etwa von seiten der Spanier im Alten Mexiko, wo man die wundervollen Codices bis auf einige zufällig erhaltene Exemplare vernichtete und die religiösen Opferbräuche zu Verbrechen stempelte. Das gleiche widerfuhr den Resten heidnischer Frauenkultur in ganz Europa, als man die Hebammen, Heilerinnen und Seherinnen als Hexen im Bunde des Teufels diffamierte und ausrottete.

Im militärischen und politischen Bereich kommen dazu die *skrupellose Kriegslist und die Lüge im Dienste der Staatsraison.* Musterbeispiel für die erstere bildet *das trojanische* (hölzerne) *Pferd* in der »Ilias«, das der »listenreiche« Odysseus als angebliches Weihegeschenk an den Tempel der Athene nach Troja sandte, und in dessen Bauch sich die griechischen Helden verbargen, die den Invasoren die Tore der Stadt öffneten. Und wie die griechischen Helden die heilige Stätte Trojas durch Mord und Vergewaltigung schändeten, so benutzten die Helden der abendländischen Geschichte selbst das geheiligte Gastrecht als Täuschungsmanöver zur ruchlosen Ermordung des Gegners. Wie viele Herrscher vor und nach ihm verdankt Theoderich der Große seinen Thron der (eigenhändigen) Ermordung seines Gastes.[16] Dies hinderte die Geschichtsschreibung nicht, ihn groß zu nennen, weil gemäß patriarchaler Ideologie der Zweck die Mittel heiligt. Der später so genannte *Macchiavellismus* mit seiner skrupellosen Herrschaftsstrategie durchzieht die gesamte politische Geschichte, und es ist eine der großen Illusionen der Aufklärung, daß der rationale Fortschritt in der menschlichen Zivilisation die Grausamkeiten der Weltgeschichte eindämmen würde. In Wahrheit sind nur die Mittel der Unterdrückung und die Methoden der Lüge raffinierter geworden.

Die *List als ein konstitutives Element der patriarchalen Kultur,* wie sie seit den griechischen Heldenepen als Mannestugend gefeiert wird, ist in unserer Kultur so tief verankert, daß wir ihre vergiftende Wirkung nicht einmal mehr bemerken. Unsere Wirtschaftspropaganda in Form der *Reklame* ist zu einem großen Teil auf der Vortäuschung falscher Tatsachen aufgebaut und erweckt Hoffnungen, die sie nicht einlösen kann. »Cleverness« als erfolgversprechende Fähigkeit verdankt ihre Hochschätzung nicht allein der Klugheit, sondern mindestens ebenso der Gerissenheit.

Die »Sprachregelungen« des Ostens wie des Westens haben immer den Zweck der parteilichen Interpretation einer Sache oder eines Begriffs, und auch diese *Kunst der Sprachmanipulation* ist so alt wie das Patriarchat. Schon die griechischen Eroberer münzten den Wortstamm ’αρχή (arche), der Anfang, Beginn, Ursprung bedeutet, in die ganz andere Sinngebung von Herrschaft, Amt, Obrigkeit und Oberbefehl um, was uns suggeriert, daß die Herrschaft der Männer am Anfang der Geschichte stand.

3. Die Diskriminierung der Arbeit

An der Wiege der patriarchalen Stammesorganisation steht die Diskriminierung der Arbeit. Bei den zeitgenössischen matrilinealen Gruppen konnten wir beobachten, wie die Häuptlinge immer dazu neigen, sich selbst von der unmittelbaren Nahrungsproduktion zu befreien und diese regelmäßige Arbeit an andere, von ihnen abhängige Personen zu delegieren. Dieses Motiv findet sich auch im Mythos von den Fidji-Inseln (Melanesien), bei welchem sich ein Bruderpaar gegen den bis dahin herrschenden Arbeitsrhythmus auflehnt. Der Mythos erzählt, daß die Große Göttin, die in Gestalt einer Schlange auf dem Kau-wandra-Berg lebt, eine wunderschöne schwarze Taube besaß, die jeden Morgen ihren Weckruf erschallen ließ und damit die Große Schlange und alle Bootsbauer mit den Worten wachrüttelte: »Kinder, erhebt Euch und arbeitet, der Morgen ist da!« Rokala und sein Bruder haßten die Taube und sprachen: »Was sollen wir denn immer, immer und immerfort arbeiten? Sklaven arbeiten, aber wir sind große, mächtige Häuptlinge... Komm, wir wollen die Taube töten! Und wenn dann die Große Schlange böse wird, schön, dann wird sie eben böse. Wir werden sie bekriegen, wir sind groß an Zahl und stark, und sie ist allein, wenn sie auch ein Gott ist.«[1]

Die Verachtung der Arbeit in dem Sinne, daß Männer sich weigern, die alltäglichen Routinearbeiten zu verrichten, ist in primitiven Gesellschaften generell und bezieht sich keineswegs nur auf die stolzen Hirtenkrieger. Sobald sich in den Männerhäusern eine Gruppenzugehörigkeit auf religiöser Basis ausgebildet hat, schöpfen die Männer ihre Identität aus ganz bestimmten Tätigkeiten, zu denen vor allem *die Jagd und der Krieg*, aber auch *Viehzucht und der Anbau ganz bestimmter Kulturpflanzen* gehören. Dabei wählen die Männer nicht nur die dankbareren und spektakuläreren Arbeiten aus beziehungsweise umgeben die Arbeiten, die sie auswählen, mit einem besonderen *Sozialprestige*. Auch ihr zeitlicher Arbeitsaufwand liegt deutlich niedriger als derjenige der Frauen. Phyllis Kaberry rechnet für die Nsaw in Kamerun aus, daß die gesamte landwirtschaftliche Betätigung der Männer im Jahr nur etwa zehn Tage ausmacht und sie die übrige Zeit Palmwein trinken, Geschichten erzählen und die tägliche Arbeit auf den Feldern den Frauen überlassen.[2]

Dieser Befund stimmt genau mit den Definitionen der männlichen Arbeit überein, die M. R. Davie aus Australien, Ostasien, Afrika und Südamerika zitiert und die einander alle sehr ähnlich sind. In einem australischen Bericht heißt es da: »Ein Mann jagt, speert Fische, kämpft und sitzt herum, der Rest ist Frauenarbeit«.[3] Neuere UNO-Statistiken beweisen, daß weltweit *zwei Drittel der menschlichen Arbeit von Frauen geleistet* wird, und daß sich diese ungleiche Arbeits-»Teilung« in den überwiegenden Fällen umgekehrt proportional zu den persönlichen Rechten der Frauen am Eigentum verhält. Zutreffend vergleicht M. Janssen-Jurreit diesen Umstand mit der *Arbeitsteilung im Feudalsystem*, bei dem einer müßigen Aristokratenschicht die arbeitende bäuerliche Bevölkerung gegenübersteht. Wie im sozialen Klassensystem, so lassen sich solche Verhältnisse auch zwischen den Geschlechtern nicht ohne Repressionen herstellen und aufrecht erhalten.

Überall in den vorindustriellen Gesellschaften werden die Mädchen schon außerordentlich früh dazu angehalten, die Pflichten erwachsener Frauen zu übernehmen, während den Knaben viel länger ein kindliches Dasein in Müßiggang und Spiel gestattet ist. Von vielen Ethnien ist auch bekannt, daß die jungen Mädchen unter dem ständigen Druck ihrer Eltern stehen, und daß junge Frauen von diesen oder von den Ehemännern geschlagen werden, wenn sie ihren Verpflichtungen nicht nachkommen.[4]

Freiheit von den Notwendigkeiten des Lebens
In den patriarchalen Hochkulturen der Antike sind die Frauen der herrschenden Schicht nur deshalb von solchen Arbeitsrepressionen verschont,

weil ihnen als Mitgliedern des Eroberer- und Herrenvolkes die unterworfene Bevölkerung und die durch Krieg erbeuteten Sklaven als Arbeitskräfte zur Verfügung stehen. Im übrigen waren die Aktivitäten auch dieser privilegierten Frauen ihrer gesellschaftlichen Wertung nach durch einen Abgrund von den Tätigkeiten der Männer getrennt. Aristoteles ließ für den *freien Mann* nur dreierlei Beschäftigungen gelten, die seines Geschlechtes würdig waren: *den unbeschwerten, körperlichen Lebensgenuß, die öffentliche politische Tätigkeit in der Polis und das Philosophieren.* Das Verbindende dieser weit auseinanderliegenden Aktivitäten war für ihn die vollkommene Freiheit von den Notwendigkeiten des Lebens.

Jede Form von lebensnotwendiger Arbeit, sei sie nun produktiv oder reproduktiv, blieb für den freien Bürger verpönt: der kaufmännische Beruf ebenso wie der handwerkliche, anfangs selbst der des Bildhauers, und selbstverständlich jegliche Art von Nahrungsmittelproduktion oder von Arbeit, die das Leben in der Familie und im Haushalt fordert. Ja, den Lebenstrieb selbst, der auf Erhaltung des Lebens und der Gattung zielt, mußte der edle Mann nach Meinung der Philosophen zurückstellen, um sein Leben ruhmreichen politischen, kriegerischen oder geistigen Taten hinzugeben.

Deshalb war das öffentliche Leben des Mannes in und für die Polis nicht nur seinem Wert nach über jede andere Tätigkeit hoch erhaben, sondern auch ganz konkret *räumlich vom Bereich der Frauen und der Unfreien geschieden*. Der Mann diskutierte auf der Agora mit anderen freien Männern über öffentliche Angelegenheiten oder philosophische Probleme, erprobte im Krieg seine Tapferkeit oder gab sich den Sinnesfreuden in homoerotischen Männergesellschaften und in der Gesellschaft von Hetären hin. Die *Frauen dagegen waren strikt an den Ort ihres Haushalts gebunden* und im Hause herrschten der Zwang der täglichen Lebenserhaltung und der Zwang zur Erhaltung der Gattung. Dabei fielen die täglichen Arbeiten den Sklaven, die Gattungsfunktion den Frauen und beides zusammen den Sklavinnen zu. Weil die Erhaltung des Lebens und die ständigen Fürsorgeleistungen mit Zwang verbunden sind, leitete der griechische Mann daraus nicht nur seine eigene Befreiung von der Arbeit ab, sondern in seltsamer Logik auch sein Recht, andere Menschen zu diesen Arbeiten zu zwingen. Das Ideal der Gleichheit und der Selbstbestimmung als Grundlagen der antiken Demokratie bezogen sich ausschließlich auf den Kreis aristokratischer Männer unter sich.[5]

Diese prinzipielle Verachtung der Arbeit durch den Mann, die sich ähnlich in der Mentalität des mittelalterlichen Ritters spiegelt, wenn er stets auf den Bauernstand herabblickt, bildet das Stigma aller uns bekannten Feudalgesellschaften. Wie substantiell sie aber an das männliche Geschlecht gebunden bleibt, zeigt sich unter anderem daran, daß zu allen Zeiten der adeligen Frau, die zwar von jeglicher grober Arbeit befreit war, »Handarbeiten« sehr wohl anstanden. Bis vor kurzem begriff man darunter auch in unseren Schulen ein rein weibliches Fach. Auch in den orientalischen und afrikanischen Adelsgesellschaften übten die fürstlichen Frauen stets ein edles Handwerk aus wie die Herstellung von kostbaren Kleidern, Lederarbeiten und Schmuck, während es für den adeligen Mann undenkbar war, an irgendeinen Gegenstand – mit Ausnahme der Waffe – Hand anzulegen.

Gründe und Folgen der Diskriminierung von Arbeit
Worin der eigentliche Grund für die frühe Verachtung der Arbeit von seiten des Mannes liegt, können wir nur mutmaßen. Wahrscheinlich hat sie sich mit der Wende vom wenig arbeitsintensiven Wildbeuterstadium zur seßhaften Agrarwirtschaft entwickelt. Hier aber waren es zunächst die Frauen, die den gesamten Arbeitsablauf bestimmten und die Männer als Hilfskräfte heranzogen, so daß der Mann seine Tätigkeit als *Ackerbauer ursprünglich als fremdbestimmt* erlebte. Nicht von ungefähr heißt in der oben zitierten Naturvolkmythe die weibliche Taube die Männer am Morgen aufstehen und arbeiten. Dazu kommt die *Abhängigkeit des Bauern von einer undurchschaubaren Natur,* welche die Früchte der Arbeit nur langsam reifen läßt und oft genug wieder zunichte macht, den Gesetzen einer Lebensmagie folgend, die nur den Frauen, nicht aber den Männern zugänglich schien. Dieser mangelnde innere Zugang des Mannes zur mühevollen bäuerlichen Arbeit könnte die Interpretation der Arbeit als Fluch verständlich machen, wie sie das Alte Testament gegeben hat. Von der patriarchalen Theologie als Strafe für eine angebliche Sünde gegen Gott verstanden, wäre die Vertreibung aus dem Paradies als Gleichnis für den Übergang zur Ackerbaukultur zu verstehen: Nun mußte der ehemals ungebundene Jäger sein Brot »im Schweiße seines Angesichts« verdienen.

Es gibt kaum ein Faktum, das für die Geschichte der Menschheit so weitreichende und tragische Konsequenzen gehabt hat, wie diese ideologische Diskriminierung der Arbeit. Nachdem durch die neolithische Revolution immer mehr Menschen ernährt werden konnten und die Bevölkerung ständig wuchs, gab es kein zurück mehr ins »Paradies« der

Sammler und Jäger. Für den, der die Arbeit verachtete, gab es nur den Weg der Überherrschung, sei es durch Menschenraub und Sklaverei, sei es durch Eroberungskriege und Unterwerfung alter Kulturvölker oder durch Einforderung von Tributen von Völkern, die man durch militärische Überlegenheit in Abhängigkeit brachte – in jedem Fall aber durch die Überherrschung der Frau. Diesen Weg der Ausbeutung sind ausnahmslos alle patriarchalen Völker in irgendeiner Form gegangen. In Europa hat sich dieser Prozeß in mehreren Stufen vollzogen: Zunächst wurden die alten Mittelmeerkulturen die Beute der indogermanischen Einwanderungen, dann Mittel- und Nordeuropa zu römischen Provinzen, schließlich nach den Wirren der Völkerwanderungszeit das Feudalsystem zur universellen Wirtschaftsform des Mittelalters. Später, als das Feudalsystem geschwächt und das System der Leibeigenschaft brüchig geworden war, brach in Europa der allgemeine Ruf nach Kolonien aus. Was seit der Entdeckung des Columbus und Maghellans die Domäne einer Handvoll Konquistadores und abenteuerlicher Kaufleute gewesen war, erhielt im Laufe des 18. Jahrhunderts eine ungeheure politische Bedeutung für das alternde Feudalsystem in Europa, weil nun die *Eingeborenenarbeit* und die *Billigimporte aus den Kolonialgebieten* die Fronarbeit im eigenen Land ersetzen konnten. Gleichzeitig aber schuf die *Erfindung der Dampfmaschine* und aller ihrer Nachkommen einen neuen Sklaven, was noch einmal die Befreiung vom Fluch der Arbeit versprach.

Die einzige *Gegenbewegung* zur feudalen Diskriminierung der Arbeit war christlich-religiös motiviert. Schon Benedikt v. Nursia (gest. 542) versöhnte mit seiner Ordensregel »ora et labora« das kontemplative Leben mit dem der frommen Arbeit, doch blieb dieser Gedanke an die engen Grenzen des klösterlichen Lebens gebunden, bis ihn der protestantische *Puritanismus* des 16. Jahrhunderts aufgriff. Erst durch die religiöse und politische Reformbewegung des *Calvinismus* in Nordeuropa und in Nordamerika, die vor allem vom Bürgertum der Städte als dem mächtig gewordenen dritten Stand getragen war, kam es zu einer in die Breite wirkenden Rehabilitierung der Arbeit. Ihren geistigen Hintergrund bildet die theologische Theorie, wonach sich der Gnadenbeweis Gottes auf Erden für den Gläubigen in den Früchten seiner Arbeit und in deren sichtbarem wirtschaftlichen Erfolg niederschlägt. Jedoch bleibt auch in der puritanisch-asketischen Arbeitshaltung die Arbeit Mühsal und Strafe des Menschen seit der Erbsünde, nur daß nun gerade in der Mühsal die religiöse Chance besteht, sich durch ihre freiwillige Übernahme das Wohlwollen Gottes zu sichern. Bei allem Ruhm von Fleiß und Arbeit als

Bürgertugenden haben diese das Odium von Schweiß und Tränen nie verloren und nie mehr jene positive Qualität zurückerhalten, die sie in den matrizentrischen Kulturen einmal besaßen.

Arbeit als Gemeinschaftserlebnis
In der Frühzeit war Arbeit ein vom Frauenkollektiv geprägtes Gemeinschaftserlebnis, ein von kultischen Vorstellungen erfülltes und von Liedern begleitetes *rhythmisches Tun,* wofür wir in alten historischen Dokumenten und bruchstückhaft in der Folklore der ganzen Welt Beweise haben. Die altchinesische Liedersammlung Shi-King aus der vorkonfuzianischen Zeit enthält viele Beispiele uralter *Arbeitslieder* wie etwa das Lied von den Pflanzenpflückerinnen.[6] Wir finden diese Form der Arbeit heute noch in abgelegenen bäuerlichen Kulturen wie in Andalusien, wo die alten Flamencogesänge die Arbeit auf dem Feld und im Haus begleiten, und einen Rest davon sogar bei den unter demütigenden Bedingungen lebenden Plantagenarbeiter/innen Nord- und Südamerikas.

Ganz im Gegensatz zu dieser Eingebundenheit der Arbeit in ein gemeinschaftsstiftendes Brauchtum zieht die bürgerlich-puritanische Arbeitsauffassung die Sittenstrenge gegen sich selbst und die Peitsche gegenüber den Arbeitssklaven vor. Auch als mit der industriellen Revolution Ende des 18. Jahrhunderts in Europa und in den USA die Maschinen die Sklaven oder Leibeigenen zu ersetzen begannen, war der bürgerlich-asketische Zugang zur Arbeit für den ungeheuren wirtschaftlichen Aufschwung der folgenden 200 Jahre verantwortlich. Der *Unternehmer des Maschinenzeitalters* überließ seine Fabrik nicht irgendeinem Verwalter wie der Feudalherr seine Latifundien, sondern stellte seine eigene Person mit verbissener Arbeitsdisziplin in den Dienst des Unternehmens, woraus er den fragwürdigen moralischen Anspruch bezog, auch seinen Arbeitern das Äußerste abzufordern.

Adam Smith, der Begründer der modernen *Nationalökonomie,* hat 1776 erklärt,[7] daß die Quelle für den nationalen Wohlstand in erster Linie die Arbeit sei, und damit übernahm auch die liberale Wissenschaft den puritanischen Begriff von der Arbeit und dessen moralische Aufwertung. Arbeit als ehrenhafte Tätigkeit, die zunächst eine verbindende *Identität für den Bürgerstand* schuf und die Hegels Philosophie zur menschlichen Tugend par excellence emporstilisierte, wurde dann im Zuge der Industrialisierung Europas und vor allem durch die *sozialistische Arbeiterbewegung* zur Selbstidentifikation des vierten Standes.

Als *Karl Marx* seine weltbewegende Theorie über Kapital und Arbeit niederschrieb, stand ihm einerseits die industrielle Arbeitsform in den Fabriken als Modell vor Augen, und andererseits übernahm er den bürgerlich-puritanischen Arbeitsbegriff von Smith und Hegel. Daß er dabei auch *in patriarchalen Grundanschauungen befangen* blieb, machte erst die feministische Wissenschaftskritik der letzten zehn Jahre bewußt. Wohl hat Marx mit seiner profunden Analyse des Arbeitsprozesses, vor allem mit seinem Schlüsselbegriff vom »Mehrwert« die Ausbeutungsmechanismen der Industriegesellschaft bloßgelegt und erstmals eine gerechte Verteilung der Arbeit unter alle Mitglieder der Gesellschaft gefordert. Philosophisch gesehen ist aber auch sein Arbeitsbegriff eine Abbildung jener merkwürdigen Zwitterstellung, welche die Arbeit als Fluch und Segen in der puritanischen Lebensauffassung einnimmt: Arbeit als zentrale Tugend des Menschen und als seine eigentliche Selbstdefinition stehen neben einer Zukunftsvision von der weitgehenden Eliminierung der Alltagsarbeit und von der Befreiung zur geistig-schöpferischen Tätigkeit für alle.

Feministische Marxismuskritik

Nach marxistischer Theorie sollten auch die Frauen an dieser Entwicklung teilhaben. In der Praxis des real existierenden Sozialismus stellte sich jedoch bald heraus, daß die Frauen weiterhin benachteiligt waren. Hier setzte die feministische Marxismus-Kritik ein, die nicht dabei stehenblieb, die unbefriedigenden Verhältnisse in der Praxis herauszustellen, sondern die Fehleinschätzungen in bezug auf die weibliche Arbeit schon in den Grundlagen der marxistischen Arbeitstheorie entdeckte. Soziologinnen wie Marielouise Janssen-Jurreit, Maria Mies, Claudia v. Werlhof und Christel Neusüss[8] stellen die marxistische Definition der Arbeit als Ware und Tauschwert ebenso grundsätzlich in Frage wie die prinzipielle Unterscheidung zwischen produktiver und reproduktiver Arbeit. Sie zeigen, daß die marxistische Theorie von der *männlichen Optik* ausgeht und nur die Situation des Arbeitnehmers im Produktionsprozeß reflektiert, die gesamte Haus- und Betreuungsarbeit jedoch außer acht läßt. Alles, was zur Arterhaltung und zur reproduktiven Selbsterhaltung gehört, hatte Marx – darin Hegel folgend – zum Bereich der Natur und der triebhaften Instinkte gerechnet, so daß die Hausfrau und Mutter an der menschlichen Arbeit im Sinne der Werte-schaffenden Tätigkeit keinen Anteil hat. Deshalb konnte aus sozialistischer Sicht der emanzipatorische Sprung der Frau nur über die bezahlte Berufsarbeit gelingen.

Im Banne dieser Theorie hat ein Großteil der Frauenbewegung *die restlose Eingliederung der Frau in die männliche Berufswelt gefordert* und folgerichtig ihre Entlastung bei Haushalt und Mutterschaft. Nun hat sich aber die Vorstellung, mit Hilfe von Gemeinschaftsküchen, Kinderkrippen und Haushaltsmaschinen die reproduktive Hausarbeit und die familiären Aufgaben in einen zu vernachlässigenden Rest aufzulösen – wie dies schon Bebel vorschwebte – als Illusion erwiesen. Janssen-Jurreit kritisiert zu Recht, daß damit »die das Leben erst konstituierenden Grundarbeiten« sträflich unterschätzt werden.[9] Schon der Haushalt ohne Kinder läßt sich nicht so ohne weiteres durch Technisierung und Inanspruchnahme von Dienstleistungen auf das gewünschte Minimum reduzieren, u. a. deshalb, weil die Wege zu den Einkaufs- und Dienstleistungszentren immer länger werden. Erst recht erweisen sich alle technischen Zaubertricks beim Haushalt mit Kindern als illusionär. Ihnen, die auf kontinuierliche Zuwendung angewiesen sind, ist mit Maschinen nicht gedient, ebensowenig kranken Menschen.

Wo immer aber *öffentliche Fürsorgeinstitutionen* beschworen werden, so ist dabei wie selbstverständlich von *weiblichen Fürsorgepersonen* die Rede. Bebel sprach von Pflegerinnen und Erzieherinnen und darüber hinaus von »befreundeten Frauen« und der »heranwachsenden weiblichen Jugend«, die den Müttern zur Seite stehen sollten. Keiner der sozialistischen Revolutionäre hat je daran gedacht, daß sich auch Männer an den das Leben erst konstituierenden Grundarbeiten beteiligen könnten.[10]

Eine ähnlich unrealistische Einschätzung der Arbeit auf Kosten der Frauen spielt sich heute in allen Betrieben auf dem Sektor der Hochtechnologien ab. Auch die raffinierteste Technik erlöst nicht ganz vom Fluch der eintönigen Arbeit, sondern überläßt den Menschen immer noch einen unangenehmen Rest: Rollende Bänder wollen bedient und Computer wollen gefüttert werden, wozu man in den westlichen wie in den östlichen Industriestaaten schlecht bezahlte weibliche Arbeitskräfte einstellt.[11]

Ungleichgewicht in der Natur

Die Diskriminierung der schlichten Arbeit durch den Mann hat aber nicht nur zur sexistischen Unterdrückung der Frau und damit zum Ungleichgewicht in der Partnerschaft geführt, sondern darüber hinaus zu einem bedrohlichen Ungleichgewicht im Haushalt der gesamten Natur. Die tausenderlei Maschinen, welche die Arbeit des Menschen ersetzen sollen, verschlingen eine Unmenge Energie und belasten mit ihren Rückständen unser Wasser, unsere Böden und unsere Luft. Hinzu kommt der riesige und ständig wachsende Berg an Wegwerfartikeln und Wegwerfpackungen, die alle nur zu dem einzigen Zweck erfunden wurden, die Menschen von der Pflege der täglichen Dinge zu befreien.

Wenn heute die Zerstörung der Umwelt beklagt wird, so sollte man nicht die Technik als solche dafür verantwortlich machen, wie wenn sie ein selbstgesteuerter Prozeß wäre, der unausweichlich seinen verhängnisvollen Lauf nimmt. Wir müssen vielmehr nach den *psychologischen Motivationen* fragen, *welche die Entwicklung der Technik in eine ganz bestimmte Richtung drängen*. Sinn und Zweck der Technik war immer die Herstellung von Werkzeugen, welche die menschliche Arbeit erleichtern und vervollkommnen, und in diesem Sinn war der Mensch – Frau und Mann – von Urbeginn an Techniker/in. Erst an einem bestimmten Punkt der gesellschaftlichen Entwicklung kommt dazu eine ganz neue Motivation: Das Arbeitsgerät soll dazu dienen, die menschliche Arbeit nicht nur zu erleichtern, sondern teilweise zu ersetzen mit der Absicht, handwerkliche Produkte in kurzer Zeit serienmäßig herzustellen. Dieser Zweck der Technik, wie er sich erstmals in der Töpferscheibe manifestiert, ist, historisch gesehen, mit der Patriarchalisierung der Gesellschaft verknüpft. Es lag offensichtlich im Interesse der Männer, mit Hilfe der Töpferscheibe nicht nur vollkommenere, das heißt dünnwandigere Keramik herzustellen, sei es zum Eigengebrauch oder zum Tausch gegen andere Bedürfnisse, sondern die Produktion größerer Mengen von Gebrauchsgütern als selbständigen Erwerbszweig voranzutreiben. Schon auf die antiken Manufakturen ist die marxistische Mehrwert- und Ausbeutungstheorie anwendbar, sobald Unfreie und Sklaven in ihnen arbeiteten, und schon damals war das *Profitstreben* ein Motiv für die Perfektionierung der technischen Einrichtungen.

Es wäre aber nur die Hälfte der Wahrheit, für den fortschreitenden Prozeß der Technisierung nur kapitalistische Triebkräfte verantwortlich zu machen. Ein zweites, mächtiges Motiv wird von jener *Verachtung der Routinearbeit* gespeist, welche die patriarchale Einstellung zur Arbeit seit jeher kennzeichnet, und speziell von der *Ablehnung jeglicher körperlicher Betätigung*, sofern sie im Dienste der unmittelbaren Lebensnotwendigkeit steht. Ritter und Edelmänner aller Länder und Zeiten lehnten es nicht nur ab, an irgendeine banale Arbeit Hand anzulegen, sondern auch, ihre Muskelkraft an die banale Aktivität des Zufußgehens zu verschwenden. Sie saßen hoch zu Roß oder ließen sich in Sänften tragen, obschon die gleichen Edelmänner beim Ritterturnier oder in der Schlacht die größten Strapazen auf sich nahmen.

Ohne sich dessen bewußt zu sein, hat der moderne Mensch – gleich welcher politischen Couleur – diesen aristokratischen Anspruch auf Befreiung von den banalen Mühen des Lebens und den Anspruch auf größtmögliche Bequemlichkeit übernommen. Wir lassen uns zwar nicht mehr in Sänften tragen wie die Könige, aber wir benutzen das Auto für die lächerlichsten Distanzen, wir drücken auf Knöpfe zur Öffnung von Türen, statt sie uns von Sklaven öffnen zu lassen und werfen weg, was früher Sklaven- oder Frauenhände instand stellten. Das Motiv dabei ist immer dasselbe. Ohne den raffinierten *Markt der Bequemlichkeit* wäre unsere Industriegesellschaft überhaupt nicht denkbar, wobei bemerkenswert ist, daß die Geräte zur Erleichterung der Hausarbeit relativ jungen Datums sind und erst in Amerika kreiert wurden, als sich Väter und Söhne mit dem Problem der Hausarbeit konfrontiert sahen.

Tiefenpsychologisch gesehen aber gleicht unsere bequeme Konsumwelt dem *Schlaraffenland des Märchens,* in welchem man ohne Anstrengung leben und unbegrenzt Lebensgüter verbrauchen kann im grenzenlosen Vertrauen auf die »Mutter« Natur, die ihre Früchte und Bodenschätze unerschöpflich liefert und die Abfälle der Zivilisation unbegrenzt schluckt. Dabei machen die bildlichen Darstellungen der Schlaraffenland-Visionen, die nicht zufällig in erster Linie Männer in passiv-kindlicher Pose zeigen, schon auf den infantilen Grundzug aufmerksam, der sich hinter solchen Ausbeutungsvorstellungen verbirgt. Auch unsere hochzivilisierte Welt mit ihren komplizierten technischen Abläufen bevorzugt in der Reklame das alte Schlaraffenmotiv der *infantil-oralen Befriedigung,* und auf unseren Fernsehschirmen stehen wie eh und je die beiden Grundmotive der patriarchalen Kultur scheinbar unverbunden nebeneinander: der Superman als Krimi-, Sport- und Frauenheld auf der einen Seite und die Bilder all der Tauben, Süßigkeiten und Wundergetränke, die den Helden in den Mund fliegen.

Wenn wir aber, wie wir heute erkennen, unsere Bequemlichkeit mit der Zerstörung der natürlichen Umwelt bezahlen, so sollten wir wenigstens erwarten dürfen, daß sich der ganze Aufwand in dem Sinne gelohnt hat, daß dadurch unsere Lebensqualität entscheidend verbessert wurde. Gerade dies ist aber im Endeffekt nicht der Fall, sondern verkehrt sich sogar ins Gegenteil. Ganz offensichtlich haben wir heute den *Rahmen überschritten, in welchem die Vorteile des Lebenskomforts die Nachteile des technischen Apparats übertreffen.* Heute opfern wir dem Auto als einer

Art heiliger Kuh unserer Zivilisation die Architektur unserer Städte, die Ruhe des Wohnens, die Erträglichkeit unserer Atemluft und einen unverantwortlichen Blutzoll an Verletzten und Verkehrstoten, vom Tod der Wälder ganz zu schweigen. Unser Körper quittiert die nahezu völlige Ausschaltung seiner Muskelkraft mit Übergewicht, Kreislaufstörungen und Schlaflosigkeit, und diese Zivilisationskrankheiten versuchen wir durch aufwendigen Sport wettzumachen, der seinerseits oft genug umweltbelastend oder wiederum gesundheitsgefährdend ist. Für die Zeitersparnis im Selbstbedienungsladen und die Automatisierung anderer Dienstleistungen, vor allem aber für die zeitsparende Automatisierung der Information durch den Computer zahlen wir mit einem nicht zu unterschätzenden Kontaktverlust und mit einer ständig zunehmenden emotionalen Isolation, die viele Großstadtbewohner buchstäblich auf den Hund gebracht hat. Zuletzt muß der Vierbeiner dem Menschen die wegrationalisierten mitmenschlichen Kontakte ersetzen, wobei das bedauernswerte Tier nicht umhin kann, in unseren Straßen neue Verschmutzungsprobleme zu schaffen, für die noch keine maschinelle Abhilfe gefunden wurde.

Zu all dem kommt, daß uns die zahllosen technischen Errungenschaften keineswegs jene aristokratische Muße bescherten, die ursprünglich der Zweck der ganzen Übung war, sondern Hektik und Streß von bisher unbekannten Ausmaßen, so daß der *Traum von der Befreiung des Menschen von der Arbeit zum Alptraum einer Superzivilisation geworden* ist, in der die Maschine und nicht mehr der Mensch das Maß aller Dinge ist.

Indessen beteuern die Technokraten aus West und Ost, daß diese Entwicklung nicht aufzuhalten sei, wie wenn unsere technische Kultur ein sich selbst zeugendes perpetuum mobile wäre, statt daß wir uns endlich mit Maria Mies die Frage stellen würden: »Wozu brauchen wir das alles?«[12] Diese Frage zielt nicht darauf ab, die Technik als solche zu verdammen und den Rückzug in die Steinzeit zu propagieren, wie dies lächerlicherweise unterstellt wird. Aber sie besteht darauf, die *Ziele der technischen Entwicklung neu zu definieren* und die Wahnvorstellung zu streichen, man könne sämtliche das Leben erhaltenden Grundarbeiten und den schlichten mitmenschlichen Dienst durch technische Tricks hinauskatapultieren. Unter der – allerdings höchst wichtigen – Voraussetzung, daß sie nicht unter dem repressiven Vorzeichen der Ausbeutung steht, ist Arbeit weder ein Fluch, noch der Ausweis unserer gesellschaftlichen Daseinsberechtigung oder gar ein Mittel zu moralischer Läuterung. Sie ist und bleibt die schlichte Notwendigkeit, als die sie die Frauen immer verstanden haben, und die neben einer gewissen Anstrengungsbereitschaft und Disziplin, die sie fordert, nicht nur Befriedigung, sondern echte Freude vermitteln kann, wenn sie gemeinsam getan wird.

4. Die Geburt des Krieges

Unter der unendlichen Fülle von Literatur zum Thema »Krieg« gibt es erstaunlich wenige systematische Untersuchungen zur Frage nach den Wurzeln des Krieges überhaupt. Dies ist Anzeichen dafür, wie lange man den Krieg für ein nicht zu hinterfragendes, selbstverständliches Kulturbeziehungsweise Naturphänomen hielt, das unabwendbar zum menschlichen Leben gehört wie das Fressen und Gefressenwerden unter Raubtieren, und dies ungeachtet der Tatsache, daß das letztere eine Angelegenheit zwischen den Arten und nicht ein innerartliches Problem darstellt. Diesen unstatthaften Vergleich hatte vor allem *Thomas Hobbes* (1588–1679) mit seiner bis heute weit verbreiteten Theorie vom Wolfscharakter des Menschen angestellt (homo homine lupus) und darauf seine höchst *autoritäre Staatsphilosophie* aufgebaut, die eine absolute Staatsmacht damit rechtfertigt, daß der ursprüngliche Kampf aller gegen alle nur durch die institutionalisierte Gewalt zu unterbinden sei.

Nach der geistigen Erschütterung, die der Erste Weltkrieg unter den Intellektuellen Europas auslöste, war *Freud* einer der ersten, der sich mit den *psychologischen Ursachen des Krieges* befaßte und der dann in seiner pessimistischen Kulturtheorie vom angeborenen *Todestrieb* des Menschen als Pendant zum Lebenstrieb sprach. Dieser resignierende Standpunkt, der sich bei Freud selbst immerhin mit der Hoffnung verband, durch die kulturimmanente Triebdämpfung werde sich allmählich auch das destruktive Potential des Menschen verflachen, konnte nur *wenig Gegengewicht gegen die Gewaltverherrlichung und die faschistisch-nekrophilen Tendenzen* bilden, die sich seit der Jahrhundertwende in Europa ausgebreitet hatten und die schließlich im Inferno des Zweiten Weltkrieges gipfelten.

Gegen den Kulturpessimismus
Eine Bresche in den allgemeinen Kulturpessimismus zwischen den beiden Kriegen und nach dem Zweiten Weltkrieg schlugen zwei Forschungs-

bereiche von ganz verschiedenen Richtungen her: einmal die *Archäologie,* die seit der Entdeckung des Alten Kreta auch im Vorderen Orient auf immer ältere Kulturen stieß, die sehr viel unkriegerischer waren als die bekannten Kulturen aus historischer Zeit, und zum andern die *ethnologische Feldforschung* und deren Schilderung von Naturvolkgruppen, die den Krieg entweder gar nicht oder nicht in seiner fatalen Dimension als Eroberungs- und Vernichtungskrieg kennen.

Eine neue Aktualität erhielt die Beschäftigung mit den Wurzeln des Krieges durch den Vietnamkrieg Amerikas (1964–73), der überaus heftige Diskussionen entfachte, unter anderem auf der Jahresversammlung der American Anthropological Association unter dem Vorsitz von Margret Mead in Washington 1967, die ganz unter das Thema des Krieges gestellt war.[1] Auf diesem denkwürdigen Jahrestreffen, das schon im Vorfeld kontrovers war, weil ein Teil der Wissenschaftler die Stellungnahme zu einem akuten politischen Thema aus Gründen der wissenschaftlichen Objektivität ablehnte (!), kamen neben den möglichen Alternativen zum Krieg vor allem die kulturellen Ursachen und Funktionen des Krieges zur Sprache.

Mechanismen der Kriegsbereitschaft
Erwartungsgemäß gingen dabei die Meinungen weit auseinander. Während ein Teil der Forscher davon ausgeht, daß der *Krieg im modernen Sinn keine universelle menschliche Erscheinung* darstellt und zwischen primitiver Fehde und eigentlichem Krieg zu unterscheiden sei, lehnen andere die prinzipielle Trennung zwischen primitiven und hochzivilisatorischen Kriegen ab und suchen nach durchgehenden, funktional begründbaren Ursachen des Krieges im Sinne einer *notwendigen Anpassung an die gegebene natürliche und kulturelle Umwelt des Menschen.* Dabei wurden die drei klassischen Hypothesen zur Funktion des Krieges in die Diskussion geworfen, die alle davon ausgehen, daß kriegerische Auseinandersetzungen in irgendeiner Form einen natürlichen oder kulturellen Ausgleich zwischen konkurrierenden Gruppen herstellen.[2] Es zeigte sich aber rasch, daß die beiden ersten dieser Theorien einer kritischen Betrachtung nicht standhalten. Die sogenannte *ökonomische* Ausgleichstheorie, welche besagt, der Krieg habe die Funktion einer gleichmäßigeren Verteilung der Territorien und der natürlichen Ressourcen zwischen ärmeren und reicheren Völkern, wird nicht nur durch die Geschichte des Imperialismus ad absurdum geführt, sondern stimmt schon auf der Naturvolkstufe nicht. Einmal geht es dort in der Regel nicht um Territorialgewinn, und

zum anderen waren unter den Hirtenvölkern nicht nur die armen Stämme, sondern gerade die reichen unter ihnen die größten Räuber.³ Die zweite funktionale Theorie, wonach der Krieg bei ansteigendem Bevölkerungsdruck einen *demographischen* Ausgleich schafft, indem das Zuviel an Menschen durch Kriegsverluste wegdezimiert wird (Malthus), ist ebensowenig haltbar, jedenfalls angesichts der neuzeitlichen Kriegstechnik, die mit ihren Massenvernichtungsmitteln nicht bloß einen Ausgleichseffekt, sondern höchst einseitige Ausrottungseffekte hat. Wenn es je eine funktionierende Selbstregulation der Bevölkerungsdichte gegeben hat, so müßten wir hinzufügen, dann in den matrizentrisch lebenden Gemeinschaften, bei denen die Frauen durch Geburtenkontrolle ein Gleichgewicht zwischen Lebensraum und Stammesgröße herstellten.

Bleibt noch die dritte, die *psychologische* Ausgleichshypothese, die im Krieg ein *Ventil für aufgestaute Aggressionen* sieht, worunter sich sehr verschiedene Theorien subsumieren lassen. Wir können hier Konrad Lorenz' biologistische Vorstellung von der zyklischen Aggressionsentladung einreihen, die behavioristische Aggressions-Frustrationstheorie und bis zu einem gewissen Grad auch R. Arons Ausführungen über die kulturellen Wurzeln des Krieges.⁴ Unter diesen Wurzeln nennt Aron das *Konkurrenzstreben, die Begründung einer heroischen Moral und die Konstruktion von Feindbildern.* In diesem letzten Punkt trifft er sich mit *Margret Mead,*⁵ die ebenfalls davon ausgeht, daß der Krieg nicht biologisch begründbar, sondern eine Erfindung des Menschen sei. Eine der Hauptgefahren sieht sie darin, daß den Menschen ein *rassistisches* oder *nationalistisches Bewußtsein* anerzogen wird, das eine ungeteilte menschliche Loyalität verhindert und stattdessen die Menschen in Freunde und Feinde spaltet.

Ein besonders interessanter Hinweis scheint mir in Arons Bemerkung zu liegen, daß die Kriegsmentalität nicht nur eine sozial anerzogene Mentalität sei, sondern daß ihre *Entstehung im dunkeln liege und von unbewußten Quellen gespeist werde.* »Es ist Sache der Erforscher des kollektiven Unbewußten, den Krieg als eine historische Erfindung zu interpretieren, dessen ursprüngliche Motivierungen vergessen worden sind, und den Menschen vor die Alternative des Bewußtwerdens oder des Selbstmordes stellen.«⁶

Dies ist genau der Ausgangspunkt, der für unseren Zusammenhang wesentlich ist, nur daß wir mit Nachdruck festhalten müssen, was schon M. R. Davie in seinem Standardwerk schrieb und woran Mead auf dem Ethnologenkongreß in Washington erinnerte: »War is the business of one sex«.⁷ *Der Krieg ist die Angelegenheit der Männer,* nicht der Menschen. *Deshalb gilt es, das kollektive Unbewußte des Mannes zu erforschen,* seine Frustrationen und seine Feindbilder aufzudecken, die er ins Unbewußte verdrängte und mit Aggressionen kompensierte. Es gilt, den typisch männlichen Motiven für destruktive Handlungen auf die Spur zu kommen, die von seinem Bewußtsein rationalisiert, das heißt mit anderen Motiven getarnt worden sind.

Die Yanomamö

An den Beginn meiner folgenden Überlegungen, welche die wichtigsten psychischen Mechanismen aufzeigen sollen, die zur patriarchalen Kriegsbereitschaft führen, sei das Beispiel eines kriegerischen Naturvolks gestellt, das N. A. Chagnon seinen Kollegen in Washington 1967 vortrug: die erst 1950 entdeckten Yanomamö-Indianer im tropischen Regenwald Venezuelas.⁸ Sie sind ein Stamm von 15 000 Menschen, der ohne jede Berührung mit der übrigen Welt, inmitten der üppigsten Natur im Überfluß lebend, eine mörderische Kriegsmentalität zwischen den einzelnen Stammesgruppen ausgebildet hat. Er liefert uns ein in sich geschlossenes *Modell für die Geburt des Krieges auf einfachster Zivilisationsstufe,* auf der es noch keine Spezialisierung der Arbeit und noch keine politischen Strukturen gibt und bei dem keinerlei Sachzwänge als Kriegsursachen geltend gemacht werden können. Hier haben wir en miniature und sehr roh und drastisch die psychischen Motivationen für kriegerisches Verhalten vor uns, die wir, wenn auch in kultivierterer Form, bei den patriarchalen Hochkulturen wiederfinden.

Dabei trifft dieser Vergleich freilich nicht in vollem Umfang auf die Kriege der fortgeschrittenen patriarchalen Staaten zu, die mit ihrem imperialistischen Expansionsstreben und ihren weltwirtschaftlichen Implikationen qualitativ und quantitativ weit über dieses Modell hinausgehen. Die patriarchale Kriegsorganisation der Yanomamö ist aber geeignet, den *Unterschied* zwischen den *sakral motivierten Kriegen,* hinter denen ein Opfer- oder Sühnegedanke steht, und den eigentlichen *destruktiven Kriegshandlungen* zu illustrieren, die Ausdruck für eine von Grund auf aggressive und lebensfeindliche Mentalität sind. (Was nicht ausschließt, daß es innerhalb der ethnischen Vielfalt auch alle denkbaren Übergangsformen zwischen beiden Phänomenen gibt.)

Dieser südamerikanische Indianerstamm lebt in weit verstreuten kleinen Dörfern von nicht mehr als 200 Einwohnern. Neben dem reichlich vorhandenen Wildbestand stehen ihnen die Produkte ihrer Landwirtschaft zur Verfügung, für die sie dank der fruchtbaren Böden nur 2–3 Stunden täglicher Arbeit aufwenden müssen. Maßgebend für die lokalen Sippen sind die Mitglieder der patrilinealen Abstammungslinie (Agnaten), die despotisch über den weiblichen Teil der Sippe verfügen. Gemäß Chagnons Forschungsbericht sind die *exzessiven Aggressionen der Yanomamö in erster Linie gegen das weibliche Geschlecht* gerichtet, demgegenüber er rein quantitativ die meisten aggressiven Handlungen beobachtete. Schon von Kindheit an werden die Mädchen der groben bis brutalen Behandlung ihrer Brüder ausgesetzt, um dann von ihren Ehemännern auf geradezu sadistische Weise mißhandelt zu werden. (Daß diese ihre Frauen verprügeln ist an der Tagesordnung, daß sie ihnen Pfeile ins Gesäß schießen oder sie mit Holzscheiten versengen, keine Einzelerscheinung.)

Als Pendant dazu schildert der Forscher, wie die Knaben von klein auf durch provozierende Neckereien zu aggressivem Verhalten herausgefordert und durch Lob darin bestärkt werden. Als Jugendliche haben sie sich dann dem Training der *männlichen Wettkämpfe* zu unterziehen, deren Praktiken so brutal sind, daß sich die Halbwüchsigen zu Beginn dagegen sträuben. Die älteren Männer der Sippe zwingen sie aber mit Gewalt, an den sogenannten Brustklopf-Duellen oder Zweikämpfen mit Keule und Speer teilzunehmen, die nicht selten mit schweren Verwundungen und manchmal tödlich enden.

Zu eigentlich *kriegerischen Auseinandersetzungen* kommt es zwischen den weit auseinanderliegenden Dörfern, zu denen weder Landmangel noch sonst irgendeine Notlage drängen. Sie sind hauptsächlich vom Streben der Männer motiviert, möglichst viele *Frauen zu erbeuten,* ohne daß dies durch einen gegebenen Frauenmangel zu erklären wäre. Dieser wird im Gegenteil künstlich erzeugt, indem viele Mädchen nach der Geburt getötet werden – oft heimlich von den Müttern selbst, weil die Knabengeburten sehr viel mehr gelten und die Erstgeburt unbedingt ein Knabe sein soll.

Bei den meist nächtlichen Überfällen auf Nachbardörfer werden die Männer nach Möglichkeit getötet und die Frauen geraubt. Es gibt aber auch Überfälle einer kleinen Männergruppe auf einzelne Personen, die sich tagsüber beim Wasserholen von der eigenen Gruppe entfernt haben. Dazu kommen als höchste Stufe der feindseligen Eskalation heimtückisch eingeleitete Mord- und Vergewaltigungsorgien, wozu eine Dorfgemeinschaft eine andere unter dem Vorwand der freundschaftlichen Bewirtung einlädt, um sie dann mitten im Fest zu überfallen. Auf diese Weise leben sämtliche Stammesmitglieder in allen Dörfern in ständiger Angst vor einem Überfall, und nur während der Erntezeit gibt es eine Art Waffenstillstand und Verträge über gegenseitigen Warenaustausch, die aber bei nächster Gelegenheit wieder gebrochen werden.

Nachdem keine sachlichen Gründe in Frage kommen, hat Chagnon die Wurzel für das grundsätzlich feindselige Sozialverhalten der Yanomamö in dem von ihm so benannten »Waiteri-Komplex« gesehen, abgeleitet vom indianischen Wort für *Wildheit* oder *Kampfgeist*. Die Yanomamö züchten diesen Kampfgeist systematisch durch *ideologische Indoktrinierung*. Neben dem physischen Gewalttraining üben sie gespielte Wutausbrüche, studieren wilde Gesänge ein und erziehen die eigenen Sippenmitglieder zum betonten Hochmut gegenüber anderen, als minderwertig eingestuften Fremdgruppen. Dabei ist nicht uninteressant, daß die kleineren und schwächeren Gemeinschaften ihren »Männlichkeitswahn« besonders pflegen, um mit ihrem Image die stärkere Gruppe prophylaktisch in Schrecken zu versetzen. Zum Waiteri-Komplex gehört auch, daß die Männer streng auf ihr würdevolles Auftreten achten und es zum Beispiel lächerlich finden, außer ihren Waffen irgendwelche Dinge zu tragen, weshalb bei einem Kriegszug die Frauen die nötige Marschverpflegung voraustragen und an einem geheimen Ort deponieren müssen. Besonders eindrucksvoll sind die eigenen »Sterbereden«, würdige letzte Worte, die sich die Männer vor einem Zweikampf ausdenken, denn die größte Verachtung gilt einem Mann, der nicht heldenhaft stirbt oder Schmerzen nicht standhaft erträgt. Als die schlimmste Schande bezeichnete ein Jugendlicher dem Forscher gegenüber das Verhalten eines Kollegen, der, verwundet, nach seiner Mutter schrie.

Hinzu kommt, daß auch das religiöse Leben der Yanomamö von destruktiven Ideen erfüllt ist. So bitten die Dorfschamanen auf ihren Sitzungen die Ahnengeister darum, ihre Feinde durch Krankheit dahinsiechen zu lassen. Stirbt jemand im Nachbardorf, so ist dies für sie eine Erfolgsmeldung.

Alles in allem bieten die Yanomamö das Bild einer terrorisierten Gesellschaft, für die es unter den aggressivsten Tierarten keine Parallele gibt, und die aus psychopathologischer Sicht unverkennbar paranoide Züge trägt. Deshalb fällt es schwer, in ihr einen Urzustand des menschlichen Zusammenlebens zu sehen, wie Chagnon dies tut. Er führt die exzessive Gewalttätigkeit der männlichen Gruppenmitglieder auf das Fehlen einer hierarchisch-politischen Stammesordnung zurück.

Wie wir gesehen haben, handelt es sich bei ihnen aber gerade nicht um den Zustand unkontrollierter Wildheit, sondern, ganz im Gegenteil, um systematische und durchaus künstliche Züchtung einer sadomasochistischen Aggressionshaltung, die den widerstrebenden jungen Männern nur durch Gewalt von den Gruppenältesten aufgezwungen werden kann.

Deshalb scheint es mir viel naheliegender, *nach den Wurzeln des Wildheits-»Komplexes« zu fragen*, den Chagnon selbst diagnostiziert, und für den es möglicherweise in der Geschichte und im kollektiven Unbewußten der Yanomamö Anhaltspunkte gibt.

Einen dieser Anhaltspunkte könnten wir in ihrem *Mythos vom Mond* finden, in dem erzählt wird, daß in weit zurückliegenden Zeiten der Mond auf die Erde niederzusteigen pflegte, um die Seelen kleiner Kinder zu fressen. Eines Tages aber traf ein besonders guter Schütze den Mond mit dem Pfeil mitten in seinen Unterleib, worauf dieser zu bluten anfing und Blutstropfen auf die Erde fielen. Aus den Blutstropfen aber entstanden lauter Männer, die kampfesfreudigen Ahnen der heutigen Yanomamö. Diese merkwürdige Geschichte von einer Art Kulturheros (Meisterschütze), der dem Sterben der kleinen Kinder Einhalt gebietet und dem Mond als dem Fruchtbarkeitsgestirn gewaltsam die Gebärfähigkeit entreißt, klingt ganz nach einem *patriarchalen Ablösungsmythos einer einstmals matrizentrischen Weltsicht*.

Dies wäre freilich noch kein Beweis für eine vorangegangene matrizentrische Gesellschaftsorganisation, doch haben sich bei den Yanomamö immerhin noch einige sehr typische matrilineale Gesellschaftsmerkmale erhalten. Trotz des eindeutigen Vorrangs der Patrilinealität erfolgt ihre *Verwandtschaftsrechnung bilateral*, wobei in der mütterlichen Linie die eigenartige (und typische) Gleichsetzung von Enkelin und Großmutter besteht. Außerdem folgen die Vetternbezeichnungen dem irokesischen (matrilinealen) Typus, und von den Heiratsvorschriften sind uns die Exogamie und der Bräutigamsdienst bei virilokaler Residenzform ebenfalls aus matrilinealen Gesellschaften bekannt.

Nun sind aber, was Chagnon ausdrücklich betont, die Yanomamö mit ihrem ausgesprochenen Männerterror unter kleinen Primitivgruppen keine einmalige Erscheinung. Ähnliche Gesellschaften finden wir vereinzelt in *Australien* und in *Melanesien*. Weiter ist aus *Feuerland* bekannt, daß die Männer der heute ausgestorbenen Ona ein tyrannisches Regiment über ihre Frauen geführt hatten.

Auch bei diesen in ganz anderen Kontinenten entwickelten Männergesellschaften werden matrizentrische Mythen tradiert oder stehen jedenfalls in ihrem unmittelbaren kulturellen Umfeld. Aus Feuerland stammt eine der bekanntesten mythischen Erzählungen über die ursprüngliche

Dominanz der Frauen im Priesteramt, die dann durch eine kollektive Niederwerfung der Frauen durch die Männer gebrochen wurde.[9]

Eine ursprünglich matrilineale Sippenordnung wäre in Melanesien durchaus denkbar, da diese Verwandtschaftsrechnung bei einer Reihe melanesischer Gruppen noch besteht.[10] Auch halten bedeutende australische Ethnologen den unterdrückten Status der Frau bei manchen australischen Stämmen für eine relativ späte Entwicklung auf diesem Kontinent.

Kriegsmentalität und Frauenunterdrückung
Sobald wir nicht darauf fixiert bleiben, die Struktur solcher Gruppen für einen Urzustand zu halten, sondern sie als *Sekundärentwicklung* auffassen, wäre ihr Männlichkeitswahn und ihre Aggressivität gegenüber Frauen als *Überreaktion auf eine vorausgegangene starke Stellung des Frauenkollektivs* viel eher plausibel zu machen.

Möglicherweise gibt es zur Stützung dieser Hypothese auch einen handgreiflichen Hinweis seit den jüngsten *Ausgrabungen auf den Salomonischen Inseln*. Auf Santa Ana stießen die Archäologen auf Überreste von Tongeschirr, was sehr überraschend war, weil die heutigen Eingeborenen der Salomoninseln die Töpferei nicht kennen. Die Funde beweisen, daß es in Melanesien schon sehr früh eine keramische Kultur gab, daß diese aber vor rund 1000 Jahren wieder aufgegeben wurde, aus Gründen, die sich bis jetzt niemand erklären kann. Es gäbe aber eine sehr gute Erklärung für diesen Umstand, wenn wir bedenken, daß die Töpferei bei allen Völkern eine ursprünglich weibliche Kunst ist, die in diesem Fall für eine längst vergangene matrizentrische Kultur Zeugnis ablegen würde. Die Zerstörung dieser frühen Kultur wäre dann in Parallele zu setzen mit der Aufrichtung des männlichen Regiments über die Frauen, welche das Geheimnis der Töpferkunst an die Männer nie verrieten.[11]

Demnach würde sich der »Waiteri-Komplex« als ein Männlichkeitskomplex entpuppen, der aus *vorausgegangenen Frustrationen und Ohnmachtsgefühlen* hervorgegangen ist. Nur daraus wäre auch die ideologische Komponente im Männerleben der Yanomamö zu begreifen, aus der sie ihre Gruppenidentität beziehen. Typischerweise wird diese Identität nur durch Abgrenzung gegenüber dem künstlich geschaffenen Feindbild benachbarter Gruppen erreicht, während die heftigste feindliche Abgrenzung ganz offensichtlich gegenüber den Frauen besteht, deren Ursachen aber nicht mehr bewußt sind.

Das würde heißen, daß Kriegsmentalität und Frauenunterdrückung ein und dieselbe Wurzel haben und daß der Verlust von Frieden und Solidarität unter den ursprünglichen Völkern auf eine *unbewältigte Geschlechterspannung* zurückzuführen ist.

Für den ursächlichen Zusammenhang zwischen aggressiver Überherrschung der Frau und Kriegsmentalität des Mannes finden sich bei Davies Untersuchungen deutliche Anhaltspunkte. In seinem statistischen Material stellte er eine *positive Korrelation zwischen dem demütigenden Status der Frau und den Kriegsaktivitäten der Männer fest*.[12] Wo dies nicht zutrifft und die Frauen innerhalb eines kriegerischen Stammes hohes Ansehen genießen wie im Alten Sparta oder bei manchen Hirtenkriegern, lassen sich diese Gesellschaften mühelos als Übergangsformen zwischen matrizentrischer und patriarchaler Kultur interpretieren.

Wir finden solche Zwischenformen auch bei Naturvolkgruppen, unter anderem bei den Xikrin-Indianern, die in relativer Nähe und unter den gleichen ökologischen Bedingungen leben wie die Yanomamö. Ihre Sippen sind matrilokal organisiert und das wirtschaftliche Leben, wie die lebenswichtige Schildkrötenjagd, steht unter der Regie der Frauen. Auch in diesem frauendominierten Stamm hat die Männergruppe eine kriegerische Mentalität entwickelt: Hier vermitteln die Onkel ihren Neffen eine ähnlich sadomasochistische Erziehung und Kriegsindoktrination wie die Yanomamö. Nur müssen sich die Xikrin das Kampffeld für ihre heldische Selbstbestätigung außerhalb ihres eigenen Stammesgebietes suchen. Dort sind sie gefürchtete Krieger, während zwischen den Dörfern die matrizentrische Friedensordnung gilt.[13]

Ganz ähnlich liegen die Verhältnisse bei den Hirtenkriegern. Sie sind als äußerst grausame Kämpfer bekannt, die ständig Streit suchen. Aber es gilt als ehrenrührig, die in den Zelten zurückgebliebenen Frauen und Kinder anzugreifen, während ihre Männer auf Raubzug sind.[14]

In beiden Fällen, im Extremfall der totalen Männerherrschaft und bei den Übergangsformen, entspringt die kriegerische Tätigkeit jedenfalls *nicht dem Motiv der Verteidigung von Frauen und Kindern*. Die Yanomamö versuchen nur zu verhindern, daß ihnen ihr Frauenbesitz von anderen Männern entrissen wird. Für die Frauen selbst stellt sich das Problem des Schutzes gar nicht, weil es für sie auf dasselbe hinausläuft, ob sie von den eigenen Ehemännern oder von den Männern des Nachbardorfes mißhandelt werden. Auch bei den Hirtenkriegern ist der *Krieg reine Männersache*, der im Zeichen des Männlichkeitskults geführt wird, wobei die Yanomamö die Frauen als Beute in das Kriegsgeschehen einbeziehen, während das alte Friedenstabu die Frauen der Hirtenkrieger schützt.

Erste historische Kriege

Wenn wir nun einen Sprung von den kriegerischen Primitivkulturen zu den ersten historisch vermeldeten Kriegen machen, so befinden wir uns in der Mitte des 3. Jahrtausends v. Chr. in Sumer. Dort beginnt die Geschichtsschreibung mit den Siegesmeldungen einzelner Fürsten. Vorher hat es, wie wir sahen, keine nennenswerten Befestigungen in den frühen mesopotamischen Städten gegeben. Dasselbe ist aus der frühdynastischen Zeit Ägyptens bekannt, und das Alte Testament berichtet, daß die Israeliten vor den ersten Richtern das Kriegshandwerk nicht kannten, was bedeutet, daß das heroische Zeitalter der jüdischen Geschichte erst im 13. Jahrhundert v. Chr. begann.

Von den *allerersten Kriegsmeldungen* ist ein Dokument aus Lagasch aufschlußreich, das die Grenzstreitigkeiten zwischen den Stadtstaaten Lagasch und Umma schildert: Vordergründig geht es um einen kleinen Streifen bebauten Landes und um eine unbedeutende Pachtsumme. Diese Sache war bereits friedlich geregelt, als die Leute von Umma eines Tages die ausgehandelten Abgaben mutwillig verweigerten. Wir hören von einem Kampf zwischen Entemena von Lagasch und Ur-Lumma von Umma im strittigen Grenzgebiet. Dabei ist von der Elitetruppe des letzteren die Rede, die aus 60 (!) Mann bestand und von Entemena vernichtend geschlagen wurde. Die Leichen der Gefallenen ließ man, den Geiern zum Fraß, auf dem Felde liegen, wie dies schon Enneatum von Lagasch, der Onkel des Entemena, bei einem ähnlichen Grenzstreit befahl. Daran erinnert die sogenannte Geierstele, die um 2500 v. Chr. errichtet wurde und die als erste Siegessäule der Geschichte gilt.[16]

Ohne schon auf die eigentlichen Ursachen solcher Auseinandersetzungen zwischen einzelnen Stadtstaaten einzugehen, ist zunächst einmal ihre Größenordnung festzuhalten. Wenn wir bedenken, daß die Bevölkerungszahl von Ur um 2500 v. Chr. bereits in die Zehntausende ging,[17] nimmt sich ein »Heer« von 60 Mann mehr als bescheiden aus, und es wird fragwürdig, hier überhaupt von »Krieg« zu sprechen. Jedenfalls können die Kriege vor dem semitischen König Sargon (2350–2295), durch den zum erstenmal eine politische Reichsidee entstand, und der Eroberungskriege in größerem Stile führte, einen nur sehr geringen Umfang gehabt haben.

Die *psychologischen Hintergründe* für die ersten kriegerischen Auseinandersetzungen in Sumer liefern die *sumerischen Heldenepen*. N. S. Kramer,[18] der das Gilgamesch-Epos und andere Heldenstoffe übersetzt und historisch eingeordnet hat, sieht in Gilgamesch eine historische Figur aus der Zeit um 3000 v. Chr. Vermutlich war er ein Exponent des sumerischen Kriegeradels, der sich auf den Wanderwegen der Sumerer herausgebildet hatte. Die Sumerer können nicht sehr lange vor der beginnenden Geschichtsschreibung aus ihrer vermutlichen Heimat im Kaukasus in Mesopotamien eingewandert sein, wo sie mit der Urbevölkerung verschmolzen. Nun spiegeln die Heldenepen einen *deutlichen Gegensatz zwischen der Mentalität der sumerischen Kriegeraristokratie und der Gesinnung der ursprünglichen Bürger* der Stadtstaaten. Während Städte und Priesterverwaltung auf die Erhaltung des Friedens bedacht sind, schüren die Helden die Rivalität zwischen den Stadtstaaten und ringen den Stadtältesten mit demagogischen Reden das Einverständnis für ihre *vom Zaun gerissenen Kriege* ab. Gestalten wie Gilgamesch spielen darin die Rolle einer Art Condottieri, die einen Trupp freiwilliger Soldaten um sich scharen und mit wechselndem Kriegsglück Beute für einzelne Städte machen. Wahrscheinlich sind solche heldischen Streiter da und dort zu Stadtfürsten oder sogar zu Königen emporgestiegen, wenn sie mehrere Städte unter ihre Oberhoheit gebracht hatten.

Fest steht, daß zu Beginn des 3. Jahrtausends v. Chr. die politische Macht dieser Könige noch sehr gering war und sie sich erst allmählich gegen die Priester- und Priesterinnen-Regentschaft der Tempelstädte durchsetzen konnten. Dies gelang wohl zum Teil deshalb, weil die Verwaltung unter der Führung ehrgeiziger Priester schon früh korrupt zu werden begann. So ließ sich König Urikagina von Lagasch (2440–30) als Reformator feiern, weil er den Tempelbesitz zurückgab, an welchem sich die Priester bereichert hatten. Auf diese Weise gewann er die Sympathien der ärmeren Bevölkerung und damit freiwillige Soldaten für seine Feldzüge.[19]

Was aber die ersten weltgeschichtlich dokumentierten Kriege betrifft, so sind sie offensichtlich *nicht aus Sachzwängen* entstanden, wie dies immer mit Selbstverständlichkeit unterstellt wird. Die sumerischen Stadtstaaten hätten noch lange friedlich nebeneinander leben können – wie später die etruskischen Stadtstaaten vor der Einmischung der Römer – wenn nicht *Ehrgeiz und Ruhmsucht* einzelner Heerführer sie in kriegerische Verwicklungen hineingezogen hätten.

Parallelen zwischen sumerischen und griechischen Heldenepen
An Kramers Analyse der sumerischen Heldenepen ist zudem interessant, daß er in ihnen Parallelen zu den griechischen Heldenepen fand. In ihrem ganzen Auftreten gleichen die sumerischen Helden den homeri-

schen aus der mykenischen Zeit. Wie diese üben sie sich in eindrucksvollen Kampfreden, die ganz dem Stil der homerischen »Logomachie« entsprechen, worunter man die großartigen Kampfreden der Achäer versteht.

Beiden gemeinsam ist das ausgesprochen subjektive Ehrgefühl und das Fehlen einer politischen Bindung. Die Heldenfiguren in den sumerischen Epen bekriegen sich gegenseitig und versöhnen sich, berauschen sich gegenseitig an ihren Heldentaten und stellen so eine Art »internationale« Kriegeraristokratie dar, die oft ungeachtet der Stadtinteressen, die sie vertreten, ihr elitäres Heldenspiel inszenieren. Ein Pendant dazu bildet das heroische Lebensgefühl der Griechen. Auch für sie ist die persönliche Ehre der höchste Wert und nicht die Gemeinschaft oder ein zu verteidigendes gemeinsames Gut. Als sich Achill in seinem persönlichen Stolz verletzt fühlt, weigert er sich zu kämpfen und läßt seine Landsleute vor Troja im Stich, und diese scheinen ein solches Verhalten zu respektieren.[20] Ähnliches gilt für andere Heldenlieder. Auch das germanische Nibelungenlied wurde erst spät als sogenanntes Nationalepos vereinnahmt. Es besingt das Schicksal heldischer Einzelgestalten, deren Rache im Wortsinn grenzenlos ist und sich über alle nationalen Bindungen hinwegsetzt.

Wenn auch die großen Heldenepen, wie Kramer feststellt, alle im Gefolge einer Völkerwanderung entstanden sind, so wäre es ein Irrtum, daraus zu schließen, daß die Glorifizierung der Mannesgröße nur das Produkt solcher Wander- und Eroberungsepochen gewesen sei. Auch ihre Träger sind nicht als eine bestimmte »Herrenrasse« wie etwa die der Indogermanen zu bestimmen. Die Sumerer waren mit Sicherheit keine Indogermanen. Auch hielt sich der Männlichkeits- und Heldenkult in Griechenland noch über ein Jahrtausend nach der Einwanderung bis in die nachklassische Zeit und muß deshalb noch von ganz anderen Quellen gespeist gewesen sein. So viel die Unsicherheit des Wanderlebens auch zur Herausbildung des heroischen Lebensgefühls beigetragen haben mag, so hat die Tatsache, daß die Frauen dabei oft an der Seite ihrer Männer ums Überleben kämpften, die Unterdrückung der Frau als die Kehrseite des Männlichkeitskults eher verzögert als beschleunigt. Erst Jahrhunderte nach der Landnahme erreichte die Diskriminierung der Frau in Griechenland ihren Höhepunkt, von da an aber läuft die Pflege der *kriegerischen Mentalität mit der Unterdrückung der Frau strikt parallel.*

Die griechische Polis ist in ihrer Struktur insofern nicht mit den mesopotamischen Stadtstaaten vergleichbar, als sie erst nach der Zerschlagung der alten matrilinealen Sippenbande zu der Blüte kam, die uns aus der historischen Überlieferung vertraut ist. Deshalb folgte sie in ihrem Aufbau ganz den Vorstellungen der patriarchalen Ideologie. In ihr regierte von Anfang an der kriegerische Geist und der ehrgeizige Wettstreit einer elitären Männergesellschaft, für die der persönliche Ruhm das höchste Lebensziel bedeutete. Weil dieser Ruhm am schnellsten auf dem Felde der Ehre zu erringen war, galt das Hauptinteresse des griechischen Bürgers dem Krieg, d. h., es mußten ständig Ursachen für eine kämpferische Auseinandersetzung gesucht und wahrgenommen werden.

Vier Fünftel der erhaltenen antiken Geschichtsschreibung schildern bewaffnete Konflikte,[21] die mit realpolitischen Vernunftgründen nicht aufzuschlüsseln sind. Die *gesamte griechische Geschichte ist eine permanente Kriegsgeschichte um des Krieges willen* und von jener erschreckenden Todessüchtigkeit der griechischen Herrenschicht durchzogen, die in der künstlerischen Darstellung des toten Kriegers ihre Triumphe feiert. Dabei ließ auch hier die *egozentrische Orientierung des heroischen Ethos* so etwas wie ein vaterländisches Bewußtsein lange Zeit nicht aufkommen. Große athenische Heerführer wie Themistokles oder Alkibiades traten ohne Zögern in die Dienste des persischen Todfeindes, als sie sich von den eigenen Bürgern ungerecht behandelt fühlten,[22] und Alexander der Große opferte seinen persönlichen Wunschträumen skrupellos Legionen von Soldaten. Auch für die berühmte Rede des Perikles auf die Gefallenen Athens (431 v. Chr.) bildet das Hauptmotiv die persönliche Ruhmestat des Mannes und seine heldische Vollendung im Tod. »Denn berühmter Männer Grab ist die ganze Erde«, sagt Perikles hier und faßt damit den nekrophilen Charakterzug des griechischen Geistes in einem einzigen Satz zusammen.[23]

Krieg und Nationalgefühl
Bevor es viel später zur eigentlichen Nationalidee kommt, die in der Rede des Perikles erstmals als ein gemeinsames kulturelles Bewußtsein des athenischen Bürgers anklingt, herrscht in der orientalischen und abendländischen Geschichte jene Gigantomanie selbstherrlicher Potentaten, die wie *ein ins Riesenhafte gesteigerter Heldenkult* anmutet. Dieser persönliche Größenwahn, der von der Spätantike bis zu Napoleon die Geschichte durchzieht, schuf sich all die monströsen »Reiche«, in denen ohne Rücksicht auf ihre ethnische und kulturelle Zusammengehörigkeit die verschiedensten Länder bunt zusammengewürfelt wurden; eine Anmaßung, die in den europäischen Kolonialreichen der Neuzeit ihren letzten Höhepunkt fand.

Die Geschichte des Krieges beginnt mit der Verherrlichung des Einzelkämpfers und den abenteuerlichen Kriegszügen einer männerbündlerischen Kämpferschar, wird abgelöst von den Eroberungskriegen ehrgeiziger Herrscher, deren Söldnerheere teils um des Abenteuers, teils um der Beute willen irgendwelchen Fahnen folgten, und mündet erst spät in einen eigentlichen *Volkskrieg* ein. Erst nach der Zerschlagung der feudalen Herrschaftsstrukturen durch die Französische Revolution konnte das Bewußtsein von einer völkischen Zusammengehörigkeit entstehen. Dabei sollten wir uns aber klar machen, daß dies nur durch den *Rückgriff auf die tiefverwurzelten Bindungen des Menschen an seinen Mutterboden*, seine Blutsbande und seine Muttersprache möglich war. Der Begriff der »Vaterlandsliebe« verschleiert die Tatsache, daß sie im Grunde auf matrizentrische Vorstellungen und Gefühle zurückgriff. Dies verrät sich sowohl in der patriotischen Sprache wie in den patriotischen Symbolen. Wie Germania oder Helvetia als allegorische Landesmütter aus uralten Tiefen wiedererstehen, so entstammt auch die Fahne als Nationalsymbol in Form des gewebten Tuchs dem weiblichen Bereich, das oft genug die Farben der Großen Mutter trägt.[24] Und wenn vom »Altar« des Vaterlandes die Rede ist, auf dem die Männer des Volkes ihr Leben darbringen, so klingt darin das alte Menschenopfer an, wie es einst auf dem Altar der Stammesgöttin vollzogen wurde. Ohne den Appell an die uralte masochistische Opferbereitschaft der Männer wäre die Einführung der allgemeinen Wehrpflicht gar nicht denkbar gewesen, und erst die Wiederbelebung der matrizentrischen Tiefenschicht gab dem Krieg jene sakrale Weihe, von der unsere Nationalhymnen durchtränkt sind.

Die Freiheitsidee und die Verteidigung gegenüber fremden Einflüssen ist aus der Entstehung des Schweizer Nationalgefühls nicht wegzudenken: Wie das deutsche Nationalgefühl entsteht es im Zusammenhang mit dem Napoleonischen Diktat in Europa. Trotzdem liegt der Akzent auch der *Schweizer Nationalbewegung des 19. Jahrhunderts* nicht so stark auf der Zusammengehörigkeit der Eidgenossen in einem friedlichen und demokratischen Staatsgebilde, wie man dies später gerne wahrhaben wollte. Vielmehr war der damals wiederbelebte Heldengeist von jener merkwürdigen *Mischung aus romantischer Heimatseligkeit und männlicher Todesverachtung* geprägt, wie sie im alten Schweizer Hymnus (Rufst du mein Vaterland) oder in der bekannten Skulptur des sterbenden Löwen am Luzerner See (aus der Hand des Bildhauers Thorvaldsen) zum Ausdruck kommt. Dieses nationale Denkmal wurde 1821 zur Erinnerung an die Schweizergarde enthüllt, die 1792 beim Sturm auf die Tuilerien das

Leben der absolutistischen Herrscher Frankreichs bis zur Selbstaufopferung verteidigte.[25]

Im übrigen hat man in Europa das neu entstandene Nationalgefühl sehr viel häufiger zu Angriffskriegen und zu nationalen Abenteuern angestachelt als zur Verteidigung des Vaterlandes. Das tief Verlogene und Tragische der seit Napoleon geführten großen Kriege liegt gerade darin, daß sie emotional mit einer *doppelten Buchführung* rechnen: Die Könige, Staatsmänner und Generäle übernehmen den Part der großen Helden- und Einzelkämpfer, die angeblich im Namen des Volkes, in Wahrheit aber um ihres eigenen Ruhmes willen kämpfen, während dem Untertanenvolk die Rolle der nationalen Märtyrer zugeschoben wird, wie sie im Denkmal des Unbekannten Soldaten festgeschrieben ist.

Der gemeine Mann ist dabei nur Kanonenfutter. Damit er sich dafür hergibt – und damit ihn die Frauen dafür hergeben –, wird ihm einerseits die Gloriole des vaterländischen Helden verliehen und andererseits in ihm und im ganzen Volk ein *blinder Haß auf die Feinde geschürt, um verborgene Aggressionen in eine sadistische Kampfeswut umzulenken*. Dazu kommt die *Mobilmachung des religiösen Fanatismus*, wie er sich in den christlichen und islamischen Religionskriegen seit dem Mittelalter herausgebildet hatte, und der sich nun mit dem nationalen Fanatismus verbindet.

Wirtschaftsinteressen

Schon immer hatte sich unter die offizielle Kriegsphilosophie noch eine ganz andere Motivationsebene geschoben, bei der handfeste wirtschaftliche Interessen im Vordergrund stehen. Die materielle Ausbeutung anderer Kulturen, zunächst wiederum von einer kleinen Herrenschicht getragen, weitete sich seit der *Industrialisierung Europas* zu einem eigentlichen Wirtschafts- und Handelskrieg mit seinem *Kampf um Absatzmärkte* aus, hinter dem die anonyme *Macht der kapitalistischen Wirtschaftsträger* steht.

Dabei wurde allerdings, je weiter sich das moderne Bewußtsein von seinen alten religiösen und emotionalen Bezügen entfernte und je mehr es sich mit dem merkantilen Denken identifizierte, auch die doppelte Buchführung der Kriegspropaganda immer schwieriger. So hatte am Ende des Zweiten Weltkriegs die amerikanische Armee der fanatischen Todesverachtung der japanischen Soldaten, in welcher das aristokratische Heldenethos mit dem nationalen Opfergedanken zu einem Höchstmaß an Kampfesbereitschaft verschmolz, nichts Entsprechendes entgegenzusetzen.

Erst als es nicht mehr möglich war, die rationalen Anteile im Bewußtsein des westlichen Menschen auzulöschen und es mit den kollektiven Inhalten einer diffusen Vaterlandsbesessenheit zu füllen, wie es Hitler noch gelungen war, kam es zum Einsatz überdimensionaler materieller Waffen und zum furchtbarsten Kriegsverbrechen unseres Jahrhunderts: zum Abwurf der ersten Atombombe. Und noch einmal wiederholte sich eine ähnlich motivierte Tragödie im Dschungelkrieg von Vietnam, als die amerikanischen Soldaten nicht mehr wußten, wofür sie kämpften, und die amerikanische Heeresleitung den kommunistischen Religionskrieg der Vietkong und den verzweifelten Überlebenskampf der Bevölkerung mit dem Einsatz chemischer Vernichtungswaffen beantwortete.

Friedensdiskussion

Nur auf diesem Gesamthintergrund der Kriegsgeschichte und aller ihrer psychologischen Implikationen läßt sich heute eine fruchtbare Friedensdiskussion führen. Es wäre schon viel gewonnen, wenn wir ein für allemal die Vorstellung ad acta legen könnten, der Krieg sei ein natürliches und daher unvermeidliches Phänomen. Aber auch bei Einigung auf rein kulturelle Wurzeln stehen in der Diskussion die Sachzwänge immer noch zu sehr im Vordergrund und werden die *psychischen Wurzeln weiterhin verdrängt*. Wer heute noch mit der Idee der Verteidigung von Frauen und Kindern argumentiert, wird durch die schlichte Zahlenbilanz des letzten Weltkrieges ad absurdum geführt, bei der die Hälfte der Kriegsopfer Zivilisten waren. Dabei ist diese Bilanz keineswegs neu. *Für die breite Bevölkerung haben sich Kriege nie gelohnt*, sie war immer die Verliererin, nur daß in der Weltgeschichte kaum je nach den Bedürfnissen der Völker gefragt wurde, nicht einmal von unseren Historikern, die so berauscht waren vom Gedanken männlicher und nationaler Größe, daß sie deren Preis selten offen nannten. Nur Jacob Burckhardt hat in seinen weltgeschichtlichen Betrachtungen bekannt: »Alle politische Größe ist mit furchtbarsten Verbrechen erkauft worden. Der Friede ist nur eine Atempause bis zum nächsten Völkermorden.«[26]

Es scheint beinahe müßig, hinzuzufügen, daß *zu allen Zeiten die Frauen den höchsten Preis für all die Männergröße bezahlten*. Um so empörender allerdings ist die Art, wie selbstverständlich ihre Leiden von den Kündern der Kriegsreligion von Perikles bis Khomeini hingenommen werden. »Wenn ich nun noch der Tugend der Frauen gedenken soll«, sagte Perikles in seiner Rede an die Gefallenen, »so will ich mit wenigen Worten alles andeuten: nicht hinter eurer natürlichen, wahren Bestimmung zurückzubleiben (weiterhin Söhne zu liefern! Anm. d. A.), das bringt euch den höchsten Ruhm der Frau, der weder im guten noch im schlechten Sinn im Kreise der Männer gedacht wird.«[27]

Aus der *historischen Opferrolle der Frau* den voreiligen Schluß zu ziehen, sie sei von Natur aus ein aggressionsloses und sanftes Wesen, wäre freilich verfehlt. Frauen haben nur während ihrer patriarchalen Unterdrückung verlernt, direkt mit Macht umzugehen. *In den matrizentrischen Kulturen haben sie Macht besessen,* und sie haben diese Macht einerseits zur Friedenssicherung innerhalb der Blutsverwandtschaft benutzt, und sie andererseits, zumindest in ihren persönlichen Beziehungen, sicher auch mißbraucht.

Aber Macht und Gewalt sind zweierlei. Destruktive Gewalt ist an sich ein neurotisches Prinzip, gleichgültig ob Männer oder Frauen sich ihm verschreiben. Auch die matrizentrische Opferpraxis muß unter dem Gesichtspunkt einer kollektiven Neurose betrachtet werden, mit deren Hilfe kollektive Ängste kanalisiert wurden. Nur hat diese Praxis niemals den Umfang an Destruktivität angenommen wie später der Krieg, und dies unter anderem deshalb nicht, weil ihr erklärtes Ziel – die Versöhnung der göttlichen Mächte – dem tatsächlichen Motiv entsprach. Was uns heute als irrationaler Aberglaube erscheint, war zum damaligen Zeitpunkt sehr viel rationaler und transparenter als die späteren, scheinbar sachlichen Begründungen des Krieges, hinter denen sich ganz andere, irrationale Motive verbergen.

Wenn Norbert Elias 1936 in Anlehnung an Freud die Erwartung aussprach, daß der Kulturprozeß der Menschheit als solcher gegen den Krieg arbeite, weil er eine zunehmende Triebdämpfung mit sich bringe,[28] so basierte diese Prognose auf einer falschen Prämisse. Es sind nicht angeborene Triebe, weder sexuelle noch aggressiv-destruktive Triebe, die den Krieg in die Welt brachten, sondern es ist eine *neurotische Fehlentwicklung der menschlich-männlichen Kultur,* welche das angeborene Triebpotential in den Dienst der Zerstörung stellt. Vergleichen wir den Zustand unserer heutigen Zivilisation mit dem der primitiven Yanomamö aus dem tropischen Urwald, so ist der Fortschritt in Richtung Frieden nicht eben ermutigend. Hier wie dort herrschen gegenseitiges Mißtrauen, paranoide Ängste und das martialische Imponiergehabe der Abschreckung zwischen den verfeindeten Blöcken. Immer wieder werden Feindbilder genährt, statt endlich der Stimme der Vernunft eine Chance einzuräumen.

Als Elias noch einmal zum 40. Jahrestag der Beendigung des Zweiten

Weltkriegs zum Wesen des Krieges und seiner möglichen Vermeidung Stellung bezog, da sprach er nicht mehr von Triebkontrolle, vielmehr von »*ideologischer Abrüstung*«, das heißt vom Abbau von Feindbildern und von der Relativierung des eigenen, ideologisch überhöhten Standpunktes.

Mehr als in sachlichen Schwierigkeiten sah er in psychologischen Barrieren das entscheidende Hindernis auf dem Weg zum Frieden: »Nicht wegen unversöhnlicher territorialer Forderungen, sondern als Rivalen um die Vormacht unter den Staaten der Welt und als Vertreter gegensätzlicher sozialer Glaubenssysteme, die sich wechselseitig bedrohen, stehen also die Führungsgruppen der beiden Großmächte einander mit höchstem Mißtrauen gegenüber.« Und an anderer Stelle: »Zu den sozialen Glaubensbekenntnissen beider Seiten gehört als Kernstück ein idealisiertes Bild der eigenen und ein herabsetzendes Bild der gegnerischen Gesellschaft.« Aus diesem Grund empfiehlt er als erste Maßnahme zur Verhütung des Atomkrieges die *Entmythologisierung des eigenen politischen Systems,* das weder im Westen noch im Osten den Idealvorstellungen entspricht, in deren Namen es jeweils angetreten ist. Wenn es gelänge, im gegnerischen und im eigenen sozialen System nicht etwas Endgültiges zu sehen, nicht das, was es zu sein vorgibt, sondern das, was es effektiv ist – eine Variante des immer noch sehr unzureichenden Versuchs, die sozialen und wirtschaftlichen Probleme der Menschen zu regeln –, so würde man weder zur Festschreibung des einen noch des anderen Systems einen dritten Weltkrieg riskieren.

Dies ist eine *Absage an jede Form von Heldenkampf und Glaubenskrieg und an jede Form von psychologischer Kriegsvorbereitung,* die vorgibt, die heiligsten Güter der Menschheit würden nur von der einen Seite verteidigt. »Menschen sind nicht in der Lage«, sagt Elias, »den Tod abzuschaffen. Aber sie sind ganz gewiß in der Lage, das gegenseitige Töten abzuschaffen.«[29] Freilich nur dann, so wäre hinzuzufügen, wenn man nicht fortfährt, im Namen der Gerechtigkeit, der Freiheit oder anderer abstrakter Ideale, es den Menschen zur nationalen Pflicht zu machen, zu töten und zu sterben.

5. Der tödliche Wettbewerb

Krieg ist nicht die einzige Form, in welcher sich der aggressive Männlichkeitskult in Szene setzt. Es gibt auch einen Krieg ohne Waffen, den man gemeinhin den friedlichen oder freien Wettbewerb nennt. Daß dieser aber *weder frei noch friedlich* ist, sondern einem tief verwurzelten Zwang des patriarchalen Selbstverständnisses entspringt, dafür liefert die griechische Tradition höchst eindrückliche Beispiele. Die Lebensmaxime, die dem »freien« Wettbewerb zugrunde liegt, hat Homer in einer berühmten Verszeile ausgesprochen: »Immer der Erste zu sein und vorzustreben den andern«. Darin liegt nicht nur der Wille zur äußersten Anspannung der eigenen Kräfte und das Streben nach hohen Zielen, sondern ebenso sehr der Wunsch nach dem Triumph über den Schwächeren. »Der Wunsch, sich hervorzutun«, schreibt der Graecist C. M. Bowra, »zehrt von der Erniedrigung des andern, und griechische Männer wie griechische Städte befriedigten auf diese Weise ihren Ehrgeiz.«[1]

Außer bei den *Siegen auf dem Schlachtfeld* feierte dieser Ehrgeiz seine *Triumphe in der Sportarena,* und deshalb sind die nationalen *Wettspiele* von Delphi, Korinth und Olympia unter patriarchalen Vorzeichen zu *den* großen Treffpunkten der griechischen Männerwelt geworden. Mit dem Aufblühen Athens zur Stadt der Künste und zur mächtigen Handelsmetropole eröffnete sich den Männern von Athen aber noch ein anderes Feld zum Austragen ihrer Rivalitätskämpfe. Während die Spartaner strikt auf ihrer aristokratisch-militärischen Gesinnung beharrten, entstand in Athen eine *Geldaristokratie* aus erfolgreichen Unternehmern und Kaufleuten, und die bildenden Künstler und die Erfinder neuer Techniken gelangten zu hohem Ruhm und Ansehen.

Ein in vieler Hinsicht typisches Beispiel für diesen neuen Stand ist die Gestalt des *Daedalos,* des legendären Erfinders der ersten Flugmaschine und großen Baumeisters und Ahnherrn der griechischen Bildhauer. Von ihm berichtet die Sage, er habe aus Athen nach Kreta fliehen müssen, weil er seinen Neffen Talos, den ihm seine Schwester Polykaste zur Lehre anvertraut hatte, heimtückisch ermordet hatte. Aus Neid auf dessen künstlerische Geschicklichkeit, mit der schon der 12jährige Knabe seinen Lehrmeister übertroffen haben soll, stürzte Daedalos den hochbegabten Jüngling vom Dach des Athenetempels.[2] Dieser Mord am eigenen Blut und noch dazu im geheiligten Bezirk der Athene, der Schutzgöttin der Handwerker, hat offenbar den Ruhm des großen Baumeisters nicht geschmälert. Und dies wahrscheinlich deshalb, weil Daedalos nur etwas zu Ende führt, was dem Wesen des männlichen Ehrgeizes und dem glühenden Verlangen, immer der Erste zu sein, implizit ist. Uns aber offenbart diese Tat die *neurotisch-wahnhafte Komponente des männlichen Wettbewerbs,* die sich nicht an der großen Leistung als solcher orientiert – sonst hätte Daedalos seinen begabten Schüler unbedingt fördern müssen –, sondern die nur in der Überflügelung des Rivalen ihre Erfüllung findet.

Wenn wir den griechischen Leistungsbegriff im Zusammenhang mit der Wettbewerbsidee analysieren, so tritt noch ein weiterer, bedeutsamer Faktor zutage, nämlich sein *Gegensatz zum Arbeitsbegriff.* Leistung ist hier nicht nur untrennbar mit dem Rivalitätskampf verbunden, sondern auch mit der Verachtung der Arbeit. Im griechisch-patriarchalen Verständnis zeichnet sich die männliche Leistung gerade dadurch aus, daß sie nie in die Niederungen der schieren Arbeit absinkt und sich nie mit den bloßen Notwendigkeiten des Lebens abmüht. *Was zählt, ist das Außergewöhnliche, das Einmalige, das Neue.* Das bloße Ausführen einer Sache interessiert nicht, nur das auf besonders raffinierte Weise Zustandegebrachte oder das abenteuerlich Errungene, das die Leistung zum Geniestreich oder zur Heldentat macht. Leistung ist immer das Besondere, Arbeit das Gewöhnliche, das man den Frauen und Sklaven (oder den Fremdarbeitern!) überläßt.

Steigerungswahn

Die Männer der modernen Leistungsgesellschaft haben nichts vom verzehrenden Ehrgeiz des antiken Mannes verloren, nur daß sie als die Erben der puritanischen Arbeitsmoral der Ruhmsucht der Griechen noch jene Verbissenheit hinzufügen, die den Wettbewerb für alle tödlich macht, nicht nur für diejenigen, die vom Neid der Rivalen erledigt werden. Unsere Universitäten sind zu Kampfarenen geworden, in denen sich die Wissenschaftler mit *immer neuen Forschungsergebnissen und technischen Innovationen* gegenseitig übertrumpfen, Errungenschaften, die unsere Industrie einerseits initiiert und andererseits übernimmt, um damit pausenlos das zu produzieren, was die anderen nicht oder noch nicht haben. Deshalb müssen *Fortschritt und Wachstum immer schneller vorangetrieben* und muß das Neue immer sensationeller und exzentrischer werden. Nimmt man die ungeheure Aggression hinzu, welche in der westlichen Welt die Reklame und die Medien allgemein ausstrahlen, so kann kaum noch ein Zweifel darüber bestehen, daß Krieg und Wettbewerb aus den gleichen Impulsen stammen und daß es in der patriarchalen Kultur keine friedliche Konkurrenz gibt, sondern nur das Prinzip des Vorwärtskommens um jeden Preis.

Allen voran jagen unsere *Spitzensportler von Rekord zu Rekord* und haben dabei das menschliche Maß so weitgehend verloren, daß das alte Leitwort »mens sana in corpore sano« nur noch wie ein Hohn klingt. Heute sind schwerste Sportverletzungen an der Tagesordnung, und die schnellsten Läufer der Welt brechen am Ziel weinend zusammen, wenn sie ihren eigenen Rekord um den Bruchteil einer Sekunde verfehlen.

Während der antike Mensch seine Lebensqualität noch am Sinnengenuß maß, spüren wir Heutigen unsere sinnlichen Bedürfnisse kaum noch, sondern agieren und konsumieren das, was »in« ist, und es braucht viel, bis wir unsere körperlichen Schädigungen durch Streß, Lärm und Umweltverschmutzung überhaupt wahrnehmen. Nur wenige, die noch bei ihren fünf Sinnen sind, halten diesen ganzen Zirkus schlicht für verrückt und fangen an zu begreifen, daß unsere *wirtschaftliche Wachstumsschraube die Ausgeburt eines Männerwahns* ist, dessen Zwänge einer vernünftigen Steuerung entglitten sind. Aber selbst diejenigen, welche diese verhängnisvolle Spirale politisch zu durchschauen glauben und zu Recht das kapitalistische System für viele Auswüchse unserer Leistungsgesellschaft verantwortlich machen, erfassen deren Ursachen nicht radikal genug. Auch in den sozialistischen Ländern, wo das Motiv der Ausbeutung wegfällt, herrscht der Steigerungswahn. Das System des real existierenden Sozialismus beweist dort, wo es nicht effizient ist, nur, daß der patriarchal geprägte Mensch die Arbeit verachtet und die Arbeitsmoral rapide absinkt, wenn sie nicht durch Leistungslohn honoriert oder zumindest durch Titel wie »Held der Arbeit« heroisiert wird. Dieses System kann nicht nur deshalb nicht funktionieren, weil der Neue Mensch, den es voraussetzt, noch nicht da ist, sondern weil die kommunistische Theorie kein Bild von diesem Neuen Menschen hat. Auch sie hat nur das Bild des Mannes entworfen, jenes ewigen Wettläufers, der den Rivalen auf der Strecke lassen muß. Wenn das Rennen nicht mit Geld zu gewinnen ist, so eben mit Universitäts- oder Funktionärskarriere, mit sportlichen und technischen Rekorden.

Besonders gut läßt sich der Geist einer Kultur an ihren Spielen ablesen, und die sind in Ost und West nicht allzu verschieden. Hier und dort *Computerspiele* mit und ohne sadistischem »thrill«, *Kriegsspiele* und *sogenannte Gesellschaftsspiele*. Das Wesen der letzteren, so harmlos erscheinenden Sorte wurde mir erst im Spiel mit meinen kleinen Töchtern bewußt. Es sind ausnahmslos Wettspiele, in denen man nicht nur das Verlieren lernt, wie es das erklärte pädagogische Ziel dieser Spiele ist, sondern vor allem, den anderen verlieren zu lassen. Erst die Reaktion des Kindes, das weinte, wenn es verlor, und weinte, wenn es gewann, weil dann seine Mutter verlor, und die unter Tränen gestellte Frage: »Gibt es kein Spiel, in dem wir beide gewinnen?« machten mir klar, welches gesellschaftliche Verhalten wir mit unseren Kindern einüben: *Rivalität, Triumph und Niederlage, nicht wirkliches Zusammenspiel.*

In der Verbindung mit der industriellen Revolution und der Entwicklung der modernen Hochtechnologie hat das Prinzip des patriarchalen Wettbewerbs in weniger als 200 Jahren der Menschheit sowohl die Bedrohung der Auslöschung durch Krieg als auch die Aussicht auf ihren Ruin durch den friedlichen Fortschritt gebracht. Aus dem größtmöglichen Glück einer größtmöglichen Zahl, von dem die Väter des liberalen Kapitalismus träumten, ist die *Horrorvision von der Vernichtung aller* geworden.

Arthur Koestler hat in seinem letzten Buch den Menschen einen »Irrläufer der Evolution« genannt,[3] weil sein Streben nach Transzendenz, mit dem er über die Natur und über die Begrenztheit seines endlichen Daseins hinausgelangen will, zu einem unaufhörlichen Fortschrittsdrang führt, der zuletzt die Lebensgrundlage der Menschen zerstört. Zutreffender wäre es zu sagen, der Mann sei dieser Irrläufer, der auf seiner Rekordbahn so lange zwanghaft weiterlaufen wird, bis er den psychischen Basiskomplex durchschaut hat, der ihn diese Irrfahrt antreten ließ.

6. Die patriarchale Familienstruktur als Grundmuster der patriarchalen Gesellschaftsstruktur

Die antiken Schriftsteller haben uns nichts darüber hinterlassen, auf welche Weise in Griechenland die althergebrachte matrilineale Sippenordnung durch das patriarchale Regiment ersetzt wurde. Daß diese Umwälzung stattfand, wissen wir aus vielen Hinweisen und Andeutungen der Dichter und Geschichtsschreiber, die G. Thomson durch seine genealogischen Forschungen bestätigen konnte. Darin weist er die *Umwandlung der ursprünglich weiblichen Endungen griechischer Stammesnamen in männliche Formen* nach.[1]

Demgegenüber haben die griechischen Staatsphilosophen den historischen Vorgang der Konstituierung des Patriarchats bewußt verschleiert, indem sie für die Herrschaft des Mannes metaphysische Grundlagen, d. h. ewig gültige Prinzipien konstruierten, welche die *Notwendigkeit dieser Herrschaft aus der menschlichen Natur* selbst herleiten. Nach *Aristoteles* verkörpert allein der Mann das aktive, schöpferische Prinzip des Geistes, während die Frau mit dem passiven, chaotischen Prinzip der Materie gleichgesetzt wird. Wie, kosmisch gesehen, der schöpferische Weltgeist die gestaltlose Materie formt und damit zum Leben erweckt, so zeugt der Mann im passiven Körperwesen Frau das Leben, dem er seine Geistform aufprägt. Durch Aristoteles entsteht die *Formel Mensch = Mann, Frau = ungeformte Natur,* die mehr als 2000 Jahre das abendländische Denken beherrschte, die den griechischen Philosophen aber wahrscheinlich über die Orphiker aus dem indisch-patriarchalen Denken übermittelt wurde.

Wir werden im anschließenden Kapitel noch sehen, wie die Geburt der Metaphysik wesentlich mit der Suche des Mannes nach eigener Identität verknüpft ist und daß die philosophischen Spekulationen als solche von sexistischen Metaphern durchzogen sind. Hier geht es zunächst um die Konstituierung der patriarchalen Familie. Für sie hat Aristoteles mit seinen philosophischen Grundkategorien und seinem bewußt konstruierten »Naturrecht« die Rechtfertigung geschaffen, auf der alle späteren Natur- und Vernunftrechtslehren basieren: *Kraft seiner intelligiblen Natur kann der Mann das Recht uneingeschränkter Herrschaft über Frauen und Kinder beanspruchen.* Dabei schleicht sich hinsichtlich des zweiten Rechts allerdings bereits eine logische Schwäche ein: Kinder sind ja beiderlei Geschlechts, und zumindest der Knabe müßte als werdender Mensch behandelt werden, während das Mädchen nach den systemimmanenten Kriterien nur die Reproduktion der formbaren Materie darstellt. Die Gewalt und *Willkürherrschaft des Patriarchen erfaßt aber die Söhne ebenso wie die Töchter.* Er kann beide nach seinem Ermessen strafen, verbannen, ja sogar verkaufen oder töten, mit dem wesentlichen Unterschied allerdings, daß der Sohn der Vormundschaft des Vaters mit der Mündigkeit entwächst, während der Vater das Mädchen nach dessen

Geschlechtsreife einem Mann seiner Wahl übergibt, auf den der absolute Herrschaftsanspruch über die junge Frau übergeht. Auch hat in der herrschenden Praxis das neugeborene Mädchen weit weniger Überlebenschancen als der Knabe, wenn die Mutter ihr Neugeborenes dem Schiedsspruch ihres Eheherrn überantworten muß, der über Leben und Tod, d. h. über Aufzucht oder Aussetzung des Kindes gebietet.[2] Denn wie die »primitiven« Yanomamö bevorzugten auch die Patriarchen der Hochkulturen die Knabengeburt, weil sie junge Krieger brauchten und weil sich ihr Name in den Söhnen fortsetzte.

Willkür patriarchaler Gesellschaftsideologie
Daß Aristoteles in sein metaphysisch gerechtfertigtes familiäres Unterdrückungsmodell auch noch die *Rechtfertigung der Sklavenherrschaft* einschmuggelt, ist allerdings ein Meisterstück philosophischer Doppelzüngigkeit. Zum griechischen »oikos« wie später zur römischen »familia« gehörten ja nicht nur Frauen und Kinder, sondern dieser Begriff umfaßt das gesamte Hauswesen mit allem toten und lebenden Besitz einschließlich der Sklaven. Wie die Kinder waren auch die Sklaven beiderlei Geschlechts, wenn auch die Zahl der weiblichen Sklaven die der männlichen bei weitem überstieg, weil man auf den Kriegszügen die Männer erschlug und die Frauen raubte. Trotzdem gab es noch genügend Kriegsgefangene oder verschuldete Bürger, die in die Sklaverei verkauft wurden. Und wie konnte man die Unterjochung und Ausbeutung dieser ehemals freien Männer rechtfertigen? Aristoteles erklärt kurzerhand den *Status des Sklaven* für *ebenso naturbedingt wie den der Frauen* mit der einzigen Begründung, daß dies zur Befreiung des (freien) Mannes von der Arbeit notwendig sei, denn Arbeit ist dem intelligiblen Wesen unzumutbar.[3] Und dazu, wäre zu ergänzen, müssen intelligible Wesen ihrer Freiheit beraubt werden, damit man ihnen als Sklaven die Arbeit aufbürden kann. Welch ungeheuerlicher Zirkelschluß!

Auf dem Boden eines solchen »Naturrechts« fällt es Aristoteles leicht, auch der *Staatsmacht eine philosophische und moralische Begründung* zu geben: der beste Staat wird aus der aristokratischen Oberschicht freier Familienoberhäupter gebildet, die untereinander gleichgestellt sind und die Regierungsämter zwischen sich aufteilen, oder, im Falle der Monarchie, die Staatsmacht auf den »Besten« der Oberschicht übertragen, den man in den späteren Monarchien konsequenterweise »Landesvater« nennt. Auf diese Art wird die *Familienherrschaft auf die Gesellschaft als Ganzes projiziert,* wobei die Griechen mit Selbstverständlichkeit voraussetzen, daß das Volk (sprich: die Unterworfenen) der Führung durch die väterlichen Oberhäupter ebenso bedarf wie der Oikos mit Frauen, Kindern und Sklaven, und daß beide – Familie und Staat – ohne die männliche Oberherrschaft in formloses Chaos versinken würden.[4]

Die Vorstellung von der Familie als der Zelle des Staates, die von Aristoteles bis Hegel zu den Dogmen der patriarchalen Gesellschaftsideologie gehört, ist aber genauso willkürlich wie die Vorstellung vom naturgegebenen Status der Sklaven. Als Ergebnis der neueren soziologischen Forschung konstatiert R. Thurnwald: »Der Staat geht nicht aus der Familie hervor, sondern aus der Männergesellschaft.«[5] Wie immer die matrilinealen Sippenordnungen funktioniert haben mögen, bevor sie von den Eroberern zerschlagen wurden, fest steht, daß sie wohlgeordnete Gemeinwesen darstellten und daß die griechische *Herrenschicht das Chaos erst schuf, das sie dann gewaltsam unter Kontrolle halten mußte*. Erst die Achäer und Dorer verursachten die feindseligen Spannungen zwischen unterworfenen Bauern und der Aristokratenschicht, wobei die Spartiaten einen Aufstand erst gar nicht abwarteten, sondern mit regelmäßigen brutalen Strafaktionen die Heloten prophylaktisch einschüchterten, um sie an ihre totale Abhängigkeit zu erinnern.[6] Ebenso wurde in den griechischen Städten von den einziehenden Siegern das bunt zusammengewürfelte Stadtproletariat erst geschaffen, das sich aus den in den Status der Unfreiheit versetzten Bürgern, aus Zwangsumgesiedelten und aus importierten Sklaven zusammensetzte, und zu dessen Bändigung man dann Polizeitruppen rekrutieren mußte.[7]

Selbst der *Begriff »Hierarchie«*, den sich der patriarchale Staat für seine Herrschaftsstruktur zu eigen machte, bedeutet dem Wortsinn nach keineswegs »Herrschaft von oben nach unten«, wie wir ihn heute selbstverständlich interpretieren, sondern »heiliges Beginnen«,[8] das heißt frei übersetzt: *Handeln nach geheiligter Tradition*. Paradoxerweise gehört es aber gerade zu den Hauptmerkmalen der Männerherrschaft, daß sie die geheiligten Traditionen der vorpatriarchalen Gesellschaften mißachtete, was sich an der *Entrechtung der Frau als Mutter und als Geschlechtswesen* ebenso zeigt wie an der Mißachtung des Exogamiegebots. Nicht mehr die Mutter entschied über Leben und Tod ihres Kindes, sondern der Vater, während es nun der Mutter unter Todesstrafe verboten war, eine Geburt abzutreiben.[9] Nicht mehr die Frau konnte sich ihren Sexualpartner wählen, sondern ihr Körper wurde Eigentum des Mannes, und während bei den Heiratsarrangements der matrilinealen und bilinealen Sippen das mögliche Angebot an Heiratspartnern relativ groß war und eine

Tochter nie gegen ihren ausdrücklichen Willen gezwungen wurde, einen Mann zu ehelichen, hatte in der patriarchalen Familie die Tochter kein Mitbestimmungsrecht. Dazu kommt das rigorose Jungfräulichkeitsgebot vor der Ehe und das einseitige Treuegebot für die Frau in der Ehe, beides Verpflichtungen, die in den vorchristlichen Gesellschaften mit Moralvorstellungen nichts zu tun haben, sondern mit der Versicherung des Ehemannes, nur die von ihm gezeugten Kinder aufwachsen zu lassen. Damit wird aber der Frau jedes Recht auf Eigenleben abgesprochen: Der Mann kann sie jahrelang vernachlässigen und seine sexuellen Bedürfnisse außerhalb der Ehe befriedigen, sie aber hat ihm jederzeit zur Verfügung zu stehen, wenn er dies wünscht, und ist verpflichtet, alle Geburten auszutragen, auch wenn dies zu ihrem frühzeitigen körperlichen Verfall führt. (Daß die Ehefrauen der Antike dennoch Mittel und Wege fanden, ihre Geburten zu regeln, steht außer Zweifel, und daß sie ihre häufig abwesenden Ehegatten nach allen Regeln der List betrogen, hat bereits Engels in seiner Schrift über den Ursprung der Familie mit beißendem Spott bedacht.)[10]

Umwandlung in die patriarchale Sippenstruktur

Was aber den Bruch mit der geheiligten Tradition des Exogamiegebots betrifft, so scheint er eine Schlüsselfunktion bei der Umwandlung der matrilinealen in patrilineale Sippen eingenommen zu haben. Diese Umwandlung läßt sich an den Hirtenvölkern des Vorderen Orients und an den asiatischen Ackerbaukulturen besser verfolgen als bei den urbanen mediterranen Kulturen, weil sich das Sippengefüge der ersteren viel länger erhalten hat. Die sogenannte *»Endogamie«*, die Heirat innerhalb der eigenen Blutsverwandtschaft, war im Vorderen Orient weit verbreitet und wird heute noch bei einem afghanischen Stamm als »Selbstheirat« bezeichnet. Bei diesem Stamm (Ghilzai) entspricht es dem Brauch, daß die Kinder zweier Brüder heiraten (Cousin und patrilaterale Parallelcousine): Als Träger des gleichen väterlichen Blutes und des gleichen väterlichen Namens setzen sie die Patrilinie ungebrochen fort und bilden so über mehrere Generationen hinweg einen unilinealen Stammbaum, an dessen Ursprung ein namentlich bekannter oder legendärer Erzpatriarch steht, der die genaue Kopie der matrilinealen Stammesmutter darstellt. Diese Form der Endogamie unter Bruderkindern wird auch von den jüdischen Erzvätern Abraham und Nahor berichtet, die beide die Töchter ihrer väterlichen Onkel geheiratet haben sollen. Im übrigen spiegeln die *jüdischen Ehegesetze*, die sich im Verlaufe des Alten Testaments mehrmals änderten, sehr gut das *Hin- und Herschwanken zwischen der exogamen Tradition mit ihrer matrizentrischen Ideologie und der endogamen Praxis mit ihrer patriarchalen Ideologie.* Vor König David waren endogame Ehen zwischen sogenannten Parallelcousins und -cousinen (Kinder zweier Brüder) erlaubt, während sie später wieder als Inzest zurückgewiesen und nur noch Heiraten unter sogenannten Kreuzcousins und -cousinen geduldet wurden (Kinder von Bruder und Schwester).[11] Diese Kreuzcousinen-Heiraten waren schon in den spätmatrilinealen Verhältnissen mit ihrem Onkelregime üblich gewesen, weil sie den Vorteil boten, die mütterliche und die väterliche Linie in nächster Verbindung zu halten, was die Zerrissenheit des Mannes zwischen seiner Onkelrolle und seiner Vaterrolle milderte. (Dabei fallen nach matrizentrischer Vorstellung diese Ehen deshalb nicht unter das Exogamiegebot, weil die Kreuzcousins und -cousinen weder im gleichen Haushalt aufwachsen, noch die gleiche mütterliche Großmutter besitzen.)

Trotz der späteren Einschränkung der endogamen Ehepraxis setzten sich *im Judentum endogame Ehearrangements* immer dann durch, wenn die direkte männliche Linie auszusterben drohte. In der sogenannten Leviratsehe war der Bruder eines Mannes, der ohne männlichen Nachkommen starb, verpflichtet, seine verwitwete Schwägerin zu heiraten, um mit ihr einen Sohn zu zeugen, der dann als der direkte Nachkomme und Erbe des verstorbenen Bruders galt. Hatte aber die Witwe das gebärfähige Alter bereits überschritten, so konnte das Erbe des Gatten auch an eine Tochter, die man dann »Erbtochter« nannte, übergehen, allerdings nur unter der Voraussetzung, daß diese ihren nächsten männlichen Verwandten heiratete und den Sohn aus dieser Ehe nach dem Namen ihres Vaters benannte.[12] Die potentielle Einrichtung der Erbtöchter und deren Verpflichtung zur endogamen Ehe, mit der sie den patrilinealen Erbgang zu sichern hatten, war auch in anderen patriarchalen Gesellschaften Sitte, besonders in Griechenland, wo eine verheiratete Erbtochter sich sogar gezwungen sah, sich scheiden zu lassen, wenn das Erbe an sie fiel. Dies ist ein Musterbeispiel für die Mißachtung der Frau und ihrer persönlichen Bindungen im Patriarchat, und dies um so mehr, als sie bei einer solchen Scheidung ihre Kinder dem ersten Ehemann zurücklassen mußte, weil nach patriarchalem Recht die Kinder nur als verwandt mit dem Vater, nicht mit der Mutter galten. Deshalb verblieben die gemeinsamen Kinder auch dann im Besitze des Vaters, wenn dieser von sich aus die Ehefrau verstieß. Er war dann zwar verpflichtet, ihr einen Unterhalt zu bezahlen, doch übte allein die Möglichkeit, ihre Kinder zu verlieren, einen erheblichen seelischen Druck auf die Ehefrau aus, so daß sie wohl alles tat, um ihrem Herrn und Gebieter wohlgefällig zu sein. Ähnliches gilt auch für das Scheidungsrecht der Germanen.[13]

An solchen Beispielen wird deutlich, daß sich die Stellung der Frau im Patriarchat keineswegs mit derjenigen in matrilinealen Verhältnissen unter der Herrschaft der Mutterbrüder vergleichen läßt, wie dies oft leichtfertig geschieht. In der matrilinealen Situation ist die Stellung der Frau nicht nur deshalb unvergleichlich besser, weil sie immer das Recht auf Scheidung und das Recht auf ihre Kinder behält, sondern auch, weil der männliche Träger der Macht nie im gleichen Haushalt mit der Frau lebt und insofern auch kein Familienoberhaupt im patriarchalen Sinn darstellt, sondern nur einen Sachwalter der Sippe.

Neben der Endogamie als Mittel zur Ausschaltung der matrilinealen Familientradition gibt es aber noch eine andere Methode, die mütterliche Abstammungslinie zu verleugnen. Sie besteht darin, die *patrilokal heiratende Ehefrau völlig von ihrer Herkunftsfamilie abzuschneiden*. Am radikalsten hat man sich dieser Methode im Alten China bedient, wo die Ehefrau nach ihrer Verheiratung jahrelang ihre Verwandten nicht sehen durfte, um sie ihrer Herkunftssippe systematisch zu entfremden. Die chinesische Ehefrau verlor auch formal jede Rückbindung an ihre Familie, indem sie nicht nur ihren Geschlechtsnamen aufgab, sondern nie mehr mit ihrem Vornamen angesprochen wurde. Deshalb ist eine Tochter, für die eine Mitgift auszurichten ist, nach einem chinesischen Sprichwort »wie weggeschüttetes Wasser«, weil die Familie nach ihrer Verheiratung nichts mehr von ihr hatte. Als neues Mitglied der Sippe ihres Mannes war die Ehefrau dann vollkommen rechtlos und mußte sich den Wünschen ihres Gatten und ihrer Schwiegereltern bedingungslos unterwerfen. Bis ins letzte Jahrhundert ging deren Willkür so weit, daß sie die Schwiegertochter schlagen und sogar töten konnten, wenn sie ungehorsam war, oder fortjagen oder verkaufen, wenn sie die Ehe brach oder unglücklicherweise kinderlos blieb.[14]

Die Frage, ob die Stellung der Frau im patriarchalen Sippenverband mit seiner mehrere Generationen umfassenden kollektiven Wirtschaftsform oder im privatrechtlich organisierten Großhaushalt griechischer und römischer Prägung günstiger bzw. ungünstiger war, läßt sich nicht allgemein beantworten. Es gab und gibt patriarchale Sippen, in denen die Unterdrückung der Frau beispiellos ist wie bei den südamerikanischen Yanomamö oder im Alten China, oder zumindest von großer Härte wie bei manchen südosteuropäischen Sippen, bei denen es noch bis ins Zwanzigste Jahrhundert zur Regel gehörte, daß die Männer ihre Ehefrauen verprügelten.[15] Andererseits kennen wir patriarchale Stammesgemeinschaften, innerhalb derer die Frauen eine relativ freie Stellung genießen, wie bei den Kelten, den Germanen oder bis heute bei vielen afrikanischen Stämmen. Ähnliches gilt auch für den patriarchalen Großhaushalt. Obwohl auf den gleichen ökonomischen und rechtlichen Prinzipien beruhend, ließ die römische familia der Frau wesentlich mehr Spielraum als der oikos der griechischen Frau.

Diese Unterschiede hängen viel weniger mit der jeweiligen Wirtschaftsstruktur zusammen als mit den mehr oder weniger starken Resten der vormals matrizentrischen Tradition. So hielt sich im keltisch-germanischen Brauchtum die matrizentrische Religiosität besonders lange, im Falle der römischen Kultur das etruskisch-matrizentrische Kulturerbe und in vielen afrikanischen Gesellschaften das alte Zusammengehörigkeitsgefühl der »kognatischen« (mütterlichen) Verwandtschaft. Daraus folgt, daß die kausale Verknüpfung zwischen Privateigentum, Klassenstaat und Unterdrückung der Frau einerseits und kollektiver Wirtschaftsform, Klassenlosigkeit und Matriarchat andererseits, wie sie der Marxismus lehrt, nur bedingt stichhaltig ist. Jedenfalls garantieren Klassenlosigkeit und kollektive Wirtschaftsform als solche noch nicht die freie Stellung der Frau, wofür die Yanomamö den deutlichsten Beweis liefern. *Die erste Ursache für die Unterdrückung der Frau* ist immer irgendeine Form von Männlichkeitswahn, der die Frau auf einen minderwertigen Platz verweist, und zwar noch *vor jeder privatkapitalistischen Ausbeutung*.

Ebenfalls unabhängig von den ökonomischen Bedingungen, die sich im Feudalsystem des frühen europäischen Mittelalters gegenüber der Völkerwanderungszeit nicht wesentlich verändert hatten, sah es eine Zeitlang so aus, als erführe unter dem geistigen Einfluß des Christentums die Stellung der Frau eine entscheidende Aufwertung. Die *Gleichheit aller Menschen vor Gott*, das christliche Gebot der Monogamie für beide Geschlechter und die geachtete Position der Frau als Nonne, als Witwe oder als Lehnsherrin in Abwesenheit des Ritters ließen so etwas wie Gleichberechtigung von Mann und Frau am Horizont aufschimmern[16] – was aber dann sowohl an den bestehenden Herrschaftsstrukturen als auch an der Frauenfeindlichkeit der scholastischen Theologie scheiterte. Dazu kommt die asketische Leibfeindlichkeit der monastischen Tradition mit ihrer Angst vor den sündigen Verlockungen des Weibes, die am Ausgang des Mittelalters in jene *pathologische Frauenfeindlichkeit* umschlug, die in den Hexenprozessen gipfelte.

Die patriarchale Kernfamilie

Nun gibt es aber noch eine strukturelle Veränderung innerhalb des patriarchalen Familiensystems, die erst relativ spät stattfand und die E. Durkheim das »*Kontraktionsgesetz*« genannt hat.[17] Weder im Altertum und im Mittelalter noch über weite Strecken der Neuzeit hinweg können wir von patriarchaler Familie in unserem heutigen Sinn sprechen, unter der wir die Kernfamilie verstehen, bestehend aus Eltern und Kindern, erweitert höchstens um die Großeltern oder einen Großelternteil. Tatsächlich hat sich die *Kleinfamilie als unabhängige Lebens- und Wirtschaftsgemeinschaft* erst im Laufe des 19. Jahrhunderts zum vorherrschenden Familienmodell herausgebildet (wenn wir von der Tatsache einmal absehen, daß in den untersten Schichten des Stadt- und Landproletariats wie auch schon vorher bei den Sklaven von jeher kleine familiäre Lebensgemeinschaften bestanden). Dieser *Schrumpfungsprozeß der Familie, beginnend in den wachsenden Großstädten am Ende des 18. Jahrhunderts*, erhielt seine eigentliche Beschleunigung erst durch die *Industrialisierung* und den daraus resultierenden Niedergang des alten Zunftwesens. Waren in den Handwerksbetrieben des 18. Jahrhunderts Wohnbereich und Arbeitsplatz noch im »Ganzen Haus« vereinigt und lebten Meisterfamilie und Gesinde – ganz wie in der römischen familia – noch unter einem Dach, so riß die Arbeit in der Fabrikhalle und im Großbetrieb die beiden Lebensbereiche auseinander. Als Lohnarbeiter und Angestellter läßt der Mann Frau und Kinder in einem kleinen, privaten Heim zurück, in das er erst am »Feierabend« als Erholungsuchender wieder zurückkehrt. Nach den elenden Zuständen im Frühkapitalismus, wo auch die Arbeiterfrau gezwungen war, einen erschöpfenden Arbeitstag in der Fabrik zu leisten und dabei ihre Kinder zu vernachlässigen, bildete dieses private Heim gerade auch für den Proletarier ein erstrebenswertes Ideal, dessen Vorbild er in der bürgerlichen Familienkultur des Biedermeier vor Augen hatte.

Der gleiche Prozeß der Schrumpfung und *Privatisierung der Familie*, zu dem in Europa die Landflucht parallel verlief, vollzieht sich heute noch einmal *in den Entwicklungsländern*, wo Großunternehmen an die Stelle der alten Subsistenzwirtschaft treten und damit die Eingeborenen aus ihren alten sozialen Bezügen herauslösen. Zum erstenmal in der Geschichte dieser Länder bildet sich der Status des Mannes als Allein-Erwerbstätiger und Ernährer der Familie heraus, während sich die Frau zunehmend in den Hausfrauenstatus der Kleinfamilie versetzt sieht.[18]

Die soziologischen und psychologischen Konsequenzen dieser Entwicklung sind oft beschrieben worden. Während sich der Horizont des Mannes durch die neu entstehenden technischen Berufe ständig erweiterte, kam den Frauen ein Betätigungsfeld nach dem anderen abhanden. Die einstige Hauswirtschaft mit der Selbstproduktion wichtiger Lebensgüter (Backen, Konservieren von Lebensmitteln, Spinnen, Weben etc.) wandelte sich zum *Konsumhaushalt* und überließ der *Nur-Hausfrau* weitgehend *reproduktive Aufgaben*. Die Kleinfamilie konnte aber auch viele soziale Aufgaben, welche ursprünglich Sippe und Großfamilie leisteten, nicht mehr bewältigen und mußte sie an den Wohlfahrtsstaat delegieren.

Parallel zu dieser quantitativen Einengung der Familienfunktion hat aber eine qualitative *Intensivierung der internen Familienbeziehungen* stattgefunden, insofern die Kleinfamilie nun zur einzigen emotionalen Zufluchtsstätte wurde. Hatten die Menschen jahrtausendelang ihr Gefühl von Geborgenheit und mitmenschlicher Zusammengehörigkeit aus ihren Sippenbanden, aus Ahnenkult, Brauchtum und gemeinsamen religiösen Vorstellungen geschöpft, so verlagert sich die Befriedigung dieser Grundbedürfnisse nun ganz in das enge Beziehungsgeflecht der Kernfamilie. Damit erhalten die emotionalen Bindungen zwischen den einzelnen Familienmitgliedern einen Grad an Intensität, den sie nie zuvor besaßen, was unter anderem zur Pflege jener bürgerlichen »Gemütlichkeit« führt, die in Deutschland ihren Höhepunkt in der Stilisierung des biedermeierlichen Weihnachtsfestes erreicht. Die neue Errungenschaft des Weihnachtsbaumes in der Wohnstube der Familie, die ihre allgemeine Verbreitung im Kleinbürgertum erst ab ca. 1870 fand, spiegelt die sakrale Weihe wider, die von der gesellschaftlichen Sphäre auf die Privatsphäre überging,[19] und diese wurde um so wünschenswerter, je mehr die eigentlich religiösen Inhalte der großen Feste im Zeitalter der Wissenschaft dahinschwanden.

Die Verdichtung des emotionalen Beziehungsnetzes innerhalb der Kernfamilie und die psychologischen Probleme, die sich daraus ergeben, stellen sich ganz verschieden dar, je nachdem, von welchem Punkt aus wir sie ins Auge fassen. Wenn wir zunächst das Ehepaar als das Zentrum der Kleinfamilie betrachten – die ja auch die Bezeichnung »*Gattenfamilie*« trägt –, so macht sich die heutige Generation selten bewußt, wie spät in der Geschichte eine freie Gattenwahl überhaupt möglich wurde und wie jung dementsprechend die sogenannte Liebesehe ist. Jahrtausendelang war die Ehe, ob in matrilinealen oder patrilinealen Sippen, ob im bürgerlichen Großhaushalt oder in der bäuerlichen Großfamilie, eine

Sache der Gemeinschaft und durchaus von überindividuellem Interesse. *Zunächst war die Ehe eine Vereinbarung zwischen zwei Sippen* zur Zusammenführung geeigneter Personen, welche die Zeugung des Nachwuchses garantierten und gemeinsam für die ökonomische Basis der Nachkommenschaft sorgten, später der Vertrag zwischen zwei pekuniär möglichst gleichgestellten Familien, die ihre »Hausmacht« durch eheliche Verbindungen festigten und damit auch ihren Kindern eine günstige ökonomische Ausgangslage zu verschaffen suchten. Die Allmacht der Väter, mit der diese ihre Kinder zu verheiraten pflegten, und die Selbstverständlichkeit, mit der sie sich bei ihren familiären Schachzügen über die Gefühle der Kinder hinwegsetzten, wurde zum erstenmal durch die christliche Auffassung von der Ehe in Frage gestellt. Die Ehe als ein Sakrament, das die Ehegatten empfangen, setzt die *Freiwilligkeit der Eheschließung* voraus, doch wurde dieses prinzipielle Recht auf Freiwilligkeit sehr bald wieder zunichte gemacht durch das Zugeständnis der Kirche an die Eltern, ein junges Paar nicht zu trauen, wenn die Eltern der Eheschließung nicht zustimmten.[20]

Freiheit des Individuums: ein Männerideal
Der Ruf nach individueller Liebeswahl wurde erst im Vorfeld der Französischen Revolution unüberhörbar, als sich im Zuge der bürgerlichen Freiheitsbewegung nicht nur der dritte Stand vom Feudalstaat, sondern auch das Individuum von der herrschenden Tradition zu emanzipieren begann. Nun sind es Philosophen und Dichter, die im Namen der Freiheit und der Menschenwürde die *Liebesehe* und später auch die *freie Liebe* fordern. Das Enttäuschende dieses geistigen Aufbruchs liegt freilich darin – was heute erst die feministischen Historikerinnen bewußt machen –, daß es nicht in erster Linie Menschenideale waren, die hier aufgestellt wurden, sondern primär Männerideale. Trotz der aktiven Teilnahme der Frau am politischen Freiheitskampf und entgegen der theoretischen Versprechungen der Revolutionäre, auch die Frau aus ihrer Knechtschaft zu befreien, erhielt sie *im Namen von Gleichheit und Brüderlichkeit weder ihre politisch-bürgerliche noch ihre private Gleichberechtigung*. Wie sexistisch verblendet selbst die aufgeklärtesten und freiheitlichsten Denker waren, dafür liefert J.-J. Rousseau (1712–1778) das klassische Beispiel. Wie Barbara Schaeffer-Hegel anhand seiner berühmten Romane herausarbeitet,[21] sieht Rousseau in der Frau noch immer das inferiore Naturwesen, das mit seinen zügellosen Begierden den Bestand der geistigen Kultur bedroht und deshalb der männlichen Vernunft unterworfen

werden muß, nur daß dies fortan nicht durch physische Gewalt, sondern durch die moralische Erziehung des Mädchens durchgesetzt werden soll. Die Neue Héloïse muß sich selbst bezähmen und sich in Anlehnung an männliche Ideale freiwillig in das Geschöpf verwandeln, das sich der Mann von ihr erträumt: Ausgestattet mit allen Reizen der Natur soll sie ihm eine anregende Geliebte sein, ohne sich ihm je aufzudrängen, und ihre geistige Bildung so weit vorantreiben, daß sie dem Mann ein gefälliges Echo sein kann, ohne sich zu den Geistesflügen emporzuschwingen, die allein der männlichen Vernunft vorbehalten sind. *Zu gefallen ist ihre höchste Tugend*, und damit gibt Rousseau eine Definition von der Frau, wie sie später Simone de Beauvoir zum Ausgangspunkt ihrer Kritik genommen hat. Was aber de Beauvoir meines Erachtens zu wenig berücksichtigte, ist die mütterliche Komponente dieses Frauenideals. Rousseau hat in seinen Schriften und mehr noch in seinem persönlichen Leben das Bild der Mutter beschworen, und zwar nicht nur das der Mutter, die sich liebevoll ihrer Kinder annimmt, sondern das der mütterlichen Frau, die in erster Linie ihrem Manne Mutter ist.

Die Doppelrolle der Frau
Nur wenn wir sehen, daß der patriarchale Mann zu gleichen Teilen Superioritätswünsche und infantile Wünsche hegt, werden wir das ideologische Geflecht der patriarchalen Theorie entwirren und ihre unbewußten Wurzeln fassen können. Daß der Mann bei der Konstituierung des Patriarchats die Frau unterworfen hat und zu seiner Sklavin machte, ist die eine, die vordergründige Seite. Daß er aber das uralte Band zu den Müttern nie durchschnitt und seine *emotionale Zuflucht stets bei Frauen* suchte, ist die andere Seite, die sein Stolz verdrängt. Auch die härtesten Patriarchen der Geschichte haben entweder eine tiefe Bindung an ihre leibliche Mutter bewahrt oder haben Verständnis und emotionale Geborgenheit wenn schon nicht bei der häufig gering geachteten Ehefrau, so bei der Hetäre oder sogar bei der Prostituierten gesucht.[22] Nahezu alle Biographien bedeutender Männer enthalten eine mütterliche Frauenfigur, die wie eine Kraftquelle im Hintergrund ihr Leben fördert oder eine Lebensgefährtin, die ihr ganzes Leben daran gibt, den großen Mann wie ein Kind zu umsorgen. Dabei wird es zu einer sehr typischen Regel, daß diese Betreuerrolle von der Gattin auf die Tochter übergeht, ein Gesellschaftsmuster, das noch in unserem Jahrhundert gang und gäbe war. Auch Freuds hochbegabte Tochter Anna hat ihren Vater bis zu dessen Tod gepflegt.[23]

Die Doppelrolle der Frau im Patriarchat, die ich die »*Muttersklavin*« nenne, wird nur selten offen beim Namen genannt. Indirekt spricht sie J. Anouilh in einem seiner Stücke aus, wenn er der Figur des Arztes die Worte in den Mund legt: »Wir alle bleiben kleine Buben. Nur die Mädchen werden erwachsen«.[24] Sehr viel häufiger wird diese Rolle religiös oder romantisch verklärt wie in der Idealgestalt der Madonna, die zugleich Mutter und Magd des Herrn ist.[25] Eine solche Hypostasierung erspart dem Mann das Eingeständnis seiner Abhängigkeit: Wenn es ihm gelingt, der irdischen Frau überirdische Muttertugenden abzuverlangen, weil das ihre gottgewollte oder naturgewollte Bestimmung sei, so macht er sich zu Recht zum Empfangenden und weist der Frau Schuldgefühle zu, sobald sie dieser Rolle nicht entspricht. Diese Erwartung blieb noch einigermaßen in sich stimmig, solange die »Muttersklavin« nicht gleichzeitig die Geliebte des Mannes war, weil die christlich-puritanische Moral die sinnliche Liebe aus dem heiligen Zweck der Ehe verbannte oder weil eine doppelbödige Moralvorstellung dem Mann mehrgleisige Beziehungen gestattete. Erst der Anspruch der bürgerlich-romantischen Liebesidee an die Ehefrau, daß sie in einer Person die hausfraulich-dienenden, die mütterlich-schützenden und die erotisch-sexuellen Tugenden zu verwirklichen habe, wird zur eigentlichen *Seelenakrobatik für die Frau*. Dies um so mehr in der Kleinfamilie der Gegenwart, in welcher die Erwartungen des Mannes an die psychischen Ergänzungsleistungen der Frau größer sind als je zuvor, nachdem das eheliche Heim zur einzigen Oase in einer immer hektischeren und härteren Welt der Technik und des Wettbewerbs geworden ist.

Dieser *erhöhte Erwartungsdruck auf das Glück in der Ehe*, von der Fromm sagt, daß es »kaum ein Unternehmen (gibt), das mit derart ungeheuren Hoffnungen und Erwartungen begonnen wird und mit derart großer Regelmäßigkeit fehlschlägt«,[26] ist nicht nur eine der Ursachen für die ständig steigenden Scheidungsraten, sondern auch für die *Ausbildung bestimmter Formen ehelicher Gewalt*. Ich denke dabei weniger an die offensichtliche körperliche Gewalt – obwohl auch diese in der geschrumpften Kleinfamilie durch den Mangel an erwachsenen Zeugen erhöhte Chancen hat – als an die Möglichkeit der psychischen Aggression und Einschüchterung. Unter der Voraussetzung gegenseitig erstrebter Gefühlsnähe und der eben geschilderten männlichen Wunschprojektionen wird der Mann die leiseste Störung der ehelichen Harmonie mit Gereiztheit beantworten und die Frau wird ebenso sensibel auf die offenen oder versteckten Aggressionen reagieren: Ein kurzer, schneidender

Ton in der Stimme des Ehemanns kann genügen, um die Frau auf ihren Platz zurückzuverweisen, sobald sie in irgendeiner Art von der erwarteten Rolle abweicht. Und je mehr sie der Mann unbewußt zur »Muttersklavin« macht, desto schärfer wird der »Kindtyrann« in ihm reagieren, wenn die Frau seine Wünsche unberücksichtigt läßt oder sich eigenen Interessen zuwendet. Zeichnet sich aber eine seelische Entfremdung ab, so wird ihn dies in Panik versetzen, worauf er unter Umständen mit Drohungen oder sogar mit Gewalt reagiert.

Wie alle psychischen Konstellationen mit unbewußten Anteilen hat aber auch das Modell der patriarchalen »Muttersklavin« seine heimlichen Tücken. Bei entsprechender Charakterprägung der Partner kann sich aus dem Tyrannen unversehens ein Hampelmann und aus der Muttersklavin eine heimliche Herrin entwickeln, wie dies so oft am Beispiel der klugen bis berechnenden Ehefrau geschildert (und empfohlen) wurde, die ihren Ehemann mit sanftem Druck genau in die Richtung lenkt, die für sie vorteilhaft ist. Auch Esther Vilars »dressierter Mann« ist eine Variante dieses Grundmusters. Daß sich dabei der umgarnte Mann als souveräner Gönner oder Ritter fühlt, während er in Wirklichkeit nur Marionette ist, unterscheidet ihn wesentlich vom offensichtlichen Pantoffelhelden, wie ihn matrizentrische Kulturen unter Umständen hervorbringen. Der »Hampelmann« ist das komplementäre Gegenstück zur »Muttersklavin«, bei welchem der Herr in die Falle seiner ihm unentbehrlichen Knechtin gerät. Wie weit verbreitet dieser Mechanismus auch in außereuropäischen patriarchalen Kulturen ist, beweist eine Schilderung, die zwei Autorinnen der arabisch-schweizerischen Frauenvereinigung (AFAS) über Frauen im Islam geben. Hier heißt es unter anderem: »... ein arabischer Mann bleibt zeit seines Lebens quasi an der Nabelschnur der Mutter hängen. Er vergöttert sie und würde sich nur im äußersten Notfall gegen sie stellen. Das weiß auch die junge Ehefrau. Darum bemüht sie sich zuallererst um ein möglichst gutes Verhältnis zur Schwiegermutter. Bilden die beiden eine Union und werden zusätzlich von den übrigen weiblichen Verwandten unterstützt, hat der Mann kaum eine Chance, gegen die zahlenmäßige Übermacht aufzukommen. Es ist manchmal geradezu mitleiderregend anzusehen, wie sich das Urbild eines Mannes in einen häuslichen Hanswurst verwandelt und von starken Frauen dominiert wird, die ihm ihre eigenen Entscheidungen mit großem Geschick unterschieben.«[27]

Es muß wohl kaum hinzugefügt werden, daß eine solche *indirekte Machtausübung der Frau für beide Partner unwürdig ist* und die »Listen der Ohnmacht«[28] niemals eine echte Chance für die Frau und für die Partnerschaft darstellen.

Eltern-Kind-Beziehung

Betrachten wir nun die Eltern-Kind-Beziehung, wie sie das patriarchale Familienmodell und das Modell der patriarchalen Kleinfamilie im besonderen geprägt haben, so müssen wir voraussetzen, daß die *elterliche Rolle* in den frühesten Kulturen von den Müttern allein getragen wurde, freilich nicht von der isolierten leiblichen Mutter, sondern vom *Frauenkollektiv* der mütterlichen Sippe. Demgegenüber hat sich die Vaterrolle erst langsam entwickelt und blieb innerhalb der matrilinealen Stammesorganisationen eine »gebrochene« Rolle, die sich in die Autorität des Onkels und in die »mitmütterliche« Väterlichkeit des leiblichen Vaters aufspaltete (vgl. S. 102 f.). Erst in bilinealen Verhältnissen gehen beide Funktionen auf den leiblichen Vater über, so daß hier im günstigsten Fall Mutter und Vater die elterlichen Funktionen etwa zu gleichen Teilen ausüben.

Dies ändert sich grundsätzlich unter strikt patriarchalen Vorzeichen. Nun gilt zwar – im Gegensatz zur matrizentrischen Ideologie – das Kind als das alleinige Produkt und der alleinige *Besitz des Vaters*, aber *die Pflege dieses Besitzes überläßt er vollkommen der Mutter*. Erzieherische Funktionen übernimmt der pater familias nur gegenüber dem Knaben ca. ab dessen 5. Lebensjahr, was auch noch für die feudalen Verhältnisse des Mittelalters gilt. Bildeten dabei die weibliche und die männliche Abteilung eines Haushalts zwei streng getrennte Welten, welche die Mütter, Töchter und Kleinkinder auf der einen Seite und die Väter und heranwachsenden Söhne auf der anderen Seite (mit dem dazugehörigen Dienstpersonal) zusammenschlossen, so ändert sich dies im bürgerlichen Milieu der Städte. Im eng gedrängten städtischen Haus ist die *Kinderstube den Blicken des strengen Hausvaters viel weniger entzogen als im feudalen Hauswesen*, und gleichzeitig fühlt sich der Vater zum erstenmal durch die Gegenwart der Kinder persönlich enerviert. Wenn er sich aber die Störungen durch die Kleinkinder vom Leibe halten will, so müssen die väterlichen Befehle in allen Ecken des bürgerlichen Haushalts hängen, deren Inhalt immer derselbe zu sein scheint: Die Kinder sollen möglichst artig sein, haben alle Kindereien zu unterlassen und sollen sich auf schnellstem Wege zu kleinen Erwachsenen entwickeln, die dem Vater brauchbar erscheinen.

Die väterlichen Erziehungsdirektiven werden dabei auf die unglücklichste Weise von den kirchlichen Autoritäten unterstützt. Sie warnen die Eltern eindringlich vor dem ungebärdigen und triebhaften Wesen ihrer Kinder, das es so früh wie möglich unter Kontrolle zu halten gilt. Die *Mißhandlung von Kleinkindern* ist die traurige *Errungenschaft der christlich-patriarchalen Pädagogik,* während Kindsmißhandlungen im matrizentrischen Kontext nahezu unbekannt sind (was auch für sehr viele bilaterale Naturvölker zutrifft). Hatten sich die brutalen Kindsmißhandlungen der antiken Patriarchatshaushalte zumindest erst auf ältere Kinder bezogen, sobald diese sich bewußt der väterlichen Autorität widersetzten, so wirkt die lebensfeindliche Pädagogik der christlich-puritanischen Ära vom ersten Lebenstag an auf die mit der Erbsünde behafteten kleinen Wesen ein. In den geistlichen Traktaten des ausgehenden Mittelalters lesen wir, daß Mütter sich hüten sollten, ihre Kinder »mit Wollust« zu stillen, weil sie damit den sündigen Begierden des Kindes Vorschub leisteten. Auch jede Art von Zärtlichkeit und Verwöhnung sei zu unterlassen, weil dies nur einen Hang zum Müßiggang und zum Wohlleben fördern würde.[29] Wir sehen hier, wie suspekt den geistlichen Herren der unbefangene Umgang der Mutter mit ihrem Kinde war, weil dieser der sinnlichen Lebensbejahung der Frau entsprang, und so mußte in der Mutter-Kind-Beziehung jede lustvolle Komponente abgetötet werden, wie auch auf dem ehelichen Lager die Liebeswonnen als teuflische Versuchung galten. Damit aber wird die *uralte Tradition der positiven Mutter-Kind-Beziehung* (für die man sich gar nicht auf einen animalischen Instinkt zu berufen braucht!) *auf eine geradezu tragische Art unterbrochen.*

Wenn sich nach theologischer Vorstellung die vom Sinnendunst geläuterte Liebesglut des Menschen nur dem himmlischen Vater zuwenden darf, so gibt es dabei doch eine bemerkenswerte Ausnahme: Die Frau darf nicht nur, sondern soll ihre intensiven Liebesbemühungen auch auf den Ehegatten übertragen, der für sie der Stellvertreter des göttlichen Herrn auf Erden ist. Ihn soll sie umsorgen und verwöhnen, ihm, wie die Traktate uns in allen Einzelheiten schildern, jeden Wunsch von den Augen ablesen und ihm verstehend und nachsichtig alle Schwächen und Grobheiten verzeihen. Im Klartext heißt dies: *Alle mütterlichen Tugenden sind vom Kinde weg und auf den Gatten hinzulenken,* das Kind soll wie ein Erwachsener und der Ehemann wie ein Kind behandelt werden. Die Umkehrung der natürlichen Verhältnisse könnte nicht grotesker sein.[30]

Nehmen wir hinzu, daß die christliche Moral jede Geburtenkontrolle streng verbot und man die kundigen Frauen, die einen Ausweg aus dieser

frauenfeindlichen Moral kannten, als Hexen verbrannte, so kann es nicht verwundern, daß die Mutterrolle für die Frau der ersten neuzeitlichen Jahrhunderte zur unerträglichen Zerreißprobe wurde: Körperliche Schwächung durch streng aufeinanderfolgende Geburten, unsägliches Leid und psychische Abstumpfung durch hohe Kindersterblichkeit und nicht zuletzt die befohlene Gefühlskälte gegenüber dem Kind und die strapaziöse Rolle des »Wachhundes« im Auftrag patriarchaler *Kinderdisziplin machten die einstigen Mutterfreuden zu einer einzigen Plackerei.*[31]
Als dann das prosperierende Bürgertum im 18. Jahrhundert aristokratische Attitüden nachzuahmen begann und der bürgerliche Mann darauf Wert legte, seine Gattin als repräsentierbares Glück bei gesellschaftlichen Anlässen an seiner Seite zu sehen, entledigte sich die bürgerliche Frau leichten Herzens ihrer Mutterpflichten. Besonders das Stillen der Säuglinge als die ursprünglichste Zuwendung der Mutter zum Kind, das schon durch die christliche Morallehre zur freudlosen Pflicht herabgesunken war, delegierte nun auch die Bürgersfrau nach dem Vorbild der Aristokratin an eine Amme. Erst auf diesem Hintergrund sind die erschütternden Dokumente der *Kinderfeindlichkeit* in Frankreich, die de Mause gesammelt und Elisabeth Badinter zur Grundlage ihrer Studie über Mutterliebe gemacht hat, sinnvoll zu interpretieren. Die Unzahl der abgeschobenen Neugeborenen aus Paris in den Jahrzehnten vor der Französischen Revolution, die man irgendwelchen dubiosen Ammen auf dem Lande »anvertraute«, um sie unter den erbärmlichsten Umständen sang- und klanglos zugrunde gehen zu lassen, beweisen weniger die Nichtexistenz eines angeborenen Mutterinstinktes[32] – was immer man darunter verstehen will –, sondern sind die Bilanz für die systematische Zerstörung einer jahrtausendealten weiblich-mütterlichen Kultur durch das Patriarchat.

Diese Vorkommnisse in Frankreich, auf die ein Polizeileutnant aufmerksam gemacht hatte, bewirkten nicht nur einen öffentlichen Skandal, sondern auch eine *Revolution in der herkömmlichen Erziehungstheorie*. Es ist sicher kein Zufall, daß in der zweiten Hälfte des 18. Jahrhunderts eine ganze Reihe pädagogischer Schriften entstand, welche die große *Bedeutung der Mutter für die Entwicklung des Kindes* hervorheben. Wir dürfen nicht vergessen, daß auch die Söhne der Intellektuellen und Aristokraten zu den vernachlässigten Kindern gehörten, die zwar äußerlich in besseren Pflegeplätzen aufwuchsen als ihre ärmeren Leidensgenossen, aber dennoch die längste Zeit ihrer Kindheit fern von den Eltern in Internaten verbrachten.[33] Auch J.-J. Rousseau war einer dieser wenig glücklichen Knaben, der sich gegen die lieblose und opportunistische

Mentalität seiner Epoche empörte und sich ein Leben lang mit glühendem Eifer für eine humanere Erziehung einsetzte. Seither wird von der patriarchalen Erziehungswissenschaft und in unserem Jahrhundert seitens der Kinderpsychologie genau die Mutterliebe mit Engelszungen wieder herbeigeredet, deren Quellen man mit Erfolg zum Versiegen gebracht hatte. Bis heute aber haftet der von Männern verordneten Mutterliebe etwas von einem Übersoll an, etwas von Mißtrauen und moralischer Nötigung, das sich eher mit Schuldgefühlen verbindet als mit spontaner Lebensbejahung.

Zermürbender Balanceakt

Als Psychologin liegt mir nichts ferner als die Erkenntnisse geringzuschätzen, die wir der modernen Kinderpsychologie verdanken. Doch hat die Flut von populärwissenschaftlichen Schriften mit ihren allzu genauen Anweisungen und den Schreckensvisionen im Falle der Nichteinhaltung solcher Anweisungen die Mütter eher verunsichert als ihnen echte Hilfe geboten. Vor allem aber hat das hohe Lob der lebenswichtigen Mutter-Kind-Beziehung so gut wie keine praktischen Veränderungen gebracht. Die Wiederentdeckung des Kindes durch die Wissenschaft hat weder die skandalöse Kinderarbeit im 19. Jahrhundert noch den kinderfeindlichen Städtebau im 20. Jahrhundert verhindert. Auch wäre es längst an der Zeit gewesen, wie Janssen-Jurreit[34] zu Recht reklamiert, sich mit der psychischen Situation der Mütter zu befassen. Man bürdete ihnen eine riesige Last an Verantwortung auf, aber niemand beschäftigte sich damit, woher sie die Kraft dazu nehmen sollten, ihr gerecht zu werden. Dabei sind die Belastungen in der modernen Kleinfamilie auf engstem Wohnraum und isoliert von mitmenschlichen Beziehungen für die Mutter größer denn je, besonders dann, wenn sie auch im Ehemann keine praktische und psychische Unterstützung findet, sondern den *zermürbenden Balanceakt zwischen der Bemutterung des Ehemannes und der Bemutterung der Kinder* leisten muß. Die immer noch erschütternd hohe Zahl von elterlichen (auch mütterlichen!) Kindesmißhandlungen, die die Geschichte der patriarchalen Familie begleiten, sind nur das flagranteste Anzeichen dafür, wie ungelöst ihre Probleme sind und wieviel aufgestaute Aggressionen sich auf die Kinder entladen.

Diese immer wieder aus dem Bewußtsein der Öffentlichkeit verdrängte Situation wird sich erst durch die Veränderung der patriarchalen Rollenfixierungen lösen lassen, und das heißt auch, mit der Auflösung der im Grunde *unmenschlichen Alternative für die Frauen*: Sie müssen wählen zwischen einem *Leben mit Kindern um den Preis des Abgeschnittenseins vom aktiven Mitwirken in Gesellschaft und Kultur oder der Möglichkeit, sich persönlich weiterzuentwickeln und an den geistigen und politischen Aufgaben der Zeit teilzunehmen unter Preisgabe der Mutterschaft.* Dabei zeigt die psychologische Praxis, daß das Selbstopfer zugunsten der Kinder keineswegs zu idealen Bedingungen für das Kind führt. Mut und Lebensfreude kann nur vermitteln, wer selbst davon erfüllt ist, während andauernde *Selbstverleugnung nicht nur die Mutter krank macht, sondern auch das Kind schädigt.*

Das Freudsche Familienmodell
Wenn wir nun vor diesen soziokulturellen Hintergrund die Interpretation der Familiendynamik stellen, wie sie die Psychoanalyse herausgearbeitet hat, so werden wir gewahr, daß das Freudsche Familienmodell, das er für ein menschliches Urmodell hielt, nur die *Situation der patriarchalen Kleinfamilie des ausgehenden 19. Jahrhunderts* widerspiegelt. Das relativiert seine Forschungsergebnisse in mehrfacher Hinsicht wesentlich, schmälert aber nicht seine epochemachende Entdeckung von der jahrhundertelangen Sexualverdrängung des abendländischen Menschen und von der überragenden Bedeutung der Kleinkindheit für die Persönlichkeitsentwicklung des Individuums. Dabei ging Freud freilich ganz von patriarchalen Voreingenommenheiten aus, was sich unter anderem darin niederschlägt, daß er die Entwicklung des Knaben sehr viel ausführlicher beschrieb als die des Mädchens, und daß er als Grundkonstellation für den von ihm so genannten Ödipuskomplex das Dreieck *Mutter-Vater-Knabe* zum Ausgangspunkt nahm. Von diesem schicksalshaften Familiendreieck gehen nach Freud alle neurotischen Entwicklungen aus, wobei er glaubte, die eifersüchtigen Spannungen zwischen den primären Bezugspersonen als Interessenkollision sexueller Begierden entlarven zu können: Der Sohn begehrt schon als Knabe die Mutter und dringt damit in die sexuellen Herrschaftsrechte des Vaters ein, was zum tödlichen Haß zwischen den beiden Rivalen führt. Der Mord des Sohnes am Vater, wie ihn die *Ödipussage* schildert, wird ihm zur exemplarischen Fallgeschichte der *archaischen Entladung dieses Urkonflikts, die der zivilisierte Mann nur durch Triebverzicht und Selbstidentifikation mit dem väterlichen Über-Ich meistern kann.*

Die Weiterentwicklung der Psychoanalyse hat das Freudsche Modell in wesentlichen Punkten revidiert. Die erste Korrektur kam von *Jung,* der durch das Einbeziehen der gesamten Mythengeschichte die Ödipussage in einen ganz anderen Kontext stellt und sie nicht als »Familienroman« liest, sondern als den *Niederschlag der Ablösung der matriarchalen durch die patriarchale Kultur.* (Aus dieser Sicht vertritt Ödipus die Gestalt des Jahreskönigs, der den alten König ablöst und tötet, um sich mit der Hohenpriesterin in der Heiligen Hochzeit zu verbinden, wobei diese die Göttin in ihrer Doppelrolle als Mutter und Geliebte vertritt. Sophokles, der die ursprünglich sakrale Handlung als Mutterinzest mißversteht, läßt dem tragischen Verbrechen die Selbstblendung des Ödipus folgen, die der freiwilligen Entmannung des Opferkönigs entspricht.)[35] Die zweite Korrektur kommt von *Fromm*, einem der Hauptvertreter der neoanalytischen Schule, der zwar die sexuell-libidinösen Anteile in der Liebe des Knaben zur Mutter durchaus nicht leugnet, aber der Ansicht ist, daß Freud diese Anteile bei weitem überschätzte. Den Kern der Neurose sieht Fromm weniger in sexuellen Urkonflikten als in der lebenslangen Spannung des Menschen zwischen seiner *emotionalen* Sehnsucht, in die absolute Geborgenheit der Kindheit zurückzukehren, und der Notwendigkeit, das Erwachsensein auf sich zu nehmen.[36] Weil aber die Geborgenheit in der Kindheit einseitig durch die Mutter hergestellt wird, verschmilzt der *Regressionswunsch* mit der *Anklammerung an die Mutter* und der Wille zum Erwachsensein mit der Notwendigkeit zur *Loslösung von der Mutter*. Hier berührt sich Fromm mit der Neurosenlehre der Jungschen Schule, die den »*Mutterkomplex*« mit seinen Autonomiekonflikten (im Bilde des Jona-Walfisch-Komplexes) dem Ödipuskomplex zumindest gleichrangig zur Seite stellt.[37]

Das Autonomieproblem

Meines Erachtens müssen wir aber die ganze Problematik der frühkindlichen Abhängigkeiten und der fördernden oder hemmenden Faktoren für die *psychische Selbständigkeit* der Erwachsenen in einen größeren historischen Bezugsrahmen stellen. Dann zeigt sich uns, daß heute auf der einen Seite viel *höhere Ansprüche an die Autonomie der Menschen* gestellt werden als in früheren Jahrhunderten und daß andererseits heute verschiedene soziologische Faktoren den individuellen Reifungsprozeß belasten oder verzögern. Für die Menschen der frühen Gesellschaften stellte sich das Autonomieproblem niemals in der Schärfe wie für das heutige Individuum, weil sie viel stärker mit der Gemeinschaft identifiziert und durch ein Netz sozialer Bindungen abgesichert waren, wogegen heute sehr viel mehr Entscheidungen in den Bereich der individuellen Eigenverantwortlichkeit fallen. Gleichzeitig aber wird das *Tempo der persönli-*

chen Reifung heute für uns dadurch erheblich *verzögert*, daß die viel längeren Ausbildungszeiten den Aufenthalt der Kinder im Elternhaus bis in die späte Adoleszenz mit sich bringen.

Zudem verstärken die intensiven Gefühlsbindungen zwischen Eltern und Kindern in den engen Verhältnissen der Kleinfamilie die *psychische Abhängigkeit der Heranwachsenden*. Letzteres gilt besonders für die Beziehung Mutter-Kinder und hier wiederum für die Beziehung Mutter-Sohn, die sich im Verlaufe der kulturhistorischen Entwicklung überhaupt am meisten verändert hat: In den frühen matrizentrischen Verhältnissen unter der Voraussetzung von Besuchsehe oder matrilokaler Eheresidenz waren die jungen Männer diejenigen, die aus der angestammten Sippe hinausstreben mußten, um ihre sexuellen Bedürfnisse zu befriedigen. So eng das Band zwischen Müttern und Kindern generell war, so war es zwischen Mutter und Tochter und deren Kindern noch enger geknüpft als zwischen Mutter und Sohn. Von den ursprünglichen »Nestflüchtern« entwickeln sich die Söhne im patriarchalen Familiensystem zu eigentlichen »Nesthockern«, wobei sich in den frühen patriarchalen Sippengemeinschaften das tägliche Leben dieser Nesthocker zumindest ab der Vorpubertät immer noch strikt getrennt vom weiblichen Teil des Großhaushalts unter Männern abspielt.

Erst in der Kleinfamilie, in welcher der Vater seinem Broterwerb außer Hause nachgeht und die Söhne weitgehend der Obhut der Mutter überlassen bleiben, erhält das ödipale Dreieck, wie es Freud beschrieben hat, eine derart nachhaltige Wirkung. Dazu kommt das den längeren Ausbildungszeiten entsprechende höhere Heiratsalter der Männer, so daß in den Jahrzehnten vor und nach Freud die heiratsfähigen Söhne rund 10 Jahre länger im Elternhaus verblieben als die Töchter, die man schon sehr jung verheiratete. Erst diese Konstellation bildet die Voraussetzung für jene *enge und parteiliche Mutterliebe zum Sohn*, welche die Schwiegermutter zum sprichwörtlichen Schreckgespenst für die Schwiegertochter macht, und die Freud für eine Urgegebenheit der menschlichen Familie hielt. Merkwürdiger- oder bezeichnenderweise sah Freud in erster Linie die inzestuöse Konstellation zwischen Mutter und Sohn und erst in zweiter Linie diejenige zwischen Vater und Tochter, die er vor allem als Phantasieprodukt der Tochter einschätzte. Die realen emotionalen und sexuellen Übergriffe des Vaters auf die Tochter dagegen unterschätzte er.

Ödipus und Elektra

Beide Formen der libidinösen Fixierung auf einen Elternteil, wie sie die Kleinfamilie hervorbringt – der Ödipuskomplex des jungen Mannes ebenso wie der erst von Jung benannte »Elektrakomplex« der jungen Frau – stellen ein *reales Hindernis für ihre heterosexuelle Partnerschaftsfähigkeit* dar. Der Vater als der erste Mann im Leben des Mädchens und die Mutter als die erste Frau im Leben des jungen Mannes prägen in irgendeiner Form immer die spätere Partnerwahl. Das Mädchen, das den Vater als aggressiv und tyrannisch (oder auch als zudringlich) erlebte, wird als junge Frau unter Umständen vor einer Bindung zurückschrecken oder als »Kontrastwahl« einen schwachen Mann nehmen, mit dem sie dann doch unzufrieden ist; oder sie wird, wenn sie den Vater besonders verehrte, mit einem schwer einzulösenden Anspruch an das andere Geschlecht herantreten. Umgekehrt ist das Verhältnis des jungen Mannes zur Frau weitgehend durch das Leitbild der Mutter bestimmt: Hat er die Mutter als zurückweisend und enttäuschend erlebt, wird dieses mangelnde Vertrauen wie eine unsichtbare Wand zwischen ihm und anderen Frauen stehen. War er zu eng an sie gebunden – und dazu lädt das Modell der Kleinfamilie geradezu ein –, so findet er den »Absprung« von der Mutter nicht, an die er emotional gebunden bleibt und an deren alles verzeihender und alles gewährender Haltung er die zukünftige Partnerin mißt.

Häufig entsteht aber auch eine Art *Komplott zwischen einem Elternteil und dem gegengeschlechtlichen Kind*, weil die Mutter ihre Enttäuschung am Ehemann in der Bindung zum Sohn, der Vater seine in der Ehe unerfüllten Wünsche an der Tochter auszugleichen versucht. Und gerade ein solches Komplott, bei dem die Eltern ihre Kinder unbewußt ausbeuten und ihre eigenen Vorstellungen und Wünsche an die Kinder »delegieren«,[38] *unterhöhlt nicht nur die Fähigkeit der Heranwachsenden zur heterosexuellen Partnerschaft, sondern auch die Fähigkeit zur gleichgeschlechtlichen Freundschaft, d. h. die Solidarität zwischen Frauen und zwischen Männern*. Der muttergebundene Mann verschließt seine emotionalen Bedürfnisse vor anderen Männern wie der Knabe vor dem gefürchteten oder entfremdeten Vater, und die vatergebundene Tochter betrachtet andere Frauen als potentielle Rivalinnen oder als Angehörige des minderwertigen Geschlechts, wie es Mutter oder Schwester für sie gewesen sind. Während aber die Männer des Patriarchats untereinander Zweckbündnisse eingehen und sich gemeinsamen kulturellen Werten verpflichtet fühlen, fällt die Frau des Spätpatriarchats in jeder Hinsicht aus der mitmenschlichen Solidarität heraus, gerade auch aus der weiblichen: Wenn die eigene Mutter und Schwester zur Rivalin werden, wird eine uralte Solidarität hinfällig, die noch lange Zeit nach der patriarchalen Machtergreifung den Frauen einen letzten Rückhalt bot.

Feministische Psychoanalyse
Seit *Karen Horney* und verstärkt seit der *Neuen Frauenbewegung* haben sich Frauen aus feministischer Sicht mit der Psychoanalyse auseinandergesetzt und vor allem Freuds Konzeption vom Penisneid und der passiven sexuellen Rolle der Frau kritisiert. Während uns diese Auseinandersetzung noch im letzten Abschnitt dieses Kapitels beschäftigen wird, möchte ich hier den feministischen Beitrag zur Psychoanalyse der Kleinfamilie skizzieren, den *Nancy Chodorow* und *Dorothy Dinnerstein* geleistet haben.[39] Im Zentrum ihrer Überlegungen steht der Umstand, daß Mädchen und Knabe in der sogenannten präödipalen Phase (unter 3 Jahren) sehr unterschiedliche emotionale Startbedingungen haben, weil für beide Geschlechter die *erste Bezugsperson die Mutter* ist, also eine Person weiblichen Geschlechts, während dem Vater bei unserer heutigen Rollenteilung nur eine marginale Bedeutung innerhalb der Kleinkindheit zukommt. Bei diesem Gedankengang – den als erster Erich Neumann verfolgt hatte – geht es nicht um die von feministischer Seite oft hervorgehobene Beobachtung, daß der neugeborene Knabe aufgrund der herrschenden Patriarchatsideologie die größere Beachtung in der Familie findet und demzufolge auch die intensivere Zuwendung der Mutter erhält.

Wir müssen vielmehr davon ausgehen, daß, bei allen relativen Unterschieden, die frühe *Mutter-Kind-Dyade* für beide Geschlechter eine sehr intensive und ausschließliche Beziehung zwischen Mutter und Kind darstellt. Während der ersten Lebensjahre figuriert die Mutter für jedes Kind als lebenswichtige und übermächtige Bezugsperson, die ihm alle Freuden und Leiden des Lebens gewähren oder versagen kann, und diese frühen Erfahrungen des Kindes an der Mutter sind deshalb so unauslöschlich, weil sie längst vor der Möglichkeit, bewußt dazu Stellung zu nehmen, in einer sensiblen Phase des völligen Ausgeliefertseins an die mütterliche Omnipotenz gemacht werden. Diese erste Beziehung zur Um- und Mitwelt, die an der Mutter erlebt wird, stufen E. Neumann, E. Erikson, J. Bowlby, D. W. Winnicott und andere Psychoanalytiker zu Recht als entscheidend dafür ein, inwieweit Menschen ein *Urvertrauen* in das Leben als Ganzes entwickeln können.

Diese Primärbeziehung gewinnt aber von dem Augenblick an eine völlig verschiedene Färbung für das weibliche oder männliche Kind, in dem ihm seine Geschlechtszugehörigkeit bewußt wird. Der im wahrsten Sinne grundlegende Unterschied zwischen der weiblichen und männlichen Psychologie besteht in der Tatsache, daß sich die Frau mit ihrer ersten, übermächtigen Bezugsperson identifizieren kann, während sich der Mann von ihr unterscheiden und abgrenzen muß. Die *Identifizierung der Tochter mit der Mutter qua Geschlechtszugehörigkeit* begleitet die Ich-Entwicklung des Mädchens mit dem Grundgefühl der Zugehörigkeit und Bezogenheit, was einerseits zu der beglückenden Erfahrung führen kann, auf ruhige und ungebrochene Art erwachsen zu werden, andererseits aber auch die *persönliche Abgrenzung von der individuellen Mutter erschwert* und zudem in unserer patriarchalen Kultur das einseitige *Frauenbild von einer Generation zur nächsten fortschreibt*. Dagegen steht am Beginn der *männlichen Selbst-Konstituierung* das emotional verunsichernde Erlebnis des Knaben, aus der Identität der ersten Liebesbeziehung herauszufallen, bzw. der *Zwang, sich von der Mutter zu unterscheiden und von ihr Distanz zu nehmen*, wenn er zur autonomen Selbstfindung gelangen will. Freilich bietet sich jetzt der *Vater als Identifikationsfigur* für den Knaben an, und dieser vermittelt jenem das superiore Männlichkeitsgefühl unserer Kultur. Während also das Mädchen zuerst die emotionale Sicherheit und Selbstbestätigung erfährt und erst später die diskriminierende Rollenzuweisung, steht der Knabe qua Geschlechtszugehörigkeit auf emotional unsicherem Grund, was er erst durch seine soziale Aufwertung überspielen und in herablassende Geringschätzung gegenüber dem anderen Geschlecht verwandeln kann. Mit anderen Worten: *emotional, und das heißt psychoanalytisch gesehen, primär, ist der Mann das andere Geschlecht, wogegen die Frau erst durch soziokulturelle Konstruktionen zum anderen Geschlecht proklamiert wird.*

Diese grundsätzlich verschiedene Ausgangslage für Mann und Frau wirkt sich in jeder Beziehung auf die Lebenseinstellung und auf die Beziehung zwischen Ich und Umwelt der beiden Geschlechter aus. Die Tochter, die sich von Anfang an mit der Mutter eins fühlen kann – und erst später begreift, daß dies auch eine Leidensgenossenschaft darstellt, gegen die sie sich auflehnt – wird zunächst alle Menschen und Dinge ihrer Umgebung mit selbstverständlicher *Empathie*, das heißt via Einfühlung im Gleichklang erleben, während der Knabe aus dem Erlebnis des *Anders-Seins* heraus der Umwelt eher skeptisch fragend und forschend gegenübersteht. Daß dies auch einen verschiedenen Denkstil bei Männern und Frauen hervorbringt, wird uns im nächsten Abschnitt noch beschäftigen. Hier geht es zunächst um die emotional-persönliche Seite des Problems bzw. um die *Schwierigkeit für den Knaben, gefühlsmäßig zu der Tatsache Zugang zu finden, ein Knabe zu sein*. Mit dem Vater kann er sich meist nur verstandesmäßig und relativ spät identifizieren, weil nicht er es ist, der ihm Zärtlichkeit und Sicherheit während der ersten Lebensjahre bietet, und deshalb sind die Ich-Entwicklung des Mannes und sein Autonomiegefühl von Anfang an mit Unsicherheit belastet. Dies zeigt sich dann besonders als Ablösungsschwierigkeit des pubertierenden Knaben von der Mutter und ebenso als Schwierigkeit, mit dem nötigen emotionalen Selbstbewußtsein einem jungen Mädchen zu begegnen. Er wird lange – manchmal sein Leben lang – innerlich hin- und hergerissen zwischen dem Wunsch, sich von der Mutter zu lösen und damit seine Autonomie als männliches Wesen aufzubauen, und der Furcht davor, weil er mit der Eigenständigkeit sozusagen den emotionalen Boden unter den Füßen verliert. Dasselbe wiederholt sich dann bei der Annäherung an die Partnerin: Auch hier liegen der Wunsch, sich endlich vollkommen in die Arme einer Frau fallen zu lassen, und die Angst, gerade dabei die männliche Integrität zu verlieren, im Widerstreit. Fromm sieht in der *Nichtbewältigung dieses männlichen Grundkonflikts*, bei dem der Mann zwischen Regressionswünschen nach der mütterlichen Geborgenheit und der emotionalen Abwehr gegen eine solche Autonomiebedrohung hin- und herschwankt, die *Ursache für die meisten Ehekrisen*.[40]

Als Zwischenbemerkung wäre hier einzuschieben, daß der durchschnittliche Mann der patriarchalen Gesellschaft sein persönliches Dilemma allerdings dadurch löst, daß er die *Widersprüche auf Kosten der Frau* in seine Lebensbezüge einbaut: Auf der einen Seite befriedigt er sein Autonomiebedürfnis in der Berufswelt und im öffentlich-politischen Raum, wobei er diesen »höheren Interessen« den selbstverständlichen Vorrang vor allen persönlichen Beziehungen einräumt. Auf der andern Seite erhebt er den Anspruch, bei Bedarf die körperliche und emotionale Nähe der Frau uneingeschränkt vorzufinden – mit dem unausgesprochenen Vorbehalt, sich jederzeit aus dieser Nähe auch wieder zurückziehen zu können. Diesen widersprüchlichen psychischen Grundbedürfnissen des Mannes entsprechen genau die *Rahmenbedingungen der patriarchalen Geschlechterrollen, die dem Mann einen weiten Aktionsradius gestatten und der Frau das Warten und Sich-Bereithalten am Ort vorschreiben*. So wird auch das prekäre Autonomieproblem des Mannes durch die Einrichtung der »Muttersklavin« für ihn auf optimale Weise gelöst.

Um aber zu Chodorows und Dinnersteins Gedankengang zurückzukehren, so haben sich beide Forscherinnen die Frage gestellt, ob die einseitige Eltern-Kind-Beziehung, das heißt die Dominanz der Mutter in dieser Beziehung, naturgegeben und deshalb unausweichlich ist, oder ob diese Situation korrigierbar sei. Dabei ist zunächst davon auszugehen, daß das menschliche Kind, verglichen mit anderen Säugetierarten außerordentlich lange hilflos bleibt. Der Säugling ist ein zu früh geborener Fötus, weil sein Hirnumfang so groß ist, daß er im ausgereiften Zustand den Geburtskanal nicht mehr passieren könnte. A. Portmann spricht deshalb von einer »extra-uterinen Embryonalzeit« des Kindes (d. h. von einem Embryo außerhalb des Mutterleibes), die ca. 1 Jahr andauert, bis das Kleinkind sich selbständig fortbewegen kann.

Die nötige *intensive Betreuung des Kleinkinds* könnte aber bei den heute üblichen relativ kurzen Stillzeiten durchaus *auch vom Vater übernommen* werden, und dies würde nach Meinung der Psychoanalytikerinnen für die Persönlichkeitsentwicklung beider Geschlechter geradezu revolutionäre Folgen haben. Einerseits könnte dann der Knabe sein Geborgenheits- und Zärtlichkeitsbedürfnis auch am gleichgeschlechtlichen Elternteil befriedigen, ohne dabei in seiner männlichen Identitätsfindung beeinträchtigt zu sein. Dies würde dem Mann ein *positives Verhältnis* zu mitmenschlicher *Nähe und Zärtlichkeit* überhaupt ermöglichen.

Andererseits stünde der zärtliche Vater dem Mädchen nicht mehr als das »ganz andere« Geschlecht gegenüber, zu dem es aus einer Mischung von ängstlicher Beklommenheit und bewunderndem Respekt aufblickt. Das Erlebnis einer kindlich ungezwungenen Beziehung zum Vater könnte vielmehr den *Grund für eine erotische Beziehungsfähigkeit der Frau legen*, aus der die Angst vor sexueller Überwältigung verschwände und damit auch die masochistische Komponente.

Auf diese Weise müßten vom Knaben wie vom Mädchen aus gesehen Zärtlichkeit und Sexualität nicht mehr zwei völlig verschiedenen Erfahrungsbereichen zugerechnet werden.

Beide aber, Sohn und Tochter, würden in einem ganz anderen Rollenverständnis aufwachsen. Für die Tochter wäre damit nicht nur der Weg frei für ihre äußere Emanzipation, sondern sie würde auch nicht mehr in die emotionale Überforderung hineingedrängt, eines Tages Trägerin der mütterlichen Allmacht zu sein.

Daß bei unserem heutigen Familienmodell, bei dem die Mutter die Alleinverantwortung für die wichtigste Phase der Kindheit trägt, die Jugendlichen beiderlei Geschlechts viel größere Mühe haben, sich auf konstruktive Weise von der Mutter abzulösen als vom Vater, hatte schon Alice Balint gesehen, wenn sie schreibt, daß die Liebe zur Mutter primär eine Liebe ohne Realitätssinn sei, während wir den Vater viel realitätsgerechter hassen oder lieben.[41] Die *unrealistische Erwartungshaltung an die Mutter* entwickelt sich aber nur auf dem Hintergrund der nahezu mythisch-göttlichen Dimension, die diese in der Erlebniswelt des Kleinstkindes erhält, wenn sie die allein Zuständige ist, an die das Kind seine Wünsche und Ängste adressiert und zugleich diejenige Macht, welche die unvermeidlichen Frustrationen für das Kind setzt. Am Ende fallen ihr nicht nur unrealistische Liebe und Verehrung zu, sondern ebenso unrealistische Ressentiments, Haß- und Rachegefühle.

Revision der Geschlechterstereotypen

Solange wir aber am hergebrachten Rollenstereotyp festhalten, müssen wir uns klar darüber sein, daß die *patriarchale Kleinfamilie auf individueller Ebene (ontogenetisch) genau den Geschlechterkampf reproduziert, der sich kollektiv (phylogenetisch) in der Kulturgeschichte der Menschheit abgespielt hat* und der seit der Konstituierung des Patriarchats bis heute perpetuiert wird. So wiederholt sich in jeder Generation aufs Neue das *Drama der männlichen Identitätsfindung*: der Knabe forciert seine Unterscheidung und Abspaltung vom mütterlichen Du, indem er sein emotionales Bedürfnis nach mitmenschlicher Nähe zugunsten seiner Autonomie-Entwicklung unterdrückt. Zugleich baut er, vermittelt durch die Generation der Väter, seinen Suprematie-Anspruch über das weibliche Geschlecht auf, den er durch einseitige Ausbildung seiner physischen und/oder rationalen Fähigkeiten zu rechtfertigen sucht. Dazu bedarf es der Anspannung aller seiner Kräfte, was sich als asketische Härte gegen sich selbst und gegen andere manifestiert, während unbewußt seine emotionalen Sehnsüchte erhalten bleiben, die er auf die spätere Partnerin projiziert.

Ebenso erneuert sich von Generation zu Generation der *familiäre und gesellschaftliche Zwang für die junge Frau*, ihre eigenen Freiheitswünsche zu beschneiden und in die Rolle des Bemutterns hineinzuwachsen, und zwar sowohl gegenüber ihren zukünftigen Kindern als auch gegenüber ihrem zukünftigen Ehemann. »In der Beziehung zum Mann«, schreibt Dinnerstein, »wird von der Frau im Großen und Ganzen erwartet, daß sie die(se) einseitige nährende Toleranz des primären Elternteils verkörpert. Sie muß seine Fehler verstehen und verzeihen – ihre eigenen sind unverzeihlich.«[42] Alles in allem bedeutet dieses »*Arrangement der Geschlechter*«, wie Dinnerstein es nennt, *männliche Macht- und Selbstverwirkli-*

chung auf Kosten von männlicher Liebesfähigkeit und die Ausbildung *weiblich-mitmenschlicher Tugenden auf Kosten weiblicher Persönlichkeitsentwicklung*. Dies aber führt zur Dauerspannung zwischen den Geschlechtern, weil beide in höchstem Maße voneinander abhängig sind und sich gleichzeitig gegen diese innere Abhängigkeit auflehnen.

Von daher erfährt der *Ruf nach den Neuen Vätern* eine viel tiefere Begründung als jede Forderung nach äußerer Entlastung und beruflicher Chancengleichheit für die Frau. Hier geht es um die *emotionale Chancengleichheit für Frau und Mann* und um die Entwicklung jener inneren Tragfähigkeit und Souveränität für beide Geschlechter, die sich zu gleichen Teilen aus *emotional/sozialer Reife und persönlicher Autonomie* zusammensetzt und die beide zusammen erst die Voraussetzung für eine echte, gegenseitige Partnerschaft bilden. Damit werden die Grundlagen der menschlichen Existenz in Frage gestellt und die Anstrengung unternommen, nicht nur die persönlichen, sondern auch die tragischen kulturellen Konsequenzen zu vermeiden, die sich aus der frühkindlichen Mutterdominanz ergeben.

Dies könnte tatsächlich unser Kulturkonzept als Ganzes revidieren, das, wie sich im nächsten Abschnitt noch einmal zeigen wird, aus den vielschichtigen Kompensationsleistungen des Mannes gegenüber einer frühgeschichtlichen Dominanz der Mütter hervorgegangen ist.

Nur in einem Punkt stimme ich nicht mit Dinnerstein überein: Sie sieht den Grund auch für das sexuelle Rollenklischee, das die Aktivität einseitig dem Mann und die passive Rolle einseitig der Frau zudiktiert, in der Dominanz der mütterlichen Fürsorge während der Kleinkindheit.[43] Kulturgeschichtlich ist diese These unhaltbar, weil in rein matrizentrischen Kulturen, bei denen das Übergewicht der Mutter beziehungsweise des Frauenkollektivs für die Erziehung der Kinder am deutlichsten ist, sich das sexuelle Selbstverständnis der Frau durch große Selbstsicherheit und Aktivität auszeichnet. Die *Leugnung der weiblichen Sexualität* als einer genuinen Lebenskraft und als ein eigenständiges Begehren, wie sie zum Teil auch dem Freudschen Sexualkonzept zugrunde liegt, ist eine sehr *späte Form patriarchaler Abwehr und Entwertung der Frau*. Die Einschätzung der weiblichen Sexualpotenz durch den Mann hat im Laufe der Jahrhunderte seit dem Mittelalter mehrmals gewechselt und spiegelt sehr viel mehr die jeweiligen männlichen Bedürfnisse einer Epoche als die tatsächliche Erlebnisfähigkeit der Frau, wenn diese auch sekundär von den sozialen Erwartungen ihrer Epoche mitgeprägt wird (vgl. S. 361 ff.).

7. Männerhaus und Geistgeburt

Das Männerhaus oder Zeremonialhaus, das als das größte Gebäude die übrigen Häuser eines Eingeborenendorfes oft weithin überragt, ist bei vielen Naturvolkgruppen das *soziale, religiöse und politische Zentrum der Dorfgemeinschaft*, in dem sich alle wichtigen Entscheidungen und Aktivitäten für das Leben des Stammes abspielen, und zugleich der ausschließliche *Versammlungsort* für die erwachsenen Männer, zu dem die Frauen keinen Zutritt haben. Hier finden schamanistische Sitzungen statt, wird Kriegsrat gehalten oder Recht gesprochen, hier werden neben Waffen sakrale Gegenstände aufbewahrt wie Musikinstrumente, Masken, Fetische und Ahnenreliquien, werden Festzeremonien gefeiert und nicht zuletzt die Initiationsriten für die jungen Männer vorbereitet. Wir dürfen daher erwarten, an dieser Stätte etwas über die *Konzeption der typisch männlichen Weltanschauung* zu erfahren und gleichzeitig etwas über die *typische Sozialstruktur der Männerbünde*. Einen ersten Blick in diese Welt hatten wir bereits im ersten Teil des Buches getan, als von den Strategien der Männer die Rede war, die ursprünglich weiblichen religiösen Ämter sowie das religiöse Kunsthandwerk und oft auch wichtige Produktionszweige zu monopolisieren, um den Einfluß der Frauen auszuschalten. Jetzt geht es weniger um Machtstrategien als um die inhaltliche Herausbildung der männlichen Philosophie und ihre Weitergabe an die jeweils nächste Männergeneration.

Zuerst wäre aber noch nach der rein äußeren Entstehungsgeschichte der Männerhäuser zu fragen, weil sie noch einmal ein Licht auf das Zustandekommen der Männerbünde wirft. Mancherorts scheint sich das Männerhaus aus dem sogenannten »Junggesellenhaus« entwickelt zu haben, wie der Name »Yeu« für die Zeremonialhäuser der Asmat auf Neuguinea besagt.[1] Nun gibt es aber Junggesellenhäuser schon in matrizentrischen Kulturen wie das »bukumatula« der Trobriandinsulaner oder das »ghotul« der Muria in Indien,[2] die dort nicht ausschließlich von Männern benutzt werden, sondern auch den jungen Frauen offenstehen, um ihre freien Liebesverhältnisse mit den jungen Männern einzugehen. Dies legt den Gedanken nahe, daß das Junggesellenhaus aus der Praxis der exogamen Partnersuche hervorging und ursprünglich einfach der »neutrale« Treffpunkt der jungen Paare außerhalb der matrilinealen Familienresidenzen war, der erst mit dem Aufkommen des patriarchalen

Familiensystems und seiner rigiden Sexualmoral hinfällig geworden ist. Vermutlich wurde dieses Gebäude dann von den einflußreichen Männern des Dorfes als »*Regierungssitz*« *und männliches Kultzentrum* übernommen und dementsprechend kunstvoll ausgebaut wie etwa die berühmten Zeremonialhäuser der Abelam mit ihren hohen spitzwinkligen Dächern und den mythologisch bedeutsamen Holzschnitzereien an den Fassaden.[3] Dort wo kein Junggesellenhaus zur Verfügung stand, konnte das *Haus des Dorfhäuptlings* zum Zentrum des Männerbundes ausgebaut werden, eine Doppelfunktion, welche die besonders großen und kunstvoll errichteten Häuser der Dorfhäuptlinge heute vielerorts haben.

Es gibt aber noch eine dritte Möglichkeit, nämlich die *Übernahme althergebrachter matrizentrischer Sakralräume* durch den Männerbund und der aus ihm hervorgegangenen männlichen Priesterschaft, wie dies bei den Dogon in Westafrika der Fall ist. Dort erfüllen die hohen, runden Vorratshäuser die Funktion des Dorfheiligtums, die sowohl in ihrem Grundriß wie in den sakralen Gegenständen (irdene Töpfe, Körbe, Kalebassen) ganz mit matrizentrischen Mythen und Fruchtbarkeitskulten verbunden sind.[4] Noch eindrücklicher stellt sich der matrizentrische Ursprung der Zeremonialhäuser der Kogi in Kolumbien dar, deren sogenannte »Bergtempel« mit ihrem kegelförmigen Aufbau noch heute im Glauben der Kogi die Gebärmutter einer Großen Göttin symbolisieren.[5]

Männliche Schöpfung und zweite Geburt
Wenn wir die Inhalte der männlichen Religionsausübung betrachten, so stoßen wir immer wieder auf das gleiche Motiv: Es geht darum, daß die männlichen *Priester als Vertreter des Männerbundes* mit allen Mitteln versuchen, die *Fruchtbarkeit des Stammes zu garantieren* und zwar *ohne die sakrale Mittlerrolle der Frau*.

Dies illustriert u. a. ein Fruchtbarkeitsritus der *Asmat* auf Neuguinea beim Einweihungsfest ihrer »Yeu«-Zeremonialhäuser.[6] Dabei stellen die Priester einen ca. 3 m hohen zylindrischen Behälter aus Palmblättern auf, der den »Sagobaum des Lebens« darstellen soll. In diesen füllen sie die Larven des Holzbocks und schneiden dann auf dem Höhepunkt des Festes den Behälter auf, worauf ihm die Larven als Sinnbild der Fruchtbarkeit entströmen. Wie schwierig es aber für sie ist, eine rein männliche Fruchtbarkeitsideologie zu entwickeln, geht aus dem kurzen Zwischenspiel hervor, zu dem man die Frauen ins Zeremonialhaus ruft, das sie sonst niemals betreten dürfen: Sie haben den Lebensbaum zu umtanzen, bevor der Priester dessen lebendige Füllung »entbindet«.

Das Thema der männlichen Lebensschöpfung durchzieht auch die mythischen Erzählungen der Asmat, in deren Mittelpunkt der Halbgott Fumeripits steht. Er gilt als der Schöpfer des ersten Zeremonialhauses, wo er auch die ersten Menschen schuf. Dazu schnitzte er menschliche Figuren aus Holz und eine Trommel, auf der er so lange schlug, bis er die Figuren zum Leben erweckt hatte. In dieser Mythe schafft sich der männliche Gott kraft seiner Kunstfertigkeit ein Instrument (die Trommel als Symbol der Gebärmutter), mit dem er die Entstehung des Lebens magisch bewirkt. Die heutigen Holzschnitzer, die als sakrale Künstler eine eigene Gruppe des Männerhauses bilden, glauben, durch ihre Schnitzkunst das Werk des Gottes symbolisch zu wiederholen. Im Zusammenhang mit Fumeripits' Schöpfung gab es allerdings auch eine Bedrohung: Er mußte einen grimmigen Kampf gegen ein riesiges Krokodil ausführen, das angeblich versucht hatte, das Yeuhaus zu zerstören.[7] In diesem Teil der Erzählung erkannten wir bereits (S. 263) das Motiv der Tötung des weiblichen Urprinzips.

Die mythischen Vorstellungen des Männerbundes lassen aber nicht nur die kosmische Schöpferkraft in männliche Hände übergehen, sondern jedes neu aufzunehmende Mitglied der Männergemeinschaft soll gewissermaßen rückwirkend die eigene Geburt aus dem Mutterschoß unwirksam machen beziehungsweise hinter sich lassen, indem der Initiand auf symbolisch-geistige Art noch einmal geboren wird. *Das Motiv der zweiten Geburt* bildet einen wesentlichen Inhalt außerordentlich vieler Initiationsriten, und diese Wiedergeburt kann prinzipiell auf zweierlei Arten geschehen. Sie wird entweder an einem männlichen Kultobjekt vollzogen wie bei den Abelam, bei denen die Initianden durch die gespreizten Beine geschnitzter Ahnenfiguren hindurchkriechen,[8] oder noch drastischer bei den Kwakiutl (Nordwestküsten-Indianern), wo die Schamanennovizen durch eine Bretterattrappe kriechen, an der Mund und Afteröffnung des Schöpfergottes markiert sind.[9] Bei der zweiten Art vollzieht der Initiand durch sein Eintauchen in eine uterine Symbolfigur eine heldische Tat, bei der er bewußt noch einmal seinen dunklen Herkunftsweg nachvollzieht und der Gefahr des Verschlungenwerdens durch die Mutter trotzen muß, um als erwachsener Mann wiedergeboren zu werden. Für die Große Mutter kann dabei ein Tierdämon stehen wie bei den Australiern in Arnhem-Land, bei denen die Initianden symbolisch von einer weiblichen Schlange verschluckt und wieder ausgespien werden,[10] ein Motiv, das noch in der alttestamentlichen Legende von Jona und dem Walfisch anklingt. Andere *uterine Symbole* sind die Höhle oder die Wassertiefe, in die der Initiand einsteigt bzw. eintaucht. Der Wasseruterus bildet u. a. den mythischen Hintergrund für die jüdisch-christliche Taufe, die ja ursprünglich eine Erwachsenentaufe war.[11] Selbst auf unseren Jahrmärkten finden wir einen Ausläufer des Initiationsmotivs, wenn die Kinder auf ihrer Fahrt mit der »Geisterbahn« durch einen gefährlichen Höhlenuterus ihren Mut beweisen. Und noch unsere Horrorfilme bedienen sich der mythologischen Trickkiste, wenn sie den Zuschauer mit Riesenspinnen oder Polypen das Gruseln lehren.

Auch die übrigen Initiationsrituale, besonders die männliche Beschneidung, dienen der *Abgrenzung vom mütterlich-weiblichen Prinzip* und zur Herstellung der männlichen Identität. Australische und afrikanische Stämme, unter ihnen die Dogon, haben die Vorstellung, daß der junge Mann durch Entfernung der Vorhaut die weiblichen Anteile seines Wesens verliert und erst dadurch ganz zum Mann wird.[12] Bei den nordaustralischen Ureinwohnern legt man die Knaben während des Beschneidungsaktes auf die erwachsenen Männer, die ihnen auf diese Art zu ihrer männlichen Geburt verhelfen. Kurz vor der Zeremonie müssen sich die Knaben gegen ihre Mütter zur Wehr setzen, die sie demonstrativ vom Beschneidungsplatz wegzulocken versuchen.[13]

Zu den Praktiken, dem Fleischlich-Weiblichen zu entsagen, gehört auch das *Ertragen von Schmerzen*, wie sie mit der Beschneidung selbst oder mit der Tätowierung und anderen oft sehr harten Praktiken verbunden sind. Der so Geprüfte, der keinen Ausdruck des Schmerzes von sich geben darf, trägt die Narben dieser Prozedur als stolzes Zeichen seiner Männlichkeit – wie noch die Mitglieder der schlagenden Studentenschaften in Europa bis vor ca. 50 Jahren.

Ein gewisser sadomasochistischer Zug begleitet die Ausbildung zur Männlichkeit auch in den patriarchalen Hochkulturen und durchzieht wie ein roter Faden deren Geschichte von den ägyptischen Schreiberschulen über die mittelalterliche Klosterzucht bis zu den preußischen Kadettenanstalten. Immer war die absolvierte Pein ein fast ebenso wichtiger Fähigkeitsausweis wie die erworbenen Kenntnisse, weil nur das *Abstreifen der angeblich »weibischen« Schwachheit* (in Wirklichkeit der Abhängigkeit vom weiblichen Trost, denn die Frauen waren im Ertragen von Schmerzen immer stark) die Zugehörigkeit zum Männerbund erlaubte.

Gestiftete Gemeinschaft
Auch spielen bis heute für alle Formen von Männerbünden *äußere Zeichen der Zugehörigkeit* eine überragende Rolle: bei den Primitiven die

Tätowierung, das Tragen der Waffe oder bestimmter Kleidungsstücke, bei den fortgeschrittenen Zivilisationen das Anstecken von Abzeichen und das Tragen von Berufsuniformen und Titeln. Gerade an diesen zur Schau gestellten äußeren Erkennungszeichen wird deutlich, daß die Männerbünde keine natürlich gewachsenen, sondern gestiftete Gemeinschaften sind.

Dies gilt im besonderen auch für die *patrizentrischen Religionsgemeinschaften*. Die Verbindung zu einem männlichen Geistprinzip scheint viel weniger selbstverständlich zu sein als die uralte vitale Beziehung zur Muttergöttin, und deshalb muß auch diese Verbindung durch besondere Zeichen der Erwählung abgesichert oder später durch schriftliche Niederlegung dogmatisch fixiert werden. Viele Adepten männlicher Religionen suchen deshalb nach einem Zeichen ihrer persönlichen göttlichen Erwählung, wofür die *Schutzgeist-Suche* (Nagualismus) nordamerikanischer Indianerstämme beispielhaft ist.[14] Hier durchstreifen die Initianden wochenlang einsam die Wildnis und versetzen sich durch Fasten, asketische Selbstzüchtigung oder Drogen in einen psychischen Ausnahmezustand, um ihrem persönlichen Schutzgeist in Form von Visionen oder außergewöhnlicher Körpersensationen zu begegnen.

Auch in den patriarchalen Hochkulturen begleitet dieses *Warten auf ein persönliches Zeichen* die Biographie vieler Propheten, Lehrer und Apostel. Jakobs Traum von der Himmelsleiter ist die Vision einer solchen Erwählung durch den Vatergott, wenn im Traum Jahwe zu Jakob spricht: »Ich bin der Herr, der Schutzgeist deines Vaters Abraham und Isaaks; das Land, worauf du ruhst, das gebe ich dir und deinem Stamme« (Genesis 28). Hier im Alten Testament verbindet sich die Gewißheit der persönlichen Erwählung mit dem Bewußtsein der Auserwähltheit des Volkes Israel und seiner Legitimation zur Landnahme.

Alle rein patriarchalen Religionen sind Offenbarungsreligionen, auch wenn ihre Stifter keine namentlich bekannten historischen Figuren sind, wie dies bei den großen Hochreligionen der Fall ist. Sobald aber als Mittler zwischen dem unsichtbaren Gott und den Menschen ein Prophet oder religiöser Lehrer auftritt, nimmt diese *Mittlerrolle einen mehr oder weniger autoritär-dogmatischen Charakter* an und zwar auch dann, wenn dies nicht in der Intention des ursprünglichen Religionsstifters liegt (wie bei Buddha und Jesus). Die Authentizität der Botschaft scheint nur dann gewährleistet, wenn das *Verhältnis Meister-Schüler ein Verhältnis der Unterordnung und des Gehorsams* ist, und auch dies steht wieder im Gegensatz zur matrizentrischen Geistübertragung. Während die Weitergabe der matrizentrischen Kulte von der Priesterin auf ihre Nachfolgerin der natürlichen Weitergabe des Lebens gleicht (und sich die matrizentrischen Geheimkulte erst unter patriarchaler Herrschaft entwickeln), tritt der männliche Oberpriester im Namen der höchsten Autorität auf, was seiner Erscheinung einen Nimbus von Unfehlbarkeit verleiht. So trägt der Priesterhäuptling der westafrikanischen Dogon (der Hogon) den Stab seiner Priester- und Richterwürde ebenso hoheitsvoll wie der katholische Würdenträger seinen Bischofsstab, und vor beiden verstummt das Volk in Ehrfurcht.[15] In den Schriftkulturen geht diese *göttliche Autorität* dann auf die *Heiligen Schriften* über, deren Echtheit bis zu jedem Jota durch die Schriftgelehrten peinlich bewacht wird.

Distanzierung von der Frau

Wenn wir dies alles im Auge behalten und von hier aus einen Sprung zur klassischen Antike machen, so begegnen uns in Griechenland durchaus noch Reste des Männerhauses, jedenfalls in Sparta,[16] wo die Männer der Polis bis in die Zeit der Perserkriege in eigenen Männerhäusern lebten. Freilich erinnert die *rohe Geselligkeit der Spartiaten* mit ihrer Pflege der Spottreden zur gegenseitigen Erniedrigung und mit ihrer Fixierung auf Kriegstaten eher an die Trainingslager der Yanomamö als an eine Stätte der geistigen Kultur. Ganz anders in Athen, wo in gewisser Weise *die Agora der Polis das Männerhaus* darstellt, jener zentrale Platz, an dem alle öffentlichen Gebäude lagen, auf dem die politischen Versammlungen stattfanden und wo auch Sokrates und Platon ihre Schüler um sich scharten. Am umfassendsten hatte allerdings Pythagoras (570 v. Chr. – ?) in der vorklassischen Zeit die Idee der Männergemeinschaft verwirklicht, als er in der unteritalienischen Kolonie Kroton einen Männerbund gründete, der aus Mitgliedern der Aristokratie bestand und sowohl großen politischen Einfluß ausübte als auch religiös-ethische und wissenschaftliche Ziele verfolgte. Die Männer trafen sich täglich zu gemeinsamen Mahlzeiten, religiösen Übungen und philosophisch-mathematischen Gesprächen, unterstanden gewissen Lebensregeln und waren auch zur Geheimhaltung ihrer Lehre verpflichtet, deren höchst *autoritärer Meister Pythagoras* war. An seiner Lehre interessieren in unserem Zusammenhang vor allem zwei Dinge: einmal seine *Mittelstellung zwischen religiös-mythologischer Überlieferung und männlicher Philosophie* und zum andern seine *Frauenfeindlichkeit*. Beides hängt durchaus miteinander zusammen, denn die indisch beeinflußte Orphik, von der seine religiösen Vorstellungen ausgingen, hatte einen stark sinnenfeindlichen Zug und wollte den Menschen durch asketisches Leben, unter anderem durch den Verzicht auf den Fleischgenuß (auch auf Eier und Bohnen als den uralten Exponenten der Fruchtbarkeit) von den Wiedergeburten erlösen und zur wahren Unsterblichkeit führen.

In scheinbarem Widerspruch zur prinzipiellen Frauenfeindlichkeit der pythagoräischen Lehre steht die Tatsache, daß eine größere Anzahl von Frauen, darunter Theano von Kroton, als *angesehene Schülerinnen* sich *im Kreise der Bruderschaft* mathematischen, kosmologischen und medizinischen Studien widmete und einen Teil der Aufzeichnungen mitverfaßte. Wir kennen solche Beispiele auch aus anderen Jüngerkreisen, die sich um einen großen Meister scharten – etwa um Buddha –, wobei sich aber die Frauen ganz der männlichen Weltanschauung verschreiben und damit eher als Ausnahmen ihres Geschlechts gelten denn als dessen Vertreterinnen.[17]

So wenig sich die Orphik als die erste orthodoxe »Buchreligion« und ihre Rezeption durch Pythagoras formal mit den patriarchalen Mythologemen der Primitiven vergleichen lassen, so ist doch beiden die *Abwehr gegenüber dem Dämonisch-Weiblichen als dem Ur- und Abgrund des Lebens* gemeinsam: Wie der Kulturheros der Asmat sein Männerhaus vor der Zerstörung durch den (weiblichen) Krokodilsdämon retten muß, so warnen die Pythagoräer vor dem Chaos, das sie mit dem Bösen und dem Weiblichen gleichsetzen und dem sich die männliche Seele entwinden muß. Schon die Orphik kennt – wie später Platon – die Vorstellung vom Leib als dem Kerker der Seele, aus dessen Fesseln sich zu befreien das Ziel des Menschen (Mannes) ist. Sowohl im primitiven Verständnis als auch auf der religiös-philosophischen Ebene gelingt dies dem Manne nur durch zeitweise abstinentes Leben und durch seine generelle Zurückhaltung gegenüber der Frau. Wie wir früher gesehen haben (S. 23), können die Yamspflanzer der Abelam ihr heiliges Werk nur vollenden, wenn die Frauen ihre Gärten niemals betreten, weil die dämonische »Unreinheit« der Frau die kreative Schöpfung des Mannes zu zerstören droht. Ebenso erschallt durch alle religiösen und philosophischen Bewegungen der Hochkulturen der Ruf »Hüte dich vor dem Weibe«, weil sich *männliche Spiritualität* offenbar nur durch die *Negierung der sexuellen und psychischen Abhängigkeit von der Frau* kultivieren ließ. Bekanntlich führt diese bewußte Distanz zur Frau bei Sokrates und Platon und im öffentlichen Leben der Antike überhaupt zur *Homoerotik und Homosexualität*.

Logos gegen Chaos

Pythagoras aber war der erste, der dem weiblichen Chaos als dem Inbegriff des Bösen und Unreinen nicht einen Heros oder heroisch-magische Praktiken entgegensetzte, sondern einen *Begriff*, seinen Begriff des Kosmos, den er als erster abendländischer Denker verwendet haben soll. Dabei drückt sich sein kosmisches Ordnungsprinzip, das Pythagoras mit dem Männlichen und mit dem Guten gleichsetzt, in Zahlenbegriffen und Zahlenverhältnissen aus, unter anderem in akustischen Schwingungsverhältnissen (Sphärenmusik) und in geometrischen Beziehungsgrößen (sein berühmter Lehrsatz vom rechtwinkligen Dreieck). Dies ist eine der großen Geburtsstunden des *logozentrischen Denkens* mit seiner luziden Kraft der begrifflichen Abstraktion, aber auch mit seiner *Distanz gegenüber dem sterblichen Leben und dessen Repräsentation durch die Frau*, von der die abendländische Philosophie so nachhaltig geprägt ist.

30 Jahre später legt *Parmenides* (540–480 v. Chr.), ebenfalls in Unteritalien, die *Grundlagen der abendländischen Metaphysik*. Als Arzt wahrscheinlich mit alten Schamanenpraktiken bekannt, betrachtet er sich als »wissenden Mann«, der »außerhalb der Pfade der Menschen« Zugang zu übernatürlichen Erkenntnissen besitzt, die den »Meinungen der Sterblichen« überlegen sind. In der Einleitung zu seinem Lehrgedicht schildert er eine phantastische geistige Reise zu einer Göttin (wie die alten Schamanenpriester!), die ihm die exklusive Wahrheit offenbart: Das ganze Leben mit seinen Gegensätzen und seinem Werden und Vergehen ist nur Schein, die Vielfalt unserer Sinneseindrücke bloße Täuschung. Das *wahre Sein* liegt hinter den sichtbaren Dingen als das unwandelbare und unzerstörbare *Eine*, das jeder Vielfalt vorausgeht und sie überdauert, und das der menschlichen Vernunft nur im reinen Denken und geistigen Schauen zugänglich wird.[18]

Von Parmenides über Platon und Plotin bis zur christlichen Mystik und zur neuzeitlichen idealistischen Philosophie geht es um die unablässige Suche nach diesem *Einen*, das Platon die Idee des höchsten Guten, die religiösen Denker das Göttliche und Hegel den absoluten Geist nennen. Untrennbar von dieser Idee des *Einen Seins* ist die *Hoffnung des Menschen (Mannes) auf Unsterblichkeit*: Wenn es dem Philosophen gelingt, Werden und Vergehen als einen Trug der Sinne zu entlarven und mit Hilfe der Konzentration auf das reine Denken einen transzendenten Bezugspunkt zu finden, der allem Seienden zugrunde liegt und die Zeit überdauert, so gewinnt er Anteil an der Unsterblichkeit. Wenn der Pythagoräer Alkmeion sagt, die Menschen seien sterblich, »weil sie den Anfang nicht an das Ende zu knüpfen vermögen«,[19] und damit darauf anspielt, daß der Mensch durch sein Bewußtsein vom eigenen Tode die Verbundenheit mit dem natürlichen Rhythmus von Tod und Wiedergeburt verloren hat, so gilt dies in erster Linie für das männliche Bewußtsein. Der männliche Denker schafft sich einen geistigen *Ersatz für das kreative Anknüpfen des Lebens an den Tod, das die Frau kraft ihrer Gebärfähigkeit besitzt*, in dem er den *Unsterblichkeitsfaden zwischen seiner reinen Vernunft und dem Einen Geistprinzip knüpft*. In der geistigen Versenkung des philosophischen und religiösen Mystikers fallen dann Selbstbewußtsein und Gottesbewußtsein zusammen, so daß sich in einer Art Geistinflation die Grenzen zwischen dem endlichen Leben und dem ewigen geistigen Sein verwischen.[20] Die Gleichsetzung von Stoff, Materie, fleischlichem Leben und Weiblichkeit auf der einen, von Geist, Transzendenz, Unsterblichkeit und Männlichkeit auf der anderen Seite macht überhaupt erst verständlich, daß auf einem der ersten christlichen Konzilien noch ernsthaft darüber gestritten werden konnte, ob auch die Frau eine unsterbliche Seele besitze oder nicht.

Durch die männliche Philosophie aber wird *das Abstrakte dem Lebendigen, das »wahre Sein« dem Leben und die »Idee« der sinnlichen Erfahrung übergeordnet*. Deshalb wird Denken und Diskutieren für die Männer auf der Agora Athens zum hypertrophierten Selbstzweck, zur Konzentration auf das Eine, dem gegenüber die Vielheit des Lebens verblaßt. Mit dieser Hinwendung zu rein geistigen Produktionen hat sich für den Mann ein völlig neuer Weg eröffnet, die kreative Lebensleistung der Frau in den Schatten zu stellen, wie dies dem »Primitiven« noch nicht möglich war (obwohl es auch hier durchaus Zwischenstufen gibt, wenn wir an die Zuni denken, deren männliche Priesterschaft sich hauptsächlich auf das Rezitieren religiöser Texte konzentriert (vgl. S. 123).

Freilich mußte der philosophierende Mann der Antike, wenn er kein konsequenter Asket war, seinen *Logozentrismus mit dem Willen zur Macht verbinden*, weil er die Freiheit für seine geistigen Ambitionen nur dadurch gewinnen konnte, daß er die Last des Lebens den unterjochten Frauen und die Bearbeitung der Materie den Sklaven oder den verachteten Handwerkern aufbürdete. Deshalb waren Sokrates und Platon konservativ-reaktionäre Politiker und wurde ihr Schüler Aristoteles zum geistigen Anwalt der Herrschenden – wie mehr als 2000 Jahre später auch Hegel.

Obwohl die Griechen die Sinnenfreuden nicht mißachteten wie später die christlichen Philosophen, so distanzierten sie sich doch mit aller

Schärfe von der Leidenschaftlichkeit, die ihr geistiges Gleichgewicht hätte stören können. Als die größte Gefahr in dieser Hinsicht galt die Frau: die junge Frau als Verführerin, die den Denker aus seiner erhabenen Lebensferne in den Strudel des fleischlichen Lebens herabzieht, oder die alte Frau, die an die Vergänglichkeit des Fleisches und an den Tod mahnt. Nur von daher wird verständlich, warum das Thema »Frau« – und das heißt die *Abwertung der Frau* – im philosophischen Schrifttum aller Jahrhunderte einen derart großen Raum einnimmt. Die Schmährufe der Vorsokratiker, die negativen Definitionen der Frau von Aristoteles bis Thomas von Aquin, die Schmäh- und Haßtiraden selbst neuzeitlicher Philosophen wie Schopenhauer und Nietzsche gegen die Weiber (von Weininger und Möbius ganz zu schweigen) sind so oft zitiert worden, daß sie hier nicht wiederholt werden sollen.[21] Beeindruckend für uns heute ist dabei vor allem das Ausmaß an männlicher Energie, das in dieses Thema investiert wurde. In jedem Fall aber resultiert aus der angeblichen Minderwertigkeit der Frau und dem *geistig-moralischen Abstand des Mannes zu ihr* seine *eigene Höherwertigkeit,* und dies scheint neben der Angstabwehr gegenüber dem Dämonisch-Weiblichen der Hauptzweck all dieser männlichen Schmähungen zu sein.

Kunst als Sublimierung von Sinnlichkeit

Diese prinzipielle Reserve gegenüber dem Leben und dem Weiblich-Sinnlichen konnte auch an der Kunst und deren Einschätzung durch die männliche Philosophie nicht spurlos vorübergehen. Platon stand den Künsten, insbesondere der Musik und dem Tanz, äußerst skeptisch gegenüber und ließ das Schöne der bildenden Kunst nur gelten, wenn dabei das Symmetrische und Harmonische über das Unbestimmte der sinnlichen Eindrücke triumphiert, d. h., wenn uns der Künstler durch das Sinnliche hindurch zum Reich der reinen Ideen führt. Besonders nachhaltig mußte der Einfluß der Philosophie auf die Dichtung sein, die schon 1000 Jahre vor den griechischen Philosophen in hoher Blüte stand und ihren Ausgang von der Preisung der irdischen Liebe und den uralten Trauergesängen genommen hatte. Es wäre eine eigene Untersuchung wert, die *Entsinnlichung der Poesie* im Laufe der patriarchalen Kulturen zu verfolgen, ein Phänomen, das sich keineswegs auf die abendländisch-christliche Literatur beschränkt. Wie die stark erotischen Bilder des frühen Minnesangs in der späteren höfischen Dichtung zu weitschweifigen und abstrakt-romantischen Liebesergüssen verdünnt werden, so finden wir auch die Liebespoesie der frühen arabischen, persischen, japanischen und chinesischen Dichtung ihrer sinnlichen Frische beraubt, sobald sich der islamisch-patriarchale, der konfuzianische oder der buddhistische Einfluß geltend macht. Ein hafischer Vierzeiler (des persischen Dichters Hafiz, ca. 726 n. Chr.), den Friedrich Rückert übersetzt hat, beleuchtet in all seiner Kürze die Veränderung der Stimmung, welche die philosophierenden Poeten in die Ghaselen (arabische Liebeslieder) bringen, während darin die Stimme der Frau die alte Kraft der vorislamischen Liebeslieder spiegelt:

> Um ihre Locken schlang ich mich mit Beben
> Von ihrer Läng' erflehend langes Leben.
> Sie sprach: was suchst Du des Lebens Länge?
> Laß meinen Mund die kurze Lust Dir geben.[22]

Wenn die idealistische Geisteshaltung aller Epochen und Kulturen den unmittelbaren, sinnlichen Umgang mit Natur und Mensch zur romantischen Reflexion über sie sublimiert, so vollzieht sich in der Dichtung derselbe psychische Vorgang wie in der Philosophie. Die logozentrische Selbstversponnenheit des Mannes, die uns in der patriarchalen Philosophie begegnet, hat ihre direkte Parallele in der *Selbstbespiegelung des Gefühls durch den patriarchalen Dichter*. Hier liegt auch die Wurzel für die narzißtische Seelenverfassung vieler männlicher Poeten, aus der heraus sie glauben, das reale Leben mit ihrer dichterischen Berufung nicht vereinbaren zu können. Wieder ist es die Frau, die das reale Leben verkörpert, wenn Gustave Flaubert bekennt, daß er »die Muse nicht mit der Frau« in Einklang bringen könne und er an seine Freundin Louise Colet schreibt: »Du liebst das Dasein, Du bist eine Heidin und Südländerin, Du achtest die Leidenschaften und sehnst Dich nach Glück... Ich aber verabscheue das Leben.«[23]

Logokratie: die Macht des Wissens

Wegen seiner prinzipiellen Unsinnlichkeit fällt es mir schwer, den *Logozentrismus* des patriarchalen Denkens einen »Phallozentrismus« zu nennen, wie es sich im feministischen Sprachgebrauch durchgesetzt hat. Es wäre hier daran zu erinnern, daß die klassische griechische Bildkunst die phallusbetonte Darstellung des männlichen Körpers nicht nur vermeidet, sondern die genitale Männlichkeit geradezu untertreibt – sehr im Gegensatz zu den vorklassischen Hermen und den Vasenbildern der dionysischen Kulte. Historisch gesehen bilden Phallokratie als Gewaltherrschaft des Mannes über die Frau und Logozentrismus als der Versuch, die männliche Identität durch Konzentration auf die reine Vernunft herzustellen, zwei verschiedene Entwicklungsstränge, wenn auch in der politischen Praxis der *Logozentrismus dazu benutzt* wurde, *die patriarchale Herrschaft zu rechtfertigen*.

Das geistige Leben des Mittelalters trennte durchaus noch den Bereich des Wissens im Sinne der Kontemplation vom Bereich des praktischen und machtorientierten Denkens. Es war gerade die *weltabgewandte, kontemplative Seite der abendländisch-christlichen Denktradition*, die lange verhindert hat, daß sich das männliche Denken praktisch-technischen Problemlösungen widmete. Methodisch wäre man seit langem dazu fähig gewesen, wie schon Archimedes (gest. 212 v. Chr.) bewies, der neben hydraulischen Maschinen die erste Kriegsmaschine baute. Nach der langen Dominanz von Theologie und Philosophie nahm erst die Renaissance solche Ansätze auf und wandte sich sowohl der Naturforschung als auch der Technik zu: Leonardo da Vinci (1452–1519) studierte durch Leichensezierung den menschlichen Körper und entwickelte die erste Flugmaschine. Es vergingen aber noch mehr als 100 Jahre, bevor Francis Bacon (1561–1621) mit seinem »Neuen Organon« das erkenntnistheoretische Gerüst für die experimentelle Naturwissenschaft schuf und dies gegen die Weltabgewandtheit seiner philosophischen Zeitgenossen.

Erst *Bacon* rief mit seinem folgenschweren Satz »*Wissen ist Macht*« die Gelehrten seiner Epoche dazu auf, ihre geistige Potenz nicht nur der Betrachtung der Natur zu widmen, sondern sie auch in den Dienst ihrer Beherrschung zu stellen. Damit verflochten sich zum erstenmal *logozentrische Lebensferne und phallokratische Gewaltherrschaft*.

Auch Bacons Appell an den Machtwillen bleibt von der traditionellen Sinnenfeindlichkeit und dem Ideal des asketischen Gelehrten geprägt, obwohl die aggressiv-sadistische Wortwahl seiner Sprache, die feministische Forscherinnen entlarvten, einen phallokratischen Charakter verrät. Was für mich an Bacons Anleitungen zur Methode der zukünftigen Naturwissenschaften so befremdlich ist, ist gerade die verwirrende Mischung aus brutaler Vergewaltigungsmentalität und asketischem Puritanismus, die seine inzwischen oft zitierten Sprachbilder vermitteln. Einerseits vergleicht Bacon die ihm vorschwebenden Experimente an der Natur mit den peinlichen Verhören und Foltermethoden der Hexenprozesse (die er als Jurist aus eigener Anschauung kannte) und fordert den Naturforscher auf, in die »innersten Kammern« der Natur einzudringen, um ihr dort ihre Geheimnisse zu entreißen. Dazu soll er sich die Natur zu seiner »Sklavin« machen »wie eine Frau und ihre Kinder«. Andererseits lädt Bacon den gleichen Forscher dazu ein, mit der Natur eine »keusche Ehe« einzugehen und sie mit aller Geduld und Leidenschaftslosigkeit zu beobachten. Auf diese Weise wird er ihre Gesetze ablauschen, mit denen er sie später manipulieren kann. Die Spezies von »Helden« und »Supermännern« (heroes und supermen), von denen Bacon träumt,[24] ist ebenso machtbesessen wie emotionslos und unsinnlich: In seiner Utopie von der Insel »Neu-Atlantis« sind die führenden Männer eine Art geheimer Priesterkaste, die in aller Abgeschiedenheit die Geschicke des Staates kraft ihres superioren Wissens lenken.[25] Deshalb sollten wir meines Erachtens die *Verbindung zwischen Wissen und Herrschaft eher eine Logokratie* nennen und nicht Phallokratie, denn das Phallische ist dabei tief verdrängt.

Bacons Werk macht freilich auch erschreckend deutlich, daß seine Logokratie und die großartigen Fortschritte, die er sich von der neuen Wissenschaft verspricht, weniger dazu ausersehen sind, das Los der Menschen zu verbessern und Armut und Elend zu beseitigen – obwohl er durchaus in großen Worten davon spricht –, als vielmehr dazu, einen *faszinierenden Traum des Mannes* zu verwirklichen: *den Traum, über die Natur Regie zu führen und die Welt um technische Kunstprodukte zu bereichern, mit denen er die Natur in den Schatten stellen wird.* Bereits im 16. Jahrhundert schwebte Bacon nicht nur eine phantastische Maschinentechnik vor, sondern auch die künstliche Umgestaltung von Pflanzen und Tieren, womit er die moderne Genmanipulation vorwegnahm.[26]

Wahrscheinlich ist es dieser Machtobsession bei der philosophischen Grundlegung der Naturwissenschaft zuzuschreiben, daß sich ihre *Fortschritte erst relativ spät auf humanitäre Bereiche* erstreckten. So wurde die erste Dampfmaschine (1690) längst vor der ersten Narkose (1844) erfunden, wie überhaupt die medizinische Wissenschaft bedenklich lange hinter der Entwicklung der technischen Wissenschaften herhinkte. Auch kam das eigentlich humanitäre Engagement in der Wissenschaft längst nicht immer von ihren offiziellen Vertretern, sondern sehr oft von Außenseitern: J. P. Semmelweiß (1818–65) entdeckte die Ursachen für das Wochenbettfieber anhand einfacher klinischer Beobachtungen weitab von den Zentren der Wissenschaft in Pest (Ungarn), und Henri Dunant (1828–1910) als der Begründer des Roten Kreuzes war ein Laie, der Generationen von Heeresmedizinern mit seinem Engagement für die Kriegsverwundeten beschämte. Die Männer der Wissenschaft scheinen mit einer Art rationaler Anästhesie den Leiden der Welt oft sehr viel unsensibler gegenüberzustehen als Laiengruppen, die sich als erste gegen die Vivisektion auflehnten und die heute gegen das Sterben der Wälder und der Gewässer kämpfen. Der Ehrgeiz der Wissenschaftler wendet sich lieber fernen und spektakulären Forschungsgegenständen zu, so daß heute unsere Raumschiffe zum Mond fliegen, während es immer noch keine zuverlässigen Voraussagen für Erdbeben und andere Naturkatastrophen gibt.

Dennoch wäre es absurd, die gewaltigen Leistungen nicht zu würdigen, die gerade die moderne Medizin für den Menschen erbracht hat, und zu vergessen, daß sie uns millionenfaches Leid ersparte. Dank der drastischen Eindämmung der Kindersterblichkeit und der Infektionskrankheiten und der immer perfekteren Chirurgie ist heute der vorzeitige Tod nicht mehr der allgegenwärtige Schatten unseres Lebens. Statt dessen werden das Alter und der Verlust eines würdigen Sterbens zum Alptraum, und erst von diesem anderen Ende her werden wir gewahr, daß die *Medizin in erster Linie mit dem Ziel ausgezogen war, den Tod zu besiegen und darüber das Leben in seiner Ganzheit fast aus den Augen verlor.*

Die eingleisige Zielgerichtetheit und die *Abspaltung vom Gesamtzusammenhang* ist überhaupt ein Kennzeichen aller modernen Wissenschaften, und deshalb konnte es zu einer so grotesken Situation kommen, daß eine ihrer Disziplinen die Herrschaft über den unberechenbaren Tod anstrebt, während eine andere die Perfektionierung des berechenbaren Todes vorantreibt. Darüber hinaus trägt jede einzelne Wissenschaft den Stempel einer gewissen Lebensferne, weil es im Wesen des logozentrischen Ansatzes liegt, über die lebendigen Gegenstände hinweg zu abstrakten Begriffen zu gelangen oder zu manipulatorischen Formeln, die *qualitative Gegebenheiten in quantitative Bestimmungsgrößen auflösen.* Trotz aller Hinwendung zum praktischen Erfolg, wofür Bacon so heftig plädiert hatte, vermochte die Wissenschaft ebensowenig wie die Philosophie die Kluft zwischen Geist und Leben zu schließen, welche das Stigma des patriarchalen Denkens ist.

Deshalb kann es auch nicht überraschen, daß die Wissenschaft trotz ihrer gigantischen Leistungen bei der Bewältigung technischer Probleme zur Lösung unserer eigentlichen Lebensprobleme nicht allzu viel beigetragen hat. L. Wittgenstein spricht dies sehr pointiert aus, wenn er in seinem berühmten Tractatus logico-philosophicus (1921) bekennt: »Wir fühlen, daß selbst, wenn alle *möglichen* wissenschaftlichen Fragen beantwortet sind, unsere Lebensprobleme noch gar nicht berührt sind.«[27]

Diese Diagnose unseres heutigen Geisteslebens muß aber nicht zur

Resignation führen, wenn wir die Voraussetzungen für eine solche Entwicklung grundsätzlich für veränderbar halten. Die menschliche Vernunft ist nicht notwendigerweise an die patriarchalen Denkmuster fixiert, und zwar vor allem deshalb nicht, weil das typisch männliche Denken nicht nur einseitig, sondern – anders als es vorgibt – mit objektivem Denken nicht gleichzusetzen ist. Hinter der *historischen Geburt des Logos* stehen, wie wir sahen, nicht nur objektive Denkanstöße, sondern in hohem Maße *subjektiv-irrationale Motive, die zum einen mit dem Macht- und Kompensationsbedürfnis des Mannes gegenüber der Kreativität der Frau und zum andern mit seinem Fluchtbedürfnis vor der Frau und der lebendigen Natur zu tun haben.*

Flucht in die Objektivität

Diese irrationale Motivation ist aber nicht nur historisch wirksam als eine Reaktion auf längst vergangene biologische und soziologische Voraussetzungen, sondern ist höchst gegenwärtig und wird als individuelle Geisteshaltung *bei jeder heranwachsenden Männergeneration aufs neue revitalisiert*. Diese Tatsache wird allerdings durch das allgemein anerkannte Wissenschaftsideal vom sachlich-objektiven Denken verschleiert, und wir kommen den darunterliegenden Zusammenhängen überhaupt erst auf die Spur, wenn wir die persönlichen Lebenszusammenhänge des modernen Mannes und insbesondere des Wissenschaftlers in Betracht ziehen. Dies hat Evelyn Fox-Keller in ihrer Studie »Liebe, Macht und Erkenntnis« getan, in welcher sie unter anderem von amerikanischen Untersuchungen zur *Persönlichkeitsstruktur des jungen Wissenschaftlers* ausgeht. Die Testergebnisse, die durch neuere deutsche Untersuchungen bestätigt werden, zeigen besonders den angehenden Naturwissenschaftler signifikant häufig als *Einzelgänger*, der wenig an heterosexuellen Kontakten interessiert ist und sich im allgemeinen Frauen gegenüber selbstunsicher fühlt. Er wird geradezu als »*Fluchttyp*« bezeichnet, der »aus den unsicheren, für ihn mit wenig Erfolgserfahrungen verbundenen sozialen und emotionalen Bereichen seiner Umwelt gerne in die heile Welt der Sachen flüchtet«.[28] Auch für den biographischen Hintergrund einer solchen psychischen Struktur erhalten wir einige Hinweise: Verglichen mit der übrigen Bevölkerung stehen die erfolgreichen Wissenschaftler besonders häufig in einem betont *distanzierten, gespannten oder sogar offen herablassenden oder feindseligen Verhältnis zu ihren Müttern.*[29]

Dieser Befund wird allerdings erst dann in seiner Tragweite erfaßt, wenn wir ihn in Zusammenhang mit psychoanalytischen und soziologischen Beobachtungen stellen. Es zeigt sich, daß die biographischen Hintergründe der Testpersonen nur eine besonders *zugespitzte Form der familiären Situation* wiedergeben, der jeder Knabe mehr oder weniger ausgesetzt ist: Wie wir bereits gesehen haben, stellt sich unter den heutigen Bedingungen der Kleinfamilie, in der die Mutter die erste und praktisch einzige Bezugsperson des Kindes während der ersten drei Lebensjahre ist, das Autonomieproblem für den Knaben sehr viel dringender als für das Mädchen. Der Knabe muß, um selbständig zu werden, eine doppelte Desintegration von der Mutter vollziehen, indem er nicht nur erwachsen werden, sondern *ein anderer Erwachsener als die Mutter* werden muß. Er kann zum Bewußtsein seiner selbst als männliches Wesen nur dadurch kommen, daß er sich von dem Wesen *unterscheidet*, das ihm bisher alles bedeutet hat und von dem er sich abhängig fühlt. So wird für ihn *Ich-Sagen gleichbedeutend mit Nein-Sagen zum Emotional-Weiblichen*, oder anders ausgedrückt: Der junge Mann erkämpft sich seine Autonomie um den Preis der emotionalen Nähe, und er gefährdet seine Autonomie, sobald er sich auf intensive emotionale Kontakte einläßt. Wenn dann seine Beziehung zur Mutter durch negative oder widersprüchliche Erfahrungen überschattet oder die Loslösung von der Mutter durch deren Trennungsängste oder Überprotektion zusätzlich belastet ist, so kann für seine emotionale Stabilität die Hinwendung zum rein Sachlichen unter Umständen der einzig mögliche Ausweg sein. Dabei kommt ihm nun etwas zugute, was sich aus der frühen Nötigung zum Distanznehmen entwickelt hat, nämlich *das frühe Training im unterscheidenden Denken* (das auch im Wort dis-kutieren enthalten ist), das die Voraussetzung für das analytisch-sezierende Denken der Naturwissenschaft ist – im Gegensatz zum intuitiv-ganzheitlichen und einfühlenden Denken, wie es stärker das Mädchen entwickelt, weil es sich mit seiner ersten bewußt erlebten Bezugsperson identifizieren kann. Sein distanzierter und analytischer Denkstil prädisponiert den jungen Mann geradezu für das wissenschaftliche Arbeiten, das im Namen der Objektivität eine strikte Subjekt-Objekt-Trennung fordert. Aber während man diese Forderung von seiten der Wissenschaft nur in dem Sinne zu interpretieren pflegt, daß der Forscher dabei seine eigenen Gefühle und Projektionen ausschaltet zugunsten einer möglichst getreuen Erfassung des Objekts, macht Fox-Keller auf die subjektiv-emotionale Entlastung aufmerksam, die der Wissenschaftler daraus gewinnt: Er soll nicht nur, sondern er darf bei seiner Arbeit auf jede Form aktiver Einfühlung und Selbstpreisgabe verzichten und kann auf diese Weise sein *Subjekt hinter der schützenden*

Fassade der Objektivität verstecken. Aber immer dort, wo aus der Not eine Tugend gemacht wird, sind subjektive Interessen mit im Spiel, so daß sich die viel beschworene neutrale Haltung des Wissenschaftlers und die Neutralität der Wissenschaft überhaupt zum Teil als ein Mythos entpuppt, hinter dem durchaus eine »emotionale Substruktur« steht.[30]

Deshalb unterscheidet Fox-Keller zwischen objektiver und »objektivistischer« Erkenntnishaltung, wobei sie die objektive Einstellung als das Streben »nach einem Höchstmaß von authentischer Erfahrung der Wirklichkeit« definiert.[31] Demgegenüber geht die objektivistische Einstellung von einer *forcierten Subjekt-Objekt-Trennung*[32] aus, die, wie sich immer deutlicher zeigt, gerade kein angemessenes Bild von der Wirklichkeit vermittelt. Es muß im Gegenteil ein Zusammenhang bestehen zwischen dem Verbot jeder gefühlsmäßigen Annäherung an den Erkenntnisgegenstand und der Art, wie unsere Wissenschaft die *lebendigen Zusammenhänge in der Natur mißachtet*. Im Grunde ist schon die *Rede vom Erkenntnis-Objekt eine Verzerrung der Gesamtwirklichkeit*, weil auch alle Subjektträger, wie es die höheren Lebewesen, bis zu einem gewissen Grade aber auch »niedere« Lebewesen sind, unter diesen Begriff subsumiert werden. Dazu gehört auch der Ehrgeiz der Wissenschaft, qualitative Bestimmungen des Erkenntnisgegenstandes möglichst zu vermeiden, weil jede qualitative Wesenserfassung einen Rest von emotionaler Einfühlung und damit von verpönter Subjektivität enthält (weswegen man im allgemeinen den Frauen die Fähigkeit zur wissenschaftlichen Einstellung abspricht).

Die Reduktion der wissenschaftlichen Aussagen auf quantifizierbare, das heißt mathematisch erfaßbare Bestimmungsgrößen hat allerdings den höchst nützlichen Effekt der Vorausberechenbarkeit und damit der Manipulierbarkeit der Objekte. Wissen als Macht und Wissenschaft als Herrschaft über die Natur, die Bacon zum Ziel aller denkerischen Bemühungen erklärt hatte, kommt zudem der psychischen Struktur eines bestimmten Männertypus ebenso entgegen wie die geforderte Subjekt-Objekt-Trennung für das Denken selbst: Macht über einen Gegenstand gewinnen bzw. ihn manipulieren bedeutet Stärkung der eigenen Selbstsicherheit. Der beste *Selbstschutz für ein emotional instabiles Subjekt* liegt darin, sich auf sein Gegenüber nicht einlassen zu müssen, dessen Eigenständigkeit zu negieren und es wie ein totes Objekt zu behandeln. Damit aber verleiht die wissenschaftlich-technische Betätigung dem Mann nicht nur ein *hohes Sozialprestige* in unserer Gesellschaft, sondern bietet sich ihm gleichzeitig als *Lösung für sein eigenes psychisches Auto-*

nomieproblem an. So erweist sich die »keusche Ehe« mit der Natur nicht nur als ein Instrument der Macht über sie, sondern zugleich als eine Bastion gegenüber der liebenden Begegnung mit ihr. Eingedenk der alten Gleichsetzung von Natur und Frau und auf die persönliche Ebene bezogen aber heißt dies, daß als »*emotionale Substruktur*« *hinter der Philosophie der Sachlichkeit* einmal mehr die *Angst des Mannes vor dem Weiblichen* steht.

Kulturelle und psychische Faktoren

Im allgemeinen Trend der modernen Kultur, Wissen und Macht immer enger miteinander zu verbinden und die Kluft zwischen Wissen und Liebe immer mehr zu verbreitern, haben sich kulturelle und psychologische Faktoren gegenseitig verstärkt: Aufgrund der Technisierung und Mechanisierung der Arbeit spaltet sich die menschliche Welt in den mütterlich-emotionalen Bereich der Familie und in den väterlich-rationalen Bereich des Berufs. Zudem wird durch die individuelle »Züchtung« des männlich-rationalen und emotionslos-abgehobenen Denkens die *kollektive Tendenz zur forcierten Rationalisierung* ständig gefördert. Im persönlichen Leben des erwachsenen Mannes aber, der mit der wissenschaftlichen Informationsflut und dem Erlernen ständig neuer Techniken präokkupiert ist, bleibt für die Liebe nur noch wenig Raum. Schon vor mehr als 50 Jahren schrieb *Freud* in seiner Schrift »Das Unbehagen in der Kultur« (1930), daß der Mann die Energie, die er für kulturelle Leistungen verbraucht, zum großen Teil den Frauen und dem Sexualleben entziehen muß. Dies führte Freud zu dem pessimistischen Schluß, daß *Liebe mit den Interessen der Kultur prinzipiell unvereinbar* sei und deshalb der Fortschritt der Kultur mit dem Preis der individuellen Neurose bezahlt werde.[33] Dem ist allerdings entgegenzuhalten, daß Freud selbst dem objektivistischen Denkstil in hohem Maß verhaftet war, was unter anderem darin zum Ausdruck kommt, daß er von den Bezugspersonen des Kindes und des Erwachsenen immer nur als von Liebes-Objekten spricht. Wer aber in der objektivistischen Geisteshaltung mit ihrer unüberbrückbaren Subjekt-Objekt-Spaltung die einzig mögliche Geisteshaltung des Menschen sieht, hat tatsächlich Anlaß zum Pessimismus.

Von völlig anderen Voraussetzungen ausgehend, reflektiert *J.-P. Sartre* als ein typischer Exponent modernen Philosophierens das Dilemma von Liebe und Macht. Auch er erweist sich als ein eminent männlicher Denker, wenn er Autonomie und Freiheit mit Liebe für prinzipiell unvereinbar hält, weil die *eigene Freiheit nur gewahrt werden könne, wenn das Ich den Andern zum Objekt macht* und gerade dies den Geliebten als Subjekt zerstört.[34] Dabei illustrieren Sartres Obsession von der Vorstellung des Klebrigen und sein Ekel vor allem Organisch-Fleischlichen geradezu klassisch die Angst des männlichen Ich vor dem Sog des Weiblich-Mütterlichen.[35] Gegen diesen Sog des »immanenten« Daseins setzt Sartre die gewaltige Anstrengung der autonomen Existenz, sich einen transzendenten Raum der Freiheit zu bewahren, der – nach dem Verlust der Gottesidee und damit auch dem Verlust ontologisch begründbarer objektiver Werte – nur das Nichts als der Ort des Nicht-Festlegbaren sein kann. Dabei hat Sartre versucht, seinen existentialistischen Nihilismus mit einer humanistischen Ethik zu verbinden, und sah im *stolzen Aushalten der absoluten Ungeborgenheit* die reife Haltung des bewußten Menschen.

Demgegenüber sind die nihilistische Philosophie des *Futurismus* und der ihm folgende *Faschismus* den unmenschlichen Weg der *Gewaltverherrlichung* gegangen. Auf diesem destruktiven Wege findet das autonome Subjekt eine letzte Genugtuung in der *Vernichtung des Objekts*, wobei es die Vernichtung seiner selbst in einer Art ekstatischer Todesumarmung in Kauf nimmt. Hier berühren sich auf pathologische Weise der Wille zur Destruktivität und der verdrängte infantile Wunsch zur Rückkehr in den Mutterschoß.[36]

Unbewußte Motivationen

Aber so wenig die Wissenschaft ihre eigene emotionale Substruktur in ihrem Über-Engagement für objektivistische Formulierungen und manipulative Anwendungen des Wissens erkennt, so wenig waren sich die Philosophen aller Epochen der *sexistischen Vorbedingungen* ihrer geistigen Konzepte bewußt. Was sie für universelle und unveränderliche Grundkategorien des menschlichen Daseins hielten, waren oft nur die Voraussetzungen für typisch männliche Grundkonflikte, wie sie – historisch und biographisch gesehen – aus den grundverschiedenen Startbedingungen beider Geschlechter entstanden sind und immer noch entstehen. Am beunruhigendsten ist freilich, daß unsere Spitzentechniker, von denen unser aller Schicksal weitgehend abhängt, sich weder der philosophischen Voraussetzungen noch der psychologischen Hintergründe ihres Handelns auch nur im entferntesten bewußt sind. Nur gelegentlich verraten sie etwas von den tief unbewußten Motivationen, von denen ihr Handeln gesteuert wird durch unbekümmerte verbale Aussagen, deren drastischer Symbolgehalt unmißverständlich ist. Das entlarvendste Beispiel hierfür stammt aus der Endphase des Zweiten Weltkrieges: *Die erste*

Atombombe, welche die Starphysiker Amerikas im Atomzentrum Los Alamos konstruierten, trug den liebevollen Namen »little boy«, und als sie 1945 in Hiroshima gezündet war, traf von dort das Erfolgstelegramm von E. Teller ein mit dem traditionellen Jubelruf von Geburtsanzeigen »It's a boy«. Während 100 000 Menschen in Hiroshima einen qualvollen Tod starben, feierte das Physiker-Team in Amerika in kindlicher Ausgelassenheit seine Männergeburt. Die relativ jungen Wissenschaftler, von denen R. Jungk[37] sagt, sie hätten wie »eher banale Menschen voller Unsicherheit« gewirkt, hatten offenbar *ihre ganze »Libido« in die Bombe investiert und sich mit der Allmacht ihrer Sprengkraft identifiziert.* »Wir leben«, sagte Aron mit bitterer Ironie kurz vor seinem Tode 1983, »in einer Welt viriler Waffen und impotenter Männer«.[38] Dabei werden wir durch die eigene Wortwahl der Physiker auf die groteske Parallele zu jenen »primitiven« Pflanzern (Abelam) in Neuguinea aufmerksam, die voller Hingabe und unter sexueller Abstinenz ihre riesigen Yamsknollen züchten und sie zu ihren leiblichen Kindern erklären (vgl. S. 123). Wie in der phallischen Form der Yamswurzeln so scheint im *Riesenphallus der Bombe* all jene genitale Potenz gespeichert zu sein, welche die Männer ihren Ausgeburten opfern. Hier schließt sich der Kreis vom Männerhaus zur spätpatriarchalen Zivilisation, nur daß die heutigen Männer den uralten Gebärneid mit weit gefährlicheren Knaben kompensieren.

40 Jahre nach Hiroshima steht die letzte Erfüllung des männlichen Schöpfertraums kurz vor seiner Vollendung: die tatsächliche Zeugung von Kindern ohne die Frau – in keuscher Ehe mit der Natur. Die *ungeheuerlichen Konsequenzen der möglichen Genmanipulation*, der Erzeugung des Homunkulus in der Retorte und seiner beliebigen Vervielfältigung (In-Vitro-Fertilisation und Kloning) sind heute noch gar nicht absehbar. Fest steht jedoch schon jetzt, daß ihre Realisierung nur durch Aufbietung aller unserer moralischen Kräfte auszuschließen sein wird. Hierbei stellt sich die Frage, woher eine Zivilisation, die alle ethischen Probleme so lange verdrängt und zum wichtigsten Maßstab ihres Handelns technische Machbarkeit und wirtschaftliche Nützlichkeit erhoben hat, diese moralische Kraft nehmen soll.

Die »Andere Stimme«

Moralische Vorbilder gäbe es durchaus, denn die *Grundlegung einer universellen Ethik gehört ebenso zur männlichen Geistesgeschichte* wie ihr Logozentrismus oder ihr Wille zur Macht. Es gab und gibt sie noch immer, »die Andere Stimme«, die sich zum Anwalt der »*Ehrfurcht vor dem Leben*« macht,[39] aber es ist die Stimme der einsamen Rufer, auf die man sich gerne wortreich bezieht, die aber niemals gesellschaftliche Macht besaß. Kulturhistorisch gesehen ist der *Ruf nach universeller Menschlichkeit die Antwort auf die unmenschlichen Bedingungen der patriarchalen Herrschaft. Buddha* (ca. 560–480 v. Chr.), der als einer der ersten die Botschaft des Mitleids und die radikale Absage an jede Form von Gewalt verkündete, stammte selbst aus fürstlichem Geblüt, und seine geistige Erleuchtung begann mit dem moralischen Schock bei seiner ersten Begegnung mit dem Elend der unterdrückten Massen. Angesichts der endlosen Kette ihrer Leiden sah er allerdings die Möglichkeit einer Rettung nur im heroisch-geistigen Verzicht auf das Leben selbst: Durch Meditation und freiwilliges Erlöschen des Willens zum Leben versuchte er den leidenden Menschen einen Weg zu zeigen, sich und andere aus dem »Rad der Qual« zu erlösen.

Das Abendland verdankt die *Idee der Menschenliebe* in ihrer umfassenden Form erst der spätantiken Philosophenschule der *Stoa*, die in einem Zeitalter grenzenloser Machtgier und Völkerversklavung ihre Stimme erhob und in vieler Hinsicht dem Christentum den geistigen Boden bereitete. Der stoische Humanitätsbegriff war im Gegensatz zur klassischen Antike sowohl *kosmopolitisch*, d. h., er schloß die »Barbarenvölker« ein, als auch *klassenlos* und *frei von sexistischen Vorurteilen*. Seneca (3–65 n. Chr.) lehrte, man solle auch Sklaven als seinesgleichen achten und lieben, und erstmals in der Geschichte der Philosophie schloß sich eine bedeutende Zahl von Frauen dem Kreis der Stoiker an. Sogar das Gebot der Feindesliebe nahm die Stoa bis zu einem gewissen Grade vorweg, wenn auch ihre Beziehung zu den Mitmenschen auf ein freundlich-distanziertes Wohlwollen beschränkt blieb, weil noch immer die Seelenruhe und die Losgelöstheit von allen Leidenschaften als das erstrebenswerteste Ziel des Menschen galt.

Bevor Christus im Gleichnis vom barmherzigen Samariter zur konkreten und aktiven Nächstenliebe aufrief, kannte die griechische Antike nur ein berühmtes Zeugnis unbedingter Nächstenliebe: das der *Antigone* in der Tragödie des Sophokles. Antigone aber steht noch ganz in der matrizentrischen Tradition und *beruft sich auf ungeschriebene heilige Gesetze*, wenn sie sogar ihr Leben opfert, um dem Bruder den Dienst einer würdigen Bestattung zu erweisen.

Verbindung matrizentrischer und patriarchaler Vorstellungen
Die *christliche Lehre* erscheint wie ein *Bindeglied zwischen der alten Ethik der matrizentrischen Kultur und der neuen, philosophisch begründeten Humanitätsidee*, indem sie die unbedingte Solidarität unter Blutsverwandten auf die Brüderlichkeit und Schwesterlichkeit aller Menschen ausdehnt. Auch im religiösen Sinn übernimmt das Christentum eine Mittlerrolle zwischen matrizentrischen und patrizentrischen Vorstellungen, indem es auf den patriarchalen Vatergott die Eigenschaft der liebenden Fürsorge überträgt, die vorher die Bona Dea besaß. Christus vergießt gleichsam als der letzte Heros sein Blut zum Heile der Welt, nun aber im Auftrag eines göttlichen Vaters, der sich der schuldverstrickten Menschheit erbarmt und nicht wie die alte Göttin deren vitales, sondern deren *moralisch-geistiges Überleben* garantiert. Auch in seiner Stellung zur Frau und zur Kreatur scheint Christus auf dem Schnittpunkt zweier menschheitsgeschichtlicher Entwicklungslinien zu stehen. Sein *liebevoller Umgang mit »sündigen« Frauen* und seine Lehre von der Auferstehung des Fleisches sind im Lichte der patriarchalen Ideologie geradezu skandalös. Und sein provozierendes Wort: »Wenn ihr nicht werdet wie die Kinder«, das sich so grundlegend gegen die Herrschaft der »Wissenden« über die »Unwissenden« und damit letzten Endes auch gegen die Unterjochung der Natur durch die Vernunft richtet, scheint aus einem vorpatriarchalen Lebensverständnis gespeist zu sein (was allerdings von der Kirche in die Aufforderung zur demütig-dümmlichen Haltung gegenüber den religiösen Autoritäten umgebogen wurde). Auf der anderen Seite unterstellt sich auch Christus seinem göttlichen Vater in absolutem Gehorsam und knüpft an die asketische Tradition spätjüdischer Sekten an, die durch Fasten und Beten ein Reich suchen, das nicht von dieser Welt ist.

Verdankt das Christentum seine überaus rasche Verbreitung wahrscheinlich gerade dieser Zwischenstellung, welche die vielschichtigen Sehnsüchte der spätantiken Epoche zu befriedigen vermochte, so spiegelt auch seine 2000jährige Geschichte die Ambivalenz seines Gedankenguts. Hin- und Hergerissen *zwischen Lebensbejahung und Lebensverneinung*, diesseitigem Engagement und asketischer oder mystischer Jenseitigkeit, bringt es die widersprüchlichsten Protagonisten hervor. Mit der Mönchsregel von Armut, Gehorsam und Keuschheit entwirft die christliche Tradition das Anti-Ideal zum antiken Helden, um später die Heldenidee durch die Kreuzfahrer, die spanischen Ritter der Reconquista und andere Streiter für die Sache Christi neu zu beleben. Neben Gestalten wie Franziskus von Assisi, der Ernst macht mit echter Brüderlichkeit und die Natur in die Liebe zu den Mitgeschöpfen einbezieht, oder Vinzenz von Paul, der seinen Samariterorden mitten hinein in das weltliche Leben stellt, stehen die scholastischen Lehrer mit ihrer patriarchalen Denktradition oder die Inquisitoren mit ihrem finster-dogmatischen Gottesbild. Der breite Strom des kirchlichen Lebens aber floß bald, gestützt durch feudale Strukturen und deren philosophische Rechtfertigung, in den alten Flußbetten der Macht, ein Strom, der die eigentlichen Bekenner der Lehre Christi öfter verschlang als nach oben trug.

Dieser zwielichtigen christlichen Tradition entspricht die zwiespältige Haltung, welche die *Aufklärung* dem Christentum gegenüber einnahm. Den Machtanspruch der Kirche und die geistige Zensur der Theologie verwerfend, versuchte sie die *ethische Substanz der christlichen Botschaft* zu retten. Dabei blieb allerdings die Aufklärung selbst *in den unaufgelösten Antinomien befangen*, die ein Erbe des abendländischen Denkens sind: Auch sie vermochte die Kluft zwischen Natur und Geist nicht zu schließen und schwankte zwischen der pessimistischen Einschätzung der menschlichen Natur als eines reißenden Wolfs (Hobbes) und der optimistischen Annahme eines unschuldigen Naturzustandes vor dem gesellschaftlichen Sündenfall der Herrschaft (Rousseau) hin und her. Hier wiederholt sich der alte theologische Widerspruch zwischen den Begriffen der sündigen Natur und dem natürlichen Licht der Vernunft, zwischen der Idee der eingeborenen Verderbtheit, die nur durch göttliche Gnade zu überwinden sei, und dem Vertrauen auf die eingeborene Moral, die in der Stimme des Gewissens zur Geltung kommt. Auch Kant als der vielleicht redlichste Denker der neuzeitlichen Philosophie blieb diesem Antagonismus verhaftet. In seiner Schrift »Zum ewigen Frieden« setzt er die Verderbtheit der menschlichen Natur ebenso voraus wie die Würde der intelligiblen menschlichen Existenz und sieht die Rettung nur im Sieg des Geistes über die natürlichen Neigungen. An diesem Dilemma zwischen Geist und Natur oder, in den ethischen Kategorien von Kant, zwischen Pflicht und Neigung kranken alle großen Utopien der abendländischen Geschichte von Platon über Bacon und Hobbes bis zu Marx und Skinner. In all diesen Entwürfen für eine bessere Welt steht die *Idee der perfekten Vernunftregie höher als der Gedanke an die vertrauensvolle Zusammenarbeit zwischen den Menschen*, und immer bleibt die Trennung zwischen den planenden Subjekten und den zu verplanenden Objekten bestehen, die den Keim jenes Rigorismus in sich trägt, der ideale Ordnungen in Gewaltherrschaften umschlagen läßt. Auch die heutigen freien Staaten sind auf dem Weg zu einem elitären Expertentum, bei dem wenige »Wissende« den Lebensrahmen für die »Laien« abstecken und gleichzeitig von ihnen fordern, das »Restrisiko« auf sich zu nehmen, das ihre grandiose Planung mit sich bringt.

Alte Kategorien überwinden

Zuletzt aber sollen wenigstens zwei große Denker unseres Jahrhunderts genannt werden, deren Lebenswerk darum kreiste, die Dichotomien (Zweiteilungen) der alten Denkkategorien zu überwinden und den einseitig rationalen Logozentrismus durch einen umfassenderen Vernunftbegriff zu ersetzen. Der eine ist *Karl Jaspers* (1883–1969), welcher der begrenzten »Weltorientierung« durch die Wissenschaft die *»Existenzerhellung«* der menschlichen »Grenzerfahrungen« zur Seite stellt und mit seinem Denken des »Umgreifenden« die *Subjekt-Objekt-Spaltung des Menschen zu übersteigen versucht.* Bleibt das Metaphysisch-Umgreifende als das Transzendente nur Ahnung für den Menschen, so erfährt er seinen eigentlichen existentiellen Grund in der Kommunikation mit dem Du und mit der Welt. Für Jaspers ist Kommunikation die wesentliche Kategorie des Menschseins überhaupt (und dies unterscheidet ihn diametral vom Existentialismus Sartres), die sich einerseits in allen Formen mitmenschlicher Liebe verwirklicht und andererseits im Erkenntnisprozeß, bei dem sich das erkennende Subjekt verstehend in das Wesen der Dinge hineinbegibt und sich von ihm berühren und bereichern läßt, ohne die Macht über den Erkenntnisgegenstand anzustreben.

Neben Jaspers, dessen geistiges Erbe Hannah Arendt weiterführte, war es *Erich Fromm* (1900–1980), der aus seiner psychoanalytischen Sicht die Grenzen zwischen Subjektivität und Objektivität beziehungsweise zwischen Irrationalität und Rationalität neu gezogen hat: Gefühl ist für ihn nicht identisch mit Irrationalität, und mechanistisches oder merkantiles Denken nicht gleichbedeutend mit Rationalität und Vernunft. Den irrationalen Suchtcharakter des macht- und besitzbesessenen Denkens entlarvend stellt er der »Marktorientierung« unserer Zivilisation einen produktiven Orientierungsrahmen gegenüber, der Liebe und emotionale Werterkenntnis ebenso einschließt wie intellektuelle Information. Mit seinem Begriff der *Liebe als einer rationalen, d. h. vernünftigen Kategorie des menschlichen Geistes* schlägt Fromm eine Brücke zwischen »Erosordnung« und »Logosordnung«, wie Erich Neumann den matrizentrischen und den patriarchalen Lebensentwurf genannt hat. Damit verbindet er nicht nur Wissen und Liebe, sondern versucht auch Politik mit Liebe zu versöhnen, indem er die verständnisvolle Annäherung der Völker und die Friedenssuche für weit rationaler hält als ein letztlich irrationales Vertrauen auf die Demonstrationen der Macht.

Freilich macht sich derjenige, der sich der Philosophie der Macht nicht beugt und die Liebe zum Leben ins Zentrum seines Philosophierens stellt, in unserer auf die »harten« Wissenschaften eingeschworenen Kultur schnell lächerlich oder des Sektierertums verdächtig. Deshalb riskierte Fromm seinen Ruf als wissenschaftlicher Psychoanalytiker ebenso wie seine Akzeptanz in der Frankfurter Schule als Mitstreiter der linken kritischen Philosophie. Denn ob im rechten oder linken politischen Lager, in der theistischen oder atheistischen Denktradition, überall scheint über den Toren der Männerhäuser bis heute als geheimer Einweihungssatz das Wort Schillers zu stehen: »Das Leben ist der Güter höchstes nicht.«

8. Die Konstruktion der Geschlechter-»Mythen«

Jenseits von den besonderen, einzelnen Lebensschicksalen und damit jenseits von der Fülle des Lebens und der Realität (dem Vielen) hat sich die Philosophie vom Denken des Einen (männlichen) Geistes her ihre eigene Konstruktion der Geschlechterrollen geschaffen. War der Mann auf seiner Suche nach sozialer Identität ursprünglich davon ausgegangen, nichts Vergleichbares sein zu können gegenüber dem, was die Frau von Natur aus ist, und suchte er durch seine Abtrennung von allen weiblichen Daseinsformen sein Mann-Sein als ein Nicht-Weibliches zu definieren, so verwandelt er diese Negativ-Definition in eine positive Bestimmung, indem er das *Mann-Sein zum eigentlich schöpferischen Prinzip* und damit zum wesentlichen Mensch-Sein proklamiert. Das Männliche wird dabei zu einer geistigen Kraft, die mit einem Transzendent-Göttlichen in Verbindung steht und sich von dorther die Natur und die Materie untertan macht.

Identifikation von Frau und amorpher Materie

Nachdem der männliche Geist der Natur ihre Schöpferkraft entzogen und sie zur amorphen Materie degradiert hatte, konnte er sie gefahrlos wieder mit der Frau identifizieren: Wie die Materie nur ein plumper Schatten ist ohne den Geist, so ist die Frau das inferiore Wesen, das an einer »natürlichen Unvollkommenheit« leidet (Aristoteles/Thomas von Aquin), während der Mann als das direkte Ebenbild Gottes der Frau etwas von seiner größeren Seinsfülle vermitteln kann.

Folgen wir dieser Logik, so würde sich das *Verhältnis Mann-Frau* zunächst als ein *Väterlich-Töchterliches* konstituieren, wie es in den Göttermythen der patriarchalen Hochkulturen und auch in der Erschaffung Evas aus Adam tatsächlich erscheint und wie es sich in der Expertenhaltung des Mannes gegenüber der im engen häuslichen Kreis verhafteten Frau bis heute spiegelt. Zu diesem Vater-Tochter-Verhältnis, das von der *geistigen Überlegenheit des Mannes* ausgeht, kommt aber noch eine andere Polaritätsebene hinzu. Die Frau wird nicht nur als ein unvollkommenes, sondern als ein moralisch zweifelhaftes Wesen gesehen, weil sie mit ihrer Nähe zur Natur den Mann und seine geistige Existenz in die Niederungen der Materie zurückzuziehen droht. Deshalb stellt Pythagoras sie auf die Seite des Chaos und des Bösen. Erst aus der Minderwertigkeit der Frau im Sinne der Unreinheit oder Sündhaftigkeit konstituiert und rechtfertigt sich das *Verhältnis Herr-Sklavin/Magd* als eine moralisch *notwendige Unterjochung des »unreinen« Weiblichen durch das »reine« Männliche*. Aus der einen oder anderen Voraussetzung oder aus beiden zusammen lassen sich – scheinbar – alle *Geschlechter-Polarisierungen* ableiten, wie sie uns zuerst von Pythagoras überliefert sind und wie sie sich in allen späteren Geschlechter-Polarisierungen mehr oder weniger wiederholen. Das nachfolgende Schema stellt die wichtigsten dieser Gegenüberstellungen zusammen und zieht zum Vergleich die sexistisch gedeuteten komplementären Gegensätze von Yin und Yang heran.

Diese auf den ersten Blick erstaunlich gleichsinnigen Polarisierungen zwischen weiblich und männlich weisen doch in einigen Punkten deutliche Gegenläufigkeiten auf, an denen historische Wandlungen, aber auch *prinzipielle Ungereimtheiten in bezug auf die Geschlechtermythen* abzulesen sind. So fällt auf, daß Pythagoras das Bewegende dem Weiblichen zuordnet, während sowohl im Chinesischen wie im übrigen abendländischen Denken das Aktiv-Bewegende immer das Männliche ist. Pythagoras' männlicher Gegenpol, das Ruhende, ist freilich nicht gleichbedeutend mit dem Passiv-Empfangenden, als welches das Weibliche in den übrigen

Pythagoras (570 v. Chr. – ?)*		Yin-Yang-Symbolik der Philosophenschulen ab Konfuzius (551–479 v. Chr.)**		Weitere Polarisierungen der abendländischen Philosophie	
Weibliches	– Männliches	Weibliches	– Männliches	Weibliches	– Männliches
Chaos	– Kosmos	Urwasser Feuchtes Erde	– Geist Trockenes Himmel	Materie Erde	– Geist Himmel
Finsternis	– Licht	Dunkles	– Helles	Irrationales Subjektives	– Rationales Objektives
Bewegendes	– Ruhendes	Hingebendes Empfangendes	– Bewegendes Starkes	Passives	– Aktives
		Kaltes	– Warmes	Gefühl/Herz/Seele	– Verstand/Kopf/Geist
Krummes	– Gerades	Kontraktion	– Ausdehnung	Systole	– Diastole
Vieles	– Eines			Ganzheitliches	– Zerrissenes Spezialisiertes
Unbegrenztes	– Begrenztes			Geschlossenes, in sich Ruhendes Immanenz	– Offenes Zentrifugales Transzendenz
Linkes Böses	– Rechtes Gutes	Negatives	– Positives		
		Diener Sohn	– Fürst Vater	Sklave/Sklavin Knecht/Magd	– Herr

* *Zit. nach R. Eisler, Philosophenlexikon, Berlin 1912, S. 577. Aus den 10 Gegensatzpaaren, die Aristoteles (Metaphysik I, S. 986a) zitiert, sind hier weggelassen: Quadrat/Rechteck, Ungerades/Gerades (als unteilbare und teilbare Zahlen). Dafür eingefügt ist der Kosmosbegriff von Pythagoras.*

** *Zit. nach J. C. Cooper, Lexikon der traditionellen Symbole. Wiesbaden 1986, S. 217 und H. J. Störig, Kleine Weltgeschichte der Philosophie, S. 98f.*

Schemata erscheint. Seine Auffassung wird nur daraus verständlich, daß er – in Anlehnung an indische Vorstellungen[1] – die Frau im sexuellen Sinn für das aktivere Geschlecht hält. Dem kontrastiert das In-sich-Ruhen des männlichen Geistes, der sich aus dem Getriebe des Lebens zurückzieht. Im Gegensatz zu Pythagoras ergibt sich in der chinesischen Symbolik aus der Gleichsetzung des Weiblichen mit dem ursprünglich ungeschlechtlichen Naturprinzip Yin als dem Schattigen, Nächtlichen, Kalten und der Identifizierung des Männlichen mit Yang als dem Sonnigen und Warmen die Parallele Frau-kalt und Mann-warm. Hier wird die aktiv-lebenszeugende Seite des Männlichen betont, eine Sicht, die sich mit der Aristotelischen Auffassung berührt.

Es gibt aber noch einen zweiten, grundsätzlichen Widerspruch, nämlich in der Zuordnung des Einen bzw. des Vielen. Während in der griechischen Philosophie das Eine, in sich Ruhende, immer das Männliche ist, das dem Vielen und Unsteten des Weiblichen gegenübertritt, nehmen G. Simmel und E. H. Erikson[2] das Ganzheitlich-Geschlossene für das Weibliche in Anspruch, dem sie das Vielseitige und Zentrifugale als Männliches entgegensetzen. Dabei deutet Simmel den dynamischen Charakter des Mannes in einem doppelten Sinn: Als triebhaft Begehrender treibt es den Mann hinaus in die Welt, als Geistsuchender transzendiert er die Welt und erhebt sich zum Reich des objektiven Geistes. Deshalb ist er der Ruhelose, der tragisch Zerrissene, »halb Tier, halb Engel«, wie Simmel ihn nennt. Im Gegensatz dazu sieht er in der Frau den »eigentlichen Mensch(en)«, dem er ein geradezu »metaphysisches Wesen« zuspricht, das auch ohne den Mann in seinem mütterlichen Urgrund ruht und zu dem sich der Mann in seiner tragischen Existenz zurücksehnt.[3]

Spätestens an dieser Stelle wird klar, daß der patriarchale Geschlechtermythos seinen eigenen Rahmen sprengt. *Mit der Anrufung des Mütterlichen wird die prinzipielle Höherbewertung des Mannes von seinen regressiven Sehnsüchten unterlaufen.* Ist es nicht die alte Göttin, die uns da als »metaphysisches Wesen« der Frau entgegentritt, von dem Simmel sagt, daß »seine Geschlossenheitsform... von jeher einen Hauch von kosmischer Symbolik über die Frau gelegt hat«?[4]

Das gleiche wäre allerdings schon vom *Aspekt des Dämonischen* zu sagen, das ja hinter dem »Bösen« bzw. hinter dem Chaos steht, gegen das sich Pythagoras und nach ihm besonders die Neuplatoniker (und ein Teil der Kirchenväter) zur Wehr setzen. Auch hier scheint die *Angst vor dem »Großen Weiblichen«* hindurch, und diese Angst kann nur gebannt werden, wenn der dämonische Aspekt als selbständiges Prinzip abgespalten wird. In dieser Hinsicht folgt die Geschlechter-Konstruktion des Mannes genau der Logik der kollektiven Bilder, bei denen sich in der Mythologie der patriarchalen Hochkulturen ebenfalls die Todesdämonin von den übrigen Aspekten der Großen Göttin abspaltet. Nur dadurch wird es dem männlichen Geist überhaupt möglich, seinen Suprematieanspruch aufzubauen, indem er nun die Lichtseite und das Gute für sich beansprucht, eine Identifikation, wie sie durch alle Geschlechterpolarisierungen hindurch erhalten bleibt. Immer ist der Mann mit dem Himmel, dem Tag, dem Licht und dem Geist identifiziert, wenn es auch scheint, als ob ihm zeitweise kalt geworden sei in seiner Geisteinsamkeit und er sich deshalb den regressiven Fluchtweg zur guten Mutter nie ganz abgeschnitten habe.

Regressionswünsche des Mannes

Auch in der *Gegenüberstellung von Gefühl-Verstand* bzw. Seele-Geist, wie wir sie bei Rousseau und in der Romantik finden, verstecken sich uneingestandene Regressionswünsche des Mannes. Hier ist das Seelenhafte oder das Gefühlshafte das Wärmende und Belebende, aus dem der Mann die Kraft schöpft, zu seinen erhabenen, geistigen Werken aufzubrechen, während der aristotelisch-thomistische Seelenbegriff (Entelechie) die Kraft ganz in den Geist verlegt hat, der die Materie als das Weibliche erst zum Leben erweckt. Noch stärker tritt dann bei Goethe das Seelenhafte hervor, wenn *das »Ewig-Weibliche« zur Seelenführerin für den geistigen Individuationsweg des Mannes* wird (wie schon früher Dantes Beatrice), und dies erinnert ganz an die alten Eleusinischen Mysterien, in denen die Priesterin als Stellvertreterin der Großen Göttin den Adepten in die Geheimnisse des Lebens einweiht. Damit verkehren sich die Zuordnungen von Leben und Tod scheinbar wieder zugunsten der Frau, aber eben nur scheinbar: Obwohl das warme Herz der Frau den kühlen Kopf des Mannes inspiriert und zu den geistigen Höhen »hinanzieht«, bleibt dieser Kopf doch der Steuermann, der den weiblichen Lebenslauf diktiert.

Am Prinzip von Kontraktion und Ausdehnung, von Systole und Diastole, das Goethe so stark beschäftigt hat, wird noch einmal die ganze Künstlichkeit der Geschlechtermythen offenbar. Wieder orientiert sich hier die Polarisierung an komplementären Naturvorgängen – an Kontraktion und Ausschlag der Herzmuskulatur oder an Ausatmung und Einatmung –, wie schon die Yin-Yang-Entsprechungen aus den Naturrhythmen Nacht (Finsternis) – Tag (Licht), Winter (kalt) – Sommer (warm), Tod (passiv) – Leben (aktiv) entlehnt worden waren. Nun sind aber die komplementären Naturrhythmen prinzipiell nicht auf voneinander getrennte Wesen projizierbar: Es gibt keine Einatmung ohne Ausatmung, keine Muskelbewegung ohne vorherige Kontraktion, genausowenig wie es Leben ohne Tod oder Aktivität ohne Ruhepause gibt. Ein Mensch, der nur das eine oder das andere oder auch nur überwiegend das eine oder das andere besäße, ist undenkbar, wie ja auch ein Mensch mit Kopf ohne Herz oder mit Herz und ohne Kopf nicht existiert. Wenn man die Geschlechter-Typologien als das nimmt, als was sie sich präsentieren, nämlich als die naturgegebenen Konstanten des Weiblichen und des Männlichen, wie sie sich in den einzelnen Frauen und Männern zumindest akzentuell verwirklichen, so wird man in unauflösbare Widersprüche verwickelt. In die hoffnungslose Unlogik der Geschlechter-Konstruktionen ist überhaupt nur dann ein Sinn hineinzubringen, wenn wir sie einerseits als *Abwehrmechanismen und Unterwerfungsstrategien des Mannes gegenüber dem Weiblichen* und andererseits als die *Ergänzungs- und Geborgenheitswünsche der Männer an die Frauen* begreifen, *die mit der naturgegebenen Ausstattung von Mann und Frau gar nichts zu tun haben.*

Die rätselhafte Frau

Über die widersprüchlichen Anforderungen an die Frau und die widersprüchlichen Mythen über sie hatten sich schon die Feministinnen der ersten Frauenbewegung mokiert. Hedwig Dohm[5] hält dem bürgerlichen Frauenideal von der sittsamen und aufopferungsvollen Gattin die Faszination entgegen, welche die elegante Salondame und die pikante Demimondäne auf den Mann ausüben, und Rosa Mayreder[6] spricht von dem »halb teuflichen und halb göttlichen Wesen«, das der Mann aus der Frau gemacht habe, und dem er »Unterdrückung bis zur Sklaverei und Verherrlichung bis zur Anbetung« habe angedeihen lassen.

Dabei scheint es mir wichtig zu sehen, daß der männliche Mythos Frau eben nicht nur das Produkt der vielseitigen Ansprüche eines verwöhnten Herrschers ist, wie man dies dem unüberbietbar naiven Ausspruch Rousseaus entnehmen könnte, wonach die Frau von Gott vor allem dazu gemacht sei, dem Manne zu gefallen.[7] Als eine *Kombination aus Wunsch- und Fluchtbildern* ist das *chimärische und ewig rätselhafte Gebilde Frau* nicht nur *mehr*, als jede einzelne Frau zu leisten imstande ist, sondern zugleich auch *weniger*: Wenn wir dieses Ungeheuer genauer analysieren, so bemerken wir, daß es sich aus lauter Teilfiguren zusammensetzt, von denen jede eine Abstraktion darstellt. Als solche sind sie aber nicht nur ideelle Maximierungen, sondern auch vom Leben abgezogene Bilder, die unverbindlich sind, weil keine persönlichen Ansprüche von ihnen ausgehen. *Die Nixe und die Teufelin in der Gestalt des Vamp, die Puppe und die Dame als Repräsentationsfiguren, das Ewig-Weibliche als die göttliche Seelenführerin und die Mutter als die selbstlos Sich-Aufopfernde – sie alle haben einen gemeinsamen Nenner: Sie sind seelische Selbstversorger*, die ihr eigenes Energiepotential gewissermaßen selbsttätig reproduzieren. *Auf keinen dieser Teilaspekte muß sich der Mann wirklich persönlich beziehen.* Vor dem Vamp muß er sich schützen, der Dame schuldet er Ritterlichkeit, der Seelenführerin Verehrung und der Mutter kindlich-unverbindliche Dankbarkeit. Jede konkrete Frau, von welchem individuellen Charakter und in welcher realen Funktion auch immer, würde die Gegenseitigkeit der Beziehung fordern, das persönliche Sich-Einlassen des Partners auf ihre individuelle Person. Aber gerade davor haben viele Männer aufgrund ihrer Autonomie-Obsession eine abgründige Angst, weshalb sie die konkrete Frau sofort in ein Idol verwandeln. Für sie scheint der einzig angstfreie Austausch mit einer Frau darin zu bestehen, die Rechnung mit Geld oder mit Leistung zu begleichen – deshalb die unsterbliche Institution der käuflichen Frau und das hartnäckige Festhalten an der männlichen Rolle des Ernährers bzw. des Familien-Bankiers.

Wenn uns die psychotherapeutischen Erfahrungen der letzten Jahrzehnte eines gezeigt haben, so ist es dies, daß *mangelhafte Liebes- und Partnerschaftsfähigkeit* immer ein *Symptom für psychische Schwäche* ist, das sich sowohl *mit Hilfe von Machtstrategien als auch in Form von Vermeidungsstrategien* tarnen kann. Dabei sind die kollektiven Tarnungen der männlichen Schwäche in diesem Punkt deshalb so schwierig zu demaskieren, weil die Machtstrategien mit naiver männlicher Arroganz und selbstverständlichem Herrschaftsanspruch inszeniert werden und die Vermeidungsängste an die Scheingefechte der Idealisierung und Rationalisierung gekoppelt sind, die immer neue Abwehrstrategien gegen das Eingeständnis der eigenen Schwäche hervorbringen. Beides wird uns im nächsten Abschnitt im Zusammenhang mit dem Dilemma der Sexualität im Patriarchat noch eingehend beschäftigen.

Der Mythos vom Mann

Wie aber steht es mit den Mythenbildungen von seiten der Frau? Gibt es nicht auch eine Projektion weiblicher Wünsche und Ängste auf den Mann? Ich glaube, daß die Antwort auf diese Frage davon ausgehen muß, daß bis vor ganz kurzer Zeit der *Mythos vom männlichen Geschlecht nicht von den Frauen, sondern ebenfalls von den Männern gemacht* wurde. Die junge, unerfahrene Frau erwartete bei ihrer Heirat, daß der Mann ihres Lebens die Versprechungen einlösen würde, welche die Vertreter des männlichen Geschlechts von sich selbst gaben, nämlich geistige Überlegenheit, Stärke und Mut. Darüber hinaus erwartete sie von ihrer Ehe einen indirekten Zugang zur Welt der Kreativität, des Ansehens und der Macht.

Die persönliche Seite dieser Erwartungen verwandelte sich meist rasch in Enttäuschung, wenn die Frauen erkennen mußten, wieviel Anstrengung es den durchschnittlichen Mann kostet, die männliche Selbstillusion aufrechtzuerhalten, intelligenter und mutiger, aktiver und potenter zu sein als seine Partnerin. Wenn er das in Wirklichkeit nicht ist – und diese Möglichkeit ist bei durchschnittlich äquivalenter Begabung beider Geschlechter sehr groß –, so bedeutet dies einen *Dauerstreß für den Mann*, dem er sich auf die Dauer nur durch Flucht in die Arbeit oder durch Flucht in die Krankheit entziehen kann. Dieser Streß nimmt heute in dem Maße noch zu, als das Bildungsgefälle zwischen Mann und Frau abnimmt, das bisher die Illusion von der natürlichen Überlegenheit des Mannes zumindest teilweise aufrechterhalten konnte.

Was aber die Möglichkeit des *indirekten Gewinns an Macht und Einfluß durch die Stellung des Mannes* anbelangt, von welcher die Frauen seit Jahrtausenden Gebrauch machen, so hat dies nichts mit Projektion zu tun (die dafür dann beim Mutter-Sohn-Verhältnis eine um so größere Rolle spielt), sondern mit der kühl berechneten Wahrnehmung ihrer einzigen Chance. Wenn Simone de Beauvoir beklagt, daß so viele Frauen aus Bequemlichkeit und Opportunismus nicht für ihre Emanzipation kämpfen, so ist dies zwar richtig, doch sollte nicht übersehen werden, wie schwer es die Durchschnittsfrau mit Kindern hat, wenn sie sich wirtschaftlich und persönlich von ihrer herkömmlichen Rolle freikämpfen will.

Zur eigentlichen *Mythenbildung von seiten der Frau* kommt es, wenn auch begrenzt, erst heute unter feministischen Vorzeichen, seit die Frau der männlichen Unterdrückung auf allen Ebenen den Kampf angesagt hat. Hier stoßen wir auf eine gewisse Parallele zu den Feindbildern des

Mannes zu Beginn des Patriarchats, so wenig beide Erscheinungen im Hinblick auf das vorausgegangene Unterdrückungspotential vergleichbar sind. Wenn aber der Mann zum *Aggressor schlechthin* hochstilisiert und die dämonische Seite der (menschlichen) Natur einseitig auf ihn projiziert wird, so ist dies ebenfalls eine Mythologisierung, für die aber die Frauen im großen und ganzen weniger anfällig sind, weil ihnen das Verständnis für das konkret Menschliche seit jeher so viel näher liegt als der abstrakte Haß.

Symbiotische Beziehungsmuster

In den *gelebten Beziehungen* herrscht jedenfalls immer noch weitgehend die Symbiose nach Maßgabe der männlichen Geschlechtermythen und der daraus resultierenden *komplementären Rollenverteilung*.

Die symbiotische Konstellation als ein gegenseitiges Abhängigkeitsverhältnis, wie es Fromm am Beispiel der Herr-Knecht-Beziehung analysiert hat,[8] ist bei den Ehen der jüngeren Mittelschichten zwar im Abnehmen begriffen, hält sich jedoch hartnäckiger in den Unterschichten. Hinzu kommt, daß das Modell Herr-Knecht die umfassendere Konstellation Muttersklavin-Kindtyrann nur zum Teil abdeckt, weil die emotionale Abhängigkeit des Mannes zu wenig berücksichtigt wird. Dies wird besonders deutlich, wenn wir uns dem Begriff des *Machismo* zuwenden.

Wer diesen Ausdruck benutzt, ist sich selten der komplexen soziokulturellen Hintergründe bewußt, aus denen er stammt. In der spanisch-lateinamerikanischen Kultur ist er Teil eines Begriffspaares, dessen weniger bekannte Komponente der »*Marianismo*« ist.[9] Wenn wir von ihm ausgehen – ein Begriff, der wahrscheinlich auf archaischen Vorstellungen beruht und christlich überformt wurde – treten die psychologischen Motive des Machismo viel klarer hervor.

In der lateinamerikanischen Tradition gilt die *Frau* in mehrfacher Hinsicht als das *starke Geschlecht*: von großer physischer Kraft und leidenschaftlicher als der Mann gilt sie als aggressiv und gefährlich, zugleich aber als psychisch belastbar und von großer Leidensfähigkeit. Demgegenüber glaubt der Mann, nur seinen Kampfesmut und seine phallische Potenz einsetzen zu können, eine aggressive Potenz, die in den derben Sprachbildern des Machismo allgegenwärtig ist. Darin erscheinen die Niederwerfung der Frau und die Niederwerfung des Feindes als zwei auswechselbare Momente, die beide der Selbstbestätigung des Mannes dienen. Bei dieser Art »*phallischem Heldentum*« ist die Bezeichnung »Phallokratie« oder »Phallozentrismus« tatsächlich am Platze.

Kontrastierend dazu steht das *Ideal der Jungfräulichkeit* und ihr naher Kontext *zur Mütterlichkeit unter Ausklammerung der Sexualität*. Dieses Wunschbild als *Gegenstand männlicher Verehrung und Zuflucht* projiziert der Mann auf die Ehefrau, und dies verleiht ihr trotz der oft brutalen Behandlung durch den Ehemann den Status der moralischen Überlegenheit. Durch dieses psychische »Arrangement« bleibt der Mann sein Leben lang auf die Frau fixiert – ein Junggeselle oder Witwer, der allein lebt, ist undenkbar –, während die älteren Frauen, besonders die Witwen, ein recht selbständiges Leben führen. Nicht selten rächen sich diese für die Vorenthaltung ihrer Selbstbestimmung während eines langen, abhängigen Lebens, in dem sie sich im kleinen Kreis voller Verachtung über »die Idioten« von Männern lustig machen.[10]

In der modernen mitteleuropäischen und nordamerikanischen Gesellschaft stellt sich die eheliche Symbiose aufgrund anderer Produktionsverhältnisse und anderer religiöser und politischer Hintergründe ganz anders dar. Doch büßt auch hier, ungeachtet ihrer formalen Gleichstellung, die Frau ihre Integrität durch die Spaltung des menschlichen Lebens in den Bereich der Häuslichkeit und in den Bereich der öffentlichen Arbeit ein, weil bei der herkömmlichen sexistischen Zuordnung nur der Mann die Chance besitzt, ein politisch voll handlungsfähiges Wesen zu werden. Der Mann seinerseits bleibt aber emotional vom häuslichen Bereich und von der Frau abhängig, wobei sich sogar eine gewisse Parallele zwischen dem amerikanischen »Momism« und dem spanischen »Marianismo« ergibt. Durch die Vorstellung von einer allmächtig-gütigen Mutter, welche die Kindheit beider Geschlechter prägt, wird, nach der Schilderung Dinnersteins, die junge Frau in die Position eines »übernatürlichen Wesen(s) gedrängt, vor dem der Mann prahlt, zittert, sich brüstet und aus Angst vor Verschmelzung zu Stein erstarrt, und andererseits kommt sie sich vor wie ein schüchternes Kind, das unfähig ist, in sich selbst die ganze magische Macht zu entdecken, die sie als kleines Kind an der Mutter wahrnahm«.[11] Deshalb akzeptiert sie gerne das Angebot des um sie werbenden Mannes, wenigstens in allen außerhäuslichen Belangen ihr Beschützer zu sein, wobei beide auf ihre Art im Status von Kindern verharren. Mit dem Unterschied freilich, daß die *Männer sich mit der vollen Unterstützung der herrschenden Männergesellschaft als Erwachsene fühlen können, während sie insgeheim Kinder bleiben, und die Frauen offiziell als Kinder beschützt werden und inoffiziell die Bürden des Erwachsenseins tragen.*

Eine Folge dieser komplementären »Arbeits«-Teilung in bezug auf die Verantwortlichkeit für das Leben ist eine völlig *konträre Ausbildung des weiblichen und männlichen Selbstwertgefühls.* Als Resultat steht auf der weiblichen Seite die *Selbstlosigkeit* in dem doppelten Sinn, daß die Frau keine öffentliche Stimme hat, um ihre Rechte zu verteidigen, und mehr noch in dem Sinne, daß sie der Erwartungshaltung ihrer Umgebung entspricht, in jedem Fall die Bedürfnisse des Ichs zurückzustellen, um den Bedürfnissen des Du Vorrang zu geben – bis zu dem Punkt, an dem sie ihre eigenen Wünsche gar nicht mehr wahrnimmt, oder wenn sie sie wahrnimmt, dies von Schuldgefühlen begleitet ist.[12] Komplementär dazu steht auf der männlichen Seite schon allein vom Existenzkampf her – ganz abgesehen vom Zwang des Knaben zur Suche nach Identität und Autonomie – der Wille zur *Selbstbehauptung*, wobei die Rück-Sicht gegenüber dem Du weitgehend ausgeblendet, aber auch die eigenen körperlichen und seelischen Bedürfnisse unterdrückt und den Machtstrategien geopfert werden müssen.

Weibliche und männliche Krankheit

So führt auf beiden Seiten das Symbiose-Modell zu unausweichlichen *Einschnürungen und Verkürzungen der Persönlichkeit, worauf beide Geschlechter mit psychosomatischen Störungen reagieren,* sobald für den Mann der ökonomische Streß zu groß wird und die isolierte Situation der Kleinfamilie der Frau keine Ausweichmöglichkeiten mehr offen läßt.

Tatsächlich hat Krankheit als subjektive Erfahrung und als objektive Größe in unserer Gesellschaft einen Stellenwert, der in bemerkenswertem Gegensatz zu den Fortschritten der Medizin und der optimalen medizinischen Versorgung der Bevölkerung steht. Dabei sind *beim Mann die Streßkrankheiten* im Vordergrund, die unter Umständen schon in jungen Jahren tödlich verlaufen, wie überhaupt der Mann infolge seiner Leistungsorientiertheit seinen Körper rücksichtslos schädigt und *infolge seiner größeren Verdrängungsbereitschaft psychischer Spannungen zu schwereren Somatisierungen* neigt.

Frauen sind sich dagegen im allgemeinen in höherem Maße der psychischen Ursachen ihrer Beschwerden bewußt und rascher bereit, ärztliche und psychotherapeutische Hilfe aufzusuchen.[13] Die *bewußtseinsnäheren Symptome der Frau*, die von den verschiedensten körperlichen Beschwerden bis zu schweren Depressionen und Angstzuständen reichen und die schon Betty Friedan in den Lebenszusammenhang der Frauen gestellt hatte (das »Problem ohne Namen«), werden auch heute noch von den Ärzten selten als das diagnostiziert, was sie sehr oft sind: ein *Ausdruck des gestörten Austausches zwischen Ich und Umwelt* und des Zurückgeworfenseins auf die häusliche Situation mit ihrer Alleinverantwortung für die Kinder. Würde man sowohl die weibliche Krankheit, der immer noch etwas von dem unscharfen und negativen Begriff des Hysterischen anhaftet, als auch die männliche Krankheit ernst nehmen und nicht, wie die Medizin dies immer noch tut, nur symptombezogen bekämpfen, so könnte man an den hergebrachten sozialen Rollenkonzepten längst nicht mehr festhalten.

Nun gehört es aber gerade zu den Stereotypien der patriarchalen Geisteshaltung, alle störenden Faktoren aus ihrem Ideologie-Konzept auszugrenzen, und deshalb kann sie auch *Krankheiten* nicht als *Symptome einer »Kulturneurose«* wahrnehmen, sondern nur isoliert vom menschlichen Gesamtzusammenhang als *»Störfälle«*, denen man mit allen Schikanen der Wissenschaft zu Leibe rückt. Hier erweist sich das patriarchale Denken trotz aller Fortschrittsgläubigkeit als konservativ, wobei die *männliche Denkblockade gegenüber den sexistischen und soziokulturellen Hintergründen der psychosomatischen Erkrankungen* eine Parallele zu der Weigerung darstellt, im historischen Kontext die kulturrevolutionistischen Aspekte des Geschlechterkampfes zur Kenntnis zu nehmen.

Revision der Geschlechtertypologie

Was es allerdings schwer macht, sich von den Vorstellungen einer komplementären Geschlechtercharakterologie zu lösen, ist die unleugbare Tatsache, daß sich aufgrund der sozialen Rolle, die der Frau im Patriarchat gewaltsam aufoktroyiert wurde, tatsächlich typisch weibliche und typisch männliche Lebenseinstellungen herausgebildet haben, die den geteilten Aufgabenbereichen entsprechen – nur daß dabei Ursache und Wirkung in umgekehrtem Verhältnis zueinander stehen. So ist *die Frau in ihrer psychischen Einstellung ganzheitlicher* geblieben, *weil das Haus in seiner Ganzheit die Wahrnehmung der unterschiedlichsten Tätigkeiten bedingt*, während sich *der Mann in der spezialisierten Berufswelt notwendig einseitig* entwickeln mußte. Und weil die Frau und Mutter immer um das physische und psychische Wohl sämtlicher Familienmitglieder besorgt war, besitzt die durchschnittliche Frau die Fähigkeit der Einfühlung und der intuitiven Erfassung psychischer und sozialer Zusammenhänge in höherem Maße als der Mann, der dagegen in der beruflichen Konkurrenzsituation sein analytisches Denken und seine Fähigkeit zum strategischen Handeln sehr viel stärker geschult hat.

Es gibt jedoch *von der Anlage her keinerlei Intelligenz- und sonstige Begabungsunterschiede* (von einem kleinen Vorsprung der Frau in der

Sprachbegabung und des Mannes in der räumlichen Vorstellungsfähigkeit abgesehen), welche die Monopolisierung der intellektuellen, kreativen und organisatorisch-politischen »höheren« Berufe durch den Mann rechtfertigen würden. Was die stärkere Aggressivitätsveranlagung des Mannes betrifft, die, genetisch gesehen, immer noch umstritten ist, so gilt auch für sie, daß sie durch die soziale Rollenzuweisung verstärkt und beim Knaben von klein auf ermutigt wird, während man sie beim heranwachsenden Mädchen unterdrückt.[14] Auch die *verschiedenen Wertmaßstäbe* beider Geschlechter, die sich, wie Carol Gilligan gezeigt hat, beim Mann durchschnittlich stärker an sachlich-objektiven, bei Frauen stärker an persönlich-menschlichen Vorstellungen orientieren, stehen *in engstem Zusammenhang mit der verschiedenartigen Sozialisation der Geschlechter.*[15]

Ungeachtet solcher Klarstellungen durch die experimentelle Psychologie und Soziologie der letzten Jahrzehnte sind im allgemeinen Bewußtsein die sexistischen Zuordnungen der beiden grundlegenden Seelenkräfte – Gefühl und Verstand – kaum revidiert worden. Dabei hätten schon *Jungs »Psychologische Typen« (1920)* zeigen können, daß beide sowohl als Anlage wie auch als psychische Einstellung geschlechtsneutral sind. Dies aber blieb weitgehend unbeachtet, während Jungs Anima-Animus-Theorie sehr viel bekannter wurde. In dieser Theorie hatte Jung beiden Geschlechtern weibliche und männliche Seelenanteile zuerkannt, doch macht die feministische Jungkritik heute zu Recht geltend, daß Jung darin letztlich das patriarchale Rollenklischee nicht aufgab.[16]

Hingegen ist es in unserem Zusammenhang höchst aufschlußreich, sich mit seinen Begriffen »Introversion« – »Extraversion« und den von ihm so genannten »Hauptfunktionen der Seele« zu befassen. Die beiden *»allgemeinen Einstellungstypen«, wie Jung Extraversion und Introversion bezeichnet,* und die er für anlagebedingt hält, bestimmen weitgehend das Subjekt-Objekt-Verhältnis und die Art des Zugangs zur äußeren und inneren Wirklichkeit. Diese wichtigen psychischen Grundkonstanten verlaufen in ihrer typologischen Zuordnung *quer durch beide Geschlechter.* Dasselbe gilt für die vier Hauptfunktionen der Seele: Denken, Fühlen, Empfinden (Wahrnehmen) und Intuition (ganzheitliches Wahrnehmen). Es gibt weibliche Denktypen und männliche Fühltypen, sowie es männliche Intuitionstypen und weibliche Empfindungstypen gibt beziehungsweise jeweils das Umgekehrte. Und bei Männern und Frauen kann eine der vier Hauptfunktionen »minderwertig« sein, das heißt ins Unbewußte verdrängt werden.

Dazu kommt, daß Jung Denken und Fühlen überraschenderweise der gleichen Ebene zuordnet und sie als rationale Funktionen bezeichnet. Dies deshalb, weil beide das zufällige (irrationale) Material unserer Wahrnehmungen, die wir von außen empfangen, bewußt ordnen und dazu Stellung nehmen. Das Denken bringt sie in eine begriffliche Ordnung, das Fühlen ordnet das gleiche Material nach qualitativen Wertbestimmungen.

Einseitige Urteilsschulung

Es liegt auf der Hand, daß bei der einseitigen Erfahrungsschulung der Geschlechter im persönlichen Lebensbereich einerseits und auf der Sachebene andererseits jeweils verschiedene Urteilsfunktionen eingeübt werden und andere im Sinne Jungs »minderwertig« bleiben. Wie die *Frau in ihren Werturteilen oft sicherer und objektiver* ist als der Mann, zeigt sich der *Mann in der begrifflichen Verarbeitung von Informationen überlegen*. Deshalb kann es nicht verwundern, wenn Frauen ihren richtigen gefühlsmäßigen Werturteilen oft eine falsche sachliche Begründung geben, und wenn andererseits der Mann richtige Sachinformationen zur falschen Rationalisierung seiner verdrängten Gefühle benutzt. Dies sind Mechanismen, die zu permanenten Mißverständnissen und fruchtlosen Diskussionen zwischen Frauen und Männern führen, wie wir sie alle nur zu gut kennen.

Die jeweils einseitige Urteilsschulung der Geschlechter könnte sich durchaus zu einer *ganzheitlichen menschlichen Vernunft* erweitern, aber dies kann nicht nur dadurch geschehen, daß die Frau ihre Lücken im sachlich-begrifflichen Denken aufholt. Es wäre vielmehr erforderlich, daß auch der *Mann seine vernachlässigte Wertfunktion* und damit auch sein Einfühlungsvermögen kultivieren würde.

Erst die gleichmäßige Entwicklung beider rationalen Funktionen – die von Gefühl und Verstand – könnte auch die Kluft zwischen Kunst und Wissenschaft schließen helfen, die in unserer modernen Kultur völlig getrennte Wege gehen. Nicht von ungefähr empfinden wir den Künstler als weiblicheren Menschen als den Wissenschaftler. Die Kunst bringt ja die Leiden und Hoffnungen ihrer Zeit gefühlshaft wertend (nicht moralisierend) zum Ausdruck, während sich die Wissenschaft per definitionem wertneutral verhält, was in letzter Konsequenz unmenschlich ist.

Suche nach der weiblichen Identität

Alles in allem ist »das Weibliche« nicht ein polarer Gegensatz zu »dem Männlichen«, vielmehr ist *das Männliche, historisch gesehen, zunächst eine Abgrenzung gegenüber dem Weiblichen*, das von dieser Sonderposition aus einen Gegensatz zu sich selbst konstruiert und diesen »weiblich« genannt hat – mit allen Ungereimtheiten, wie wir sahen. *Das eigentlich Weibliche*, nach dessen Identität Feministinnen heute fragen, ist *ein in seiner Weiterentfaltung behindertes Urmenschliches, dessen zukünftige Umrisse wir höchstens erahnen können*, solange es noch keine Gelegenheit gibt, es uneingeschränkt zu verwirklichen. Soll dies aber gelingen, so muß der Mann einen großen Schritt aus seiner Sonderposition zurücktun oder zumindest einmal auf seinem Weg innehalten, um sich nach dem umzublicken, was er zum Schaden aller auf der Strecke gelassen hat. Umgekehrt ist es der Frau nicht möglich, unkritisch zu ihren archaischen Wurzeln zurückzukehren, ohne der geistigen Regression anheim zu fallen. Auch sie ist längst aus der magisch-mythischen Identifikation mit der Natur herausgetreten und steht deren vormenschlich-grausamen Aspekten mit der gleichen ethischen Reserve gegenüber wie der Mann, was auch sie in gewissem Sinne zur »Fremden« in der Natur macht. Nur wird sie dieses Befremden aus ihrer einfühlenden Haltung heraus nicht in die Unterjochung der Natur verwandeln wie der patriarchale Mann, sondern Ausschau halten nach einer weisen Balance zwischen steuernden Eingriffen in die Natur und der Akzeptanz eines tragischen Rests, der den Bedingungen des Lebens immanent ist.

Immer weniger kann sich die Frau auf das Wohl eines kleinen und überschaubaren Lebenskreises beschränken. Sie sieht sich *zum politischen Handeln gedrängt* und wird ihren Einfluß nur geltend machen können, wenn sie *an den öffentlichen Bewußtseins- und Entscheidungsprozessen und damit an der öffentlichen Macht teilnimmt*. Allerdings steht die Frau dabei heute deshalb vor so immensen Schwierigkeiten, weil sie in einem historischen Augenblick erstmals zum Reich des »objektiven Geistes« in Politik, Wissenschaft und Kunst zugelassen wird, in welchem die Einseitigkeit männlichen Denkens einen noch nie dagewesenen Höhepunkt erreicht hat.

Wenn heute eine Frau ernsthaft in die Wissenschaft einsteigen will, so steht sie vor einem Gerüst extrem manipulierter Vorannahmen, die wie riesige Vetos eine ganze Reihe wichtiger Fragestellungen von vornherein ausklammern, weil sie nur solche Forschungsgegenstände zulassen, über die quantifizierbare Aussagen möglich sind. Und wenn sie sich auf das Feld der Politik begibt, so sind dort die Machtpflöcke der hierarchischen Männergesellschaft eingerammt und gelten dort Spielregeln der zwischenmenschlichen Kommunikation, die für sie nicht nur eine Fremdsprache sind – die sie erlernen könnte –, sondern die sie aus ihrer Wertsicht nicht nachvollziehen kann noch will. Am ehesten scheint noch das weite Feld der Kunst für die Frau offen zu sein, doch gerät sie auch hier in einen Kunstbetrieb, der mittlerweile allen anderen Gesetzen mehr zu gehorchen scheint als den inneren Gesetzen der Musen. Aber mehr noch: Zu dem Zeitpunkt, an dem die Frau die weltgeschichtliche Bühne betritt und es ihr endlich zu beweisen gestattet ist, daß sie auf allen Lebensgebieten ebenso intelligent und kreativ sein kann wie der Mann – und zwar nicht als Ausnahmeerscheinung, sondern prozentual zum Bevölkerungsanteil –, müssen wir alle befürchten, daß der Vorhang fällt, bevor die Menschheit ihren tödlichen Kurs geändert haben wird. In diesem Augenblick gewinnt das alte *Yin-Yang-Zeichen* in seiner wahrscheinlich ursprünglichsten Bedeutung *als Lebens- und Todes-Symbol eine ganz neue Aktualität*. Umso entschlossener müßten die Frauen und mit ihnen alle, die das Leben lieben, ihr ganzes Gewicht in die Waagschale des Lebens werfen, nachdem die Protagonisten der männlichen Macht jahrtausendelang lieber die Ersten im Tode als die Zweiten im Leben gewesen sind.

9. Das Dilemma der Sexualität unter patriarchalen Vorzeichen

Es gibt einen alten amerikanischen Schlagertext, der das Dilemma der Sexualität aus der Sicht des Mannes sehr gut widerspiegelt:

> When you want them, you can't get them
> When you have got them, you don't want them.[1]

In diesem Ausspruch scheint mir mehr an männlicher Sexualpsychologie verpackt zu sein als in Dutzenden von sexualwissenschaftlichen Abhandlungen. Seine erste Zeile – wenn du sie willst, kannst du sie nicht bekommen – könnte zunächst ganz allgemein die Tatsache reflektieren, daß in der herrschenden Geschlechterordnung das sexuelle Wahlrecht offiziell dem Mann zusteht, was, jedenfalls unter den heutigen Verhältnissen, zur Folge hat, daß er immer auch einen Korb riskiert. Dies allein birgt schon Konfliktstoff genug, und wir werden uns mit den sexuellen Wahlmechanismen und ihren möglichen Frustrationen noch zu befassen haben. Seine eigentliche Brisanz erhält der zitierte Text aber erst aus der paradoxen Zusammenstellung der ersten mit der zweiten Zeile: Wenn du sie bekommen hast, willst du sie nicht. Hierin drückt sich ein männlicher Sexualkomplex aus, der nicht erst um die Jahrhundertwende entstanden ist, sondern der sich weit in der Kulturgeschichte zurückverfolgen läßt, und zwar nicht nur in der abendländischen Geschichte.

Distanzliebe
Im Liederzyklus Amrilkais aus der arabischen Helden- und Liebeslyrik des 6. nachchristlichen Jahrhunderts kommt eine ungenannte Frau zu Wort:

> Sie sprach: wenn ich dir geize
> und weig're den Genuß
> verdrießt dich's; und gewähr ich
> so macht dir's Überdruß.
> Übersetzung von Friedrich Rückert[2]

Auch hier also das gleiche Paradoxon, diesmal von der Frau aus gesehen: *Die Unerreichbarkeit der Frau scheint den Mann ebenso zu frustrieren wie ihre Erreichbarkeit.* Nach dem Zeugnis E. Bornemanns, einem der besten Kenner der antiken erotischen Literatur, beschimpfen auch die griechischen Schriftsteller die Frauen einerseits als frigide und andererseits als geil und unersättlich.[3]

Nun gibt es verschiedene Möglichkeiten, dieses Paradoxon zu interpretieren. Die harmloseste und zugleich oberflächlichste Interpretation bestünde im Hinweis auf die unleugbare Tatsache, daß ein festes sexuelles Verhältnis mit der Zeit etwas von seiner ursprünglichen Faszination und Leidenschaftlichkeit einbüßt, weil der *Gewöhnungseffekt* die Erregungskurve abflachen läßt. Diese Tatsache würde aber nur das Bedürfnis nach gelegentlicher Abwechslung rechtfertigen – und zwar von beiden Geschlechtern aus – und nicht ein derart prinzipielles Dilemma, um das es sich hier offensichtlich handelt. Diesem könnten wir näherkommen,

wenn wir den zitierten Schlagertext noch um einen Grad spitzer formulieren:
> Du willst sie, solange du sie nicht bekommen kannst,
> sobald du sie bekommen kannst, willst du sie nicht.

Dahinter aber würde sich sehr viel mehr verbergen als eine *Desensibilisierung* durch Gewöhnung. Tatsächlich nimmt in der typisch männlich-patriarchalen Liebeslyrik aller Epochen die Sehnsucht nach der Geliebten einen unvergleichlich viel größeren Raum ein als das erfüllte Liebesglück. Nicht nur die schmachtenden Minnelieder des mittelalterlichen Ritters an seine unerreichbare Dame legen den Verdacht nahe, daß der scheinbar glühend Liebende sein Ziel gar nicht erreichen will. Die »Tugendhaftigkeit« der Angebeteten ist durchaus Wunschbild und Projektion des Mannes, und nach den Wünschen der Frau wird dabei gar nicht gefragt.

Bis in unser Jahrhundert kommen Frauen in der Liebeslyrik nur selten mit ihrer wirklichen Stimme zu Wort, weil sie ganz in die Konventionen eingebunden waren, oder, wenn sie diese verließen, sich gezwungen sahen, unter einem (häufig männlichen) Pseudonym zu schreiben. Umso sprechender ist das wenige, das sich durchzusetzen vermochte und Zeugnis ablegt für das viel spontanere Liebesleben der Frau und für ihre offenkundige Enttäuschung über die körperentfremdete Liebe des Mannes. So ist etwa die Herzensdame in einem Vierzeiler des berühmten Minnesängers von Kürenberg (um 1300) höchst ungehalten über das »rücksichtsvolle« Verhalten des Ritters. Wir lesen – in neuhochdeutscher Übersetzung – folgendes:

Spät nachts stand ich vor Deinem Bett, Herrin, aber ich getraute mich nicht, Dich zu wecken –
»Dafür soll Dich Gott ewig strafen, schließlich war ich doch kein wilder Eber«
sagte diese ... Frau.[4]

Pia Holenstein, die diesen Vierzeiler kommentiert, bemerkt zu Recht, daß der Dichter selbst damit möglicherweise eine Parodie auf die höfische Minnekunst liefert, nach deren Regeln der Held seine Erquickung aus der qualvoll-süßen Aussichtslosigkeit seines Liebesabenteuers bezieht, während der ganze Zauber dahin wäre, sobald die Dame sich ungehörigerweise zum Vollzug der Liebe bereit erklären würde. Wirklich aus der Feder einer Frau stammen die Gedichte und Theaterstücke der Engländerin Aphra Behn aus dem 17. Jahrhundert, in denen sie sich rückhaltlos zur körperlichen Lust bekennt, die für sie einen unverzichtbaren Teil in der Ganzheit der Liebeserfahrung ausmacht. Besonders bemerkenswert ist ein von Angeline Goreau zitiertes Gedicht unter der Überschrift »The Disappointment«, in welchem die Dichterin das Stelldichein eines jungen Paares schildert. Auch hier verläßt die Frau das Rollenschema, indem sie sich gegen die »Zudringlichkeiten« des jungen Mannes nicht nur nicht wehrt, sondern diese offensichtlich begehrt. Aber gerade dies führt zum Fiasko, der junge Mann reagiert auf das aktive Verhalten der Frau mit Impotenz, worauf sich beide tief gekränkt zurückziehen.[5]

Niedere Minne
Die romantisierende Distanzliebe des ritterlichen Mannes ist aber nur die eine Seite. Die andere besteht im brutalen Ausleben der offiziell verschmähten »niederen Minne« an schutzlosen Frauen niederen Standes. Der adelige Mann hatte dazu reichlich Gelegenheit bei den von ihm abhängigen Lehnsleuten und Mündeln bis hin zu der im mittelalterlichen Europa bezeugten Sitte der *jus primae noctis*. Aus den Städten des 15. Jahrhunderts wissen wir, daß sich die Söhne der eingesessenen Stadtbürger zu *Junggesellenbanden* zusammenschlossen und regelmäßig zu kollektiven Vergewaltigungen in die Häuser der armen und familiär ungeschützten Frauen auszogen. Soweit sich die Obrigkeit überhaupt um solche Vorkommnisse kümmerte, konnte sie diesem Treiben nur mit der Einrichtung offizieller *Stadtbordelle* begegnen, die es in allen europäischen Städten gab und die den Schutz der Stadtväter genossen.[6]

Daß nicht nur junge Männer oder arme Junggesellen, für die der eheliche Stand unerschwinglich war, die öffentlichen Häuser besuchten, sondern gerade auch die wohlbestallten bürgerlichen Ehemänner, wirft ein Licht auf die sexuellen Probleme der Männer dieser Zeit, Probleme, die sich nicht einfach aus dem prüden Verhalten ihrer Ehefrauen ableiten lassen, wie argumentiert werden könnte. Ganz im Gegenteil scheinen sich die mittelalterlichen Frauen ungeachtet der christlichen Erziehung ihre vitale Ursprünglichkeit bewahrt zu haben, sonst könnte nicht Erasmus v. Rotterdam in seinem Traktat über die Ehe bemerken, es gäbe nur wenige Frauen, die über zu großes Liebesverlangen ihrer Männer klagten, hingegen viele, die sich vernachlässigt fühlten.[7] Demnach bestünde die plausibelste Erklärung für die Bevorzugung der wehrlosen und der prostituierten Frauen darin, daß der patriarchale Mann des Faktums der *physi-*

schen Einschüchterung der Frau oder/und ihrer moralischen Erniedrigung bedurfte, um sich potent zu fühlen, in jedem Fall aber der *Gewißheit, der einseitig aktive Teil zu sein.*

Schon vor dem bisher erörterten Hintergrund zeichnet sich ab, daß zwei scheinbar völlig entgegengesetzte männliche Verhaltensweisen, nämlich die der sexuellen Flucht vor der Frau und diejenige der sexuellen Demütigung der Frau, möglicherweise eine gemeinsame Wurzel besitzen, und zwar *sexuelle Insuffizienzgefühle* von Seiten des Mannes. Auch die klassische Ausprägung des Machismo weist bei näherem Zusehen in die gleiche Richtung. Die *Fixiertheit des Macho auf seine phallische Kraft und seine Besessenheit*, sich und anderen diese Kraft stets aufs neue zu beweisen, können wir eigentlich nur als Kompensation für eine grundlegende Unsicherheit verstehen und dies besonders im Zusammenhang mit den gesellschaftlichen Ritualen des Machismo, die sich als ein System sexueller Sicherheitsvorkehrungen begreifen lassen: Zunächst soll das für die Ehe zu gewinnende Mädchen völlig unerfahren sein und muß sexuellen Widerstand zumindest vortäuschen, was den Mann als den Aktiven erscheinen läßt und ihn vor jedem Zugzwang bewahrt. Sobald sich aber der sexuelle Kontakt in der Ehe zu etablieren beginnt, flüchtet sich der typische Macho in Außenbeziehungen, bei denen *er* die Frequenz der Begegnungen bestimmen kann und aus denen er zugleich das Suprematiegefühl bezieht, das ihm nach herrschendem Moralcodex über schamlos willige Frauen zusteht. Demnach wäre die vielgeschmähte *doppelte Moral der Männer* nicht einfach die Ausgeburt des schieren Machtmißbrauchs und des Zynismus, sondern eine – wenn auch unbewußte – *Taktik, die gefürchtete sexuelle Gleichberechtigung in der Partnerschaft nicht aufkommen zu lassen.*

Was aber das Phänomen der Vergewaltigung betrifft, so wird man dessen psychologische Wurzeln niemals voll erfassen, so lange man dem Mythos verfallen bleibt, es handle sich dabei um ein Überschuß-Phänomen männlicher Potenz. Am nächsten kommen wir den Entstehungsbedingungen für die *Bereitschaft zur Vergewaltigung* vielleicht in ihren weniger spektakulären Formen, nämlich in der *Form sexueller Nötigung in der Ehe.* Unzählige Frauen machen die ihnen rätselhafte Erfahrung, daß ihr Mann häufig dann zu einer sexuellen Annäherung bereit ist, wenn sie selbst offensichtlich kein Interesse zeigen, und umgekehrt, daß sich der Mann gerade dann gleichgültig verhält, wenn sie ihrerseits zur sexuellen Vereinigung bereit wären. Die Häufigkeit dieser Erfahrung kann kein Zufall sein, und sie führt in der ehelichen Praxis keineswegs in erster Linie zur physischen Nötigung oder gar zur Vergewaltigung, sondern sehr oft zur *gegenseitigen Abkühlung und zum langsamen Erlöschen der sexuellen Beziehung* – getreu dem resignativen Ausspruch: »if you want them you can't get them, if you have got them, you don't want them«. Mit anderen Worten: Wenn die Frau ihre sexuellen Ansprüche zu erkennen gibt, fühlt sich der Mann bedroht, während er sich stark fühlt, wenn sie sich passiv bis abweisend verhält.

Auf welche Weise der Mann auf die letztere Situation reagiert – mit Draufgängertum oder mit Rückzug –, ist allerdings nicht nur eine Frage des persönlichen Temperaments und der emotionalen Kultiviertheit des Einzelnen, sondern weitgehend auch eine Frage der herrschenden Ideologie. Wenn das allgemeine Bewußtsein dem Mann suggeriert, er sei das animalisch starke Geschlecht und er habe nicht nur das Recht, sondern sei es sich selbst schuldig, diese Stärke zu beweisen, so wächst natürlich die Bereitschaft zur sexuellen Nötigung enorm. Und wenn dazu noch von berufener Seite behauptet wird, das natürliche sexuelle Bedürfnis der Frau sei masochistisch gefärbt, so wird damit der aggressiven Lösung des männlichen Sexualdilemmas bis hin zur Vergewaltigung massiv Vorschub geleistet.

Eros- und Leibfeindlichkeit

Bevor wir aber der verwickelten Sado-Masochismus-Debatte auf den Grund gehen, bleibt noch zu beweisen, was oben schon angedeutet wurde, daß sich nämlich das *Sexualdilemma des patriarchalen Mannes nicht auf das christliche Abendland beschränkt*. Dies scheint mir deshalb nötig zu sein, weil sich seit Nietzsches Abrechnung mit dem Christentum – der diesem vorwirft, es habe den Eros vergiftet – das Vorurteil festgesetzt hat, das Christentum sei allein verantwortlich für die erosfeindliche Haltung des Abendlandes und der von ihm missionierten Länder. In Wahrheit jedoch fand das Christentum in der antiken Philosophie bereits eine ausgeprägte Leibfeindlichkeit vor, und zudem stehen ihm alle anderen patriarchalen Hochreligionen in der Abwertung des Körperlich-Weiblichen keineswegs nach. Unter dem Einfluß des Islam, des Brahmanismus und des Buddhismus begegnen wir in den persisch/arabischen, den indischen und den fernöstlichen Kulturen einer ähnlichen Leibfeindlichkeit wie unter christlichen Vorzeichen.

Ich kann hier nur eine sehr kurze Zusammenfassung über die Entwicklung der Sexualkultur in Indien und im Fernen Osten geben und verweise im übrigen auf die detaillierte Studie von Heinz Hunger.[8]

Im allgemeinen neigen wir Europäer dazu, die *östliche Sexualkultur zu idealisieren*, und sind uns viel zu wenig bewußt, daß ein Buch wie das Kamasutra schon zu seiner Zeit (4. Jahrhundert) nur den letzten Ausläufer der Hinduistischen Liebeskultur darstellte, und daß auch die uralten Liebespraktiken wie der »Gottesdienst im Kreis« im heutigen tantrischen Ritual nur noch sehr gebrochen wiedergegeben werden.

Die ursprünglich offene genitale Kommunikation der Gläubigen, die unter dem Schutz der Liebesgöttin stattfand, können wir nur noch aus alten Quellen erschließen. Sie war ganz von einer ungebrochenen Lebens- und Sexualfrömmigkeit (Hunger) durchdrungen und in ihrem Vollzug erst später auf Ehepaare beschränkt. Ihr Sinn ist durchaus ein vorpersoneller und kosmischer, was sich schon daran zeigt, daß der letzte Akt des ursprünglichen Rituals in der »Hochzeitsreise« bestand, durch welche die Paare die empfangene Lebenskraft auf die Dörfer und Felder verströmen ließen.

Im Zuge der *Patriarchalisierung* kam es zu einem *grundlegenden Wandel* in zwei ganz verschiedene Richtungen: Zum einen fand an den Fürstenhöfen eine *Privatisierung* der alten Liebesrituale statt, an denen die herrschenden Männer die »Gottesbräute« zu ihren persönlichen Liebesdienerinnen machten, und zum anderen haben die asketischen Yogaschulen die Rituale immer stärker *desexualisiert* und schließlich in ihr Gegenteil verkehrt: anstelle der rückhaltslosen Hingabe an das Leben setzten sie streng geregelte Koitusübungen, welche die vollkommene Beherrschung des männlichen Körpers zum Zweck hatten und schließlich das Abklingen der sexuellen Erregung.

Beim Sublimierungsprozeß des tantrischen Rituals verschwindet die Frau immer mehr aus dem Gesichtskreis des Yogaschülers. Ist sie ihm auf einer ersten Stufe noch leibliche Partnerin, wenn auch nur als Übungsobjekt, so beschränkt sich seine Konzentration später auf ein Bild, bis seine Vitalkräfte so weit vergeistigt sind, daß auf seinem Meditationsbild nur noch der leere Thron der Göttin erscheint. Diese sogenannte »Sexualmystik« stellt also eine Art Selbstbefreiungsprozeß des Mannes aus seiner vitalen Abhängigkeit dar.

Inwieweit das chinesische »*Karezza*« ebenfalls von alten matrizentrischen (d. h. von taoistischen) Ritualen ausgegangen ist, läßt sich nicht mehr rekonstruieren. Auch hier jedenfalls verfolgt die patriarchale Vereinnahmung der Sexualpraktiken einerseits ein asketisches und andererseits ein *ausbeuterisches Ziel*. Im Zentrum steht die Kunst des Mannes, seinen Samenerguß zu vermeiden, um auf diese Weise seine Vitalkräfte für sich zu behalten und in geistige Kraft umzuwandeln. Der tatsächliche Sexualverkehr mit der Frau oder auch das Versenken in ein Meditationsbild sollen dem Mann die Yinkräfte der Frau vermitteln. In den Anweisungen zur Karezzatechnik ist der skrupellose Egoismus der Männer geradezu bestürzend, wenn sie als Idealfall empfehlen, daß der Mann in einer Nacht zehn verschiedene Frauen zum Orgasmus bringen soll, um sich ihre Lebenskräfte anzueigenen, ohne selbst an Substanz zu verlieren.

Wenn heute eine Neuauflage der Karezzatechnik als »Tao der Liebe« angepriesen und zugunsten der Frau propagiert wird, so mögen darin Spuren einer sehr viel älteren Liebeskultur enthalten sein. Dennoch meine ich, ist eine gewisse Skepsis angebracht. Dies schon deshalb, weil im heutigen China auch nach der Befreiung aus den starren konfuzianischen Lebensregeln das Sexualleben zu den am wenigsten gelösten gesellschaftlichen Problemen gehört.[9]

Im Gegensatz zur chinesischen hat die *japanische Liebeskultur viel mehr von ihrem matrizentrischen Erbe bewahrt*. In den legendären Teehäusern waren die Geishas Partnerinnen, und die Männer darauf bedacht, auch sie sexuell zu erfreuen. Dennoch erwecken weder die Liebesliteratur seit dem Spätmittelalter noch die pornographischen »Kissenbücher« Japans (die im Vergleich zu den chinesischen künstlerisch viel ansprechender sind), den Eindruck einer ungebrochenen, heiteren Sinnlichkeit. Ihre Bildlegenden und die Anrufung der »unsterblichen Geliebten« erinnern viel eher an die bittersüße Distanzliebe patriarchaler Prägung.[10]

Höchst aufschlußreich für die *patriarchale Mentalität* der westlichen Welt ist im übrigen die *Schilderung östlicher Sitten* durch europäische Gelehrte und Reisende. Einhelliges Befremden herrscht in bezug auf alle orgiastischen Riten im Nachvollzug der Heiligen Hochzeit, die man als zügellose Ausschweifungen abqualifiziert. Die Ablehnung gilt offensichtlich allen rauschhaft-ekstatischen Zuständen, besonders wenn sie in offener, kollektiver Kommunion erreicht werden. Hingegen schenkt man den asketisch motivierten sexuellen Übungen und Meditationen größte Aufmerksamkeit und preist sie irrtümlicherweise als erotische Kultur. Zu dieser grundsätzlichen Fehleinschätzung gesellt sich die wohlwollende Kommentierung der käuflichen Liebe im Fernen Osten, was wohl nicht nur deren dem europäischen »Markt« weit überlegenen Kultiviertheit gilt. Wie jedem modernen Reiseprospekt zu entnehmen ist, schätzt der europäische Mann vor allem die einfühlsame Unterwürfigkeit der Asiatin, die er mit Liebesbereitschaft verwechselt und um derentwillen er das Paradies der schönen Sexualfürsorgerinnen aufsucht, ohne darüber nachzudenken, daß es für diese selbst sehr oft die Hölle ist.

Gemeinsamer Nenner für widersprüchliche Sexualkultur
Wenn wir vor diesem globalen Hintergrund der patriarchalen Hochkulturen nach einem Generalnenner für das patriarchale Sexualverständnis mit all seinen widersprüchlichen Erscheinungsformen suchen, so scheint er darin zu bestehen, daß die männlich dominierte Sexualkultur *der Unmittelbarkeit des sexuellen Kommunizierens und der ekstatischen Hingabe im Kult immer und überall eine rationale Kontrolle entgegensetzt.* Eine solche Kontrolle besteht aber nicht etwa, wie wir das von unserem heutigen Denken her annehmen könnten, in einer bewußten Geburtenbeschränkung – welche die patriarchale Ideologie ja gerade strikt ablehnt – und steht deshalb *nicht im Dienste sozialer Verantwortung*. Neben der Sicherung der persönlichen Vaterschaft dient diese Kontrolle offensichtlich der *Abwehr gegenüber der ekstatischen Macht der Sexualität*. Der patriarchale Mann versucht mit allen Mitteln, seinen Kopf nicht zu verlieren und die bewußte Kontrolle über die Situation, über die Frau und über den eigenen Trieb zu behalten. Dazu muß er vermeiden, sich selbst jemals ganz hinzugeben, sei es mittels Askese, sei es durch Abwertung und Unterwerfung der Frau, womit er diese in eine negative Distanz rückt oder zum Objekt macht.

Im Gegensatz zum Asketen kann sich der Kunde der käuflichen Liebe zwar in jeder Hinsicht gehenlassen, aber er gibt sich nicht hin. Er befriedigt seine ganz privaten Lustansprüche ohne eigentliche Kommunikation mit der Partnerin und ohne die ekstatische Selbstaufgabe, deren Erfahrung die Männer verräterischerweise den »*kleinen Tod*« genannt haben. Diese Bezeichnung kann beides beinhalten: die große und überwältigend positive Erfahrung der Liebe, die »stark wie der Tod« ist, zugleich aber auch die Angst davor, in der restlosen Hingabe einen Teil der eigenen Identität zu verlieren.

Weniger offensichtlich und doch wesensbestimmend haftet auch dem Akt der *Vergewaltigung Kontrollcharakter* an. Er ist kaum je ein ekstatischer Akt, bei dem quasi die Triebsicherungen durchbrennen – es sei denn bei einem kollektiven Gewaltrausch –, sondern fast immer eine geplante Handlung. Die häufig vertretene Theorie, das Phänomen der Vergewaltigung sei die Folge aufgestauter Triebenergien im Rahmen einer repressiven Sexualmoral, hat zwar eine gewisse Berechtigung, reicht aber als

Erklärung des Phänomens nicht aus. Dies zeigt sich an Kulturen, in denen eine solche Repression fehlt.

In der sexualpsychologischen Literatur wird oft auf das Beispiel der Insel *Mangaia* (Polynesien) verwiesen, die wegen ihrer sexuellen Freizügigkeit Berühmtheit erlangte. Dort ist es selbstverständlich, daß die jungen Frauen in der Hütte ihrer Sippe ihre Liebhaber empfangen oder auch mit Touristen sexuelle Beziehungen pflegen. Dennoch sind unter diesen ausgesprochen permissiven Verhältnissen Vergewaltigungen keine Seltenheit.

Nach dem genauen Bild, das D. S. Marshall[11] von den Sitten der Insel gibt, sind die Wurzeln dafür in der psychologischen Situation innerhalb der Männergruppe zu suchen. Für sie ist sexueller Erfolg das wichtigste Kriterium für ihr Sozialprestige, was einen ständigen Erwartungsdruck erzeugt. Das Thema Potenz, für das die Insulaner ein ungewöhnlich reichhaltiges Vokabular besitzen, steht bei Männergesprächen an erster Stelle, und die Furcht vor Impotenz führt relativ häufig zu dieser »Krankheit«. Verräterischerweise tragen die sexuellen Erfahrungen und Ratschläge, die unter den Männern herumgeboten werden, den Sammelnamen »mana wa'ine«, was »*weibliche Macht*« *(woman power)* bedeutet. Aus Angst, von einem Mädchen zurückgewiesen zu werden oder ihren Ansprüchen nicht zu genügen, ergreift dann mitunter ein junger Mann die *Flucht nach vorne*, indem er sich nachts in eine Hütte einschleicht und den sexuellen Kontakt erzwingt. Dazu knebelt er die junge Frau, um sie daran zu hindern, Alarm zu schlagen. Auch gibt es manchmal jugendliche Banden, die ein besonders wählerisches Mädchen kollektiv vergewaltigen.

Wesentlich scheint mir, den *historischen Hintergrund* der heutigen Gesellschaft in das Bild mit einzubeziehen. Man weiß, daß *vor der Christianisierung* die Sitte der *sakralen Prostitution* bestanden hat, die dann, zusammen mit der angestammten Religion, von den Missionaren beseitigt wurde. Wir können annehmen, daß die alte Festpromiskuität und andere Sexualriten die wichtige Funktion zu erfüllen hatten, die sexuellen Bedürfnisse beider Geschlechter auch kollektiv zu befriedigen. Erst als dies wegfiel, konnte der Erfolg oder Mißerfolg in den privaten sexuellen Beziehungen ein derartiges Gewicht erhalten wie in der gegenwärtigen Situation.

Jedenfalls zeigt sich an dieser sehr deutlich, daß die Männer mit Hilfe von Gewalt die Kontrolle über den Zugang zu den Frauen herzustellen versuchen. Die weniger erfolgreichen Männer greifen zur Vergewaltigung, um das Gesetz des Handelns an sich zu ziehen und einem möglichen Mißerfolg zuvorzukommen: *Der Vergewaltiger hat per definitionem immer Erfolg.*

Modalitäten der Partnerwahl
Ganz allgemein wäre zu sagen, daß der Wahlmodus im Rahmen einer privatisierten Sexualität eine entscheidende Rolle im »Kampf der Geschlechter« gespielt haben muß. Wie wir gesehen haben, geht in den matrizentrischen Kulturen die sexuelle Aktivität mehrheitlich von den Frauen aus oder nimmt sogar, wie das Beispiel der Bissagos-Inseln zeigt,[12] einen gewissen Monopolcharakter an. Eine in gewissem Sinne vergleichbare Situation schildert Brigitte Hauser-Schäublin bei den Iatmul in Neuguinea. Hier geht *die Liebeswerbung* ebenfalls *ausschließlich von den Frauen* aus, wenn auch auf eine informelle Art. Die jungen Männer verhalten sich dabei ganz passiv und warten ab, bis sich ein junges Mädchen in sie verliebt und ihnen erklärt, daß sie heiraten will. Oft zieht eine junge Frau auch kurz entschlossen in das Elternhaus des Mannes ihrer Wahl und läßt sich das eingegangene Verhältnis nachträglich durch den Braut»kauf« der Schwiegereltern legalisieren. Ein junger Mann kann einer unerwünschten Heirat oft nur dadurch entgehen, daß er in ein anderes Dorf flüchtet. Eine positive Art der Liebeswerbung, die den Aktivitäten der Frauen zuvorkäme, kennen die Männer offensichtlich nicht. Um eine Frau ihrer Wünsche zu erobern, sehen sie nur zwei Möglichkeiten: entweder sie versuchen es mit Liebeszauber, der hier bezeichnenderweise eine Domäne der Männer ist, oder sie greifen, falls die Zuflucht zur Magie nicht fruchtet, zur Gewalt. Dabei überfällt eine Gruppe junger Männer das oder die begehrten Mädchen, um sie kollektiv zu vergewaltigen. Auch diese gewaltsame Wahl wird als ein fait accompli nachträglich von den Sippen legalisiert.[13]

Daß sich *der Mann* vor der patriarchalen Gewaltherrschaft zum Teil *in der Lage des Sexualobjekts* befand, geht im übrigen auch aus der antiken Sagentradition hervor. In Homers Odyssee sieht sich der Held durch seine königliche Freundin Kalypso arg in die Enge getrieben und wird contre coeur ihr Geliebter, weil er die Rache der leidenschaftlichen Frau fürchtet, wenn er ihre Werbung ausschlüge.

Wenn sich der Mann, was heute nicht mehr zu beweisen ist, auch in anderen Kulturen zu Beginn der patriarchalen Herrschaft auf gewaltsame Weise sein Wahlrecht erkämpft hätte, so könnte der *Brautraub* als ein sehr weit verbreitetes *Motiv vieler Hochzeitsriten* eine plausible Deutung erfahren. Die rituell fingierte Entführung der Braut wäre dann weder als Erinnerung an einen atavistischen Vergewaltigungstrieb zu interpretieren, noch unbedingt als die Erinnerung an kriegerische Frauenbeute, sondern als das *Relikt einer vielerorts gewaltsamen Durchsetzung des männlichen »Wahlrechts«*. Dies wäre als Reaktion auf eine vorausgegangene soziokulturelle Situation zu verstehen, in der sich der Mann mehr oder weniger stark in der passiven Rolle des Sexualobjekts befand.

Wenn wir diesen Gedankengang konsequent zu Ende denken, so lassen sich auch die brutalen Beschneidungsmethoden an jungen Frauen (Klitoridektomie) dem männlichen Motiv zuordnen, die Frauen als aktive Sexualpartner auszuschalten, indem man ihnen schon vor dem Eintritt in die sexuelle Reife ihr reizempfindlichstes Organ verstümmelt und ihnen damit ihre vitale Macht raubt. In den patriarchalen arabischen Kulturen dient die obligatorische Klitorisbeschneidung jedenfalls ausdrücklich dazu, die Frauen in ihren sexuellem Begehren zu dämpfen und sie weniger lustbereit zu machen. Nehmen wir dann noch die Tatsache hinzu, daß bei der Mehrzahl aller uns bekannten Naturvolkgruppen die Männer auch am eigenen Sexualorgan mehr oder weniger starke Eingriffe durch vielerlei Arten von Beschneidungen vornehmen, so ist auch dies ein Indiz dafür, daß *das menschliche Sexualleben* schon auf frühen Stufen der Menschheitsentwicklung *problematisiert* wurde, und zwar offensichtlich *von männlicher Seite aus*.

Klassische Sexualtheorien

Alle in diesem Abschnitt dargestellten Befunde an Hochkulturen wie an »Primitiv«kulturen stehen in schroffem Widerspruch zu den Sexualtheorien des 19. Jahrhunderts und auch zu wesentlichen Teilen der Freudschen Konzeption. Diese gehen von der Grundvorstellung aus, daß der Mann das sexuell starke, von jeher überlegene Geschlecht sei, während die Lage der Frau als der angeblich von Natur aus passiven Geschlechtspartnerin problematisiert wird. Unsere Beispiele sind nicht nur dazu geeignet, diesen Theorien sachliche Argumente entgegenzustellen, sondern auch den psychologischen Hintergrund zu liefern, auf dem solch lebensfremde Theorien überhaupt entstehen konnten. *Die theoretische Leugnung der genuin weiblichen Sexualität* stellt sich dann nur als *der letzte Schritt einer jahrhundertelangen Abwehr- und Verdrängungsstrategie* des Mannes dar. Die Ängste vor der sexuellen Macht der Frau, die immerhin im ausgehenden 18. Jahrhundert noch stark genug waren, um die letzten »Hexen« Europas auf den Scheiterhaufen zu treiben, konnten wenigstens vordergründig gebannt werden, wenn man wissenschaftlich bewies, daß es diese Macht gar nicht gibt.

Neu an der Sexualideologie des 19. und 20. Jahrhunderts ist allerdings, daß sich nun die *Wissenschaft* (seit Darwin) *auf die Tiernatur des Menschen* berief und glaubte, von daher die Überherrschung der Frau durch den Mann rechtfertigen zu können. Auch die zeitgenössische Sexualwissenschaft hat immer den Tiervergleich zur Abstützung ihrer Theorien herangezogen, unter anderem für die Erklärung sexueller Gewalt und aller Legierungen von Sexualität und Aggression. Dabei wurden so komplexe Begriffe wie Sadismus oder Masochismus aus der Humanpsychopathologie ins Tierreich projiziert, obwohl deren wesentliche Komponenten wie Rache und Grausamkeit, Triumph und Erniedrigung untrennbar an das reflektierende Bewußtsein des Menschen gebunden sind.

Diesem Versuch, soziologische Zusammenhänge zu verdrängen und die Sexualitäts-Diskussion auf die biologische Ebene zu verlagern, ist *D. Zillmann* mit einer umfassenden Studie über *Sexualität und Aggression*[14] nachgegangen und kam dabei zu Ergebnissen, die der patriarchalen Ideologie in keiner Weise entsprechen.

Bei seiner Zusammenfassung der *zoologischen Fakten* scheinen mir vor allem zwei Punkte wesentlich: Erstens die Tatsache, daß das Phänomen der Vergewaltigung im Tierreich strenggenommen nicht existiert, weil nur brünftige Weibchen bestiegen werden. Zweitens die Feststellung, daß es keine eindeutige Koppelung zwischen aggressiver Stimulierung und sexueller Erregung gibt. Hingegen bewirkt jede heftige affektive Erregung, Aufregung positiver (Aussicht auf Nahrung) und negativer Art (Furcht) ebenso wie Wut und Schmerz, einen Zustand sexueller Erregung. Und dies sowohl bei männlichen als auch bei weiblichen Tieren.

Damit wird schon auf zoologischer Ebene hinfällig, was für die humane Sexualpsychologie immer behauptet wurde: daß dem Mann eine aggressiv-sadistische Tendenz zuzuschreiben sei und der Frau eine komplementäre passiv-masochistische »Veranlagung«.

Für die *Legierung von Aggression und Sexualität beim menschlichen Sexualverhalten* sind nach Zillmann zwei prinzipiell verschiedene Kategorien zu unterscheiden:

1. Die relativ harmlosen Schmerzzufügungen vor und während des Aktes, die von beiden Geschlechtern ausgehen können und vom aktiven und vom passiven Partner als wünschenswerte sexuelle Stimulierung erlebt werden. Sie sind unter Völkern mit permissiver Sexualmoral stärker verbreitet als in repressiven Gesellschaften und finden sich besonders

oft in Verbindung mit einer starken gesellschaftlichen Stellung der Frau (wobei das aggressive Liebesspiel häufig von den Frauen ausgeht und die Männer mit Stolz die Narben ihrer Liebesabenteuer tragen).

2. *Vergewaltigung* oder Schmerzzufügung durch Anwendung physischer Gewalt. Diese sexuelle Aggression zur Erzwingung des Sexualverkehrs gegen den Willen der Partnerin ist *ausschließlich kulturell bedingt* und hat primär nicht-sexuelle Ursachen.

Als Ursachen für diese zweite Kategorie nennt Zillmann erstens die tatsächliche oder vermeintliche Chancenlosigkeit beim anderen Geschlecht (oder beim homosexuellen Partner), zweitens die Machtdemonstration, die auf die physische und psychische Demütigung des hetero- oder homosexuellen Partners abzielt, und erst an dritter Stelle den echten Sadismus oder Masochismus. Die Fixierung der sexuellen Stimulierbarkeit an Schmerzzufügung/Erniedrigung oder an Schmerzerduldung/Selbsterniedrigung, wie wir sie im manifesten Sadismus und Masochismus vor uns haben, ist wiederum nicht einseitig an ein Geschlecht gebunden. Wir finden unter Männern ebensoviele Masochisten wie Sadisten. Hingegen gibt es neben den Masochistinnen nur vereinzelt Sadistinnen.

Männlichkeitstraining

Überblicken wir diese Fakten, so geht aus ihnen eindeutig hervor, daß es weder eine sadistische Triebveranlagung des Mannes noch eine masochistische Triebveranlagung der Frau gibt. Wo immer die *Gefühle von Gewalt/Triumph oder Erniedrigung/Unterwerfung mit dem Sexualtrieb fusioniert* sind, ist dies als *Ergebnis einer soziokulturellen Konditionierung* anzusehen. Eine solche Konditionierung hat mehr oder weniger ausgeprägt in allen patriarchalen Kulturen stattgefunden und zwar zwischen Männern und Frauen ebenso wie zwischen Männern und Männern. Besonders an Gesellschaften mit Sklavenhaltung wie im antiken Griechenland oder Rom wird deutlich, daß sich das *sadomasochistische Beziehungsmuster nicht auf heterosexuelle Kontakte beschränkt, sondern gerade auch homosexuelle Abhängigkeiten einschließt*. Immer waren auch männliche Sklaven die Opfer sexueller Nötigung und Erniedrigung. Dabei von »sexueller« Ausbeutung zu sprechen, ist aber irreführend, weil es nicht primär um die Erfüllung sexueller Bedürfnisse geht, sondern um die Benutzung des sexuellen Triebinstrumentariums zur *Demonstration von Herrschaft*. Wenn in den späteren europäischen Kolonien »nur« noch Sklavinnen auf diese Art erniedrigt wurden, so hat dies weniger mit der Anziehungskraft ihres Geschlechts zu tun als mit der christlichen Verketzerung der Homosexualität.

Eine ähnliche *Entfremdung der Sexualität zum Zwecke der Machtausübung* finden wir auch in patriarchalen Primitivkulturen, wie uns dies bereits bei den Yanomamö-Indianern auf erschreckende Weise begegnet ist. Dazu kommen Beispiele von Naturvolkgruppen, bei denen der weiblichen Unterwerfung durch sexuelle Gewalt die sexuelle Erniedrigung abhängiger junger Männer parallel läuft. Es gibt eine Reihe australischer und melanesischer Stämme,[15] bei denen die Knaben in den Männerhäusern vor ihrer Initiation von ihren Lehrern oft jahrelang homosexuell benutzt werden. Nach einer längeren Phase der passiven Erduldung des Analverkehrs, während der man die Knaben als weibliche Wesen betrachtet, wechseln die jungen Männer später zum aktiven Verkehr mit den nachrückenden Knaben über. Dieses obligatorische Durchgangsstadium, das Voraussetzung für die Zulassung zur Ehe ist und das die älteren Männer euphemisch als Männlichkeitstraining (ein richtiger Mann werden) erklären, *fördert zweifellos masochistisch-sadistische Impulse*, wobei die sadistischen Anteile später an den Ehefrauen ausgelebt werden.

Der identische männliche Werdegang ist aus der Antike bekannt, wo sich viele *Männer des öffentlichen Lebens ihre Karriere zuvor als Lustknaben bei ihren Lehrern verdienten*, wobei man auch in Rom und Griechenland verächtlich auf den passiv-»weibischen« Part beim Analverkehr herabsah.[16] Wenn wir diese Konditionierung im Auge haben, dann schiene es sinnvoller, von *Masoch-Sadismus* zu sprechen als von Sado-Masochismus, weil diese Reihenfolge den biographischen Entstehungsbedingungen angemessener ist. Es erklärt sich daraus aber auch, warum die patriarchale Kultur neben den machtbesessenen Sadisten so viele männliche Masochisten hervorgebracht hat und heute noch hervorbringt (wie sich an der entsprechenden Nachfrage im Prostituiertenmilieu zeigt), wenn heute auch aufgrund *sehr viel indirekterer Unterwerfungsrituale*.

Dennoch haben sich in allen patriarchalen Kulturen eindeutig die Assoziationen *Sadismus-Männlichkeit, Masochismus-Weiblichkeit* durchgesetzt, weil man vom Mann zumindest erwartete, daß er beim vollwertigen Eintritt in die herrschende Gesellschaft seinem unwürdigen »Weiber«-Stadium entwachsen war, während die Frau zeit ihres Lebens im Status der Unterwürfigkeit zu verharren hatte. Die *Zwangsheterosexualität* des Mittelalters und der Neuzeit, wie sie sich im Abendland unter dem Einfluß des Christentums und im Orient unter dem islamischen

Fundamentalismus herausbildete, hat dann erst recht das sadomasochistische Gefälle einseitig zwischen die beiden Geschlechter aufgeteilt und damit deren *Rollenverhalten festgelegt*. Über eine unüberschaubare Kette von Generationen hinweg konnten sich die Assoziationen von männlichem Auftreten mit herrischer Herablassung und aggressiv-rücksichtsloser Triebbefriedigung einerseits und weiblicher Haltung mit demütiger Passivität und dem klaglosen Hinnehmen des männlichen Triebverhaltens andererseits in einem solchen Maße verinnerlichen, daß sie schließlich als natürliche Zusammengehörigkeiten erschienen. Dies geschah um so mehr, als durch machistisches Auftreten der Männer in der Öffentlichkeit, durch machistische Redensarten und Zoten und nicht zuletzt durch Pornographie und pornographische Reklame diese Assoziationen ständig neu belebt werden. Die tragischen Folgen davon sind nicht nur die *alarmierend hohe Zahl der Sexualverbrechen* mitten im zivilisierten Europa, sondern auch die heillose *Konfusion im sexuellen Empfinden der einzelnen* scheinbar nicht betroffenen Frauen und Männer. Besonders das sexuelle Identitätsgefühl der Frau mußte sich angesichts der patriarchal gestifteten Fusion zwischen Sexualität und Gewalt bis zur Unkenntlichkeit entfremden.

So werden patriarchal geschädigte Frauen und Männer in einem *langwierigen und mühsamen Prozeß erst wieder lernen* müssen, *zwischen sexuellen Impulsen zu unterscheiden*, die einer ursprünglichen Sinnlichkeit entspringen (und die, wie die Beispiele nicht-patriarchaler Naturvolkgruppen zeigen, aggressiv gesteigerte Leidenschaftlichkeit von beiden Seiten durchaus einschließt) *und sexuellen Verhaltensstereotypien*, die im Sog entwürdigender Suggestionen und einer Vergewaltigungsmentalität stehen, welche die Frau zum bloßen Objekt machen. Dies kann freilich *nicht die Leistung einer einzigen Generation* sein; dazu sitzen die falschen Verknüpfungen zu tief, und dazu müßten sich auch das öffentliche Bewußtsein und seine Ausdrucksformen von Grund auf wandeln.

Partnerschaftliche Homosexualität

Unter anderem hat die patriarchale Vergiftung der Sexualität mit Gewalt auch die *Homoerotik diskreditiert*. Zur Ehrenrettung der Männer ist hervorzuheben, daß es schon *zu Beginn der patriarchalen Hochkulturen*, im heroischen Zeitalter Sumers, im Griechenland Homers und später unter der geistigen Aristokratie Athens durchaus echte homoerotische Männerfreundschaften gab, die mit Sadomasochismus nicht das geringste zu tun hatten. Bekanntlich hat Platon die partnerschaftliche Homosexualität (mit ihrer zum Teil nichtanalen Praxis) von der Päderastie, das heißt von der einseitigen Benutzung der Lustknaben, scharf unterschieden.

Leider wissen wir, besonders auch hinsichtlich seiner Verbreitung unter Naturvölkern, sehr viel weniger über den *Lesbianismus*, weil dieser die männlichen Forscher kaum je interessiert hat. Was wir aber aus Griechenland, beziehungsweise der Insel Lesbos kennen, die der weiblichen Homosexualität ihren Namen gab, ist in zweierlei Hinsicht höchst aufschlußreich. Zum einen wissen wir mit Sicherheit, daß *die Frauen um Sappho bisexuell* waren und ihre Liebe zum gleichen Geschlecht nicht mit der Verachtung des anderen Geschlechts verbanden – was in der männlichen Homosexualität immer latent der Fall war. Zum anderen scheinen die homosexuellen Beziehungen zwischen Frauen *frei von Machtbeziehungen* gewesen zu sein und dies auch dort, wo sie nicht primär aus homoerotischer Neigung entstanden, sondern als Ergebnis der frustrierenden Isolation von Ehefrauen, deren Männer durch kriegerische Unternehmungen oder Reisen ständig abwesend waren. Für die partnerschaftliche Ebene spricht die *Art der sexuellen Praxis*, die entweder in gegenseitiger Klitorisreizung bestand oder in gegenseitiger Erregung mit künstlichem Penis. Unter anderem fand dabei ein Instrument Anwendung, das als Doppelpenis ausgebildet war und der gleichzeitigen Befriedigung des Paares diente.[17] Eine solche Praxis steht in offensichtlichem Gegensatz zu dem verbreiteten patriarchalen Vorurteil, wonach bei einer lesbischen Beziehung die eine Partnerin konsequent den männlichen und die andere konsequent den weiblichen Part übernehmen würde. Diese Version, bei der dann oft auch sadomasochistische Tendenzen eine Rolle spielen, scheint sich erst unter Bedingungen entwickelt zu haben, unter denen der weiblichen Solidarität der Boden entzogen wurde, das heißt im Spätpatriarchat. Erst die physische Fixierung der Frau auf den Mann in der abgeschlossenen Paarfamilie verbunden mit ihrer Indoktrinierung durch eine sadomasochistische Geschlechterideologie schaffen das Klima für eine *Übertragung sadomasochistischer Muster auch auf die gleichgeschlechtliche Liebe zwischen Frauen*.

Pseudowissenschaftliche Sexualtheorien

Um aber zu der schier hoffnungslosen Konfusion zurückzukehren, welche die patriarchale Herrschaftsideologie in bezug auf die heterosexuelle Theorie und Praxis geschaffen hat, möchte ich wenigstens einige Punkte herausgreifen, die bis heute Verwirrung stiften. Im allgemeinen Bewußtsein sind pseudowissenschaftliche Sexualtheorien, wie sie zu einem großen Teil sogar von der Ärzteschaft vertreten werden, immer noch weit verbreitet: Theorien, die *in wissenschaftlicher Verbrämung jene selbstüberschätzenden männlichen Sexualphantasien weiterführen*, welche sich in den Mythen der frühen Hochkulturen in aller Naivität niederschlugen. So ist bis heute die *Redensart von der »polygamen Veranlagung« des Mannes* und der angeblich *»monogamen Veranlagung« der Frau* nicht verschwunden, obwohl das letztere aufgrund des ethnologischen Materials unhaltbar ist. An der ausgeprägteren Polygamie der Männer ist in euro/amerikanischen Verhältnissen nur soviel wahr, daß die Männer im allgemeinen dazu neigen, ihre Sexualpartnerinnen häufiger zu wechseln, wozu man aber als Erklärung weder eine polygame Veranlagung noch eine angeblich stärkere sexuelle Appetenz bemühen muß. Die Begründung kann ganz einfach darin liegen, daß Männer es vorziehen (und wirtschaftlich dazu in der Lage sind), zu einer neuen Sexualpartnerin überzuwechseln, sobald es Probleme in der Partnerschaft gibt, denn es ist für sie leichter, ihr zwanghaftes Männlichkeitsimage einer neuen Frau gegenüber aufrechtzuerhalten, als sich auf die Konfliktbewältigung einer dauerhaften und gegenseitigen Partnerschaft einzulassen. Was aber die polygynen Eheverhältnisse anbelangt, wie sie heute noch in der Dritten Welt bestehen, so standen dahinter seit jeher nicht sexuelle, sondern wirtschaftliche Gründe (mehrere weibliche Arbeitskräfte) oder Prestige-Bedürfnisse.

Auch die von verschiedenen Gelehrten verfochtene *These, die Frau kenne von Natur aus keinen Orgasmus*, sondern müsse diese Errungenschaft erst kulturell erwerben (mit der Hilfe des Mannes!), gehört in den Umkreis einer überheblichen androzentrischen Sicht.[18] Zu dieser These haben einerseits Tierbeobachtungen geführt, bei denen man das Kopulationsverhalten der Weibchen als Desinteresse und empfindungslose Stumpfheit interpretieren zu müssen glaubte, und andererseits die häufigen Klagen über die Frigidität von Frauen seitens der Männer und von den Frauen selbst, wie sie sich ja tatsächlich innerhalb der patriarchalen Sexualmoral und nicht zuletzt durch die patriarchale Sexualpraxis herausgebildet hat.

Bis heute sind die *Abhandlungen über die Ursachen der weiblichen Frigidität* Legion, wie auch Art und Auslösung des weiblichen Orgasmus zu einer Flut höchst unfruchtbarer Gelehrtenstreitigkeiten führte. Immer noch werden solche Auseinandersetzungen (zum Teil auch von feministischer Seite) zu einseitig physiologisch oder ideologisch geführt, wogegen die *psychologischen Voraussetzungen viel zu kurz kommen*. Die wohlmeinenden Ausführungen männlicher Gelehrter aber, die das patriarchale Schema zugunsten der Frau verändern wollen, sprengen den androzentrischen Wahrnehmungsrahmen nur selten: Auch die dem Paschaverhalten entgegengesetzte Position, die dem Mann die sexuelle »Fürsorge« für die Frau aufbürdet, macht diese immer noch zum Objekt, von dem man erwartet, daß es sich durch gutes Funktionieren als dankbar erweist. Die *Voraussetzung für eine wirkliche Befreiung der Sexualität für beide Geschlechter* wäre ein *partnerschaftliches Fühlen und Denken auf allen Ebenen – auch auf der wissenschaftlichen –*, wovon wir immer noch sehr weit entfernt sind.

Zur Gegenseitigkeit in der Theoriebildung würde vor allem die *Frage nach der männlichen Frigidität* gehören, die meines Wissens Simone de Beauvoir als erste so direkt gestellt hat,[19] und diese Frage bedeutet etwas grundsätzlich anderes als das vielbeachtete Problem der männlichen Impotenz. Das Kriterium der Potenz mißt ja Sexualität ausschließlich mit dem Maßstab der Leistung, während sie in Wirklichkeit nur an der Lust und an der Freisetzung psychischer Energien auf beiden Seiten zu messen wäre. Ein technisch perfekter Liebhaber kann, ohne je an Potenzstörungen zu leiden, ein frigider Liebhaber sein, wenn er sich psychisch nicht loslassen kann. Denn nur das rückhaltlose Sich-Fallenlassen in gegenseitiger Hingabe führt zu jener Beseligung, die den Namen Orgasmus verdient. Diesen Zusammenhang berühren unter anderem die außerordentlich offenen Gespräche zwischen de Beauvoir und Sartre, in denen dieser seine eigene Unwilligkeit zum passiven Sich-Loslassen in der sexuellen Begegnung bekennt. Ohne den psychologischen Wurzeln für seine eigene Haltung nachzugehen, spricht er hellsichtig von einer, wenn auch äußerst sublimen, Form von Sadismus gegenüber der Sexualpartnerin: Auch der Mann, der sich einseitig als der aktive Lustspender begreift und sich ganz auf die Befriedigung der Frau konzentriert, während er der eigenen orgastischen Ergriffenheit wenig Wert beimißt oder diese gar nicht erstrebt (»Ich war eher ein Frauenmasturbator als ein Beischläfer«, sagt Sartre), macht die Frau zum Objekt.[20] In diametraler Umkehrung der üblicheren Situation wird sie dabei nicht zum Objekt männlicher Lust, sondern selbst zum lustempfangenden Objekt, was aber nichts an der grundsätzlichen Situation verändert, daß der männliche Partner die einseitige Aktivität und damit seine Überlegenheit behält.

Ich möchte noch einen Schritt weitergehen und behaupten, daß das *Problem der weiblichen Frigidität von demjenigen der männlichen Frigi-*

dität gar nicht zu trennen ist. *Weibliche »Gefühlskälte« ist eben unter anderem – wenn nicht vor allem – eine Antwort auf den »Selbstvorbehalt« des Mannes,* der darin besteht, sich dem gegenseitigen Strom der Empfindungen und Gefühle nicht ganz zu überlassen. Dieses geheime – und oft durchaus ungewollte und unbewußte – Festhalten des Mannes am kontrollierenden Bewußtsein könnten wir seine *»Emotionalreservation«* nennen in Anlehnung an den (jesuitischen) Begriff der »Mentalreservation«.[21]

Hingegen halte ich die weit verbreitete Auffassung für falsch, wonach ein grundsätzlicher Geschlechterunterschied darin bestehe, daß der Mann seine sexuellen Bedürfnisse auch ohne emotionale Beziehung zur Partnerin/zum Partner erfüllen kann, während bei der Frau eine positive Gefühlsbindung die Voraussetzung für ihr sexuelles Interesse sei. Diese Auffassung ist in bezug auf den Mann ebenso wenig haltbar wie in bezug auf die Frau. Aus vorpatriarchalen Kulturen wissen wir, daß es *für beide Geschlechter positive Sexualbeziehungen auch ohne emotionale Bindung* gibt. *Andererseits kann ein längeres, vertrautes Verhältnis auf beiden Seiten nur dann zu positiven sexuellen Erlebnissen führen, wenn auch der Mann seine zärtlichen Gefühle mit seinen sexuellen Bedürfnissen in Einklang bringt.*

Daß dies vom Mann aus gesehen oft nicht der Fall ist, hängt nicht damit zusammen, daß er einen solchen Einklang nicht wünscht oder ihn nicht nötig hätte, sondern daß er ihn aus ihm unerklärlichen Gründen nicht herstellen kann. Die Wurzeln für ein solches Dilemma sind in biographischen wie auch in kollektiven Bedingungen zu suchen, wovon unter den persönlichen Voraussetzungen eine *nicht aufgelöste ödipale Bindung an die Mutter* an erster Stelle steht. Da die Bindung an den gegengeschlechtlichen Elternteil mit einem starken Sexualtabu behaftet ist, kann der Mann im Extremfall eine Frau, die er liebt, nicht begehren und eine, die er begehrt, nicht lieben. Parallel dazu führt die (wenn auch seltenere) überstarke Bindung der Tochter an den Vater zu einer ähnlichen Aufspaltung in nur emotional oder nur sexuell interessierende Partner.

Männlichkeitswahn

Kollektiv gesehen ist für diese Spaltung die durch Erziehung konditionierte Koppelung bzw. der Ausschluß ganz bestimmter Emotionen mit oder von sexuellen Impulsen verantwortlich. Wenn der patriarchale Männlichkeitswahn dem Mann suggeriert, daß er sich nur dann ganz als Mann fühlen kann, wenn er überlegen ist, so schließt dies von vornherein alle mitmenschlichen Gefühle, die auf dem Prinzip der Gleichwertigkeit beruhen, aus dem sexuellen Verhältnis mehr oder weniger aus. Als geeignete Gefühle verbleiben dann nur *ritterliche Fürsorglichkeit bis gönnerhafte Herablassung* oder das *Spektrum vom Mitleid bis zur Verachtung.* Wie sich dieser Überlegenheitszwang auf die Wahl der Partner auswirkt, illustriert sehr gut ein Gespräch F. Schleiermachers mit Henriette Herz, die sich als geschätztes Mitglied eines Berliner literarischen Salons von den Männern als Frau vernachlässigt fühlte. »Nun bist Du freilich sehr schön«, gibt ihr Schleiermacher in einem Brief zu bedenken, »aber ich möchte sagen, Du bist zu schön. Du bist zu imponierend und zu wenig pikant, es ist nichts an Dir, was ein bißchen liederlich aussähe, und das ist so notwendig für die Asthenie der Männer.«[22]

Dementsprechend sind auch viele Frauen an die patriarchalen Gefühlsmuster gebunden, die bestimmte Gefühle nur in ganz bestimmte Kanäle fließen lassen: etwa wenn sie glauben, nur dort lieben zu können, wo ihnen Gelegenheit geboten wird, bewundernd aufzuschauen, und es dann für den Partner schwierig wird, im Alltag bewundernswert zu bleiben. Gerade dies aber verstärkt die anerzogene Tendenz der Männer, ihre Gefühle immer dann zu verdrängen, wenn es Gefühle der Hilflosigkeit bzw. der Hilfsbedürftigkeit sind. Die *gesellschaftliche Tabuisierung männlicher Schwäche* bildet meines Erachtens *eine der fatalsten Quellen für sexuelle Mißverständnisse* zwischen den Geschlechtern überhaupt. Weil der Mann es sich nicht gestatten kann, seine Suche nach emotionaler Nähe, psychischer Tröstung und Stärkung direkt anzumelden, wandelt er sie – durchaus unbewußt – in einen sexuellen Appell um, von dem sich dann aber die Frau nicht angesprochen fühlt, weil sie mit ihrer klareren Gefühlswahrnehmung die eigentliche Motivation intuitiv erfaßt. Eine solche Situation wird dadurch noch verschärft, daß *die Frau auf die beiden Appelle – den begehrenden Appell an sie als Frau und den hilfesuchenden Appell an sie als Mutter – mit völlig verschiedenen Empfindungen reagiert*, die sich gegenseitig, wenn schon nicht ausschließen, so jedenfalls neutralisieren. Das heißt, je mehr eine Frau vom Mann als Mutter gebraucht wird, ohne daß er sich dies eingesteht, *desto eher werden ihre sexuellen Impulse ihm gegenüber erlahmen.* Dabei würde sie ihm so gerne als gleichwertige Partnerin emotional beistehen, wenn er seine Gefühle offen zeigen und der seelische Beistand auf Gegenseitigkeit beruhen würde. Unglücklicherweise verwechselt aber der Mann eine rein emotionale Schutzsuche von Seiten der Frau häufig mit sexueller Annäherung, was wiederum Frustrationen bei beiden Teilen auslöst.

Alle diese Komplikationen könnten wegfallen oder sich jedenfalls verringern, wenn die *trügerischen Rollenfixierungen endlich aufgehoben* wären und damit auch der Zwang, sich gegenseitig etwas vorzuspielen. Dabei leidet die Frau, auch wenn sie das Rollenspiel perfekt mitspielt, unter jedem »emotionalen Stilbruch« im zwischenmenschlichen Verhalten meist deshalb stärker als der Mann, weil sie ihre Gefühle im allgemeinen viel weniger verdrängt.

Einen solchen Stilbruch empfinden Frauen etwa bei Männern, die sich in ihrer Umwelt als zielstrebige Draufgänger bewegen, im erotischen Bereich aber eine passiv-empfangende Rolle zu spielen wünschen. Ebenso irritierend und unglaubwürdig muß ein Mann auf sie wirken, der sich in seinen Außenbeziehungen als unentschlossen und opportunistisch erweist, sich dagegen im sexuellen Kontakt plötzlich forsch verhält. Die gleiche Irritation lösen eigene konträre Verhaltensmuster aus, die der Frau durch Rollenklischees vorgeschrieben sind: etwa gleichzeitig die alles duldende Hausfrau und die aktiv animierende Liebhaberin zu sein, oder die zärtliche, einfühlsame Bettgenossin, die man tagsüber kaum beachtet und mit der man nur knappe Informationen austauscht.

Dennoch sind, um es noch einmal zu sagen, die erotischen Mißverständnisse zwischen Frauen und Männern keineswegs auf die kurzschlüssige Formel zu bringen: Frauen brauchen Zärtlichkeit – Männer brauchen Sex. Beides würde für beide Geschlechter gleich wichtig werden, wenn eines Tages die kulturell bedingten Verkürzungen in der persönlichen Entwicklung von Frauen und Männern aufgehoben sind. Bis dahin aber bleibt noch ein großes Stück analytischer Arbeit zu leisten, das unter anderem darin bestehen müßte, daß sich die *Wissenschaft endlich einmal den männlichen Ursachen für sexuelle und mitmenschliche Schwierigkeiten zuwenden* und nicht wie bisher dabei verharren würde, alle Probleme auf das weibliche Geschlecht zu projizieren.

Wie sehr sich die Männer bei ihrer Theoriebildung selbst ausgeblendet und einseitig die Frauen pathologisiert haben, führte Esther Fischer-Homberger am Beispiel der medizinischen Gynäkologie vor.[23] Ähnliches wäre für die Humanbiologie und für die Sexualwissenschaft zu belegen, die bis heute fast ausschließlich vom männlichen Standpunkt aus konzipiert sind und – von rühmlichen Ausnahmen abgesehen – von der unreflektierten Prämisse ausgehen, daß der Mann das Maß für den vollständigen und gesunden Menschen sei, während die Frau, von Natur aus hinfällig, der Anleitung und der Stütze des männlichen Geistes (in Gestalt des Ehemannes, des Arztes und der Wissenschaft) bedarf. Sobald diese

Prämisse fällt, wird den *pseudowissenschaftlichen patriarchalen Konstruktionen hinsichtlich des weiblichen Sexualcharakters* der Boden entzogen, und dann erweisen sich die *Phantome der von Natur aus frigiden Frau und der von Natur aus sexbesessenen Frau* gleichermaßen als Rationalisierungen jener Männer, die ihre Angst vor dem anderen Geschlecht entweder hinter ihrer Distanzliebe verbergen oder sie in einem forcierten Akt »niederer Minne« niederschlagen. Gleichzeitig entpuppt sich die *doppelte Moral* des bürgerlichen Mannes, die ihm beide Fluchtwege gleichzeitig gestattet – die Distanzliebe gegenüber der Ehefrau und das heimliche Sich-Einlassen mit der Femme fatale – als Ergebnis einer solchen Abwehrstrategie, die der altbewährten patriarchalen Taktik des »Teile und herrsche!« folgt.

Nicht zuletzt wäre, wie dies feministische Forscherinnen bereits tun,[24] die Anwendung der Gentechnologie auf den menschlichen Reproduktionsvorgang als Versuch der männlichen Wissenschaft zu entlarven, die letzte Bastion weiblicher Überlegenheit zu stürmen und mit den Risiken der natürlichen Geburt auch den weiblichen Körper als »Störungsquelle« auszuschalten oder ihn zumindest dem wissenschaftlichen Kalkül zu unterjochen.

Zweite
Zwischenbilanz

Eine Bilanz der patriarchalen Kulturentwicklung in ihrer Endphase, wie sie sich heute als hochtechnisierte Zivilisation präsentiert, kann summa summarum nicht positiv ausfallen. Dazu haben die zerstörerischen Aspekte, die von Anbeginn konstitutiv für sie waren, seit dem Bau der Atombombe in einer Weise überhand genommen, die nur noch absurd zu nennen ist, so absurd, daß wir alle die eigentliche Realität unserer Kultur verdrängen, weil niemand sich ständig mit der Apokalypse konfrontieren kann. Aber selbst wenn wir – notgedrungen – diese furchtbare Aussicht immer wieder ausklammern und wider alle Hoffnung auf die Vernunft der Politiker hoffen, stellt sich die Bilanz unserer Errungenschaften der letzten 200 Jahre *alles andere als ermutigend* dar.

Als grundlegender Faktor wäre das enorme *Bevölkerungswachstum* zu nennen, das sich in diesem Zeitraum explosionsartig vollzogen hat. Dafür aber nur die Erfolge der modernen Medizin »verantwortlich« zu machen, reicht als Erklärung nicht aus, denn dabei wird das wesentlichste verschwiegen: Längst vor diesen Erfolgen, die tatsächlich den Zuwachs exponentiell beschleunigt haben, gab es in allen Hochkulturen der Welt ein stark zunehmendes Bevölkerungswachstum, seit die *Geburtenkontrolle* – die jahrtausendelang Sache der Frauen gewesen war – *dem weiblichen Einfluß entzogen* und den patriarchalen Rechts- und Moralbegriffen unterstellt wurde. Der persönliche Ehrgeiz der Männer bzw. der Wille, mit den eigenen Nachkommen (Söhnen) ein Stück Welteroberung voranzutreiben, und die religiöse Rechtfertigung dieses Willens haben zu der unkontrollierten Wachstumsrate der Menschheit geführt, die den Kampf um die Ressourcen der Erde verschärfte und damit die Gefahr der Massenverelendung ebenso heraufbeschwor wie diejenige der kriegerischen Massenvernichtung. Erst in allerjüngster Zeit versucht man die Geister, die man rief, wieder einzudämmen durch eine weltweite Kampagne zur Geburtenbeschränkung – und ist erstaunt über deren geringen Erfolg, nachdem eben diese Geburtenkontrolle den Frauen mehr als 2000 Jahre lang bei Tod und ewiger Verdammnis verboten war (und von der katholischen Kirche bis heute praktisch verboten wird).[1]

Parallel zur explosionsartigen Vermehrung der Menschen auf unserer Erde – im Jahre 2000 werden 6 Milliarden Menschen, bis 2033 bereits zehn Milliarden erwartet, wenn die Wachstumsrate nicht drastisch gestoppt wird – vollzieht sich die *beschleunigte Verminderung aller anderen lebenden Arten* der Fauna und Flora. Bis zum Jahre 2000 werden mindestens 500 000 natürliche biologische Arten für immer von der Erde verschwunden sein.² Gleichzeitig ist der Mensch als Supertechniker Baconscher Prägung dabei, die ökologischen und klimatischen Voraussetzungen für das Leben auf der Erde systematisch und mit zunehmender Beschleunigung zu zerstören, seien es die lebenswichtige Ozonschicht der Atmosphäre, die Flüsse und Meere oder die Waldgürtel der Erde.

Dieses Zerstörungswerk macht auch vor der eigenen Kulturtradition nicht halt. Was tausende von Jahren natürlichen Verfalls nicht vermochten, schafft der Gifthauch unserer Zivilisation in wenigen Jahrzehnten: die *Zersetzung der antiken Bau- und Kunstdenkmäler*, von denen allein in Italien bereits Hunderte dem Untergang geweiht sind.

Groteskerweise arbeitet aber unsere Wissenschaft trotz solcher Erkenntnisse nur zu einem sehr kleinen Teil an der Lösung der von ihr selbst geschaffenen fatalen Probleme, sondern hält ganz im Gegenteil an der uralten, typisch patriarchalen Form von Problembewältigung fest: an der *Herstellung eines immer verheerenderen Waffen- und Zerstörungsarsenals*. Heute sind 50 % aller Forscher und Ingenieure der Welt direkt oder indirekt damit beschäftigt, neue Waffensysteme zu entwickeln und zu testen, auch wenn dies offiziell anders deklariert und in anderen Haushaltskosten untergebracht ist.³ Dabei sind sehr viele technische Neuerungen auf dem Sektor der Kunststoffproduktion oder der Computertechnik nur die Abfallprodukte der Rüstungsforschung, und andererseits werden bevorzugt solche zivile Techniken gefördert, die wiederum Zulieferer für die Rüstungsindustrie sind.

Schachspiel ums Überleben

In dieser Lage scheint es ein gigantisches Ringen zwischen zwei entgegengesetzten geistigen Positionen zu geben, die wie zwei Schachspieler um die Wette kämpfen und deren Spielbrett unser aller Leben ist. Die eine Seite erhebt ihre beschwörende Stimme für ein Umdenken und für die dringende Änderung unseres Kulturkurses, während die andere mit allen propagandistischen Mitteln versucht, unsere Akzeptanz für diesen tödlichen Kurs zu gewinnen. Der 1980 von offiziellen amerikanischen Regierungsstellen ausgearbeitete Bericht »*Global 2000*« zu Händen des damaligen Präsidenten Carter prognostiziert ganz klar die erschreckenden Auswirkungen unserer gegenwärtigen Technologie und Energiewirtschaft auf die lebende Natur, das Klima und die Gesundheit der Menschen sowie den ständig wachsenden Hunger in der Dritten Welt.

Seither ist nicht nur viel zu wenig geschehen, um diese beängstigende Entwicklung aufzuhalten, sondern die Lobby des Kapitals und der

Hochtechnologien hat zum *propagandistischen Gegenschlag* ausgeholt: Nur drei Jahre später erschien 1983 ein sogenannter *Zukunftsalmanach* von der Firma Omni, dem größten international operierenden Informationskonzern Amerikas, der in Deutschland erst 1986 unter dem Titel »Das wird morgen sein« erschien.[4] Was in diesem Machwerk, das sich auf die Expertisen von angeheuerten Wissenschaftlern stützt, den Lesern (5 Millionen Leser spricht eine von Omni herausgegebene popularwissenschaftliche Zeitschrift an!) zugemutet wird, ist ein einziger Alptraum, vorgetragen in der smart-optimistischen Tonlage des Werbefachmanns. Bezeichnenderweise profilieren sich hier besonders die Verfechter der Gentechnologie und der Mikroelektronik, welche die Akzeptanz des Publikums für ihre ehrgeizigen und expandierenden Marktstrategien gewinnen wollen. Sie preisen ungeniert die Fabrikation des Menschen nach Maß in der Retorte an und prophezeien ein noch gigantischeres Wachstum unserer Städte. Sie stellen den künftigen Menschen als einen Konsumroboter vor, der alle seine Bedürfnisse nur noch durch Knopfdruck und Computer-Simulatoren stillt, und sagen Computerkriege zwischen Datenbanken voraus. Dieses fortschrittliche Dasein wird aber nicht nur mit der totalen Entsinnlichung des menschlichen Lebens bezahlt, sondern in voraussehbarer Zeit auch mit der ökologischen Katastrophe. Unter dem verharmlosenden Titel »Die Erde: ein sich wandelndes Ökosystem« führt uns der Almanach wie selbstverständlich vor, wie sich unsere Erde in eine stinkende Kloake verwandelt, worauf die Menschheit auf Raumschiffe umsteigt und sich zu einem anderen Planeten aufmacht.

Wenn wir einmal von dem schier unglaublichen Zynismus absehen, mit dem die Sprecher des Großkapitals ihren Zukunftsentwurf vorstellen, so müssen wir uns fragen, welche allgemeinen psychischen Voraussetzungen es erlauben, dem Publikum eine solche *Horrorvision* überhaupt vorzusetzen. Den Schlüssel hierzu scheint mir die Einleitung des Almanachs zu liefern, in der es heißt, daß die Zukunft die einzige Zeitdimension sei, die wir beeinflussen können: »die Vergangenheit ist aus und vorbei ... die Gegenwart nur ein zerfließender Moment ... aber die Zukunft kann geformt werden.« Hier wird Zeit rein mathematisch gefaßt, nicht als erlebbare Dauer. Weder kann die Gegenwart ausgekostet, noch aus der Vergangenheit etwas gelernt werden, nur die Zukunft steht offen.

Freilich wußten die Lebensphilosophen von Bergson bis Fromm, daß sich das psychische Phänomen der Zeit mit der mechanisch meßbaren Zeit gar nicht vergleichen läßt. *Der Mensch lebt in der Gegenwart oder gar nicht*. Sobald Vergangenheit oder Zukunft als Zeitdimensionen im

Bewußtsein übermächtig werden, ist dies ein untrügliches Indiz für die Verdrängung der gegenwärtigen Probleme. Wir können aber bei diesem Gedankengang noch einen Schritt weitergehen und in der Verweigerung der Gegenwart den Brennpunkt für alle patriarchalen Fluchtmechanismen sehen, auf den wir im Laufe unserer Untersuchungen immer wieder gestoßen sind: nämlich die Unfähigkeit *zur Bejahung des Lebens als bloßem vergänglichen Leben*, und von daher das Absehen vom Leben zugunsten der heroischen Tat oder eines großartigen Zukunftsentwurfs.[5] Offensichtlich ist die Entwicklung des »faustischen Denkens« (das Goethe selbst bewußt ad absurdum führte) heute so weit gediehen, daß ihm jeder zukünftige Horror erträglicher erscheint als das »Verweilen im Augenblick«.[6] Dies kann letztlich seinen Grund nur darin haben, daß der Augenblick etwas ist, das unweigerlich stirbt, während die Zukunft ad infinitum weiterzudenken ist und daher Ewigkeit vortäuscht. So gesehen *ist Angst vor der Gegenwart* die Angst *vor der Endlichkeit des Lebens* und die Angst vor der Anerkennung des Todes.

Würden wir hingegen »unfaustisch« denken, so gäbe es nur ein Kriterium für die Bewertung unserer Zivilisation: Welche ihrer Errungenschaften dienen dem Leben? Dem Leben im Hier und Jetzt, in welchem die »Großen Augenblicke« mehr zählen als die in Jahren meßbare Zeit. Dann würden wir gewahr, daß die *»Lebensqualität« des Menschen nicht beliebig zu steigern* und mit der Qualität des Lebens als Ganzem untrennbar verknüpft ist.

Wahrscheinlich hat keine Epoche jemals so wenig das Gültige gesucht, d. h. die bleibende Qualität in jeweils neuer Gestalt, wie die unsrige. Sie will das Neue um jeden Preis, will machen, was immer machbar ist, auch wenn das Leben auf unserer Erde daran zugrundegeht.

Umdenken ist möglich

Nun ist es allerdings eine Binsenweisheit, daß die Diagnose eines pathologischen Zustandes leichter ist als seine Therapie. Aber die Möglichkeit, eine Heilung überhaupt in Gang zu bringen, setzt die Diagnose voraus, und, wenn es sich um psychische Vorgänge handelt, die Akzeptanz der Diagnose durch den Betroffenen. Das letztere ist aber nicht einfach eine Frage des Scharfsinns oder des guten Willens. In der Psychotherapie ist das Sich-Einlassen auf die Diagnose ein Teil des Heilungsprozesses selbst, der mit starken Affekten und großen inneren Widerständen aufgeladen ist – dies deshalb, weil die neurotischen Fixierungen in uns das labile Gleichgewicht, das durch oberflächliche Symptombekämpfung immer wieder herstellbar ist, um keinen Preis aufgeben wollen. Und tatsächlich ist dieser Preis hoch, denn er besteht in der unerhörten Zumutung, den bisherigen Lebensweg als eine Sackgasse und die eigene, als unausweichlichen Zwang erlebte Handlungsweise als konstruierte Lebenslüge zu durchschauen. Für Männer bedeutet dies sehr oft auch, ihre körperlichen Streß-Symptome als das wahrzunehmen, was sie eigentlich sind: als den stellvertretenden Streik ihres Körpers gegen die krankmachenden gesellschaftlichen Bedingungen, an deren Funktionieren sie selbst auf Hochtouren mitarbeiten.

Auf die kollektive Ebene übertragen würde dies für alle Träger- und Mitträger/innen der patriarchalen Kultur *das zutiefst desillusionierende Eingeständnis* bedeuten, auf die falschen Pferde gesetzt zu haben, und dies auf einer Rennbahn, die gar nicht mehr zum Ziel, sondern in den Abgrund führt. Daß dies nicht erst seit gestern oder vorgestern so ist, sondern seit Beginn der patriarchalen Kultur, haben wir auf unserem langen Gang durch die Geschichte gesehen; nur liefen die Pferde damals langsamer und hatten die damaligen Kriegs- und Umweltkatastrophen (wie die Verkarstung des Mittelmeerraumes durch rigorose Abholzung) noch nicht den globalen Umfang wie heute. Die psychische Kraft, die dazu nötig wäre, eine solche Erkenntnis und Ent-Täuschung überhaupt auszuhalten, ist so groß, daß es leichter fällt, sie als Panikmache zurückzuweisen, statt die Notbremse zu ziehen. *Der Ausstieg von Männern und Frauen aus dem falschen Kulturkurs wäre wahrscheinlich überhaupt nur dann realisierbar, wenn die psychischen Energien frei würden, die bisher zur Unterdrückung des Weiblichen und zur Unterdrückung der Natur im Einsatz sind*, wozu auch die Knechtung der psychischen und physischen Natur des Mannes selbst gehört. Sich aus diesen eigenen Fesseln zu befreien, darin würde *die eigentliche Emanzipationsleistung des Mannes* bestehen.

Fesseln sind aber nur dadurch zu lösen, daß man sich daran erinnert, wie sie angelegt worden sind, und deshalb muß der diagnostische, eine Heilung erst ermöglichende Erkenntnisweg zurückführen bis zum Ausgangspunkt der fatalen Entwicklung: bis an den Punkt in der Vergangenheit, von wo aus der Mann zu seiner Helden-Odyssee aufbrach, die ihm seine Selbstidentität sichern und seine männliche Würde verschaffen sollte, nachdem er sich in seiner biologischen und sozialen Rolle ursprünglich als zweitrangig empfand. Erst wenn die Männer selbst ihre Odyssee mit ernüchtertem Blick zu sehen imstande wären, wenn sie einen großen Teil dessen, was sie für ihre *höchsten und edelsten Ziele* hielten, *als kompensatorischen Traum von Macht und Selbsterhöhung durch-*

schauten und von ihren übersteigerten Ausflügen in transzendente, lebensferne Gefilde zurückkehren würden, erst dann könnte die Geschichte der »Männerheit« in die Geschichte der Menschheit und der Menschlichkeit einmünden. Dann könnte die *echte Verzweiflung und Trauer der Menschen angesichts der lebensimmanenten Leiden die Triebfeder für weniger spektakuläre, aber nicht minder wichtige Taten und Erfindungen sein,* ohne das Stigma der Maßlosigkeit und deren fatalen Nebenwirkungen.

Wenn wir nach all unseren Überlegungen noch einmal zurückkehren zum Beginn dieses Kapitels, so werden wir das uralte Heldengedicht aus der kurdischen Steppe mit ganz neuen Augen lesen:

> Du aber erhebe dich
>
> Da die Quellen versiegt,
> das letzte Grün des Grases verbrannt,
> die zerrissene Krume verdorrten Bodens,
> des Ackers fruchtbare Decke als Staub
> durch den Gluthauch des Windes
> emporgewirbelt Wolken bildet,
> spürst du die Ohnmacht,
> siehst das verendende Tier,
> hörst das Weinen der Kinder,
> und deine Fäuste
> schaffen nicht Wasser,
> geben den Gräsern nicht Leben,
> schützen nicht die fruchtbare Erde des Ackers
> vor dem Gluthauch des Windes.
> Zweifelst du?
> Schreit dein Herz nicht in Zorn
> vor dem Tag –
> Vergeblich duckt sich das Tier,
> geduldig das Sterben erwartend.
> Du aber erhebe dich!

Was ist aus dieser Erhebung geworden, zweieinhalb Jahrtausende danach? Heute ist es nicht nur der »Gluthauch des Windes«, der über die willkürlich vergrößerten Wüstenflächen fegt. Es sind die giftigen Dünste unserer Zivilisation, die Böden und Flüsse verderben, und es ist die technische Nutzung der Wasserkräfte, welche die Quellen versiegen lassen. Dabei sollten mit den zivilisatorischen Errungenschaften die Launen der Natur überwunden und der Überfluß für die Menschen ein für alle Male hergestellt werden. Und der Überfluß wurde hergestellt in einem für damalige Zeiten unvorstellbaren Maße – bis erneut die Erde aufschreit und die Tiere verenden, bis wieder unsere Kinder gefährdet sind und weinen. Ob unsere Männer sich heute diesem Weinen stellen, oder ob sie sich noch einmal davonmachen auf ihren letzten tödlichen Aufbruch?

In allerletzter Stunde wäre es vielleicht doch möglich, daß sie gemeinsam mit den Frauen auf Abhilfe sinnen, daß sich alle psychischen und geistigen Kräfte von Frauen und Männern zu einer einzigen realistischen Anstrengung vereinen würden, um *mit Weisheit und Wissen, mit Tapferkeit und Bescheidung das konkrete Leben dieser Erde für alle menschlich zu gestalten.*

Kapitel IV
Befreiung zur Partnerschaft

Dieses letzte Kapitel ist den heute sichtbaren Ansätzen und den Zukunftschancen für eine echte Emanzipation beider Geschlechter und damit einer Neugestaltung unserer Gesellschaft gewidmet.

Beginnend mit der Ebene der *individuellen Partnerschaft* und ihrer Befreiung aus den alten Rollenzwängen wende ich mich auf der zweiten Ebene der *Neuen Familie* zu. Daraus ergeben sich mit innerer Folgerichtigkeit weitreichende Konsequenzen für das Familien- und Arbeitsrecht sowie für unseren Rechts- und Staatsbegriff überhaupt.

Auf der *politischen Ebene* steht ein *Neues Demokratieverständnis* im Zentrum der Überlegungen. Dazu gehört nicht nur die Umverteilung der Macht zugunsten eines paritätischen Anteils der Frauen, sondern auch die Entlarvung der Herrschaft in Form von struktureller und wirtschaftlicher Macht.

Schließlich zeigt sich auf der *kulturellen Ebene*, daß wir unsere philosophischen Wertbegriffe und unser Wissenschaftsverständnis grundsätzlich revidieren müssen, um die Basis für die notwendigen Veränderungen zu schaffen. Deshalb sind auch hier die feministischen Denkansätze am radikalsten.

Alles in allem geht es um nichts Geringeres als um ein *Neues Menschenbild* und gleichzeitg um einen *Neuen Kulturbegriff*.

Auf allen diesen Ebenen könnte es zu einem echten Bündnis zwischen feministisch engagierten Frauen und jenen Männern kommen, die nicht auf der Seite der Herrschaftsideologie stehen, sondern im Protest gegen sie für ein wirkliches Umdenken eintreten. Dies setzt auf männlicher Seite die Erkenntnis voraus, daß die feministische Kulturkritik die Grundlagen unserer Zivilisation weit fundamentaler in Frage stellt als alle dissidenten Theorien vor ihr. Deshalb können ihre Anstrengungen nicht einfach als Beitrag zu einer bestehenden progressiven (oder gar neo-reaktionären) Richtung betrachtet und vereinnahmt werden.

Auf der anderen Seite bestehen *innerhalb des Feminismus* und der Neuen Frauenbewegung selbst sehr unterschiedliche Positionen, die *miteinander im Widerstreit* liegen und sich in ihrer politischen Wirkung oft gegenseitig lähmen anstatt sich zu potenzieren. Deshalb scheint es mir wesentlich, diese verschiedenen Standpunkte jeweils in die Diskussion einzubeziehen.

Zwischen Skylla und Charybdis

Schon während der Ersten Frauenbewegung hatten sich zwei verschiedene Lager herausgebildet, die sich heute in veränderter Form wieder gegenüberstehen.[1] Auf der einen Seite gibt es das sogenannte *egalitäre Konzept*, mit der nachdrücklichen Forderung, die Frauen endlich an der männlichen Kultur mit ihren geistig-rationalen Werten und ihrer politischen Verantwortung teilnehmen zu lassen. Simone de Beauvoir hatte vor 40 Jahren das abendländische Menschenbild grundsätzlich kritisiert, das den Mann als Individuum und die Frau als naturhaftes Gattungswesen definierte. Diese Definition verstand nur den Mann als menschliche Persönlichkeit und begriff die Frau ausschließlich über ihr mögliches Sein als Mutter. Innerhalb eines solchen Denkschemas konnte die Frau, sobald sie vom gattungshaften Aspekt ihres Seins absah, ihr Mensch-Sein nur männlich definieren. Deshalb hat sich Simone de Beauvoir ganz klar für eine emanzipatorische Strategie entschieden, die das Mutter-Sein der Frau in den Hintergrund stellt, um auch für die Frau die männlichen Menschenrechte einzufordern.

Ihre philosophisch konsequente und politisch schlagkräftige Strategie, die ein Teil der Neuen Frauenbewegung übernahm, stieß an eine Grenze, die sie damals nicht voraussah und kaum voraussehen konnte: an die Grenze ihrer Vorstellung, daß sich die Frauen Seite an Seite mit den Männern die Natur untertan machen und die Siege des technischen Fortschritts feiern sollten. Ihre Utopie wurde eingeholt von der desillusionierenden und erschütternden Gewißheit, daß der männliche Fortschritt auf seinem bisherigen Kurs keine Zukunft hat. *An die Stelle des Mitstreitens ist die Weigerung der Frauen getreten, einen von Grund auf lebensfeindlichen Kurs mitzusteuern.*

Unter anderem führte diese Weigerung zum sogenannten *dualistischen Standpunkt*, der den fragwürdig gewordenen Werten der Männerkultur eigene, weibliche Werte entgegensetzt. Dieses zweite Konzept gerät aber nun seinerseits in ein Dilemma, wenn es durch die Rückbesinnung auf die weibliche Erfahrungswelt mit ihrer größeren Nähe zur Natur und zur verantwortlichen Mitmenschlichkeit das alte Rollenschema heraufbeschwört.

In den folgenden Abschnitten gehe ich davon aus, daß es für eine echte Befreiung aus dem Geschlechterkonflikt kein Entweder-Oder, das heißt kein eindeutiges Für oder Wider diese beiden Positionen geben kann, ohne nicht in eine tödliche Gefahr für die Sache der Emanzipation (beider Geschlechter!) zu geraten. Dies läßt sich sehr gut an konkreten Beispielen zeigen.

Wenn die Egalitaristinnen zu Recht eine gleich starke Vertretung beider Geschlechter in allen Positionen des öffentlichen Lebens fordern, so führt die nur formale Gleichstellung der Frau zu einer *gravierenden Doppelbelastung,* solange sich an der gesamtgesellschaftlichen Situation und ihrer bisherigen Arbeitsteilung nichts geändert hat. Auch die Gleichstellung der Frau im Familienrecht bleibt eine scheinbare innerhalb eines Rechtssystems, das ausschließlich von Männern entworfen und auf Männer zugeschnitten ist, d. h. den Lebensumständen der Frauen und Kinder viel zu wenig Rechnung trägt. Das Gleiche gilt für das *Arbeitsrecht*, solange die Haus- und Betreuungsarbeit nicht der außerhäuslichen Berufsarbeit gleichgestellt ist.

An dieser Stelle freilich lauert bereits die Gefahr, einem der beiden sprichwörtlichen Ungeheuer in die Arme zu treiben, die im Mythos als Skylla und Charybdis die Schiffer auf der einen oder anderen Seite des Ufers stranden lassen. Die viel diskutierte Entlohnung der Hausfrauen- und Mütterarbeit wäre nicht nur dazu geeignet, den bisher unsichtbaren Anteil der Frauen am gesamten Sozialprodukt sichtbar zu machen, sondern könnte gleichzeitig dazu benutzt werden, den »Beruf« Hausfrau endgültig den Frauen zuzudiktieren.

In der Diskussion um das *Rentenalter* erscheint ein ähnliches Dilemma. Das bisher höher angesetzte Rentenalter des Mannes, das von der Vorstellung ausging, der Mann sei das stärkere und ausdauerndere Geschlecht, wäre, nachdem die Sterblichkeitsstatistik diese Annahme längst widerlegt hat, zur Revision überfällig. Statt daß man aber die einzig logische Schlußfolgerung daraus ziehen würde, das Rentenalter der Männer nach unten anzupassen, versteift man sich darauf, der Frau gemäß ihrem Gleichstellungsanspruch ein höheres Rentenalter zuzumuten (und nicht, wie es sich hoffentlich durchsetzen wird, eine individuell gleitende Gesamtarbeitszeit einzuführen).

Schließlich zeigt die Diskussion um den weiblichen *Militärdienst* die möglichen Folgen einer einseitig egalitaristischen Strategie, gegen die sich Frauen aus dem dualistischen Lager zur Wehr setzen.

Vielleicht können wir dem Dilemma entkommen, wenn wir erkennen, daß beide feministischen Ansätze eine gemeinsame Schwäche haben: *die Vermeidung der theoretischen und politischen Konfrontation mit dem eigentlichen Geschlechterproblem*. Weicht der Egalitarismus dieser Konfrontation dadurch aus, daß er Männerpositionen durch Frauen besetzen will, ohne die sexistische Ideologie und Struktur dieser Positionen selbst in Frage zu stellen, so verlockt die dualistische Sicht dazu, sich ganz von den mißbilligten Schauplätzen der Männerkultur zurückzuziehen auf eine vermeintlich heil gebliebene weibliche Welt.

Auf der Suche nach einem neuen Menschen- und Weltbild sollten wir uns daran erinnern, daß die matrizentrische und die patriarchale Ideologie beide ursprünglich nicht von der individuellen menschlichen Persönlichkeit ausgegangen sind. Die patriarchale Philosophie war im Namen der Väter aufgetreten, um der einseitig matrizentrischen Zeugungstheorie die ebenso einseitige patriarchale Zeugungstheorie entgegenzustellen und die Frau als schöpferisches Wesen auszuschließen. Ich stimme mit Sigrun Anselm überein, wenn sie konstatiert: »Das Geschlechterverhältnis bleibt so lange unversöhnbar, wie es aus einer mütterlichen oder väterlichen Position agiert wird.« Und: »Dies aber ist der Sinn der Brechung des mythischen Zwangs: ein Geschlechterverhältnis möglich zu machen, das seine Konflikte und Bedrohungen nicht im Rekurs auf die ursprüngliche Überlegenheit der einen oder anderen Seite herrschaftlich zu überwinden versucht, sondern sie im Medium der Geschlechterspannung bearbeitet und balanciert.«[2] Das heißt nichts anderes, als daß wir die mythisch-ontologische Ebene verlassen müssen, um das »Wesen« der Geschlechter zu bestimmen, und uns endlich den *psychologischen und soziologischen Fakten der Geschlechterspannung* zuzuwenden haben. Was die Brechung des mythischen Zwangs betrifft, so hätte diese spätestens 1883 erfolgen müssen, in dem Augenblick nämlich, als der Nachweis erbracht worden war, daß zur Entstehung neuen Menschenlebens der weibliche Anteil der Eizelle ebenso wichtig ist wie der männliche Anteil des Spermiums.[3] Seitdem war zum erstenmal eine partnerschaftliche Elternschaft objektiv-physiologisch begründbar, nur hat die Philosophie und die Psychologie der folgenden 100 Jahre dieses Faktum noch immer nicht gebührend rezipiert. Auch wenn die Tatsache bestehen bleibt, daß die Schwangerschaft, der Vorgang der Geburt und das Stillen während der ersten Lebenswochen oder -monate das Kind physiologisch enger an die Mutter binden als an den Vater, so ist aus diesen Umständen der angeblich diametrale Wesensunterschied zwischen den Geschlechtern nicht mehr konstruierbar. Wir haben vielmehr davon auszugehen, daß *Mann und Frau gleichermaßen als Gattungswesen und als Individuen zu definieren* sind und dementsprechend beide für beide Bereiche der menschlichen Existenz zuständig sind.

Merkwürdigerweise werden die alten und neuen Geschlechtermythen heute von zwei ganz verschiedenen Ausgangspositionen her genährt: von der konservativen Rechten, wie sie sich am unverblümtesten im amerikanischen Fundamentalismus artikuliert und von der »Neuen Mütterlichkeit« innerhalb der feministischen Bewegung. Die *amerikanische Philo-*

sophie der Rechten (G. Gilder und Phyllis Schlafly) will den Frauen ihre Gefangenschaft im Haushalt dadurch schmackhaft machen, daß man sie zu den eigentlichen Trägerinnen von Moral und sozialem Frieden hochstilisiert und den Männern bescheinigt, daß sie unkultivierte und gewalttätige Wüstlinge wären, solange sie nicht ins eheliche Joch gebeugt und von den Frauen gezähmt würden. Dies ist eine *zynische Rechtfertigung der bestehenden Verhältnisse*, die es den Männern sehr einfach macht: sich auf ihre Raubtiernatur berufend, entziehen sie sich jeder Verpflichtung zu persönlicher Veränderung und pochen zugleich auf ihre Privilegien, die ihnen durch ihre Ernährerrolle sicher sind. Parallel dazu verspricht Phyllis Schlafly ebenso zynisch den Mittelstandsfrauen ein sorgloses Dasein, wenn sie sich das Modell der bürgerlichen Ehe-Symbiose geschickt zunutze machen.[4]

Auf der anderen Seite kommt es bei den feministischen Vertreterinnen der »*Neuen Mütterlichkeit*« zu einer »Geschlechter-Entmischung« (Sigrun Anselm), die auf dem Boden schlechter Erfahrungen gewachsen ist: Mütter, die erlebten, wie sehr sie von den Männern alleingelassen wurden, halten den *Rückzug in die männerunabhängige Frauengruppe* für den einzig praktikablen Weg oder rechnen realistischerweise damit, daß sich an den bestehenden Verhältnissen des Mütteralltags so schnell nichts ändern wird. Deshalb erheben sie Forderungen für eine kindergerechte Gestaltung der Öffentlichkeitsarbeit, die es auch Müttern mit Kindern gestattet, an ihr aktiv teilzunehmen.[5] Auch diese aus der Not geborene Solidarität unter Müttern entgeht nicht immer der Gefahr der *biologistisch-mythischen Erhöhung der Mutterschaft* (»motherhood is beautiful«), wenn dem weiblichen Geschlecht qua Mutterschaft essentielle Tugenden und dem männlichen Geschlecht (oder den kinderlosen Frauen) ebenso essentielle Defizite zugesprochen werden.

Dagegen ist grundsätzlich festzuhalten, daß Tugend per definitionem kein angeborener Wesenszug ist, sondern eine bewußt erworbene seelische Haltung, die, wenn wir Kants ethischen Prinzipien folgen, nicht auf gesellschaftliche Zwänge gegründet sein darf, sondern auf freier Überzeugung beruhen muß.

Im unmittelbar folgenden Abschnitt geht es also auch um die Frage, welche *neuen Tugenden auf seiten beider Geschlechter* zu entwickeln wären, das heißt, welche Forderungen Frauen und Männer an sich selbst und aneinander zu stellen hätten, um partnerschaftliche Begegnung und Kooperation *auf allen Ebenen der Mitmenschlichkeit* möglich zu machen.

1. Die individuelle Ebene

»Sex« und »gender«
Mit der Unterscheidung von »sex« (biologisches Geschlecht) und »gender« (linguistisches Genus) hat die englische Sprache der deutschen die Möglichkeit voraus, die biologisch-genetischen Geschlechtsunterschiede von den kulturell bedingten Wesensmerkmalen der Geschlechter zu trennen. Zunächst gehe ich hier von der zweiten Bedeutung des Geschlechtsbegriffes aus, dem englischen »gender«, das im Deutschen mit »das Weibliche« oder »das Männliche« zu umschreiben wäre und damit freilich schon eine mythische Aura erhält, die vorspiegelt, daß dem kulturell erworbenen Rollenverhalten eine ontologische, das heißt ewige Seinsbestimmung zugrundeliegt.

Bisher haben die *kulturellen Rollenstereotypien* im besten Falle – wie zum Teil in vorindustriellen Gesellschaften und bei Naturvölkern – zu einer komplementären Rollenergänzung geführt, wobei jeder Part gleichgewichtig für das Ganze ist, aber kaum kooperative Handlungsmuster zwischen den Geschlechtern entstehen, sondern ein Nebeneinander unterschiedlicher Aufgabenbereiche. In den weitaus meisten Fällen haben die festgelegten Geschlechterrollen jedoch eine *hierarchische Aufgabenteilung* geschaffen, deren Komplementarität *keineswegs eine gleichwertige Ergänzung* bedeutet, sondern das Diktat des herrschenden Geschlechts, das dem überherrschten diejenigen Aufgaben zuweist, die ihm selbst als wenig verlockend erscheinen. Goethe machte sich da nichts vor, wenn er, die Lebensbereiche von Mann und Frau betrachtend, in »Hermann und Dorothea« sagt:

Dienen lerne beizeiten das Weib nach ihrer Bestimmung
...
Wohl ihr, wenn sie sich daran gewöhnt, daß kein Weg ihr zu sauer
Wird, und die Stunden der Nacht ihr sind wie die Stunden des Tages,
...
Daß sie sich ganz vergißt und leben mag nur in andern!
...
Zwanzig Männer verbunden ertrügen nicht diese Beschwerde,
Und sie sollen es nicht; doch sollen sie dankbar es einsehn.[1]

Ein Teil der Neuen Frauenbewegung hat sich zu Recht nicht nur gegen die Zumutung gewehrt, daß Frauen die alleinige Verantwortung für die Reproduktion des Lebens auf sich zu nehmen haben, sondern auch die trügerische Dankbarkeit und Mystifizierung dieser Rolle von seiten der Männer zurückgewiesen.

Interessanterweise gab es aber während der letzten Jahrzehnte nicht nur Bemühungen von weiblicher Seite, die patriarchalen Rollenfixierungen zu durchbrechen, sondern auch von männlicher Seite; dies offensichtlich deshalb, weil der Arbeitsrhythmus der hochtechnisierten Produktionsstätten auch die Männer in allen Rängen mit zunehmendem Streß belastete. In Amerika, wo die mörderische Konkurrenz infolge eines durchrationalisierten Betriebsmanagements ihre Opfer unter den Männern früher forderte als in Europa, entstand im »*Human Potential Movement*« – in Europa bekannt durch die Gestalttherapie F. Perls und die Encountergruppen von C. R. Rogers – eine allgemeine Absage an die Zwänge des herrschenden Establishments. Wie Barbara Ehrenreich dies beschreibt,[2] haben dabei manche Männer, die in die kalifornischen Therapiezentren von Esalen oder La Jolla pilgerten, allerdings nicht nur ihre professionellen Zwangsjacken und das bisher verordnete, harte Männergebaren abgestreift, sondern zugleich ihre traditionelle Ernährerrolle als Ehemänner und Väter. Einerseits *befreit vom machistischen Männerwahn* und zugleich *sich befreiend von ihren sozialen Verpflichtungen,* indem sie mitunter Frauen und Kinder verließen, genossen diese Männer in vollen Zügen ihre wiedergewonnene Spontaneität und die Abenteuer ihrer Selbstverwirklichung. Eine Devise von Perls lautet wie folgt:

Ich tu, was ich tu; und du tust, was du tust.
Ich bin nicht auf dieser Welt, um nach deinen Erwartungen zu leben und du bist nicht auf dieser Welt, um nach den meinen zu leben.
Du bist du und ich bin ich,
und wenn wir uns zufällig begegnen – wunderbar.
Wenn nicht, kann man auch nichts machen.[3]

Diese Devise ist zwar geeignet, die symbiotischen Rollenverkrustungen aufzuweichen und bot auch den Frauen zum erstenmal die Gelegenheit, ihre eigenen Bedürfnisse überhaupt wahrzunehmen, aber ein Partnerschaftsmodell konnte sie nicht anbieten.

Nicht nur ignorierte sie die wirtschaftlichen Existenzbedingungen, die für beide Geschlechter höchst unterschiedlich sind. Die Selbstverwirklichungs-Euphorien sowie die alternativen Partnerschafts- und Wohnformen brachten auch die ernüchternde Erfahrung, daß die Herrschaftsattitüde der Männer und die Duckmäusermentalität der Frauen eben nur die eine Hälfte des Rollenklischees bilden. Die andere, unbewußte Seite des Rollenarrangements, wie ich sie im Schema »*Muttersklavin*«–»*Kindtyrann*« zu verdeutlichen suchte, war *damit nicht überwunden*. Nur allzuoft blieben nach der Demontage der Machos die unverbindlich-schutzbedürftigen Softies zurück, die sich an die Mutterbrust der Gruppe warfen, nur daß die weiblichen Gruppenmitglieder mehr und mehr begannen, die Brust zu verweigern. Bekanntlich entstanden genau aus diesem Grunde *die ersten feministischen Frauengemeinschaften im Anschluß an die 68er Bewegung*.

Andererseits müssen auch die jungen Frauen an sich selbst erfahren, daß ihre Absage an die herkömmliche weibliche Rolle ihnen nicht nur die Freiheit bringt, sondern sie auch in die Isolation treibt, und daß sich ihre Suche nach Gemeinschaft und Halt in der *Frauengruppe* nur teilweise erfüllt, weil die Mehrzahl ihrer Mitglieder *mehr Geborgenheit wünscht als sie selbst zu vermitteln imstande* oder bereit sind.

Diese Defizite, die man in der klassischen Psychologie als Mangel an menschlicher Reife qualifiziert hätte – ein Begriff, dem freilich enorme weltanschauliche und sexistische Vorurteile anhaften –, diese Defizite sind durch keine noch so widrigen gesellschaftlichen Verhältnisse wegzudiskutieren. Sie bleiben (psycho-)logischerweise nach der Auflösung symbiotischer Bindungen zurück, und wir werden nicht darum herumkommen, den *Begriff der menschlichen Reife*, der gleichbedeutend ist mit dem Begriff *eines sich selbst tragenden Erwachsenseins*, neu zu definieren und zwar unabhängig von der Geschlechtszugehörigkeit.

Im Augenblick kennen wir eigentlich nur die *Negativ-Definition*, das heißt wir wissen, was wir nicht unter sozialer Reife verstanden wissen wollen: mit Sicherheit nicht eine Haltung, welche die reibungslose Anpassung an herrschende Zustände garantiert, weder auf der kollektiven, noch auf der privaten Ebene; keine Konfliktvermeidung um jeden Preis; keine Selbstverleugnung oder Selbstüberforderung zugunsten des Köders Erfolg und Prestige; keine Selbstlosigkeit für Ziele, die nicht autonom gewählt sind. Wenn wir aber nicht in die Sackgasse eines schrankenlosen Individualismus geraten wollen, der an seiner Oberfläche sich selbst verwirklichende Singles hervorbringt, in seinen tieferen Schichten aber depressive Ängste, persönlichen Sinnverlust und Verzweiflung, so müssen wir nach Wegen zu einer nicht-symbiotischen und dennoch verantwortlichen Mitmenschlichkeit suchen.

Erich Fromm hat die Liebe als einen solchen Balanceakt zwischen Selbstpreisgabe und Selbstbewahrung, zwischen Furcht vor der Freiheit und Angst vor der Hingabe verstanden und daher in der *Liebe die einzig befriedigende Antwort auf die Grundbefindlichkeit der menschlichen Existenz* gesehen. In seiner »Kunst des Liebens« (die sich nicht auf die gegengeschlechtliche Liebe beschränkt, sondern alle Formen der Mitmenschlichkeit einschließt) hat er aber nicht unterschieden zwischen dem traditionell männlichen und dem traditionell weiblichen Ausgangspunkt, von wo aus die Menschen auf den Weg zur »produktiven Liebe« überhaupt aufbrechen können. Fromm reflektiert meines Erachtens zu wenig, wie sehr den Frauen die Angst vor der Selbstwerdung und den Männern die Angst vor der Hingabe von der Tradition vorgegeben sind.[4] Gerade weil aber – durchschnittlich gesehen – die Ausgangspositionen für beide Geschlechter verschieden sind, neigen wir dazu, die psychischen Defizite jeweils nur an der Gegenseite zu erkennen, während unentdeckt bleibt, daß die eigenen vermeintlichen Tugenden einem Rollenzwang entsprungen sind. *So halten viele Männer ihr zwanghaftes Autonomiestreben für die Tugend echter Selbstwerdung und verwechseln ebenso viele Frauen ihre zwanghafte Selbstlosigkeit mit der Tugend echter Mitmenschlichkeit.* Das heißt, die Befreiung zur Partnerschaft und Liebesfähigkeit bedarf, je nach dem Ausgangspunkt, einer *ganz verschiedenen Kurskorrektur* gewohnter Grundhaltungen.

Für menschliche Reife beider Geschlechter
Für eine *Neudefinition der Reife im Sinne von persönlich und sozial tragfähigem Erwachsensein* scheinen mir deshalb zwei Voraussetzungen unabdingbar: Erstens muß die Zielvorstellung für menschliche Reife für beide Geschlechter ein und dieselbe sein (was bei Fromm der Fall ist) und nicht wie bisher eine geteilte, die dem sexistischen Rollenverständnis entspricht. Diese erste Voraussetzung deckt die *egalitaristische Sicht* und deren Forderungen ab. Zweitens – und dies erscheint mir ebenso wichtig – kann *der Weg zu diesem gleichen Ziel für beide Geschlechter nicht den gleichen Verlauf* nehmen, weil die kulturellen und sozio-psychologischen Vorbedingungen jeweils verschiedene sind. Diese zweite Voraussetzung trägt der *dualistischen Betrachtungsweise* Rechnung.

Wie wichtig dieser zweite Gesichtspunkt ist, zeigt sich besonders deutlich am Beispiel der bereits erwähnten Selbstverwirklichungs-Bewegungen, die für Männer sehr viel eher realisierbar sind als für Frauen, weil diese, zumindest als Mütter, existentiell von den Männern abhängen. Zudem entwickelte sich das, was in Amerika in den 50er Jahren als Auflehnung gegen die gesellschaftskonforme Verhaltenspsychologie begonnen hatte, bald zu einer neuen Ideologie von den unendlichen Möglichkeiten persönlichen Wachstums. Wenn das »Human Potential Movement« auch explizit gegen den alten Herrschafts- und Männlichkeitswahn angetreten war, so trug es doch teilweise selbst die abenteuerlichen Züge eines neuen Männertraums: Männer stiegen aus ihren sexistischen Schablonen aus, entdeckten ihre weicheren, »weiblichen« Seiten und sahen in naivem Narzißmus den versprochenen Höhenflügen ihrer Selbstverwirklichung entgegen. Hier wiederholte sich, wenn auch auf breiterer Basis und nicht auf die sexuelle Befreiung eingeengt, die illusionäre Vorstellung Wilhelm Reichs, daß mit der Befreiung aus den bürgerlichen Tabus automatisch der neue Mensch geboren werde.

Auch die Narzißmus-Diskussion in der neueren Psychoanalyse blendet bisher die geschlechtsspezifischen Voraussetzungen aus, worauf Alice Holzhey-Kunz[5] hinweist. Die sogenannte *Ich-Psychologie* unterscheidet zwischen menschlichen Grundbedürfnissen und Wünschen und definiert den narzißtischen Menschen dadurch, daß dieser seine Wünsche als Bedürfnisse versteht respektive die Erfüllung seiner Wünsche als ein ihm zustehendes Recht einfordert. Diese narzißtische Einstellung, bei der die Balance zwischen Eigeninteressen und sozialer Verantwortlichkeit verlorengeht, hat sich in unserem Jahrhundert auch kollektiv durch veränderte sozioökonomische Bedingungen entwickelt: Als sich die sozialistischen Bewegungen gegen die Ausbeutung und die Unterdrückung elementarer Bedürfnisse bei den Unterschichten erhoben, erschien angesichts der erschreckenden Not die Definition solcher Grundbegriffe überflüssig. Erst seit der Etablierung des Wohlfahrtsstaates und mehr noch mit der künstlichen Erzeugung von Bedürfnissen durch den Konsummarkt kam es zu einer allgemeinen Konfusion zwischen Bedürfnissen im Sinne vitaler menschlicher Grundansprüche und Wünschen, die zwar als reale Sehnsüchte empfunden werden, aber über elementare Bedürfnisse weit hinausgehen. Verfolgen wir diese Verschiebung in der psychotherapeutischen Praxis, so sehen wir, daß die Psychoanalytiker in einer Epoche des Puritanismus und der Prüderie, in welcher Triebwünsche weitgehend verdrängt wurden, jahrzehntelang ihre ganze Kraft darauf verwendeten, die verschütteten und verdrängten Wünsche ihrer Patienten hervorzuholen und bewußtzumachen – ein Vorgang übrigens, der auf erheblichen inneren

Widerstand stößt, weil mit den Wünschen auch das Leiden an ihrer Unerfülltheit verdrängt ist und mit der Bewußtmachung die Leiden erst fühlbar werden. Im Gegensatz dazu sind die Psychotherapeuten seit der Mitte unseres Jahrhunderts mit dem *Problem eines inflatorischen Wunschdenkens* konfrontiert, das wegen seiner Unerfüllbarkeit in der Realität zu ständigen Frustrationen führt.

Bevor wir aber daran gehen können, ein menschliches Maß für unser Wünschen zu finden, muß die Tatsache ins allgemeine Bewußtsein gerufen werden, daß bei der eben aufgezeigten Entwicklung erhebliche *Interferenzerscheinungen zwischen beiden Geschlechtern* auftreten und daß die Entwicklungskurve der Frauen zumindest im Bereich der psychischen Bedürfnisse und Wünsche in einem ganz anderen Rhythmus verläuft als diejenige der Männer: *Während Frauen in vielen Bereichen noch um ganz reale Bedürfnisse kämpfen, bewegen sich Männer bereits im »Luxusgebiet« weitreichender Wünsche*, die sie unreflektiert in Form von Bedürfnissen anmelden.

Daraus folgt unter anderem, daß just in dem Augenblick, in dem Frauen ihre eigenen Bedürfnisse und Wünsche formulieren und Ansprüche ohne erdrückende Schuldgefühle überhaupt erst stellen lernen, nun der Ruf ertönt: Schluß mit narzißtischer Selbstbespiegelung und Selbstverwirklichung, zurück zur Verantwortung für die Gemeinschaft, zurück zum Altruismus – was auf die Frau bezogen nur heißen kann: zurück zur traditionellen Frauenrolle. Natürlich gibt es auch heute Männer, die aufgrund einengender Erziehung nicht zu ihren Wünschen stehen können, und Frauen, die ihre narzißtischen Wunschvorstellungen naiv und bedenkenlos anmelden. Aber durchschnittlich gesehen und vor allem in Bereichen, in denen das patriarchale Machtverhältnis am härtesten zementiert ist wie in der Ehe oder wie im Berufsschema Chef/Sekretärin, verlaufen die Linien *eindeutig zuungunsten der Frauen*. Dies gilt auch dann, wenn sich der Ehemann oder der Chef längst vom Schreckgespenst des Tyrannen wegentwickelt hat, dafür aber die Befriedigung seiner Wünsche charmant und mit dem Hinweis auf die Unentbehrlichkeit der Partnerin/Mitarbeiterin nicht weniger selbstverständlich einfordert.

Asymmetrie der Tugend

Der Weg zu einem neuen menschlichen Maß muß also mit der doppelten Buchführung rechnen, die bisher immer bestanden hat. Im Grunde gab es noch *niemals allgemein-menschliche Tugenden ohne Ansehung des Geschlechts* und das heißt ohne zweierlei Maß für Mann und Frau. Wenn

wir an die antiken und mittelalterlichen Kardinaltugenden denken, zu denen seit Platon Klugheit (Weisheit) und Gerechtigkeit, Tapferkeit und Mäßigung (Besonnenheit) gehören, so wird spätestens anhand der mittelalterlichen Erbauungsbücher klar, daß diese geforderten ethischen Grundhaltungen unter männlichen Vorzeichen etwas völlig anderes bedeuteten als unter weiblichen Vorzeichen. Klugheit (Weisheit) im Sinne von Vernunft und Urteilsfähigkeit und im besonderen von Werterkenntnis galt selbstverständlich als männliches Vermögen. Wo man von weiblicher Klugheit sprach, war damit jenes diplomatische Geschick gemeint, das man den Frauen zumutete, um die Spannungen des häuslichen Kreises auszugleichen und die üblen Folgen männlicher Rücksichtslosigkeit oder Torheit abzuwenden. Den großen männlichen Tugenden der Gerechtigkeit und der Tapferkeit standen im weiblichen Bereich deren banalere Spielarten gegenüber: die Kunst, den divergenten Bedürfnissen der Einzelnen gerecht zu werden und sie innerhalb der privaten Gemeinschaft in Einklang zu bringen, und die tapfere Geduld, unter Hintansetzung der eigenen Wünsche den Alltag zu ertragen. Schließlich wurde die vierte Kardinaltugend, die vielgepriesene Mäßigung, einseitig zur Maxime für die Frau, was sich nicht zuletzt an ihrem Negativbild zeigt. Als negative Gegenpole zur Mäßigung treten uns Wollust und Verschwendung in der Figur der Luxuria in weiblicher Gestalt entgegen (im Unterschied zu anderen Lastern wie Geiz, Zorn etc., deren Allegorien männlich sind).[6]
Diese Asymmetrie der Tugend entspricht ganz der sexistischen Aufgabenteilung zwischen den Geschlechtern: *der Mann setzt kraft seiner Vernunft die Maßstäbe für menschliches Handeln und ist maßgebend in allen Belangen des öffentlichen Lebens, die Frau übt Mäßigung und hält sich im häuslichen Kreis zurück.*

Wenn wir heute aus dieser Asymmetrie ausbrechen wollen, so würde dies einerseits bedeuten, daß die Männer ihre Selbstgerechtigkeit und die Maßlosigkeit der männlichen Kultur reflektieren müßten und andererseits, daß sich Frauen Gedanken über ihre werterkennende Vernunft zu machen hätten sowie über ihren Mut und ihre Tapferkeit, die patriarchalen Werte nicht mehr ungeprüft zu übernehmen.

Dann würden sie auch entdecken, daß unter den von Männern proklamierten Kardinaltugenden eine *entscheidende mitmenschliche Qualität* fehlt, nämlich die *Solidarität*. Wenn im mittelalterlichen Tugendkatalog die Liebe neben Glaube und Hoffnung zu den »theologischen Tugenden« gezählt und als höchste aller Tugenden gepriesen wird, so kann dies nicht darüber hinwegtäuschen, daß die Liebe damit aus dem Reich dieser Welt herausgenommen und in eine spirituelle Innerlichkeit transponiert wurde. An erster Stelle stand die Gottesliebe, an zweiter die Nächstenliebe, die weitgehend mit dem Liebesdienst der Frauen an ihren Familien und mit einer beschränkten Wohltätigkeit an den Armen zusammenfiel. Erst die Denker der Aufklärung und die Wegbereiter des Sozialismus holten die Menschenliebe aus dem transzendentalen oder privaten Raum in die politische Realität zurück und sprachen von Solidarität als von einer menschheitsumfassenden Idee, wobei ihr Menschheitsbegriff und ihre »Brüderlichkeit« allerdings im wesentlichen auf die Männer beschränkt blieben.

Die neuen Tugenden
Demgegenüber ist in der liberalen Moral der letzten hundert Jahre der Tugendbegriff als solcher mehr oder weniger marginal geworden. Als Abwehr gegen jede dogmatische Enge steht im Zentrum des liberalen Denkens die *Idee von Toleranz und Offenheit*, die aber, wie die politische Realität lehrt, dort aufhört, wo die wirtschaftlichen Interessen des weißen Mannes auf dem Spiel stehen. Doch werden uns die politischen Implikationen ethischer Maximen erst später beschäftigen. Hier interessiert zunächst, welche Anstrengungen nötig sind, um nicht nur die reale Arbeitsteilung, sondern auch die ethische Aufgabenteilung zwischen den Geschlechtern aufzuheben, was beides aufs engste miteinander zusammenhängt. Nur wenn nicht mehr von weiblichen und männlichen Tugenden die Rede ist und menschliche Reife unabhängig vom Geschlecht definiert wird, können sich die Geschlechtermythen verflüchtigen.

Äußerlich haben sich die »Initiationsriten« für beide Geschlechter zwar zum Teil angeglichen: Es ist selbstverständlich geworden, nicht nur vom jungen Mann, sondern auch von der jungen Frau eine ordentliche Berufsausbildung zu erwarten, und die »Jungbürgerfeier«, die den Eintritt in die politische Verantwortung markiert, lädt beide Geschlechter ein. Umgekehrt sind seit kurzem die Fächer Handarbeiten und Kochen auch für männliche Schüler obligatorisch und fordern Säuglingskurse zur Teilnahme der Väter auf. Von da aus läßt sich aber nicht ohne weiteres auf eine grundlegende Veränderung im Selbstverständnis der Geschlechter schließen. Repräsentative Umfragen zeigen, daß dieses Selbstverständnis nach wie vor von komplementären, sich gegenseitig ergänzenden und gegenseitig kompensierenden Leitbildern ausgeht. So fühlt sich die durchschnittliche junge Frau, sobald sie eine feste Partnerschaft eingeht und

Kinderwünsche hat, im Berufsfeld nur noch als Zuverdienerin oder als »Ersatzmann« im Notfall, während sich der durchschnittliche junge Mann in der gleichen Lage neben seinen beruflichen Ambitionen nur aus Höflichkeit im Haushalt oder bei der Kinderbetreuung betätigt. Das heißt, die neuen Leitbilder »erlauben« es der Partnerin zwar, neben dem Haushalt auch einer beruflichen Tätigkeit nachzugehen, aber es werden ihr sofort Schuldgefühle suggeriert, sobald irgend etwas in der Familie nicht funktioniert. Der Partner hingegen erwartet besondere Anerkennung und Lob, wenn er sich im Haushalt engagiert. *Immer noch liegt die eigentliche Verantwortung für die Familie bei der Frau und sieht der Mann seine Verantwortlichkeit in der Ernährerrolle.* Auch der fortschrittlichste Fragesteller, der sich danach erkundigt, was ein Mann »ist«, wäre verblüfft über die Antwort, er sei Vater von zwei oder drei Kindern.

Wenn wir aber davon ausgehen, daß es für beide Geschlechter heute obligatorisch ist, sich nach der Ausbildung den Lebensunterhalt selbst zu verdienen, so hat sich *das weibliche Pensum zur Erreichung des Erwachsenen-Status gegenüber früher erheblich erweitert*, dasjenige des Mannes aber nicht. Durchschnittlich gesehen sind heute die jungen Frauen unabhängiger und daher erwachsener als die jungen Männer: Töchter verlassen früher das Elternhaus und gründen nicht nur ihre eigene Existenz, sondern auch ihr eigenes Heim, in dem sie sich selbst versorgen und eine wohnliche Atmosphäre schaffen. Die Söhne dagegen beanspruchen auch nach der Ausbildung häufig noch das Heim der Mutter und verlassen dieses erst, wenn sie zur Freundin übersiedeln.

Dadurch, daß die *Haus(Heim-)haltung offiziell niemals als Kulturleistung anerkannt* wurde, geriet eine wesentliche Qualität des Erwachsenseins aus dem Blickfeld: das Vermögen, für ein Obdach nicht nur finanziell aufzukommen, sondern eine Wohnstätte für das physische und psychische Wohlbefinden zu schaffen, und die Fähigkeit, dieses Wohlbefinden außer für sich selbst auch für andere herzustellen, sei es für den/die Partner/in, sei es für ein Kind, für einen alten oder einen kranken Menschen. *Die Fähigkeit, ein Herdfeuer zu entzünden, das physische und psychische Wärme ausstrahlt, müßte ebenso zum allgemeinen Kriterium des Erwachsenseins erhoben werden wie die materielle Existenzsicherung.* Erst wenn sich beide Geschlechter mit beiden Fähigkeiten gegenübertreten, begegnen sie sich auf der gleichen Ebene psychischer Reife und können eine *reziproke, nichthierarchische Partnerschaft* aufbauen – ganz abgesehen davon, daß die konkret erlebte Solidarität zwischen den Geschlechtern nur entstehen kann, wenn sich beide um die gleichen

Gemeinschaftsbedürfnisse kümmern und ihr persönliches Engagement nicht in völlig getrennten Ressorts verläuft.

Befreite Sexualität

Nun löst aber die Idee einer gleichmäßigen Verteilung von Haushalt und Beruf, wie sie bei kinderlosen Paaren schon heute relativ einfach durchführbar wäre, immer noch Bedenken in der Richtung aus, daß sich Frauen und Männer einander zu sehr gegenseitig angleichen und zu geschlechtsneutralen Wesen entwickeln würden. Dies aber ist eine völlig unrealistische Vorstellung, die nicht von der tatsächlichen Individualität der Menschen ausgeht, sondern von ihrem genormten, sexistischen Verhalten. *Ein gemeinsames Ziel oder ähnliche Tätigkeiten verwischen keineswegs die charakterlichen Unterschiede der Individuen.* Diese können im Gegenteil stärker hervortreten, sobald die starren Rollenmuster aufgegeben sind. Auch dann noch werden sich charakterliche Gegensätze anziehen, werden sich introvertierte und extravertierte Menschen und Personen mit verschiedenen Begabungen gegenseitig ergänzen, nur daß die jeweiligen Gegenpole auf beide Geschlechter beliebig verteilt sind.

Was aber die sexuelle Anziehung betrifft, so geht von jeder Frau und von jedem Mann, die in innerer und äußerer Übereinstimmung mit ihrem Körper leben, eine solche Anziehung aus. Wir alle wissen, wie steril das gesellschaftlich genormte Erscheinungsbild für Frauen und Männer sein kann, was allerdings nicht dadurch besser wird, daß beide Geschlechter den bürgerlichen Modeterror verlassen, um sich hinter einer saloppen und nicht weniger öden Einheitskluft zu verstecken. *Ästhetik als individuelle Ausdrucksgestaltung* hat einen essentiellen Stellenwert für das persönliche Erscheinungsbild jedes Menschen und kann deshalb auch nicht Sache nur des einen Geschlechts sein. Für selbstbewußte Frauen zählt bei ihrer erotischen Wahl längst nicht mehr das Imponiergehabe oder der berufliche Prestige-Hintergrund des Partners, sondern einzig und allein seine *psychophysische Präsenz, die als solche immer einmalig und unvergleichbar* ist. Je weniger allerdings das Typische im Vordergrund steht und je individueller die psychophysische Präsenz wahrgenommen wird, desto mehr verwischen sich die scharfen Grenzziehungen zwischen Hetero- und Homo-Erotik. Dies wird von der bürgerlich-patriarchalen Ordnungsmacht mit Grund als Bedrohung empfunden: Eben *weil die patriarchale Gesellschaftsordnung auf der symbiotischen Klammer zwischen den Geschlechtern beruht, wird sie tatsächlich in ihren Grundfesten erschüttert, sobald sich diese Klammer löst.*

Die Loslösung vom heterosexuellen Zwang und die Freiheit zur Wahl des individuellen Liebespartners bedeutet m. E. aber weder, Homo- und Heterosexualität zu völlig gleichartigen und auswechselbaren Erfahrungen zu deklarieren, noch die Gefahr heraufzubeschwören, den Fortpflanzungswillen der Menschen zu untergraben. Was das letztere betrifft, so entwickelt sich Kinderfeindlichkeit sehr viel weniger in einem sexuell toleranten Umfeld als in einer sterilen, rollenfixierten Welt, deren materieller Perfektionismus dem kindlich vitalen Lebensdrang kaum noch Raum läßt. Zudem wird die *Heterosexualität, auch unter der begrüßenswerten Freiheit vom Fortpflanzungszwang, immer etwas von ihrer vitalen Mächtigkeit behalten, weil sie die Dimension der Lebenskreativität einschließt* und damit über die individuelle Liebeserfüllung hinausgeht.

Hier wäre allerdings die *Auffassung einiger radikaler Lesbengruppen* kritisch zu bedenken, die sowohl in der Heterosexualität als auch in der Mutterschaft nur die körperliche und soziale Versklavung sehen und deshalb mit dem Schlagwort »Feminismus ist die Theorie – lesbisch sein die Praxis« zur konsequenten Homosexualität aufriefen. Zeitweise hatte sich dieser radikale Flügel als die Avantgarde der Frauenbewegung verstanden und die hetero- oder bisexuellen Frauen in die Rolle der Halbherzigen oder gar der Verräterinnen an der Sache der Frau gedrängt, was zu hitzigen und teilweise fanatischen Debatten innerhalb der Frauenbewegung führte.

Dennoch entspricht es der inneren Logik der feministischen Freiheitsbewegung, daß sie sich in ihrem Abwehrkampf gegen patriarchale Rollenzwänge zunächst auf die *spezifisch weiblichen Formen sexueller Lusterfahrung* besann und die offiziell verordnete passiv-empfangende Sexualrolle der Frau ebenso vehement zurückwies wie den Mißbrauch des heterosexuellen Koitus zur etablierten sexuellen Nötigung bis hin zur sexuellen Gewalt. Die strikte Ablehnung der »Penetration« und damit die Ablehnung des koitalen Geschlechtsakts überhaupt hat zudem nicht nur einen empirischen, sondern auch einen theoretischen Hintergrund.

Feministische Sexualtheorien

In der Auseinandersetzung mit Freud griffen feministische Sexualtheoretikerinnen dessen Lehre auf, daß die Frau im Laufe ihrer genitalen Entwicklung ihr klitorales Lustzentrum zugunsten ihrer vaginalen Sexualbereitschaft aufgegeben habe, um sich den männlichen Triebwünschen anzupassen. Stattdessen sollte diese Anpassung nun verweigert und die eigene *sexuelle Identität* aus der ausschließlichen *Konzentration auf die Klitoris* gewonnen werden. Dagegen warnt Carol Hagemann-White als eine der profiliertesten Feministinnen vor einseitigen anatomischen Fixierungen, die auch dazu geeignet sein könnten, Freuds typisch männliche Sicht der Anatomie zu bestätigen. Freud hatte die Klitoris als einen verkürzten oder zurückgebliebenen Penis bezeichnet und kam eben über diese Mangel-Definition zu seinem berühmten Ausspruch, daß die Anatomie der Frau ihr – bedauernswertes – Schicksal sei. Demgegenüber plädiert Hagemann-White für ein *Transponieren von Freuds konkretistisch-anatomischer Theorie in eine soziologische Theorie*: Nur weil der Mann das herrschende Geschlecht war, konnte sein Sexualorgan zum Maßstab von Sexualität überhaupt werden, woraus folgt, daß man die weibliche Sexualität mit untauglichen Maßstäben maß.[7]

Im Laufe der letzten 10 Jahre fand dann eine höchst differenzierte und scharfsinnige Analyse der menschlichen Sexualität von seiten feministischer Wissenschaftlerinnen statt, die das neue, stärkere Selbstbewußtsein der Frau reflektieren: So weist Renate Schlesier alle dogmatischen Einengungen zurück und hält die *Alternative zwischen klitoralem oder vaginalem weiblichen Orgasmus für eine falsche Fragestellung* und die Festlegung auf die eine wie auf die andere Variante für eine *Verstümmelung weiblicher Sexualität*.[8]

Für eine ganzheitliche Auffassung des weiblichen Körpers mit all seinen sexuellen und generativen Potenzen sprechen sich auch Marina Gambaroff und Barbara Sichtermann aus.[9] Bei ihrer Analyse des orgasmischen Erlebens und seiner Vielfalt von Empfindungen kommt Barbara Sichtermann zu dem Schluß, daß es *keinen prinzipiellen Unterschied zwischen weiblichem und männlichem Orgasmus* gäbe, daß dieser vielmehr seinem Wesen nach für beide Geschlechter ein und derselbe sei: eine Grenzerfahrung sexueller Hingabe, der die ekstatische Lusterfahrung ebenso inhärent ist wie in gewisser Weise auch die ekstatische Schmerzbereitschaft. Dabei hält sie die in der patriarchalen Praxis übliche Verwechslung von Leidenschaftlichkeit mit Vergewaltigungsmentalität nicht für einen stichhaltigen Einwand gegen ihre These, sondern für einen penetranten Beweis sinnlicher Unkultur in der patriarchalen Gesellschaft. Ebenso unterstreicht Anja Meulenbelt[10] die Ähnlichkeit weiblicher und männlicher Lusterfahrung stärker als deren Verschiedenheiten. Sie lehnt die einseitige Zuordnung von größerem Zärtlichkeitsbedürfnis zur genuin weiblichen Sexualität genauso ab wie die Charakterisierung der männlichen Sexualität durch rascheren und aggressiveren Verlauf. Beide Zuordnungen hält sie nur für den Ausdruck soziokultureller Rollenzwänge.

Interessanterweise bestätigen diese neuen, authentischen Erfahrungen von emanzipierten Frauen genau das, worauf wir bei unserem Exkurs in die Ethnologie stießen, nämlich eine gleichmäßige Verteilung aktiv/aggressiver und passiv/schmerzbereiter Anteile auf das männliche und weibliche Sexualverhalten ursprünglich lebender Völker. Wer nicht an prinzipielle psychische Wesensunterschiede zwischen den Geschlechtern glaubt, wird allerdings kaum überrascht sein, auch im sexuellen Empfinden keinen grundsätzlichen Unterschieden zu begegnen.

Bemerkenswert ist darüber hinaus, daß innerhalb der feministischen Diskussion, so groß ihre Spannweite auch sein mag, ein Konsens darüber besteht, daß *bei aller Toleranz gegenüber den verschiedensten Erscheinungsformen von Sexualität jede Form von Sadismus abzulehnen sei.* Darin unterscheidet sich die feministische Position eindeutig von linken Theoretikern im Anschluß an H. Marcuse, durch die ein Flirt mit sadomasochistischen Phantasien und Praktiken seit kurzem wieder Mode geworden ist. Die feministische Kampagne gegen die moderne Form von Pornographie, die besonders auf Videokassetten einem Sadismus frönt, der alles Bisherige in den Schatten stellt, hat mit großem Recht die Tatsache eingeklagt, daß sich die meisten Pornos in ihrer Essenz aus Grausamkeiten gegen den weiblichen Körper und aus Verachtung gegenüber dem weiblichen Geschlecht als solchem zusammensetzen. Dabei machen ihre Vertreterinnen mit aller Schärfe deutlich, daß *Sadismus mit Sexualität im Grunde nichts zu tun hat*, sondern daß er an die Stelle der erotischen Lust den Machtgenuß setzt.

Dennoch kommen in der gegenwärtigen Pornographiedebatte m. E. die psychoanalytischen Einsichten zu kurz, so die fundamentale Erkenntnis, daß der Griff zur Gewalt immer der Schwäche entspringt, der persönlichen Selbstunsicherheit ebenso wie der *Unfähigkeit zu echtem sinnlichen Erleben*. Diese Einsicht sollte uns freilich nicht davon abhalten, der pervertierten Schwäche mit allen Rechtsmitteln die gesellschaftliche Macht zu entziehen. Dies um so mehr, als sadistische Pornos ja nicht nur dann verheerende Folgen zeitigen, wenn sie, wie aus sich häufenden Einzelfällen bekannt wird, als Handlungsanweisungen benutzt werden – im Sinne der These »Pornographie ist die Theorie, Vergewaltigung die Praxis« –, sondern auch dann, wenn es beim bloßen Bildkonsum bleibt. Eine derart notorische Fixierung von sexueller Erregung auf Bilder der Gewalt und der Erniedrigung muß zur Verkürzung der eigenen erotischen Empfindungswelt ebenso führen wie zur Unfähigkeit, diejenige der Partnerin/des Partners wahrzunehmen.

Was uns heute ebenso beschäftigen sollte – und womit die Sucht nach immer härterem Sex ursächlich zusammenhängt –, ist der zunehmende Verlust an Sinnlichkeit überhaupt, jedenfalls der Verlust an kommunikativer Sinnlichkeit. Wenn Sexualität zum Telefonsex oder zum einsamen Konsum von Videopornos verkommt, sind tiefschürfende psychologische Analysen bald einmal verlorene Liebesmühe. *Sex als Droge nivelliert alle psychophysischen Empfindungen zur kurzschlüssigen sensationellen Erregung* und dient wie der Griff zum Stoff der Flucht aus dem Gefühl der Leere und des Unlebendigseins, das unsere körperentfremdete Zivilisation hervorbringt. Dabei müssen sich die Stimulantien notgedrungen immer mehr steigern, weil es im Wesen der Sucht liegt, nicht stillbar zu sein.

Von solchen Extrementwicklungen einmal abgesehen, diagnostizieren namhafte Wissenschaftler/innen – unter ihnen Elisabeth Badinter – ganz allgemein das Ende der Leidenschaft, das heißt eine Verflachung der sexuellen Gefühle aufgrund des Patt im Geschlechterkampf und der Annäherung der Geschlechter aneinander.[11] Diese Diagnose halte ich nicht nur für unzutreffend, weil sie sich zu sehr an äußeren Erscheinungsformen orientiert wie an der Unisex-Mode oder am kameradschaftlich-geschwisterlichen Umgang junger Leute, sondern auch für irreführend, weil die Gegenüberstellung von Geschlechterkampf und Leidenschaftlichkeit auf der einen Seite und Friede zwischen den Geschlechtern, Zärtlichkeit und Leidenschaftslosigkeit auf der anderen Seite die alte patriarchale Spaltung perpetuiert. Wie uns die Beispiele aus der Frühkultur lehren, *ist es einfach nicht wahr, daß Zärtlichkeit und Leidenschaftlichkeit einander ausschließen*. Sicher gibt es Akzentverschiebungen im Laufe einer langen, vertrauten Partnerschaft, aber wie es absurd wäre, zu behaupten, ein gut eingespieltes Tänzerpaar könne entweder nur Csárdás oder nur Slowfox miteinander tanzen, so abwegig ist es, das Paarverhalten auf Leidenschaftlichkeit oder Zärtlichkeit festlegen zu wollen. Auch hier ist es viel eher der kulturelle Kontext, der entweder eine weite Skala sinnlicher Gefühle evoziert durch Nähe zur Natur, durch Tradierung kollektiver Feste und durch die großen Gesten sinnlicher Kunst oder nur einen verengten und privatisierten Erlebnishorizont anbietet, der die großen Gefühle zum Verstummen bringt. Dies zeigt einmal mehr, daß es keine isolierte Sexualpsychologie und auch keine isolierte Sexualtherapie geben kann, sondern nur die Wahrnehmung respektive die Veränderung gesamtmenschlicher Lebenszusammenhänge.

Grundsätzlich hieße Befreiung zur Partnerschaft auf sexueller Ebene nicht Verflachung der Leidenschaft, sondern rückhaltlose Begegnung mit gleicher selbstbewußter Kraft und gleicher Fähigkeit zur Hingabe; ein Ebenbürtigkeitsideal, wie es in Europa bereits in den keltischen Dichtungen und im frühen französischen Minnesang Gestalt angenommen hatte.[12]

Allerdings zeichnet sich schon in der frühen höfischen Dichtung ein anderer, scheinbar unüberwindlicher Gegensatz ab, der den tragischen Unterton dieser Dichtung ausmacht, nämlich die Unvereinbarkeit zwischen Liebe und Ehe. Hierbei handelt es sich aber um etwas völlig anderes als um die angebliche Unvereinbarkeit zwischen Zärtlichkeit und Leidenschaft. Hier stehen sich Leidenschaft plus Zärtlichkeit als authentische Liebeserfahrung auf Zeit und die Ehe als lebenslanger Bund gegenseitiger mitmenschlicher Verantwortlichkeit gegenüber. Dieser Grundkonflikt scheint bis heute keine Lösung gefunden zu haben.

Auch nach der Brechung von sexuellen Tabus und nach der Befreiung vom Ehezwang bleibt das *Grundbedürfnis des weiblichen und des männlichen Menschen nach konstanter Verbundenheit* mit einer oder mehreren Personen bestehen, die den emotionalen Austausch und das Gefühl von Zugehörigkeit über die Wechselfälle des Lebens hinweg garantieren können. Die *Single-Existenzen*, die zahlenmäßig ständig im Wachsen begriffen sind, bilden in vielen Fällen zwar ein notwendiges *Stadium der Selbstbesinnung* und der Lösung aus symbiotischen Verstrickungen, sind aber bei ehrlicher Selbsteinschätzung keine idealen Dauerlösungen. Ich halte es für wichtig, familiäre Gruppenbildung als einen möglichen Raum für das Heranwachsen von Kindern prinzipiell zu unterscheiden von freundschaftlichen Beziehungen und Lebensgemeinschaften, die dem erwachsenen Menschen das Gefühl von Solidarität und emotionaler Geborgenheit vermitteln. Es gehört zu den bittersten Erfahrungen der weiblichen Existenz, daß Frauen bisher nur wählen konnten zwischen dem aufopfernden Selbstverzicht in einer familiären Bindung als Ehefrau, als Mutter oder als Tochter und einem total isolierten Einzeldasein in einer von Männern beherrschten, entfremdeten Welt. Gerade hier hat ja auch die Lesbenbewegung, die sehr viel mehr ist als eine Aufforderung zur weiblichen Homosexualität, ihren menschlichen Stellenwert.

Rollentypische Ausgangsbasis

Ob auf hetero- oder auf homoerotischer Basis, immer konfrontiert eine langfristige Lebensgemeinschaft die Beteiligten mit mehr oder weniger großen psychischen Problemen. Daß dies davon herrührt, daß die Individuen ihre *ungelösten Probleme aus den Primärbeziehungen der Kindheit* in die Partnerschaft mitbringen, zeigt die psychotherapeutische Praxis zur

Genüge: verkürztes Selbstbewußtsein oder starhafte Verwöhnung aufgrund der Geschwisterkonstellation, zu enge oder entfremdete Elternbeziehungen, und immer wieder die ungelöste Mutterbeziehung, die in unserer Kultur die Primärbeziehung par excellence darstellt, werden regelmäßig und meist unbewußt auf die Partnerschaftsbeziehung übertragen. Dabei ist die *Urbeziehung zur Mutter für beide Geschlechter insofern gleichermaßen fundamental,* als das Urvertrauen in das Du oder frühe Verlassenheitsängste und andere traumatische Erfahrungen die spätere Liebes- und Bindungsfähigkeit jedes Menschen entscheidend beeinflussen. Wie eine zu lange aufrechterhaltene Mutterbindung bei Männern und Frauen als Anlehnungsbedürfnis oder eifersüchtiger Besitzanspruch wiederkehren, so auch der Mangel an Urvertrauen in der Bindungsscheu oder in der Sucht nach Symbiose als Nachholbedarf. Die Urbeziehung bedeutet aber für beide Geschlechter insofern etwas Verschiedenes, als der heranwachsende Knabe im Gegensatz zum Mädchen seine Identität nicht an der Mutter, sondern nur gegen die Mutter erfahren kann. Dieser Unterschied prägt den Beziehungsstil der Geschlechter entscheidend mit: Wie sich der männliche Single in einer anderen gesellschaftlichen Lage befindet als die alleinstehende Frau, so spielt auch der Mann in der langfristigen Bindung – ganz unabhängig von Kindern – durchschnittlich eine andere Rolle als die Frau. Männer verstehen sich zwar zu Beginn einer Beziehung häufig als die aktiv Werbenden, verwandeln sich aber ebenso häufig sehr bald in die passiv Empfangenden, das heißt, sie erwarten den Fortbestand der Beziehung von den Anstrengungen der Frau: von deren grundsätzlicher Bereitschaft, persönliche Dinge über Sachinteressen zu stellen, von ihrem Geschick, Termine zu koordinieren, ein Fest zu arrangieren oder Tisch und Bett zu decken, kurz, den Beziehungstopf am Kochen zu halten. Mit anderen Worten: *Unbewußt verlassen sich Männer im allgemeinen mehr darauf, geliebt zu werden, weil sie als Knabe alles daran setzen mußten, ihre Autonomie vor dem Zugriff der Mutter zu retten* und ihnen deshalb ihre Selbstbewahrung wichtiger scheint als die Pflege der Beziehung – und dies unter der stillschweigenden Voraussetzung, daß die Beziehung zu einer liebes- und bindungsfähigen Frau selbstverständlich möglich ist.

Ganz anders verhält es sich mit der rollentypischen Ausgangslage der Frau. Das *Erbe der Mütter* an die Töchter besteht im vorgelebten Beispiel der *Selbstopferung* und in der unausgesprochenen Botschaft: Du wirst nicht allein sein, solange du meinem Beispiel folgst und stets für das Wohl der anderen sorgst, ohne etwas für dich selbst zu verlangen. *Sobald aber die emanzipierten jungen Frauen dieses Erbe aufkündigen und ihrerseits Ansprüche stellen, greifen sie sehr oft ins Leere.* Männer sind kaum je darauf vorbereitet worden, emotionale Bedürfnisse zu erfüllen oder konkrete Sorge für die Gestalt einer Beziehung zu tragen. Sie wechseln eher zu einer neuen Partnerin, als ein intensiveres emotionales Engagement für die bestehende Partnerschaft aufzubringen.

Während aber diese weitgehende Unfähigkeit, ihren Teil für eine emotional tragende Beziehung beizusteuern, Männer bisher davon abhielt, verbindliche Gefühlsbeziehungen mit anderen Männern einzugehen (mit Ausnahme der wenigen stabilen homosexuellen Paare), wenden sich Frauen seit jeher mit ihren Defiziten an andere Frauen und erwarten von ihnen jene emotionale Zuwendung, die sie bei ihren Müttern erlebten oder erhofften und von den Männern nicht erhalten. Wie das Mutter-Tochter-Verhältnis im Alter umschlagen kann und aus der sorgenden und verwöhnenden Mutter die alleinstehende Tyrannin wird, die von der Tochter zurückfordert, was sie über Jahrzehnte hinweg an die Familie (und oft mehr an deren männliche Mitglieder) dahingab, so fordern Freundinnen oft gegenseitig tyrannisch die emotionale Zuwendung ein, die ihnen in der Männerwelt vorenthalten bleibt. Genau dieses Dilemma bildet den Hintergrund für den bisweilen erschreckend gehässigen Ton zwischen feministischen Gruppierungen, die nicht genau auf derselben Linie liegen. Hier brechen Emotionen auf, die durch sachliche Meinungsverschiedenheiten allein nicht gerechtfertigt sind und die das ganze Elend ungestillter Sehnsüchte und enttäuschter Selbstwertgefühle auf die weibliche Gegengruppe entladen. Um eine solche Affektverschiebung zwischen Frauen zu vermeiden, bedürfte es der rückhaltlosen Offenheit gegenüber den eigenen lebensgeschichtlichen Defiziten wie auch der Nüchternheit gegenüber den emotionalen Defiziten unserer Leidensschwestern.

Sekundäre Ängste des Mannes

Wenn aber langfristige heterosexuelle Bindungen im Sinne gleichgewichtiger Partnerschaft in Zukunft eine Chance haben sollen, so wäre die Voraussetzung dafür die *Bewußtmachung und das Eingeständnis der männlichen Defizite*, und zwar der eigentlichen und nicht der vorgeschobenen Schwächen, von Seiten der Männer. Der Partnerschaft mit der Frau steht weder die Raubtiernatur des Mannes entgegen, die ihn angeblich asozial macht und mit der er viel eher kokettiert als daß er sich ihrer schämt, noch irgendein angeborener Mangel an Sensibilität oder Emotionalität. Es sind *kompensierte Ängste und das falsche Ich-Ideal von der männlichen Überlegenheit*, aber auch *das Festhalten an Bequemlichkeiten und der Unwille zur Selbstveränderung*, welche die innere Bereitschaft für eine faire, reziproke Kommunikation verhindern.

Dabei ist das Festhalten am verkrampften Ich-Ideal des patriarchalen Mannes von der heutigen kulturgeschichtlichen Situation aus gesehen purer Anachronismus, denn längst hat das Frauenkollektiv seinen Einfluß verloren, und längst ist die einzelne Frau aus ihrem ursprünglichen Elementarcharakter herausgetreten und hat ihre ganze Bereitschaft zur Solidarität aus den eigenen Blutbanden auf ihren Ehegefährten übertragen. Das heißt, die *primären Insuffizienzgefühle der Männer,* die einmal real begründet waren und ihre kompensatorische Selbsterhöhung auslösten, *fallen heute dahin.* An ihre Stelle sind *sekundäre Ängste gegenüber dem Zusammenbruch schmeichelhafter Illusionen und etablierter Privilegien* getreten.

Der einst mächtige Gebärneid ist zwar auch heute nicht aufgehoben, hat jedoch viel von seiner ursprünglichen Bedeutung verloren. Kinderreichtum ist unter unseren gegenwärtigen zivilisatorischen Bedingungen und angesichts unserer hohen individuellen Ansprüche an die äußere Lebensqualität kein allgemeines Wunschziel mehr. Allerdings kann der kollektive Gebärneid der Männer so lange nicht als überwunden gelten, als er nicht bewußtgemacht ist und seine kompensatorischen Ausagierungen im technischen Machbarkeitswahn als solche nicht erkannt sind. Auch bleibt der Neid auf die psychische Mutter-Kind-Beziehung innerhalb des Familiendreiecks auch für die heutigen Väter immer noch ein unbewältigtes Problem, fällt aber für die kinderlose Partnerschaft, mit der wir uns jetzt beschäftigen, weg.

Die zweite Realangst des Mannes, seine *Angst vor sexuellem Ungenügen*, die durch das rivalisierende Leistungsprinzip der Männergesellschaften erst eigentlich akut geworden ist, entbehrt zwar nicht ganz der physiologischen Grundlage, wie aus den experimentellen Ergebnissen von Masters und Johnson hervorgeht.[13] Sie konnte jedoch nur durch die trügerische Selbstüberschätzung des Mannes und seine daraus resultierende Selbstüberforderung im Patriarchat zu einem bedrohlichen (und dennoch uneingestandenen) Problem anwachsen. Die höhere Orgasmusfähigkeit der Frau, die ja nur einen statistischen Durchschnittswert darstellt und individuell ganz verschiedene mann-weibliche Relationen zuläßt, wäre für sich allein genommen kein Grund für gravierende Komplikationen in der heterosexuellen Partnerschaft. Würden Männer und Frauen die männliche und die weibliche Potenz als etwas Relatives und deren Begrenztheit als etwas Natürliches betrachten, und würden außerdem die Männer ihre Kräfte nicht in einem mörderischen Konkurrenzkampf am Arbeitsplatz zugrunde richten, so müßten *aufgrund der physiologischen Gegebenheiten* – weiß Göttin – *keine Neurosen* entstehen. Nur die *patriarchale Fixierung auf den Phallus* als allmächtiges perpetuum mobile und die sexuelle Forcierung, die zwangsläufig damit einhergeht, schaffen sexuelle Minderwertigkeitskomplexe bei den Männern und die (begründete) Angst vor sexueller Aggression und/oder Frustration bei den Frauen.

Nur der elementare gegenseitige Respekt würde auch den uralten Zankapfel des sexuellen »Wahlrechts« aus der Welt schaffen: Niemand hat das Recht, vom Partner, den er sexuell begehrt (sei es ein hetero- oder ein homosexueller Partner), eine positive Beantwortung seines Begehrens zu erwarten. Wenn es überhaupt ein *Grundrecht der individuellen Persönlichkeit* gibt, so ist es dieses *Recht auf die Verfügbarkeit über den eigenen Körper, auf das freie Ja oder Nein zum Begehren des Partners,* das keiner spezifischen Rechtfertigung bedarf.

Nachdem dieser Grundanspruch seit der Etablierung des Patriarchats bis heute den Frauen vorenthalten und von den Männern mit Füßen getreten wurde, ist er endlich durch die Frauenbewegung zum Politikum geworden. Dennoch sollten wir uns bewußtmachen, daß die Frauen dieses Recht nicht seit eh und je gegenüber den Männern zu verteidigen hatten. Wie uns Beispiele aus matrizentrischen Kulturen lehren, besitzen Frauen dort nicht nur ihre körperliche Integrität, sondern gibt es egozentrische Lustansprüche auch von weiblicher Seite. *Ein wirklich freies Spiel der Wahl bringt beide Geschlechter in Situationen, in denen ihnen zugemutet wird, eine Zurückweisung entgegenzunehmen, und beide werden lernen müssen, auf faire Art darauf zu reagieren.*

Neudefinition der Treue

Das gegenseitige Zugeständnis sexueller Freiheit, wie es eine liberale Sexualmoral seit langem fordert, hätte aber auch zu einer Neudefinition der Treue führen müssen und nicht einfach zu einer Negation des patriarchalen Treuebegriffs. Ursprünglich war dieser, wie wir sahen, kein moralischer, sondern ein juristischer Begriff im Dienste der Unterwerfung der Frau, der sich mit der doppelten Moral, das heißt mit dem Recht des Mannes auf Untreue, sehr wohl vertrug. Erst die christlich-moralische Forderung nach gegenseitiger Treue und lebenslanger Monogamie machte das Liebesbündnis, das nur durch die Ehe als legitimiert galt, zu einem gegenseitigen Pflichtverhältnis, dies aber freilich unter der Prämisse der prinzipiellen Sexualfeindlichkeit. Der Zweck der christlich monogamen Ehe war nicht das sexuelle Monopol für zwei füreinander bestimmte Menschen, sondern die Ausschaltung der Sexualität als Selbstzweck und ihre ausschließliche Definition als Mittel zur Fortpflanzung. Dies bedeutete nichts anderes als die offizielle De-Humanisierung und Biologisierung der Sexualität und die Verbannung eines humanen Sexualverständnisses in den kulturellen Untergrund: Der frühe französische Minnesang mit seiner vollen erotischen Kraft fiel sehr bald der bischöflichen Zensur zum Opfer und lebte nur noch in den »niederen« Minneliedern fort, von denen Walther von der Vogelweide noch herrliche Zeugnisse schuf, die aber später nur noch als Bänkellieder ein kümmerliches Dasein fristeten.

Erst die Absage an die kirchliche Autorität im Zuge der Aufklärung schuf der »*freien Liebe*« ihre offizielle Existenzberechtigung, doch verband sich gerade mit ihr ein neuer, moralischer Treuebegriff, der von der romantischen Vorstellung des Füreinander-Bestimmtseins ausging. Daß dabei die männlichen Projektionen auf die Frau als Trägerin des »Ewig Weiblichen« auf Kosten der Frauen gingen, brauche ich hier nicht zu wiederholen. Wesentlich im jetzigen Zusammenhang scheint mir, daß im Treueverständnis der »freien Liebe« die *Authentizität des eigenen Gefühls ins Zentrum* rückte und zwar *auch für die Frau*. So hat etwa Goethe Caroline Schlegel-Schelling (1763–1809) in ihrem Loyalitätskonflikt darin unterstützt, ihrem Gefühl zu folgen und sich von A. W. Schlegel scheiden zu lassen.

Es wäre lohnend, einmal näher zu verfolgen, wie es von diesen Ansätzen eines neuen Treueverständnisses aus, für das vielleicht nicht von ungefähr das Beispiel einer bedeutenden Frau steht, zum Begriff der radikalen Libertinage an der Wende zu unserem Jahrhundert gekommen ist. Ich habe den Verdacht, daß die radikale Alternative zur monogamen Fesselung, die in der Behauptung von der Unmöglichkeit zur sexuellen Treue überhaupt besteht, eine typisch männliche Alles-oder-Nichts-Konstruktion darstellt, die am psychischen Kern des Problems vorbeigeht. Mit Marina Gambaroff bin ich der Meinung, daß sowohl die Treue als garantierter Rechtsanspruch auf Liebe als auch die gleichsam garantierte Untreue als Ausweis progressiv-liberaler Gesinnung sich beide aus den Quellen unbewußter Ängste speisen: im Falle der Treue aus der Angst, verlassen zu werden, im Falle der Untreue aus der Angst, sich vorbehaltlos auf Liebe einzulassen.[14] Wenn die romantische Illusion einer ewig dauernden Liebe von der grundsätzlichen Zerstörung dieser Illusion abgelöst wird, indem man Liebe und Dauer zu prinzipiell unvereinbaren Phänomenen erklärt, so lenken solche radikalen Erwägungen von der Tatsache ab, daß *authentische Liebe* aus einem Wagnis besteht: *aus dem Wagnis, sich auf eine Beziehung einzulassen, als wäre sie von Dauer und zugleich das Scheitern dieser Dauer zu antizipieren*, wobei es nicht wesentlich ist, ob diese Dauer in Wochen oder in Jahren oder unter Umständen in Lebenszeiten zu bemessen ist.

Die historisch-soziologische Analyse scheint freilich den prinzipiellen Skeptikern recht zu geben. Realiter wurde der Imperativ der Treue sowohl in der feudalen wie auch in der bürgerlichen Ehe desavouiert und zwar nicht nur, wie nach patriarchaler Ideologie zugestanden, durch die Männer, sondern im Verborgenen auch durch die Frauen.

Konnten aber die aufklärerischen Verfechter der Treue ihre romantischen Vorstellungen noch dadurch aufrecht erhalten, daß sie auf die mangelhaften Voraussetzungen der traditionellen Ehe hinwiesen, die Zweckbündnisse und keine Liebesbündnisse waren, während man die wahren Liebesneigungen der gesellschaftlichen Raison opferte, ist heute auch diese Illusion dahin. Trotz der weitgehenden Auflösung der starren Schichtzugehörigkeiten und angesichts der tatsächlichen Freiheit in der Liebeswahl sind die Ehen nicht stabiler geworden. Allerdings können wir den *hohen Prozentsatz an Scheidungen und die gleichzeitig hohe Zahl an Wiederverheiratungen* wohl nur dahingehend interpretieren, daß die *Illusion der Treue* im Sinne der idealen Partnerschaft als Motiv weiterhin lebendig ist, so, als käme es nur darauf an, den richtigen Partner zur Verwirklichung des Ideals zu finden.

Auf der anderen Seite führen auch diejenigen, die scheinbar jenseits der Illusionen leben und sich daher auf ein *Single-Dasein* eingerichtet haben, diese Lebensform nur selten konsequent. Viel öfter kommt es zu einem *Nebeneinander von unverbindlichen Sexualbeziehungen und einer mehr oder weniger stabilen Beziehung*, die in einem emotionalen Sinn den oder die Lebenspartner/in ersetzt. Offensichtlich existiert immer noch oder gerade heute, seitdem die familiären Sippenbande ihren Stellenwert verloren haben, das Bedürfnis nach gegenseitiger *Geborgenheit* und einem Stück Heimat auch ohne die eigentliche Gründung eines Hausstandes und den Wunsch nach Kindern.

In ihren Gedanken zur »Utopie der Treue« zitiert Marina Gambaroff die Vorstellungen von Ernst Bloch[15] über mögliche Zweierbeziehungen, welche diese Aufgabe des gegenseitigen Heimatgewährens übernehmen könnten. Dabei scheint es mir nicht untypisch zu sein, daß Bloch aus seinem männlichen Blickwinkel vorschlägt, die stabile Bindung in einer heterosexuellen Freundschaft anzusiedeln, von welcher Sexualität weitgehend ausgeklammert bleibt. Hier droht sich das typisch patriarchale Schema zu wiederholen: garantierte (mütterliche) Geborgenheit auf der einen, unverbindliche Sexualbeziehung auf der anderen Seite, ein Lebensmuster, wie es Bert Brecht in seiner lebenslangen Beziehung zu Helene Weigel und seinen parallel laufenden erotischen Begegnungen und Abenteuern vorgelebt hat.

Dagegen sieht Gambaroff als Frau in der Ausklammerung der Sexualität aus der dauerhaften Beziehung mit Recht eine Entleerung und in der Entzweiung zwischen emotionaler Treue und Erotik keine Lösung. Ich selbst meine, daß es an der Zeit wäre, endlich auch *die weiblichen Vorstellungen zur möglichen Auflösung dieses Dilemmas* einzubringen. Die weitaus meisten Frauen streben eine dauerhafte (homo- oder heteroerotische) Partnerschaft im Sinne einer Lebensgemeinschaft an (wobei Leben nicht so sehr für lebenslang als für alle Bereiche des Lebens umfassend steht).

Reziproke Partnerschaft
Was sie aufkündigen, ist die mutterlastige Partnerschaft, was ihnen vorschwebt, die reziproke Partnerschaft zwischen in jeder Hinsicht erwachsenen Menschen. *Die meisten Frauen lehnen aber auch die Idee einer Spaltung zwischen emotional stabiler Gefährtenschaft einerseits und erotisch-sexuellen Abenteuern andererseits ab*, weil sie viel zu ganzheitlich empfinden, um seelisch-geistige Liebe von körperlicher Zärtlichkeit und diese von körperlich-leidenschaftlicher Erfüllung zu trennen. Dazu ist allerdings zu sagen, daß Gefährtenschaft in diesem ganzheitlichen Sinn und Partnerschaft im Sinne von Elternschaft zwei verschiedene Dinge sind. Die Elternverantwortlichkeit, die uns im nächsten Abschnitt beschäftigen wird, sollte nicht nur jenseits der erotischen Anziehungskraft, sondern auch jenseits der emotionalen Verbundenheit und nach Auflösung des Zusammenlebens bestehen bleiben, wozu noch immer ein Minimum an gegenseitiger Achtung, an gegenseitigem Wohlwollen und Verständnis gehört.

Die *Paarbeziehung unter Ausklammerung der Elternschaft* erhält jedoch unter den heutigen demographischen Bedingungen ein größeres Gewicht als je zuvor. Nachdem sich die durchschnittliche Lebenserwartung in der hochtechnisierten Bevölkerung während der letzten 100 Jahre drastisch erhöht hat, liegt die mögliche Ehedauer für ein und dasselbe Paar bei 43 und mehr Jahren, während sie 100 Jahre früher nur 23 Jahre betrug. Dies bedeutet, daß die Institution Ehe, die im Mittelalter kaum je länger währte als die Aufzucht der Kinder, weil dann auch das Leben der Eltern oder zumindest eines Elternteils zu Ende war, heute zu einem Drittel ihrer Gesamtdauer die sogenannte nachelterliche Gefährtenschaft zum Inhalt hat.[16] Angesichts dieser Lage ist es auch nicht verwunderlich, daß in der jüngeren Vergangenheit die Ehescheidungen auch bei älteren Paaren, die 15, 20 und mehr Jahre verheiratet waren, deutlich zunehmen.

Wenn wir bedenken, wieviel Bitterkeit mit der Trennung einer langjährigen Ehe im fortgeschrittenen Alter verbunden sein kann, so wäre es wichtig, neue Modelle zu entwickeln, um langfristige Lebensgemeinschaften zu ermöglichen, die Heimat gewähren, ohne in den Teufelskreis gegenseitiger Einengung und gegenseitiger Überforderung und Enttäuschung zu geraten. Meiner Ansicht nach wären sogar *lebenslange Liebesbindungen* möglich, wenn sie bereichernde Nebenbeziehungen nicht ausschlössen, dies aber nicht einfach unter dem Vorzeichen der Libertinage, sondern unter bestimmten, erst noch zu erarbeitenden Voraussetzungen. Zum einen glaube ich, daß sich das *Problem von Nebenbeziehungen sehr viel weniger häufig* stellen würde, *wenn sie nicht als Flucht- und Entlastungsmöglichkeiten inszeniert würden*, um unvermeidlichen Partnerschaftskonflikten aus dem Wege zu gehen. Zum andern bedürfte das Problem, wo es sich wirklich stellt, weil die Vermeidung der Außenbeziehung einen Partner von einer für ihn wesentlichen Lebenserfahrung und Lebensbereicherung abschneiden würde, einer *Kultiviertheit der Form*, die bis jetzt so gut wie gänzlich fehlt. Das letztere liegt vermutlich daran, daß auf der einen Seite die offiziellen Gesellschaftsträger seit jeher das der Konvention Inkommensurable totschweigen oder verheimlichen und sich im privaten Untergrund keine allgemein verbindlichen Verhaltensmuster entwickeln können, und daß auf der anderen Seite die Vertreter einer progressiv-freiheitlichen Lebensform so tun, als seien sie gegenüber persönlichen Kränkungen und Taktverletzungen immun.

Dennoch wäre es, wie erfahrene Therapeuten und -innen, wissen, dringend nötig, so etwas wie *Verhaltensregeln der Untreue* zu entwerfen, mit deren Hilfe die Gefühle aller Beteiligten respektiert und ehrlich mit den eigenen Verletzlichkeiten und denjenigen des Partners umgegangen werden könnte. Solche Regeln müßten unter anderem Hinweise auf freiwillige und bewußte Begrenzungen des örtlichen und zeitlichen Rahmens einer *Sonderbeziehung* enthalten, die damit *etwas in sich Geschlossenes* annähme, statt für den langjährigen Lebenspartner eine schwärende Wunde und für die in die Drittbeziehung involvierten Personen eine Quelle von Gewissensqualen zu sein. Auf diese Weise könnte eine bereichernde Liebeserfahrung *zu einer Art Kunstwerk* werden, indem sie Fassung und Form erhält. Dazu gehörte aber auch eine gegenseitige Offenheit, die zwischen Ehrlichkeit in der Substanz und taktvoller Schonung in der Form unterscheidet.

Solche sublimen Umgangsformen mit Treue und Untreue könnten eine Haltung wiederbeleben, die zur Zeit der Troubadours nicht etwa der verständnisvollen Ehefrau, sondern dem ritterlichen Ehemann zugedacht war: den selbstlosen Respekt vor der Macht erotischer Liebe und ihrem gebieterischen Ruf. Dies wäre freilich das Gegenteil von Libertinage: Es wäre die tiefernste *Treue zum authentischen Gefühl* und der Versuch, den menschlichen Konflikten, in die es uns stürzen kann, dadurch die Stirn zu bieten, daß wir die Unberechenbarkeit der Gefühlsströme in ein kunstvoll errichtetes Becken leiten. Ob dies die Botschaft der Wasserspiele in den französischen Schloßanlagen oder in den japanischen Gärten ist?

Wie immer wir diese Dinge betrachten, so erschiene es mir jedenfalls widersinnig, wenn wir in einem historischen Augenblick, in dem zum erstenmal die Möglichkeit einer vollen Reziprozität der Partnerschaft auf geistiger, emotionaler und sexueller Ebene am Horizont aufscheint, eine dauerhafte Partnerschaft für unmöglich erklären würden.

Aber auch wenn wir Treue in diesem neuen Sinne noch einmal versuchen, bleibt jeder intensiven menschlichen Beziehung eine mögliche Tragik inhärent und ihr Scheitern ein nicht auszuschließender Faktor. Bei den immer länger werdenden Lebensläufen nimmt die Wahrscheinlichkeit sogar noch zu, daß sich zwei Menschen in so verschiedene Richtungen entwickeln, daß eine Trennung unausweichlich wird; aber auch dies könnte mit gegenseitigem Respekt geschehen.

Alles in allem ist das *Dilemma zwischen authentischer Liebe und sicherer Geborgenheit* wahrscheinlich auf der individuellen Ebene allein überhaupt nicht zu lösen. Vielmehr wäre darüber nachzudenken, inwieweit die ursprüngliche Heimat des Menschen in der angestammten Sippe, die zuerst der Frau im patrilokalen Sippenarrangement verlorenging und später beiden Ehepartnern im Arrangement der Kleinfamilie, durch neue Gemeinschaftsformen ersetzt werden könnte. Dabei wird die *Suche nach einer größeren, nicht blutsverwandten Gemeinschaft* um so dringender, sobald sie den heimatlichen Hintergrund nicht nur für die einzelnen Erwachsenen, sondern auch für die heranwachsenden Kinder bilden soll und dies über die möglicherweise scheiternde Elternbeziehung hinweg.

2. Die familiäre Ebene

Ehe und Familie waren ursprünglich, wie wir sahen, zwei durchaus verschiedene Institutionen. Die Ehe regelte die Partnerschaft zwischen sippenfremden Personen, während die familiären Bande zwischen den Blutsverwandten bestanden. Konsequenterweise oblag die Verantwortung für die Kinder in den Frühkulturen auch weniger dem Elternpaar als der ganzen Sippe mit ihrer Vielzahl an weiblichen und männlichen Bezugspersonen. Ist es in matrilinealen Verhältnissen die mütterliche Sippe, welche die materielle Sicherheit für die Nachkommen garantiert und die geistige Tradition an die kommende Generation weitergibt, so wechselt beides unter dem patriarchalen Regime zur väterlichen Sippe über. Im ersten Fall sind die leiblichen Väter marginal und auswechselbar, im zweiten Fall sind die leiblichen Mütter zwar immer noch zentral, aber auch sie können ausgewechselt werden, sei es beim Tod der Mutter durch Wiederverheiratung des Vaters, sei es durch Verstoßung der Ehefrau durch den Eheherrn, der dabei die Kinder zurückbehält. Sehr häufig tritt bei diesem Positionswechsel allerdings an die Stelle des mütterlichen Einflusses (und der Tanten und Großmütter mütterlicherseits) nicht so sehr der Einfluß der Väter, Onkel und Großväter – jedenfalls nicht während der frühen Kindheit –, sondern das Regiment der Schwiegermutter, dem sich die Schwiegertochter zu beugen hat.

Wie auch immer die Sippen organisiert waren, so gab es zweifellos stets einen *festen Rahmen für das Heranwachsen der Kinder*, welcher nicht nur deren ungestörtes Aufwachsen bis zur Pubertät garantierte, sondern in welchem sie bis ins hohe Alter Heimatrecht genossen, falls sie unverheiratet blieben oder nach einer Scheidung dorthin zurückkehrten. Beim Leben in der Sippe war auch die Scheidung des Elternpaares – wie sie in matrilinealen Sippen besonders häufig vorkommt – für die Kinder keineswegs dasselbe einschneidende Erlebnis wie in der heutigen Kleinfamilie, wo mit der Scheidung zugleich die Familie auseinanderbricht. Groteskerweise hat erst die bürgerliche Kleinfamilie, die zur Zelle des Gemeinschaftslebens schlechthin hochstilisiert wurde, das psychische Klima für die heranwachsenden Kinder ebenso eng und unausweichlich gemacht wie unsicher und existenzbedrohend im Falle des Scheiterns der Ehe.

Kritik an der Kleinfamilie
Nun ist es freilich mit der Kritik an der Kleinfamilie, wie sie seit Jahrzehnten mehr oder weniger radikal geübt wird, nicht getan, solange kein anderer Rahmen für ein gesichertes Aufwachsen der Kinder gefunden ist. Dennoch haben wir uns mit allen *kritischen Einwänden* gegen sie auseinanderzusetzen, um ein verändertes Familienmodell überhaupt abstecken zu können. Diese Kritik ist sehr komplex und läßt sich in drei Hauptaspekte aufgliedern.

Als erstes wäre der *politische* Aspekt zu nennen, wie er seit den sozialistischen Bewegungen des 19. Jahrhunderts von der Linken formuliert wird: die Kleinfamilie als der *Nährboden für das bürgerlich-individualistische Besitzdenken* und Profitstreben, die den Klassenstaat reproduziere und die Verantwortung für die großen, sozialen Zusammenhänge verhindere und, wie heute zudem ins Bewußtsein tritt, auch die Verantwortung für die weltweiten ökologischen Zusammenhänge.

Der zweite – *soziologisch-psychologische* – Aspekt schließt sich eng an den politischen an und wird von der intellektuellen Linken getragen, wie sie vor allem aus der Frankfurter Schule hervorgegangen ist. Sie sieht in der *Kleinfamilie die Produktionsstätte des »autoritären Charakters«*, wie er sich im zwischenmenschlichen und zwischengeschlechtlichen Leben als sadomasochistische Symbiose und im staatlichen Bereich in faschistoiden und totalitären Strukturen niederschlägt.

Der dritte kritische Ansatz ging aus der *Psychoanalyse* hervor, ohne daß Freud als deren Begründer je beabsichtigt hätte, die bürgerliche Familie in Frage zu stellen. Aber seine Entdeckung, daß die *neurotischen Fehlentwicklungen* der Erwachsenen in der frühen Kindheit beginnen und in der *Eltern-Kind-Konstellation* wurzeln, bildete notwendigerweise einen Angelpunkt für kritische soziologische Betrachtungen, wie sie später Wilhelm Reich und Herbert Marcuse anstellten. In den 60er Jahren kam es dann zu jener Verbindung zwischen politisch-soziologischer Autoritätskritik und psychoanalytischer Theorie, aus der dann die antiautoritäre Gesellschafts- und Erziehungsbewegung hervorging.

Schien es zunächst in der antiautoritären Erziehungstheorie um die

Entthronung der väterlichen Autorität zu gehen, so zeigte sich bald, daß mindestens ebenso stark die mütterliche Autorität zur Zielscheibe der Kritik wurde, weil die Mutter die zentrale Figur der Kleinkindheit darstellt und dadurch, wie später die Feministinnen beklagten, zum Sündenbock aller schief laufenden Entwicklungen auf individueller und gesellschaftlicher Ebene zu werden drohte.

Hier setzten Chodorow und Dinnerstein an, indem sie das »ödipale Dreieck« mit seiner geschlechtsspezifischen Asymmetrie einer kritischen Analyse unterzogen und damit, wie wir sahen, einer viel radikaleren Familienkritik den Weg bahnten als sie je zuvor stattgefunden hatte. Erst die *feministische Psychoanalyse* sprengte den sexistisch-biologistischen Rahmen der Reproduktionstheorie und gab den Blick für die *familiendynamischen Vorgänge* frei, durch welche während der Kleinkindheit nicht nur individuelle Fehlentwicklungen und geschlechtstypische Verhaltensprägungen, sondern zugleich unsere kulturpsychologischen Muster entstehen (vgl. S. 331 f.).

Ergibt sich von hier aus die Forderung nach der vollen Einbeziehung der Väter in die Kinderbetreuung schon im Kleinkindalter, so verweisen zwei weitere psychoanalytische Denkanstöße auf die Notwendigkeit, die Kleinfamilie aus ihrer Enge zu befreien und sie in Richtung größerer Gemeinschaftsbezüge zu öffnen. Einer dieser Denkanstöße wäre der Theorie *Alfred Adlers* zu entnehmen, der das *soziale Umfeld der Familie und die Geschwisterkonstellation* analysierte. Während wir aus Freuds Schriften den Eindruck gewinnen könnten, als existiere nur das Einzelkind respektive der einzelne Knabe und das einzelne Mädchen, die in Kontrast zueinander stehen (was Freuds eigener Geschwisterkonstellation entsprach), bezog Adler die Stellung des heranwachsenden Kindes innerhalb der Geschwisterreihe als wesentliches Element für die Persönlichkeitsentwicklung mit ein. Dies ist sicher kein Zufall, hatte sich doch Adler auch den unterprivilegierten Schichten Wiens zugewandt, die durchschnittlich kinderreicher waren als die bürgerliche Mittelschicht. In den städtischen Verhältnissen aller Schichten waren aber schon damals die Sippengemeinschaften weitgehend aufgelöst, und dies bedeutet, daß das Elternpaar als einziger Bezugspunkt der Geschwisterschar gegenübersteht. Dabei kommt es zwangsläufig zu jenem unglücklichen Wettlauf zwischen den Geschwistern um die Gunst der Mutter und die Geltung beim Vater, welcher die Geschwisterliebe schwer belastet und oft zu lebenslänglichen Entfremdungen oder Feindschaften führt. Dieser stumme oder auch dramatische Kampf um Selbstbestätigung ist zunächst unabhängig vom Geschlecht und spielt sich zwischen Brüdern ebenso ab wie zwischen Schwestern. Dazu kommt beim Mädchen noch die geschlechtsspezifische Eifersucht auf den Bruder, weil dieser in der durchschnittlichen Familie bis vor kurzem die größere Geltung und die größeren Förderungschancen besaß.

Aus dieser Konstellation (neben seiner These von der Organminderwertigkeit und der Wahrnehmung des Unterschicht-Bewußtseins) entwickelte Adler seine *Theorie des Minderwertigkeitskomplexes und der Überkompensation*, durch welche er die Kategorie der sozialen Geltung als möglichen Brennpunkt für die Neurosenentwicklung der psychosexuellen Pathogenese Freuds zur Seite stellte. Faktisch entwickeln Kinder sehr oft einen spezifischen Leistungsehrgeiz oder ein besonders angepaßtes Sozialverhalten, um ein Geschwister in seiner Geltung bei den Eltern auszustechen, was zu tragischen Charakterentwicklungen führen kann, wenn das forcierte Rollenverhalten den anlagebedingten Prioritäten zuwiderläuft.

Alarmierende Symptome

Freilich hat die bürgerliche Gesellschaftstheorie bis heute weder aus Freuds noch aus Adlers Neurosenlehre die entsprechenden Konsequenzen gezogen und die sakrosankte Form der Kleinfamilie gegen alle Anfechtungen hartnäckig verteidigt. Dabei hätten der Drogenkonsum und andere alarmierende Symptome aus der Jugendszene längst erneut auf die konstitutionellen Schwächen der Kleinfamilie aufmerksam machen müssen. Tatsächlich ging auch ein wesentlicher Denkanstoß in dieser Richtung von der neueren Jugendpsychiatrie aus, die sich mit den *Identitätskrisen der Jugendlichen in der Pubertät und im höheren Jugendalter* auseinandersetzt. Die interessantesten Gedankengänge fand ich bei Derek Miller, einem amerikanischen Psychiater und Psychoanalytiker, der auf dem bekannten Symposium der Ciba Foundation von 1970 unter dem Titel »Hat die Familie noch eine Zukunft?« ein Referat über seine Erfahrungen aus der amerikanischen Jugend- und Drogenszene hielt.[1] Miller legt aufgrund seiner klinischen Erfahrungen dar, daß für die ungestörte Entwicklung der Kleinkinder eine konstante Zuwendung der Eltern, wie sie die Kleinfamilie garantiert, zwar lebenswichtig sei, daß sie aber für pubertierende Jugendliche nicht mehr genüge. Der junge Mensch, der nur zu sich selbst finden kann, wenn er sich aus seiner Eltern-Identifikation ablöst und seine ganz *persönliche Differenz* findet, benötige dazu dringend *andere Erwachsene*, zu denen er in einen *intensiven emotionalen*

Kontakt treten kann. Ein solcher Umkreis an erwachsenen Personen aber fehlt gerade in der typischen Kleinfamilie, die sich durch die Mobilität, wie sie der moderne Arbeitsmarkt erzwingt, nicht nur von einem größeren Verwandtenkreis entfernt hat, sondern für die es unter diesen Umständen auch schwer ist, einen stabilen Freundeskreis aufzubauen. Bleibe es aber den Jugendlichen versagt, eine eigene spezifische Identität im Umgang mit anderen nahestehenden Erwachsenen zu entwickeln, so argumentiert Miller, dann erschöpfe sich deren Identitätssuche in fruchtlosen Oppositionsgebärden gegenüber den einzigen Älteren (Eltern), oder sie greifen zu Profilierungsversuchen um jeden Preis und schließen sich anderen Jugendlichen an, die in einer ähnlichen Identitätskrise stecken, um aus der Gruppenidentität zu beziehen, was sie suchen. Daß sich im letzten Fall die Probleme eher potenzieren als lösen und nur allzuoft in die Sackgasse der Drogenszene, der Jugendsekte oder der Schlägergruppen münden, ist bekannt, nicht aber die Tatsache, daß dieser Weg keineswegs immer in den »broken homes« beginnt, von denen stets die Rede ist, sondern gerade auch in den scheinbar heilen Paarfamilien, deren Mitglieder symbiotisch aufeinander fixiert sind. Aufgrund seiner Erfahrungen vertritt Miller sogar die Ansicht, daß von einer unvollständigen Familie (alleinerziehende Mutter) aus, die ein intensives soziales Netz unterhält, den Jugendlichen der positive Start in ein eigenständiges Leben besser gelinge als von einer »intakten«, aber isolierten Familie aus.

Seine Konsequenz daraus, die er geradezu beschwörend vorträgt, ist die These, daß ein *Ersatz für die ehemalige Großfamilie* gefunden werden müsse, weil die möglichen Beziehungen der Heranwachsenden zu anderen Erwachsenen nicht dem Zufall überlassen bleiben dürften. In der darauf folgenden Diskussion blieben die konkreten Vorstellungen über einen solchen nicht-verwandten Beziehungskreis zwar sehr vage, doch wurden von den verschiedensten Sprechern die Entwicklungen von Nachbarschaftsgruppen und gemeinschaftlichen Zusammenschlüssen aller Art immerhin ermutigt und auch ausgesprochen progressive Modelle kollektiver Wohnformen als Anregung begrüßt. Während des gleichen Symposions, an dem Psycholog/innen, Ethnolog/innen und Soziolog/innen teilnahmen, stieß dagegen die Forderung einiger Gesprächsteilnehmer nach der Einbeziehung der Väter in die mütterlich-elterlichen Aufgaben nur auf ein geringes Echo.

Wenig veränderte Praxis der Familie

Vergleichen wir den damaligen Diskussionsstand mit einer Veröffentlichung, die 1987 unter einem ganz ähnlichen Titel – »Die Zukunft der Familie« als Auszug aus dem Buch des Soziologen U. Beck über die »Risikogesellschaft« – erschien,[2] so fällt auf, daß sich während der dazwischenliegenden 17 Jahre an der Praxis der Familie sehr wenig geändert hat, und zwar sowohl im Hinblick auf die Väter als auch hinsichtlich der Öffnung der Kleinfamilie. Um mit dem Aspekt der Vaterschaft und der Übernahme häuslicher Aufgaben durch die Männer zu beginnen, so belegen die neuesten Statistiken, daß die *Beteiligung der Väter an der Kleinkindererziehung immer noch verschwindend gering* ist. Männer akzeptieren zwar heute verbal die größeren Bildungs- und Berufschancen der Frauen und schätzen als Ehemänner deren größere Eigenverantwortlichkeit sogar ausgesprochen, aber die Beteiligung der Männer an der Hausarbeit und an den Betreuungsaufgaben ist nur minimal gestiegen. Noch immer gibt sich die Mehrheit der Männer der Illusion hin, sie könnten der Gleichstellung der Frau im Beruf zustimmen, ohne dabei am eigenen Rollenverhalten etwas verändern zu müssen. Eine solche Haltung kann nur *zu Lasten der Familie*, das heißt zu Lasten der Kinder gehen. Beim anhaltenden Trend zur immer geringeren Kinderzahl wäre die logische Konsequenz dieser Konstellation letztlich die kinderlose »Familie«, was eine contradictio in adjecto ist.

Familienfeindliche Lebensbedingungen

Beck macht anhand seiner Untersuchung über die heutigen gesellschaftlichen Arbeitsbedingungen deutlich, wie wenig familienfreundlich unser Arbeitsmarkt als solcher ist. Hatte die Industrialisierung vor hundert Jahren die Sippe auseinandergerissen, indem sie die jungen Männer und oft genug auch die jungen Frauen und Halbwüchsigen zwang, ihren Arbeitsplatz in der Fabrik zu suchen, wodurch sich die Kleinfamilie erst konstituierte, so war diese wenigstens als Einheit unbestritten. Im Gegensatz dazu bedrohen die immer schneller sich verändernden Strukturen der 2. und 3. industriellen Revolution mit ihrem Anspruch nach mobiler und flexibler Anpassung heute mehr und mehr auch die Kleinfamilie sowie jedes gemeinschaftliche Zusammenleben überhaupt.

Der/die Arbeitnehmer/in muß nicht nur jederzeit bereit sein, Arbeitsplatz und Wohnort zu wechseln, sondern gleichzeitig dazu, sich auf völlig veränderte Arbeitstechniken und neue Ausbildungsprogramme umzustellen. Beides zusammen beansprucht die physischen, psychischen und geistigen Energien so umfassend, daß nur noch der/die voll *einsatzfähige Alleinstehende* gute Chancen hat, aus dem *Leistungswettbewerb* erfolgreich hervorzugehen. In vielen Kaderstellen der Spitzentechnologien ist es bereits üblich geworden, einen jungen Ingenieur nur dann einzustellen, wenn er versichert, ungebunden zu sein, damit man ihn jederzeit in allen Weltgegenden einsetzen kann. So produziert unser Arbeitsmarkt, wie Beck es formuliert, »das nicht partnerschafts-, ehe- oder familien›behinderte‹ Individuum«.

Dem wäre noch hinzuzufügen, daß sich auch unser *Wohnungs- und Konsummarkt am voll verdienenden weiblichen oder männlichen Single orientiert*, die ihre ganze Kaufkraft an einen luxuriösen Lebensstil oder ihre persönlichen Hobbies verschwenden können. Dagegen haben heute nicht nur kinderreiche, sondern auch durchschnittliche Familien mit zwei Kindern die größten Schwierigkeiten, die Mietzinse zu bezahlen, solange die Frau nicht beruflich tätig ist. Die realen Gegebenheiten des Marktes stehen damit in diametralem Gegensatz zur konservativen Familienideologie, welche die Erhaltung der Familie als moralischen Wert beschwört, während ein familiengerechtes Wohnen und Arbeiten nie so erschwert war wie heute.

Hier wird bereits klar, wie wenig familienpsychologische und familiensoziologische Probleme von wirtschaftlichen und politischen Fragen zu trennen sind. Doch geht es noch nicht um die konkreten politischen Konsequenzen, die Inhalt des nächsten Abschnitts sind, sondern zunächst darum, überhaupt bewußtzumachen, *wie ungünstig die heute gegebenen ökonomischen Bedingungen für die Wahrnehmung familiärer Aufgaben* sind. Dies gilt im besonderen für jene aufgeschlossenen Eltern, die eine gleichberechtigte Aufteilung von Berufs-, Haus- und Erziehungsaufgaben zwischen den Geschlechtern wünschen, was entsprechende Teilzeitstellen bedingen würde. Es gilt noch mehr für jene, die darüber hinaus ein gemeinschaftlich verbundenes Wohnen anstreben, um ihren Kindern ein ebenso gesundes Selbstbewußtsein wie ein gesundes Gemeinschaftsgefühl zu vermitteln. Erst eine in die Breite gehende Bewußtmachung gesellschaftlicher Gesamtzusammenhänge könnte die Voraussetzungen dafür schaffen, daß kollektive Veränderungen tatsächlich stattfinden. Erst wenn eine genügend große Zahl von Bürgerinnen und Bürgern, von Vätern und Müttern *familiengerechte Arbeits- und Wohnbedingungen* fordert, sind politische Postulate auch durchsetzbar. Was aber die berühmten wirtschaftlichen und technischen Sachzwänge anbelangt, so bilden diese nur so lange eine Barriere, als man sachliche Probleme prinzipiell für wichtiger hält als menschliche, eine Fehlkalkulation, die durch nackte, demographische, medizinische und ökologische Daten außer Kraft gesetzt wird. Der Rückgang des Bevölkerungsnachwuchses, die persönlichen Leiden von Millionen von Menschen in unserer Wohlstandsgesellschaft, was sich am übermäßigen Gebrauch von Schmerz- und Beruhigungsmitteln, erlaubter und unerlaubter Drogen ablesen läßt, und ebenso die erschreckende Verschlechterung unserer biologischen Lebensgrundlagen sollten die Absurdität unserer Prioritäten hinlänglich klarmachen.

Durchbruch zur Neuen Familie

Nun geht es aber immer dann, wenn neue Gesellschaftsmodelle zur Debatte stehen, viel weniger um rationale Fragen als um irrationale ideologische Standpunkte und um die Furcht, den eigenen ideologischen Boden unter den Füßen zu verlieren. Dies gilt, wie wir noch sehen werden, für die Diskussion um die Halbtagsarbeitszeit ebenso wie für die gereizte Reaktion auf den Vorschlag ernstzunehmender Nationalökonomen, durch Zusicherung eines Mindestlohnes für alle eine Neuverteilung der Arbeit vorzunehmen. Dabei wird vordergründig über das wirtschaftlich Tragbare, eigentlich aber um die männliche Ernährerrolle und den puritanischen Arbeitsbegriff als Basis des bürgerlichen Selbstverständnisses gestritten.

Deshalb muß der wesentliche Durchbruch zur Neuen Familie auf der psychologischen Ebene erfolgen, und auf dieser Ebene kann nichts erzwungen, sondern alles nur durch Einsicht erreicht werden. Die Mitarbeit des Mannes im Haushalt juristisch verankern zu wollen, führt sicher nicht weit, und es würde noch viel weniger weit führen, die Kinderbetreuung durch die Väter im Namen der Gerechtigkeit zu erzwingen. Im Grunde würden wir damit nur beide Tätigkeiten zu unangenehmen Pflichten stempeln, wozu sie durch die erzwungene Isolation der Hausfrauen und Mütter zum Teil ohnedies schon verkümmert sind. Eine echte Wandlung wird sich erst dann vollziehen, wenn die Männer begreifen, welche menschlichen Chancen sie sich persönlich und für ihre Kinder entgehen lassen, wenn sie auf ihrer Ernährer- und familiären Außenseiterrolle beharren. Haushalt und Kinderbetreuung heißt ja nicht nur Waschen und Putzen und unaufhörliche Mühe – hier irrte Goethe in seinem Lehrgedicht »Hermann und Dorothea«.

Vernünftige Wohnverhältnisse, tragende mitmenschliche Kontakte und eine angemessene berufliche Entfaltungsmöglichkeit vorausgesetzt, gehören die Schaffung eines gemeinsamen Lebensraums und das gemeinsame Großziehen von Kindern zu den befriedigendsten menschlichen Tätigkeiten überhaupt. Und diese Befriedigung ist keineswegs an die Erfüllung eines biologischen Mutterinstinktes gebunden. Zum einen ist dieser Instinkt, wie alle Instinkte beim Menschen, nur rudimentär ausgebildet und reicht in seiner Wirkung kaum weiter als bis zu den elementarsten Fürsorge-Reaktionen. Schon bei den Primaten als den menschenähnlichsten Tieren bildet, wie wir aus Beispielen der Zoogefangenschaft wissen, der Instinkt des individuellen Muttertieres allein keine sichere Grundlage für das artgerechte Aufziehen der Jungen. Bereits hier wird das mütterliche Pflegeverhalten weitgehend sozial gelernt an Vorbildern der Umgebung. Auch gibt es zwischen ethnischen Gruppen derart große Verschiedenheiten im mütterlichen Erziehungsverhalten, daß von einem einheitlichen Instinktschema nicht die Rede sein kann.[3] Dies bedeutet, daß die individuelle biologische Mutter ihrem Kind sehr viel weniger als Gattungswesen gegenübersteht denn als Person mit gelerntem Rollenverhalten, kombiniert mit ihren ganz individuellen Reaktionen, die nicht geschlechtsgebunden sind. Wenn bis vor kurzem nur kleine Mädchen mit Puppen spielten, so beweist dies, wenn überhaupt, nur zum Teil das Vorhandensein eines natürlichen Instinktes, und dokumentiert viel mehr das *traditionsgemäße Rollentraining*. Heute wissen wir, daß auch Knaben mit Puppen spielen, wenn man sie gewähren läßt, und zwar – wie bei den Mädchen auch – mit unterschiedlicher Intensität.

W. F. Fthenakis, der sich bisher am gründlichsten mit dem Verhalten von Vätern auseinandergesetzt hat,[4] kommt zu dem eindeutigen Schluß, daß *bei entsprechend positiver persönlicher Einstellung der Vater des Kindes ebenso sensible und adäquate Reaktionen auf die Bedürfnisse des Neugeborenen entwickeln kann* wie die Mutter oder andere weibliche Bezugspersonen. Nach seinen Beobachtungen sind Männer häufig nur deshalb blockiert, sich aktiv in die Säuglingspflege einzuschalten, weil sie fest davon überzeugt sind, daß es ein angeborenes Handlungsrepertoire gibt, welches Bestandteil des Mutterinstinktes ist, und ihnen selbst deshalb natürlicherweise fremd oder sogar verschlossen. Dennoch zeigen die Beispiele alleinerziehender Väter, die nach dem Tod der Ehefrau oder nach der Scheidung die Alleinverantwortung für die Kinder übernehmen, daß solche Väter in der Regel nach einer kurzen Übergangsperiode sehr gut mit ihren Pflegeaufgaben zurechtkommen.

Naturgemäß bleibt allein das Stillen des Säuglings eine ausschließlich weibliche Fähigkeit, beziehungsweise die Fähigkeit der biologischen

Mutter. Wahrscheinlich ist dieser Vorsprung auch dafür verantwortlich, daß die pflegerische Aktivität der Väter im allgemeinen erst nach den ersten Lebensmonaten des Kindes einsetzt, wenn es von der Mutterbrust entwöhnt ist. Meiner Meinung nach müßte diese biologische Asymmetrie aber ebensowenig hochgespielt werden wie die Tatsache der mütterlichen Schwangerschaft und des mütterlichen Geburtsvorgangs. Wie es absurd ist, aus purem Egalitätsfanatismus die künstliche Schwangerschaft von Männern zu fordern, die zwar mit allen medizinischen Tricks heute möglich scheint, aber mit enormen Risiken verbunden ist und immer eine operative Geburt einschließen würde, so müßte auch auf das Stillen an der Mutterbrust nicht aufgrund paritätischer Erwägungen verzichtet werden.

Viel wichtiger wäre es, *die generative Fähigkeit der Frau nicht mehr zu mystifizieren*, wie dies in der Frühzeit aus naheliegenden Gründen geschah und erst im letzten Jahrhundert, wenn auch aus ganz anderen Gründen, wiederbelebt wurde. Wenn wir als Menschengeschlecht schon den Anspruch erheben, kraft unserer Bewußtseinsentwicklung über dem Tier zu stehen, so sollte dieser Anspruch doch auch hinreichen, um gelassen über unser Säugetier-Erbe zu reflektieren und einen Seitenblick auf das Brutverhalten anderer Arten zu tun. Bekanntlich ist bei den Vögeln, die uns Menschen seit jeher zu den phantasievollsten Geistsymbolen inspirierten, das generative Verhalten der Geschlechter sehr oft paritätisch, indem auch die Männchen brüten und die Jungen mit Nahrung versorgen, obwohl das Weibchen die Eier legt. Dieser Blick über unsere Säuger-Natur hinaus müßte nicht dazu führen, die Mutterbrust gänzlich durch die Flasche zu ersetzen, die ebenso die väterliche Hand reichen kann. Auch der Stillvorgang hat alle Schattierungen der Mystifikation oder der Abwertung als eines animalischen Aktes durchlaufen. Realistischerweise sollte er medizinisch und psychologisch weder überschätzt noch unterschätzt, sondern als wertvolles Nahrungsangebot begrüßt werden, ohne daß damit das Monopol der Mutter in der Säuglingspflege Hand in Hand zu gehen braucht. (Jedenfalls solange die Pestizidrückstände in der Muttermilch nicht weiter ansteigen und sie eines Tages unbrauchbar machen!)

Im übrigen ist es nicht entscheidend, ob ein Kind an der Brust oder, wenn dies nicht möglich ist, mit der Flasche aufgezogen wird. Entscheidend ist die *einfühlsame und lebensbejahende Hinwendung zum Kind*. Zur Lebensbejahung gehört aber in erster Linie nicht Aufopferung, sondern Fröhlichkeit, und diese heitere Atmosphäre der Mitmenschlichkeit gelingt am besten, wenn die persönliche Beziehung zwischen den Eltern geglückt ist und sie sich gegenseitig praktisch und moralisch in der Pflege des Kindes unterstützen.

Vorurteile abbauen
Um eine partnerschaftliche Gegenseitigkeit in der Elternschaft aufzubauen, gilt es allerdings, die Vorurteile auf der weiblichen Seite ebenso abzubauen wie diejenigen auf der männlichen Seite. Auf den ersten Blick scheinen die männlichen Vorurteile hartnäckiger zu sein, und tatsächlich ist es nicht leicht, einem Vater, der den unmittelbaren sensitiven Zugang zum Kleinstkind (noch) nicht hat, begreiflich zu machen, was ihm dabei selbst entgeht. Immerhin kennen die meisten Väter ein *Mangelerlebnis*, das ihnen sehr tief geht: Das Gefühl einer *emotionalen Ausgeschlossenheit aus der Mutter-Kind-Symbiose,* das sich immer dann einstellt, wenn es um vitale Basisinteressen des Kindes geht. Ein Vater kann sich noch so intensiv in das kindliche Spiel einschalten, noch so geduldig auf die Fragen seiner Kinder eingehen, sobald diese ein elementares Angstgefühl empfinden oder elementaren Hunger oder wirkliche Müdigkeit, werden sie ihre Ärmchen nach der Mutter ausstrecken und nicht nach dem Vater, der eben noch als Spielgefährte oder Gesprächspartner hochwillkommen war. In diesen Augenblicken überkommt den Vater tatsächlich das Gefühl,»der erste Fremde im Leben des Kindes« zu sein, wie dies Entwicklungspsychologen formulierten. Normalerweise aber wird sich der Vater durch den Gedanken an die vermeintliche Unausweichlichkeit der biologisch determinierten Situation mit diesem Zustand abfinden und sich vermehrt auf die Rolle zurückziehen, für seine Sprößlinge den bestmöglichen äußeren Existenzrahmen zu schaffen.

In solchen Augenblicken flammt aber nicht nur die *Eifersucht* auf das emotionale Band der Mutter-Kind-Dyade auf, die schnell in Resignation erstickt, sondern auch die Eifersucht auf das Kind, das dem Mann einen Teil der emotionalen Zuwendung der Frau entzieht. Führt die erste Eifersucht den Mann zur Wahrnehmung seiner »natürlichen« Mangelhaftigkeit, so versetzt ihn die zweite in den infantilen Status des älteren Geschwisters, das zusehen muß, wie die Mutter ihre ganze Liebe dem Kleineren zuwendet. Beide Formen der Eifersucht werden von den jungen Vätern meist nur unklar wahrgenommen und dann nur mit dem Stoßseufzer kompensiert, heilfroh darüber zu sein, sich nicht ständig mit dem quengelnden kleinen Wesen abgeben zu müssen wie ihre geplagten Frauen.

Diese *Ambivalenz der Gefühle zwischen Neid und Erleichterung* in bezug auf den Umgang mit Kindern beschränkt sich im übrigen nicht auf die Väter. Sie spielt sich *ebenso bei kinderlosen Frauen* ab, die einerseits ihre berufliche Unabhängigkeit um keinen Preis missen möchten und sich andererseits vom beglückenden Umgang mit Kindern ausgeschlossen fühlen.

Zudem sind die Mütter selbst, die sich in der typischen Situation der isolierten Kleinfamilie befinden und die Kindererziehung im Alleingang zu bewältigen haben, in ihrer Gefühlsbeziehung zu den Kindern keineswegs ausgeglichen. Ehrlicherweise müssen sie sich eingestehen, wie oft sie die Tageszeit herbeisehnen, zu der sie die Kinder schlafen legen können, oder den Zeitpunkt, von dem an das Kind ein paar Stunden pro Tag in der Spielgruppe oder im Kindergarten versorgt ist. Dabei wäre es naiv zu glauben, die Kinder würden dies nicht bemerken, auch wenn die Mutter sich nicht gehen läßt und ihre Rolle äußerlich perfekt spielt. Hier etabliert sich eine klassische *double-bind-Situation*, durch die das Kind eine verwirrende *doppelte Botschaft* empfängt: einerseits die durchaus echte und tiefe Zuneigung der Mutter und daneben andererseits eine unergründliche Abweisung, die sein Vertrauen zu ihr und zu sich selbst belasten muß. In der Mutter aber verstärkt sich die zwiespältige Gefühlssituation noch dadurch, daß sie sich wegen ihrer nicht unerschöpflichen nervlichen und emotionalen Kräfte *Selbstvorwürfe* macht.

Niemand aber sagt ihr, daß die *Mutter-Kind-Konstellation in der Kleinfamilie alles andere als natürlich* ist. Die natürliche Umgebung des Kleinkindes war jahrzehntausendelang die Muttergruppe, welche die spezifische Bindung zur biologischen Mutter nicht schmälerte, ihre Überbelastung und die ausschließliche Fixiertheit des Kindes auf sie aber vermied. Dazu kommt, daß in spätmatrizentrischen Kulturen, wie uns das Beispiel der Trobriandisulaner lehrt, auch die Väter auf ganz konkrete Weise an der Betreuung der Kleinstkinder beteiligt sind. Fthenakis erwähnt, daß heute bei vier von hundert aller uns bekannten Kulturen eine ständige und enge Beziehung zwischen Vätern und Kleinstkindern bestehe, wobei er neben den Trobriandinsulanern einen Teil der Buschleute im Botswanaland und einen Stamm in Neuirland (Melanesien) nennt.[5] Diese wenigen Beispiele zeigen immerhin, daß schon auf der Naturvolkstufe Männer ihre Fähigkeiten zur Empathie und zum nonverbalen Gefühlsaustausch im zärtlichen Umgang mit Säuglingen unter Beweis stellen.

Die Neuen Väter

In der Regel allerdings sorgt sowohl die matrizentrische als auch die patriarchale Gesellschaftsideologie dafür, daß die *Rollen der Geschlechter strikt getrennt* bleiben. Nicht nur lehnen es die Männer patriarchaler Hochkulturen ab, in die Niederungen der Kinderpflege hinabzusteigen, auch die uralte Mütter-Solidarität – oder die neue Mütterlichkeit – läßt den Mann an die weibliche Domäne der Generativität gar nicht herankommen. Auch heute wäre die Mehrzahl der Mütter wahrscheinlich noch nicht zu einer echten Partnerschaft in der Kindererziehung bereit, weil sie das Kind noch zu sehr als ihren Besitz und den Vater nur als Hilfsperson für eine Tätigkeit betrachten, in der sie selbst die eigentlich Kompetenten sind.

Dem steht als komplementäres Gegenbild aus der »Männerbewegung« das eifersüchtige *Konkurrenzverhalten der jungen Väter* gegenüber, die ihre Fähigkeit zur Kinderpflege entdecken. Der Volkswitz hat auch schon einen Spottnamen für die Übereifrigen bereit und nennt sie »Mappis« (eine Zusammenziehung aus Mami und Papi), wenn sie glauben, alles besser zu wissen als die Mütter und sich zu wahren Experten in allen Details der Säuglingspflege emporstilisieren.

Unsere Säuglinge brauchen aber keinen Expertenstreit im Kinderzimmer und schon gar nicht das eifersüchtige Buhlen zweier Mutter-Figuren um ihre Gunst, sondern das *selbstverständliche und wechselseitige Dasein der weiblichen und männlichen Elternfigur*, die ihnen Schutz und Geborgenheit ebenso vermitteln wie das Glücksgefühl, immer neu und mit echter Freude im Kreis der Älteren begrüßt zu werden. Im übrigen könnte der perfektionistische Wettstreit um die einzig kindgerechte Methode aus seinen theoretischen Zuspitzungen in viel praktischere und gelassenere Bahnen gelenkt werden, wenn die Eltern von Kleinkindern mit anderen Eltern in der gleichen Situation Tuchfühlung hätten. Dann würden sie entdecken, daß jede individuelle Mutter und jeder individuelle Vater einen ganz spezifischen Zugang zum Kind entwickelt, der ihrer/seiner Wesensart entspricht und der auch durch andersartige Zuwendungen seine Ergänzung findet.

Mir scheint es entscheidend wichtig, immer beide *Schwachpunkte der bisherigen Kleinfamilie* im Auge zu behalten: die *einseitige mütterliche Betreuung* und die *Abkapselung gegenüber einer größeren Gemeinschaft*. Nur dann werden wir verhindern können, daß sich der eifersüchtige Wettbewerb zwischen den Geschwistern auch noch um den Eltern-Wettbewerb zwischen Mutter und Vater vermehrt. Wenn wir also, wie dies

Dorothy Dinnerstein mit überzeugenden Argumenten fordert, den Eintritt der Väter in die Primärbeziehung planen und die Mutter-Kind-Dyade zu einer Eltern-Kind-Triade erweitern wollen, so kann dies nicht aus dem verengten Blickwinkel der bürgerlichen Familien-Egozentrik geschehen. Der wünschenswerte sinnlich-emotionale Kontakt des Vaters zum Kleinkind, welcher dem Knaben zum erstenmal ein ungebrochenes Identitätserlebnis und dem kleinen Mädchen ein selbstverständliches Vertrauen zum anderen Geschlecht vermitteln würde – diese *revolutionäre Erweiterung des ödipalen Dreiecks kann ihre positive Wirkung nur dann voll entfalten, wenn sich die Familie öffnet.* Beide Vorstellungen aber, die *Neue Väterlichkeit* und die *Öffnung der isolierten Familie* zur Gruppen-Solidarität rufen in weiten Kreisen immer noch große Ängste hervor.

Um zunächst noch beim ersten Punkt zu bleiben, so befürchten Männer zu Recht, daß sie mit der paritätischen Teilung der öffentlichen und häuslichen Aufgaben aufhören würden, der »Herr im eigenen Haus« zu sein. Darüber hinaus hegen Männer und Frauen die Befürchtung, die Männer würden durch Übernahme von häuslichen Aufgaben ver»weiblichen« und ihre männlichen Qualitäten verlieren. Diese Angst ist ebenso unbegründet wie die frühere, daß den Frauen ihre weiblichen Fähigkeiten abhanden kämen, wenn sie eine berufliche Tätigkeit ausüben. Hier geht man immer noch davon aus, daß die Geschlechter für ganz bestimmte Tätigkeiten genetisch vorprogrammiert seien. Dabei ist die Schlußfolgerung unlogisch, daß Mann oder Frau durch ein willkürlich übernommenes Tätigkeitsprogramm ihre genetischen Anlagen verlieren könnten. Wo aber solche Ängste reale Anhaltspunkte an täglichen Beobachtungen haben, beziehen sie sich darauf, daß es manche berufstätige Frauen offenbar immer noch nötig haben, »männlich«-zackiges Auftreten zu kopieren, und einige der Neuen Väter meinen, ein »tantenhaftes« Gebaren Kleinkindern gegenüber an den Tag legen zu müssen. In beiden Fällen handelt es sich nur um die Übernahme eines Rollenverhaltens, das eher ein Zerrbild des Männlichen und des Weiblichen spiegelt als den männlichen und weiblichen Menschen.

Dazu kommt, daß noch immer die Vorstellung in unseren Köpfen herumgeistert, es gäbe eine typisch weibliche und eine typisch männliche Erziehungsaufgabe, etwa nach dem Klischee: Mütter lieben und verwöhnen mit unendlicher Geduld – Väter stellen Forderungen und strafen. Wenn auch unvergleichlich viel differenzierter, so scheint mir doch auch bei Erich Fromm diese Spaltung weiterzubestehen, wenn er zwischen einem mütterlichen und einem väterlichen Gewissen unterscheidet, welches das Kind internalisiert und deren Gewicht sich in der bewußten moralischen Entscheidung des Erwachsenen die Waage halten sollten.[6] Richtig daran ist zweifellos, daß beide Stimmen im Gewissen des Erwachsenen Gehör finden müssen, nämlich diejenige, die sagt: was immer du tust, du bleibst ein liebenswerter Mensch, der seine Fehler auch wiedergutmachen kann, und die andere, die mahnt: du kannst nicht nur deinen eigenen Impulsen folgen, sondern mußt dich an den Interessen und Regeln der Gemeinschaft orientieren und die Konsequenzen fehlerhaften Tuns auf dich nehmen. Aber beide Stimmen sind nicht notwendigerweise geschlechtsgebunden und jeweils an der Mutter oder am Vater erworben. *Jeder reife Erwachsene müßte auch als Elternteil beide Seiten des Menschlichen vertreten*: die Toleranz gegenüber sich selbst und anderen sowie die Bereitschaft zur Selbstdisziplin und die Kraft, auch von anderen diese Disziplin zu fordern.

Beim individuellen Elternpaar werden dabei immer noch Unterschiede zu bemerken sein – wobei sich oft auch die Väter permissiver verhalten als die Mütter. Wichtig dabei ist aber gerade, daß es nicht zur Polarisierung kommt. Erziehungsberater und die Eltern selbst kennen zur Genüge den unerfreulichen Verstärkungseffekt einer solchen Polarisierung: Weil die Mutter/der Vater so nachgiebig ist, muß der Vater/die Mutter umso strenger sein und umgekehrt. Bei allen Unterschieden in der individuellen Charakterprägung sollten sich beide Eltern ihre eigenen Schwächen bewußtmachen und sich um einen *einigermaßen ausgeglichenen Erziehungsstil* bemühen. Wenn dies gelingt, so ist auch die freiwillige, schicksals- oder scheidungsbedingte Alleinerziehung der Mutter oder die in jüngster Zeit häufiger werdende Alleinerziehung durch den Vater keine Katrophe, sondern kann durchaus zur positiven Charakterentwicklung von Kindern beiderlei Geschlechts führen.[7] Diese Tatsache *revidiert den klassischen Begriff des Über-Ich*, den Freud als die Internalisierung der väterlichen Forderungen verstanden hatte und ersetzt ihn durch die *Idee einer menschlich-moralischen Persönlichkeitsinstanz, die unabhängig vom Geschlecht an den Übereinkünften der Primärgruppe erworben wurde*.

Allerdings bleibt für den *alleinstehenden Elternteil* das Problem ungelöst, für das Kind des jeweils anderen Geschlechts eine Identifikationsebene und für das gleichgeschlechtliche Kind eine gegengeschlechtliche Beziehungsebene herzustellen, solange er/sie mit seinen/ihren Kindern als Kleinfamilien-Torso lebt und nicht in eine Nachbarschafts- oder Wohngruppe eingebunden ist. Entwicklungsgeschichtlich gesehen hat die geschlechtliche Identitätsfindung zwei Schwerpunkte: den einen in der frühen Kindheit, der sich auf die äußere körperliche Identität bezieht, wenn das Kind durch persönliche Anschauung den Geschlechtsunterschied entdeckt (in der Regel vor dem 3. Lebensjahr), den anderen in der Pubertät mit dem Einsetzen der sexuellen Reife und der beginnenden sexuellen Orientierung. In beiden Phasen ist die nahe Gegenwart jeweils gleich- und gegengeschlechtlicher Erwachsener wie auch die Beziehung zu gleichaltrigen Kindern beiderlei Geschlechts eine wichtige Voraussetzung für die geschlechtliche Identitätsfindung. Dies bedeutet, daß das Aufwachsen des Knaben bei der isolierten Mutter oder in der reinen Frauengruppe beziehungsweise die Erziehung des Mädchens durch den isolierten Vater nicht ausreichen, um ein *positives Verhältnis zum eigenen männlichen oder weiblichen Körper* zu finden, was die Grundlage zur Entwicklung einer gesunden Sexualität darstellt. Hier bietet die *größere Lebensgemeinschaft mit anderen Personen einen noch dringenderen Ausgleich als für die Erziehungsprobleme der Paarfamilie*. (Ich möchte aber betonen, daß das eigene Körpergefühl und die positive Identifikation mit dem biologischen Geschlecht mit irgendwelchen psychischen »Wesens«-Festlegungen nichts zu tun hat.)

Was nun die Bedenken der Männer angeht, mit dem herkömmlichen Familienmodell ihren Status als Haushaltsvorstand aufzugeben, so würden sie dabei durchaus nicht nur verlieren, sondern viel gewinnen. Sie wären dadurch nicht nur endlich emotional Gleichberechtigte in der Primärbeziehung zum Kind, sondern auch entlastet von der oft enorm bedrückenden Alleinverantwortung für die Existenzsicherung der Familie. In der *Neuen Partnerschaft* könnte der Alptraum der Väter, in jedem noch so entwürdigenden Arbeitsverhältnis ausharren zu müssen, weil ihre Kündigung die Existenz der Familie aufs Spiel setzen würde, ebenso aufhören wie der Alptraum der Mütter, durch ihren Familienstand vom beruflichen Leben abgeschnitten zu sein.

Wir sollten uns aber ebenfalls klarmachen, daß mit der reziproken Partner- und Elternschaft nicht nur *der Mythos von der gottgewollten Schirmherrschaft des überlegenen Hausvaters zusammenbricht, sondern auch der Mythos von der Heiligkeit der biologischen Mutterschaft.* Im patriarchalen Arrangement ist mit der Mutterschaft nicht nur eine unabdingbare Verpflichtung für die Frau mit allen einschneidenden Konsequenzen für ihre Persönlichkeitsentwicklung verbunden, sondern auch ein gesellschaftlicher Sockel und eine Gloriole, die erfahrungsgemäß diejenigen Mütter am meisten für sich beanspruchen, die am wenigsten selbstlos für ihre Kinder sorgen. Schon Bert Brecht hatte in seinem »Kaukasischen Kreidekreis« die biologische Mutter entthront und an ihre Stelle die soziale Mutter gesetzt, die sich dem Kind als schutzbedürftigem Wesen und nicht als ihrem Besitz zuwendet. Wenn wir ernst machen mit der *Unterscheidung zwischen biologischer und sozialer Mutterschaft* – wodurch sich die menschlichen Säuger wesentlich von ihren animalischen Verwandten unterscheiden –, so ist der Tatsache als solcher, ein oder mehrere Kinder geboren zu haben, kein übermäßiger Respekt entgegenzubringen, zumindest unter Bedingungen, bei denen Schwangerschaft frei gewählt und der Gebärenden ein Höchstmaß an Betreuung garantiert ist.

Noch immer aber klammern sich Mütter und Großmütter an ihr sakrosanktes Recht auf ihre biologischen Nachkommen, wenn diese sich ihren eigenen Lebensweg und ihre/n eigene/n Partner/in wählen und es darum geht, sie aus dem mütterlichen Besitzanspruch freizulassen. Dieser Anspruch spitzt sich vor allem im Falle der Ehescheidung der Eltern dramatisch zu, bei der nach bisheriger Rechtspraxis die Kinder fast immer der Mutter zugesprochen werden. Erst das neue Eherecht räumt dem Vater die annähernd gleichen Chancen für das Sorgerecht ein, was wiederum leider nicht nur denjenigen Vätern zugute kommt, die eine echte Beziehung zu ihren Kindern haben, sondern auch solchen, die aus Rache gegenüber ihrer Frau, welche die Scheidung verlangt, die Kinder als Kampftrophäe für sich beanspruchen (um sie dann meist anderen Fürsorgepersonen zu übergeben). Zur ungerechtfertigten Inanspruchnahme des Sorgerechts durch den geschiedenen Vater kommt es unter Umständen auch dann, wenn dieser sich rasch wieder verheiratet und sich die zweite Frau ganz dem Haushalt widmet. Das traditionelle Modell der bürgerlichen Familie, das damit wieder erfüllt ist, kann das Scheidungsgericht dazu veranlassen, in der Kinderfrage die geschiedene und berufstätige Mutter zu benachteiligen, obwohl diese vielleicht besser geeignet wäre, für die Kinder zu sorgen.[8] Auf der anderen Seite können auch vorbildliche Väter die angestrebte Alleinerziehung der Kinder oft gar nicht leisten, weil dies ihre Arbeitssituation nicht erlaubt. An jedem dieser Fälle zeigt sich, wie wichtig es wäre, daß *juristische, sozialpsychologische und wirtschaftspolitische Konzepte aufeinander abgestimmt würden,* aber hier stehen wir erst ganz am Anfang.

Die Neuen Mütter

Grundsätzlich aber würde zur patriarchalen »Helden- und Götterdämmerung« auch eine entsprechende »Mütterdämmerung« gehören, die den *möglichen Mißbrauch des Kindes als Besitz und als Erweiterung des eigenen Ich* ins Bewußtsein ruft – eine Möglichkeit, die seit Menschengedenken besteht, die aber während der patriarchalen Domestikation der Frau als nahezu ausweglosen Sackgasse für die Mutter-Kind-Beziehung vorprogrammiert wurde. Von den Müttern aus gesehen könnten erst die partnerschaftliche Beziehung zum Vater, ihre größere Erfülltheit in der erotischen Beziehung zum Mann und ihre Teilnahme am kulturellen Leben eine Lockerung in die krampfhafte Beziehung zu ihren Kindern bringen. Wenn Psychologen und Pädagogen seit geraumer Zeit den Müttern die Fehlentwicklung von nicht freigelassenen Söhnen und Töchtern vorhalten, so geben sie sich dabei häufig keine Rechenschaft über die gesellschaftlichen Ursachen für die beklagten Über-Identifikationen.

Mit der *Entmythologisierung der biologischen Mutterschaft* würde nicht nur deren falsche Gloriole entschwinden, sondern zugleich auch die Dämonisierung der Mutterrolle. In der Wahrnehmung des Kleinkindes – E. Neumann spricht in diesem Zusammenhang von der »mythologischen Apperzeption« des Kindes – ist die Mutter ja nicht nur die übermächtige Göttin, die zu allen Gütern des Lebens den Schlüssel in Händen hält, sondern auch die Hexe, deren Launen es ausgeliefert ist und deren Liebesverweigerung oder Liebesunfähigkeit ein nicht zu revidierendes Unglück ist. *Erst die Alleinverantwortlichkeit der biologischen Mutter macht die nicht geglückte Beziehung zum Kind zu jener schicksalshaften Katastrophe*, von der Erikson bei seinen Betrachtungen zur Entwicklung des menschlichen Urvertrauens spricht[9] oder Balint bei seiner Definition der neurotischen »Grundstörung«.[10] Das Kind, das von der Zuneigung und der psychophysischen Gesundheit einer einzigen Person abhängt, empfängt von dieser tatsächlich den existentiellen Urteilsspruch, entweder ein geliebtes und daher liebenswertes Wesen zu sein oder ein ungeliebtes und deshalb offenbar mit einem Makel behaftetes Geschöpf, wie dies Neumann anhand der Entstehung des »primären Schuldgefühls« beschreibt.[11] Das Risiko einer solchen Grundstörung in bezug auf das Selbstwertgefühl des Kindes und die daraus resultierende Abwehrstrategie des aggressiv sich wehrenden »Not-Ichs« würde sich wesentlich verringern, wenn das Kleinkind vom Beginn seines Lebens an *mehrere konstante Bezugspersonen* um sich hätte, zumindest aber Mutter und Vater. Damit wäre endlich auch die *untragbare Last der ganzen Verantwortung von den Schultern der Mütter genommen*, wie eine schicksalswebende Norne die glücklichen oder unglücklichen Fäden des kindlichen Lebens zu knüpfen.

Die nicht-blutsverwandte Sippe
Wenn wir uns nun den heutigen Möglichkeiten für die Öffnung der Kleinfamilie und für die Konstituierung eines sippenähnlichen Zusammenlebens zuwenden, von dem bereits wiederholt die Rede war, so möchte ich zunächst einem Mißverständnis vorbeugen. Mit der Propagierung der »nicht-blutsverwandten Sippe« soll *kein Antimodell gegen die Blutsverwandtschaftsgruppe* geschaffen werden, vielmehr ein *Ersatz- oder Parallelmodell*. Auch heute gibt es durchaus noch positive Haus- oder Nachbarschaftsgemeinschaften zwischen den Generationen oder unter verschwisterten Familien. Nur sind die Blutsbande der patriarchalen Familien in sehr vielen Fällen derart von herrschaftlichen Strukturen überschattet und von Rivalitätskämpfen unter den Geschwistern belastet, daß sie nur in Ausnahmefällen zu einer gleichgewichtigen und harmonischen Kooperation prädestiniert sind. Vielleicht könnte sich auch dies einmal ändern, wenn die Familien offener und herrschaftsfreier würden und wir eines Tages gar nicht mehr unterscheiden müßten zwischen Bluts- und Wahlverwandtschaft!

Von den bisherigen sozialrevolutionären Experimenten mit kollektiven Wohnformen sind die Gemeinschaften der jüdischen Kibbuzim mit Abstand am detailliertesten und über den längsten Zeitraum hinweg dokumentiert. Dagegen blieb die wissenschaftliche Erhebung der amerikanischen und europäischen Siedlungs- und Lebensgemeinschaften eher rudimentär, wenngleich auch darüber gesicherte Erkenntnisse vorliegen. Es gibt heute in Europa, unter anderem in der Bundesrepublik und in der Schweiz, eine nicht zu vernachlässigende Zahl solcher Einrichtungen, die aber selten mit ihren Erfahrungen an die Öffentlichkeit treten und daher statistisch schwer erfaßbar sind. Sicher ist nur, daß die Zahl der Wohngruppen in ländlichen und städtischen Gegenden seit 1970 ständig ansteigt – in der BRD von rund 10 000 auf ca. 65 000 zu Beginn der 80er Jahre[12] – und daß der heutige *Bedarf an alternativen Wohnformen* um ein Vielfaches höher ist als seine mögliche Realisierung. Dieser stehen immer noch große Vorurteile von Seiten der Umwelt (besonders der Vermieter) und mangelnde genossenschaftliche Rechtsformen entgegen.

Um mit den Erfahrungen aus der Kibbuz-Erziehung zu beginnen, so erbrachten diese einige allgemein bedeutsame Resultate, auch wenn sich nicht alle Erwartungen, die mit diesem Experiment verknüpft waren, erfüllten.[13] So trat etwa der Ausgleich der Begabungsunterschiede durch gleiche Sozialisationsbedingungen und Bildungschancen nicht in dem signifikanten Maß ein wie man es angestrebt hatte. Auch wurden die geschlechtsspezifischen Verhaltens- und Berufswahlmuster zum großen Erstaunen der Soziologie-Experten nicht beseitigt, obwohl man sich jahrzehntelang durch absolut gleiche Behandlung von Jungen und Mädchen bis hin zur Einheitskleidung und zu gemeinsamen Dusch- und Schlafräumen die größte Mühe gegeben hatte, sexistische Rollenzuweisungen zu vermeiden. Wenn wir aber bedenken, daß in den Kinderhäusern und auf den Krankenpflegestationen fast ausschließlich Frauen arbeiten und Männer so gut wie nicht in die kollektive Kindererziehung einbezogen sind, sollte uns dieses Ergebnis eigentlich nicht verwundern. Das egalitaristische Prinzip der Abschaffung des Hausfrauen-Status und die daraus folgende Delegation der traditionell weiblichen Arbeiten an kollektive Institutionen genügt eben nicht, wenn dort dann wieder nur weibliches Personal arbeitet.

Diesen Gedankenfehler hatte, wie wir gesehen haben, bereits Bebel begangen und, dem sozialistischen Konzept folgend, kam auch in Israel niemand auf die Idee, Männer in den Haushalt und Väter in die Kinderarbeit zu integrieren. Stattdessen meinten einige Wissenschaftler aus den Erfahrungen in den Kibbuzim bereits den voreiligen Schluß ziehen zu können, daß gewisse männliche und weibliche Verhaltensmuster eben doch angeboren seien.[14]

In unserem Zusammenhang sind andere Resultate von weit größerer Relevanz. Zunächst die Tatsache, daß die *tägliche, relativ lange Abwesenheit der Kinder von ihren Eltern* schon im vorschulpflichtigen Alter (die allerdings später durch die Besuche der Eltern im Kinderhaus verkürzt wurde) *weder die emotionale Entwicklung der Kinder beeinträchtigt noch das emotionale Band zu den leiblichen Eltern*. Das letztere scheint sehr viel mehr von der Qualität der Beziehung abzuhängen als von der quantitativen Präsenzzeit. Zum andern hat die starke *Betonung der kollektiven Kindergruppe eine geschwisterliche Solidarität zwischen den Kindern* bewirkt, welche die von Adler beklagte Geschwisterrivalität in der Kleinfamilie wesentlich zu neutralisieren vermag.

Im übrigen hat das Phänomen, daß Jungen und Mädchen aus denselben Kinderhäusern als Erwachsene selten Paare bildeten, die Gelehrten zu Spekulationen über die *Entstehung der geschwisterlichen Inzestschranke* veranlaßt. Weil eine solche unausgesprochene Inzestschranke zwischen ehemaligen, nicht blutsverwandten Kollektivgeschwistern besteht, und diese nicht auf irgendwelche repressiven Verbote zurückzuführen ist, sondern in den Kinderhäusern im Gegenteil die größte sexuelle Freiheit herrscht, sahen N. Bischof und andere darin ein beweiskräftiges Exempel für die natürliche Entstehung des Inzesttabus aus dem vertraulichen Umgang gegengeschlechtlicher Bezugspersonen. Wie schon früher bemerkt (vgl. S. 126 f.), würde ich soweit nicht gehen, wohl aber sprechen die Beobachtungen aus den Kibuzzim dafür, daß bei gegebener Wahl zwischen Geschlechtspartnern aus der angestammten Intimgruppe und solchen aus einer relativ fremden Gruppe die unvertrauten Partner sexuell bevorzugt werden. Daraus folgt aber m. E. kein Gegensatz zwischen emotionaler Vertrautheit und sexueller Anziehungskraft. Das Verhalten der jungen Erwachsenen könnte auch mit der Phasenverschiebung in der Geschlechtsreife von Mädchen und Jungen zu tun haben. Jedenfalls wenden sich in den Kinderhäusern zu Beginn der Pubertät die Geschlechter in der Regel voneinander ab, wobei der Rückzug und die Errichtung der Schamschranke von den Mädchen ausgeht, die einen körperlichen Reifevorsprung haben. Es könnte sein, daß die spätere Hinwendung zum anderen Geschlecht und die Entdeckung seiner sexuellen Faszination ungebrochener ist, wenn ihr die kindlichen Reifeschritte und deren Ambivalenzen nicht vorausgegangen sind.

Im Unterschied zu den jüdischen Kollektiven entstanden die ersten *europäischen Kommunen im studentischen Milieu junger Intellektueller*, die ihr revolutionäres politisches Engagement mit der *Aufhebung aller familiären und sexuellen Tabus* zu verbinden suchten. Wahrscheinlich waren sie gerade deshalb, weil sie zu vieles gleichzeitig wollten und sich mit ihren theoretischen Konzepten zu rigoros über individuelle Bedürfnisse hinwegsetzten, meist nur von kurzer Dauer. Dennoch haben die ersten Berichte des Berliner »Kursbuch« mit ihrer schonungslosen Offenheit und Selbstkritik eindrucksvolle Erfahrungen vermittelt: unter anderem die Erkenntnis, daß Kontinuität der Bezugspersonen und des Erziehungsrahmens für die kindliche Entwicklung lebenswichtig ist, und daß sich im frei gewählten Sexualverhalten der Erwachsenen die längerfristige Paarbeziehung als weit stabileres Beziehungsmuster erwies, als man theoretisch angenommen hatte.

Emotionale Entlastung

Welche Auswirkungen die gemäßigteren Wohn- und Hausgemeinschaften auf das Klima innerhalb der Paarbeziehung und auf das Verhältnis zwischen Eltern und Kindern haben, ist durch seriöse soziologische Untersuchungen ebenfalls gut belegt.[15] Dabei heben alle einschlägigen Untersuchungen die *größere emotionale Entspanntheit* zwischen den Mitgliedern der Primärgruppen hervor, sobald sie im Zusammenhang mit der erweiterten Gruppe kooperieren. Für die Paarbeziehung haben sich Wohngemeinschaften nicht nur nicht als zerstörerisch erwiesen, sondern im Gegenteil als Faktor der Stabilisierung. H. Kentler nennt dafür mehrere Gründe. Zum einen entlastet die Gruppe den einzelnen Partner von allzu umfassenden Erwartungen, die nun auch auf andere Bezugspersonen verteilt werden können. Das führt weniger rasch zur Stagnation in der Zweierbeziehung, weil mehr direkte Anregungen von außen in sie einfließen. Zum anderen spitzen sich Konflikte zwischen den Partnern weniger leicht bis zu einem explosiven Punkt zu, weil die Mitglieder der Gruppe die Unstimmigkeiten schon früher bemerken und zu einer rationaleren, weniger affektiven Lösung der Konflikte beitragen.[16]

Eine ähnlich mäßigende Wirkung hat die Gruppe auf das Verhalten der Eltern gegenüber ihren Kindern. In Gegenwart anderer Erwachsener und Kinder kontrollieren sie ihre negativen Stimmungen und Affekte meist besser, als wenn sie alleine mit ihren Kindern die Mahlzeiten einnehmen, Gemeinschaftsarbeiten erledigen oder die Freizeit gestalten. Auf der anderen Seite sichert die Kooperation der Kinder aus verschiedenen Familien diesen ein stärkeres Selbstgefühl gegenüber den Erziehern und Erzieherinnen und läßt die Geschwisterrivalität mehr in den Hintergrund treten. Dennoch bleibt die Besonderheit der Eltern-Kind-Beziehung erhalten, die sich schon im Säuglings- und Kleinkindalter herausbildet, wenn die Eltern die Haupt-Bezugspersonen für das Kind darstellen.[17]

Wahrscheinlich bildet das gemeinschaftliche Wohnen auch den einzig wirksamen *Schutz gegenüber der Gewalt in der Ehe und gegen die Kindesmißhandlung* in ihren groben und feineren Schattierungen, wie sie in der abgeschlossenen Kleinfamilie unkontrolliert ablaufen können.

Am hartnäckigsten halten sich auch in der größeren Gemeinschaft die geschlechtsspezifischen Rollenzwänge, doch ist die *Mithilfe der Männer bei der Haushalts- und Betreuungsarbeit in Wohngruppen deutlich höher* als in der isolierten Kernfamilie. Dazu kommt, daß in gemeinsamen Aufenthalts- und Werkräumen Gelegenheit zu den verschiedensten Kooperationen unter Erwachsenen des gleichen und des anderen Geschlechts bestehen, so daß Männer und Frauen Tätigkeiten ihrer individuellen Wahl nachgehen können, die außerhalb des Rollenklischees liegen, oder Interessen, die sie mit ihrem Partner nicht teilen.

Wesentlich für die Auflockerung des komplementären Rollenverständnisses scheint mir auch die grundsätzlich *andere Verteilung der ökonomischen Verantwortung* zu sein. Während in der abgeschlossenen bürgerlichen Familie ausschließlich die Eltern für den Unterhalt ihrer Kinder aufzukommen und damit auch den Einkommensausfall der Betreuungsperson zu kompensieren haben, verteilt sich in progressiven Gemeinschaften die Beschaffung des Unterhalts auf alle Erwachsenen, auch auf die kinderlosen, so daß die wirtschaftliche Diskriminierung der nichtberuflichen Betreuungsarbeit als unbezahlter Tätigkeit wegfällt. Gerade dies greift den alten Sippengedanken wieder auf, der ja darin bestand, allen Mitgliedern, gleich welchen Alters und welcher Tätigkeit für die Gemeinschaft, einen gesicherten Lebensrahmen zu gewähren.

Was die Größe solcher nicht-blutsverwandten Sippen betrifft, so variiert sie bei Wohngemeinschaften zwischen 6-10 Personen (Kinder mitgerechnet), in Haus- und Siedlungsgemeinschaften zwischen 8, 12 bis 20 und mehr Personen, wobei die optimale Gruppengröße ebenso von den Zielvorstellungen der Gemeinschaft wie von den persönlichen Bedürfnissen ihrer Mitglieder abhängt.

Es braucht kaum betont zu werden, daß sich *für alleinstehende Mütter oder alleinerziehende Väter das verbundene Wohnen* als die *einzig befriedigende Alternative* zur (Tages)Heimerziehung erweist, weil hier die Kinderbetreuung wechselseitig übernommen und damit Raum für die Berufsausübung geschaffen wird.

Probleme gemeinschaftlichen Lebens
Neben den vielen eindeutigen Vorzügen gegenüber der Kleinfamilie bieten die größeren Gemeinschaften freilich auch neue Probleme. Während sich alle organisatorischen und internen finanziellen Probleme (entgegen bürgerlicher Erwartung) relativ gut lösen lassen, beanspruchen *die menschlichen Konflikte und Sympathie-Krisen zwischen den Mitgliedern der Gemeinschaft* viel Zeit, gegenseitige Offenheit und Gesprächsbereitschaft, auf die uns der herkömmliche Erziehungsstil nicht vorbereitet hat. Dies stellt vor allem zu Beginn einer Gemeinschaft einen großen Energieaufwand dar, der oft zu Ermüdungserscheinungen führt.

Zu den psychischen Belastungen, welche die Gruppenkonstanz zu sprengen drohen, tritt aber ein wichtiger Außenfaktor hinzu, der unseren gesellschaftlichen Arbeitsbedingungen entspringt. Der *Mobilitätsanspruch* stellt die Dauer auch gut eingespielter Gruppen immer wieder in Frage, was vor allem für die Alleinerziehenden der Gruppe bedrohlich ist, weil deren Kinder auf den kontinuierlichen Kontakt mit anderen Erwachsenen ganz besonders angewiesen sind. Die große Schwäche der »nichtblutsverwandten Sippe« ist immer noch *die Vorläufigkeit ihres Bestehens*. Während wir die zwangsläufige Blutsbindung als lebenslängliches Band (wenn auch oft als negatives) respektieren, finden wir uns nicht nur damit ab, daß Freundschaften von innen her zerbrechen können, sondern daß sie durch äußere Zwänge auseinandergerissen werden. Deshalb wäre es ausgesprochen wichtig, den »*Wahlverwandtschaften*« *mehr gesellschaftliches Gewicht* zu verleihen, wie U. Beck dies vorschlägt. Es müßte möglich sein, solche Bindungen bei Berufsentscheidungen und dem damit verbundenen Ortswechsel mit zu berücksichtigen, was ihre öffentliche Anerkennung voraussetzt.[18] Es bedürfte aber auch der Förderung und Ermutigung solcher Neuen Sippen durch den Wohnungsmarkt, die schon auf der planerischen Ebene einsetzen müßte. Erst in allerletzter Zeit ist hier ein Umdenken unter Architekten und Raumplanern festzustellen, was dem Gedanken des genossenschaftlichen Bauens zum Durchbruch verhelfen könnte.

Außerdem halte ich es für wichtig, daß die Form des verbundenen Wohnens *nicht nur von einer bestimmten Schicht und einer bestimmten Altersklasse* – bisher vorwiegend von Studenten – *praktiziert* würde. Deren Gemeinschaften neigen schon aufgrund ihrer Lebensumstände zu einer relativ kurzen Lebensdauer, was ihnen dann in konservativen Kreisen als Unstetigkeit angelastet, beziehungsweise als vorprogrammiertes Scheitern der gemeinschaftlichen Lebensform interpretiert wird. Erst in jüngster Zeit ist öfter von Wohngemeinschaften unter mittelständischen Familien zu hören, die zusammen ein größeres Haus kaufen oder langfristig mieten. Selbst wenn solche Experimente vorsichtiger und im Hinblick auf partnerschaftliche Emanzipation und gesellschaftliche Strukturkritik weniger radikal sind, so können sie doch wichtige Schrittmacher sein, um das Modell der nicht-blutsverwandten Sippe der Öffentlichkeit vertrauter zu machen. Zudem haben sie den großen Vorteil, zeitlich und personell eine größere Kontinuität zu gewährleisten, weil sie meist aus einer gefestigten Lebenssituation und gesicherten Verhältnissen heraus entstehen.[19]

Wenn aber heutige Familiensoziologen immer wieder feststellen, daß für die isolierte bürgerliche Kleinfamilie keine Alternative in Sicht sei und alle Gemeinschaftsexperimente als gescheitert oder als marginal einstufen,[20] so ist dies eine sehr verkürzte Perspektive, die lediglich unsere gesellschaftlichen Rahmenbedingungen und die Bewußtseinslage der oberen Mittelschicht wiedergibt. Diejenigen Kreise, in denen man das Scheitern alternativer Experimente mit Befriedigung zur Kenntnis nimmt, unterliegen darin freilich einer Selbsttäuschung: Weil sie sich mit finanziellen Mitteln familiäre Dienstleistungen kaufen können, gelingt es ihnen, den Schein aufrechtzuerhalten, als seien Gleichberechtigung und volle Berufstätigkeit der Frau möglich, ohne daß die Männer sich umzustellen und ohne daß die Kinder darunter zu leiden hätten. In breiten Bevölkerungsschichten hat sich während der vergangenen 20 Jahre die *bürgerliche Familie* aber keineswegs konsolidiert, sondern wurde sowohl *durch ihre strukturimmanenten Spannungen als auch durch familienfeindliche äußere Umstände und die verinnerlichte Konsumideologie ausgehöhlt.* So hat sich neben der immer noch steigenden Scheidungsziffer in der gesamten westlichen Welt – heute wird in den USA, Nord- und Mitteleuropa mehr als jede dritte Ehe geschieden – der Trend zur Konsensualehe (Ehe ohne Trauschein) und zur kinderlosen Partnerschaft ebenso ständig verstärkt wie der Trend zur Single-Existenz. In der Schweiz hat sich zwischen 1960 und 1980 die Zahl der Einzelhaushalte von 14 auf 30 von hundert drastisch erhöht, und bereits seit 1970 ist die Erneuerung der Generationen langfristig nicht mehr gedeckt.[21] Wenn jetzt infolge dieser Entwicklung der Ruf nach mehr Kindern laut wird, weil die Überalterung der Bevölkerung droht und die Altersversicherung durch den Rückgang der Erwerbsfähigen in Frage steht, so weigern sich heute immer mehr Frauen, die alleinige Verantwortung für die Reproduktion der Gesellschaft zu tragen – ganz abgesehen davon, daß für alle jungen Eltern der Zweifel immer realistischer wird, ob es überhaupt noch verantwortbar sei, Kleinkinder unserer krank machenden Umwelt auszusetzen.

Jedenfalls sind alle Appelle an die Familienmoral so lange höchst fragwürdig, als die gesellschaftlichen Bedingungen kinderfeindlich sind und für viele Paare ein ganzer oder zwei halbe Monatslöhne nicht mehr ausreichen, um der Familie ein Dach über dem Kopf zu garantieren. *Wenn wir die Erneuerung der Generationen als das grundsätzlichste aller gesellschaftlichen Probleme heute lösen wollen, so werden Lebensumstände zu schaffen sein, die nicht mehr in erster Linie auf technisches und wirtschaftliches Wachstum ausgerichtet sind, sondern auf die Bewahrung des Lebens im Großen und im Kleinen.* Reziproke Partnerschaft bezieht sich ja nicht nur auf den mitmenschlichen Bereich, sondern auch auf das Verhältnis von Mensch und Natur.

Inwieweit alternative Formen des familiären Zusammenlebens über die gesunde Entwicklungsmöglichkeit von Individuen hinaus einen gesellschaftspolitischen Stellenwert haben und unter anderem unseren Arbeitsbegriff und unser Umweltverhalten korrigieren könnten, wird uns im nächsten Abschnitt beschäftigen.

3. Die politische Ebene

Patriarchat und Demokratie sind zwei Dinge, die sich prinzipiell entgegenstehen: Das Patriarchat in seiner familiären und staatlichen Herrschaftsform ist per definitionem ein Unterdrückungssystem, das sich überherrschte Völker, Sklaven und Frauen dienstbar macht und sich durch die erzwungene Delegation der lebensnotwendigen Arbeiten Privilegien für die führende Schicht schafft. In den antiken Stadtstaaten bilden Tyrannis, Aristokratie oder Bürgerdemokratie nur Variationen über ein und dasselbe Thema: Herrschaft über den Plebs, sei es durch die Regierung eines Einzelnen, einiger weniger oder einer ganzen Klasse privilegierter Männer.

Auch die *Französische Revolution*, welche den Bürgern aller Klassen die egalitäre Teilnahme an der Regierung versprach, verbreitete nur den Kreis der Herrschenden. Ihre Erben dachten nicht daran, die versklavten Kolonialvölker aus ihrer Knechtschaft zu entlassen, und sie behielten weiterhin die Frauen unter der Vormundschaft der Männer. Der Völkermord an den Aborigines in Australien fand in den Jahrzehnten nach der Französischen Revolution statt (und wird heute, 200 Jahre danach noch immer mit großem Pomp gefeiert!), und die feierlich gelobten Menschenrechte wurden de facto nur für den (weißen) Mann, nicht auch für die (weiße) Frau verfaßt.[1]

Selbst die *sozialistischen Revolutionen* unseres Jahrhunderts, welche die kapitalistisch-plutokratischen Grundlagen des Bürgertums zerschlugen und für die Freiheitsrechte der kolonialisierten Völker kämpften, blieben in der grundlegenden *Herrschaftsstruktur des Patriarchats* befangen: in der *Vormachtstellung der Männer gegenüber den Frauen.*[2]

Die Aufdeckung dieser Tatsachen ist allerdings sehr jung und wird erst von der feministischen Gesellschaftstheorie geleistet, die zum erstenmal bewußtmacht, daß die *Frauen in den bisherigen Staats- und Gesellschaftstheorien als Subjekte überhaupt nicht erscheinen*. Nach der großen bürgerlichen Revolution in Frankreich nennen sich die Männer untereinander Bürger und Brüder, den Frauen gegenüber bleiben sie jedoch die alten Familienoberhäupter. Dies wiederholt sich in der proletarischen Revolution, bei der die Arbeiter ebenfalls ihre Position als Haushaltsvorstand behalten. Deshalb spricht Hannelore Schröder[3] von »Bürgerpatriarchen« und »Lohnarbeiterpatriarchen« und begreift die beiden großen Revolutionsbewegungen als einen Machtkampf zwischen zwei Männerklassen: einmal als Klassenkampf zwischen den bürgerlichen und den feudalen Männern, später als Kampf der Proletarier gegen die Männer des bourgeoisen Kapitals. Bei beiden Machtablösungen trat *das grundlegendste Klassenverhältnis* überhaupt nicht ins Bewußtsein, nämlich *dasjenige zwischen Familienvätern und Frauen, das heißt die ökonomische und zivilrechtliche Abhängigkeit der Frau vom Mann.*

Auch den Leidensweg der revolutionären Frauen von Olympe de Gouges (Deklaration der Rechte der Frau und Bürgerin 1791) bis Rosa Luxemburg hob erst die feministische Geschichtsforschung aus der Vergessenheit: das Schicksal von Frauen, die unter Einsatz ihres Lebens den revolutionären Kampf schwesterlich mitstritten, um dann von den Männern ignoriert zu werden.

Entlarvung der Herrschaft

Die erste Frauenbewegung um die Jahrhundertwende und in den Jahrzehnten danach hat sich unter anderem daran aufgerieben, daß sie sich durch den (männlichen) Klassengegensatz in ein bürgerliches und ein sozialistisches Lager aufspalten ließ, weil die offizielle marxistische Doktrin das Frauenproblem zum »Nebenwiderspruch« erklärt hatte. Es sollte noch ein halbes Jahrhundert dauern, bis die *Neue Frauenbewegung* die »häusliche Leibeigenschaft der Frau« (Hannelore Schröder) den männlichen Verdrängungsmechanismen entwand und quer durch alle sozialen Schichten das *Schicksal der Frau in der Männergesellschaft zum Hauptwiderspruch* erhob.

Dadurch wurde überhaupt erst erkennbar, daß das *formale Wahlrecht der Frau* so lange eine *Scheinlösung* für ihre politische Gleichstellung darstellt, als es die gesellschaftlichen Verhältnisse der Frau gar nicht erlauben, ihr aktives und passives Wahlrecht voll wahrzunehmen. Dies scheitert bis heute daran, daß die Frauen entweder durch ihre Doppelbelastung in Haushalt/Mutterschaft und Beruf zu wenig Zeit und Bewegungsspielraum haben, um sich intensiv im politischen Leben zu engagieren, oder daß sie als Nur-Hausfrauen keinen direkten Zugang zu den öffentlichen Bereichen besitzen. In beiden Gruppen ist gegenwärtig erst eine verschwindende Minderheit von Frauen in der Lage, wesentliche Informationen aus erster Hand zu sammeln und sich dadurch ein eigenständiges Urteil zu bilden, weil die führenden Positionen in Wirtschaft, Wissenschaft, Recht und Politik einer erdrückenden männlichen Majorität vorbehalten sind. Und selbst die vereinzelten Frauen, die in Schlüsselpositionen vordringen oder von ihrem passiven Wahlrecht im Parlament Gebrauch machen können, sehen sich durch ihre Zugehörigkeit zu einer Männerpartei vereinnahmt und in männliche Denk- und Machtstrukturen gepreßt, die ihren eigenen Vorstellungen zuwiderlaufen.

Vertreterinnen der verschiedensten Parteien werden sich heute mit zunehmender Schärfe bewußt, daß das durch die Verfassung garantierte Recht der Gleichstellung von Mann und Frau nur ein Stück Papier bleibt, wenn Frauen nicht aktiv an der Gesetzgebung teilnehmen und zwar nicht als einzelne Juristinnen oder Politikerinnen, sondern als Frauengruppe, die proportional in einem vergleichbaren Verhältnis zur Männergruppe steht. In verschiedenen Ländern Europas steht deshalb die sogenannte *»Quotenlösung«* zur Debatte, die bisher allerdings nur bei den neuen alternativen Parteien und einem Teil der linken Männerparteien Unterstützung findet. Dagegen kämpfen konservative Politiker erbittert gegen ein solches Ansinnen, das ihnen als Rechtsbruch erscheint, weil sie das herrschende Männerrecht irrtümlicherweise mit einem allgemein verbindlichen Menschenrecht gleichsetzen.

Die *Unzulänglichkeit unseres Männerrechts* erweist sich exemplarisch an der Schwierigkeit bzw. Unmöglichkeit, das neue Ehe- und Scheidungsrecht in die Praxis umzusetzen. So begrüßenswert es ist, daß die jahrhundertelang verbrieften Vorrechte des Mannes in der Ehe endlich gestrichen und durch paritätische Formulierungen ersetzt werden, so ist damit die faktische Rechtsgleichheit noch lange nicht hergestellt. Sowohl das neue bundesdeutsche wie das neue Schweizer Eherecht halten fest, daß Haushaltführung und Erwerbstätigkeit zur Unterhaltsbeschaffung der Familie gemeinsame Aufgaben beider Ehegatten seien und überläßt die prozentuale Beteiligung an beiden Aufgaben dem gegenseitigen Einvernehmen der individuellen Paare.[4] Dies klingt sehr egalitär, besonders wenn wir es mit dem bisherigen Eherecht aus der Zeit um die Jahrhundertwende vergleichen, bei dem (im angelsächsischen Recht) noch Varianten wie diese zu lesen waren: »Mann und Frau werden zu einer Person, und diese Person ist der Mann.«[5] In der Realität ist aber das gegenseitige Einvernehmen nicht einfach eine Frage der persönlichen Wahl und der partnerschaftlichen Fairness, sondern unterliegt den Zwängen der arbeitsrechtlichen Bedingungen.

Wie kann es eine *faire Aufgabenteilung zwischen den Ehepartnern* geben, wenn Frauen nur zu untergeordneten Tätigkeiten zugelassen und typische Frauenberufe immer noch unterbezahlt sind, wenn Teilzeitarbeitsplätze für Frauen und Männer nicht zur Verfügung stehen, oder, falls überhaupt, sozial nicht abgesichert sind und ein familiär nicht verantwortbares Risiko einschließen? Solange Frauen auf dem Arbeitsmarkt grundsätzlich unterprivilegiert sind, muß auch die eigenständige Unterhaltspflicht der geschiedenen Frau zur relativen Verarmung von Frauen führen, ganz abgesehen davon, daß die Kinderregelung nach der Scheidung keine faire Basis hat, wenn nicht Müttern und Vätern als Alleinerziehenden eine sichere Existenz plus die nötige Zeit zur Betreuung der Kinder garantiert sind.

Neuverteilung der Arbeit

Die konsequenteste Lösung für eine »Versorgungsunabhängigkeit für alle« hat Gret Haller vorgeschlagen, indem sie eine *unabhängige Entlohnung und ein unabhängiges Steuer- und Rentensystem für beide Ehepartner* fordert und das vollständige Aufkommen der Gemeinschaft für die Lebenskosten der Kinder (durch eine entsprechende Aufstockung der Kinderzulagen). Bei diesem Modell sind der Familienernährer-Lohn abgeschafft und Erwerbsarbeitszeiten und Löhne auf beide Eltern gleichmäßig verteilt. Die wesentlich verkürzte Arbeitszeit (bei entsprechend geringerem Einkommen des Einzelnen) würde es beiden Elternteilen ermöglichen, die Kinder teils gemeinsam, teils abwechselnd zu betreuen, wobei Gret Haller für die erste Zeit der Kleinstkindheit ein bezahlter (sich gegenseitig ergänzender) Kinderurlaub für Mütter und Väter vorschwebt. Ab dem 4. Lebensjahr sollte dann ein Kindergarten- und Schulsystem folgen, das den Arbeitszeiten der Eltern und deren durchschnittlichem Tagesrhythmus angepaßt ist.[6]

Wir können aber kaum erwarten, daß sich die eingefahrenen Strukturen unserer Arbeitswelt, die sich am komplementären Geschlechtsrollenmodell orientieren, verändern werden, wenn nicht *Politikerinnen, Betriebsführerinnen und Arbeitsrechtlerinnen diese Strukturen aufbrechen*. Bisher klammern sich die maßgeblichen Vertreter der Wirtschaft an angebliche Sachzwänge, die eine Neuverteilung der Arbeit utopisch erscheinen lassen, oder bieten in Form der neuen Computer-Heimarbeit Scheinlösungen an, die den Betrieben Vorteile bieten, die Frauen aber in ihrer häuslichen Gefangenschaft festhalten.

Bei nüchterner Betrachtung der historischen Entwicklung wird der Glaube an die Sachzwänge freilich erschüttert. Zur Zeit der ersten Fabrikgesetze in den 70er Jahren des vorigen Jahrhunderts hielten es die Glarner Textilfabrikanten (Glarus, Schweiz) für unverantwortlich und ruinös für das gesamte Land, den Arbeitstag von 14 auf zwölf Stunden und den von

Kindern auf zehn Stunden herabzusetzen. Heute hält man am Acht-Stundentag genauso zwanghaft fest, obwohl die Schichtarbeit längst den Rhythmus von Tag und Nacht zerrissen hat und die Zeitperioden für die menschliche Arbeit der Maschine angepaßt sind. Die *Aufteilung der Tagesarbeitszeit auf Männer und Frauen* in einen ca. 4 ½-stündigen Arbeitsrhythmus (beziehungsweise die Aufteilung der Wochenarbeitszeit in je 2 ½ Tage) würde ausschließlich organisatorische Probleme bieten und zwar auf allen Ebenen des Arbeitsmarktes. Auch Abteilungschefs/chefinnen sind nicht weniger wertvoll, wenn sie kürzere Zeit für ein kleineres Arbeitsgebiet verantwortlich sind, als die doppelte Zeit für einen entsprechend größeren Bereich. Sobald sich auch in hochdifferenzierten Tätigkeitsbereichen das Kollegialitätsdenken durchsetzen und das Konkurrenzdenken verdrängen würde, sind Arzt- oder Anwaltspraxen ebenso mühelos teilbar (wie genügend Beispiele bereits zeigen) und bilden Direktoren- und Manager-Sessel keine unersetzbaren Posten mehr rund um die Uhr.

Weil aber Männer im allgemeinen sehr viel stärker mit der beruflichen Vollzeitarbeit identifiziert sind und für sie dabei nicht nur die finanzielle Macht des Familienernährer-Lohns auf dem Spiel steht, sondern auch ihre ausschließliche Selbstidentifikation über die berufliche Leistung, werden die *Anstöße zur Neuverteilung der Arbeit von Frauen ausgehen* müssen. Auch aus diesem Grunde ist es folgerichtig, wenn in einem Bericht der Eidgenössischen Kommission für Frauenfragen (1/88) hinsichtlich der Quotenlösung eine proportionale Berücksichtigung von Frauen in wirtschaftlichen Schlüsselstellungen ebenso gefordert wird wie deren angemessene Vertretung in der öffentlichen Verwaltung und im Parlament. Die Juristin Claudia Kaufmann argumentiert darin mit dem Begriff der »strukturellen Diskriminierung«[7] der Frau, die mit der Aufhebung ihrer individuellen Diskriminierung nicht behoben sei. Das heißt, es würde auch bei formalen Gleichheitschancen der Frau noch einen sehr langen Zeitraum beanspruchen, bis Frauen in einer Anzahl im Parlament und in anderen Führungsgremien vertreten wären, die ihrem prozentualen Anteil an der Bevölkerung entspricht.

Dazu wäre in Erinnerung zu rufen, daß es über 100 Jahre gedauert hat, bis das allgemeine Stimm- und Wahlrecht in der Schweiz endlich auch auf die Bürgerinnen ausgedehnt wurde, und es ist nicht einzusehen, warum es noch einmal so lange dauern sollte, bis die Frauen neben dem aktiven auch ihr passives Wahlrecht in angemessener Weise wahrnehmen können. Claudia Kaufmann macht darauf aufmerksam, daß die komplexe politische Landschaft der Schweiz seit langem Beispiele für strukturelle Diskriminierungen liefert und auch für die Möglichkeit, mit diesen umzugehen beziehungsweise sie zu verhindern. So besteht etwa der Usus, bei Erneuerungswahlen im Parlament die kantonale und sprachliche Zugehörigkeit der Kandidaten mit zu berücksichtigen, was durch eine entsprechende Weisung zur Berufung in die Ämter der Bundesverwaltung ergänzt wird: Darin heißt es, daß die höheren Funktionen gemäß dem proportionalen Bevölkerungsanteil der deutschen, französischen, italienischen und rätoromanischen Schweiz zu vergeben seien. Im Falle eines Mißverhältnisses sei bei Wahlen oder Beförderungen bei gleichen Fähigkeiten den Vertretern der sprachlichen Minderheiten der Vorzug zu geben.[8] In dieser Bestimmung ist also bereits implizit eine Quotenregelung enthalten, die ohne weiteres auf die Untervertretung der Frauen anwendbar wäre. Da aber die Frauen keine quantitative Minderheit darstellen, sondern aufgrund soziologischer Faktoren in die Rolle der Minderheit gedrängt sind, so würde für sie die *Quotierung nur eine Übergangsregelung* darstellen, *bis das numerische Gleichgewicht annähernd hergestellt ist.*

Seit längerem stehen *zwei Formen der Ämterquotierung für Frauen* zur Debatte, die sogenannte starre und die flexible Quotenregelung, wobei die zweite die Leistungskonkurrenz stärker berücksichtigt. Parallel zum Schweizer Beispiel der sprachlichen Minderheiten wäre bei der flexiblen Regelung einer weiblichen Stellenbewerberin dann der Vorzug vor den männlichen Mitbewerbern zu geben, wenn ihre Qualifikation gleichwertig ist, während die starre Quotenregelung die Voraussetzung zur Wahl bereits als erfüllt ansieht, wenn Frauen für das betreffende Amt hinreichende Qualifikationen mitbringen.

Was die leistungsbezogene flexible Quotierung anbelangt, so wäre – ihre Akzeptanz bei der Mehrheit der Männer vorausgesetzt – ihre praktische Verwirklichung immer noch mit außerordentlichen Schwierigkeiten verbunden: Denn *wer bestimmt, ob die Befähigung zweier Personen gleichwertig ist?* Solange die Mehrheit jeder Jury aus Männern besteht, werden Frauen wohl nach wie vor nur dann eine Chance haben, wenn sie besser als die männlichen Bewerber sind. Gerade um dieser Schwierigkeit zu begegnen, haben sich einzelne Parteien und zu Beginn dieses Jahres (1988) auch das spanische Parlament (Viertelsquotierung für weibliche Abgeordnete) zu einer starren Quotenregelung entschlossen, um den Frauen erst einmal eine Vorgabe gegenüber ihrer strukturellen Diskriminierung einzuräumen. Meiner Meinung nach sollten jeweils beide Möglichkeiten geprüft und nicht von vornherein Anlaß zu unversöhnlichen Kontroversen werden, denn tatsächlich können beide Formen der Quotenregelung in den verschiedenen öffentlichen Bereichen der Untervertretung der Frauen entgegenwirken.

Auf der Verwaltungsebene der Länder und Gemeinden hat wahrscheinlich die flexible Variante die größere Realisierungschance, zumindest dann, wenn prozentuale Zielvorstellungen bestehen, über deren Erfüllung periodisch Rechenschaft gefordert ist. Am weitesten fortgeschritten bezüglich solcher Forderungen scheint Schweden zu sein, wo eine gleichmäßige Vertretung beider Geschlechter dann als erreicht gilt, wenn mindestens 40 von hundert einer Betriebsbelegschaft aus Angehörigen des gleichen Geschlechts bestehen. Diese Definition schließt auch die Öffnung traditioneller Frauenberufe für die Männer mit ein.[9]

Innerhalb der Privatwirtschaft, für die jede Quotierung ohnehin nur eine unverbindliche Empfehlung darstellt, werden wahrscheinlich positive Beispiele führender Frauen am meisten zur Umstimmung bei der hergebrachten Kaderrekrutierung beitragen. So etwa das Ergebnis einer groß angelegten Untersuchung der Cleveland University in Amerika, wonach Frauen sich im Management sogar besser bewähren als Männer, weil sie in der Lage seien, ein gutes Betriebsklima zu schaffen und bereit, Anregungen aus dem Mitarbeiterstab entgegenzunehmen.[10]

Klassischer Staat versus Herrschaftsfreiheit

Nun geht es aber bei der Befreiung zur Partnerschaft auf politischer Ebene nicht nur um eine angemessene Verteilung der Macht in allen Bereichen des öffentlichen Lebens, wie dies den egalitären Vorstellungen des Feminismus entspricht, sondern auch um eine *inhaltliche Korrektur der heute gültigen Rechts-, Staats-, Wirtschafts- und Arbeitstheorien*, die alle auf den Grundlagen eines sexistischen, das heißt einseitig männlichen Denkens beruhen. Um diesen dualistischen Kritikansatz zu verfolgen, gehe ich zunächst von der klassischen Staats- und Naturrechtslehre aus.

Wie wir gesehen haben, beruht bereits die antike Staatsdoktrin auf einer massiven psychologischen Verdrängung der historischen Genese des Staates, nämlich auf der Verdrängung der Tatsache, daß die griechische Polis durch Unterwerfung und Überherrschung einer vorgefundenen Kultur zustandekam und daß ihre Herrschaft ein früheres, geordnetes gesellschaftliches System zerstört hat (vgl. Kap. 2,4). Derselbe Vorgang der *Geschichtsunterschlagung* spielte sich dann noch einmal in viel größerem Maßstab ab, als die imperialistischen Nationalstaaten Europas in allen

Teilen der Welt ihre Kolonien eroberten und die ahnungslosen Bürger zu Hause glauben machten, sie hätten den »Wilden« und »Gesetzlosen« das Evangelium und die Zivilisation gebracht. In Wahrheit zerstörten sie eine Fülle höchst komplexer Kulturen, deren Variationsbreite von den totemistischen Gesellschaftssystemen der Wildbeutervölker bis zu den mexikanischen Hochkulturen reichte.

Erst die jüngere Soziologengeneration beschäftigt sich mit den *Gemeinschaftsstrukturen* der heutigen Überreste sogenannter »primitiver« Völker und macht diese Erkenntnisse für eine allgemeine Staatslehre fruchtbar. Ch. Sigrist[11] spricht dabei von »akephalen« (ohne Oberhaupt) Gesellschaften oder von »regulierten Anarchien«, deren Ordnungsprinzipien auf völlig anderen Vorstellungen beruhen als die klassischen Staatsgebilde, die unsere Geschichtsschreibung und unsere Staatslehre thematisieren. Den inneren Zusammenhalt dieser zum Teil sehr großen Gruppen (Sigrist nennt die westafrikanischen Tiv mit 700 000 Mitgliedern) bildet die stammesmäßige Blutsverwandtschaft, wie sie aus der fortlaufenden Teilung von Großsippen hervorgeht. Die Autorität der Ältesten wird dabei nicht herrschaftlich ausgeübt, das heißt nicht mit Zwang und Befehlsgewalt (viele Naturvolkssprachen kennen weder ein Wort für »Befehl«, noch die Befehlsform), sondern durch Lebenserfahrung und persönliche Überzeugungskraft. Der *kollektive Zusammenhalt* basiert nicht auf rationalen Prinzipien, sondern auf dem emotionalen Prinzip der Solidarität, das heißt dem *Zugehörigkeits- und Verantwortungsgefühl* für die Gruppe, wie es aus dem vertrauten Umgang mit Nahestehenden erwächst. Was hier beschrieben wird, ist nichts anderes als das matrizentrische Gesellschaftsmodell (was freilich Sigrist so nicht sieht, weil er eine Evolutionstheorie des Geschlechterverhältnisses ablehnt, obwohl er auf die starke Stellung der Frau in den von ihm beschriebenen Gesellschaften hinweist).

Es ist evident, daß hinter den gesellschaftlichen Kommunikationsformen herrschaftsfreier Gesellschaften ein völlig anderes Menschenbild steht als hinter den klassischen Staatstheorien. Setzen Vertrauen und Solidarität eine *positive Einschätzung der menschlichen* »*Natur*« voraus, so gehen zumindest alle konservativen europäischen Staatstheorien von einer durchaus pessimistischen Einschätzung des Menschen aus und zwar die theologisch fundierten »Naturrechtslehren« ebenso wie die liberalen (Hobbes).

Dazu kommt aber noch ein Zweites, was in der philosophischen Diskussion meines Erachtens zu wenig Beachtung findet, nämlich eine völlig *individualistische Fassung des Menschenbildes:* Ignoriert die Theologie die natürlich gewachsenen mitmenschlichen Bande durch das primär gesetzte Verhältnis der Einzelseele zu Gott, so figurieren in der liberalen Staatstheorie die Menschen immer als Einzelne, die ein Gruppenverhältnis erst stiften und nicht, wie es der Realität entspricht, als Personen, die aus einem sozialen Netz hervorgehen. Auch *J. Locke* und vor allem *Rousseau*, die sich gegen das Konzept von Hobbes mit seiner Befürwortung der absoluten Monarchie wenden und der willkürlichen Staatsgewalt den freiwilligen Gesellschaftsvertrag aller Bürger entgegenstellen, halten an der künstlichen Stiftung des contrat social durch Individuen fest, deren einziges Bindeglied die Vernunft darstellt. Bei Rousseau besteht zwar die Idee von einer naturgewachsenen, friedlichen Gemeinschaft als romantischer Idylle, die in die Vorgeschichte projiziert wird, aber sie geht in die konkrete Konzeption neuzeitlicher Staatsmodelle nicht ein.

Am deutlichsten tritt uns dies bei *Kant* entgegen, wenn er an die formale Vernunfterkenntnis des Menschen als die einzige staats- und friedensstiftende Instanz appelliert: Von Natur aus ungesellig, ja asozial und von egoistischen Neigungen erfüllt, können die Menschen nur durch den Gebrauch ihrer Vernunft, gewissermaßen durch einen Kunstgriff, zu einem geselligen und friedlichen Verhalten angeleitet werden. (Dieser Kunstgriff besteht darin, sich die Gefahren vor Augen zu führen, die aus der ungezügelten Selbstdurchsetzung für jeden Einzelnen erwachsen: Aus Furcht, von anderen asozialen Individuen bedroht zu werden, ist der von Natur aus asoziale Mensch dazu zu bewegen, auf einen Teil seiner Ansprüche zu verzichten und sich einer allgemeinen Ordnung zu beugen.) Der Politologe K. Lenk[12] charakterisiert deshalb die ebenso notwendige wie prekäre Aufgabe des Staates bei *Kant* als eine Art Dompteurfunktion.

Mangel jeglicher Handlungsmaximen
Wenn wir diese Dompteurleistung auf das moderne, demokratische Staatsverständnis übertragen, welches das Volk selbst zum Souverän erklärt, würde sie einer freiwilligen Selbstzähmung der im Staatsvertrag zusammengeschlossenen Individuen gleichkommen. Wahrscheinlich hängt mit dieser pessimistischen und rationalen Herleitung der Gemeinschaftsstruktur auch der *politische Stil* zusammen, der in den traditionellen Demokratien zum guten Ton gehört: das absolut emotionslose Vortragen der politischen Meinung und das sorgfältige Ausschalten respek-

tive Verbergen jeder persönlichen Motivation, die als solche suspekt ist. So angenehm dieser Stil für das reibungslose Abwickeln von Regierungsgeschäften sein mag, so verbirgt sich dahinter auch eine spezifische Schwäche. Es sind nie die ganzen Menschen, die da politisch kommunizieren, sondern nur deren Außenfassaden, hergestellt aus formaljuristischen Argumenten und sachorientierten Informationen. Was sich hinter diesen Fassaden verbirgt – ein reißender Wolf, der auf seine Chance lauert, in irgendeine Gesetzeslücke oder in eine argumentative Schwachstelle des politischen Gegners zu springen, oder ein Mensch, der die Nöte einer Minderheit oder das Gesamtinteresse der Gemeinschaft vertritt –, steht gar nicht zur Debatte, denn dies ist Privatsache.

Wenn es Frauen im allgemeinen mit diesem politischen Stil schwer haben, so nicht nur deshalb, weil sie weniger darauf trainiert sind, ihre Gefühle zu verbergen und sich distanziert und kühl – im männlichen Jargon »korrekt« – zu verhalten, sondern auch, weil sie spüren, daß mit dieser Korrektheit eine prinzipielle *Trennung zwischen Ethik und Politik möglich*, wenn nicht sogar vorprogrammiert ist.

Nun wird natürlich jeder kühle Kopf antworten, daß Politik mit Ethik nichts zu schaffen habe oder doch nur insoweit, als sie die minimalen *Menschenrechte* garantiert: das Recht auf Unverletzlichkeit von Leib und Leben, auf Religions-, Glaubens- und Gewissensfreiheit, das Recht auf persönliches Eigentum, Presse- und Versammlungsfreiheit, die Freiheit von Wissenschaft und Kunst. So großartig diese Menschenrechtsgarantien gegenüber der Möglichkeit von willkürlicher Herrschaft und gegenüber jedem totalitären Wahrheitsanspruch sind, so beziehen sie sich doch ausschließlich auf die *Integrität von Individuen*. Ethisch gesehen reichen sie nur zu einer formalen Gleichstellung aller Bürger hin und für eine faire Behandlung des je Einzelnen vor dem Gesetz, aber *irgendeine Form von mitmenschlicher Verantwortung und Solidarität ist aus ihnen nicht ableitbar*. In diesem Sinne ist es nur konsequent, wenn Lenk bei seiner Analyse des Demokratiebegriffs jeden emotionalen Anspruch an den demokratischen Staat zurückweist: »Die Forderung, der Staat solle für den Gefühlshaushalt der Bürger sorgen, ihnen gar moralische Grundsätze liefern, widerspricht dem Sinn der Demokratie.« Alle Vorstellungen von einem sorgenden, vorausschauenden »Vater Staat« verweist er in den Bereich infantiler Hoffnungen, die der mündige Bürger aufgeben müsse. Ja, er zögert sogar, von »Brüderlichkeit« zwischen den mündigen Bürgern zu reden und gebraucht lieber den Ausdruck »Geschwisterlichkeit«, wobei er illusionslos in Erinnerung ruft, daß die Beziehung zwischen Geschwistern selten von Eintracht, sondern viel öfter von Rivalität und Streit erfüllt sei.[13]

Diese nüchterne Bilanz zum liberalen Staats- und Demokratiebegriff führt uns aber gleichzeitig vor Augen, weshalb unsere Politiker den drängendsten Problemen unserer Zeit – der katastrophalen Umweltentwicklung, dem Flüchtlingsproblem und den riesigen Gefahren, welche die freie (durch die Menschenrechte in ihrer Freiheit garantierte) Wissenschaft über die Menschheit heraufbeschwört – völlig hilflos gegenüberstehen. Dafür fehlt ihnen aufgrund ihrer politischen Tradition und nach den bisherigen Grundlagen des Rechtsstaats jegliche Handlungsmaxime.

Das Neue Vernunft- und Naturrecht

In den vergangenen zehn Jahren hat es nicht an Versuchen gefehlt, diese Lücken zu schließen und die klassische Natur- und Vernunftrechtslehre den heutigen Anforderungen anzupassen, wofür ich als Beispiel den Politologen und Philosophen Otfried Höffe zitiere. Er versucht, »Strategien politischer Gerechtigkeit« zu entwickeln, welche unter anderem die Fragen des Umweltschutzes und die human- und veterinärmedizinischen Probleme der Genmanipulation regeln sollen. Als grundlegende ethische Prinzipien nennt er dafür die Ideen der Menschenwürde und der Solidarität sowie den Leitgedanken einer »Gerechtigkeit für künftige Generationen« und »ein gewisses Eigenrecht der Tiere«.[14] Gerade diese Ideen sind aber bei bestem Willen *nicht aus der liberalen Vernunftrechts-Tradition zu gewinnen*. Sie stammen entweder aus dem christlich-religiösen Gedankengut, wo sie aber auf eine private Gesinnungsethik reduziert sind und, wie in der katholischen Soziallehre, nur innerhalb eines theologisch-dogmatischen Rahmens Geltung besitzen, oder sie leben als Erinnerung an eine uralte matrizentrische Kulturtradition fort. Erstaunlicherweise bringt Höffe an entscheidender Stelle nur ein einziges historisches Beispiel für das Eintreten für Menschenwürde und Solidarität gegenüber Staatsraison und Gewalt: das literarische *Beispiel Antigones*, die im Drama des Sophokles gegen das Verbot des Herrschers und unter Einsatz ihres Lebens ihren toten Bruder bestattet. Dies ist in einem doppelten Sinn überraschend: zum einen, weil hier eine Frau genannt wird inmitten von Texten von Männern über männliche Philosophen und Rechtslehrer, zum andern, weil Antigone sich ausdrücklich auf ungeschriebene göttliche Gesetze beruft, die eindeutig zur vorklassischen, matrizentrischen Tradition gehören und mit einem Naturrecht im Sinne des Vernunftrechts nicht das geringste zu tun haben. Sie folgt dem Gesetz der mütterlichen Blutsbindung, dem Gebot der unauflöslichen Solidarität mit der angestammten Sippe, und sie handelt aus einem Gefühl der Gruppenzugehörigkeit, wie es in keinem männlichen Rechtsbegriff je erscheint. Vor welch anderer Geschwisterlichkeit stehen wir hier als derjenigen, von der Lenk spricht! Während er das typisch patriarchale Bild der Geschwisterrivalität zeichnet, wie sie speziell die isolierte Gattenfamilie züchtet, vertritt Antigone *ein solidarisches Lebensgefühl, das nicht nur der individuellen, sondern auch der mitmenschlichen Würde verpflichtet ist.* Aus ihrem Geist ließen sich auch *Grundsätze für den Umwelt- und Tierschutz ableiten, wie ihn das totemistische Weltgefühl vorgeprägt hat,* nicht aber aus dem römischen Recht, in dem nirgends von Lebensgütern die Rede ist. Dort stehen die Tiere unter den Sachen, gelten Boden, Äcker und Wälder als toter Besitz, und dementsprechend hat man sie schon in der Antike ebenso rücksichtslos ausgebeutet oder verkommen lassen wie heute, nur mit global weniger weitreichenden Folgen.

Es ist sicher kein Zufall, wenn sich heute Parlamentarierinnen besonders vehement für den Umweltschutz einsetzen. *Frauen haben trotz der patriarchalen Abwertung der Natur ihre Verbundenheit mit dem Leben und mit der Natur stärker bewahrt, nicht, weil ein angeborener Instinkt ihnen dies diktiert, sondern weil ihnen die Sorge für das künftige Leben immer anvertraut war und sie stets in Solidarität mit ihrem nächsten Umkreis lebten.* So wäre das dringlichste Gebot unserer Stunde dies: Endlich diejenige Hälfte der Menschenwürde und des Naturrechts, die bisher an das weibliche Geschlecht delegiert und somit aus der Öffentlichkeit ausgegrenzt war, öffentlich zu machen und als bestimmende Größe in das allgemeine Menschen- und Vernunftrecht aufzunehmen. Erst dann ließe sich der kühle, sachliche Demokratiebegriff, der den fairen Interessenaustausch zwischen Einzelpersonen regelt, zu einem ganzheitlichen Gemeinschaftsbegriff erweitern, in dem auch die moralische Vorstellung von der Solidarität ihren Platz hätte. Bis jetzt hat sie diesen Platz nur im Privatleben, wo sie als selbstverständliche Leistung von den Frauen erwartet wird und bei deren Verweigerung alle unsere »vernünftigen« Gesellschaftsgebilde und deren männliche Oberhäupter längst abgewirtschaftet hätten.

Wie die Theorien vom Rechtsstaat, so sind auch unsere Arbeits- und Wirtschaftstheorien vom einseitig männlichen Denken beherrscht. Wie wir früher gesehen haben (vgl. S. 277 ff.), kam es in allen patriarchalen Kulturen zu einer Diskriminierung der Arbeit durch den Mann, sofern darunter eine regelmäßige, lebensnotwendige und ständig sich wiederholende

Tätigkeit zu verstehen ist. Abgespalten von dieser »schieren« Arbeit, wie Hannah Arendt sie nennt, hat sich in der patriarchalen Ideologie eine andere Vorstellung von Arbeit, oder besser, von Leistung herausgebildet, die in zweierlei Hinsicht die verachtete Alltagsarbeit transzendiert. Zum einen identifizierte sich der Mann seit jeher mit der Tätigkeit des Jägers und später mit der des beutemachenden Kriegers, weil diese sich von allen weiblichen Tätigkeiten dadurch unterscheiden, daß sie neben der Geschicklichkeit, die jede Arbeit erfordert, einen abenteuerlichen »thrill«[15] und eine Aggressivität des Handlungsablaufs beinhalten, die den Handelnden zum Helden und Sieger machen. Auch der Bergmann und Schmied als die beiden nächsten »Urberufe« des Mannes sind geeignet, ihm das Gefühl der erobernden Aneignung und der gewaltsamen Umformung des Materials zu vermitteln, und dies um so mehr, als die Metallverarbeitung vorwiegend der Herstellung von Jagd- und Kriegswaffen diente. Zum anderen hat der Mann dort, wo er die Benutzung friedlicher Werkzeuge von den Frauen übernahm und weiterentwickelte, die weibliche Subsistenzproduktion entscheidend verändert: Töpferscheibe und Eisenpflug verwandelten die lebensnotwendige Arbeit für die Gemeinschaft in eine Produktion von Überschüssen, mit denen nicht nur der lebenswichtige Tausch, sondern darüber hinaus echter Handel zu treiben und damit Reichtum zu gewinnen war. Auch ist das Streben nach Profit nicht zu trennen vom Streben nach Macht und nach Selbstprofilierung innerhalb der Gruppe, die für die soziale Motivation des Mannes so typisch sind.

Es ist eben dieses Profilierungsstreben, das den gemeinsamen Nenner aller typisch männlichen Tätigkeiten ausmacht: Was immer der patriarchale Mann zu seiner Tätigkeitsdomäne auserkor, er fügte dem sachlich gegebenen Arbeitsablauf den subjektiven Faktor der Selbstdurchsetzung und Selbstprofilierung hinzu, der immer auch das Element des Wettbewerbs zwischen Männern und damit einen zusätzlichen »thrill« enthält. Dies nenne ich den *»psychischen Mehrwert«* der typisch männlichen Leistung, und dieser Mehrwert tritt auf allen Stufen der technischen Kulturentwicklung in Erscheinung, nicht erst unter der Voraussetzung manufaktureller oder industrieller Warenproduktion. Ob Jäger, Hirtenkrieger oder Betreiber einer Warenhauskette, immer geht es dem Mann nicht nur um Beute und materiellen Besitz, sondern vor allem um seine Selbstbestätigung: um die Genugtuung, Schwierigkeiten und Gegner niedergekämpft zu haben, und *um das Gefühl einer Art kreativen Machtzuwachses,* das ihm das stolze Bewußtsein von der eigenen, überdurchschnittlichen Bedeutung vermittelt. Dieser kreative Machtzuwachs liegt bereits im Herstellungsprozeß der Waren selbst, der mit dem erregenden Erlebnis zu beschreiben wäre, »aus dem Nichts« etwas zu schaffen.

Um die typisch männliche Genugtuung an diesem Herstellungsvorgang zu begreifen, müssen wir noch einmal die Frühkulturen in Erinnerung rufen, bei denen Männer mit einer geradezu religiösen Ergriffenheit ihre Yamswurzeln züchten oder Kultfetische herstellen. Diese Produktionsakte sind gekennzeichnet durch die Nachahmung weiblicher Lebenskreativität: *Das Herausstellen eines selbst gefertigten Gegenstandes wird zum kompensatorischen Akt für das Hervorbringen des Lebens im Geburtsakt der Frau.* Wahrscheinlich findet diese – heute tief unbewußte – Kompensation ihre Fortsetzung bis in die Zeit der industriellen Warenproduktion, so daß der Eifer, immer neue Waren auf den Markt zu werfen (!), nicht nur dem Profitstreben zuzurechnen wäre, sondern auch einem *libidinös besetzten Herstellungs-Bedürfnis*. Mit anderen Worten, *unsere patriarchale Wirtschaftsgeschichte endet nicht nur mit dem Warenfetischismus, an dessen Überproduktion und Abfallbergen unsere heutige Welt zu ersticken droht, sondern sie beginnt mit eben diesem Fetischismus.*

Demzufolge machen Geld und Reichtum – und damit die Möglichkeit zu Herrschaft und Ausbeutung – nur die offensichtlichen Motive für den Produktionsprozeß von Waren aus, während hinter dem Produktionsprozeß als solchem noch ganz andere, irrationale Motive wirksam sind. Wenn wir alle Anteile des psychischen Mehrwerts für die typisch männliche Arbeit berücksichtigen – abenteuerlichen »thrill«, Aggressivität, Herausforderung durch Wettbewerb, persönliche Profilierung und kompensatorische Kreativität –, so wird viel eher verständlich, warum die sich selbst drehende Schraube des Wirtschaftswachstums scheinbar nicht zu stoppen ist: Dieses Wachstum wird eben nicht nur von der Gewinnsucht der Unternehmer diktiert, sondern ebenso von den machbarkeitssüchtigen Technikern und den profilierungssüchtigen Wissenschaftlern, die sich zu »Kopflangern«[16] der Industrie machen.

In der stillschweigenden *Gleichsetzung von prestigeträchtiger männlicher Arbeit/Leistung mit dem menschlichen Arbeitsbegriff an sich*, wie sie in der marxistischen Theorie von der produktiven Arbeit gipfelt, liegt meines Erachtens einer der grundlegenden Irrtümer der abendländischen Kulturphilosophie überhaupt. Sie bildet den Ausgangspunkt für die *verhängnisvolle Spaltung zwischen lebensimmanenter (weiblicher) Arbeit und einer angeblich die Natur transzendierenden (männlichen) Leistung,* die, wie wir heute erkennen müssen, die Natur letztlich nur insofern transzendiert, als sie diese selbst und damit auch die Lebensgrundlagen des Menschen zerstört.

Für einen Neuen Arbeitsbegriff
Die soziologischen *Folgen des gespaltenen Arbeitsbegriffs* treffen heute am härtesten die euphemistisch so genannten Gastarbeiter aus den ärmeren Ländern und die Frauen in der Dritten Welt. Während die Fremdarbeiter in den reichen Industriestaaten die übriggebliebenen groben Handarbeiten im Bau-, Gast- und Reinigungsgewerbe verrichten, exportieren die gleichen Staaten die monotonen Arbeiten an den hochtechnisierten Fabrikbändern in die Billiglohn-Länder. Maria Mies zitiert das erschreckende Beispiel der Ostasiatinnen, die für die großen Elektrokonzerne die Mikroprozessoren für Computer herstellen und bis zu 10 Stunden täglich die winzigen Chips unter der Lupe zusammenlöten. Sie sind gezwungen, für einen Hungerlohn zu arbeiten, und bereits mit 30 Jahren gesundheitlich so geschädigt (Augenleiden oder Folgeerscheinungen von Aufputschmitteln), daß sie durch jüngere Frauen ersetzt werden. Gleichzeitig gehen diese Frauen als Arbeitskräfte für die einheimische Subsistenzwirtschaft verloren, so daß, wie in allen Drittweltländern, die Selbstversorgung mit Lebensmitteln nicht mehr gewährleistet ist, was die Bevölkerung vollends von den Industriestaaten abhängig macht.[17]

Aber auch in den hochentwickelten Ländern geraten die bäuerliche Produktion und die tägliche Arbeit im Haushalt als die ursprünglichsten Arbeitsformen überhaupt entweder in den Sog der Technisierung (Tierfabriken oder energieverschleißende Maschinen), oder beide werden zu Randphänomenen in der Gesellschaft. Berg- und Kleinbauern, Hausfrauen und Mütter sehen sich gleichermaßen gesellschaftlich abgewertet, weil sie weder zu den Unternehmern noch zu den Lohnarbeitern gehören, sondern die nicht zählende, schlichte *Arbeit der Lebenserhaltung* betreiben. Ihnen hat die marxistische Arbeitstheorie vollends die Würde genommen, indem sie nur die Lohnarbeit als produktive Tätigkeit gelten läßt, während groteskerweise die eigentlich lebenserhaltenden Tätigkeiten mit dem Begriff »Reproduktivität« ihrer Kreativität beraubt sind. (Was ja im Sinne der patriarchalen Ideologie zu beweisen war.)

Die Philosophin *Hannah Arendt* hat als eine der ersten dem Begriff der Herstellungs-Produktivität eine sehr viel ältere Vorstellung von Arbeit gegenübergestellt und dabei bewußt auf die Frühzeit des Alten Testaments zurückgegriffen. Wenn sie von der »Fruchtbarkeit« und dem Segen der »schieren« Arbeit spricht, so greift sie ein Lebensgefühl auf, das noch ganz in einem lebensimmanenten Denken aufgeht und das ich der matrizentrischen Ideologie zurechnen würde. Aus diesem Lebensgefühl heraus schreibt sie in ihrem Werk »Vita activa«: »Der Segen der Arbeit... ist die menschliche Art und Weise, der Seligkeit des schier Lebendigen teilhaftig zu werden, die wir mit allen Kreaturen teilen. Und ein in der Arbeit sich verbrauchendes Leben ist der einzige Weg, auf dem auch der Mensch in dem vorgeschriebenen Kreislauf der Natur verbleiben kann, in gleichsam mitschwingen kann zwischen Mühsal und Ruhe, zwischen Arbeit und Verzehr, zwischen Lust und Unlust mit derselben ungestörten und unstörbaren, grundlosen und zweckfreien Gleichmäßigkeit, mit der Tag und Nacht, Leben und Tod aufeinanderfolgen. Den Lohn für Mühe und Arbeit zahlt die Natur selbst, der Lohn ist Fruchtbarkeit; er liegt in dem stillen Vertrauen, daß, wer in Mühe und Arbeit sein Teil getan hat, ein Teil der Natur bleibt in Kindern und Kindeskindern.« Und an anderer Stelle: »Diesen Segen, den das Arbeiten über ein ganzes Leben breiten kann, kann das Herstellen niemals leisten... Außerhalb des vorgeschriebenen natürlichen Kreislaufes, in dem ein Körper sich erschöpft und regeneriert... gibt es kein bleibendes Glück, und was immer diese kreisende Bewegung aus dem Gleichgewicht bringt – die Not der Armut, wenn an die Stelle der Erholung das Elend tritt und die Erschöpfung ein Dauerzustand wird, oder die Not des Reichtums, wenn der Körper sich nicht mehr erschöpft und daher an die Stelle der Erholung die bare Langeweile, an die Stelle der Fruchtbarkeit die Sterilität der Impotenz tritt – ... vernichtet die elementare Sinnlichkeit, die der Segen des Lebendigen ist.«[18]

Wenn wir heute diese Zeilen lesen, so scheinen die Chancen für ein erfülltes Menschenleben sehr gering geworden zu sein, denn immer weiter öffnet sich die Schere zwischen den reichen Ländern, die in der Sterilität ihres Lebensstils einen zunehmenden Sinnverlust erfahren, und den armen Ländern, die aufgrund derselben ökonomischen Prozesse immer elender und erschöpfter werden.

So stellt sich uns als eines der dringendsten philosophischen und nationalökonomischen Probleme die *Neudefinition von Arbeit und Leistung*. Dabei wird von den feministischen Denkansätzen her immer klarer, daß *der gespaltene Arbeitsbegriff nur dann zugunsten eines ganzheitlichen Arbeitsbegriffes aufgehoben werden kann, wenn wir die Trennung zwischen Lohnarbeit und unbezahlter menschlicher Beziehungs- und Hausarbeit aufgeben*.[19] Dies ist aber konsequent nur zu verwirklichen, wenn künftig jeder erwachsene Mensch an beiden Sektoren der menschlichen Arbeit in vergleichbarem Maß teilnimmt.

Bevor wir allerdings daran denken können, ein Recht auf Teilzeitarbeit für Frauen und Männer zu formulieren und im Arbeitsrecht oder sogar in der Verfassung zu verankern, müßte das Bedürfnis danach von einer viel breiteren Bevölkerungsschicht getragen sein als dies heute der Fall ist. Bei der Argumentation gegen eine solche Utopie stoßen wir nicht nur auf das Argument der wirtschaftlichen Sachzwänge, sondern, wenn auch versteckter, auf psychologische Argumente. Sehr viele Menschen, besonders Männer »in den besten Jahren« identifizieren sich so vollständig mit dem modernen Leistungsdenken, daß sie den Wettbewerb um jeden Preis und das ständig sich steigernde Erfolgsstreben für ein Grundbedürfnis des Menschen halten. Sie scheinen die Parole »leben um zu arbeiten« statt »arbeiten um zu leben« so sehr verinnerlicht zu haben, daß sie sich ein Leben ohne Erfolgsstreß gar nicht mehr vorstellen können. Sie wissen nicht mehr, wie befriedigend es sein kann, eine gelernte Arbeit fachgerecht und möglichst gut zu tun, ohne ständig an Aufstiegsmöglichkeiten zu denken, oder an einer interessanten kulturellen Aufgabe teilzunehmen, die nicht im merkantilen Trend liegt und deshalb weniger honoriert wird. Wie unsinnig es ist, ständig größeren Verkaufszahlen und steigenden Gewinnquoten nachzujagen, oder Geschäftsführung gleichzusetzen mit Vergrößerung des Betriebs, Unternehmertum mit dem Überrunden und dem Aufkauf möglichst vieler Konkurrenten – dies bemerken sie erst dann, wenn sie gesundheitlich zusammenbrechen oder ihre familiären Beziehungen in die Brüche gehen, die sie auf ihrem harten Männerkurs vernachlässigen müssen. Deshalb wäre es wesentlich, sich endlich klar zu machen, daß es einen Unterschied gibt zwischen einem *echten Leistungsbedürfnis, das sich in der Freude an bestmöglicher Arbeit und in dem Bestreben nach allseitig befriedigenden Verbesserungen der gemeinsamen Lebensbedingungen ausdrückt,* und einer *kompensatorischen Leistungssucht,* die sich letzten Endes weder an der Qualität der Produkte noch an der Lebensqualität der Menschen mißt, sondern am Quantitätsrausch der Größe. Für einen passioniert Leistungssüchtigen bedeutet es keinen Unterschied, ob er Kosmetika oder Raketen produziert, ob er mit Lebensmitteln, mit Grundstücken oder mit Plutonium Handel treibt. Und diese qualitäts- und wertfreie Haltung führt zu einer sozialen Evolution, die demjenigen die größten Erfolgschancen einräumt, der sich am rücksichtslosesten über die eigentlichen menschlichen Grundbedürfnisse hinwegsetzt.

Gelenkt durch den Fortschritt der »freien« Wissenschaft stirbt dann auf dem Gipfel dieser Evolution schließlich auch die Freiheit für den Tüchtigen, in deren Namen sie einst angetreten war. Schon heute wird die *Freiheit der Berufswahl* immer mehr zur *Illusion*, weil die klassischen Handwerkszweige aussterben und auch die Dienstleistungen immer mehr durch den Computer ersetzt werden. Im Zeitalter der Vollautomation hat der Arbeitnehmer schließlich nur noch die Wahl zwischen der zugleich nervenaufreibenden und stumpfsinnigen Tätigkeit eines Computerüberwachers und der vom Fortschritt geschaffenen Arbeitslosigkeit. Deshalb weist Günther Anders mit Recht darauf hin, daß die Propagierung der Hochtechnologien im Namen der Vollbeschäftigung barer Unsinn sei.[20]

Befreiung aus den Zwängen der patriarchalen Kultur
Demgegenüber gründet sich die *feministische Utopie*, den ganzen circulus vitiosus des patriarchalen Männerwahns zu durchbrechen und auf einen lebenserhaltenden Kurs umzupolen, auf zwei Hoffnungen, respektive auf zwei sich gegenseitig ergänzende Strategien für neue soziale Entwicklungen.

Zum einen auf die Hoffnung, durch das *Einbeziehen des individuellen Mannes in den Lebensprozeß selbst die Basis seines Selbstbewußtseins entscheidend zu erweitern:* Wenn der Mann als Vater an der Pflege der heranwachsenden Kinder unmittelbar teilnehmen würde, könnte er sich zum erstenmal in der Menschheitsgeschichte mit dem individuellen Leben als solchem emotional identifizieren, und diese Identifikationsbasis könnte ihn von der ruhelosen Suche nach immer neuen, das Leben transzendierenden Zielen befreien. Dies aber wäre keineswegs, wie man aufgrund unserer traditionellen Kulturdefinition argwöhnen könnte, mit dem Verzicht auf geistigen Fortschritt und kulturelle Entfaltung gleichzusetzen. Getragen von Männern und Frauen würde die zivilisatorische Entwicklung nur sehr viel langsamer und dafür harmonischer fortschreiten und sich weniger einseitig auf technische Innovationen spezialisieren als vielmehr auf das lange vernachlässigte Gebiet der *sozialen, ökologischen und humanwissenschaftlichen Innovationen.*

Weil aber der private und öffentliche Prozeß einer solchen Lebensöffnung aus den Zwängen der patriarchalen Kultur nur langsam vor sich gehen kann, ist er durch einen zweiten, vordringlichen Prozeß zu unterstützen, der bereits im Gange ist, und den ich *die Laienbewegung* nennen möchte. Diese Laienbewegung, die in Form von *Bürgerrechtsgruppen*, von *Initiativgruppen* in den städtischen Quartieren, als *Umwelt-, Frie-*

dens- und Frauenbewegung in Westeuropa und Nordamerika während der vergangenen zwanzig Jahre entstanden ist und ständig weiterwächst, hat ein völlig neues Verständnis von Demokratie geschaffen. Dieses ist aber nicht eigentlich revolutionär zu nennen, weil es nur das zum Nennwert nimmt und einfordert, was unsere Verfassung formell längst verspricht: *die Souveränität des Volkes*. Das Wort »Laie« stammt aus dem Griechischen »laos« = Volk, und wenn die meisten Politiker dem Zusammenschluß von Laien jenseits der Parteilinien skeptisch bis feindlich gegenüberstehen, so verraten sie dadurch nur, daß unser bisheriges politisches Regime mit dem Demokratiebegriff noch nicht ernst gemacht hat.

Bis heute haftet jedem Staatsgebilde seine Ursprungsgeschichte aus der elitären Männergesellschaft an, die erst nach jahrhundertelangen Kämpfen auf den Kreis aller erwachsener Männer und nur schweren Herzens auf den Kreis der Frauen ausgedehnt wurde. Bis zur Einführung des Frauenwahlrechts bestand die politische Exekutive letztlich aus den männlichen Familienoberhäuptern und die Legislative aus den von ihnen gewählten »Volks«-vertretern, wozu diese einer Partei, das heißt einer Interessengemeinschaft von Männern der verschiedenen sozialen Schichten angehören mußten. Es ist unübersehbar, daß das Parteiensystem, welches bis heute die Grundlage der parlamentarischen Demokratie bildet, die Fortsetzung der vordemokratischen, ständischen Gliederung darstellt, wie es sich in den Bauern-, Bürger- und Arbeiterparteien spiegelt. *Alle großen Probleme unserer Zeit stehen aber quer zu dieser Gliederung:* der möglich gewordene globale Tod, die Zerstörung unserer Lebensgrundlagen, die Bedrohung der Menschenwürde durch die Zwänge der Technik und nicht zuletzt die Forderung der Frauen, nicht länger als reproduzierende Gattungswesen ein Schattendasein zu führen, sondern als ebenbürtige Entscheidungsträgerinnen die materielle und geistige Kultur im großen Maßstab mitzuprägen. Von daher ist *unser Parteiensystem als solches veraltet* und müßte sich nach ganz neuen Kriterien reorganisieren.

Indessen ist es nicht nur die politische Problemverschiebung, die unsere parlamentarische Demokratie ineffizient macht, sondern zugleich die *gewaltige Machtverschiebung*, die längst hinter den offiziellen Rängen unseres politischen Systems stattgefunden hat. Es ist ein offenes Geheimnis, daß die eigentlichen Machtträger aller westlichen Demokratien nicht mehr die gewählten Volksvertreter und -vertreterinnen sind, sondern die großen *Industriekonzerne*, in deren Hand der Schlüssel zur Wohlstandsgesellschaft liegt. U. Beck bezeichnet unsere heutigen Parlamente sarkastisch als »Werbeagenturen« für eine Fortschrittslobby, die mit öffentlichen Mitteln (unseren Steuergeldern) finanziert werden, ohne daß sie überhaupt wissen, wofür sie eigentlich werben.[21] Die Steuermänner hinter diesen Werbeagenturen sind aber nicht nur unter den Vertretern der Wirtschaftslobby zu suchen. Diese sind ihrerseits abhängig von den Innovationen der Wissenschaft und der Technik, so daß unsere Zukunft und unser politischer Kurs in den Forschungslaboratorien der physikalischen, chemischen und biochemischen Institute entschieden wird, das heißt auf Territorien, die dem Zugriff der politischen Kontrolle bis jetzt prinzipiell entzogen sind (garantierte Freiheit der Wissenschaft). Mit anderen Worten, unsere *Parlamentarier agieren letztlich in blindem Vertrauen auf die Experten von Naturwissenschaft und Technik*, was umso bedenklicher ist, als sich diese Experten selbst als »freie« Wissenschaftler verstehen und eine Verantwortung für die Folgeerscheinungen ihrer Forschungen ablehnen. Das »Prinzip Verantwortung«[22] überlassen sie ihren Kollegen von der Philosophischen Fakultät, die dafür Friedenspreise erhalten, während sie selbst ungestört ihre menschen- und lebensverachtenden Programme vorantreiben.

Menschenverachtende Wissenschaft

Welches Ausmaß diese Menschenverachtung bereits angenommen hat, zeigte bereits der zitierte Omni-Zukunftsalmanach. Dasselbe illustrieren die Aussagen einzelner Spitzenwissenschaftler. Sam Cohen als der Erfinder der Neutronenbombe erklärte 1981 in einem Fernsehinterview, daß er den Krieg für ein unvermeidliches Faktum und alle Menschen – wörtlich – für »Monster« halte.[23] Und Edward Teller, der »Vater« der Wasserstoffbombe, mutete 1987 seiner Zuhörerschaft in Zürich ein Zukunfts-Szenarium für Atomkraftwerke zu, das alle Entsorgungsprobleme in den Wind schlägt: Man könne die Anlagen künftig unterirdisch bauen, wo sie sich dann bereits am Endlagerort befänden. Aufräumen könne man in 500 Jahren, wenn die Menschen gegen die Strahlenbelastung immun geworden seien.[24]

Implizit wird hier erklärt, nicht die Technik habe sich dem Menschen, sondern der Mensch der Hochtechnologie anzupassen (wobei es dann sein Pech ist, wenn ihm dies nicht gelingt). Wenn auch weniger spektakulär, so argumentieren im Grunde alle Verfechter der Hochtechnologien auf dieser Ebene. Allein schon die Rede vom »*Restrisiko*« oder die Vorstellung, die verantwortlichen Ingenieure ließen sich zu fehlerfreien Perfektionisten trimmen, bewegen sich in diese Richtung. Von da aus bedarf es nur noch geringer Phantasie, um sich auszumalen, daß sowohl die Strahlenunempfindlichkeit der Stromkonsumenten als auch die Fehlerlosigkeit der Stromerzeuger nur durch Genmanipulation herzustellen wäre, denn immer noch ist irren menschlich und immer noch folgt das Leben seinen eigenen, organischen Gesetzen.

Daß solche Gedanken nicht einfach die Ausgeburt hysterischer Ängste sind, zeigen Insider-Diskussionen. Immerhin wurde die Idee schon ausgesprochen, per Genmanipulation Arbeiter zu gewinnen, die immun gegen Kulturgifte sind, während man für die Öffentlichkeit stets die Ausschaltung von Erbkrankheiten ins Zentrum rückt. Als ein erster Schritt in diese Richtung sind die Bemühungen in den USA seit den 70er Jahren zu bewerten, die »genetische Disposition« von Arbeitern durch Reihenuntersuchungen zu erfassen (Gen-screening), um die Träger spezifischer Anfälligkeiten gegenüber Kulturgiften (Blei, Asbest etc.) aus den Arbeitsplätzen[25] auszusondern. Im übrigen findet bereits seit längerem ein wissenschaftlicher »Handel« mit abgetriebenen Embryonen und weiblichen Keimzellen statt, der dem *unmenschlichen Geschäft der In-Vitro-Fertilisation* mit der Möglichkeit künstlich optimierten Erbmaterials und der Ausbeutung von *Leihmüttern* dienen kann, solange dies nicht weltweite Proteste verhindern.

Ähnliches gilt für die *Genmanipulationen bei Tieren und Pflanzen, Viren und Bakterien*. Offiziell steht die human- und veterinärmedizinische Prophylaxe im Vordergrund, inoffiziell bildet das eigentliche Motiv für Investitionen in die Genforschung die Aussicht auf gewinnsteigernde tierische und pflanzliche Produkte. So gibt es bereits manipulierte Kulturpflanzen, die gegen chemische Unkrautvertilger resistent sind (und damit nebenbei die chemische Industrie vor den Umweltschützern schützen) und an denen unter Umständen Tiere, die diese Pflanzen fressen, zugrunde gehen. Und es laufen gentechnologische Experimente mit Wachstumshormonen und Bakterien auf Hochtouren, welche die Milch-, Fleisch- und Kulturpflanzenproduktion steigern sollen. Dabei sind die Risiken freigesetzter künstlicher Bakterien für das biologische Gleichgewicht unabsehbar.[26]

Angesichts dieser Tatsachen, die jedem *Politiker* bekannt sein könnten, fahren diese fort, *an unser Vertrauen in die Experten zu appellieren*, oder lädt der französische Staatspräsident Nobelpreisträger ein, um sich von ihnen Ratschläge für die politische Zukunft erteilen zu lassen. 75 Vertreter dieser Naturwissenschafts-Elite haben denn auch in ihrer Resolution vom Januar 1988 gefordert, die Politiker hätten den Machtcharakter (!)

der Wissenschaft anzuerkennen und den technologischen Transfer in die Drittweltländer zu forcieren. (Das letztere im trügerischen Glauben, die unterentwickelten Länder dadurch von den Industriestaaten unabhängig zu machen.)[27]

Streik der Laien
Gegen einen solchen *Imperialismus der Naturwissenschaft* und ihr Bündnis mit den Vertretern der Wirtschaft und der Politik gibt es nur noch eine Hoffnung: den *Streik der Laien*. Bei diesem Streik gelten die alten politischen Etiketten von konservativ oder progressiv, von links oder rechts nicht mehr, und wenn sie von konservativen Politikern den Streikenden nach wie vor aufgeklebt werden, so dient dies nur einer gigantischen Verdrängung der Wirklichkeit. Wer heute allen Ernstes behauptet, unser Kulturpessimismus sei das Ergebnis einer gezielten Subversion machtgieriger Linkspolitiker, ist entweder blind oder bösartig. Tatsächlich stammen die protestierenden Laien *aus den verschiedensten politischen Lagern,* aus dem christlich-konservativen ebenso wie aus dem rot-grünen, wie umgekehrt sich liberale und marxistische Politiker für unkontrollierbare Hochtechnologien stark machen (und die letzteren ausgerechnet in den östlichen Ländern, von denen die subversive Demoralisierung eigentlich ausgehen müßte).

Die unverfälschtesten Laien, sozusagen *die Ur-Laien aber sind die Frauen*. Die ersten Experten der Weltgeschichte entstanden, als sich die männlichen Priester der Kulte bemächtigten und die Frauen aus der religiösen »Amtspraxis« ausschlossen. Und da sich in den alten Hochkulturen sämtliche Wissenschaften und Künste aus den Tempelschulen entwickelten, waren die Gelehrten die direkten Erben der priesterlichen Elite. Auch im europäischen Mittelalter lief die Trennung zwischen Gelehrtenstand und Laien der Trennung zwischen Geistlichkeit und Laien parallel. In jedem Falle gehörten die Frauen ausschließlich zu den Bevormundeten, was einerseits zur Folge hatte, daß sie sich nie ein selbständiges Urteil in »Männerangelegenheiten« zutrauten, andererseits aber auch, daß sie vom ehrgeizigen und überspitzt spezialisierten Männerdenken unberührt blieben.

Wenn wir heute beim Widerstand gegen die undurchsichtige Technokratie auf den ungetrübten Laienverstand setzen, so sind dafür die Frauen in dreifacher Weise prädestiniert: zum einen *dank ihrer traditionellen Sorge für das heranwachsende Leben,* zum andern *wegen ihrer Unbefangenheit gegenüber den Fiktionen der Wissenschaft* und nicht zuletzt *wegen ihrer tief verwurzelten Skepsis gegenüber der Macht.* Nicht nur haben Frauen jahrtausendelang unter der Gewalt großer und kleiner Machthaber gelitten, sie haben die starken Männer immer auch schwach gesehen und ihre Illusionen und Selbsttäuschungen durchschaut. Nur sollten die Frauen endlich auch den Mut haben, sich ihres Verstandes zu bedienen und sich nicht länger von den Experten Sand in die Augen streuen lassen. Dann würden sie bemerken, daß alle *Beschwichtigungen, man werde die Umweltprobleme über kurz oder lang »in den Griff« bekommen, an sich schon Ausdruck einer pervertierten Logik sind:* geht es doch gar nicht darum, irgend etwas in den Griff zu bekommen, sondern gerade darum, *die Natur und das Leben aus dem Würgegriff der sich verselbständigenden Naturwissenschaften zu befreien.*

Wie aber können Frauen und mit ihnen alle protestierenden Laien zu einer effizienten politischen Kraft werden? Dies ist das Kernproblem aller sich selbst so bezeichnenden »autonomen« Bewegungen, und im besonderen das Problem der *autonomen Frauenbewegung.* Hier wiederholt sich auf viel breiterer Basis die alte Problematik der außerparlamentarischen Opposition, nur daß diesmal nicht nur die angemessene Repräsentation des Volkswillens durch das Parlament in Frage gestellt ist, sondern das gesamte patriarchale Staats- und Gesellschaftssystem inklusive der patriarchalen Wissenschaft, die dieses System in Gang hält.

Angesichts der realen Machtverhältnisse scheint ein solcher Widerstand hoffnungslos, und tatsächlich stehen alle autonomen Gruppen immer wieder vor dem Dilemma, entweder nur verbalen und symbolischen Widerstand zu leisten und früher oder später zu resignieren, oder durch radikalisierte Randgruppen, die sich in wilder Verzweiflung zu gewalttätigen Aktionen hinreißen lassen, in ein moralisches Zwielicht zu geraten. Als einen Ausweg aus diesem Dilemma wählten unter anderen die deutsche Friedensbewegung und autonome ökologische Gruppen die *Strategie des gewaltfreien Widerstandes und des zivilen Ungehorsams.*[28] Ihre Vertreter/innen nehmen ein ziviles Widerstandsrecht in Anspruch, mit dem sie unter großem persönlichen Einsatz der strukturellen Gewalt anonymer Machtträger, die sich der demokratischen Kontrolle entziehen, eine *moralische Gegenmacht* entgegenstellen.

Rückhalt und Widerhall

Diese Strategie hat aber nur dann Aussicht, ernstgenommen und nicht kriminalisiert zu werden, wenn die autonomen Gruppen den Kontakt mit den offiziellen politischen Vertretern und Vertreterinnen nicht abreißen lassen. Die brisante Grundsatzdiskussion zwischen autonomen Frauengruppen und denjenigen Frauen, die sich in den offiziellen Parteien und in Regierungsämtern engagieren, ist außerordentlich wichtig für beide Seiten: für die Autonomen, damit sie nicht die Opfer eines politischen Realitätsverlustes werden, das heißt, sich keine Illusionen über das durchschnittliche politische Bewußtsein machen, und für die Inhaberinnen offizieller Machtpositionen, damit sie die kritische Distanz zu ihrer Stellung bewahren und sich nicht von patriarchalen Strategien vereinnahmen lassen, wie dies leider nur zu oft geschieht. So schmerzlich die persönliche Zerreißprobe auch immer ist, gerade auf der politischen Ebene ist das feministische Dilemma zwischen dem egalitären und dem dualistischen Ansatz nicht durch ein Entweder-Oder zu lösen. *Die Laienbewegung muß Rückhalt und Widerhall bei Vertreter/innen im Parlament finden, wie umgekehrt die antipatriarchalen Parlamentarier/innen eine möglichst breite Laienbewegung für ihre Legitimation brauchen.* Beide Formen des Widerstands, diejenige der direkten Einmischung in allen offiziellen Entscheidungsgremien und diejenige der Verweigerung, können eine echte Emanzipation und die Befreiung von Herrschaft fördern. Unterstützt durch die Basis des Widerstands müßte es möglich sein, daß Parlamentarier/innen die *Forschungsgelder endlich dorthin lenken, wo sie wirklich nötig sind und dort verweigern, wo sie Unheil stiften.*

Ob die Gründung einer eigenen Frauenpartei oder eigener Frauengewerkschaften dem Dialog zwischen der Basis der Frauen und den »etablierten« Machtträgerinnen förderlich oder abträglich wäre, ist schwer zu entscheiden, denn beide Perspektiven kranken daran, daß sie innerhalb des Rahmens herkömmlicher Machtstrukturen stehen, sei es das patriarchale Parteienmodell oder das Gewerkschaftsmodell mit seiner Trennung von Lohn- und Hausarbeit. (Es bleibt anzumerken, daß in der neugegründeten Schweizer Frauengewerkschaft auch Hausfrauen und Mütter neben den Lohnempfängerinnen gleichberechtigt organisiert sind!)

Gegenwärtig können sich autonome Gruppen nur durch Demonstrationen und andere öffentliche Aktionen, für die noch sehr viel mehr Phantasie zu mobilisieren wäre, oder durch Verweigerungsstrategien artikulieren. Der *Konsumboykott von umweltschädigenden und lebensfeindlichen Erzeugnissen* oder der *Boykott von Waren und Wirtschaftsträgern, welche die Ausbeutung der Drittweltländer begünstigen,* und parallel dazu die *Einrichtung alternativer Geschäfte und Banken* werden von dem Zeitpunkt an nicht länger zu belächeln sein, an dem sie die nötige Breitenentwicklung erreichen. Das Beispiel der weltweiten Aktion gegen das Tragen bestimmter Tierfelle zeigt, in welchem Ausmaß die öffentliche Meinung den Markt bestimmen kann.

Die stärkste Waffe gegenüber der anonymen Macht der Herrschenden ist immer noch die Entlarvung ihrer Methoden und ihrer finanziellen Verflechtungen durch kritische Information. Deshalb steht am Beginn jeder Laienbewegung die Weitergabe *aufklärender Informationen* von seiten dissidenter Wissenschaftler/innen, engagierter Wissenschaftsjournalisten/innen und kritischer Stimmen in den Medien. Den alternativen Publikationsorganen geht es dabei weniger um die Vermehrung der ohnedies viel zu großen Informationsflut, als um eine Art Übersetzungsarbeit: zum einen um die Ersetzung des jeweiligen Fachjargons durch allgemein verständliche Ausdrücke und zum andern um die *Entlarvung verharmlosender Aussagen*. So sind etwa Begriffe wie »Grenzwerte« zur Verträglichkeit von Schadstoffen prinzipiell in Frage zu stellen, und zwar sowohl hinsichtlich ihrer willkürlichen Festlegung als auch hinsichtlich der damit vorgespiegelten Sicherheit. Die sich häufenden Skandale im Zusammenhang mit Umweltkatastrophen haben zur Genüge gezeigt, wie zäh sich die Interessenträger, aber auch die Bewacher von Ruhe und Ordnung in der Kunst der Untertreibung und der Verschleierung üben. Dabei fällt der gesamte Begriff des »Zivilschutzes« in den Dunstkreis solcher trügerischer Beschwichtigungen, seit er auf die atomare Bedrohung und die unkalkulierbaren Risiken beim Austritt hochgiftiger Substanzen angewandt wird. Damit betreibt man willentlich oder unwillentlich die *Akzeptanz unverantwortlicher Risiken*, statt diese Risiken selbst – jedenfalls die hausgemachten – auszuschalten.

Auch ist außerordentliche Hellhörigkeit gegenüber der in der BRD so genannten »Verbundforschung« am Platze. Dies heißt im Klartext, daß Forschungszentren der Privatindustrie massiv mit Staatsgeldern unterstützt werden, ohne mit einer effizienten öffentlichen Kontrolle verbunden zu sein. Sowohl in der BRD als auch in der Schweiz zeigen sich die verantwortlichen Regierungsstellen so sehr von der Sorge erfüllt, den Anschluß an die neuesten Technologien nicht zu verpassen, daß sie beispielsweise die anstehende Patentierung für genmanipulierte Produkte, die eine kritisch-moralische Beurteilung einschließen würde, gar nicht an sich herankommen lassen. Sie schieben die Verantwortung lieber auf EG-Richtlinien ab, die bisher bekanntlich stets zu locker waren. Deshalb werden unsere Märkte in Kürze mit manipulierten Wachstumshormonen und mit genetisch veränderten Bakterien für die Landwirtschaft überschwemmt sein, wenn nicht alarmierte Laien und Kleinbauernverbände regionale und nationale Schutzgesetze fordern.[29]

Opposition statt Resignation

Immerhin können die Strategien der autonomen Laienbewegungen, in denen die Frauen einen hervorragenden Platz einnehmen, ihre Wirkung durch *nationale und internationale Zusammenschlüsse* erheblich verstärken. So besteht seit einigen Jahren der internationale Zusammenschluß von Frauen gegen Gen- und Reproduktionstechnologie FINNRAGE (Feministisches Internationales Netzwerk gegen die neue Reproduktions- und Gentechnologie).[30]

Auf welche Weise auch immer sich Frauen politisch engagieren, sie werden sich jedenfalls ihrer *potentiellen Macht als Meinungsträgerinnen* bewußt, und dies ermutigt sie zur öffentlichen Opposition anstelle der gewohnten Resignation. Das Erlebnis gegenseitiger Ermutigung in der Gruppe zeigt den Frauen zum erstenmal eine *Alternative zum traditionellen weiblichen Rückzug in die Verinnerlichung.* Jahrhundertelang haben Frauen nur gebetet, statt ihren Willen zu artikulieren, und seit die Kirchen ihre Anziehungskraft verloren haben, lockt sie der schillernde Markt der Esoterik zur Flucht aus der harten Männerwirklichkeit. Dies sind aber genau die Kanäle, in welche die Beherrscher der Konsumwelt das tiefe Unbehagen an unserer entseelten Kultur nur allzu gerne fließen sehen – weil es dann nicht zur politischen Kraft wird.[31]

Der *Aufbruch der Frauen* ist auch kein irrationaler Ausdruck eines emotionalen Unbehagens und kein blinder Streik gegen die allgegenwärtige Technokratie. Unter den jungen Frauen gibt es eine genügend große Zahl akademisch geschulter und beruflich qualifizierter Fachfrauen, die sehr klar und sachlich die Zusammenhänge überblicken, die sich aber im Gegensatz zu vielen ihrer männlichen Kollegen weigern, ein irrationales Glaubensbekenntnis zur Wissenschaft abzulegen und einen Blankoscheck für den galoppierenden technischen Fortschritt zu unterschreiben. Dagegen plädieren sie *für eine Technologie, die von humanen und von biophilen Zielsetzungen ausgeht und die sich von einer Wachstumsideologie abkoppelt,* in welcher die Interessen des Großkapitals mit den Ambitionen der Forschung kurzgeschlossen sind.

Zur Mäßigung der Technik ist selbstverständlich auch eine *Mäßigung im Konsumverhalten* vonnöten, und hier komme ich auf die Modelle des gemeinschaftlichen Wohnens zurück, von denen zukunftsweisende

Impulse in Richtung Konsumbeschränkung ausgehen könnten. Rein äußerlich gesehen ist der Energieverschleiß bei unseren Konsumgewohnheiten auch eine Frage der Organisation. Der höhere Verbundenheitsgrad einer Hausgemeinschaft auf dem Land oder im Stadtquartier könnte durch gemeinsamen Einkauf von Verbrauchsgütern unter anderem der aufwendigen Verpackungsindustrie entgegenwirken, die sich immer mehr auf die winzigen Portionen der Single-Existenzen ausrichtet. Dazu kommen die umweltgerechte Verwendung der Abfälle durch gemeinsame Kompostierung und im Idealfall auch eine teilweise Selbstversorgung durch Gemüseanbau und andere Arten der kleinbäuerlichen Subsistenzwirtschaft.

Sehr viel schwerer als die organisatorischen wiegen aber noch die *psychologischen Faktoren im Zusammenhang mit der Vereinzelung und Heimatlosigkeit* der heutigen Menschen. Sie sind es, die uns so anfällig machen für die von der Industrie angeheizte Konsumsucht. Es gibt die ganz einfache psychologische Gleichung: Je unglücklicher die Menschen sind, desto mehr müssen sie konsumieren; je unbefriedigter und unlebendiger sie sich fühlen, desto mehr halten sie Ausschau nach Ersatzbefriedigungen. In dieser Hinsicht unterscheidet sich der übermäßige Warenkonsum der Erwachsenen vom kindlichen Trostspender in Form eines Stückchens Süßigkeit nur in der Größenordnung. Angesichts dieses Zusammenhangs, zu dem unter anderem das Alkohol- und das Drogenproblem gehören, meldet sich auch eine neokonservative Philosophie zu Wort, die uns zu den traditionellen Werten der Religion, des Vaterlandes und der Familie zurückführen will. Dabei werden allerdings gerade diejenigen Schäden unterschlagen, welche die herkömmliche »christliche« und bürgerliche Erziehung bei den vergangenen Generationen angerichtet haben. So zutreffend die Krankheitssymptome unserer Gesellschaft sind, die der Neokonservatismus auflistet, so unbrauchbar sind seine therapeutischen Vorschläge. Ein Zurück in den Schoß der patriarchalen Familie und in die herrschaftlichen Zwänge der ständischen Gesellschaft würde zwar vielleicht gewisse Exzesse unserer heutigen Industriegesellschaft vermeiden, aber all jene Ungerechtigkeiten und Unfreiheiten wieder heraufbeschwören, die zum kapitalistischen Ausbruch aus der Feudalherrschaft geführt haben, ganz abgesehen davon, daß wieder einmal die Frauen die Rechnung bezahlen würden. Nur weil der Fortschritt noch schlimmer ist als der Rückschritt, sollten wir wahrhaftig nicht auf der falschen Fahrbahn rückwärts laufen!

Herrschaftsfreie Verbundenheit

Wenn es gelingt, einen neuen Rahmen zu finden, der nicht mehr an das »Vaterhaus« gebunden ist – einen Rahmen, den die mobile Industriegesellschaft ohnedies längst zunichte gemacht hat –, kann so etwas wie ein unverlierbares Heimatgefühl wieder aufkommen. Menschen können mit einem Stück Land, mit einem Dorf- oder Stadtquartier zusammenwachsen, wenn sie sich darin mit anderen Menschen verbunden fühlen und demzufolge auch die *Mitverantwortung für diesen Lebensraum* übernehmen. Es wäre so wichtig, diese räumlichen Gemeinschaften wieder entstehen zu lassen und zwar unter der Voraussetzung einer herrschaftsfreien Verbundenheit. Das aber ist nicht möglich unter den Bedingungen unserer rein kapitalistisch orientierten Boden- und Immobilienpolitik.

In diesem Kontext scheint mir das historische Dokument eines Briefes von Karl Marx an die russische Revolutionärin Vera Sassulitsch (1849–1919) von Interesse zu sein.[32] Darin hatte Marx die Idee dieser bedeutenden Frau, einen direkten Übergang von der russischen Dorfgemeinschaft zur sozialistischen Gesellschaft zu schaffen, nicht ausgeschlossen. Hingegen lehnte Lenin das evolutionäre Modell einer gewachsenen, genossenschaftlich organisierten Gemeinschaft ab – ein Modell, das viel später in Jugoslawien wieder aufgegriffen wurde – und entwarf ein zentralistisches Organisationsmodell, das zu all den Unmenschlichkeiten und zu jener starren Insuffizienz des kommunistischen Wirtschaftsapparates führte, die den real existierenden Sozialismus so abschreckend machen.

Solange wir die patriarchale Grundidee, nur durch Herrschaft und Planung von oben ein Gemeinwesen schaffen zu können, nicht verabschieden, wird der circulus vitiosus nicht zu beenden sein, wonach die eine Gewaltstruktur nur die andere ablöst. Herrschaft und Kalkül sind aber nicht die einzig möglichen Organisationsformen für menschliches Zusammenleben. *Es gibt ungeschriebene Gesetze der Solidarität, und es gibt eine gewaltlose und uneigennützige Autorität*, die von jedem kompetenten Wissen und Handeln und von jedem durch das Leben gereiften Menschen ausgehen kann. Nur läßt sich diese Form von Autorität nicht von oben her erzwingen, sondern muß in einem gemeinschaftlichen Prozeß wachsen.

Was darüber hinaus die für größere Gemeinschaften unerläßlichen Regeln und allgemeinverbindlichen Gesetze anbelangt, so wären vermutlich auch zu ihrer Vereinfachung weibliche Erfahrungen hilfreich. Es ist immer wieder erstaunlich zu beobachten, mit welchem Minimum an organisatorischem Aufwand Frauengremien auskommen verglichen mit den klassischen Männervereinen, bei denen die formale Organisation so schnell den Charakter des »rituellen« Selbstzwecks annimmt. Auch hier spielt das Gesetz vom »psychischen Mehrwert«, wonach eine Tätigkeit nur dann interessant ist, wenn sie den Bonus der perfektionistischen Selbstprofilierung enthält. Schon aus diesem Grunde wäre es wünschenswert, daß sich *Frauen in allen Sektoren in die Legislative einschalten*.

Als letzter Diskussionsgegenstand auf der politischen Ebene wäre noch das Militär zu nennen. In der Schweiz gibt es zur Zeit einen Vorstoß von weiblicher Seite zur Eingliederung der Frau in die Gesamtverteidigung der Öffentlichkeit.[33] Diese egalitäre Forderung, wie sie schon früher von Feministinnen anderer Länder erhoben wurde, geht weit über den sogenannten Frauenhilfsdienst hinaus und sieht auch den freiwilligen Waffendienst für Frauen vor, verbunden mit entsprechenden Aufstiegschancen in der Offizierslaufbahn.

Wenn dieser Anspruch heute den Beifall des Generalstabschefs der Schweizer Armee findet,[34] so ist darin ein Zusammenhang mit der schwindenden Anziehungskraft des Militärs bei den jungen Männern und mit dem Nachwuchsdefizit bei den geburtenschwachen Jahrgängen zu erkennen. Es scheint hier zu sein wie in allen anderen Sparten traditioneller Männerberufe: Sobald sie nicht mehr attraktiv sind oder Personalknappheit herrscht, werden sie für die Frauen geöffnet. Ob man hofft, auch die unteren Kader der Offizierslaufbahn eines Tages mit Frauen besetzen zu können, nachdem es immer schwieriger wird, die Mittelschulabgänger mit allen Mitteln der Überredung und der indirekten Drohung in die Offiziersschulen zu zwängen?

Wenn aber irgendwo eine dualistische Sicht des Geschlechterproblems angebracht ist, so scheint sie mir hier am dringendsten zu sein. Bekanntlich hat Clausewitz als der klassische Theoretiker der Militär- und Kriegswissenschaft den Krieg als die Fortsetzung der Politik mit anderen Mitteln definiert. Dies ist genau der Punkt, an dem Frauen sagen müßten: Dann laßt uns schon im Frieden eine andere Form der politischen Auseinandersetzung finden!

Das Für und Wider den Wehrdienst der Frauen ist keine Frage der Sentimentalität. Ich zweifle keinen Augenblick daran, daß Frauen ausgezeichnete Soldatinnen sein und die Waffen ebenso geschickt führen können wie Männer. Aber ich weigere mich als Frau, den hergebrachten Kultur- und Vaterlandsbegriff zu übernehmen, der den Heldentod verherrlicht und die Hochhaltung abstrakter Ideen über das Leben des Volkes stellt. Ich würde mich auch als Lebensgefährtin und Mutter weigern, meinen Mann und meine Söhne einer solch illusorischen Mobilmachung auszuliefern. Wie gegenstandslos die Verteidigung von Landesgrenzen im Zeitalter der Nuklearwaffen geworden ist und wie verheerend jede militärische Einmischung in einen losgebrochenen Nuklearkrieg selbst zum Zwecke der Verteidigung wäre, zeigt u.a. der jüngste Bericht des Eidgenössischen Militärdepartements (EMD).[35]

4. Die kulturelle Ebene

Partnerschaft der Geschlechter ist auch auf dieser umfassendsten Ebene auf zwei Weisen zu fordern, zum einen als *Chancengleichheit der Frauen für alle kreativen Leistungen und für Schlüsselpositionen auf sämtlichen Gebieten der Wissenschaft, der Kunst und der Erziehung,* zum anderen *als Korrektur des einseitig männlichen Kulturbegriffs zu einer allgemein menschlichen Vorstellung von Kultur.*

Um mit dem erstgenannten Emanzipationsprozeß zu beginnen, weil dieser greifbarer und statistisch erfaßbar ist, so kam hier während der vergangenen 100 Jahre zwar vieles in Bewegung, doch sind die Fortschritte aufs Ganze gesehen immer noch sehr gering. Wohl wurden die Universitäten und Kunstakademien in Europa am Ende des letzten Jahrhunderts für Frauen geöffnet, doch sind diese heute als Professorinnen, Institutsleiterinnen, Architektinnen, Dirigentinnen, bildende Künstlerinnen und Schriftstellerinnen immer noch in krassem Maße unterrepräsentiert.[1]

Dafür gibt es neben den sexistisch-machtpolitischen Gründen vor allem zwei Ursachen, eine soziologische und eine psychologische. Soziologisch betrachtet verhindert das einseitige Ehe- und Elternrollenmodell eine *kontinuierliche Berufslaufbahn* der Frau, was von vornherein eine Karriere in höheren Positionen ausschließt. Psychologisch gesehen bestehen auf der männlichen wie auf der weiblichen Seite nach wie vor große Vorurteile in bezug auf die geschlechtsspezifische Verteilung von *Hochbegabungen,* als wären diese nur für Männer reserviert. Theoretisch stehen den Frauen alle Wege offen, praktisch aber glaubt die Mehrzahl beider

Geschlechter immer noch nicht an das äquivalente Vorkommen kreativer bis genialer Begabungen unter den Frauen.

Kreative Frauen

Wieder sind es feministische Historikerinnen, Literatur- und Kunstwissenschaftlerinnen, die durch ihre mühevolle Recherchen die *tragischen und empörenden Schicksale hochbegabter Frauen* aufdecken: bildende Künstlerinnen, Dichterinnen, Musikerinnen und weibliche Gelehrte, deren sprühender Geist lebendig begraben wurde. Die erschütternden Biographien so hochtalentierter Musikerinnen wie Fanny Mendelssohn (Schwester Felix Mendelssohns), oder Clara Schumann, deren Kompositionen systematisch unterdrückt wurden, das Ende der genialen Bildhauerin Camille Claudel (Schwester des Dichters Paul Claudel) in der Irrenanstalt, nachdem sie von ihrem Lehrer und Geliebten Auguste Rodin gesellschaftlich fallengelassen wurde, das Schattendasein der hochbegabten Mathematikerin Mileva Einstein (Gattin Albert Einsteins) oder der tragische Tod der Dichterin Karoline von Günderrode sind nur ein paar Beispiele für eine unbekannte Zahl hochbegabter Frauen, deren Lebenswerk erstickt wurde.[2]

Am ehesten konnten sich Frauen noch als Schriftstellerinnen durchsetzen, und dies liegt wohl weniger an ihrer Sprachbegabung als solcher, als an der Tatsache, daß es dafür niemals offizielle Ausbildungsinstitute gab und damit auch keinen »numerus sexus«.

Elitäre Wissenschaft und abgehobener Kunstbetrieb

Daß aber Frauen an unseren heutigen Universitäten und Akademien nicht längst erfolgreicher sind, hängt auch mit den kulturellen Inhalten zusammen und mit der Art, wie sie dort vermittelt werden. Viele Studentinnen sind von der sterilen Atmosphäre hoch abstrakter Wissensvermittlung ebenso irritiert wie vom unsolidarischen Konkurrenzstreben ihrer Kommilitonen. Was den Sprachstil der Wissenschaft anbelangt, so ist nicht zu vergessen, daß allen unseren »hohen« Schulen eine soziale Elitevorstellung zugrunde liegt, die sich bis vor 300 Jahren im elitären Gebrauch des Lateins als einer erstarrten Kunstsprache niederschlug. Heute ersetzen der Fachjargon und die oft unnötig komplizierte Terminologie der jeweiligen Disziplin die soziale Schranke des alten Lateins. Meist aber suchen die Studierenden die Ursachen für ihr Befremden bei sich selbst und ihren eigenen Unzulänglichkeiten und wagen nur selten, das Lehr- und Kulturangebot als solches in Frage zu stellen.

Diesem elitären Wissenschaftsbetrieb, über den sich ein so großer Denker wie Kant lustig machte, wenn er die Universitätslehrer scherzhaft »Denker von Gewerbe« nannte,[3] entspricht die Abgehobenheit beziehungsweise die Schizophrenie unseres Kunstbetriebs. Auf der einen Seite steht die Pflege der Musen im exklusiven Stil unserer Akademien, Theater, Konzertbühnen und Museen, auf der anderen Seite die populäre Unterhaltung, die durch die Massenmedien der eigentlichen Volkskunst entfremdet ist und zu einem großen Teil in kitschig-sentimentaler, sensationslüsterner oder brutaler Form über die Bühne geht. In beiden Bereichen aber beherrschen Männer die Szene und haben es weibliche Kunstschaffende und ausführende Künstlerinnen schwer, Karriere zu machen und sich selbst dabei treu zu bleiben (wobei auch heute noch der Einstieg in die Karriere am sichersten über das erotische Interesse der Kunstpatriarchen führt). *Nur das Auftreten von Regisseurinnen oder der Zusammenschluß von Künstlerinnen in der alternativen Kulturszene eröffnen hier eine Wende, die der Unterstützung aus öffentlichen Mitteln dringend bedürfte.*

Patriarchaler Realitätsverlust und Aufdeckung des Verdrängten
Mindestens ebensowichtig wie die größere Chancengleichheit der Frauen im bestehenden Kulturbetrieb wäre die *Umgestaltung des kulturellen Lebens als Ganzen in eine geistige Welt, in der auch Frauen ihre Heimat erkennen könnten* und wozu Frauen ihren eigenen Beitrag leisten müssen.

Weibliche Partnerschaft auf der kulturellen Ebene bedeutet inhaltlich das Aufdecken der patriarchalen Realitätsverluste in ihrem ganzen Umfang, um dann in einem zweiten Schritt neue *schöpferische Impulse* zu wagen, die zum Teil an vorpatriarchale Traditionen oder an matrizentrische Unterströmungen anknüpfen könnten, jedenfalls aber die *Wertakzente des kulturellen Lebens anders setzen und verdrängte psychische Potentiale wiederbeleben würden*. Dieses gewaltige Unternehmen ist freilich nicht von Frauen allein zu leisten, wenn sie auch heute in der feministischen Kulturkritik eine führende Rolle spielen und aus ihrer Lebenssituation heraus zum Bereich des emotional Verdrängten den unmittelbaren Zugang haben.

Bis zu einem gewissen Grad bahnten bereits die beiden größten geistigen Umbrüche der vergangenen 100 Jahre, die ökonomische Kulturkritik von *Marx* und die psychologische Kulturkritik von *Sigmund Freud*, einer *umfassenden Patriarchatskritik* den Weg, denn beide hoben einen schwerwiegenden *patriarchalen Realitätsverlust* ins Bewußtsein: Marx deckte die Unterschlagung der materiellen Grundbedingungen unserer Kultur auf, die nur durch die Ausbeutung der Arbeiterklasse garantiert waren (und heute durch die Ausbeutung der Dritten Welt), Freud die Verdrängung der Sexualität als einer Haupttriebfeder des menschlichen Lebens.

Dennoch blieben Marx und Freud – wovon früher schon die Rede war – zu einem großen Teil in patriarchalen Denkmustern befangen. Wie Marx den Gegensatz von Kultur und Natur bestehen ließ, so fand Freud keine Lösung im Konflikt zwischen Triebanspruch und Zivilisation. Dies nicht nur, weil ein volles Ausleben der Sexualität Freuds eigenen puritanischen Moralvorstellungen zuwiderlief, sondern weil er glaubte, daß die gesamte menschliche Kulturentwicklung aus »sublimierten« Sexualenergien hervorgegangen sei. Dies stellt den Menschen vor die Alternative, die Sexualität (und sein Glück) zu wählen oder die Kultur. Wird ihm die Kultur aufgezwungen, verdrängt er die Sexualität und erkrankt, stellt er die Sexualität bewußt in den Dienst der Kultur, so wird er zwar nicht glücklich, aber er kann via Sublimation schöpferische Kulturleistungen vollbringen. Bei dieser wenig hoffnungsvollen Perspektive legen die Fallbeispiele Freuds zudem eine sexistische Zuweisung nahe, die, grob gesagt, heißen würde: Frauen verdrängen ihre Sexualität und erkranken an Neurosen, Männer sublimieren ihre sexuellen Energien und erbringen Kulturleistungen. *Daß Frauen mit gleicher Wahrscheinlichkeit an ihren nicht gelebten schöpferischen Potentialen erkranken können, war ein Gedanke, den Freud auf Grund seiner sexistischen Vorurteile nicht fassen konnte, und den heute erst die feministische Psychotherapie zu formulieren beginnt.*

Der weitaus größte Realitätsverlust im patriarchalen Denken machte sich freilich erst in der Mitte unseres Jahrhunderts bemerkbar: *die in ihrer Realität abgewertete Natur*, die der Mann nicht nur für beherrschbar, sondern auch für unerschöpflich hielt und die sich uns heute mit ihren zum Teil irreversiblen Schäden in Gestalt unserer Umweltverheerungen in Erinnerung ruft. Dabei haben feministische Philosophinnen den profunden *Zusammenhang zwischen der Geringschätzung der Frau und der Mißhandlung der Natur* analysiert und damit den eigentlich wahnhaften Charakter bewußt gemacht, der hinter den patriarchalen Realitätsverdrängungen steht. Der Terminus »Realitätsverlust«, den ich ganz bewußt aus der Psychiatrie entlehne, bezeichnet ja den tatsächlichen Verlust des Wirklichkeitsbezugs in der Psychose, in der sich das Subjekt von der realen Umwelt zurückzieht und zum Teil nur noch in seinen phantastischen Wahnvorstellungen lebt. Die beinahe schon modisch gewordene Rede vom »Männerwahn« ist daher nicht einfach als eine verbal-polemische Wendung zu verstehen, sondern beinhaltet tatsächlich einen psychopathologischen Befund, wenn auch nicht einen individuellen, sondern einen kollektiven. Das klassische Beispiel für einen kollektiven Massenwahn bildet die patriarchale Hexenverfolgung, die nur deshalb nicht zum psychotischen Zerfall der Einzelpersönlichkeit führte, weil ihr Wahn und der damit verbundene Realitätsverlust vom Kollektiv getragen wurden. Ganz ähnliche paranoische Phänomene sind heute bei der Herstellung von Massenvernichtungswaffen zu finden oder bei der Vorstellung von der Allmächtigkeit der Technik, durch die man wähnt, Naturzusammenhänge, die in riesigen erdgeschichtlichen Zeiträumen entstanden sind, folgenlos durchkreuzen zu können.

Nach dem bisher Gesagten stellen sich für eine feministisch-ganzheitliche Kulturtheorie zwei vordringliche Aufgaben. Die eine besteht im *Aufdecken der wahnhaften Komponenten im naturwissenschaftlich-technischen Denken* und zwar in ihrer ganzen historischen und zeitgenössischen Dimension, die andere darin, endlich die *Konsequenzen aus den Entdeckungen der Psychoanalyse* zu ziehen, daß das menschliche Leben insgesamt weit mehr von affektiven und emotionalen Energien getragen wird als von rationalen Einstellungen. Statt diese Tatsache erneut zu verdrängen und unser Bewußtsein mit immer neuen Abstraktionen und Rationalisierungen zu überschwemmen, sollten wir endlich dazu ernüchtern, die *Wirklichkeit des Emotionalen nicht nur zu erkennen, sondern auch anzuerkennen.*

Für eine Neue Wissenschaft

Die erste dieser beiden Aufgaben, die feministische Wissenschaftskritik, setzt an den philosophischen Wurzeln des naturwissenschaftlichen Denkens an. *Die heutige Naturwissenschaft ist nicht durch eine Beimischung von Weiblichkeit von ihrer Gefährlichkeit zu heilen* (was Fritjof Capra vorzuschweben scheint), *sondern nur durch eine fundamentale Kritik ihrer Motivationen.*

Die Analyse Bacons und seiner philosophischen Grundlegung der heutigen Naturwissenschaften bringt ans Licht, daß diese von Anfang an auf Gewalt und Vergewaltigung angelegt sind und sich von kriegerischer Gewalt nur in der Wahl der Mittel unterscheiden. Experimentelle Physik und experimentelle Mikrobiologie wenden die Praxis gegenüber der Natur an, die Bacon vorschwebte, als er sagte, die Natur biete sich deutlicher dar, wenn sie künstlich erregt und mißhandelt werde.[4] Hier zeigt sich, daß die »harten Wissenschaften« (Dewey) einen ähnlichen – typisch männlichen – Lösungsversuch zur Bewältigung menschlicher Lebensprobleme darstellen wie die rücksichtslose Staats- und Kriegsraison. Auch für sie könnte das legendäre Gleichnis vom gordischen Knoten gelten, den Alexander der Große im Tempel zu Gordon mit seinem Schwert durchschlagen haben soll: War der Heilige Knoten jahrhundertelang als Symbol für die schicksalhafte Verknüpfung alles Lebendigen verehrt worden, so glaubte der griechische Herrscher das Schicksal mit dem Schwert zu seinen Gunsten entscheiden zu können. Ähnlich hoffen die heutigen Atom-Zertrümmerer und Genom (Zellkern)-Spalter sich zu den Herren des Lebens aufzuschwingen, und sie haben sich bereits als solche etabliert – wenn auch, wie wir befürchten müssen, gleich ihrem Waffenbruder Alexander, nur als die Herren des Todes.

Deshalb ist heute nach dem Anti-Macchiavelli, den Friedrich der Große als Kronprinz gegen gewissenlose Macht- und Kriegspolitik schrieb, ein *Anti-Bacon überfällig*, wie ihn Carolyn Merchant, Evelyn Fox-Keller und andere bereits begonnen haben.

Nur die gleichzeitige Überwindung beider Fehlvorstellungen auf wissenschaftlichem und auf militärischem Gebiet könnte die Hoffnung auf ein Überleben der Erde und der Menschheit aufschimmern lassen. Erst von da aus ergäbe sich noch einmal die Möglichkeit für eine *»scienza nuova«*,[5] für eine Neue Wissenschaft, welche die *Technologie ausschließlich in den Dienst des Lebens stellt*: in einen Bezug zum endlichen Leben und nicht mehr in Bezug zum männlichen Größenwahn. Vorher aber müßte sich die Illusion des männlichen Selbstverständnisses zerstreuen, das für jeden neuen Erkenntnisschritt stets edlen Wissensdurst als Motiv ausgibt, während der eigentliche Motor für den ehrgeizigen, unaufhörlichen Forscherdrang nur allzuoft die eigene Unfähigkeit zu leben (und zu lieben) ist.

Es wäre aber auch an der Zeit, die *(natur)wissenschaftliche Bestandsaufnahme der Wirklichkeit* als solche zurückzuweisen, weil sie *grundsätzlich unvollständig* ist. In Anlehnung an die vielgeschmähte »Milchmädchenrechnung«, von der in wirtschaftswissenschaftlichen Diskussionen so viel die Rede ist, müßten wir von einer »Milchbubenrechnung« sprechen, die akribisch alle physikalischen Daten verbucht und alle vitalen und psychischen Qualitäten notorisch außer acht läßt. Der Assuanstaudamm, noch vor wenigen Jahren als Jahrhundertwerk der Technik gefeiert, ist das skandalöse Mahnmal einer solchen Milchbubenrechnung.

Geht es in einem ersten Schritt also darum, die subjektiven Verzerrungen und die sich daraus ergebenden Einseitigkeiten des naturwissenschaftlichen Denkstils herauszuarbeiten, so versuchen Wissenschaftlerinnen in einem zweiten Schritt, *alternative Sichtweisen* zu gewinnen. Evelyn Fox-Keller stellt der starren Subjekt-Objekt-Spaltung einen *elastischeren und zugleich ganzheitlicheren Denkstil* gegenüber, den sie am Beispiel der Forschungsarbeit *Barbara McClintocks* illustriert. Bei ihren außerordentlichen Entdeckungen auf dem Gebiet der Pflanzengenetik, für die McClintock erst spät die wissenschaftliche Anerkennung in Form des Nobelpreises erhielt, ging die Biologin auf ganz andere Weise an ihren Forschungsgegenstand heran als ihre Fachkollegen. Anstelle des üblichen mechanistisch-hierarchischen Denkmodells entwickelte sie anhand ihrer Theorie der »genetischen Transposition« ein Modell biologischer Selbstregulation, wonach die Entwicklung der Keimzelle nicht einfach dem Diktat eines ein für alle Male festgelegten genetischen Codes folgt und schon gar nicht dem Diktat eines »Mastermoleküls«. Jede Pflanze stellt vielmehr ein einmaliges und unverwechselbares Individuum dar, das sich aus einer lebendigen, und das heißt aktiven Wechselwirkung zwischen Genen und Umwelt entwickelt.

McClintock selbst wird nicht müde, den emotionalen Anteil an ihrer Forschungsarbeit zu betonen und die intensive Art, mit der sie sich in ihre Forschungsgegenstände einfühlt. Sie hatte sich so sehr über die starre Subjekt-Objekt-Trennung hinweggesetzt, daß sie gewissermaßen eine »Autobiographie« jeder individuellen Pflanze zu schreiben imstande war.[6] Damit sind aber die Grenzen zwischen »verstehender« und »erklärender«, zwischen Geistes- und Naturwissenschaften verwischt.

Hannah Arendt hat auf ein anderes Beispiel einer solchen Grenzverwischung hingewiesen, auf die »morphologische« Sicht des bedeutenden Biologen *Adolf Portmann*, mit der er über die üblichen Funktionstheorien des Lebens hinausging. Portmann kehrte die (patriarchale) »metaphysische Hierarchie« von Sein und Schein in ihr Gegenteil um und kam zu einer Neueinschätzung der erscheinenden Welt im Reich des Organischen: In der unerschöpflichen Vielfalt der pflanzlichen und tierischen Formen sieht er eine Darstellungs- und Ausdruckstendenz am Werk, die nur mit dem künstlerischen Ausdruckswillen des Menschen vergleichbar ist. Während die inneren Organe der Tiere als Träger der lebenserhaltenden Funktionen ohne ästhetischen Reiz und ohne erkennbare individuelle Unterschiede sind, manifestiert sich an der erscheinenden Oberfläche der Lebewesen ihre individuelle Einmaligkeit und folgen die Zeichnungen von Schmetterlingsflügeln und Schalentieren den Gesetzen der Symmetrie. Portmann vertritt dabei den Standpunkt, daß der Reichtum der Formen in der Natur durch den Hinweis auf ihre funktionelle Nützlichkeit (Schutzfärbung, Geschlechts- und Imponiersignale) bei weitem nicht hinreichend erklärt sei.[7]

Daß solche untypischen Beiträge zur Naturwissenschaft – gleichgültig ob sie von Frauen oder von Männern stammen – in unserem heutigen Wissenschaftsbetrieb marginalisiert werden, hängt aufs engste mit den ökonomisch-machtstrategischen Maßstäben zusammen, die diesem Betrieb inhärent sind. Eine Wissenschaft, die weitgehend vom Profitstreben der Wirtschaft und der Militärstrategie diktiert wird, entwickelt sehr viel eher engstirnige Nützlichkeitsmodelle (Beispiel Soziobiologie!)[8] als offene Horizonte. Die wirklich offene, zweckfreie, nicht von Partikularinteressen manipulierte Wissenschaft, erhält bestenfalls ehrenvolle Anerkennung, aber kaum gesellschaftliches oder politisches Gewicht.

Wissenschaft jenseits wirtschaftlicher und politischer Interessen
Hier gelangen wir an einen neuralgischen Punkt, an dem feministisch-alternative Einmischung stattfinden müßte. Wenn sich alternative Wissenschaft von der herkömmlichen unterscheiden soll, so dadurch, daß sie sich nicht abtrennen läßt von der *Ganzheit vielfältiger Erkenntnishorizonte*. Durch die Abspaltung des (natur)wissenschaftlichen Subjekts vom kosmischen und politischen Gesamtzusammenhang täuscht es sich selbst eine Neutralität und Objektivität vor, die es ihm erlaubt, sich von der moralischen Betroffenheit zurückzuziehen. Alternative Wissenschaft heißt demgegenüber, weder die Antriebe zur Forschung noch ihre Ergebnisse irgendwelchen Interessengruppen zu überlassen. Auch der mögliche Verwendungszweck muß von vornherein Gegenstand der wissenschaftlichen Diskussionen sein.[9] Dies ist aber nur möglich, wenn *künftig die einzelnen Disziplinen nicht säuberlich getrennt voneinander arbeiten, sondern sich inhaltlich und gesellschaftlich aufeinander beziehen. Der hochspezialisierte Experte kann in Zukunft weder ein humanes Ideal repräsentieren, noch darf er zum Exponenten der Macht werden.*

Wieder bringen Frauen, die am meisten unter der Abspaltung des Expertentums leiden, weil diese Spaltung mitten durch ihre häusliche Lebenswelt und ihren persönlichen Lebenslauf geht, das größte *Widerstandspotential* gegen diese Spaltung mit. An den Universitäten lehnen sie sich am elementarsten gegen die »gereinigte Welt objektivierter, kontextfreier Aussagen« auf, in denen »emotionale Betroffenheit, persönliches

Engagement und ›große Fragen‹ keinen Platz haben«, wie es Ina Wagner als Insiderin formuliert.[10] Erfahrungsgemäß hat dieses weibliche Widerstandspotential aber nur dann eine Chance, in die zähe Kohärenz des männlichen Wissenschaftsapparats einzudringen, wenn dieser Versuch *nicht von einzelnen Pionierinnen* ausgeht, *sondern von einer ganzen Gruppe von Frauen*. Solange dies innerhalb der offiziellen Institutionen nicht möglich ist, sollte es wenigstens zu eigenen, feministischen Zusammenschlüssen auf den verschiedensten Sektoren der Wissenschaft kommen.

Dieser Einschätzung von der Effizienz der Gruppe entspricht die Tatsache, daß auf denjenigen Fachgebieten, auf denen sich Frauen seit längerem in größerer Zahl etablieren konnten, sich ihre Sichtweisen auch am meisten durchsetzten. So ging etwa von der amerikanischen Ethnologin Sally Slocum (Linton) die Demaskierung der männlichen »bias«, d. h. einer einseitig androzentrischen Sicht in der Anthropologie, aus, indem sie mit ihrem vielzitierten Artikel »Woman the Gatherer« der etablierten Vorstellung von »Man the Hunter« eine völlig andere Interpretation der ethnologischen Daten entgegensetzte.[11]

Der zweite geforderte Schritt in Richtung einer ganzheitlichen Lebensphilosophie gilt der *Rückgewinnung der emotionalen Dimension für unser geistiges Bewußtsein*. Dazu sind alle Geisteswissenschaften aufgerufen: Philosophie, Theologie, Psychologie, Geschichts-, Sozial- und Kunstwissenschaften.

Gerade auf diesen Gebieten haben feministische Wissenschaftlerinnen bedeutende Leistungen aufzuweisen und zwar auch in Fakultäten, die bisher ausschließlich die Domäne der Männer waren.

Die erstaunliche Breitenwirkung der feministischen Theologie erklärt sich nicht nur aus dem großen Kreis religiös interessierter Frauen, die ihr nahestehen, sondern vor allem daraus, daß sie mit ihren Themen allgemeine Probleme der patriarchalen Ideologie berührt. Die Wiederentdeckung matrizentrischer Inhalte im Alten Testament und im Urchristentum, die Kritik am Askesebegriff und der Versuch, den verlorenen Eros in das christliche Liebesideal zurückzuholen, rütteln nicht nur am Selbstverständnis der Kirchen, sondern an den Grundfesten unserer geistigen Tradition überhaupt.[12]

Die gegenwärtige Einmischung in die Philosophie erfolgt zum einen über die feministische Sprachkritik und zum andern durch die Auseinandersetzung mit der patriarchalen Wertphilosophie. Beiden Ansätzen gemeinsam ist ihre Kritik an der ausschließlich rationalen Grundlegung unserer Kultur, die nicht nur den Denkstil unserer Wissenschaften prägt, sondern alle Bereiche des Lebens ihren abstrakten Wertvorstellungen unterwirft.

Grundsätzlich wäre aus dieser Sicht schon das *Selbstverständnis der europäischen Philosophie* in Frage zu stellen. Sprach Platon noch vom Staunen als der Wurzel des Philosophierens und wird bei Augustinus daraus der Zweifel, so faßt Descartes den philosophischen Ausgangspunkt vollends *intellektuell*, wenn er den einzig sicheren Grund in seinem berühmten Satz findet: Ich denke, also bin ich.

Wenn wir uns an die frühesten Zeugnisse der Geisteskultur erinnern, gab aber nicht das neugierige Sich-Wundern oder irgendein anderes intellektuelles Motiv den Anstoß zur Frage nach den »letzten Dingen«, sondern das Wissen um den Tod und die Trauer. Die abstrahierende Art des Philosophierens, durch die das Staunen den emotionalen Anteil der Bestürzung verliert, verrät einmal mehr eine *typisch männliche Leidensabwehr*. Mit dieser Abwehr hatte der Mann zugleich *das Bewußtsein seiner kreatürlichen Herkunft verdrängt* und die rein intelligible Geburt des menschlichen Geistes postuliert. Erst vor diesem Hintergrund wird die Verdrängung des weiblich-vitalen Lebens aus dem Bewußtsein des Mannes verständlich (wie auch der Schock, den Darwins Entdeckung von der animalischen Abstammungsgeschichte des Menschen auslöste).

Feministische Sprachkritik

Das wirksamste Instrument in dem Prozeß der Intellektualisierung war für den abendländischen Mann die Sprache. Dies haben in voller Schärfe erst die französischen Sprachkritikerinnen aus dem Lacankreis erkannt. Sie sehen im Begriffssystem der Sprache mit ihren strengen Unterscheidungen und Abstraktionen nicht nur eine Entfremdung vom Leben, sondern zugleich eine Waffe des Mannes, mit der er alle emotionalen Ansprüche und vitalen Regungen niederhält. Am härtesten betroffen von der Sprachknebelung sind die Frauen. Sie sind mit dem Erlernen der Sprache gezwungen, sich in männlichen Sprachschablonen auszudrükken, in denen sie keine adäquaten Ausdrucksmöglichkeiten für ihre eigenen Empfindungen und kulturellen Vorstellungen finden. Julia Kristeva, Hélène Cixous, Luce Irigaray und andere nennen unsere patriarchal geformte Sprache »phallisch« oder »phallokratisch«, um damit auszudrücken, daß sie ein Herrschaftsinstrument ist, welches das weibliche Fühlen und Denken von vornherein mundtot macht.

Von ihren Gedankengängen inspiriert ist seit den 70er Jahren in Europa und Amerika ein Bewußtseinsprozeß im Gange, der uns allen sichtbar machte, in welchem Ausmaß unsere Sprachen »*Männersprachen*« sind, d. h. wie stark sie von der sozialen Vorrangstellung des Mannes und von männlichen Verhaltens- und Begriffsstereotypien geprägt sind.

Das allgemeinste und zugleich deutlichste Beispiel dafür ist, daß es im Englischen und in den romanischen Sprachen nur ein Wort für Mensch und Mann gibt, was die Frau schon rein sprachlich vom Status des eigentlichen Menschseins ausschließt. Aber auch dort, wo es, wie im Deutschen, zwei Worte für Mensch und Mann gibt, wird »der Mensch« als grammatikalisches Maskulinum behandelt, wie es auch eine festgeschriebene Rangordnung in den Begriffspaaren Mann und Frau, Bruder und Schwester, Onkel und Tante und so weiter gibt, die nicht umkehrbar ist. Die Linguistinnen Senta Trömel-Plötz, Luise F. Pusch und andere weisen auf das ausschließlich männliche grammatikalische Geschlecht vieler wichtiger Pronomina hin (man, jemand, niemand, wer) sowie auf eine Vielzahl von Berufsbezeichnungen, die nur die männliche Form vorsehen und denen eine mehr oder weniger künstliche weibliche Endung verpaßt werden muß, wobei die weibliche Form im Plural sofort wieder verschwindet: Arzt-Ärztin-Ärzte. Alle die schleppenden feministischen Schreibweisen Ärzt/innen, jede/r, keine/r, man/frau und so weiter sind nichts anderes als Korrekturen für die *Nichtexistenz der Frau im gesellschaftlichen und sprachlichen Bewußtsein*.[13] Wie wichtig dies ist und wie unzutreffend die männliche Beschwichtigung, in den eingebürgerten männlichen Schreibweisen seien die Frauen jeweils mitgemeint, zeigen nicht nur unsere von sexistischen Einseitigkeiten strotzenden Sprach- und Grammatikbücher, sondern auch unsere eigenen, spontanen Interpretationen: Stellen wir uns etwa unter dem Titel »Meisterwerke« automatisch auch »Meisterinnenwerke« vor, obwohl es solche seit Jahrhunderten gibt?

Die Ausgrenzung der Frau und ihre Verweisung auf den zweiten Platz ist aber nur die oberflächlichste Schicht der Männersprache. Auch viele der gängigen Sprachbilder stammen aus dem männlichen Herrschaftsbereich oder sind der Landsknechtsprache entliehen. Wir reden selbstverständlich davon, eine Sprache »zu beherrschen« oder ihrer »mächtig« zu sein (statt daß wir uns in eine andere Sprache einfühlen, uns mit ihr vertraut machen und sie *uns* einprägen, was ja einzig zum Erfolg führt!). Wir sprechen von der »herrschenden« Stimmung oder von »herrschenden« Gewohnheiten, davon, daß wir einen Verhandlungspartner »festnageln«, einen Rivalen »ausstechen«, eine These »verfechten«, den Gesprächspartner »in die Enge treiben«, ihn mit »Beweislast erdrücken«. Sogar Ideen »verfolgen« wir, geben uns »geschlagen« oder nehmen Neues »in Angriff«. Wir »dringen« in ein Geheimnis »ein«, »treffen ins Schwarze«, nehmen etwas »aufs Korn«, führen einen »Schlagabtausch« oder »packen die Gelegenheit beim Schopf«. Die Reihe *aggressiver Sprachbilder* ließe sich beliebig verlängern.

Dies alles wäre aber durch bewußten Umgang mit der Sprache mehr oder weniger zu korrigieren. Was die französischen Sprachkritikerinnen darüber hinaus beschäftigt, ist der Umstand, daß das *gesamte Sprachsystem, das grammatikalische Gehäuse* mit seinen starren Regeln und der *symbolische Code* der Worte die Sprechenden und ihre Lebensäußerungen in Fesseln legen.

Aus der psychoanalytischen Sicht *Julia Kristevas* wiederholt sich der Vorgang der Bevormundung im wörtlichen Sinne bei jeder heranwachsenden Generation aufs neue: Durch den Eintritt des Vaters und der väterlichen Sprache in die kindliche Welt werde dem unbeschwerten und körperbezogenen Leben des Kindes ein Ende gesetzt und das enge emotionale Band zur Mutter zerrissen. Dabei stellt Kristeva der logisch-symbolischen Ordnung des Mannes das *»semiotische«* Kommunikationssystem der vorödipalen Phase gegenüber, das vor jeder Herstellung von Bedeutung oder Sinn im Körperkontakt zur Mutter und im Austausch mimischer und stimmlicher Äußerungen besteht. Von dieser Unterscheidung ausgehend, schwebt Kristeva eine Neuschöpfung der Sprache vor, welche die starren »phallischen« Ordnungen aufbrechen würde, um sie mit vorrationalen Kommunikationselementen zu bereichern.[14]

So sehr ich die Absicht der französischen Sprachkritikerinnen begrüße, so bedaure ich doch ihre linguistischen Klassifikationen. In der Polarisierung zwischen dem »semiotischen« Bereich, der ganz dem Körper und seinen spontanen Äußerungen zugeordnet ist, und dem logischen Bereich, der allein über die Macht der Symbolbildung verfügt, scheint mir immer noch die *alte cartesianische Spaltung von Körper und Geist* enthalten zu sein. Diese Spaltung aber vernachlässigt gerade denjenigen Bereich, auf den es mir ankommt, nämlich das eigentlich Emotionale.

Es gibt aber zwischen dem semiotischen Kommunikationssystem vorsymbolischer Laute und Gesten, wie es in der körperlich-affektiven Mutter-Kind-Beziehung entsteht – und das Kristeva für das weibliche Kommunikationssystem par excellence hält – und dem begrifflichen Gebrauch der Sprache noch ein weites Feld symbolischer Ordnungen. Kulturgeschichtlich und in der individuellen Entwicklung nimmt die von Susanne

Langer beschriebene »*präsentative Semantik*« diesen Platz ein (vgl. S. 239 f.). Diese nicht-verbale und nicht-diskursive Semantik, wie sie in den mythischen Symbolen schriftloser Kulturen ebenso erscheint wie in den Ausdrucksgestalten der Kunst und in den Bildern unserer Träume, vermittelt ganzheitliche Bedeutungsinhalte, die zwar nicht in ein logisches Nacheinander aufzuspalten sind, sich als bleibende Strukturen aber wesentlich von den flüchtigen Augenblicksgebärden unterscheiden. Diese *Symbolsprache*, in der die emotionalen Beziehungen zur Wirklichkeit gestalthaft faßbar werden, hat von ihren Uranfängen her die menschliche Sprache mindestens ebenso stark geprägt wie die abstrakt-logische Symbolordnung. Sie ist eingefangen im Reichtum unserer *Sprachbilder* wie auch in ihren Tonmalereien und Rhythmen. Dadurch werden die Gefühlserfahrungen unzähliger Generationen transportiert, so wie die »archetypischen« Bilder unserer Träume den Niederschlag kollektiver Erfahrungen bilden.

Meines Erachtens geht es darum, *diesen Sprachschatz zu heben* und seine Bilder wieder zu erwecken, in der wir unsere uralte »Muttersprache« erkennen können, und welche die eigentliche Basis der begrifflichen »Vatersprache« ist.

Was aber die kleinkindliche Entwicklung anbelangt, so existiert die sprachliche Zäsur zwischen vorödipaler und ödipaler Phase, wie sie die Französinnen vom Freudschen Modell übernommen haben, nach neueren Kenntnissen nicht. Das Kind tritt ganz allmählich aus seiner symbiotischen Bindung mit der Mutter heraus und beginnt mit der *Sprachaneignung längst vor der ödipalen Beziehung* zum Vater. Wie die Kommunikationstheorie lehrt, bilden die sprachlich-symbolische Ordnung und die vorsprachlichen Kommunikationsformen keine Gegensätze, sondern bedingen sich gegenseitig und entwickeln sich aneinander.[15] Auch würde die ödipale Zäsur vollends verschwinden, wenn die Väter in gleichem Maß wie die Mütter primäre Bezugspersonen für ihre Kinder wären.

Dennoch ist in unserer gegenwärtigen Sprachkultur die zunehmende Tendenz zu immer abstrakteren Formulierungen und die Einschränkung auf rein rationale Informationen unübersehbar. Deshalb sind der Protest gegen eine solche Entwicklung und alle geistigen Anstrengungen, ihr entgegenzuwirken, außerordentlich wichtig. Die Rationalisierung unserer Sprache bedeutet ja nicht nur ihre Verstümmelung durch das Abschneiden ihrer sinnlichen und emotionalen Anteile. Sie steht auch im Dienst einer Manipulation von seiten wirtschaftlicher und politischer Interessen. Wir alle sollten uns *weigern, den abstrakten Diskurs der Macht zu überneh-*

men, der die elementaren Schwingungen des menschlichen Empfindens eliminiert und durch die Austilgung der Bilder das emotionale Leben zum Schweigen bringt. Wir sollten vielmehr die Dinge bei ihrem sinnlich erkennbaren Namen nennen und dadurch verhindern, daß ein abstraktwissenschaftlicher Diskurs Täter und Opfer unkenntlich macht.

Das Ende des Polaritätsdenkens

Die französischen Sprachkritikerinnen haben zudem erneut auf ein Phänomen aufmerksam gemacht, das sich in der patriarchalen Sprache niederschlägt und unser Denken weitgehend beherrscht: das Konstruieren von Gegensätzen und das Operieren mit polaren Begriffspaaren. *Hélène Cixous* spricht von »*binären Oppositionen*«, die immer ein »Oben« und »Unten« suggerieren, eine Spaltung in ein Beherrschendes und ein Beherrschtes.[16] Mit Recht sieht sie im intellektuellen Zwang, in polaren Begriffen zu denken, mehr als den Willen zur klaren und eindeutigen Bestimmung einer sachlichen Gegebenheit. In ihr verrät sich der Wille zur Macht und zur Unterdrückung, wie er von Anbeginn der Konstituierung des männlichen Bewußtseins inhärent ist und wie er im manipulativ-technischen Denken seinen Höhepunkt erreicht.

Es ist heute an der Zeit, den verhängnisvollen patriarchalen Kulturbegriff, der sich in immer neuen Variationen um Unterwerfung, Aneignung, Sich-Erheben über ein Gegebenes oder gewaltsame Veränderung eines Gegebenen dreht, auf allen Ebenen aufzurollen und auf seine komplexbeladenen psychischen Grundlagen zurückzuführen.

Allein schon *vom Linguistischen her* wäre einzuwenden, daß das Wort »Kultur« nicht aus dem Bedeutungskreis von Kampf, Herrschaft, Geist oder Überlegenheit stammt, sondern aus dem lateinischen »cultura« = Bearbeitung, Anbau, Pflege, Landwirtschaft, bzw. aus »cultus« = (äußere) Lebensgewohnheiten, häusliche Einrichtung, Gesittung, auch Verfeinerung, Erziehung, Bildung. Dazu kommt die zweite Bedeutung von cultus = religiöse Verehrung, dargebrachte Huldigung, und, besonders interessant, in der männlichen Form »cultor« = Pflanzer, Züchter, Bauer, Einwohner, Freund, Liebhaber, Anbeter, Priester.[17] Dies bestätigt rein sprachlich, was die Matriarchatsforschung inhaltlich ans Licht gebracht hat, daß die patriarchale Kultur auf einer vorausgehenden bäuerlichen Kultur aufruht, die in ihrer sozialen Gesittung und religiösen Vorstellungswelt bereits eine feste, geistige Struktur besaß (wobei das Synonym für Liebhaber und Priester auf matrizentrische Kulte verweist).

Aus dieser Sicht stehen am Beginn des Kulturprozesses weder irgendwelche abstrakten Gegensatz-Prinzipien noch die heldische Transzendierung der Natur, und auch nicht, wie der späte Freud annahm, die einander konkurrierenden Kräfte des Lebenstriebes und eines dunklen Todestriebes. Meine These ist, daß es *ganz konkrete psychische Spannungen in den Gruppen der Frühzeit waren, genauer die soziale Spannung zwischen den weiblichen und den männlichen Mitgliedern der Gruppe, welche die menschliche Sozialgeschichte und die Geistesgeschichte in Bewegung brachten.*

Als die eigentliche Schubkraft für die patriarchale Kulturentwicklung konnten wir die *männliche Angstabwehr* (vor dem Numinos-Weiblichen) und *die männliche Kompensation* (aufgrund sozialer Frustration) erkennen. Und beides führt, wie wir gesehen haben, zur Etablierung von Gewaltherrschaft und Krieg ebenso wie zu kulturellen Höchstleistungen, zu realitätsflüchtigen Illusionen oder zu expansivem Erfolgsstreben.

Diese Grundkonstellationen für die abendländische Kulturentwicklung, wie für jede patriarchale Zivilisation überhaupt, stellen jedoch die tiefste Schicht aller patriarchalen Verdrängungen dar. Wahrscheinlich besteht von daher sogar ein untergründiger Zusammenhang mit der Tatsache, daß die psychoanalytische Schule Adlers, welche die Überkompensation von Ohnmachtsgefühlen und Frustrationen in den Mittelpunkt ihrer Neurosenlehre stellt, bis heute so viel weniger Anerkennung im öffentlichen Bewußtsein gefunden hat als die Lehren Freuds oder Jungs. Offenbar ist in unserer Gesellschaft die Analyse des Machtstrebens und seiner unbewußten Hintergründe noch hartnäckiger tabuisiert als die offene Diskussion der Sexualität.

Die Richtigkeit meiner kulturtheoretischen Motivationsanalyse vorausgesetzt, wird der patriarchale Mann dem heldischen Kulturmuster und seinem persönlichen Erfolgszwang nur abschwören können, ohne dadurch die eigene Existenz als überflüssig und absurd (Sartre) zu empfinden, wenn er sich dem alten Sinn von »cultura« auf neue Weise zuwendet: *Der Pflege der ihn umgebenden Natur und dem Schutz des Lebens von seinem höheren Wissensstand aus, der Erweiterung und Vertiefung mitmenschlicher Beziehungen* (was mit der Hinwendung zum Kind beginnt) und der *Gestaltung unseres Lebens durch die Schöpfung einer ästhetischen Kultur.*

Ethik jenseits der patriarchalen Philosophie
Dennoch müßte das »postpatriarchale« Denken nicht einen Bruch mit der europäischen Denktradition schlechthin vollziehen, wie es das schil-

lernde Schlagwort von der »Postmoderne« manchmal nahezulegen scheint. Deren philosophischen Vertretern geht es darum, sich aus dem Fortschrittsdogma und den Zwängen des technisch-instrumentellen Denkens zu lösen und das Recht des Individuums gegen das System, das Recht der Differenz gegen die Vereinnahmung durch das Allgemeine zu behaupten. Feministische Ansätze decken sich mit der Postmoderne insofern, als auch sie gegen die Macht- und Herrschaftsansprüche einer (männlichen) Philosophie opponieren, die im Namen der Menschheit zu sprechen vorgibt, während sie die Frauen ebenso ausklammert wie die außereuropäischen Kulturen.

Andererseits sind aber die Unterschiede zwischen den beiden Geisteshaltungen mindestens so groß wie ihre Gemeinsamkeiten. Die feministische Einmischung in die Philosophie verwirft nicht jede emanzipatorische Utopie, so wie die Postmoderne alle »Großen Erzählungen« und jede Form von Aufklärung verwirft. Sie begreift sich nicht als eine Stimme unter anderen im bunten Stimmengewirr der postmodernen, pluralistischen Gesellschaft und setzt die Abschaffung einer alles beherrschenden (männlichen) Stimme nicht mit dem unverbindlichen Relativismus verschiedener »Sprachspiele« (Lyotard) gleich, so als gäbe es überhaupt keinen gemeinsamen Nenner zur Verständigung mehr, keinen moralischen oder politischen Konsens zwischen den verschiedenen Meinungen und Gruppierungen. *Feministisches Philsophieren* will nicht einfach das bisherige Spektrum je nur für sich selbst gültiger Standpunkte um ein neues, feministisches »Diskursgenre« bereichern, sondern *tritt mit dem Anspruch auf, allgemein gehört und ernstgenommen zu werden*. Insofern tritt es in die lange Tradition der philosophischen Aufklärung ein, die ja nicht nur an die europäische Geschichtsperiode gebunden ist, die diesen Namen trägt, und setzt sich zum Ziel, eine »Aufklärung der Aufklärung« zu leisten, wie Brigitte Weisshaupt es formuliert.[18]

Die für das männliche Denken so schwer auflösbare Spannung zwischen individuellem Anspruch und Gemeinschaftsverpflichtungen muß auf einer ganz anderen philosophischen Ebene gelöst werden, nämlich auf der Ebene einer *Wertphilosophie*, welche die emotional-kommunikativen Faktoren in den rationalen Diskurs einbezieht.

In diesem Zusammenhang möchte ich das philosophische Werk von Agnes Heller vorstellen, weil es meines Erachtens einen wichtigen Beitrag zur Neudefinition der Ethik und zu einer ganzheitlichen Kulturphilosophie darstellt.

Agnes Heller kommt als Schülerin von Georg Lukács aus der *marxisti-*

schen Tradition (wurde aber Ende der 50er Jahre wegen »revisionistischer« Ideen aus der Ungarischen Kommunistischen Partei ausgeschlossen) und setzt sich in ihren kulturphilosophischen Schriften mit den Voraussetzungen der traditionell »bürgerlichen« Wertphilosophie ebenso auseinander wie mit dem revolutionären Ethos der Französischen Revolution und den theoretischen Ansätzen der sozialistischen Ethik.

In ihrer *»Theorie der Gefühle«* konzentriert sie sich auf das Kernproblem jeder traditionellen Ethik: auf den Gegensatz zwischen Bedürfnissen und Werten, Neigung und Pflicht, Glücksstreben und Askese. Von der Polarisierung zwischen Gefühl und Verstand ausgehend, die hinter dem Dilemma der patriarchalen Tugendlehren steht, gibt Heller eine brillante psychologische Analyse zur Entstehung unserer Werturteile.

Das wichtigste Resultat dieser Untersuchung besteht darin, daß es weder ein Werturteil noch sonst irgendeinen bewußten Akt gibt, an dem Emotionen nicht wesentlich beteiligt sind. Umgekehrt gibt es keine menschliche Emotion ohne reflexive Erkenntnis. Demnach sind Gefühl und Verstand nicht nur keine Gegensätze, sondern stehen während unserer geistigen Entwicklung in ständiger Wechselwirkung: »Nicht die Kognition steht der Emotion gegenüber, sondern die höheren Formen der Emotion und der Kognition bedingen einander.«[19]

Nur die Ausblendung der Gefühle konnte Bedürfnisse und Wertkategorien als Gegensätze konstruieren. Nach Hellers Definition sind Solidarität und Gerechtigkeit *»radikale Bedürfnisse«* des Menschen, die nur in einem kulturellen Kontext nicht befriedigt werden können, der die berechenbare Nützlichkeit zur obersten Maxime erhebt. Andererseits entwickelt sich das *revolutionäre Ethos zur Unmenschlichkeit*, wenn es sich, dem Ideal der Askese folgend, über die individuellen Bedürfnisse der Menschen hinwegsetzt.

Besonders an zwei Phänomenen wird Hellers Theorie der Gefühle konkret, am Beispiel der Demagogie und am Wesen des Enthusiasmus.

Demagogie als die Möglichkeit, Emotionen zu erregen und zu manipulieren, findet ihre Opfer nach allgemeiner Überzeugung am ehesten unter »Gefühlsmenschen«. Dies trifft zwar für diejenigen zu, die ihre Verstandeskritik ungeschult ließen, doch macht umgekehrt ein hohes Maß an Verstandestraining allein keineswegs immun gegen Demagogie. Wer seine Gefühle verdrängt, ist über das eigene Unbewußte sehr wohl manipulierbar. *Eigentlichen Schutz bietet nur die Verbindung von emotionaler und rationaler Orientierung.* Je nuancierter unsere eigenen Gefühlserfahrungen sind, desto besser werden wir unterscheiden können, auf welcher Klaviatur gespielt wird: ob man an unsere individuellen »Partikularinteressen« appelliert, an kollektive Identifikationen (Nation, Rasse, Klasse) oder an »radikale« d. h. allgemeinmenschliche Regungen der Gerechtigkeit, der Solidarität oder der Erhaltung des Lebens als Ganzem.

Auch bei ihrer Analyse der *Begeisterungsfähigkeit* kommt Heller zu dem Schluß, daß der Enthusiasmus nicht dann am reinsten sei, wenn er auf abstrakte Ideale bezogen ist, sondern vielmehr dann, wenn er seine Kraft aus der konkreten Liebe zum Leben schöpft. Das »um die Idee herum geordnete Leben« vernachlässigt jedes persönliche Gefühl und schreitet deshalb nicht nur über die Bedürfnisse der nächsten Menschen hinweg, sondern nimmt sehr oft auch die eigenen Bedürfnisse nicht wahr. Diese können dann unbewußt als persönlicher Ehrgeiz oder persönliche Racheimpulse in die ideelle Motivation einfließen. »Genauer besehen«, sagt Heller, »ist die *Irrationalität nur die andere Seite der Rationalität.*«[20]

Dazu kommt, daß der Mensch des »*abstrakten Enthusiasmus*« nicht nur eine asketische, sondern zugleich eine elitäre Ethik vertritt. Heller nennt ihn den »Champion der Tugend«, der die Freuden des einfachen Lebens gering achtet und sich bewußt über die Durchschnittsmenschen erhebt.

Demgegenüber geht der »*konkrete Enthusiasmus*« nicht aus der Liebe zur Idee, sondern aus der Liebe zum Leben hervor, und dies bedeutet die Ablehnung jeden ideologischen Glaubenseifers und die Absage an die Verherrlichung des Martyriums.[21] Freilich kann auch der unheldische, »konkrete Enthusiasmus« Unglück, persönliche Schicksalsschläge und Leiden nicht verhindern. Als Naturwesen sind wir unvermeidlich dem Leiden und dem Tod ausgesetzt und haben dies als konstitutiv für das Leben zu akzeptieren. Wir können Glück und Unglück weder in einer quantitativen Aufrechnung im Jenseits begleichen, noch die Illusion nähren, der Schmerz als Preis für das Fühlen könne durch den Fortschritt der Wissenschaft jemals ganz eliminiert werden. Aber wir können als *bewußte Menschen versuchen, die unabdingbaren Leiden solidarisch zu tragen und nicht* (wie es unsere Industriegesellschaft heute tut) *auf Kosten der Leiden anderer zu leben.* »Fühlen muß gelernt werden« sagt Heller. »Aber um Fühlen zu lernen, müssen wir das Leid zu unserem Schmerz machen... Sowohl bei denen, die selbst leiden als auch bei denen, die wissen, daß andere leiden.«[22]

Gefühl und Verstand
Ohne dies direkt auszusprechen, trifft Heller mit ihrer *Kritik ins Zentrum* der klassischen *patriarchalen Ethik*. Diese war als *heroische Moral* immer *asketisch*, weil sie den Sieg des Geistes über das Leben forderte, und zugleich *elitär*, weil sie den Mann qua Geschlecht für prädestiniert hielt, die bloße Natur zu transzendieren.

Sobald aber Natur und Moral, Neigung und Pflicht keine polaren Gegensätze mehr sind, erweist sich auch der Gegensatz von *Egoismus und Altruismus als falsche Alternative*. Dann geht es nicht mehr um den Triumph des Geistes über die niederen Leidenschaften, vielmehr um jene Entwicklung der Mit-Freude und der Mit-Leidensfähigkeit, welche die eigenen vitalen Interessen und die Glückserwartung anderer Menschen als gleich starken Wert empfindet. Wenn unter dieser Voraussetzung zwei Wertansprüche konkurrieren, so spielt sich die ethische Entscheidung nicht auf der Kampfarena zwischen parteiischem Gefühl und unparteiischer Vernunft ab. Bei der je einmaligen, situationsbedingten Entscheidung neigt sich die Waagschale zugunsten desjenigen Wertes, mit dem wir uns zutiefst identifizieren und der von daher das größere emotionale Gewicht erhält. Auf diese Weise entsteht eine ganz *andere »moralische Figur«* als der heroische Drachentöter in der eigenen Brust. Wenn das Leben mit seinen sinnlichen, emotionalen und geistigen Qualitäten der höchste Wert für alle ist, verliert die Rede vom Leben, das nicht der Güter höchstes sei, ihren Sinn.

Diese andere moralische Figur, die mit dem »Champion der Tugend« nichts mehr gemein hat, entbehrt auch der Egozentrik der »Selbstvervollkommnung«, wie sie im Ideal des »Exemplum Virtutis« (Beispiel der Tugend) in der Aufklärung noch lebendig war.

Sobald aber Fühlen und Denken verschwistert sind und sich das Kulturbewußtsein nicht mehr kompensatorisch gegen die Immanenz des Lebens konstituiert, könnte auch der Mann die mißachteten Leidenschaften in sein Selbstbild integrieren und aufhören, ein zerrissenes Wesen zwischen Engel und Tier zu sein. Damit würde auch die Frau ihr rätselhaftes Wesen verlieren, das jeweils den einen oder den anderen Teil zu ergänzen hat. *Ungeachtet ihres Geschlechts könnten sie Menschen unter Menschen sein, das Leben mit allen Sinnen bejahend, ohne die kritische Distanz zur Natur zu verlieren* und den ethischen Appell aufzugeben, die Leiden der Menschen und der gesamten Kreatur zu lindern.

Die Frage nach einer weiblichen Ästhetik
Wenn ich im folgenden einige Hinweise auf den Stand der feministischen Kunstkritik und Kunstproduktion gebe, so kann auch dies nur sehr summarisch geschehen. Es geht dabei zum einen um die *kritische Reflexion der bestehenden Kunstrezeption* und zum anderen um *weibliches Kunstschaffen* und um die Frage nach einem spezifisch weiblichen Kunststil.

Nicht wegzudenken sind hier die Literatur und die feministische Literaturkritik. Ein Buch wie *Christa Wolfs »Kassandra«* hat das Bewußtsein unzähliger Frauen (und Männer) verändert. *Doris Lessings »Goldenes Notizbuch«*, *Verena Stefans »Häutungen«* oder *Helke Sanders »Die Geschichten der drei Damen K.«* haben neue Perspektiven für die weibliche Selbstfindung eröffnet.

Als Literaturhistorikerinnen haben *Silvia Bovenschen* und *Sigrid Weigel* die Rolle der Frau als Projektionsobjekt in der Literatur der Vergangenheit analysiert und gezeigt, wie die Frau als Schriftstellerin und Dichterin nur mit äußerster Anstrengung ihr weibliches Subjekt aus diesem Projektionsbild zurückziehen kann. Deshalb bleibt auch die Frage nach einer spezifisch weiblichen Ästhetik in bezug auf Inhalt und Stil nur vorläufig beantwortbar.[23] Sicher ist nur, daß die Frau aus ihrer typisch weiblichen Lebenssituation heraus die Wirklichkeit ihrer engeren und weiteren Umgebung anders wahrnimmt und daß sie sich zur Sprecherin derer macht, die im Schatten der Macht stehen.

Wenn sich die *Dichterinnen* heute am entschiedensten gegen ein Sprachdiktat wehren, das ihr Denken und Fühlen in ein vorgegebenes Raster zwingt, so sind sie damit – wie die Dichter/innen aller Epochen – nur die *sensibelsten Vertreterinnen und gleichsam das Gewissen ihrer Zeit*. Wenn es einen Weg zur Wiedererweckung einer nicht intellektuell eingeengten Sprache gibt, so über die Dichtung und über das Gewahrwerden jenes vitalen Gefühlsstroms, der sich in die Sprachbilder ergießt und die Vibrationen der Empfindungen in die Rhythmen des Sprachablaufs einfließen läßt.

Deshalb verhalten sich die zeitgenössischen Dichterinnen *allen Sprachregelungen gegenüber skeptisch* und artikulieren sich in einem Stil, der die lineare, eindimensionale Erzählebene verläßt zugunsten eines Netzwerks von Gegenwartsempfindungen und Erinnerungen, von traumhaft aufsteigenden Bildern und überwacher Selbstkritik – in einem Stil, der scheinbar sprunghaft den Handlungsablauf vorantreibt und scheinbar sorglos mit grammatikalischen Regeln und Interpunktionen umgeht. Dies ist aber nicht der Ausdruck einer unbekümmerten, subjektiven Irrationalität, sondern ein *Instrument zur Emanzipation aus den verengten, zensurierten Sprechweisen* und zur Wiedereinblendung verdrängter Lebensinhalte.

Dennoch weisen gerade die profiliertesten Vertreterinnen der Gegenwartsliteratur jeden Separatismus einer spezifisch weiblichen Dichtkunst zurück, indem sie nicht nur daran erinnern, daß Dichter wie Artaud und Joyce eben diesen »weiblich«-emanzipatorischen Stil bereits praktizierten, sondern auch darauf bestehen, daß sich in der Poesie das Emotionale vom Rationalen, die Unmittelbarkeit des Ausdrucks vom Willen zur Form nicht trennen lassen.[24]

Verknüpfung von Kunst und Leben
Am direktesten nähern wir uns dem weibliche Kunstschaffen über das *Selbstverständnis der Künstlerinnen*, das, wenn wir es mit den biographischen Äußerungen von Künstlern vergleichen, von völlig anderen Voraussetzungen ausgeht. Der romantischen Vorstellung vom Genie entsprechend, sah sich der Künstler sehr oft als tragische Ausnahmeerscheinung, die fernab vom menschlichen Leben eine Mission erfüllt und dafür gleichzeitig bewunderndes Mitgefühl und das Privileg moralischer Sondermaßstäbe erheischt.

Bei den Künstlerinnen sind es hingegen die fast unüberwindlichen gesellschaftlichen Hindernisse, die den schöpferischen Kräften der Frauen entgegenstehen, d. h. die Schwierigkeit, ihr konkretes Leben mit einer schöpferischen Tätigkeit zu verbinden. Dabei wünscht sich die Mehrzahl der Künstlerinnen nichts sehnlicher als diese Verknüpfung von Kunst und Leben, während die offizielle Ästhetik, wie Christa Wolf es einmal formuliert, »im gleichen Maß zu dem Zweck erfunden ist, sich die Wirklichkeit vom Leibe zu halten, sich vor ihr zu schützen, wie zum Ziel, der Wirklichkeit näherzukommen«.[25]

Den weiblichen *Gegenpol zum Ideal des romantischen Künstler-Heroen* haben wir in den Gestalten *Rahel Varnhagens* und *Gertrude Steins* vor uns, wie sie zuletzt Marlis Gerhardt beschrieben hat. Beide Frauen beharren jede auf ihre Weise leidenschaftlich darauf, daß der künstlerische Ausdruck nicht an eine überzeitliche Idee gebunden sei. Nach ihrer Vorstellung gestaltet Kunst den lebendigen Augenblick und stellt keine Reflexion über die Dinge dar, sondern die unmittelbare Berührung der Dinge selbst. »Der Dichter muß in der Erregung des reinen Seins arbeiten«, sagt Gertrude Stein[26] und kämpft damit für die lebendige Empfindung und den lebendigen Ausdruck in der Kunst und gegen den toten Buchstaben, die artifizielle Metapher, gegen jede aufgesetzte Sinngebung und Interpretation. Bei Rahel Varnhagen geht dieses Bestreben so weit, daß sie sich weigert, ein losgelöstes Kunstwerk zu schaffen, eine gedruckte »Rede« anstelle ihrer Gespräche in Brieform, weil Leben und Kunst für sie untrennbar sind.

Das soll natürlich nicht heißen, daß Kunst nicht immer eine *symbolische Transformation von Wirklichkeit und ihrer Erfahrung* sei. Aber symbolische Transformation ist ein sinnliches Ereignis und bleibt an körperliche Wahrnehmungen und Ausdrucksgebärden gebunden. Erst das Symbol im Sinne der Allegorie, bei dem ein Bild stellvertretend für einen anderen Inhalt steht, verdrängt die sinnliche Apperzeption des Konkreten und macht aus der Rose ein stellvertretendes, rational gewußtes Zeichen für Liebe, Schönheit oder Weiblichkeit. Deshalb Gertrude Steins zur Legende gewordener Satz: »Eine Rose ist eine Rose ist eine Rose.« Im Grunde geht es dabei um die patriarchale Trennung von Verstand und Gefühl, von Idee und Sinnlichkeit, Geist und Körper, weshalb Rahel Varnhagen darauf besteht, zugleich einen Geistkörper und ein Körper-Ich zu besitzen.[27]

An der Kunstdebatte zeigt sich einmal mehr, wie unzutreffend die üblichen sexistischen Zuweisungen sind: subjektiv gleich weiblich, objektiv gleich männlich. Nirgends finden wir eine solche Passion zur Objektivität, zur Hinwendung an die Sachen selbst wie bei den bedeutenden Kunsttheoretikerinnen. Dies hat aber weder mit falscher Bescheidenheit noch mit der Geringschätzung des Subjekts zu tun, sondern damit, daß *der schöpferische Akt als Aufhebung der rationalen Distanz zum Gegenstand* und gleichzeitig als Aufhebung jeder narzißtischen Selbstbespiegelung begriffen wird. Gertrude Stein definiert Meisterwerke gerade dadurch, daß sie ohne das Schielen auf das Publikum entstehen und nicht aus dem willentlichen Vorsatz, etwas Unsterbliches zu leisten.[28]

Wie wenig Dichtung mit einer vorgefaßten Absicht zu tun hat, beschreibt Elfriede Huber-Abrahamowicz anhand der Entstehungsgeschichte ihrer jüngsten Gedichte. In einem bemerkenswerten Aufsatz über Sprache und Dichtung vergleicht sie die *Bildkonstellationen der Poesie mit den Analogieketten des Unbewußten im Traum*. Beide Arten der Vernetzung von Erinnerungen mit neuen Wahrnehmungen und Vorstellungen folgen einer Art Zwang, der nicht bewußtseinsgesteuert ist. »Wir können ebenso wenig dichten, was wir wollen, wie wir, was wir wollen, träumen können«, sagt Huber-Abrahamowicz. Die Assoziationsketten bilden sich spontan und werden vom Traum-Ich lose, vom poetischen Ich bewußt zusammengefügt und formal gestaltet.[29]

Ganz aus diesem Geist wendet sich die Kulturkritikerin *Susan Sonntag gegen die intellektuelle Interpretation des Kunstwerks*. Nicht daß sie glaubt, daß wir jemals wieder in den Stand der vorintellektuellen Unschuld zurücktreten könnten, als Kunst noch magische Beschwörung war. Aber sie lehnt entschieden die künstliche Trennung zwischen Inhalt und Form eines Kunstwerks ab und das daraus folgende Kriterium der mehr oder weniger geglückten Formgebung des Inhalts. Wie sie an der Verwendung der mythologischen Tragödienstoffe zeigt, bildet sich die Kluft zwischen Inhalt und Form erst heraus, wenn sich der Künstler der ursprünglichen Aussagekraft der Mythen entfremdet hat. Was sie vorschlägt, ist eine umfassende Betrachtung der Form als der Ebene, auf der das Kunstwerk transparent wird, eine exakte Beschreibung der Oberfläche und den *Nachvollzug der Erscheinung* anstelle der Suche nach einem verborgenen Inhalt.[30]

Die Effizienz dieses Vorgehens wird deutlich, wenn wir uns der *darstellenden Kunst* zuwenden. Als feministische Kunstkritikerin hat *Sigrid Schade* die Aussagen der Erscheinung anhand klassischer Bildmotive der patriarchalen Kunst nachvollzogen. Dabei stößt sie auf Ausdrucksformen, die den Künstlern selbst gar nicht bewußt sind, was in besonderem Maß für die Darstellung des *weiblichen Körpers* gilt. Schade zeigt, wie das offizielle Ziel der Kunst vieler Jahrhunderte, den weiblichen Körper in ästhetischer Vollkommenheit abzubilden, ein inhaltliches Programm vorspiegelt, das in der Art seiner Darstellung noch ganz andere Motive verrät. Sie spricht in diesem Zusammenhang vom »voyeuristischen Blick« und arbeitet heraus, daß sich hinter dem *scheinbar interesselosen Wohlgefallen des Künstlers am »Gegenstand«* seiner Kunst sowohl sein sexuelles Interesse als auch seine *sexuellen Ängste verbergen*.

Um seine Ängste zu neutralisieren, filtert der Maler im Namen der Schönheit all jene Elemente des weiblichen Körpers heraus, die ihn beunruhigen: die aktive Leidenschaft des weiblichen Begehrens, indem er den Frauenkörper stets passiv sich darbietend zeigt, und die individuellen Merkmale des konkreten Frauenkörpers, wenn er den Frauenakt zum Idealkörper mit idealen Maßen stilisiert. Dazu kommt, daß die Malerei als Medium nur die optischen Reize zuläßt und damit die Körperausstrahlung auf die Gesamtheit der Sinne ausschaltet. Die Botschaft an den Betrachter laute immer, sagt Schade: »Schaue mit Lust, aber schreite nie zur Tat. Kontrolliere deine Verführung mit den Augen.«[31]

Zu Beginn der Neuzeit bringt dann das Zeitalter der Hexenverfolgung eine ganz neue Möglichkeit für den *voyeuristischen Blick*. Nun kann die *gefährliche Magie des weiblichen Körpers sichtbar gemacht* werden, sobald sie als *Stigma der Hexe* dingfest gemacht und verurteilt wird. An den Hexenbildern des Hans Baldung Grien ent-deckt Schade die (uneingestandene) Gelegenheit für den Künstler sowie für die Bildbetrachter, die sexuelle Zensur bei der Zurschaustellung des sündhaften Weibes zum Teil aufzuheben. Nun werden laszive Posen und eine sinnliche Ausstrahlung des Körpers zugelassen, die in der Darstellung unbescholtener Frauen undenkbar gewesen wären. Längst nach dem Verebben des eigentlichen Hexenwahns lebte diese Möglichkeit in der Malerei des 17., 18. und 19. Jahrhunderts in den Gestalten der Judith und der Salome fort, welche als männermordende Verführerinnen die alte Hexenrolle übernahmen. Noch in der dekadenten Figur der Femme fatale hat sich davon ein Nachklang erhalten.[32]

Dem weiblichen Kunstschaffen in der Malerei wendet sich die Kunsthistorikerin *Hanna Meyer-Gagel*[33] zu. Sie stellt die Frage nach einem spezifisch weiblichen Kunststil in diesem Medium der Kunst und analysiert die Werke bedeutender Malerinnen vom 16. Jahrhundert bis zur Gegenwart. Dabei stellt sie deren Portraitkunst vergleichbare Werke männlicher Portraitisten gegenüber und zwar jeweils Bilder, denen ähnliche menschliche Szenen oder sogar die gleichen historischen Persönlichkeiten als Vorlage dienten.

Anhand dieser Parallelen zeigt sich, daß die Malerinnen sehr viel stärker den individuellen Ausdruck einer Person wiedergeben oder auch den Gefühlsausdruck, der der menschlichen Situation eines Gruppenbildes entspricht. Dagegen scheint den Malern viel mehr daran gelegen zu sein, den standestypischen oder idealisierten Charakter eines Menschen und einer sozialen Situation darzustellen. Diese Charakterisierung bezieht sich auf die Portraits von beiden Geschlechtern. Aus der Hand von Künstlerinnen wirken die Männerportraits weniger steif und offiziell, dafür entspannter, privater, von heroischer Pose entbunden. Gleichzeitig sind die Frauenbilder der Malerinnen weniger romantisch entrückt als durch die Brille der Männer. In ihrer körperlichen Präsenz frischer und unmittelbarer wirken sie weit aktiver und selbstbewußter.

Bei diesen Unterschieden handelt es sich aber nicht um einen unterschiedlichen formalen Stil, denn alle herangezogenen Malerinnen, von Sofonisba Anguissola, der Hofmalerin Philipp II. (wer hat von ihr, die 50 hervorragende Bildwerke hinterließ, je gehört?) über Angelika Kauffmann bis zu Käthe Kollwitz stehen durchaus in der ästhetischen Tradition ihrer Zeit. Sie gehen aber mit einer ganz anderen Sensibilität an ihr Gegenüber heran, was sich erst beim sorgfältigen Betrachten der Bilder enthüllt. Es ist unnötig zu sagen, daß diese *spezifisch weibliche Sensibilität* für die menschliche Situation nicht die Folge der weiblichen Biologie ist, sondern Ausdruck *der besonderen sozialen und historischen Rolle der Frau*, die ihre Fähigkeit zur Einfühlung und zur sinnlichen Wahrnehmung psychischer Ausdrucksphänomene ungewöhnlich schärfte. Interessanterweise verwischen sich durch die psychisch differenzierte Sicht unserer Malerinnen gerade die sexistischen Stereotypien: Ihre Frauen wirken »männlicher«, ihre Männer »weiblicher« als die der Kollegen, und damit nehmen sie in ihrer Personendarstellung das Moment des »Androgynen« vorweg, das in der theoretischen Geschlechterdiskussion erst viel später thematisiert wurde.

Auch auf dem Gebiet der *Architektur* kam – angeregt durch die Wiederentdeckung der matrizentrischen Kulturen – die Diskussion um einen *weiblichen Baustil* in Gang. Ein Teil der Architektinnen geht dabei von der Vorstellung eines spezifisch weiblichen Raumempfindens aus, das in einer besonderen Beziehung zum weiblichen Körper und zur runden Form stehe.[34]

Dagegen ist einzuwenden, daß sich auch die männliche Raumphantasie an mütterlich-uteralen Raumempfindungen orientieren kann. Der römische Rundbogen und der Kuppelbau der Renaissance gehören zur patriarchalen Kultur. Die Bevorzugung eckig-kantiger Formen hat sich offensichtlich erst mit der Technisierung und Rationalisierung des Bauwesens durchgesetzt.

Was wir jedoch anhand der minoischen Baudenkmäler feststellen konnten, ist die Tatsache, daß dem vorpatriarchalen Bauen *repräsentative Fassadenhaftigkeit und Monumentalität* fehlen. Die kretischen Paläste sind von innen nach außen gebaut und orientieren sich in ihren Grundrissen an den Bedürfnissen ihrer Bewohner. Dazu kommt eine Art der Wohngestaltung, die immer ein nahes Zusammenleben einer größeren Gruppe möglich macht.

Die größere *Konzentration* auf konkrete *soziale Bedürfnisse* bedeutet jedoch nicht, daß diese Beispiele matrizentrischer Architektur der bewußten Stilisierung entbehren. Raumsymbolik und ornamentale Symbolik spielen im Gegenteil in allen Frühkulturen eine hervorragende Rolle. Zum reinen Funktionalismus als proklamiertem Baustil kommt es erst in unserem Jahrhundert unter der Führung der männlichen Avantgarde.

Dieser Impuls entsprang der revolutionären Geste der Söhne, mit der sie die Monumente ihrer Väter zertrümmerten. Nun gilt aber für die Architektur wie für alle anderen Kunstgattungen, was Marlis Gerhardt für die Avantgarde in der Literatur konstatiert: Die Töchter haben mit den Verwerfungsritualen der Söhne nichts zu schaffen. *Weibliche Avantgarde ist ihrem Wesen nach subversiv, nicht heldisch-antithetisch.*[35]

Wenn wir etwas vom alten matrizentrischen Baustil in unsere heutige Architektur aufnehmen wollen, so ist an zwei Dinge zu denken: zum einen an die *Komposition von Wohnformen, die ein verbundenes Wohnen möglich machen*, wie es heute im genossenschaftlichen Wohnen durch gemeinsame Wohnplätze und Wohnstraßen zu verwirklichen wäre.[36] Zum andern könnte die *Wiederentdeckung des Ornaments* durch die Postmoderne sehr viel mehr bedeuten als ein äußerliches Spiel mit Dekors, welche die Leere des technischen Funktionalismus kaschieren sollen. Hier könnten die verlorene *Kraft der ornamentalen Zeichensprache, der Sinn für die Beziehung der Raumpunkte zueinander und für die harmonische Unterteilung der Fläche* wieder zur Anwendung kommen. Es ist nicht bloße Sentimentalität, was hinter der Faszination durch nostalgische Formen steht. Hier bricht der ungestillte Wunsch heimatloser moderner Menschen nach Orientierung und Geborgenheit hervor, die von alten Raumproportionen und ornamentalen Mustern ausgehen, weil sie uns die Grenzenlosigkeit von Raum und Zeit in einem begrenzten Nacheinander und Zueinander erscheinen lassen.

Dazu käme als Drittes die Kunst, *Architektur harmonisch in den Lebensraum der sie umgebenden Natur* einzubeziehen, wie sie allen Frühkulturen selbstverständlich ist.

Von diesen drei Momenten hätte die weibliche Subversion in der Architektur auszugehen, um einem Lebens- und Raumgefühl Rechnung zu tragen, das *die menschlichen Maßstäbe* bewahrt und dem kosmischen Raum verbunden bleibt. Nur auf diese Weise könnten wir der Maßlosigkeit unserer durchrationalisierten Zivilisation und der tödlichen Isolation in einer vom Leben abgeschnittenen technischen Welt entgehen.

Befreiung der Kunst aus dem musealen Ghetto
Über die Innenarchitektur ließe sich eine Brücke schlagen zwischen Kunst und Kunsthandwerk, zwischen der Kunst der bleibenden Denkmäler und dem künstlerischen Engagement zur Gestaltung der vergänglichen Dinge des täglichen Gebrauchs. Das Einbeziehen des gesamten Lebens in die Kunst wäre die Voraussetzung für das allmähliche Absterben des

musealen »Kunstfetischismus«, der sich nur herausbilden konnte, nachdem die religiösen Institutionen und die Fürstenhäuser als Betätigungsfeld für die Künstler wegfielen, sie aber ihren Anspruch auf elitäre Abgehobenheit dennoch beibehielten.

Freilich ist weder das kurzlebige modische »Design« noch die sogenannte Performance- und Aktionskunst, die vom »toten« Kunstobjekt weg zum lebendigen kreativen Akt führen will, notwendigerweise anticlitär. Auch sie können sich in der rebellischen Geste der Söhne gegenüber dem Establishment, in der Inszenierung einer radikalen (oder snobistischen) Antikunst erschöpfen, statt in Umkehr der patriarchalen Realitätsflucht eine *Annäherung an das konkrete Leben* zu sein. Dies gilt allerdings nicht für die feministische Aktionskunst, die als Medium der Selbstwahrnehmung des eigenen Körpers und seiner patriarchalen Entfremdung ein sehr konkretes, politisches Motiv hat und zudem an ihrer Geburtsstätte in Amerika aus dem Tanz und der Pantomime hervorging; so auch Laurie Anderson als eine der bekanntesten Aktionistinnen.[37]

Für eine engagierte feministische Kunst zeichnet sich eine ganz andere Gefahr ab, die Helke Sander in Anlehnung an den »sozialistischen Realismus« als »feministischen Realismus« apostrophiert hat.[38] Gemeint sind die provinzielle Beschränkung auf »Frauenthemen« und die Propagierung einer simplen Kunstproduktion »aus dem Bauch« unter Ausblendung einer revolutionären Gesamtperspektive und unter Verzicht auf intellektuelle Durchdringung und Formung.

Wenn es gegenwärtig eine geglückte *Grenzüberschreitung zwischen Leben und Kunst* wie auch *zwischen den Kunstgattungen* gibt, so am ehesten im »Living Theatre«, im »kinetischen« oder »totalen Theater«.[39] Hier wird das Publikum in das Geschehen mit einbezogen und hier erhalten neben Wort und Musik der Tanz und die Pantomime ihren ursprünglichen Stellenwert zurück, den sie einmal bei den archaischen Festen besaßen. In der Rückbesinnung auf das Fest als dem gemeinsamen Ursprung aller Künste wird der männliche und weibliche Körper zum Medium der aktiven künstlerischen Gestaltung und tritt die persönliche Ausstrahlung der Schauspieler/innen viel stärker aus der Rolle hervor. Zudem wäre die Musik das Medium schlechthin, das die gesellschaftlichen und sexistischen Abgrenzungen überschreiten könnte, wenn sich nicht auch hier ein Teil der männlichen Avantgarde in exzentrische Abstraktionen verlöre. So berechtigt das Mißtrauen gegenüber jedem falschen Pathos ist, das die Herrschenden für ihre Zwecke mißbrauchen, und so nötig die Wachsamkeit gegenüber der Kommerzialisierung einer

»volksnahen« Musik, die das menschliche Elend mit billigen Phrasen erstickt, so liegt die Rettung doch kaum im Purismus der atonalen Musik oder in der introvertierten Vereinzelung der konsequenten Improvisation. Nur dort, wo Musik die Verbindung zur elementaren Ausdruckskraft des Liedes im allerweitesten Sinn dieses Wortes behält, oder wie L. Bernstein es ausdrückt, zum »allumfassenden Erdboden der Tonalität«,[40] ist sie lebendige und kommunizierbare Kunst. Und wenn es einen spezifisch weiblichen Beitrag zur Musik gäbe, so wäre er von der »konkreten Begeisterung« getragen, von der Agnes Heller spricht, wie sie im schlichten Volkslied ebenso gegenwärtig sein kann wie in der Volksoper des Canto General von Mikis Theodorakis und Pablo Neruda, wie sie sich im Ethno-Jazz, im New Flamenco oder in der Renaissance der algerischen Raï-Musik unmittelbar mitteilt und wie sie etwa in der Feminist Improvising Group (der Kreis um Sally Potter und Lindsay Cooper) alle stilistischen Etikettierungen hinter sich läßt.

Kunst als Utopie

Schließlich bleibt am Ende unseres Streifzuges durch die Künste die Frage offen, ob es denn, wenn sich die Abgrenzungen der Künste verwischen und wenn die Mauern der musealen Kunst einstürzen, überhaupt noch einen gemeinsamen Nenner dafür geben kann, was Kunst sei und welche Kriterien an sie anzulegen wären. Die Antwort darauf kann sicher nicht in einer schlüssigen Definition bestehen nach dem Vorbild früherer Kunstbestimmungen: etwa, das Kunstwerk sei eine in vollendete Form gebrachte Idee oder die naturalistische Wiedergabe der äußeren oder auch die authentische Wiedergabe der inneren Wirklichkeit; Kunst sei der Spiegel (auch der kritisch-politische Spiegel) ihrer Zeit oder nichts von alledem, sondern nur das abstrakt-ästhetische Spiel mit Farben und Formen, Worten, Tönen, Rhythmen und Bewegungen.

Eine solche definitorische Abstinenz muß aber weder bedeuten, die bisherigen Kunstdefinitionen blind zu verwerfen, die alle, wenn auch einseitig, eine Funktion von Kunst zum Ausdruck brachten, noch erklärt sie die Kunst zu einer Sache des ganz persönlichen Geschmacks, der jeweiligen Modeströmung oder des kreativen Zeitvertreibs. Es liegt eine ungeheure Arroganz und Ignoranz in der snobistischen Pose, Kunst nur geschmäcklerisch zu genießen und dabei so zu tun, als bedürften wir ihrer Wahrheiten und Tröstungen nicht. Wie eh und je, so meine ich, existiert *auch heute das menschliche Grundbedürfnis nach dem Ausdruck von Empfindungen und Leidenschaften in einer gebändigten Form*, und zwar sowohl aktiv als künstlerische Passion zur Formung und Formulierung, als auch passiv im Erlebnis des Einklangs von äußerer und innerer Wirklichkeit. Dabei können wir das Kunstwerk selbst weder als ein Äußeres noch als ein Inneres bezeichnen, vielmehr als eine *Gestalt sinnlicher Gegebenheiten*, in die emotionale Mitteilungen verwoben sind und die als solche eine Satisfaktion für unsere Sinne und unsere Gefühle enthält – eine Befriedigung und Befreiung, wie sie im emotionalen Gleichklang mit dem Kunstwerk ebenso erfahren wird wie in der künstlerischen Gestaltung selbst, welche die Erregungen der Seele in eine außerindividuelle Beziehung bringt. Im Erlebnis der an ihren Ort gebrachten Gefühle liegt eine »Bergung« und »Lösung« zugleich, für welche die Antike den Begriff der »Katharsis« (Reinigung) hatte und der in einer uns fremd gewordenen religiösen (im weitesten Sinn von religio = Rückbindung) Sprache »Tröstung« heißt.

Freilich sind alle diese Worte längst abgegriffen, verfälscht, mißbraucht. Ob das Ästhetische mit dem Angenehmen und dem Beschwichtigenden verwechselt wird oder die Qualität des Wahren und Aufrichtigen enthält – jene Qualität, die noch der Verzweiflung ihre Richtigkeit verleiht und die Leidenden daran aufrichtet –, ist nur an den Früchten des Umgangs mit Kunst zu messen: ob sie taub macht für den Aufschrei der Unterdrückten und gleichgültig gegenüber den Zerstörungen des Lebens oder ob sie *Kräfte freisetzt, die sich der realen Utopie einer solidarischen und glücklicheren Welt annähern.*

Statt eines Nachworts:
Meine persönliche Gleichung

Jede geistige Arbeit hat auch ganz persönliche Beweggründe. Es gehört zu den wesentlichen Punkten meiner Patriarchatskritik, daß sich männliches Denken in den meisten Fällen keine Rechenschaft über seine persönlichen Motive ablegt und dies aus der Vorstellung, die Welt des »objektiven Geistes« sei abtrennbar vom eigenen Leben und Erleben.

Nun bilden aber die durch Erziehung und persönlichen Werdegang erworbenen Perspektiven einen je eigenen und immer auch beschränkten Lebenshorizont. Die Konsequenz daraus wäre, daß jeder Autor und jede Autorin seine/ihre »persönliche Gleichung«, wie Jung sich ausdrückte, in den Kontext einer geistigen Auseinandersetzung einzubeziehen hätte.

Deshalb stelle ich im folgenden meinen äußeren Lebensdaten die wichtigsten Stationen meines inneren Lebensgangs zur Seite, wenn beides auch nur stichwortartig geschehen kann.

Ich bin 1927 als mittlere von drei Töchtern in Süddeutschland geboren und aufgewachsen. Mein Vater hatte als ältester Sohn contre coeur den Hotelbetrieb seines Vaters übernommen, während sich sein musischer und romantischer Charakter zur Kunst und zur Philosophie hingezogen fühlte. Was ihm an Vitalität, Realismus und Durchsetzungskraft mangelte, besaß meine Mutter in hohem Maße. Doch fehlte es ihrer charmanten und starhaften Persönlichkeit an Selbstdisziplin, so daß sich ihre Fähigkeiten weniger in eigener Leistung als in der Durchsetzung ihrer Ansprüche an die Umwelt niederschlugen. Ihrer Herkunft und ihrem Temperament nach allzu verschieden, sahen sich beide Eltern in ihren Erwartungen an die Ehe enttäuscht, und so erlebte ich von Kind auf den Vater als unglücklich und die Mutter als unzufrieden.

Meine Haupterinnerung an die frühe und mittlere Kindheit sind Ängste: Angst vor den unkontrollierbaren Temperamentsausbrüchen der Mutter, Unsicherheit gegenüber dem ständig wechselnden Hauspersonal und das beunruhigende Wissen um die finanziellen Sorgen des Vaters. Dennoch verdanke ich dem »geheimen« Leben meines Vaters viel: seiner herrlichen Bibliothek und den unvergeßlichen Aufträgen an das kleine Mädchen, den richtigen Band des Konversationslexikons zum jeweiligen Stichwort zu bringen, seinem Gespür für geistige Zusammenhänge und seiner, wenn auch verhaltenen emotionalen Zustimmung.

Stiller als die beiden Schwestern, beobachtete ich früh die psychischen Schwelbrände, die in der familiären Luft lagen, die sozialen Spannungen im Betrieb, die fremden Gäste und ihre Merkwürdigkeiten. Aufgrund der introvertierten Veranlagung war mein Überlebenskonzept ein selbstverarbeitender und reflektierender Mechanismus, den ich später meine »psychische Kläranlage« nannte.

Vom Interesse her nahm die Schule den wichtigsten Platz in meinem Kinderleben ein. Sie war mein Fluchtpunkt, und ich lernte mit Übereifer. Als ich 12 Jahre alt war, brach der Zweite Weltkrieg aus, ein Jahr vor dem Abitur wurden wir alle zum Kriegsdienst eingezogen, den ich als Hilfsschwester in einem Zivilkrankenhaus versah. Mein Vater, der sich von der alten deutschnationalen Prägung her und als ein im Grunde apolitischer Mensch mit der NSDAP arrangiert hatte, erlebte den Zusammenbruch von 1945 auch als einen persönlichen. Für mich hingegen bleiben die ersten Studienjahre in München mit ihrem Neubeginn und ihrem geistigen Aufbruch unvergeßliche Jahre. An der Tagespolitik wenig interessiert, nahm ich stärker die kulturelle Restauration als die politische wahr, die sich während meines Doppelstudiums Philosophie/Psychologie im Nachkriegsdeutschland vollzog. Nach meiner Promotion am Philosophischen Institut begegnete ich ganz konkret der sexistischen Diskriminierung. Die bezahlte Assistentenstelle wurde mir von der Verwaltung mit dem Argument verweigert: Frauen heiraten ja doch. War mir damit die finanzielle Basis zur theoretisch immerhin vorhandenen Möglichkeit der Habilitation entzogen, so gab es neben den materiellen Gründen, die durch irgendeinen Broterwerb zur Not überwindbar gewesen wären, auch innere Gründe, um von der Universitätslaufbahn Abstand zu nehmen. Ich sehe mich noch im Anschluß an ein Seminar das Treppenhaus der Ludwig-Maximilians-Universität hinunterstürzen und fluchtartig die »Heiligen Hallen« verlassen, die ich mit so unbeschreiblichem Enthusiasmus betreten hatte. Ich hatte genug von intellektueller Beflissenheit, von hochgeschraubtem Wortgeklingel und Konkurrenzgerangel unter den Kollegen.

Es folgten Jahre der praxisbezogenen Ausbildung zur Kinderpsychologin und Psychotherapeutin, wobei die psychoanalytische Selbsterfahrung parallel lief. Erst jetzt wurde mir bewußt, wie einseitig ich bisher Vater-Tochter gewesen war und wie sehr ich das Temperamentserbe der Mutter verdrängt hatte. Nach Auflösung einer unglücklichen Beziehung zu einem viel älteren Mann setzte ich mit 25 Jahren einen Wendepunkt in meinem Leben durch einen längeren Amerikaaufenthalt. Dort erwachte angesichts des Koreakriegs mein politisches Bewußtsein, das sich durch die Begegnung mit dem sozialistischen Hintergrund meines späteren Mannes noch schärfte. Ihn, den Schweizer Chemiker und künftigen Gymnasiallehrer, hatte ich auf der Rückreise von Amerika kennengelernt, und fünf Jahre später heiratete ich und siedelte in die Schweiz über.

Damals war mein Glaube an die Kleinfamilie noch ungebrochen, und der unbedingte Wunsch nach Kindern schob bewußt die berufliche Laufbahn beiseite. Als ich rasch hintereinander zwei Töchter gebar, wurde mein isoliertes Hausfrauendasein durch die relativ große Präsenzzeit meines Mannes in der Familie, die ihm der Lehrberuf ermöglichte, gemildert. Unser partnerschaftliches Verhältnis war für damalige Begriffe außergewöhnlich. Nicht nur suchte mein Mann den vollen geistigen Austausch mit der Partnerin, er nahm auch seine väterlichen Aufgaben schon während der ersten Lebensjahre seiner Kinder wahr. Was mir die erste Zeit meines Ehestandes dennoch nicht leicht machte, war der damalige emanzipatorische Rückstand der Frauen in der Schweiz. Dazu stand von Anbeginn meine Schwiegermutter, zu der mein Mann als einziger Sohn in einem außerordentlich belastenden Verhältnis stand, wie ein dunkler Stern über unserem gemeinsamen Leben. Ohne Vater in spannungsreicher Atmosphäre aufgewachsen, in der er sich als Spielball verwandtschaftlicher Intrigen sah, hatte er sich als junger Mann auf die sichere Insel der Naturwissenschaften gerettet. Dabei hätte ihm nach Neigung und Begabung die Literaturwissenschaft ebenso nahe gelegen. In seiner überschatteten Kindheit und Jugend lag letztlich wohl auch die Wurzel für sein neurovegetatives Leiden, das sein Leben schmerzlich einschränkte und dem er schließlich allzu früh erlag.

Meine Erfahrungen als Mutter zeigten mir bald, wie problematisch die Abgeschlossenheit der Kleinfamilie auch für die heranwachsenden Kinder war, die sich nach mehr spontanem Austausch und Geselligkeit sehnten, und wie wichtig es für die Selbstfindung meiner Töchter wurde, daß ich während ihrer Schulzeit schrittweise wieder ins Berufsleben einstieg und auch finanzielle Mitverantwortung trug.

Nach mehr als 12jähriger Unterrichtstätigkeit – davon die längste Zeit an einer sozialen Berufsschule im Fach Psychologie – nahm ich meine therapeutische Tätigkeit wieder auf, die ich vor meiner Verheiratung an einer Erziehungsberatungsstelle und privat in der Bundesrepublik ausgeübt hatte. Als ich im Alter von 50 Jahren meine psychotherapeutische Praxis in der Schweiz eröffnete, fand ich meine eigenen Lebenserfahrungen in den Schicksalen und Lebensumständen meiner Patientinnen und

Patienten wieder. Seit jeher kam mir in der therapeutischen Arbeit das von Kindheit an vertraute einfühlende Beobachten und das reflektierende Einordnen des emotional Erfaßten zugute, nur daß später die »psychische Kläranlage« auf zwei Ebenen arbeitete: mit der Analyse der individuellen Lebensumstände und mit der Analyse der gesellschaftlichen Verhältnisse (das letztere um so mehr, je stärker ich den Zusammenhang zwischen individueller Problematik und kollektiven Gegebenheiten begriff).

Auch im Subjekt des/der Therapierenden spielt sich der therapeutische Vorgang auf zwei verschiedene, einander bedingende und ergänzende Weisen ab. Neben der persönlichen Empathie, welche die Grundlage jeder therapeutischen Tätigkeit bildet, steht die theoretische Klärung, die nicht ohne innere Distanz gewonnen werden kann. Deshalb bedeutet für mich die theroretische Verarbeitung – gerade auch in der schriftlichen Formulierung – ein Stück Verarbeitung des eigenen Erlebens und Miterlebens und zugleich ein Abstandnehmen von den wechselnden Chancen des therapeutischen Erfolgs.

Auf das vorliegende Buch, das ich schon längere Zeit zuvor begonnen hatte, konzentrierte ich mich voll nach dem Tod meines Mannes 1984. Im Laufe der Jahre eröffneten sich mir immer stärker die kulturkritischen Perspektiven meiner Arbeit, und von daher wurde mir erst allmählich die Tragweite meines Vorhabens bewußt.

Anmerkungen

Einleitung (S. 17–31)

1 Frazer, James G.: Mensch, Gott und Unsterblichkeit. Gedanken über den menschlichen Fortschritt. Leipzig 1932, S. 109
2 Smolla, Günter: Die »neolithische Revolution«. In: Kindlers Enzyklopädie – Der Mensch. Hg. von Herbert Wendt u. Norbert Loaker. Bd. 2. München 1982, S. 563 f.
3 Kornemann, Ernst: Große Frauen des Altertums. Birsfelden b. Basel o. J., S. 9
4 In: Matrilineal Kinship. Ed. by David M. Schneider a. Kathleen Gough. Berkeley 1974, S. 5 f. Eigene Übersetzung
5 Vgl. Fenner, Burkhard: Autorität und Einfluß: Geschlechterbeziehungen im Kulturvergleich. In: Die Braut – geliebt, verkauft, vertauscht, geraubt. Zur Rolle der Frau im Kulturvergleich. Hg. von Gisela Völger u. Karin von Welck. Bd. 1. Köln 1985, S. 108 ff.
6 Der Begriff »matrilineal« bezieht sich ausschließlich auf die Verwandtschaftsordnung und bezeichnet die Abstammungsrechnung nach der mütterlichen Linie. Demgegenüber umfaßt der Begriff »matrizentrisch« die gesamte Lebensphilosophie und Religion einer Gesellschaft. Wir kennen Ethnien, die zwar »patrilineal« rechnen, d. h. nach der väterlichen Linie, und dennoch in Teilen ihrer Weltanschauung matrizentrische Züge bewahrt haben. Umgekehrt gibt es matrilineale Gruppen, bei denen patriarchales Denken und patriarchale Machtansprüche Eingang fanden.
7 Vgl. Weiler, Gerda: Der enteignete Mythos. Eine notwendige Revision der Archetypenlehre G. G. Jungs und Erich Neumanns. München 1985, S. 23
8 Den Ausdruck »Überherrschung« gebrauche ich in Anlehnung an Alexander Rüstow, der in »Ursprung der Herrschaft« (»Ortsbestimmung der Gegenwart«. Eine universalgeschichtliche Kulturkritik« Bd. 1. Erlenbach b. Zürich 1950) von »Überlagerung« oder von «Überschichtung« spricht. Diese neutrale Formulierung scheint mir den Vorgang der Unterwerfung jedoch zu wenig auszudrücken.

Kapitel I
Die matrizentrische Frühzeit
Vorbemerkungen zur Datierung und zu den Quellen der Vorgeschichte (S. 35 ff.)

1 Fester, Richard: Die frühe Sprache des Menschen. In: Der Mensch. Bd. 2, S. 240 ff.
2 Fromm, Erich: Robert Briffaults Werk über das Mutterrecht. In: Zs. f. Sozialforschung. Jg. 2, Heft 3. Paris 1933, S. 382–387 (Vgl. Erich Fromm. Gesamtausgabe. Hg. von Rainer Funk. Bd. 1. Stuttgart 1980)

1. Die Große Göttin (S. 44–54)

1 Mythologie. Eine illustrierte Weltgeschichte des mythisch-religiösen Denkens. Hg. von Richard Cavendish u. Trevor O. Ling. München 1981, S. 286
2 König, Marie E.: Am Anfang der Kultur. Die Zeichensprache des frühen Menschen. Frankfurt a.M., Berlin, Wien 1981, S. 321

3   Neumann, Erich: Die Große Mutter. Eine Phänomenologie der weiblichen Gestaltungen des Unbewußten. Olten 1974, S. 138, Taf. 80 u. 50
4   Bild der Völker. Die Brockhaus Völkerkunde in zehn Bänden. Bd. 2. Wiesbaden 1974, S. 90f. – Gillon, W.: Collecting African Art. New York 1980, S. 39 – Auf einem Knochenschrein aus Mali (Baule) sehen wir ein Holzrelief, das einen Eidechsenkörper mit Schwanz und menschenähnlichen Armen und Beinen in der schematisierten Art der Kanaga-Figur zeigt, darüber einen menschlichen Kopf. Das Kultbild auf dem Totenschrein symbolisiert wohl ebenfalls Fruchtbarkeit und Wiedergeburt. Vgl. L'Art de l'Afrique noîre. Saint Etienne 1956, S. 9, Nr. 61 (Ausstellungskatalog)
5   Neumann, a.a.O., Taf. 1
6   Idole. Frühe Götterbilder und Opfergaben. (Bd. 12 der Ausstellungskataloge der Prähistorischen Staatssammlung München. Hg. von Hermann Dannerheim) Mainz 1985 – Helck, Wolfgang: Betrachtungen zur Großen Göttin und den ihr verbundenen Gottheiten. München 1971, S. 13f. – Biedermann, Hans: Die Großen Mütter. Bern, München 1987, S. 11f.
7   Mellaart, James: Çatal Hüyük. Stadt aus der Steinzeit. Bergisch Gladbach 1967, Taf. IX u. 67
8   Neumann, a.a.O., Taf. 128 u. 125 – Klengel, Evelyn u. Horst: Die Hethiter. Geschichte und Umwelt. Eine Kulturgeschichte Kleinasiens von Çatal Hüyük bis zu Alexander dem Großen. Wien, Zürich 1975, Taf. 36 – Friedell, Egon: Kulturgeschichte Ägyptens und des alten Orients. München 1951, S. 473
9   Bammer, Anton: Das Heiligtum der Artemis von Ephesos. Graz 1984, S. 201 f., Abb. 86 u. 139
10   Neumann, a.a.O., Taf. 8, 9, 12 – Idole, Taf. 20 u. 21
11   Neumann, a..a.O., Taf. 10–17 – Idole, Taf. 17, Abb. 29 u. 30
12   König, a.a.O., S. 208–213
13   Vgl. Art. Dreieck. In: Handwörterbuch des Deutschen Aberglaubens. Hg. von E. Hoffmann-Krayer u. Hanns Bächtold-Stäubli. Berlin, Leipzig 1927 ff.
14   Mellaart, a.a.O., Taf. XV u. 81
15   Ebd. Taf. 65
16   Duerr, Hans P.: Sedna oder die Liebe zum Leben. Frankfurt a.M. 1984, S. 77
17   Mellaart, a.a.O., Abb. 32 u. Taf. 70/71, 73–76, Abb. 23
18   Es handelt sich um Tafeln der Linear-B-Schrift aus dem Palast von Knossos, in einem frühen Griechisch geschrieben.
19   Mellaart, a.a.O., Taf. 45–49, Abb. 47
20   Mythologie, S. 47 – Mellaart, a.a.O., Taf. 119
21   Neumann, a.a.O., Taf. 126 u. 132 – Champdor, Albert: Das ägyptische Totenbuch in Bild und Deutung. Bern 1977, S. 46 – Hampe, Roland, u. Simon, Erika: Tausend Jahre Frühgriechische Kunst. Fribourg, München 1980, Abb. 352 – Klengel, a.a.O., Taf. 32
22   Vgl. Art. Fuchs u. Art. Wiesel. In: Handwörterbuch des Deutschen Aberglaubens
23   Neumann, a.a.O., Taf. 27, 28, 31–34, 55
24   Ebd. Taf. 90 u. 91
25   Ebd. Taf. 80
26   Mellaart, a.a.O., S. 140, Abb. 29
27   Neumann, a.a.O., S. 282, Abb. 64
28   Mellaart, a.a.O., Taf. 83
29   Koepping, Klaus P.: Australier (Arnhem-Land). In: Müller, Klaus E. (Hg.): Menschen-

bilder früher Gesellschaften. Ethnologische Studien zum Verhältnis von Mensch und Natur. Frankfurt a. M. 1983, S. 132
30 Das Gilgamesch-Epos. Hg. u. übers. von Albert Schott. Stuttgart 1958, S. 54 ff.

2. Das männliche Prinzip und die kosmischen Ursymbole (S. 55–69)

1 Mellaart, a. a. O., S. 201, Abb. 48, S. 204 ff., Taf. 61–63
2 König, a. a. O., S. 150–155
3 Briffault, Robert: The Mothers. 3 Bde. New York 1927. Bd. 2, Kap. 20 – Vgl. Eskimomärchen. In: Märchen der Welt. Hg. von Kurt Schier u. Felix Karlinger. Zürich o. J., S. 44
4 König, a. a. O., S. 150–164
5 Briffault, a. a. O. Bd. 3, S. 85 f. – Vgl. Art. Mond u. Art. Sonne. In: Handwörterbuch des Deutschen Aberglaubens
6 Briffault, a. a. O. Bd. 2, S. 422 f. u. 437
7 Zit. nach: Ermann, Adolf: Reden, Rufe und Lieder im alten Ägypten. Abhandlungen der Preußischen Akademie der Wissenschaften. Jg. 1918, Nr. 15, Berlin 1919, S. 14
8 Duerr, a. a. O., S. 93
9 Kühn, Herbert: Kunst und Kult der Eiszeit. In: Der Mensch. Bd. 2, S. 235
10 Weniger bekannt als die kuhgehörnte Hathor ist ihr typisches Gesicht mit den »Hathorlocken« auf einem Falkenkörper. Eine eindrucksvolle Figur einer solchen gefiederten Hathor steht im Louvre (Ägyptische Sammlung. Altes Reich).
11 Mellaart, a. a. O., Taf. 86–91
12 Heiler, Friedrich: Die Religionen der Menschheit. Stuttgart 1984, S. 145
13 Propyläen Weltgeschichte. Eine Universalgeschichte. Hg. von Golo Mann u. Alfred Heuss. Bd. 1. Gütersloh 1979, Abb. S. 710, S. 703
14 So ein hethitisches Doppelidol in: Mythen der Welt. Hg. von Alexander Eliot. Mit Beiträgen von Mircea Eliade, Joseph Campbell u. a. Luzern, Frankfurt a. M. 1976, S. 65 – Vgl. dazu: Duerr, a. a. O., S. 313
15 Michalowski, Kazimierz: L'Art de l'ancienne Egypte. Paris 1968, S. 280, Taf. 123 – Neumann, a. a. O., Abb. S. 142 – Eine ganz ähnliche Anordnung zweier weiblicher Figuren übereinander kennen wir von einem »Kreuzidol« aus Zypern. Abb. in: Aphrodites Schwestern und christliches Zypern. 9000 Jahre Kultur Zyperns. Bremen 1987, S. 31 (Ausstellungskatalog)
16 Neumann, a. a. O., Abb. 65, S. 291
17 Idole, Taf. 28 u. 29
18 In diesem Zusammenhang ist bedeutsam, daß Isis auch die »Herrin der Pyramiden« genannt wird. Vgl.: The Historians' History of the World. Encyclopaedia Britannica Bd. 1 u. 2. London 1926, S. 98
19 Rentmeister, Cillie: Frauenwelten – Männerwelten. Für eine neue kulturpolitische Bildung. Opladen 1985, S. 90 f. – Vgl. in: Aphrodites Schwestern, S. 127 f.
20 Prähistorische Staatssammlung München. Vorgeschichte I. Hg. von Harald Koschik. München 1977, S. 27 (Ausstellungskatalog) – Il Museo Nazionale Etrusco Di Villa Giulia. Rom 1980, S. 130 (Ausstellungskatalog)
21 Lebar, Frank M.: Ethnic Groups of Insular Southeast Asia. Vol. 1. New Haven 1972, S. 24

22 Prähistorische Staatssammlung, S. 27 u. Taf. 3
23 Heiler, a. a. O., S. 234
24 Mellaart, a. a. O., Taf. VII
25 König, a. a. O., S. 247 f.
26 Ebd. S. 106 f. u. 214
27 Ebd. S. 96–102 u. 137 f.
28 Neumann, a. a. O., Taf. 6
29 Idole, S. 45, Nr. 9 u. S. 129, Taf. 33 – Alle diese Lebens- und Todessymbole sind vereinigt auf den bayrischen »Zeichensteinen« aus der Urnenfelderzeit. Prähistorische Staatssammlung, S. 30
30 Mellaart, a. a. O., Taf. 30
31 Idole, S. 59, Nr. 22 – König, a. a. O., S. 213
32 Prähistorische Staatssammlung München. Frühes Mittelalter. Hg. von Hermann Dannheimer. München 1976, S. 30 (Ausstellungskatalog)
33 Kindlers Kulturgeschichte Europas. Bd. 6: Die Kelten. München 1983, S. 216
34 Propyläen Weltgeschichte. Bd. 1, Taf. 741
35 Jucker, Hans: Altes und Neues zur Grächwiler Hydria. In: Antike Kunst, Beiheft 9, 1973
36 Klengel, a. a. O., Taf. 36 u. 28 – Vgl. Sakellarakis, J. A. (Hg.): Museum Heraklion. Athen 1986, S. 100 f. (Ausstellungskatalog)
37 Mythen der Welt, S. 64
38 I Ging. Das Buch der Wandlungen. Hg. von Richard Wilhelm. Düsseldorf 1924, S. III–X
39 Seligmann, Siegfried: Die magischen Heil- und Schutzmittel. Stuttgart 1927, S. 164
40 Cooper, J. C. (Hg.): Illustriertes Lexikon der traditionellen Symbole. Wiesbaden 1986, S. 164
41 Mythen der Welt, S. 120
42 Noelle, Hermann: Die Kelten und ihre Stadt Manching. Pfaffenhofen 1985, S. 356 f.

3. Die Priesterin (S. 70–81)

Zur Thematik im allgemeinen vgl. Heiler, Friedrich: Die Frau in den Religionen der Menschheit. Berlin 1977
1 Mellaart, a. a. O., S. 245 f., S. 96
2 Idole, S. 66, Nr. 27 u. Taf. 18/19
3 Mellaart, a. a. O., S. 97
4 Briffault, a. a. O. Bd. 2, S. 627 f. u. Bd. 3, S. 8 ff.
5 Petri-Odermann, Helmut u. Gisela: Die Australischen Urbewohner. In: Der Mensch. Bd. 2, S. 416
6 Victor, Paul-Emile: Eskimos, Nomaden der Arktis. Lausanne 1972, S. 63
7 Kühn, a. a. O., S. 227
8 Neumann, a. a. O., S. 292 – Mythologie, Abb. 5, S. 147
9 Rinderknecht, Karl (Hg.): Zigeuner, geheimnisvolle Nomaden. Lausanne 1973. S. 56 f. Auch die bedeutende »Pomana«-Zeremonie am Jahrestag eines Verstorbenen wird von einer älteren Frau geleitet.
10 Victor, a. a. O., S. 147

11 Gordon, Cyrus: Geschichtliche Grundlagen des Alten Testaments. Zürich 1956, S. 96
12 Die Pythia von Delphi weissagte über der Quelle Kastalia. Noch die Grotte von Lourdes ist ein Quellenheiligtum der Gottesmutter.
13 Mellaart, a.a.O., S. 197
14 Götze, Albrecht: Kulturgeschichte des alten Orients. Abschn. 3, Lfg. 1 (Kleinasien). In: Handbuch der Altertumswissenschaft. Hg. von Otto Walter. München 1933, S. 160
15 Müller-Beck, Hansjürgen: Der Mensch – ein Techniker. In: Der Mensch. Bd. 2, S. 189 – König, a.a.O., S. 39
16 Mellaart, a.a.O., S. 246
17 Soden, Wolfram von: Sumer, Babylon und Hethiter. In: Propyläen Weltgeschichte. Bd. 1, S. 544
18 Pittioni, Richard: Der urgeschichtliche Horizont der historischen Zeit. In: Propyläen Weltgeschichte. Bd. 1, S. 238 – Vgl. Mellaart, James: Earliest Civilisations of the Near East. London 1965
19 Duerr, a.a.O., S. 17ff.
20 Ebd. S. 34
21 Ebd. S. 46ff. u. 59ff.
22 Ebd. S. 72, 65, 66
23 Zit. nach Duerr, a.a.O., S. 236
24 Koepping, a.a.O., S. 108–138 – Briffault, a.a.O. Bd. 2, S. 543 u. Bd. 1, S. 342
25 Ebd. Bd. 2, S. 525ff u. 531ff.
26 Seger, Imogen: Wenn die Geister wiederkehren. Weltdeutung und religiöses Bewußtsein in primitiven Kulturen. München 1982, S. 209
27 Talbot, D. A.: Women's Mysteries of a Primitive People. London 1915. Zit. nach Briffault, a.a.O. Bd. 2, S. 552
28 Koepping, a.a.O., S. 130, S. 119. Die Tragetaschen sind hier Behälter, in denen die heiligen Embleme aufbewahrt waren.
29 Hauser-Schäublin, Brigitte: Frauen in Kararau. Zur Rolle der Frau bei den Iatmul am Mittelsepik, Papua New Guinea. Basel 1977, S. 130–140
30 Briffault, a.a.O. Bd. 2, S. 534
31 Müller, Klaus E.: Einführung zu: Ders. (Hg.): Menschenbilder früher Gesellschaften, S. 40f. – Vgl. Duerr, a.a.O., S. 83
32 Briffault, a.a.O. Bd. 2, S. 516–530 – Vgl. Eskimomärchen, S. 174
33 Bild der Völker. Bd. 5, S. 76f.
34 Ebd. Bd. 10, S. 72
35 Ebd. Bd. 1, S. 148
36 Müller, Klaus E.: Die bessere und die schlechtere Hälfte. Ethnologie des Geschlechterkonflikts. Frankfurt a.M. 1984, S. 41 – Briffault, a.a.O. Bd. 1, S. 485–488 – Kerényi, Karl: Der göttliche Arzt. Studien über Asklepios und seine Kultstätten. Darmstadt 1975, S. 28
37 Mythen der Welt, S. 141
38 Benedict, Ruth: Urformen der Kultur. Reinbek b. Hamburg 1955, S. 55f. – Lebar, a.a.O., S. 27, 80, 17

4. Das Opfer (S. 81–91)

1 Kühn, a.a.O., S. 226 – Rust, Alfred: Der primitive Mensch. In: Propyläen Weltgeschichte. Bd. 1, S. 214 – Bammer, a.a.O., S. 159
2 Frazer, James G.: Der goldene Zweig. Eine Studie über Magie und Religion. 2 Bde. Berlin 1977. Bd. 2, S. 632f.
3 Lebar, a.a.O., S. 27
4 Gallas, Klaus, u. Nottebohm, Rudolf (Hg.): Kreta, Ursprung Europas. München 1984, S. 28f.
5 Burckhardt, Jacob: Griechische Kulturgeschichte. Leipzig 1939, S. 71
6 Neumann, a.a.O., S. 147ff. – Duerr, a.a.O., S. 357 u. 400f.
7 Neumann, a.a.O., S. 187f. – Ders.: Ursprungsgeschichte des Bewußtseins. München o.J., S. 88 – Vgl. Daum, Werner: Ursemitische Religion. Stuttgart 1985, S. 32 – Bammer, a.a.O., S. 153
8 Rust, a.a.O., S. 184f.
9 Keller, Werner: Die Etrusker. Denn sie entzündeten das Licht. München 1970, S. 332
10 Gallas u. Nottebohm, a.a.O., Taf. S. 31ff., Abb. 26/27
11 Vernant, Jean-Pierre, u. Bérard, Claude: Die Bilderwelt der Griechen. Schlüssel zu einer »fremden« Kultur. Mainz 1984, S. 214, S. 74 – Bammer, a.a.O., S. 151
12 Neumann nennt in diesem Zusammenhang den Geographen und Historiker Strabon. In: Die Große Mutter, S. 273
13 Bammer, a.a.O., S. 12
14 Briffault, a.a.O. Bd. 3, S. 213
15 Neumann, a.a.O., S. 163
16 Thomson, George: Die ersten Philosophen. Bd. 2. Berlin 1968, Kap. IX, S. 6
17 Bild der Völker. Bd. 4, S. 267
18 v. Soden, a.a.O., S. 543f. – Wilson, John A.: Ägypten. In: Propyläen Weltgeschichte. Bd. 1, S. 361f.
19 Briffault, a.a.O. Bd. 1, S. 329f. – Vgl. auch Pfeffer, Georg: Formen der Ehe. Ethnologische Typologie der Heiratsbeziehungen. In: Die Braut. Bd. 1, S. 69
20 Bild der Völker. Bd. 4, S. 267f. – Lanczkowski, Günter: Götter und Menschen im alten Mexiko. Olten 1984, S. 94ff.
21 Prähistorische Staatssammlung München. Vorgeschichte I, S. 8 – Neumann, a.a.O., S. 195
22 Reed, Evelyn: Woman's Evolution. New York, Toronto 1977, S. 72ff. – Neumann, a.a.O., S. 278 – Briffault, a.a.O. Bd. 1, S. 453 – Heiler, Friedrich: Die Frau in den Religionen der Menschheit, S. 17
23 Bild der Völker. Bd. 6, S. 162
24 Duerr, a.a.O., S. 185–188
25 Ebd. S. 128ff.
26 Neumann, a.a.O., S. 184 – Champdor, a.a.O., Abb. S. 46. Hier wird Isis auf dem Sarkophag Ramses' III. mit einem Phallus in Form eines Messers dargestellt, weil sie »die Manneskraft besitzt«.
27 In einem Fernsehinterview, das Peter Scholl-Latour mit einem kambodschanischen Soldat machte (»Der Tod im Reisfeld«), sagte dieser: »Man spürt es, wenn der Tod kommt. Man sieht ihn. Der Tod ist eine Frau.«

28 Bild der Völker. Bd. 4, S. 267f.
29 Hauser-Schäublin, a.a.O., S. 153 ff.
30 Bild der Völker. Bd. 10, S. 128

5. Der Primat weiblicher Gottheiten: ein Korrelat zur Ackerbaukultur? (S. 91–94)

1 Briffault, a.a.O. Bd. 2, S. 251f.
2 Neumann, a.a.O., S. 229f.
3 Durant, Will u. Ariel (Hg.): Kulturgeschichte der Menschheit. Bearb. von Hans Dollinger. München 1976 ff. Bd. 1, S. 188
4 Morgan, Lewis H.: Die Urgesellschaft. Stuttgart 1920, S. 98
5 Lindig, Wolfgang: Die Kulturen der Eskimo und Indianer Nordamerikas. In: Thurnheer, E. (Hg.): Handbuch der Kulturgeschichte. Frankfurt a.M. 1972, S. 149 – Duerr, a.a.O., S. 39
6 Bild der Völker. Bd. 3, S. 204
7 Ebd. Bd. 2, S. 200f.
8 Duerr, a.a.O., S. 65
9 Rinderknecht, a.a.O., S. 87 ff.
10 Briffault belegt dies u. a. für China. Dort übernahm der Buddhismus die alte Volksverehrung der Göttin Kuan Yin als Kult der »Eternal Mother«. A.a.O. Bd. 3, S. 176. Vgl. Mythologie, a.a.O., S. 66
11 Elwert, Georg: Ehekonflikte als politische Konflikte. Die Entwicklung der Heiratsallianzen bei den Ayizo Bénins, Westafrika. In: Die Braut. Bd. 2, S. 553
12 Schefold, Reimar: Der Segen der Braut. Heiratsformen in Indonesien. In: Die Braut. Bd. 2, S. 499
13 Mythen der Welt, S. 85
14 Neumann, a.a.O., S. 136
15 Mythologie, S. 64

6. Das System des Totemismus aus matrizentrischer Sicht (S. 94–99)

1 Petri-Odermann, a.a.O., S. 404 ff.
2 Fathauer, George H.: Trobriand. In: Matrilineal Kinship, S. 249 f.
3 Briffault, a.a.O. Bd. 2, S. 749 – Lanczkowski, a.a.O., S. 101 f.
4 Hohenauer, Gottfried: Olympia, Idee und Topos. In: Merianheft Peloponnes, Heft 12/XVII, Hamburg, o. J. S. 14 f.
5 Rust, a.a.O., S. 215
6 Art. Seelenwanderung. In: Handwörterbuch des Deutschen Aberglaubens
7 Benedict, a.a.O., S. 28

7. Die matrizentrische Gesellschaftsstruktur
1. Die Familienstruktur (S. 100–114)

1 Kühn, a.a.O., S. 224
2 Ebd. S. 232
3 Gough, Kathleen: Variation in Matrilineal Systems. In: Matrilineal Kinship, S. 545 f. – Schneider, David M.: Truk. In: Matrilineal Kinship, S. 205 – Bei den Truk (Karolinische Inseln) sind die früher gebräuchlichen großen Sippenhäuser heute weniger üblich, statt dessen eng zusammengedrängte Häuser, die sich um ein gemeinsames Küchenhaus oder einen gemeinsamen Backofen gruppieren.
4 Childe, V. Gordon: Soziale Evolution, Frankfurt a. M. 1968, S. 56
5 Gough, a.a.O., S. 546 ff.
6 Dies.: Nayar: Central Kerala. In: Matrilineal Kinship, S. 345 u. 361
7 Weiler, Gerda: Ich verwerfe im Lande die Kriege. Das verborgene Matriarchat im Alten Testament. München 1984, S. 144 f. u. 149
8 Poewe, Karla: Matrilineal Ideology. Male-female dynamics in Luapula, Zambia. International African Institute. London 1981, S. 57
9 Benda-Beckmann, Keebet, u. Franz: Die rechtliche Stellung der Frauen bei den Minangkabau in Indonesien. In: Die Braut. Bd. 2, S. 508
10 Bild der Völker. Bd. 2, S. 132 – Ballot, Julia: Heiratstransaktionen in Afrika südlich der Sahara. Zur Diskussion des »Brautpreises«. In: Die Braut. Bd. 2, S. 528 f.
11 Zit. nach Engels, Friedrich: Der Ursprung der Familie, des Privateigentums und des Staates. 6. Aufl. Stuttgart 1894, S. 32 – Vgl. Benedict, a.a.O., S. 60 f.
12 Benda-Beckmann, a.a.O., S. 509
13 Gough, Kathleen: Variation in Matrilineal System, S. 551 f. u. 560
14 Dies.: Tiyyar: North Kerala. In: Matrilineal Kinship, S. 413
15 Bild der Völker. Bd. 2, S. 70 ff.
16 Elwert, a.a.O., S. 546
17 Fathauer, a.a.O., S. 234 ff.
18 Ebd. S. 244 f.
19 Völger, Gisela, u. Welck, Karin von: Einleitung zu: Die Braut. Bd. 1, S. 22
20 Benedict, a.a.O., S. 60 f. – Fathauer, a.a.O., S. 257
21 Briffault, a.a.O. Bd. 2, S. 248 ff. – Schneider, Beate: Hochzeitsbräuche in römischer Zeit. In: Die Braut. Bd. 1, S. 242
22 Brauen, Martin: Ladakhisches Hochzeitsfest. Herstellung kosmischer und sozialer Ordnung. In: Die Braut. Bd. 2, S. 638 ff.
23 Aberle, David F.: Matrilineal Descent in Cross-Cultural Perspektive: In Matrilineal Kinship, S. 655 ff.
24 Poewe, a.a.O., S. 56 ff.
25 Bild der Völker. Bd. 7, S. 129 – Art. Wedda. In: Der Gr. Brockhaus. Wiesbaden 1977
26 Herzog, Rolf: Nomaden. Entstehung, Ausbreitung und Charakteristik. In: Der Mensch. Bd. 2, S. 491 ff.
27 Neumann, Wolfgang: Tuareg. In: Müller, Klaus E. (Hg.): Menschenbilder früher Gesellschaften, S. 274–292 –Vgl. De Cesco, Federica, u. Krebser, Markus: Tuareg – Nomaden der Sahara. Lausanne 1971 – Kummer, Franziska: Arbeit und Eigentum der Tuareg-Nomaden. Lizentiatsarbeit Bern 1981

2. Die Arbeits- und Rollenteilung zwischen den Geschlechtern
(S. 114–125)

1 Smolla, Günter: »Arbeitsteilung« aus der Sicht der Vor- und Frühgeschichtsforschung. In: Sitter, Beat (Hg.): Menschliches Verhalten. Fribourg 1976, S. 102
2 Bild der Völker. Bd. 1, S. 57
3 Smolla, Günter: Die »neolithische Revolution«, S. 565 ff.
4 Kühn, a. a. O., S. 234 – Rust, a. a. O., S. 209 f.
5 Beauvoir, Simone de: Das andere Geschlecht, Reinbek b. Hamburg 1986, S. 81
6 Jockel, Rudolf (Hg.): Götter und Dämonen. Mythen der Völker. Wiesbaden o. J., S. 218
7 Briffault, a. a. O. Bd. 1, S. 466–477 – Smolla, Günter: »Arbeitsteilung« aus der Sicht der Vor- und Frühgeschichtsforschung, S. 201
8 Briffault, a. a. O. Bd. 1, S. 477–483
9 Müller, Klaus E.: Die bessere und die schlechtere Hälfte, S. 48
10 Petri-Odermann, a. a. O., S. 417 – Briffault, a. a. O. Bd. 1, S. 447
11 Bild der Völker. Bd. 2, S. 94
12 Der Primatenforscher Hans Kummer faßt seine Ausführungen über die sozialen Strukturen bei Menschenaffen folgendermaßen zusammen: »Nichtmenschliche Primaten kennen nach heutigem Wissen nur die Verwandtschaft mütterlicherseits. Bei drei Arten, die unter diesem Aspekt untersucht wurden, und vermutlich ebenso bei zahlreichen anderen Arten bestimmt die aus einer Mutter und ihren Kindern bestehende Untergruppe die späteren sozialen Beziehungen der Kinder. Die Schimpansen bewahren bis ins Erwachsenenalter eine enge Bindung zur Mutter und zu den Geschwistern. Die soziale Rangstellung eines heranwachsenden Rhesusaffen unter seinen Altersgenossen entspricht dem Rang seiner Mutter und ist von diesem abhängig.« In: Sozialverhalten der Primaten. Heidelberg 1975, S. 28
13 Schaeffer-Hegel, Barbara: Feministische Wissenschaftskritik. Angriffe auf das Selbstverständliche in den Geisteswissenschaften. In: Mythos Frau. Projektionen und Inszenierungen im Patriarchat. Hg. von Barbara Schaeffer-Hegel u. Brigitte Wartmann. Berlin 1984, S. 40 – Briffault, a. a. O. Bd. 2, S. 404
14 Ebd. S. 410 – Art. Jagd. In: Handwörterbuch des Deutschen Aberglaubens
15 Briffault, a. a. O. Bd. 2, S. 398 – Rentmeister, a. a. O., S. 133
16 Bild der Völker. Bd. 5, S. 135
17 Müller, a. a. O., S. 108
18 »In every known society, the male's need for achievement can be recognized. Men may cook, or weave, or dress dolls or hunt hummingbirds, but if such activities are appropriate occupations of men, then the whole society, men and women alike, votes them as important. When the same occupations are performed by women, they are regarded as less important.« Mead, Margaret: Male and Female. Zit. nach: Woman, Culture and Society. Ed. by Michelle Z. Rosaldo a. Louise Lamphere. Stanford California 1974, S. XIII
19 Hauser-Schäublin, Brigitte: Abelam. In: Müller, Klaus E. (Hg.): Menschenbilder früher Gesellschaften, S. 128 ff. u. 187 – Bild der Völker. Bd. 1, S. 73 ff.
20 Benedict, a. a. O., S. 49 ff.
21 Pittioni, a. a. O., S. 229 ff. – Die Canadian Foundation gibt seit vielen Jahren Kalender mit Bildern der Eskimokunst heraus.
22 Hauser-Schäublin, Brigitte: Der geliebte Mann, die vergewaltigte Frau. Das Beispiel der Iatmul am mittleren Sepik, Papua Neuguinea. In: Die Braut. Bd. 2, S. 524

23 Müller, a. a. O., S. 337
24 Gough, Kathleen: Nayar: Central Kerala, S. 328 f.

3. Rechtsordnung und soziale Schichtung in matrilinealen Gesellschaften (S. 125–139)

1 Morgan, a. a. O., Kap. 4 u. 5 – Vgl. Schumacher, Irene: Gesellschaftsstruktur und Rolle der Frau: Das Beispiel der Irokesen. Berlin 1972, S. 85 ff. – Briffault, a. a. O. Bd. 1, S. 494 f.
2 Gough, Kathleen: Variation in Matrilineal Systems, S. 465 ff. u. 532 ff.
3 Bischof, Norbert: Das Rätsel Ödipus. Die biologischen Wurzeln des Urkonfliktes von Intimität und Autonomie. München 1986
4 Gough, Kathleen: Nayar: Central Kerala, S. 345 – Fathauer, a. a. O., S. 249
5 Briffault, a. a. O. Bd. 1, S. 257
6 Zit. nach Smolla, Günter: Die »neolithische Revolution«, S. 565
7 Zit. nach Lebar, a. a. O., S. 28
8 In den keltischen Sagen steht der Ausdruck »geis« sowohl für den Tabu-Begriff als auch für die Macht der Druiden und der königlichen Frauen, den Menschen Tabu-Bindungen aufzuerlegen. Vgl. Markale, J.: Die keltische Frau. Mythos, Geschichte, soziale Stellung. München 1984, S. 318 ff.
9 Fester, Richard: Die frühe Sprache des Menschen, S. 240 ff.
10 Vgl. Hauser-Schäublin, a. a. O., S. 520 – Wesel, Uwe: Frühformen des Rechts in vorstaatlichen Gesellschaften. Frankfurt a. M. 1986, S. 91 ff.
11 Reed, a. a. O., S. 215 f. – Schumacher, a. a. O., S. 47 – Aberle, David F.: Navaho. In: Matrilineal Kinship, S. 116 – Briffault, a. a. O. Bd. 1, S. 316
12 Ebd. Bd. 2, S. 187 ff.
13 Gough, Kathleen: Nayar: Central Kerela, S. 328 f.
14 Briffault, a. a. O. Bd. 3, S. 230
15 Ebd. S. 319–325
16 Illius, Bruno: Das große Trinken. Heirat und Stellung der Frau bei den Shipibo-Conibo, Ostperu. In: Die Braut. Bd. 2, S. 587
17 Aberle, a. a. O., S. 109
18 Gough, Kathleen: Variation in Matrilineal Systems, S. 457 ff., 465 ff. u. 477 ff.
19 Drucker, Philip: Indians of the Northwest Coast. New York 1955, S. 111
20 Benda-Beckmann, Keebet von: The broken stairways to consensus: justice and state courts in Minangkabau. Dordrecht 1984
21 Benda-Beckmann, Kebeet u. Franz von, a. a. O., S. 504 ff.
22 Bild der Völker. Bd. 2, S. 70
23 Basehart, Harry W.: Ashanti. In: Matrilineal Kinship, S. 287 ff. – Brüggemann, Anne u. Wolf: »Ich übergebe dir mein Land und meine Frauen.« Zum Erbrecht der westafrikanischen Lyéla und Ashanti. In: Die Braut. Bd. 2, S. 541
24 Aberle, a. a. O., S. 162 u. 180
25 Elwert, S. 548
26 Lindig, a. a. O., S. 194 f.

4. Zur Rolle der Sexualität in der Frühgesellschaft (S. 140–143)

1 Poewe, a.a.O., S. 68 f.
2 Borneman, Ernest: Das Patriarchat. Ursprung und Zukunft unseres Gesellschaftssystems. Frankfurt a. M. 1975, S. 80
3 Bruck, Andreas: Uneheliche Sexualbeziehungen von Frauen. Ein kulturvergleichender Überblick. In: Die Braut. Bd. 2, S. 798 f. – Laube, Raphael: Heirat bei den Massai, Ostafrika. In: Die Braut. Bd. 2, S. 689
4 Fathauer, a.a.O., S. 269
5 Bild der Völker. Bd. 2, S. 134
6 Ebd. Bd. 8, S. 214
7 Ebd. Bd. 2, S. 54 ff.
8 Biedermann, Hans: Die Großen Mütter. Bern, München 1987, S. 176 ff.

Kapitel II
Die matrizentrischen Hochkulturen (S. 147 ff.)

1 Jankuhn, Herbert: Der Ursprung der Hochkulturen. In: Propyläen Weltgeschichte. Bd. 2, S. 575 f. – Kleiner, Heinrich: Zivilisation als Utopie. In: Der Mensch. Bd. 5, S. 735
2 Soden, Wolfram von: Sumer, Babylonien und Hethiter. In: Propyläen Weltgeschichte. Bd. 1, S. 533 f. – Wilson, John A.: Ägypten. In: Propyläen Weltgeschichte. Bd. 1, S. 331 f. – Michalowski, Kazimierz: L'Art de l'Ancienne Egypte. Paris 1968, Abb. 55

1. Das Kulturdreieck Mesopotamien – Ägypten – Kreta (S. 150 ff.)

1 v. Soden, a.a.O., S. 539 – Seton-Williams, M. V.: Babylonien. Kunstschätze zwischen Euphrat und Tigris. Hamburg 1981, S. 22
2 Wilson, a.a.O., S. 389, S. 370
3 Durant, Will u. Ariel (Hg.): Kulturgeschichte der Menschheit. Bd. 1, S. 143
4 Wilson, a.a.O., S. 361
5 Woolley, Leonard: Ur in Chaldäa. Wiesbaden 1956, S. 25 f.
6 v. Soden, a.a.O., S. 546 – Lugalzaggesi (ca. 2435–2410) ließ die Zerstörung von Lagasch 2430 v. Chr. unerwähnt, von der wir nur durch ein Klagelied wissen.
7 Ebd. S. 554
8 Götze, Albrecht: Kulturgeschichte des alten Orients. Abschn. 3, Lfg. 1 (Kleinasien). In: Handbuch der Altertumswissenschaft. Hg. von Otto Walter. München 1933, S. 92 ff.
9 Briffault, Robert: The Mothers. Bd. 3, S. 37 u. Bd. 1, S. 377 f. – Vgl. Newberry, Percy E.: Ägypten als Feld für anthropologische Forschung. In: Der Alte Orient. Hg. von der Vorderasiatisch-Ägyptischen Gesellschaft. Bd. 27, Heft 1, Leipzig 1927, S. 22 f. – Ermann, Adolf: Ägypten und ägyptisches Leben im Altertum. Tübingen 1885, S. 224 f.
10 Nofret – Die Schöne. Die Frau im Alten Ägypten. Hg. von Philipp von Zabern. Mainz 1984, S. 60 f.

1. Das sakrale König- und Königinnentum und die Große Göttin als deren Bezugspunkt (S. 154–179)

1 Wilson, a.a.O., S. 350 u. 362 – v. Soden, a.a.O., S. 542 f.
2 The Historians' History of the World. Encyclopaedia Britannica. Bd. 1 u. 2, S. 234
3 Wilson, a.a.O., S. 362
4 Frazer, James G.: Der Goldene Zweig, Bd. 1, S. 386 ff.
5 Bild der Völker. Bd. 2, S. 52
6 Michalowski, a.a.O., Abb. 57
7 Wilson, a.a.O., S. 412
8 v. Soden, a.a.O., S. 563
9 Ebd. S. 544
10 Friedell, Egon: Kulturgeschichte Ägyptens und des alten Orients, S. 267 f.
11 Durant, a.a.O. Bd. 1, S. 125
12 Zimmer, Heinrich: Das Babylonische Neujahrsfest. In: Der Alte Orient. Bd. 25, Heft 3, Leipzig 1926, S. 11–16
13 Übers. von Adam Falkenstein u. Samuel N. Kramer. Zit. nach: Hunger, Heinz: Die Heilige Hochzeit. Vorgeschichtliche Sexualkulte und -mythen. Wiesbaden 1984. S. 118 f.
14 Göttner-Abendroth, Heide: Die Göttin und ihr Heros. München 1983, S. 59
15 Ermann, Adolf: Reden, Rufe und Lieder im alten Ägypten, S. 48
16 Champdor, Albert: Das ägyptische Totenbuch in Bild und Deutung. Bern 1977, S. 227 – Vgl. Ermann, Adolf: Die Ägyptische Religion. Berlin 1905, S. 14
17 Duerr, Hans P.: Sedna oder die Liebe zum Leben, S. 116
18 Liebeslieder der Pharaonen. Ausgewählt von Liselotte Rüegg. Zürich 1979, S. 42–47
19 v. Soden, a.a.O., S. 557
20 Nofret – Die Schöne, S. 52 – Wilson, a.a.O., S. 386
21 Nofret – Die Schöne, Abb. 54
22 Wilson, a.a.O., S. 351 u. 389 f.
23 Champdor, a.a.O., S. 98
24 Seipel, Wilfried: Untersuchungen zu den ägyptischen Königinnen der Frühzeit. Diss. Hamburg 1980, S. 35
25 Götze, a.a.O., S. 136
26 Ebd. S. 85 ff. – Vgl. Müller-Karpe, Hermann: Frauen des 13. Jahrhunderts v. Chr. Mainz 1965, S. 56 ff.
27 Klengel, Evelyn u. Horst: Die Hethiter, S. 26 – v. Soden, a.a.O., S. 567
28 Wolley, a.a.O., S. 62 ff. – Vgl. Propyläen Weltgeschichte. Bd. 1, Abb. S. 738 u. 739
29 Wilson, a.a.O., S. 361
30 Müller-Karpe, a.a.O., Abb. 20
31 v. Soden, a.a.O., S. 606
32 Woolley, a.a.O., S. 56 f. u. 74 f.
33 Frazer, a.a.O. Bd. 1, S. 256 ff.
34 Sidler Nikolaus: Das Inzest-Tabu. In: Die Braut. Bd. 1, S. 72 f.
35 The Historians' History of the World, S. 198
36 Nofret – Die Schöne, S. 58 f.
37 Wilson, a.a.O., S. 337 – Woolley, a.a.O., S. 65, Abb. 10 – Sakellarakis, J. A.: Museum Heraklion, Abb. S. 39 – Nofret – Die Schöne, Abb. 2

38　Nofret – Die Schöne, S. 101, 170 f.
39　Zit. nach Hoenn, Karl (Hg.): Sumerische und akkadische Hymnen und Gebete. Übers. von Adam Falkenstein u. Wolfram von Soden. Zürich 1953, S. 264 ff.
40　Vgl. Helck, Wolfgang: Betrachtungen zur Großen Göttin und den ihr verbundenen Gottheiten
41　Seton-Williams, a. a. O., Abb. 81, 59, 60 – v. Soden, a. a. O., S. 561 – Durant, a. a. O. Bd. 1, S. 126 f.
42　Gallas, Klaus, u. Nottebohm, Rudolf: Kreta, Ursprung Europas. München 1984, S. 124, Abb. 6 u. 7
43　Seton-Williams, a. a. O., S. 202, Abb. 161. Die Doppelaxt erscheint hier in der Hand eines Totengottes, welcher der Göttin Atargatis zugeordnet ist.
44　Evans, Arthur: The Palace of Minos at Knossos. Vol. 4. London 1936, S. 400
45　Sakellarakis, a. a. O., Titelbild, S. 118 f.
46　Ebd. Abb. S. 37 u. 39
47　Ebd. S. 113 f.
48　Ebd. S. 60, Nr. 424
49　Hampe, Roland, u. Simon, Erika: Tausend Jahre Frühgriechische Kunst, Abb. 280, 276
50　Duerr sieht eine Verbindung zum spanischen Stierkampf. Noch im 16. Jahrhundert traten dort adlige Frauen als Stierkämpferinnen auf. In Kreta weist der Schmuck an den Armen der Kämpferinnen diese als Personen von Rang aus. A. a. O., S. 349
51　Ebd. S. 163 f.
52　Sakellarakis, a. a. O., S. 113 ff. u. 125 f.
53　Ebd. S. 131
54　Davares, Costis: Knossos und das Museum von Heraklion. Athen 1986, S. 9 – Michailidou, Anna: Knossos. Ein Führer durch den Palast des Minos. Athen 1984, S. 70 – Gallas u. Nottebohm, a. a. O., S. 23
55　Hampe u. Simon, a. a. O., Abb. 277
56　Iakovidis, S. E.: Mykene-Epidauros-Argos-Tiryns-Nauplia. Vollständiger Führer durch die Museen und archäologischen Stätten der Argolis. Athen 1984, S. 124
57　Davares, a. a. O., Abb. 67
58　Neumann, Erich: Die Große Mutter, Taf. 124 – Vgl. Schmökel, Hartmut: Das Land Sumer. Zürich, Wien 1955, S. 125
59　Gallas u. Nottebohm, a. a. O., Abb. 100 u. 145 – Vgl. Hampe u. Simon, a. a. O., S. 47, Abb. 77. Eine mykenische Malerei zeigt den Achterschild mit dahinter hervorragendem Kopf, Armen und Beinen der Göttin Athene.
60　Gallas u. Nottebohm, a. a. O., S. 121
61　Neumann, a. a. O., Taf. 102 u. 103 – Weiler, Gerda: Ich verwerfe im Lande die Kriege. Das verborgene Matriarchat im Alten Testament. München 1984, Titelbild – Vgl. Höhler, Gertrud: Die Bäume des Lebens. Baumsymbole in den Kulturen der Menschheit. Stuttgart 1987
62　Sakellarakis, a. a. O., Abb. S. 70
63　Ebd. Abb. S. 37 u. S. 30
64　Ebd. Abb. S. 24
65　Wilson, a. a. O., S. 352 – Neumann, a. a. O., S. 309 f.
66　Michalowski, a. a. O., S. 390
67　Gallas u. Nottebohm, a. a. O., S. 147
68　Sakellarakis, a. a. O., S. 86 f.

69 Ranke-Graves, Robert von: Griechische Mythologie. 2 Bde. Reinbek b. Hamburg 1960, Bd. 1, S. 315
70 Gallas u. Nottebohm, a. a. O., S. 23 – Sakellarakis, a. a. O., S. 55 ff.
71 Schachermeyr, Fritz: Ursprung und Hintergrund der griechischen Geschichte. In: Propyläen Weltgeschichte. Bd. 3, S. 51
72 Friedell, a. a. O., S. 492
73 Sakellarakis, a. a. O., S. 125
74 Bowra, Cecil M.: Griechenland. Von Homer bis zum Fall Athens. In: Kindlers Kulturgeschichte Europas. Bd. 2. München 1983, S. 239
75 Klingen im Canto jondo archaische Liebes- und Klagelieder an, so könnten im Flamenco mit seinen kurzen, stampfenden Schritten und seinen seltsam ruckartigen Bewegungen noch immer Teile einer vergessenen Choreographie enthalten sein, wie sie einst dem Kranich- oder Rebhuhntanz im Alten Kreta zugrundelagen.

2. Die Stellung der Frau im Kult, im öffentlichen Leben und in der Familie (S. 179–188)

1 v. Soden, a. a. O., S. 559
2 Briffault, a. a. O. Bd. 1, S. 377–388
3 Durant, a. a. O. Bd. 1, S. 126 – Nofret – Die Schöne, S. 45
4 Falkenstein, Adam: Das Sumerische. In: Handbuch der Orientalistik. Hg. von B. Spuler. 1. Abt., 2. Bd., Lfg. 1. Leiden 1959, S. 18
5 v. Soden, a. a. O., S. 598
6 Briffault, a. a. O. Bd. 3, S. 214 f.
7 Sakellarakis, a. a. O., S. 113 f.
8 Gallas u. Nottebohm, a. a. O., S. 26 f.
9 Sakellarakis, a. a. O., Abb. S. 125
10 Die Geschichten des Herodot. Übers. von F. Lange. 2 Bde. Leipzig 1929, 2. Buch, Kap. 35
11 Stern, Bolko: Ägyptische Kulturgeschichte. Magdeburg 1896, S. 205
12 v. Soden, a. a. O., S. 559
13 Ermann, Adolf: Ägypten und ägyptisches Leben im Altertum. Tübingen 1885, S. 347
14 v. Soden, a. a. O., S. 558 f.
15 Zit. nach: Nofret – Die Schöne, S. 46
16 Gute Beispiele dafür liefern das Standbild des Königs Mycerius mit seiner Gemahlin aus der IV. Dynastie (vgl. Cyrus, Gordon: Geschichtliche Grundlagen des Alten Testaments, Abb. 64), die Familiengruppe des Schepsi aus der V. Dynastie und ein Paar aus Kairo aus der 19. Dynastie (vgl. Nofret – Die Schöne, S. 136 u. Abb. 2, 63).
17 Nofret – Die Schöne, S. 13
18 Briffault, a. a. O. Bd. 1, S. 382 f., S. 377 f.
19 Die Geschichten des Herodot, 2. Buch, Kap. 35
20 Virey, P.: Etudes sur le papyrus Prisse, zit. nach Briffault, a. a. O. Bd. 1, S. 384
21 Friedell, a. a. O., S. 494
22 Götze, a. a. O., S. 103 f.
23 Zit. nach: v. Soden, a. a. O., S. 591, S. 559

24 Zit. nach: Jeremias, Alfred: Die Weltanschauung der Sumerer. In: Der Alte Orient. Bd. 27, Heft 4, Leipzig 1929, S. 27
25 Müller, Klaus E.: Die bessere und die schlechtere Hälfte. Ethnologie des Geschlechterkonflikts. Frankfurt a. M. 1984, S. 232 f.
26 Zit. nach: Liebeslieder der Pharaonen, S. 12 u. 24
27 Zit. nach: Durant, a. a. O. Bd. 1, S. 183
28 Dieses erste Geschichtsdokument eines kriegerischen Ereignisses bildet die sogenannte Geierstele zur Erinnerung an die Niederwerfung der Stadt Umma durch den König von Lagasch um 2500 v. Chr. Vgl. v. Soden, a. a. O., S. 545

2. Das vormosaische Palästina und das vorislamische Arabien (S. 188–195)

1 Gordon, a. a. O., S. 116 f.
2 Mellaart, James: Earliest Civilisations of the Near East. London 1965, S. 39 ff. u. 57 f.
3 Heiler, Friedrich: Die Religionen der Menschheit. Stuttgart 1984, S. 369 f. – Art. Baal. In: Wörterbuch der Religionen. Begr. v. Alfred Bertholet. Neubearb., erg. u. hg. von Kurt Goldammer. Stuttgart 1976
4 Müller, Klaus E.: Vorderasien. In: Ders. (Hg.): Menschenbilder früher Gesellschaften. Ethnologische Studien zum Verhältnis von Mensch und Natur. Frankfurt a. M. 1983, S. 314
5 Art. Atargatis. In: Wörterbuch der Religionen
6 Mythologie. Eine illustrierte Weltgeschichte des mythisch-religiösen Denkens. Hg. von Richard Cavendish, u. Trevor O. Ling. München 1981, S. 94
7 Vgl. S. 539 Anm. 61
8 Vgl. Somogyi, Tamar: Die Braut im Alten Testament. In: Die Braut. Bd. 1, S. 134 ff.
9 Weippert, W.: Gott und Stier. In: Zeitschrift des deutschen Palästina Vereins. Wiesbaden 1961, Nr. 77, S. 93 ff.
10 Weiler, a. a. O., S. 178 f.
11 Hunger, a. a. O., S. 178 – Art. Aschera. In: Wörterbuch der Religionen
12 Weiler, a. a. O., S. 270 ff. – Hunger, a. a. O., S. 174 f.
13 Gordon, a. a. O., S. 94
14 Schüngel-Straumann, Helen: Wie männlich ist die biblische Überlieferung? In: studium feminale. Bonn 1986, S. 28 ff
15 Rosenberg, Alfons: Kabbala. So spricht die Kabbala. Planegg b. München 1954, S. 94 – Vgl. Pagels, Elaine: Versuchung durch Erkenntnis. Die gnostischen Evangelien. Frankfurt a. M. 1981. Nach diesem Bericht über die 1977 aus dem Kurdischen übersetzten Schriftfunde aus Oberägypten (Nag Hammadi) steht in den apokryphen Schriften dem Gottvater eine Gottesmutter zur Seite. Der Heilige Geist wird als weibliche Göttin gesehen.
16 Vgl. Kramer, Samuel N.: Geschichte beginnt mit Sumer. München 1959, S. 67 f. Der ägyptischen Ma'at ist die sumerische Me-Kraft zur Seite zu stellen, die ebenfalls eine ordnungsstiftende kosmische Kraft darstellt und dem König über die Hohepriesterin vermittelt wird.
17 Wörterbuch der Symbolik. Hg. von Manfred Lurker. Stuttgart 1983, S. 624
18 Briffault, a. a. O. Bd. 3, S. 77 f.
19 Vgl. 4. Mos. 21

20 Durant, a.a.O. Bd. 5, S. 412
21 Briffault, a.a.O. Bd. 3, S. 80 – Daum, Werner: Ursemitische Religion. Stuttgart 1985, S. 108 ff.
22 Art. Arabien. In: Wörterbuch der Religionen
23 Daum, a.a.O., S. 22 ff. – Ders. (Hg.): Jemen. 3000 Jahre Kunst und Kultur des glücklichen Arabien. Innsbruck 1987. S. 111 f.
24 Strabon, Geographica XVI, 4,25. Zit. nach: Heurgon, Jacques: Die Etrusker. Stuttgart 1981, S. 106
25 Zit. nach: Herder, Johann G. von: Sämtliche Werke. Stuttgart u. Tübingen 1853, Bd. 9 u. 10, S. 151 – Morgenländische Anthologie. Klassische Dichtungen aus der sinesischen, indischen, persischen und hebräischen Literatur. Übers. von Ernst Meier. Leipzig, Wien o. J., S. 143
26 Ebd. S. 140
27 Bild der Völker. Bd. 2, S. 114, S. 56
28 Briffault, a.a.O. Bd. 1, S. 370 f. u. 375
29 Daum, a.a.O., S. 83 ff.
30 Gordon, a.a.O., S. 185
31 Asma Yahya al-Bascha. Die Frau im Jemen zwischen gestern und heute. In: Daum, Werner (Hg.), a.a.O., S. 392
32 Gibb, Hamilton A., u. Landau, Jacob M.: Arabische Literaturgeschichte. Zürich 1968, S. 30 f. u. 70 f.
33 Vgl. Altkurdische Kampf- und Liebeslieder. Gesammelt u. übers. von Abbas Hilmi. München 1967, S. 46 f.
34 Briffault, a.a.O. Bd. 1, S. 376 f.

3. Das vorbrahmanische Indien und der vorkonfuzianische, vorbuddhistische Ferne Osten (S. 196–206)

1 Vergessene Städte am Indus. Frühe Kulturen in Pakistan vom 8. bis 2. Jahrtausend v. Chr. Mainz 1987 (Ausstellungskatalog)
2 Mode, Heinz: Das Frühe Indien. Köln o. J., S. 109
3 Briffault, a.a.O. Bd. 1, S. 345 f. – Heiler, Friedrich: Die Religionen der Menschheit, S. 145 f. – Petech, Luciano: Indien bis zur Mitte des 6. Jahrhunderts. In: Propyläen Weltgeschichte. Bd. 2, S. 370
4 Heiler, a.a.O., S. 136
5 Ebd. S. 141
6 Mythologie, S. 29
7 Ebd. S. 29 f. – Zimmer, Heinrich: Die indische Weltmutter. In: Fröbe-Kapteyn, Olga (Hg.): Eranos-Jahrbuch Bd. 6 (1938), S. 175 f.
8 Bild der Völker. Bd. 7, S. 26 – Briffault, a.a.O. Bd. 3, S. 198
9 Mythologie, S. 58
10 Consten, Eleanor: Das Alte China. Köln 1966, S. 12–16, Taf. 18
11 Ebd. Taf. 6, 12, 17, 21, Abb. 17
12 Müller-Karpe, a.a.O., S. 155 ff.
13 Consten, a.a.O., S. 142

14 Heiler, a.a.O., S. 71
15 Wörterbuch der Religionen, S. 337
16 Zit. nach: Consten, a.a.O., S. 44
17 Wörterbuch der Symbolik, S. 775
18 Consten, a.a.O., Taf. 70
19 Mythen der Welt. Hg. von Alexander Eliot. Mit Beiträgen von Mircea Eliade, Joseph Campbell u.a. Luzern u. Frankfurt a.M. 1976, S. 64
20 Mythologie, S. 58 ff. u. 66 – Kunstschätze aus China. Hg. von H. Brinker u. R. Goepper. Zürich 1981, S. 157 u. 183 ff.
21 Art. Shintoismus. In: Wörterbuch der Religionen – Heiler, a.a.O., S. 89 ff.
22 Mühlmann, Wilhelm C.: Die Metamorphose der Frau. Weiblicher Schamanismus und Dichtung. Berlin 1984, S. 175 f.

4. Das vorklassische Griechenland (S. 206–220)

1 Schachermeyr, a.a.O., S. 25 ff., S. 28, S. 30
2 Andronicos, Manolis: Nationalmuseum Athen. Athen 1980, S. 7–10, Abb. S. 45
3 Hampe, Roland, u. Simon, Erika: Tausend Jahre Frühgriechische Kunst, S. 232 f.
4 Schachermeyr, a.a.O., S. 29 f.
5 Hampe u. Simon, a.a.O., S. 212, Abb. 328
6 Schachermeyr, a.a.O., S. 54
7 Heuss, Alfred: Hellas. In: Propyläen Weltgeschichte. Bd. 3, S. 88
8 Heiler, a.a.O., S. 289
9 Hampe u. Simon, a.a.O., S. 35
10 Müller-Karpe, a.a.O., S. 90 ff. – Vgl. Briffault, a.a.O. Bd. 1, S. 377 f. u. Bd. 3, S. 37
11 Childe, V. Gordon: Soziale Evolution. Frankfurt a.M. 1968, S. 55 f.
12 Iakovidis, S. E.: Mykene-Epidauros-Argos-Tiryns-Nauplia, S. 124, Abb. S. 106
13 Borneman, Ernest: Lexikon der Liebe. Materialien zur Sexualwissenschaft. Wien 1984, S. 208 u. 419 f. – Briffault, a.a.O. Bd. 1, S. 399 f.
14 Andronicos, a.a.O., S. 63, Abb. 39
15 Hohenauer, Gottfried: Olympia, Idee und Topos. In: Merianheft Peloponnes, Heft 12/XVII, Hamburg o.J., S. 14 f.
16 Ranke-Graves, a.a.O. Bd. 1, S. 166 f.
17 Frazer, a.a.O. Bd. 1, S. 226 ff.
18 Hampe u. Simon, a.a.O., S. 47
19 Tölle, Renate: Die Gorgo von Korfu. In: Merianheft Korfu, 11/XVIII, Hamburg o.J., S. 60 f.
20 Weiler, Gerda: Der enteignete Mythos, S. 145
21 Vernant, Jean-Pierre, u. Bérard, Claude: Die Bilderwelt der Griechen. Schlüssel zu einer »fremden« Kultur. Mainz 1984, S. 220 ff.
22 Andronicos, Manolis: Die Akropolis. Athen 1984, Abb. 58, S. 91 (Museumskatalog)
23 Kérenyi, Karl: Jungfrau und Mutter. Eine Studie über Pallas Athene. Zürich 1952, S. 35 ff.
24 Jenny-Kappers, Theodora: Muttergöttin und Gottesmutter in Ephesos. Zürich 1986, S. 29
25 Kérenyi, Karl: Der göttliche Arzt. Studien über Asklepios und seine Kultstätten.

Darmstadt 1975, S. 82 – Heiler, a. a. O., S. 296
26 Burckhardt, Jacob: Griechische Kulturgeschichte. Leipzig 1939, S. 314 f.
27 Vernant u. Bérard, a. a. O., S. 155 ff.
28 Ranke-Graves, Robert von: Die weiße Göttin. Sprache des Mythos. Berlin 1981, S. 479 f.
29 Die Geschichten des Herodot, 2. Buch, Kap. 79
30 Andronicos, Manolis: Delphi. Athen 1981, S. 5 f. (Museumskatalog)
31 Vernant u. Bérard, a. a. O., Abb. 155 a, S. 159
32 Andronicos, a. a. O., Abb. 17, S. 49
33 Vernant u. Bérard, a. a. O., S. 155 ff. u. 163 ff.
34 Mühlmann, a. a. O., S. 53 – Heiler, a. a. O., S. 302
35 Borneman, a. a. O., S. 1126
36 Briffault, a. a. O. Bd. 3, S. 215 f.
37 Borneman, a. a. O., S. 1137 f. u. 1141
38 Vernant u. Bérard, a. a. O., S. 127 f. u. 131 f.
39 Kasdaglis, Lina: Liebe und Tod der Erinna. In: Merianheft Rhodos. Dodekanes. Heft 11/XX, Hamburg o. J., S. 90
40 Hampe u. Simon, a. a. O., Abb. 311–326
41 Ebd. Abb. 145

5. Das etruskische Italien (S. 221–228)

1 Grimal, Pierre: Auf der Suche nach dem antiken Italien. Frankfurt a. M. 1965, zit. nach: Keller, Werner: Die Etrusker. Denn sie entzündeten das Licht. München 1970, S. 379
2 Heurgon, Jacques: Die Etrusker. Stuttgart 1981, S. 122
3 Keller, a. a. O., S. 113 ff.
4 Heurgon, a. a. O., S. 109 f.
5 Zit. nach Briffault, a. a. O. Bd. 1, S. 428
6 Heurgon, a. a. O., S. 110 f. – Keller, a. a. O., Abb. S. 181
7 Heurgon, a. a. O., S. 115 u. 124 f.
8 Ebd. S. 126 f. – Keller, a. a. O., S. 42 ff.
9 Heurgon, a. a. O., S. 131 ff.
10 Il Museo Nazionale Etrusco Di Villa Giulia. Rom 1980, S. 131, Abb. 166
11 Heiler, a. a. O., S. 134 – Heurgon, a. a. O., S. 18
12 Keller, a. a. O., S. 183 ff., Abb. 284
13 Ebd. S. 184 – Für eine ursprünglich dreigestaltige Göttin würde ein Grabfund aus Cerveteri aus der zweiten Hälfte des 7. Jahrhunderts sprechen. Auf diesem goldenen Armreif sehen wir drei Frauen zwischen Palmen in kostbarer Umrahmung. Vgl. Heurgon, a. a. O., Taf. 21
14 Heurgon, a. a. O., S. 325 f., S. 150 f. – Vgl. hierzu: Arendt, Hannah: Vita activa oder Vom tätigen Leben. Stuttgart 1960, S. 32, wo eine Stelle aus Platon (Gesetze) zitiert wird. Platon spricht dort von Zeus Herkeios als dem Schützer der Grenzen und nennt die Grenzpfähle, welche zwischen den Besitzungen der Bürger aufgerichtet sind, heilig. Dieser Zeus Herkeios stellt also die genaue Entsprechung zum Jupiter Terminus dar.
15 Heurgon, a. a. O., S. 68 f. u. 81
16 Briffault, a. a. O. Bd. 3, S. 20

17 Keller, a.a.O., S. 332f. – Heurgon, a.a.O., S. 304f. – Seton-Williams, a.a.O., S. 202, Abb. 161

6. Die Kelten vor ihrer Romanisierung (S. 228–232)

1 Dillon, Myles, u. Chadwick, Nora: Die Kelten. In: Kindlers Kulturgeschichte Europas. Bd. 6, S. 15f. u. 29
2 Ebd. S. 24–27 – Pigott, Stuart: Vorgeschichte Europas. Vom Nomadentum zur Hochkultur. In: Kindlers Kulturgeschichte Europas. Bd. 1, S. 276f.
3 Ebd. S. 272 u. 289 – Dillon u. Chadwick, a.a.O., S. 185
4 Heiler, a.a.O., S. 353f.
5 Hanoteau, Marie Thérèse: Epona, Déesse Chevaux. In: Helvetia archaeologica. Heft 41, Basel 1980, S. 2ff.
6 Dillon u. Chadwick, a.a.O., S. 29
7 Heiler, a.a.O., S. 358
8 Dagegen ist auf den britischen Inseln von einigen keltischen Stämmen die Matrilinealität bis ins 9. Jahrhundert n. Chr. bezeugt. Dabei ist allerdings ungeklärt, ob dies auf die Verschmelzung mit der matrilinealen Urbevölkerung zurückzuführen ist. Vgl. Dillon u. Chadwick, a.a.O., S. 30 u. 260
9 Dillon u. Chadwick, a.a.O., S. 171f. – Durant, a.a.O Bd. 5, S. 44
10 Dillon u. Chadwick, a.a.O., S. 259f.
11 Heiler, a.a.O., S. 356ff.
12 Ranke-Graves, Robert von: Die Weiße Göttin, S. 475–478

Erste Zwischenbilanz (S. 235–249)

1 Beauvoir, Simone de: Das andere Geschlecht. Reinbek b. Hamburg 1986, S. 13 u. 72f.
2 Janssen-Jurreit, Marielouise: Sexismus. Über die Abtreibung der Frauenfrage. München 1976, S. 128f. u. 174f. – Dies.: Die Grundlagen des Patriarchats. In: Mythos Frau. Projektionen und Inszenierungen im Patriarchat. Hg. von Barbara Schaeffer-Hegel u. Brigitte Wartmann. Berlin 1984, S. 104ff.
3 Bamberger, Joan: The Myth of Matriarchy. In: Woman, Culture and Society. Ed. by Michelle Z. Rosaldo a. Louise Lamphere. Stanford California 1974, S. 263ff. u. 272
4 Garaudy, Roger: Der letzte Ausweg. Feminisierung der Gesellschaft. Olten 1982 – Thürmer-Rohr, Christina: Feminisierung der Gesellschaft. In: beiträge zur feministischen theorie und praxis 18, Köln 1986, S. 9ff. – Dies.: Weiblichkeit als Putz- und Entseuchungsmittel. In: Vagabundinnen. Feministische Essays. Berlin 1987
5 Langer, Susanne K.: Philosophy in a New Key. A Study in the Symbolism of Reason, Rite and Art. Cambridge/Mass. 1942 (dt: Philosophie auf neuen Wegen. Das Symbol im Denken, im Ritus und in der Kunst. Frankfurt 1984) Kap. 4
6 Vgl. Aischylos: Die Eumeniden. Wechselrede des Apollon mit der Chorführerin. – Ranke-Graves, Robert von: Griechische Mythologie. Bd. 1, S. 85
7 Bis zur vorletzten Generation erwarteten die Grönland-Eskimos von den gebrechlichen Mitgliedern der Gruppe, den Tod durch Erfrieren zu suchen. Anderseits galt der Affektmord als eine zwar bedauerliche aber einfühlbare Handlung und nicht als Kapitalverbre-

chen. Vgl. Doepfner, Andreas: Annäherungen an Kalaallit Nunaat – das »Land der Menschen«. In: NZZ, 20./21. Sept. 1986, S. 79. – Vgl. Victor, Paul-Emile: Eskimo, Nomaden der Arktis. Lausanne 1972, S. 46 f.
8 Manche Stammeskulturen besitzen gar kein Wort für die allgemeine Bedeutung »Mensch«. Die Eskimos nennen sich »Innuit«, d. h. »Menschen«. Vgl. Victor, a. a. O., S. 27. – Die Zigeuner nennen sich »Rom«, was wahrscheinlich aus einem Sanskritstamm kommt und ebenfalls »Mensch« bedeutet. Vgl. Rinderknecht, Karl (Hg.): Zigeuner, geheimnisvolle Nomaden. Lausanne 1973. S. 158 f.
9 Sowohl Thornton Wilder in »Wir sind noch einmal davon gekommen« als auch Albert Camus in seinem Stück »Das Mißverständnis« machen die weibliche Unbarmherzigkeit gegenüber dem Fremden zum Thema, bzw. die ausschließliche Bindung der Mütter an das eigene Blut.
10 Ortner, Sherry B.: Is Female to Male as Nature is to Culture? In: Woman, Culture and Society, S. 67 ff.
11 Im Anschluß an das Gebot der Feindesliebe heißt es in der Bergpredigt: »Liebt eure Feinde und betet für die, die euch verfolgen, damit ihr Söhne eures Vaters im Himmel werdet, denn er läßt seine Sonne aufgehen über Bösen und Guten, und er läßt regnen über Gerechte und Ungerechte.« (Mt. 5,45) Diese Aufforderung wendet sich ausdrücklich gegen das alte (patriarchale) Gesetz, geht aber weit über die moralische Toleranz der matrizentrischen Ideologie hinaus in Richtung einer umfassenden Gesinnungsethik.
12 Das Gilgamesch-Epos. Hg. u. übers. von Albert Schott. Stuttgart 1958, S. 75 ff.
13 Die Geschichten des Herodot, 2. Buch, Kap. 78 – Vgl. Ermann, Adolf: Ägypten und ägyptisches Leben im Altertum, S. 346
14 Dillon u. Chadwick, a. a. O., S. 244
15 In der ägyptischen Mythologie ist es der Himmelsgott Schu, der das Firmament von der Erde löst und als Himmel hinaufstemmt. In polynesischen Mythen erscheint die gewaltsame Trennung des Urelternpaares Erde-Himmel als Mord und Sünde. Vgl. Neumann, Erich: Ursprungsgeschichte des Bewußtseins. München o. J., S. 91
16 Vgl. Beauvoir, a. a. O., S. 152 ff. – Ostner, Ilona: Geschlechterhierarchie und ihre symbolische Repräsentation heute. In: Mythos Frau, S. 140 ff.
17 French, Marilyn: Jenseits der Macht. Frauen, Männer und Moral. Reinbek b. Hamburg 1985, S. 116 ff.
18 Ermann, a. a. O., S. 519 f. – Vgl.: Altägyptische Liebeslieder. Übers. von Siegfried Schott. Zürich 1950, S. 26 – In den neueren Übersetzungen ist die Anrede »Schwester« und »Bruder« durch die Worte »Geliebte« und »Geliebter« ersetzt.
19 Schneider, David M.: Einleitung zu: Matrilineal Kinship. Ed. by David M. Schneider a. Kathleen Gough. Berkeley 1974, S. 9
20 Neumann, Erich: Die Große Mutter, S. 102
21 Hurwitz, Siegmund: Lilith, die erste Eva. Zürich 1983, S. 92 f.

Kapitel III
Die Konstituierung des Patriarchats (S. 253 ff.)

1 Albert Camus hat in seinem ersten Roman »Der Fremde« (1942) die menschliche Existenz in ihrer Fremdheit gegenüber Natur und Schicksal dargestellt, und dieser Gedanke zieht sich durch sein gesamtes Werk. In »Der Mythos von Sisyphos« (1942), »Die Pest« (1947) und »Der Mensch in der Revolte« (1951) stellt er immer wieder das moralische Bewußtsein des Menschen den zufälligen und absurden Abläufen der Natur und der über das Schicksal des einzelnen hinweggehenden Geschichte gegenüber.
2 Zit. nach: Altkurdische Kampf- und Liebeslieder. Gesammelt u. übers. von Abbas Hilmi. München 1964, S.61
3 Fox-Keller, Evelyn: Liebe, Macht und Erkenntnis. Männliche oder weibliche Wissenschaft? München 1986, S.85 – Vgl. Lloyd, Geneviève: Das Patriarchat der Vernunft. Bielefeld 1985 – List, Elisabeth: Patriarchen und Pioniere: Helden im Wissenschaftsspiel. In: Mythos Frau, S.14–35 – Schaeffer-Hegel, Barbara: Feministische Wissenschaftskritik. Ebd. S.36–60

1. Mord, Raub und Vergewaltigung als Basismotive der patriarchalen Mythologie und ihre Parallele zur Praxis (S. 260–270)

1 Heiler, Friedrich: Die Religionen der Menschheit. Stuttgart 1984, S. 125 – Jockel, Rudolf (Hg.): Götter und Dämonen. Mythen der Völker. Wiesbaden o. J., S. 37 f.
2 Mythologie. Eine illustrierte Weltgeschichte des mythisch-religiösen Denkens. Hg. von Richard Cavendish u. Trevor O. Ling. München 1981, S. 15 f.
3 Glanz und Untergang des Alten Mexiko. Die Azteken und ihre Vorläufer. 2 Bde. Mainz 1987, Bd. 2, Nr. 141, 142 (Ausstellungskatalog)
4 Mythologie, S.258
5 Glanz und Untergang des Alten Mexiko. Bd. 1, S. 118 f.
6 Wörterbuch der Symbolik. Hg. von Manfred Lurker. Stuttgart 1983, S.682
7 Ebd. S.230 – Ranke-Graves, Robert von: Die weiße Göttin. Sprache des Mythos. Berlin 1981, S.464
8 Bild der Völker. Bd. 1, S. 67 f.
9 Mythen der Welt. Hg. von Alexander Eliot. Mit Beiträgen von Mircea Eliade u. Joseph Campbell. Luzern, München 1976, S. 28
10 Jockel, a.a.O., S. 191 f.
11 Mythologie, S.279
12 Mythen der Welt, S. 28
13 Langer, Susanne K.: Philosophie auf neuen Wegen, S. 188 f. – Jockel, a. a. O., S. 194 f.
14 Ebd. 5.185 f. – Vgl. Neumann, Erich: Die Große Mutter, S. 291
15 Griaule, Marcel: Conversation with Ogotemmêli. An Introduction to Dogon Religious Ideas. Oxford 1965, S. 194
16 In der mediterranen Mythologie existieren tatsächlich leberfressende weibliche Dämonen in Vogelgestalt, die Stringes, vor denen man nach der Vorstellung des Volkglaubens die kleinen Kinder nachts schützen muß. – Vgl. Hurwitz, Siegmund: Lilith, die erste Eva. Eine Studie über dunkle Aspekte des Weiblichen. Zürich 1983, S. 30 f.

17 Ranke-Graves, Robert von: Griechische Mythologie. Bd. 1, S. 37 f.
18 Griaule, a. a. O., S. 186 ff. – Bild der Völker. Bd. 2, S. 92 ff.
19 Mythologie, a. a. O., S. 17
20 Mythen der Welt, a. a. O., S. 209: Zu den bekanntesten zählt die homoerotische Beziehung des Zeus zum Jüngling Ganymed. – Vgl. Borneman, Ernest: Lexikon der Liebe, S. 594 ff.
21 Mythologie, a. a. O., S. 17
22 Zit. nach: Durant, Will u. Ariel (Hg.): Kulturgeschichte der Menschheit. Bd. 5, S. 30
23 Lesser, Alexander: Krieg und Staat. In: Fried, M., Harris, M., u. Murphy, R. (Hg.): Der Krieg. Zur Anthropologie der Aggression und des bewaffneten Konflikts. Frankfurt a. M. 1971, S. 111–116
24 Briffault, Robert: The Mothers. Bd. 2, S. 191 f.
25 Ranke-Graves, a. a. O. Bd. 2, S. 136
26 Griaule, a. a. O., S. 194 f.
27 Borneman, a. a. O., S. 1319 ff.
28 Burckhard, Jacob: Griechische Kulturgeschichte, S. 160 f.
29 Unter diesen Frauen war Marina, eine Tochter fürstlichen Geblüts, als Geliebte und Dolmetscherin Hernando Cortez' die bekannteste. Sie hat den tragischen Verlauf der mexikanischen Geschichte entscheidend beeinflußt, indem sie aus Rache an ihren Verwandten die Geheimnisse Mexikos an die Spanier verriet. Vgl. Glanz und Untergang des Alten Mexiko. Bd. 1, S. 167 f.
30 Buch Richter, 19.25. Vgl. Daly, Mary: Jenseits von Gottvater, Sohn & Co. Aufbruch zu einer Philosophie der Frauenbefreiung. München 1986, S. 137
31 Frauen der Welt. Ein Querschnitt aus 16 Ländern in 4 Kontinenten. Hg. von der Redaktion der NZZ 1982, S. 154
32 Janssen-Jurreit, Marielouise: Sexismus, S. 364
33 Nach Angaben vom FBI lag die Zahl der strafrechtlich verfolgten Vergewaltigungen in den Vereinigten Staaten 1986 bei 90 000. Dabei ist die Anzahl der nicht angezeigten Delikte bekanntlich um ein Vielfaches höher. (Der Bund, Bern, 27. Juli 1987)
34 Schumacher, Irene: Gesellschaftsstruktur und Rolle der Frau: Das Beispiel der Irokesen. Berlin 1972, S. 128 – Vgl. Janssen-Jurreit, a. a. O., S. 165. Sie berichtet auch von den Buschleuten, daß bei ihnen Vergewaltigung unbekannt sei (mit Referenz auf Morton H. Fried: The Evolution of Political Society. New York, 1967, S. 76 f.)

2. Die Lüge als Zwillingsbruder der Herrschaft (S. 270–277)

1 Die erste Ideologiekritik an den patriarchalen Mythen stammt von Jane Harrison (Prolegomena to the Study of Greek Religion, 1903), auf der R. v. Ranke-Graves seine kritische Untersuchung des griechischen und keltischen Mythos aufbaute.
2 Bevor der Bär zum Wappentier der Berner Herrschaft wurde, war er das Symboltier der keltischen Göttin, wofür eine römische Statuette »Die Bärengöttin« im Berner Historischen Museum Zeugnis ablegt. – Männliche Sphingen erscheinen vor allem in der assyrischen Kunst.
3 Ranke-Graves, a. a. O. Bd. 1, S. 19
4 Mythen der Welt, S. 69 f.
5 Weiler, Gerda: Der enteignete Mythos, S. 69

6 Ebd. S. 74 f.
7 Andronicus, Manolis: Olympia. Athen 1984, S. 48 (Museumskatalog)
8 Mythologie, S. 16
9 Hurwitz, a. a. O., S. 93
10 Heiler, a. a. O., Abb. S. 129 – Keel, Othmar: Die Welt der altorientalischen Bildsymbolik und das alte Testament am Beispiel der Psalmen. Zürich 1972, S. 167, S. 122, Abb. 185
11 Vgl. Millet, Kate: Sexus und Herrschaft. Die Tyrannei des Mannes in unserer Gesellschaft. Köln 1982, S. 75
12 Griaule, a. a. O., S. 160 f. – Vgl. S. 528, Anm. 4 – Vgl. auch die Initiationsmaske der Senufo (Mali) in: L'Art de Afrique noire. La création plastique. Hg. von Michel Leiris u. Jacqueline Delange. Paris 1967, S. 290, sowie einen geschnitzten Pfeiler aus Nigeria, auf dem die Parallele zwischen einer krokodilartigen Echse mit schematisierter Arm- und Beinstellung und einer weiblichen Figur mit angewinkelten Armen und Beinen deutlich wird. In: Krieger, Kurt (Hg.): Westafrikanische Plastik. 2 Bde. Berlin 1965, Bd. 2, Abb. 239–242 – Hingegen entbehrt die Interpretation der Kanaga-Figur als Vogel (Gillon) ebenso der bildhaften Plausibilität wie ihre Deutung als Hand.
13 Hulsewé, A. F. P.: China im Altertum. In: Propyläen Weltgeschichte. Bd. 2, S. 489
14 Ranke-Graves, a. a. O. Bd. 1, S. 292
15 Kunstschätze aus China. Hg. von H. Brinker u. R. Goepper. Zürich 1981, S. 105 f. (Ausstellungskatalog)
16 Theoderich d. Große (471–526) ermordete 493 Odoakar auf einem Gastmahl.

3. Die Diskriminierung der Arbeit (S. 277–288)

1 Jockel, a. a. O., S. 139
2 Zit. nach: Janssen-Jurreit, Marielouise: Sexismus, S. 362
3 Davie, Maurice R.: The Evolution of War. A Study of its Role in Early Society. New Haven 1929, S. 25 ff.
4 Janssen-Jurreit, a. a. O., S. 363 f. – Vgl. Kap. III.4, S. 291 ff.
5 Arendt, Hannah: Vita activa oder Vom tätigen Leben. Stuttgart 1960, S. 19, S. 27–38; vgl. auch S. 330 f.
6 Conrady, A.: China. In: Ullsteins Weltgeschichte. Geschichte des Orients. Berlin 1910, S. 503 f.
7 Smith, Adam: An Inquiry into the Nature and Causes of the Wealth of Nations. 1776
8 Neusüß, Christel: Und die Frauen, tun die denn nichts? In: beiträge zur feministischen theorie und praxis 9/10, Köln 1983, S. 181 ff. – Mies, Maria: Subsistenzproduktion, Hausfrauisierung, Kolonisierung. Ebd. S. 115 f.
9 Janssen-Jurreit, a. a. O., 18. Kap.: Heldentaten und Hausarbeiten, S. 373 f.
10 Ebd. S. 386
11 Böttger, Barbara: Die Bedeutung der Informations- und Kommunikationstechniken für die Zukunft menschlicher Arbeit, insbesondere der Frauenarbeit. In: beiträge 9/10, S. 33 ff.
12 Mies, Maria: Neue Technologien – Wozu brauchen wir das alles? Aufforderung zur Verweigerung. In: Blick nach vorn im Zorn. Die Zukunft der Frauenarbeit. Hg. von Michaela Huber u. Barbara Bussfeld. Weinheim und Basel 1985, S. 211 ff.

4. Die Geburt des Krieges (S. 288–305)

1 Fried, M., Harris, M. u. Murphy, R. (Ed.): The Anthropology of Armed Conflicts and Aggression. New York 1967 – Vgl. S. 548, Anm. 23
2 Vayda, Andrew P.: Hypothesen zur Funktion des Krieges. In: Der Krieg, S. 103 ff.
3 Lesser, a. a. O., S. 111 ff.
4 Aron, Raymond: Frieden und Krieg. Eine Theorie der Staatenwelt. Frankfurt a. M. 1962, S. 423 ff. – Vgl. Fromm, Erich: Anatomie der menschlichen Destruktivität. Stuttgart 1974, S. 189 f.
5 Mead, Margaret: Alternativen zum Krieg. In: Der Krieg, S. 244
6 Aron, a. a. O., S. 424
7 Davie, a. a. O., S. 23 ff. – Mead, a. a. O., S. 259 f.
8 Chagnon, Napoleon A.: Die soziale Organisation und die Kriege der Yanomamö-Indianer. In: Der Krieg, S. 131–189 – Ders.: Die Yanomamö in Brasilien und Venezuela. In: Bild der Völker. Bd. 5, S. 14 ff.
9 Briffault, a. a. O. Bd. 1, S. 332–344 – U. a. heißt es darin, die Frauen hätten sich früher als Geister verkleidet, um die Männer einzuschüchtern und stets zugunsten der Frauen Recht zu sprechen. Dieses Ritual übernahmen dann die Männer auf umgekehrte Weise. Diese Verkleidungsgeschichte klingt sehr nach patriarchaler Inszenierung. Doch könnte der Mythos auf eine Zeit anspielen, in der die Frauen die religiöse Autorität besaßen und im Namen der Geister (auch ohne Verkleidung) über die Tabus wachten.
10 Bild der Völker. Bd. 1, S. 106 ff., S. 262
11 Ebd. Bd. 1, S. 110
12 Davie, a. a. O., S. 24 f.
13 Bild der Völker. Bd. 5, S. 22 f.
14 So bei den Tuareg: Während ihrer Stammesfehden, den »Ruzzus«, ließen sie die Frauen und Kinder schutzlos zurück. Es galt als ehrlos, Frauen anzugreifen, sie zu berauben oder gar zu vergewaltigen. Vgl. De Cesco, Federica, u. Krebser, Markus: Tuareg – Nomaden der Sahara. Lausanne 1971, S. 128
15 Kramer, Samuel N.: Geschichte beginnt mit Sumer, München 1959, S. 39 ff.
16 Vgl. S. 541, Anm. 28
17 Schneider, Wolf: Überall ist Babylon. Die Stadt als Schicksal des Menschen von Ur bis Utopia. München 1967, S. 10 f.
18 Kramer, a. a. O., S. 140–168
19 Soden, Wolfram von: Sumer, Babylon und Hethiter. In: Propyläen Weltgeschichte. Bd. 1, S. 546
20 Bowra, Cecil M.: Griechenland. Von Homer bis zum Fall Athens. In: Kindlers Kulturgeschichte Europas. Bd. 2. München 1983, S. 45 ff.
21 Arnold Toynbee zit. nach Maier, Franz G.: Krieg und Gesellschaft im antiken Griechenland. Zur Darstellung von Pierre Ducrey: Guerre et guerriers dans la Grèce antique. Fribourg 1985 In: NZZ, 1./2. März 1986, S. 101
22 Bowra, a. a. O., S. 69
23 Thukydides: Gedenkrede des Perikles an die Gefallenen. Übers. von Ferdinand Willenbücher. Leipzig 1943, S. 33
24 Gemeint sind die Farben schwarz/weiß/rot, schwarz/rot/gold, blau/weiß, blau/weiß/rot und schwarz/weiß. Sie repräsentieren die drei Mondphasen bzw. die Leben-Tod-Polarität.

25 Geschichte der Schweiz und der Schweizer. Bd. 2. Basel 1982, S. 256
26 Zit. nach Dollinger, Hans: Schwarzbuch der Weltgeschichte. München 1973, S. 8
27 Thukydides, a. a. O., S. 37
28 Elias, Norbert: Über den Prozeß der Zivilisation. Bd. 2. Frankfurt a. M. 1976, S. 369 ff.
29 Ders.: Humana Conditio. Beobachtungen zur Entwicklung der Menschheit am
40. Jahrestag eines Kriegsendes. Frankfurt a. M. 1985, S. 131 ff., S. 90

5. Der tödliche Wettbewerb (S. 306–309

1 Bowra, a. a. O., S. 71
2 Ranke-Graves, a. a. O. Bd. 1, S. 282 ff.
3 Koestler, Arthur: Der Mensch, Irrläufer der Evolution. Bern, München 1978

6. Die patriarchale Familienstruktur als Grundmuster der patriarchalen Gesellschaftsstruktur (S. 309–336)

1 Thomson, George: Frühgeschichte Griechenlands und der Ägäis. Berlin 1980
2 Weber, Marianne: Ehefrau und Mutter in der Rechtsentwicklung. Tübingen 1907, S. 146
3 Arendt, a. a. O., S. 30–33
4 Vgl. Badinter, Elisabeth: Die Mutterliebe. Die Geschichte eines Gefühls vom 17. Jahrhundert bis heute. München 1982, S. 17 f. – Arendt, a. a. O., S. 34
5 Zit. nach Mühlmann, Wilhelm E.: Einleitung zu Schwägler, Georg: Soziologie der Familie. Tübingen 1970, S. XVIII – Vgl. Borneman, Ernest: Das Patriarchat. Ursprung und Zukunft unseres Gesellschaftssystems. Frankfurt a. M. 1975, S. 117 ff.
6 Arendt, a. a. O., S. 28 f. – Burckhardt, a. a. O., S. 99
7 Als einer der besten Kenner der griechischen Polis beschreibt Burckhardt das namenlose Elend, das die griechischen Begründer der Polis durch ihren »Synoikismus« (Zusammensiedeln) verursachten, wenn sie ganze Dörfer und deren Bewohner in die Städte zwangen, um sie besser beherrschen zu können. Dies geschah nicht nur mit der autochthonen Bevölkerung sondern auch zwischen den sich bekämpfenden griechischen Stämmen. (Ebd. S. 65 ff.)
8 Auf die ursprüngliche Wortbedeutung von »Arché« und »Hierarchie« haben Heide Göttner-Abendroth und andere feministischen Forscherinnen hingewiesen.
9 Janssen-Jurreit, Marielouise: Die Grundlagen des Patriarchats. In: Mythos Frau, S. 120
10 Engels, Friedrich: Der Ursprung der Familie, des Privateigentums und des Staates. 6. Aufl. Stuttgart 1894, S. 51 ff.
11 Pfeffer, Georg: Formen der Ehe. In: Die Braut. Bd. 1, S. 60–71, S. 66
12 Somogyi, Tamar: Die Braut im Alten Testament. In: Die Braut. Bd. 1, S. 134–143 – Weber, a. a. O., S. 121
13 Weber, a. a. O., S. 122 f. – Kellermann-Weber, Ingeborg: Die deutsche Familie. Frankfurt a. M. 1975, S. 30
14 Leutner, Mechthild: Heirat in Nordchina. In: Die Braut. Bd. 2, S. 466 f. – Bild der Völker. Bd. 7, S. 242
15 Weber, a. a. O., S. 68 f.

16 Kellermann-Weber, a.a.O., S. 48 f.
17 König, René: Artikel »Familie.« In: Bernsdorf, Wilhelm (Hg.): Wörterbuch der Soziologie. Stuttgart 1969, S. 247 ff.
18 Mies, Maria: Subsistenzproduktion, Hausfrauisierung, Kolonisierung, S. 115 f.
19 Kellermann-Weber, a.a.O., S. 223 ff.
20 Ebd. S. 57 f.
21 Schaeffer-Hegel, Barbara: Feministische Wissenschaftskritik, S. 53 f.
22 Mey, Dorothea: Das Beispiel der Kurtisane Cora Pearl aus dem Paris des zweiten Kaiserreichs. In: beiträge 15/16, 1985, S. 19 ff.
23 Besser, Roland: Leben und Werk von Anna Freud. In: Die Psychologie des 20. Jahrhunderts. Bd. 3. München 1977, S. 130 f.
24 Anouilh, Jean: La valse des toréros. In: Pièces grinçantes. Paris 1956
25 Die Faszination, die von Vermeers berühmtem Gemälde »De Keukenmeid« über Jahrhunderte hinweg ausging, ist wahrscheinlich auf diesem Hintergrund zu verstehen. Sie ist ganz die demütige Muttergestalt.
26 Fromm, Erich: Die Kunst des Liebens. Darmstadt 1962, 1. Kap.
27 El Hariri, Marianne, u. Erb, Jacqueline: Frauen im Islam. In: Emanzipation. Zeitung der Organisation für die Sache der Frau (OFRA). Heft 6, Basel 1985, S. 8 f.
28 So der Titel eines Sammelbandes, hg. von Claudia Honegger u. Bettina Heinz: Listen der Ohnmacht. Zur Sozialgeschichte weiblicher Widerstandsformen. Frankfurt a. M. 1984
29 Braun, Christina von: Nicht-Ich, Ich-Nicht. Logik Lüge Libido. Frankfurt a. M. 1985, S. 813 f.
30 Shahar, Shulamith: Die Frau im Mittelalter. Frankfurt a. M. 1983, S. 104 ff.
31 Kellermann-Weber, a.a.O., S. 46 f. – Bis zu 20 Niederkünfte einer Frau galten als keine Seltenheit.
32 Badinter, a.a.O., S. 91 f.
33 Ebd. S. 98 f. – Vgl. Mause, Lloyd de (Hg.): Hört ihr die Kinder weinen. Frankfurt a. M. 1980
34 Janssen-Jurreit, Marielouise: Sexismus, S. 489
35 Dieckmann, Hans: Der Ödipuskomplex in der analytischen Psychologie Jungs. In: Zs. f. analytische Psychologie. Heft 2. Basel 1984, S. 80 f.
36 Fromm, Erich: Größe und Grenzen der Entdeckungen Freuds. In: Gesamtausgabe Bd. 8, S. 281 ff.
37 Dieckmann, a.a.O., S. 81
38 Vgl. Stierlin, Helm: Eltern und Kinder. Das Drama von Trennung und Versöhnung im Jugendalter. Zürich 1978 – Richter, Horst E.: Patient Familie. Reinbek b. Hamburg 1970
39 Chodorow, Nancy: Das Erbe der Mütter. München 1985 – Dinnerstein, Dorothy: Das Arrangement der Geschlechter. Stuttgart 1979
40 Fromm, a.a.O., S. 283
41 Balint, Alice: Liebe zur Mutter und Mutterliebe. In: Balint, Michael: Die Urformen der Liebe und die Technik der Psychoanalyse. Bern, Stuttgart 1966, S. 124
42 Dinnerstein, a.a.O., S. 294
43 Ebd. S. 61 ff. Hier wirkt ihre Argumentation auf mich wenig überzeugend und bisweilen gequält.

7. Männerhaus und Geistgeburt (S. 337–361)

1 Bild der Völker. Bd. 1, S. 67
2 Henriques, Fernando: Die Verschiedenartigkeit sexueller Verhaltensweisen. In: Bild der Völker. Bd. 5, S. 134
3 Bild der Völker. Bd. 1, Abb. S. 75
4 Ebd. Bd. 2, S. 92f.
5 Ebd. Bd. 5, S. 170–173
6 Ebd. Bd. 1, S. 64f.
7 Ebd. Bd. 1, S. 67f.
8 Ebd. Bd. 1, Abb. S. 79
9 Duerr, Hans P.: Sedna, S. 406
10 Koepping, Klaus P.: Australier (Arnhem-Land). In: Müller, Klaus E. (Hg.): Menschenbilder früher Gesellschaften. Frankfurt a. M. 1983, S. 126
11 Neumann, Erich: Die Große Mutter, S. 396 – Zum gleichen Mythenkreis gehört die »Nachtmeerfahrt« des Sonnenheros, besonders in der ägyptischen Mythologie.
12 Müller, Klaus E.: Einleitung zu: Menschenbilder früher Gesellschaften, S. 33f. – Bild der Völker. Bd. 2, S. 93
13 Ebd. Bd. 1, S. 44
14 Haeckel, Josef: Schutzgeistsuche und Jugendweihe. In: Ethnos 3 (1947), S. 106ff.
15 Bild der Völker. Bd. 2, S. 92
16 Burckhardt, a. a. O., S. 109ff.
17 Vgl. Alic, Margaret: Hypatias Töchter. Der verleugnete Anteil der Frauen an der Naturwissenschaft. Zürich 1987, S. 35f.
18 Vgl. Albert, Karl: Die ersten Fragen der Philosophie. In: Der Mensch. Bd. 7, S. 54f.
19 Zit. nach Arendt, a. a. O., S. 24
20 In diesem Punkt unterscheiden sich eine Reihe von Mystikerinnen deutlich von den männlichen Mystikern. Sie reflektieren viel stärker die erotische Bezogenheit zwischen Seele und Gott als die Identität. Vgl. Mechthild von Magdeburg. In: Deutsche Gedichte von Hildegard von Bingen bis Ingeborg Bachmann. Hg. von Elisabeth Borchers. Frankfurt a. M. 1984, S. 14ff.
21 Eine gute Sammlung findet sich bei Stopczyk, Annegret: Was Philosophen über Frauen denken. München 1980.
22 Rückert, Friedrich: Hafische Vierzeiler. Leipzig 1940, S. 54f.
23 Zit. nach Wiesmayr, Elisabeth: Weiblicher Lebens- und Schreibzusammenhang. In: Das ewige Klischee. München 1981, S. 218
24 Zit. nach Fox-Keller, Evelyn: Baconian Science. In: The Philosophical Forum 3/1980, S. 299ff.
25 Merchant, Carolyn: Der Tod der Natur. München 1987, S. 183ff.
26 In Bacons utopischem Staat gibt es bereits Laboratorien, in denen Pflanzen und Insekten gezüchtet und sogar neue Arten künstlich hergestellt werden, sowie künstliche Metalle, die der Mensch aus Gesteinen komponiert. (Ebd.)
27 Wittgenstein, Ludwig: Tractatus logico-philosophicus. Satz 6.62. Zit. nach Hoyningen-Hüne, Paul: Der Glaube an die Wissenschaft. In: Der Mensch. Bd. 7, S. 496
28 Brämer, R., u. Nolte, G. fassen in ihrem Aufsatz »Wer hat Angst vor wem?« die deutschen Untersuchungsergebnisse zusammen. In: Psychologie heute, 3/1985 – Fox-Keller,

Evelyn: Liebe, Macht und Erkenntnis, S. 96 f. – Vgl. auch List, Elisabeth: Der asketische Eros. Über Geschichte und Struktur des wissenschaftlichen Habitus. In: Was Philosophinnen denken. Bd. 2. Hg. von Manon Maren-Grisebach u. Brigitte Weisshaupt. Zürich 1986, S. 23 ff.
29 Fox-Keller, a. a. O., S. 97 f.
30 Ebd. S. 85
31 Ebd. S. 122
32 Ebd. S. 93 u. 96
33 Freud, Sigmund: Das Unbehagen in der Kultur. Studienausgabe Bd. 9. Frankfurt a. M. 1974, S. 232 ff.
34 Sartre, Jean-Paul: Das Sein und das Nichts. Reinbek b. Hamburg 1966, S. 464 ff.
35 Ebd. S. 439, S. 757 ff. – Vgl. Beauvoir, Simone de: Die Zeremonie des Abschieds und Gespräche mit Jean-Paul Sartre, August–September 1974. Reinbek b. Hamburg 1984, S. 428 f. – Aus Sartres biographischen Angaben geht sein Autonomieproblem deutlich hervor: Vaterlos aufgewachsen stand er als Knabe ganz im Banne der Mutter.
36 Fromm, Erich: Anatomie der menschlichen Destruktivität. Stuttgart 1974 – Vgl. auch die Ausführungen zu Ernst Jünger und die Reflexionen über den Alpinisten Reinhold Messmer bei Christina von Braun, a. a. O., S. 300
37 Jungk, Robert: Die Erbsünde der Wissenschaft. In: Bild der Wissenschaft. 8/85, S. 82 ff.
38 Zit. nach Sommer, Theo: Verstrahlt und verbrannt: Wofür? In: Die Zeit, 2. August 1985 – Vgl. Easlea, Brain: Väter der Vernichtung. Männlichkeit, Naturwissenschaftler und der nukleare Rüstungswettlauf. Reinbek b. Hamburg 1986
39 Gilligan, Carol: Die andere Stimme. Lebenskonflikte und Moral der Frau. München 1984 – Bei ihr ist die Stimme der weiblich-mitmenschlichen Verantwortung gemeint.

8. Die Konstruktion der Geschlechter-»Mythen« (S. 361–376)

1 Borbo, Danuta, u. Uhlig, Andreas: Indien. In: Frauen der Welt, S. 149
2 Simmel, Georg: Das Relative und das Absolute im Geschlechterproblem. In: Ders.: Schriften zur Philosophie und Soziologie der Geschlechter. Hg. von Heinz-Jürgen Dahme u. Klaus Chr. Köhnke. Frankfurt a. M. 1985, S. 200–223 – Vgl. Erikson, Erik: Die Weiblichkeit und der innere Raum. München 1970
3 Simmel, a. a. O., S. 207 ff.
4 Ebd. S. 217–221
5 ‹Dohm, Hedwig: Der Frauen Natur und Recht. Eigenschaften und Stimmrecht der Frauen. Berlin 1897. In: Zur Psychologie der Frau. Hg. von Gisela Brinker-Gabler. Frankfurt a. M. 1978, S. 27 ff.
6 Mayreder, Rosa: Die Dame (aus der Essay-Sammlung »Kritik der Weiblichkeit«, 1905) In: Zur Psychologie der Frau, S. 147 ff.
7 »La femme est faite spécialement pour plaire à l'homme« (Emile, Teil 5) – Zit. nach: Dohm, a. a. O., S. 41
8 Fromm, Erich: Die Furcht vor der Freiheit. In: Gesamtausgabe Bd. 1, S. 310 – Ders.: Die Kunst des Liebens, S. 37 f.
9 Keith, Birgith: Machismo in Südspanien – Ideologie und Wirklichkeit. In: Die Braut. Bd. 2, S. 604 ff.
10 Nadig, Maya: Die verborgene Kultur der Frau. Ethnopsychoanalytische Gespräche mit Bäuerinnen in Mexiko. Frankfurt a. M. 1986

11 Dinnerstein, a. a. O., S. 115. Vgl. Kap. 5, S. 112 ff.
12 Vgl. Weisshaupt, Brigitte: Du kannst mir nicht die Träume nehmen. In: Frau – Realität und Utopie. Hg. von Christa Köppel u. Ruth Sommerauer. Zürich 1984, S. 303 ff.
13 Ernst, Cécile: Frau und Krankheit. Ebd. S. 63 ff.
14 Morf-Rohr, Ursula: Zur Frau geboren – zur Frau erzogen? Ebd. S. 27–45
15 Gilligan, a. a. O., S. 13 f.
16 Baumgardt, Ursula: König Drosselbart und C. G. Jungs Frauenbild. Kritische Gedanken zu Anima und Animus. Olten 1987

9. Das Dilemma der Sexualität unter patriarchalen Vorzeichen (S. 376–398)

1 Diesen Text verwendete George Gershwin für einen Song, der 1916 als sein erstes gedrucktes Musikstück erschien. Vgl. du. Die Zeitschrift für Kunst und Kultur 8/87, S. 22 u. 33
2 Rückert, Friedrich: Amrilkais. Der Dichter und König. Stuttgart u. Tübingen 1843, S. 40
3 Borneman, Ernest: Das Patriarchat, S. 224 f.
4 Des Minnesangs Frühling. Hg. von H. Moser u. T. Tervooren. Leipzig 1977, S. 25. Zit. nach einer Glosse von Pia Holenstein, WOZ, 5. Juni 1987
5 Goreau, Angeline: Zwei Engländerinnen des 17. Jahrhunderts. In: Die Masken des Begehrens und die Metamorphosen der Sinnlichkeit. Zur Geschichte der Sexualität im Abendland. Hg. von Philippe Ariès, André Béjin u. Michel Foucault. Frankfurt a. M. 1984, S. 130 ff.
6 Rossiaud, Jacques: Prostitution, Sexualität und Gesellschaft in den französischen Städten des 15. Jahrhunderts. Ebd. S. 97 ff.
7 Erasmus von Rotterdam: Gespräche über die Ehe. Münchner Lesebogen Nr. 144 o. J., S. 20
8 Vgl. zum folgenden: Hunger, Heinz: Die Heilige Hochzeit. Vorgeschichtliche Sexualkulte und -mythen. Wiesbaden 1984, S. 26–85
9 Bubenik-Bauer, Iris: Gehört den chinesischen Frauen die Hälfte des Himmels? In: beiträge 9/10, 1985, S. 167 f.
10 Hunger, a. a. O., S. 60–71
11 Marshall, Donald S.: The Island of Peace. In: Human Sexual Behavior. Ed. by Donald S. Marshall a. Robert C. Suggs. New York u. London 1971, S. 104–162
12 Vgl. Biedermann, Hans: Die Großen Mütter. Bern, München 1987, S. 176 ff.
13 Hauser-Schäublin, Brigitte: Der geliebte Mann, die vergewaltigte Frau. Das Beispiel der Iatmul am mittleren Sepik, Papua-Neuguinea. In: Die Braut. Bd. 2, S. 520 ff.
14 Zillmann, Dolf: Connections between Sex and Aggression. London 1984, Kap. 1 u. 2
15 Tüllmann, Adolf: Das Liebesleben der Naturvölker. Stuttgart 1963, S. 232 f.
16 Borneman, Ernest: Lexikon der Liebe, S. 594 f.
17 Ebd. S. 1262
18 Diese These vertritt u. a. D. S. Marshall in seinen Schlußfolgerungen zur sexuellen Kultur in Mangaia, was m. E. im Widerspruch zu seinen Schilderungen der Frauen in Mangaia steht. – Vgl. The Island of Peace, S. 161
19 Beauvoir, Simone de: Die Zeremonie des Abschieds, S. 375–430, S. 405 f.
20 Ebd. S. 390 f. u. 420

21 Die jesuitische Moralkasuistik kannte den Begriff der restricto mentalis, d. h. den geheimen inneren Vorbehalt bei erzwungenem Eid.
22 Zit. nach: Jakobi, Hansres: Zeit der Hingebung an die Mitmenschen. Henriette Herz in Erinnerungen, Briefen und Zeugnissen. In: NZZ, 26/27. Januar 1985, S. 69
23 Vgl. Fischer-Homberger, Esther: Krankheit Frau. Zur Geschichte der Einbildungen. Darmstadt 1984
24 Vgl. Janssen-Jurreit, Marielouise: Die Zukunft der Reproduktion – Niederlage oder Befreiung der Frau? In: Frau und Sexualmoral. Hg. von Marielouise Janssen-Jurreit. Frankfurt a. M. 1986, S. 346–352 – Corea, Gena: Die Muttermaschine. Reproduktionstechnologien. Berlin 1985 – Roth, Claudia (Hg.): Genzeit. Zürich 1987 – Weikert, Aurelia, Riegler, Johanna, u. Trallori, Lisbeth (Hg.): Schöne Neue Männerwelt. Wien 1987

Zweite Zwischenbilanz (S. 401–407)

1 Rentmeister, Cillie: Frauenwelten – Männerwelten. Für eine neue kulturpolitische Bildung. Opladen 1985, S. 109 ff.
2 Global 2000. Der Bericht an den Präsidenten. 52. Auflage Juli 1986, S. 86 – Hier ist von einer halben bis zwei Millionen Arten die Rede.
3 Nach einem Bericht des Stockholmer Instituts für Friedensforschung 1984. – Vgl. Condrau, Gion: In Sorge um den Menschen. In: Der Mensch. Bd. 10. 1985, S. 602
4 Omni. Das wird morgen sein. München 1986
5 Fromm, Erich: Haben oder Sein. In: Gesamtausgabe Bd. 2, S. 360 f. – Ders.: Der kreative Mensch. Ebd. Bd. 9, S. 403
6 Bekanntlich wettet Faust mit dem Teufel um seine Seele. Mephisto glaubt, daß der unersättliche vorwärtsstürmende Mensch von keinem Augenblick sagen könne: »Verweile doch, du bist so schön«, doch Faust erlebt dieses Gefühl nach seiner langen Irrfahrt beim Gemeinschaftswerk unter einfachen Menschen, und damit hat der Teufel seine Wette verloren.

Kapitel IV
Befreiung zur Partnerschaft (S. 411 ff.)

1 Vgl. Klinger, Cornelia: Modernisierungsorientiertes oder traditionsorientiertes Emanzipationskonzept? In: Was Philosophinnen denken. Bd. 2. Hg. von Manon Maren-Grisebach u. Brigitte Weisshaupt. Zürich 1986, S. 71 ff. – Vgl. auch Großenbacher, Silvia: Der blinde Fleck. In: Emanzipation 9/87, S. 10
2 Anselm, Sigrun: Die zweideutige Macht der Mütter. In: Theorien weiblicher Subjektivität. Frankfurt a. M. 1985, S. 74 ff.
3 Beauvoir, Simone de: Das andere Geschlecht. Reinbek b. Hamburg 1986, S. 27
4 Vgl. Ehrenreich, Barbara: Die Herzen der Männer auf der Suche nach einer neuen Rolle. Reinbek b. Hamburg 1984, S. 178 ff.
5 Müttermanifest – Leben mit Kindern. Mütter werden laut. Verabschiedet am 2. Februar 1987 vom Mütterkongreß. Abgedruckt in: beiträge 21/22, 1988, S. 201 ff.

1. Die individuelle Ebene (S. 416–440)

1 Goethe, Johann W. von: Hermann und Dorothea. Erato. Siebenter Gesang
2 Ehrenreich, a. a. O., S. 100 ff.
3 Zit. ebd. S. 107
4 Die Formulierungen »Angst vor der Hingabe« und »Angst vor der Selbstwerdung« stammen nicht von Fromm sondern von Fritz Riemann: Grundformen der Angst und die Antinomien des Lebens. München 1961
5 Holthey-Kunze, Alice: Emanzipation und Narzißmus. Zürich 1986 (Unveröffentlichter Vortrag)
6 Röckelein, Hedwig: Individuelle und kollektive Visionsmuster des Hochmittelalters. Bern, London, New York 1986, S. 216 ff.
7 Hagemann-White, Carol (Hg.): Frauenbewegung und Psychoanalyse. Basel, Frankfurt a. M. 1986, Kap. 1
8 Schlesier, Renate: Die totgesagte Vagina. Kulturgeschichtliche Spur einer verdrängten Weiblichkeit. In: Weiblich-Männlich. Hg. von Brigitte Wartmann. Berlin 1980, S. 111 ff.
9 Gambaroff, Marina: Das emotionale Erleben von Generativität. In: Lust und Liebe. Wandlungen der Sexualität. Hg. von Christoph Wulf. München 1985, S. 367 ff. – Barbara Sichtermann versteht unter Schmerzbereitschaft nicht in erster Linie die Toleranz gegenüber einem lokalisierbaren physischen Schmerz, sondern vor allem die psychische Bereitschaft, sich an den geliebten Partner auszuliefern, was eine Überschreitung der individuellen Sicherheitsgrenzen und insofern immer eine Narzißmusverletzung bedeutet. Vgl. Vergewaltigung und Sexualität. In: Frauen und Sexualmoral, S. 382 ff.
10 Meulenbelt, Anja: Wie Schalen einer Zwiebel. München 1984, S. 56 ff.
11 Badinter, Elisabeth: Ich bin Du. Die neue Beziehung zwischen Mann und Frau oder Die androgyne Revolution. München 1987
12 Zu den bekanntesten gehören: Chrêtien von Troyes (1150–90), Hartmann von Aue (um 1220), Wolfram von Eschenbach (1170–1220), Gottfried von Straßburg (um 1200).
13 Masters, W. H., u. Johnson, V. E.: Die sexuelle Reaktion. Reinbek b. Hamburg 1984
14 Gambaroff, Marina: Utopie der Treue. Reinbek b. Hamburg 1984, S. 43 ff.
15 Ebd. S. 56. Vgl. Ernst Bloch: Das Prinzip Hoffnung. Frankfurt 1959.
16 Beck-Gernsheim, Elisabeth: Die alternde Gesellschaft. Bern 1987 (Unveröffentlichter Vortrag) – Vgl. Dies.: Die Kinderfrage. Frauen zwischen Kinderwunsch und Unabhängigkeit. München 1988

2. Die familiäre Ebene (S. 440–464)

1 Miller, Derek: Die Verantwortung der Eltern für das Heranreifen des Jugendlichen. In: Jungk, Robert, u. Mundt, Hans J. (Hg.): Hat die Familie noch eine Zukunft? München 1971, S. 41 ff.
2 Beck, Ulrich: Risikogesellschaft. Auf dem Weg in eine andere Moderne. Frankfurt a. M. 1986, Kap. 4 – Ders.: Die Zukunft der Familie. In: Psychologie heute, November 1987, S. 44 ff. – Vgl. Bericht der Eidgenössischen Kommission für Frauenfragen Bern, März 1987: Frauen und Männer. Fakten Perspektiven Utopien.
3 Die ganz verschiedenen Stile in der Kleinkindbetreuung zeigt Margaret Mead: Jugend und Sexualität in primitiven Gesellschaften. München 1970

4 Fthenakis, Wassilios E.: Väter. Bd. 1: Zur Psychologie der Vater-Kind-Beziehung. – Bd. 2: Zur Vater-Kind-Beziehung in verschiedenen Familienstrukturen. München 1985
5 Ebd. Bd. 1, S. 80 ff.
6 Fromm, Erich: Die Kunst des Liebens. Darmstadt 1962, Abschn. II.2
7 Fthenakis, a. a. O. Bd. 2, S. 112 f.
8 Bericht der Eidgenössischen Kommission für Frauenfragen, S. 220
9 Erikson, Erik: Kindheit und Gesellschaft. Stuttgart 1971, Teil 3
10 Balint, Michael: Therapeutische Aspekte der Regression. Die Theorie der Grundstörung. Stuttgart 1968
11 Neumann, Erich: Das Kind. Struktur und Dynamik der werdenden Persönlichkeit. Zürich 1963, S. 63 ff. u. 96
12 Diese Zahlen nennt D. Korczak: Wohngemeinschaften. In: Psychologie heute, Mai 1980, S. 20 ff.
13 Vgl. Becker, H., u. Liegle, L.: Israel. Erziehung und Gesellschaft. Stuttgart 1980 – Jarus, A. (Hg.): Children und families in Israel. New York 1970 – Rapaport, David: Die Kibbuz-Erziehung und ihre Bedeutung für die Entwicklungspsychologie. In: Psyche. Zeitschrift für Psychoanalyse, 12/1958
14 Zimmer, Dieter E.: Farm des Neuen Menschen. Ein Wissenschaftsreport aus dem Kibbuz. In: Zeitmagazin Nr. 42/1984, S. 35 ff.
15 Hier seien besonders hervorgehoben: Kommune und Großfamilie. Hg. vom Institut für Ehe- und Familienwissenschaft Zürich. Red.: J. Duss-von Werdt. Bern 1972 – Berndt, Heide: Kommune und Familie. In: Kursbuch 17, Berlin 1969
16 Kentler, Helmut: Erfahrungen mit Wohngruppen. In: Kommune und Großfamilie, S. 85 f.
17 Cyprian, Gudrun, u. Wurzbacher, G.: Großfamilie, Kleinfamilie, Kommune. In: Kommune und Großfamilie, S. 26 ff. – Baertsch-Anderegg, Hilde: Gemeinschaftlich Wohnen, eine Alternative zur Kleinfamilie. Abschlußarbeit. Schule für Soziale Arbeit. Zürich, November 1980, S. 44 f.
18 Beck, Ulrich: Risikogesellschaft, S. 201 ff. – Bericht der Eigenössischen Kommission für Frauenfragen, S. 118
19 Ein Beispiel dafür liefert die Gambrinus-Hausgemeinschaft in Zürich, die bereits 10 Jahre besteht und nach häufigem Personenwechsel während der ersten Jahre stabiler geworden ist, weil ihre Mitglieder ein reiferes Alter erreicht hatten oder erst in reiferem Alter in die Gruppe eintraten. Heute ist das jüngste Mitglied 33 Jahre alt.
20 Vgl. Hollenstein, Walter: Die Familie: Gefängnis oder Hafen? In: Basler Zeitung, 3. Juli 1985, S. 39
21 Bericht der Eidgenössischen Kommission für Frauenfragen, S. 100, S 72 f.

3. Die politische Ebene (S. 465–494)

1 Vgl. die Forschungen des »Bielefelder Kreises«, u. a. Werlhof, Claudia von, Mies, Maria, u. Bennholdt-Thomsen, Veronika: Frauen, die letzte Kolonie. Zur Hausfrauisierung der Arbeit. Reinbek b. Hamburg 1988
2 Frei, Annette: Rote Patriarchen. Arbeiterbewegung und Frauenemanzipation in der Schweiz. Zürich 1987

3 Schröder, Hannelore: Feministische Gesellschaftstheorie. In: Pusch, Luise F. (Hg.): Feminismus. Inspektion der Herrenkultur. Ein Handbuch. Frankfurt a. M. 1983, S. 449 ff. u. 469 ff.

4 § 1356 des BGB: »Die Ehegatten regeln die Haushaltführung im gegenseitigen Einvernehmen. Ist die Haushaltführung einem der Ehegatten überlassen, so leitet dieser den Haushalt in eigener Verantwortung. Beide Ehegatten sind berechtigt, erwerbstätig zu sein. Bei der Wahl und Ausübung einer Erwerbstätigkeit haben sie auf die Belange des anderen Ehegatten und der Familie die gebotene Rücksicht zu nehmen.« – Art. 163 des neuen Schweizer Eherechts ab 1988: »Die Ehegatten sorgen gemeinsam, ein jeder nach seinen Kräften, für den gebührenden Unterhalt der Familie, inbegriffen die Befriedigung der persönlichen Bedürfnisse der Ehegatten und der Kinder. Sie verständigen sich über den Beitrag, den jeder von ihnen leistet, namentlich durch Geldzahlungen, Besorgen des Haushalts, Betreuen der Kinder oder durch Mithilfe im Beruf oder Gewerbe des andern.«

5 Zit. nach: Bickel, Bernhard: Neues Eherecht. In Der Bund, Bern, 29. Juli 1987, S. 9

6 Haller, Gret: Frauen und Männer. Partnerschaft oder Gleichmacherei? Versorgungsunabhängigkeit für alle. Bern 1980

7 Kaufmann, Claudia: Quoten – besser als ihr Ruf. In: Frauenfragen 1/88. Hg. von der Eidgenössischen Kommission für Frauenfragen Bern, S. 2–13 – Der Begriff der »strukturellen Diskriminierung« stammt von Ernst Benda. Vgl.: Notwendigkeit und Möglichkeit positiver Aktionen zugunsten von Frauen im öffentlichen Dienst. Freiburg i. B. 1986

8 Frauenfragen 1/88, S. 2

9 Ebd. S. 8

10 Dies meldeten verschiedene Tageszeitungen, u. a. tz München, 5. Jan. 1988, S. 1

11 Sigrist, Christian: Regulierte Anarchie. Eine Anthropologie herrschaftsfreien Zusammenlebens. In: Der Mensch. Bd. 8. 1984, S. 108–125

12 Lenk, Kurt: Gewalt, Macht und Gesetz. Auf dem Weg zur Relativierung von Herrschaft. Ebd. S. 86–107, S. 93

13 Ebd. S. 103

14 Höffe, Otfried: Natur- oder Vernunftrecht und politische Gerechtigkeit. Ebd. S. 538–562

15 Diesen Ausdruck gebraucht M. Balint in Zusammenhang mit seinem Begriff der »Angstlust«. In: Angstlust und Regression. Beitrag zur psychologischen Typenlehre. Reinbek b. Hamburg 1977

16 Robert Jungk verwendet diesen Begriff in Analogie zu »Handlanger«. In: Wissenschaft und Sinnlichkeit. Wien 1986, S. 12

17 Mies, Maria: Neue Technologien – Wozu brauchen wir das alles? Aufforderung zur Verweigerung. In: Blick nach vorn im Zorn, S. 176 ff.

18 Arendt, Hannah: Vita activa oder Vom tätigen Leben, S. 92 ff. u. 97

19 Bericht der Eidgenössischen Kommission für Frauenfragen, S. 141 ff.

20 Anders, Günther: Die Antiquiertheit des Menschen. Bd. 2. München 1987, S. 94 ff.

21 Beck, a. a. O., S. 358

22 Jonas, Hans: Das Prinzip Verantwortung. Frankfurt a. M. 1979. Das Buch wurde 1987 mit dem Friedenspreis des Deutschen Buchhandels ausgezeichnet.

23 Zit. nach König, Helmut: Öffentliche Gefühlsorganisation und nukleare Bedrohung. Zur politischen Psychologie von Krieg und Frieden. In: Psyche 7/87, S. 577 ff.

24 Vgl.: Gibt es heute genießbarere Kernkraftwerke? In: Der Bund, Bern, 29. August 1987, S. 13

25 Hansen, Friedrich, u. Kollek, Regine: Gentechnologie, die neue soziale Waffe. Hamburg 1985, S. 35 ff. u. 120 ff.
26 Rosenbladt, Sabine: Das Geschäft mit der Biotechnik. In: Natur, September 1987
27 Vgl.: Nobelpreisträger zur Zukunft der Welt. In: Der Bund, Bern, 22. Januar 1988, S. 3
28 Vgl. Ebert, Theodor: Gewaltfreier Aufstand. Alternative zum Bürgerkrieg. Waldkirch 1978 – Ders.: Ziviler Ungehorsam. Von der APO zur Friedensbewegung. Waldkirch 1984 – Galtung, Johan: Strukturelle Gewalt. Beiträge zur Friedens- und Konfliktforschung. Reinbek b. Hamburg 1982
29 Rosenbladt, a. a. O., S. 50
30 Dazu die feministische Organisation in der Schweiz NOGERETE als Nationale Koordination gegen Gen- und Reproduktionstechnologien
31 Thürmer-Rohr, Christina: Wendezeit – Wendedenken – Wegdenken. In: Vagabundinnen, S. 93 ff.
32 Zit. nach: Sigrist, a. a. O., S. 123 f.
33 Huber, Katrin: Angst, Bedrohung, Verteidigung aus weiblicher Sicht. In: aufbruch der frauen, dokumentation frauen-symposium Basel 1987, S. 69
34 Oettli, Monika: Schweizer Armee auf Freiers Füßen. Hast noch der Töchter ja. In: Schweizer Illustrierte 4/88, S. 14 f. – Heiniger, Markus: Frauen, das Vaterland ruft! In: Friedenszeitung. Hg. vom Schweiz. Friedensrat, Zürich, Nr. 77/78, 1988, S. 8 f.
35 Vgl. Abdruck des Referats »Weiterleben« von Michael Dufour, Adjunkt bei der Gruppe für Rüstungsdienste im EMD, das dieser auf der Internationalen Zivilschutztagung in Schwarzenburg gehalten hat: Der Bund, Bern, 14. Mai 1988, S. 2

4. Die kulturelle Ebene (S. 494–522)

1 Vgl. dazu: Hausen, Karin, u. Nowotny, Helga (Hg.): Wie männlich ist die Wissenschaft? Frankfurt a. M. 1986 – Clemens, Metz-Göckel, Neusel u. Port (Hg.): Töchter der Alma Mater. Frauen in der Berufs- und Hochschulbildung. Frankfurt a. M. 1986 – Wiederkehr-Benz, Katrin: Frauen an der Hochschule. Zürich, August 1980
2 Pusch, Luise F. (Hg.): Schwestern berühmter Männer. Frankfurt 1985 – Trbuhovic-Gjuric, Desanka: Im Schatten Albert Einsteins. Bern 1985 – Schultz, Hans J. (Hg.): Frauen. Portraits aus zwei Jahrhunderten. Stuttgart 1981
3 Zit. nach: Arendt, Hannah: Vom Leben des Geistes. Bd. 1. München 1979, S. 23
4 Zit. nach: Horkheimer, Max: Zur Kritik der instrumentellen Vernunft. Frankfurt a. M. 1967, S. 56
5 »Principi di una scienza nuova...« lautet der Titel des Hauptwerks von Giambattista Vico (1668–1744), in welchem er sich gegen die cartesianische Wissenschaftsmethode mit ihrer Aufspaltung von Geist und Materie wendet zugunsten einer psychologisch-kulturgeschichtlichen Betrachtung der menschlichen Wirklichkeit.
6 Fox-Keller, Evelyn: A Feeling for the Organism: the Life and Work of Barbara McClintock. New York 1983 – Dies.: Liebe, Macht und Erkenntnis. Männliche oder weibliche Wissenschaft? München 1986, S. 160 f.
7 Arendt, a. a. O., S. 36 ff.
8 Wilson, E. O.: Sociobiology, the New Synthesis. Cambridge (Mass.) 1975 – Dawkins, R.: The Selfish Gene. London 1976 – Die Soziobiologie überträgt Begriffe und Vokabular aus Technik, Marktwirtschaft und Militärstrategie auf das Verhalten im Tierreich. »Altru-

istisches« Verhalten wie Brutpflege, Warnverhalten oder Hilfeleistungen werden als egoistische Strategien der Gene (des jeweiligen Genotyps) gedeutet, die weniger am Individuum interessiert sind als an ihrer erfolgreichen Reproduktion unter Blutsverwandten. Das Tier sei eine dazu entwickelte Maschine, die darin befindlichen Gene zu erhalten und zu verbreiten, die Evolution ein Rüstungswettlauf.
9   Vgl. Beck, a.a.O., S. 272f.
10   Wagner, Ina: Frauen in den Naturwissenschaften: Institutionelle und kognitive Widerstände. In: Grenzprobleme der Wissenschaft. Hg. von Paul Feyerabend u. Christian Thomas. Zürich 1985, S. 215f.
11   Slocum (Linton), Sally: Woman the Gatherer: Male Bias in Anthropology. In: Toward an Anthropology of Women. Ed. by Rayna R. Reiter. London, New York 1975, S. 36ff.
12   Neben den schon genannten Gerda Weiler und Mary Daly gehören zu den bekanntesten feministischen Theologinnen: Sölle, Dorothee: Gott und ihre Freunde. In: Pusch, Luise F.: Feminismus – Inspektion einer Herrenkultur – Sorge, Elga: Religion und Frau. Weibliche Spiritualität im Christentum, Stuttgart 1987 – Halkes, Catharina: Suche, was verloren ging – Beiträge zur feministischen Theologie. Gütersloh 1985 – Mollenkott, Virginia R.: Gott eine Frau? Vergessene Gottesbilder in der Bibel, München 1985 – Mullack, Christa: Die Weiblichkeit Gottes. Matriarchale Voraussetzungen des Gottesbildes. Stuttgart 1986 – Bührig, Marga: Die unsichtbare Frau und der Gott der Väter. Zürich 1987
13   Trömel-Plötz, Senta (Hg.): Gewalt durch Sprache. Die Vergewaltigung von Frauen im Gespräch. Frankfurt a.M. 1984 – Dies.: Frauensprache: Sprache der Veränderung. Frankfurt a.M. 1987 – Pusch, Luise F.: Das Deutsche als Männersprache. Frankfurt a.M. 1984
14   Kristeva, Julia: Die Revolution der poetischen Sprache. Frankfurt a.M. 1978 – Dies.: Une(s) Femme(s). Interview mit Eliane Boucquey. In: Essen vom Baum der Erkenntnis. Weibliche Praxis gegen Kultur. Berlin 1977
15   Neumann, Karl: Spracherwerb und Menschwerdung. In: Der Mensch. Bd. 6. 1983, S. 57ff. – Chomsky, Noam: Sprache und Geist. Frankfurt a.M. 1973
16   Cixous, Hélène: Schreiben, Feminität, Veränderung. In: Alternative 108/109, 1976, S. 145
17   Vgl. Langenscheidts Handwörterbuch Lateinisch-Deutsch. Ungekürzte Schulausgabe. Berlin, München 1971
18   Weisshaupt, Brigitte: Spuren Jenseits des Selben. Identität und Dissidenz. In: Frauensichten. Hg. vom Psychoanalytischen Seminar. Zürich 1987, S. 105f.
19   Heller, Agnes: Theorie der Gefühle. Hamburg 1981, S. 240
20   Dies.: Das Leben ändern. Radikale Bedürfnisse, Frauen, Utopien. Gespräche mit Ferdinando Adornato. Hamburg 1981, S. 208
21   Das schließt den Einsatz des eigenen Lebens und als letzte Konsequenz seine Opferung nicht aus, wie Heller an Menschen im Widerstand gegen den Faschismus schildert. Doch werden diese Opfer weder provoziert noch für eine abstrakte Idee gebraucht. Sie folgen nur dem Imperativ der Unverletzlichkeit des Lebens für alle in ganz konkreten Situationen.
22   Heller, Agnes: Theorie der Gefühle, S. 337
23   Bovenschen, Silvia: Über die Frage: Gibt es eine »weibliche« Ästhetik? In: Ästhetik & Kommunikation, 25, Berlin 1976 – Dies.: Die imaginierte Weiblichkeit. Exemplarische Untersuchungen zu kulturgeschichtlichen Präsentationsformen des Weiblichen. Frankfurt

a. M. 1978 – Weigel, Sigrid: Frau und »Weiblichkeit«. Theoretische Überlegungen zur feministischen Literaturkritik. In: Argumente Sonderband 120, 1984

24   Vgl. Wolf, Christa: Voraussetzungen einer Erzählung: Kassandra. Frankfurter Poetik-Vorlesungen. Darmstadt 1983, S. 139 u. S. 115

25   Ebd. S. 150

26   Zit. nach der Einführung Thornton Wilders zu Gertrude Stein: Was sind Meisterwerke? Zürich 1985, S. 8

27   Gerhardt, Marlis: Stimmen und Rhythmen. Weibliche Ästhetik und Avantgarde. Darmstadt 1986, S. 37

28   Stein, a.a.O., S. 20 f.

29   Huber-Abrahamowicz, Elfriede: Zur Sprache der Dichtung. In: Was Philosophinnen denken. Bd. 2, S. 275 f. – Dies.: Spiegelspannung. Sonette. Oberwil b. Zug 1981 – Dies.: Muttergestirn. Gedichte. Oberwil b. Zug 1984

30   Sontag, Susan: Kunst und Antikunst. Frankfurt a. M. 1982

31   Schade, Sigrid: Zur Genese des voyeuristischen Blicks. In: Frauen Kunst Geschichte. Zur Korrektur des herrschenden Blicks. Hg. von Cordula Bischoff, Brigitte Dinger, Irene Ewinkel u. Ulla Merle. Gießen 1985, S. 98 ff.

32   Dies.: Schadenzauber und die Magie des Körpers. Hexenbilder der frühen Neuzeit. Worms 1983, S. 118 f.

33   Meyer-Gagel, Hanna: Weibliche Auffassungen in der Malerei von Frauen. In: Frau – Realität und Utopie, S. 227 ff.

34   Schnitter, Beate: Möglichkeiten einer Frauenarchitektur. Ebd. S. 217 ff. – Lippard, Lucy: Feminismus und Frühgeschichte. Gedanken zur Entstehung weiblicher Kunst. In: Frauenzukünfte. Ökologie-Buch 3. Weinheim, Basel 1984

35   Gerhardt, a.a.O., S. 9 f.

36   Vgl. Pfefferkorn, Agathe: Zwischen Individuum und Kollektiv. In: Frei-Räume. Streitschrift d. feministischen Organisation von Planerinnen und Architektinnen. Heft 2, Berlin 1986, S. 25 ff.

37   Export, Valie: Feministischer Aktionismus. Aspekte. In: Frauen in der Kunst. Hg. von Gislind Nabakowski, Helke Sander u. Peter Gorsen. Bd. 1. Frankfurt a. M. 1980, S. 139 ff.

38   Sander, Helke: Überlegungen zum Verhältnis von Kunst und Politik. In: Kunst mit Eigen-Sinn. Aktuelle Kunst von Frauen. Texte und Dokumentationen. Hg. von Silvia Eiblmayr, Valie Export u. Monika Prischl-Maier. Wien 1985, S. 89 ff.

39   Vgl. Export, a.a.O. Sie weist auf das totale Theater von Ann Halprin und das Kinetische Theater von Carolee Schneemann hin.

40   Bernstein, Leonard: Musik, die offene Frage. Vorlesung an der Harvard Universität. München 1981, S. 399

Register

Abelam 123, 339, 356
Aberle, D. F. 112
Ablösungsmythos 294 f.
Ablösung von der Mutter 18, 328 ff. 333
Aborigines 41, 79, 95, 118
Abraham (– Isaak) 189, 242
Abtreibung 312, 401
Abzeichen 341
Achäer 207 f., 299, 312
Achill 299
Achterschild 175 f.
Ackerbau 43, 88, 91 f., 114 f., 119, 147 f., 158, 209
Adler, Alfred 442 f., 508
Adler (Symbol) 60, 68, 217, 220, 261, 264
Adonis 170 f.
Adoption 135
Ägäische Grundkultur 207
Ägis (Ziegenfell) 214
Aeskulap (Asklepios) 81, 214, 275
Aggression 12, 247, 253, 306, 478
– und Sexualität 388 ff.
Ahnengeister 98 f.
Aischylos 210, 272
Akephale Gesellschaften 130, 472
Akteion 190
Aktiv-passiv 184, 247, 362 ff.
– sexuell 53, 390, 394, 427 f.
Alaça Hüyük, Gräber von 165
Alchemie 204, 255
Alexander der Große 300, 499
Al Hallil 194
Alkmeion 344 f.
Allât, Aluzza 193, 272
Alleinerziehende 454 ff., 462
Altes Testament 85, 188 ff.
Altruismus 371, 421, 512
Amaltheia 210
Amaterasu 205
Amorgos, Statue von 206

Amrilkais 377
Amulett 47 f., 60, 67, 71
Amun-Re 159
An 153, 169
Anahita 170
Anarchie, regulierte 472
Anat 82, 190
Anati, Emmanuel 45
Anch (Ankh)-Zeichen 67
Anders, Günther 11, 482
Andra Mari 48
Androgyn 244, 518
Androzentrisch 393 f.
Angst vor dem Weiblichen 339 f., 342 ff., 351 ff., 354, 367, 384 ff., 387, 398, 508
Anna Selbdritt, Hl. 63
Anselm, Sigrun 414
Antesterien 218
Antigone 357, 475 f.
Apelamananisa 92
Aphrodite 64, 77, 176, 216, 219
Apis-Stier 60, 155, 172
Apobaten 215
Apokryphe Schriften 40, 262, 276
Apollo 52, 214 f., 216 f., 266
Apotropäische Zeichen 48, 67, 213 f.
Arbeit:
– Befreiung von der 255, 287
– Diskriminierung (Verachtung) der 277 ff., 476 ff.
– produktive-reproduktive 245, 283 f., 478 ff.
Arbeitsbegriff 277 ff., 283 f., 307 f.
– matrizentrischer 282
– neuer 479 ff.
– puritanischer 281 ff., 307
Arbeitsrecht 413, 468 ff.
Arbeitsteilung 17, 30, 109, 114 ff., 244 f., 278, 467 ff., 481
Architektur 117, 518 f.
– Symbolik 63 f.

Arendt, Hannah 360, 479 f., 500
Ares 216
Ariadne 171, 174
Arinna 164 f.
Aristoteles 310 ff., 345 f., 362
Aron, Raymond 290 f., 356
Artemis 47, 52, 82 f., 84, 190, 213 f., 219
Ashanti 136 f.
Ashera 170, 189, 191
Askese 247, 254, 316, 335, 342 f., 358, 382 ff., 502, 512
Asmat 90, 263, 338 f.
Aspergillum (Sprinkler) 172
Astarte 76, 170, 272
Astrologie 57
Atargatis 170, 176, 189
Athen 206, 306
– (Pan-)Athenäen 215, 217
Athene 176, 213 f., 217, 244, 265
Atombombe 303, 356, 401
Attis 170 f.
Aufklärung 359, 436, 489, 509
Augenidole 213
Ausbeutung 256, 283, 382, 479
Australische Ureinwohner
 s. Aborigines
Autonomie 328 ff., 332 ff., 336, 352, 354, 419, 431
Autoritätsbegriff 22 f., 492
– autoritärer Charakter 341 f., 441
– (anti)autoritäre Erziehung 441 f.
Avunkulat 108 f.
Azteken 69, 86 f., 261
Ayizo 93, 108, 138

Ba'alat, Ba'al 170, 189 f.
Bachofen, J. J. 11, 18, 207
Bacon, Francis 348 ff., 402
– Anti-Bacon 498 ff.
Bad 158, 208, 238
Badinter, Elisabeth 325, 557 (Anm. 11)
Baldur 52
Balint, Alice 335
Ballspiele, altmexikanische 96

Bamberger, Joan 236
Bär, Bärengöttin 83, 200, 230, 271
Basilenna, Basileus 217 f.
Bau, Baba 170
Baum, Baumgöttin 176 f., 193, 210
Beauvoir, Simone de 20, 28, 116, 235, 320, 368, 394, 412
Beck, Ulrich 445 f., 463, 483
Befestigungen 152, 178
Beltis 157
Benda-Beckmann, Keeba 106, 136
Benedict, Ruth 106
Bernal, Ignacio 86
Bequemlichkeit 286, 433
Beschneidung, männliche 340 f., 387
– weibliche 131, 387
Besuchsehe 103 ff., 185, 194
Bevölkerungswachstum 290, 401 f., 447, 464
Bewußtseinsbegriff 25, 240 f., 260, 498
– männlicher 240, 253
Bhagvadi 130
Biedermeier 317 f.
Biene (s. Mylitta) 163, 176 f., 210
Bilateral 112, 114, 294, 324
Birket, Kai 128
Bisexualität 392
Blitz(-ebündel) 58, 73, 226
Blumengötter 171
Blumenkriege 86 f.
Blüte, Blütenstrauch 166, 176 f.
Blutrache 119, 129 f.
Blutsbande 246, 256, 301, 476
Blutsbrüderschaft 128
Blutsegen 84
Blutsverwandtschaft 24, 102 f., 242, 472
Boadicea (Boudicca) 73, 231
Brahma(nismus) 69, 198, 230, 273
Braut, Bräutigam 77, 156, 186
Bräutigamdienst 107
Braut-/Bräutigampreis 105 ff.
Bräutigamschau 143
Brautraub 110, 386

Brennus 61
Brettspiele 168 f.
Briffault, Robert 39, 78, 110 f., 128, 131, 185
Brigit 230
Britomaris 171
Bücherverbrennung 275
Buddhismus 206, 357, 381
Bukranien 44, 64
Burckhardt, Jakob 303
Buschleute 92, 548 (Anm. 34)
Buto (Uto) 163

Calvinismus 281
Cante jondo 540 (Anm. 75)
Çatal Hüyük 42 ff., 152, 172
Cato der Ältere 222
Cerunnos 230
Chagnon N. A. 291 ff.
Champion der Tugend 511
Chancengleichheit 336, 494
Chaos 235, 261 f., 312, 343 f., 362
Childe, Gordon 36, 101 f., 211
Chimäre 227
Chodorow, Nancy 331 ff., 442
Christentum 357 ff., 381
Christus, der letzte Heros 358
Chtonische Gottheiten 214
Cixous, Hélène 507
Corona borealis 177
Couvade (Männerkindbett) 122
Crow (Kräheindianer) 113

Daedalos 275, 306 f.
Daly, Mary 236, 269
Dämonentötung 260 f., 339
Dämonisierung 245, 271, 364 f., 369
Darwin, Charles 503
Davie, M. R. 278, 290
Dea Syria 170
Deborah 73, 191
Defizite, männliche u. weibliche 418 f., 432 ff.
Defloration 125, 130 f.
Delphi 216 f.

Delphin (Symbol) 177
Demagogie 510 f.
Demeter(-Kore) 49, 62 f., 74, 82, 88, 91 f., 97, 193, 208, 210, 214 f., 262
Demeter-Priesterin 97, 212
Demokratie 279, 465 ff., 473 ff., 483 f.
Dendra, Kuppelgrab von 211
Descartes, cartesianisch 503, 505
Destruktivität 249, 304, 355
Dichterinnen 186 ff., 195, 205 f., 220, 513 ff.
Diktynna 171
Dinnerstein, Dorothy 331 ff., 335 f., 370, 442
Dionysos(-kult) 84, 179, 207, 214 ff., 218
Diskriminierung, strukturelle 469 f.
– weibl. Sakraltiere 261 f., 271
Diskursive Logik 239 ff., 506 f.
Diskus (Symbol) 96 f.
Dogma(-tismus) 242 f., 276
Dogon 45, 67, 118, 264 f., 267, 274, 342
Dohm, Hedwig 366
Dolni Vestonice 124
Doppelaxt 167, 171 ff., 177, 220, 226
Doppelgöttin 49, 62, 67
Doppelte Moral 141, 379 f., 398, 434
Dorer 176, 208 f., 210 f., 312
Dorfälteste(r) 126, 133
Drache (Symbol) 201, 262
Dreieck, Delta 48, 57 f.
Dreifuß 201, 217, 264
Drogen, stimulierende 80
Druiden, Druidinnen 230 f.
Dualistische Konzeption 412 ff., 419, 471, 488
Duerr, H. P. 48, 76 f., 92
Duolokal 104
Dyaus 198

Echnaton 273
Egalitäres Konzept 412 ff., 419, 488
Ehe 218 f., 309 ff., 312 ff., 318 f., 379 f., 421, 440

- formen 24, 102 ff., 141 f., 185 f.
- recht 467 f.
- vertrag 108, 141 f., 185 f.

Eidechse (Symbol) 45, 274
Eileithyia 171
Eine, das 344 f., 364
Ekong 79
Ekstase 53, 76, 162, 216, 241, 355, 383 f., 427
El 192
Elektrakomplex 330
Eltern-Kind-Beziehung 102 ff., 323 ff.
Elternschaft, partnerschaftliche 414, 437, 447 ff., 450 ff.
Eleusinische Mysterien 215, 217
Elias, Norbert 304 f.
Elysium 232
Emanzipation der Frau 411 ff., 465 ff., 494 ff., 514
- des Mannes 18, 253, 255 f., 257, 405
Embryonalstellung, postmortale 51
Emotionale Dimension 31, 239 f., 257 f., 336, 352 ff., 374, 395 ff., 431 f., 473 f., 498, 502 ff., 512
Emotionale Substruktur 258, 353 f.
Emotionalreservation 395
Empathie 332
En-Priesterin 156, 162
Endogamie 103, 136, 313 f.
Engels, Friedrich 11, 111, 256
Ente (Symbol) 68, 227
Entfremdung 11, 255, 390, 503
Enthusiasmus 311
Entmythologisierung 259, 305, 414 f., 455 ff.
Eos, Eostra (Ostara) 197 f.
Ephesos 47, 50, 84
Epona 230
Erasmus von Rotterdam 379
Erbrecht 102 ff., 185 f.
Erbtochter 314
Erde, Erdgottheit 58, 87, 92 f.
Erikson, E. H. 364, 457
Ernährerrolle 114 ff., 367, 415, 424, 468
Erosordnung 360
Erwachsensein 370, 418 ff., 424
Erwähltheit 159, 341
Erynome 59
Eskimo 36, 61, 73, 80, 92, 115, 124, 128, 140
Esoterik 490
Ethik 256, 356 ff., 508 ff.
- und Politik 473 ff.
Etrusker 72, 81, 83, 221 ff.
Eule (Symbol) 60, 177, 201, 213 f.
Europa (Göttin) 61, 171
Evolutionstheorie 22, 111 ff., 472
Exogamie 103, 126 ff., 312 f.
Expertokratie 484 f., 501
Extraversion-Introversion 373 f., 425

Fackel 74
Fahne 66, 301
Falke (Symbol) 60, 159
Falkenstein, Adam 180
Falkenzepter 220
Familie:
- matrizentrische 100 ff.
- patriarchale 153, 309 ff.
- Klein(Kern-)familie 24 f., 103, 317 ff., 327 f., 352, 440 ff., 451 ff.
- neue 29, 440 ff.
Familienfeindlichkeit 445 f., 464
Federkrone 163, 175
Feminismus, Neue Frauenbewegung 11, 27, 411 ff., 417 f., 426 ff., 465 f., 482 f., 487 ff., 493 ff., 520
Feste 123 ff., 239
Feudalsystem 278 f., 323, 359, 491
Feuer (Raub des) 73 f., 264 f.
Feuerland 294 f.
Fisch (Symbol) 59, 190
Fischer-Homberger, Esther 397
Flamen, Flaminica 227
Flamenco 540 (Anm. 75)
Flöten, sakrale 124
Fluchttyp 351, 366 ff., 398

Fortschritt 307, 412, 484 ff.
Fortuna 243
Fox-Keller, Evelyn 351 ff., 500
Frau
— Abwertung der 247, 346
— Ausschluß der 78 f., 81, 504
— Doppelbelastung der 284, 413, 466
— Doppelrolle der 320 ff.
— Gleichstellung der 465 ff., 494 ff.
— im öffentlichen Leben 182 ff., 195, 197, 211, 223, 231, 465 ff., 494 ff.
— rätselhafte, die 366 f.
— Unterdrückung der 25 f., 218, 253, 279, 295 f., 299, 307, 310 ff., 315 f.
Frauenfeindlichkeit 86, 342 ff.
Frauengut 134, 184 ff.
Frauenkollektiv 119 f., 194, 451
Frauenmesser 115
Frauensprache 180
Frauentausch 127
Frau-Natur 25, 29, 257, 310, 354, 362, 497
Frazer, J. G. 19, 86, 155, 167
Fremde, der/die
— in der Natur 253, 375
— in der Sippe 106 f., 242
French, Marilyn 242, 246
Freud, Sigmund 253, 288, 304, 327 ff., 354, 387, 426 ff., 443, 496 f., 508
Freya 52
Friedell, Egon 179
Friedenssicherung 126 ff., 238, 296, 304 f.
Frigidität, männliche und weibliche 393 ff., 398
Fromm, Erich 23, 39, 53, 321, 328, 333, 360, 369, 419
Frustrationen 246 f., 295, 377, 421, 508
Fthenakis, W. F. 448 ff.
Fuchs (Symbol) 50, 204 f., 265
Fu Hao, Grab der 201
Fulbe 143, 194
Fumeripits 339

Gagel, Hanna 517 f.
Gaia 215 f., 262
Gambaroff, Marina 427, 435 ff.
Gans (Symbol) 201, 271
Gastrecht 128 f., 242
Geb 58, 273
Gebäckformen 65
Gebärhöhlen 77
Gebärneid 122 f., 356, 433, 478
Gebärstellung 44 f., 67, 201, 274
Geburt, männliche 272 f., 338 f., 356
— zweite 338 ff.
Geburtenkontrolle 242, 401
Geburtshilfe 80
Gefäßfiguren 50 f.
Gefühle, Theorie der 510 ff.
  (s. Emotionale Dimension)
Gefühl–Verstand 365 ff., 374 ff., 510 ff., 515
Gehörnte Tiere 55 f., 201
Geier 49 f., 75, 163, 190, 193
Geierhaube 50, 163
Geierstele 297
Geisha 83
Geist, Großer 76, 97
— Gottes, Hl. 192, 271
— weiblich-göttlicher 192
Geist–Leben 345, 350, 361
Gender 416 f.
Gentechnologie 356, 398, 475, 485, 490, 499
Gerechtigkeit 256, 422, 510
Geschichtsbegriff 21
Geschichtsfälschung 200, 222, 275 f., 471
Geschichtsschreibung 37 f., 153 f., 270 ff.
Geschlecht, das andere 28, 332
Geschlechterkampf 18, 20, 25, 256, 259, 429
Geschlechterspannung 296, 412 ff., 508
Geschlechtertypologie 245, 361 ff., 372 ff.
Geschwisterehen 168

Geschwisterkonstellation 442 f., 458 ff., 476
Gesichtsurnen 51
Gestirnsymbolik 55 ff., 62, 96 f.
Gewalt(verherrlichung) 26, 249, 266 ff., 288, 304, 355, 492
– in der Ehe 270, 321 f., 461
Gewerkschaften 488
Gilgamesch 53, 243, 264, 266, 298
Gilligan, Carol 373, 554 (Anm. 39)
Gladiatoren 91, 228
Goethe, Wolfgang von 365, 404, 416, 435
Gorgo-Medusa 45 f., 51, 213 f.
Gorgoneion 213
Gottesanbeterin 90
Gottesdienst im Kreis 382
Gottesgebärerin 45
Gottesgemahlin 162
Göttersturz 260 ff.
Göttner-Abendroth, Heide 147, 151, 236
Gough, Kathleen 102, 104, 106, 133
Grabbeilagen 71, 165 ff., 201 f., 211, 223 f.
Granatapfel 176, 220, 264 f.
Greif (Symbol) 173 f., 177, 220, 227, 271
Grimals, Pierre 221
Große Göttin 44 ff., 154 ff., 170 f., 193, 213 ff., 230, 241, 338
Großtierhaltung 107, 123
Gudea von Lagasch 154, 170, 256

Haaropfer 85
Hades 88, 266
Hafiz 347
Hagia Triada 84, 173 f., 182
Hagemann-White, Carol 426 f.
Hainuwele 263
Haller, Gret 468
Hammurabi 70, 153, 162, 186
Hampelmann 322
Handwerk, weibliches 115 ff., 280
Hase (Symbol) 68, 204

Hathor 59 f., 159 ff., 169
Hathoren 161
Häuptlinge 125, 134, 338
Hausbau 117
Hauser-Schäublin, Brigitte 124, 386
Haushalt, 115 f., 183 f., 279, 283 f., 318, 413, 424 f., 447, 459, 466 ff.
Hausherrin 54, 100 f., 184, 224
Hautfarbe (in der Kunst) 183
Hegel, G. W. F. 282 f., 344 f.
Heiler, Friedrich 61, 530 (Anm. zum Abschnitt »Priesterin«)
Heilige Hochzeit (hieros gamos) 52 ff., 61, 75 ff., 88, 155 ff., 173 f., 192, 218, 231, 238, 382 ff.
Heilkunst, weibliche 80 f., 205, 231
Hekate 50, 68
Helden(-kult) 91, 195, 229, 293, 297 ff., 300 ff., 305, 307 f., 349, 358, 369, 405
Heldendämmerung 456
Heller, Agnes 509 ff.
Hepat 170
Hera 212, 262, 272
Hera-Priesterinnen 213
Herakles 262, 264, 266
Herdfeuer 54, 73 f., 424
Hermelin 50
Hermes, Hermen 216, 273
Herodot 77, 155, 183, 185, 216
Herrin der Pflanzen 91, 176, 230
– der Tiere 46, 76, 92, 176, 230
– über Leben und Tod 82, 177
Herr–Knecht 369
Herrschaft, Überherrschung 26, 147 f., 153, 255 ff., 266 ff., 281, 310 f., 527 (Anm. 8)
– Entlarvung der 465 ff., 489, 492
Herzog, Rolf 113
Hesiod 214 f.
Hestia 262
Hetäre 52, 162, 219, 265 f.
Hethiter 150, 164 f., 168, 186, 209
Hexen 80 f., 128, 131 f., 142, 517
– verfolgung 276, 316, 498

Hierarchie 125 f., 132 ff., 138, 152, 312
Hierodulen 77, 181, 219
Himmelsgöttin 58 f., 159
Hinduismus 199, 382
Hirsch (Symbol) 44, 55, 61, 68, 98, 165
Hirtenkrieger 113, 194, 208 f., 278, 290
Hobbes, Thomas 288, 472 f.
Hochbegabung 494 f.
Hochzeitsreise 382
Hochzeitsritual 109 f., 185
Höffe, Otfried 475 f.
Höhlenheiligtum 48, 171
Holi-Fest 199
Holle, Frau 81
Homer 175, 210, 214, 218, 306
Homo faber 116
Homosexualität 266, 343, 389 f., 391 f.
Hopi 93, 106, 123, 133, 139
Horus 52, 60, 63, 155, 159 ff.
Huber-Abrahamowicz, Elfriede 515
Hund (Symbol) 50, 68, 83, 227 f., 271
– laufender 65
Husband, husbandry 105
Hyäne (Schakal) 50
Hydra 262
Hygieia 81

Iatmul (Papua) 124
Ibis (Symbol) 60
Identität, männliche 27, 91, 245, 278, 282, 335 f., 361, 384, 390, 405, 444, 454 f., 477
– weibliche 89, 375 f., 391, 444, 454 f.
Ideogramme 48, 57, 66, 239
Idole 45 f., 63, 148, 189, 196, 206
I Ging 202 f.
Immanenz 30, 243, 355, 478, 512
Impotenz 140, 356, 379, 385, 394
Inanna 62, 75, 156 f., 166, 170
Indogermanen (Indoeuropäer) 148, 196 f., 206 ff., 299

Indra 197, 261
Induskultur 196
Industrialisierung 317
Infantilität 257, 286, 355
Initiation 130 f., 267, 337 ff., 423
Inka 82, 261
Inkrustationen 66
Insuffizienzgefühle 380, 433
Inzest(tabu) 127, 132, 269, 459 f.
Irokesen 100 f., 106 f., 125, 137
Irrational(ität) 31, 239, 258, 351, 360, 511
Irrläufer der Evolution 309
Ischtar 46, 50, 52, 75, 84, 94, 162, 169 f., 176, 272
Isis 50, 52, 81, 89, 91, 155, 159, 169, 272

Jade 201
Jagd, Jäger 92, 114 f., 117 f., 122
Jägerlatein 122
Jaguar (Symbol) 271
Jahreskönig 155, 173
Jahwe 191 f.
Janssen-Jurreit, Marielouise 20, 236, 278, 283 f., 326
Janusköpfigkeit 51, 68, 177
Jaspers, Karl 360
Jericho 189
Jung, C. G. 18 f., 330, 373 f., 508
Jungfrau 62
Jungfräulichkeit 131, 209 f., 219, 313, 370
Jungk, Robert 356, 559 (Anm. 16)
Jünglingsgeliebter 52, 62, 170 f.
Juno (Uni) 225
Jupiter 225
Jus primae noctis 131, 379

Ka'aba 193, 217
Kaiser, chinesische 200, 204, 275
Kali (Durga) 51, 82, 199
Kamasutra 382
Kanaga-Figur 45, 67, 265, 274
Kannibalismus, ritueller 87

Kant, Immanuel 359, 473, 496
Karezza 382 f.
Kastenbildung 136, 151, 199
Kastration (Kastrat) 84 f., 89
Kaurimuschel 200
Kekrops 213, 218, 275
Kelten 61, 81, 228 ff.
Kentauren 61
Kerberos (Cerberus) 262
Kerenyi, Karl 214
Kerykeion 216
Khond 81, 84
Kibbuz 458 f.
Kikuyu 142
Kinderfeindlichkeit 326, 426, 445 f.
Kindsmißhandlung 324 ff., 461
Kindtyrann 28, 322, 418
Klagelieder 75, 153, 186, 188, 216
Klassenverhältnisse 466
Klitoridektomie 131, 387
Knossos, Palast von 49, 173 ff.
Knoten, heiliger 174 f.
– Gordischer 175, 499
Koestler, Arthur 309
Kogi (Kolumbien) 338
Kolonialismus 268, 281, 300, 472
Kollektivbesitz 113, 129, 139, 147 ff., 196, 226
Kompensation 26 f., 29, 89, 122, 129, 139, 247, 253, 336, 351, 405, 433, 478, 508
Komplementär, Komplementarität 365 f., 370 f., 388, 416, 423
Konfuzius 200, 202
König, Marie E. P. 47, 56 f., 65 f., 172
Königin und König 151, 154 ff., 162, 195, 298
Königinmutter 137
Königsgräber 165 f., 201, 211, 223
Königtum, sakrales 75, 86, 137, 151, 154 ff., 162, 212, 226, 231
Konkurrenzkampf (s. Wettbewerb) 123, 385, 434, 495
Konsumboykott 488 ff.
Konsumsucht 490 f.

Kopfgeburt 272
Kopfjäger 87, 90, 229
Kore (siehe Demeter) 173
Kornemann, Ernst 20
Korngott, Korngöttin 88, 244
Kosmogonie (s. Schöpfungsmythen) 153, 159
Kosmosbegriff 344
Kramer, N. S. 297 ff.
Kranich(-tanz) 174, 204
Kreuz, Kreuzidole 66 ff.
– doppelarmiges 67
– Henkel- 67
– Steck- 67
Kreuzcousins 138, 314
Krieg 99, 118 f., 152, 188, 207 f., 228 f., 255, 288 ff., 508
– sakraler 86, 90 f., 291
Kriegerin 20, 195, 231
Kriegsgöttin 164, 214
Kriegstheorie 288 ff.
Kristeva, Julia 239, 505 f.
Krokodil (Symbol) 60, 339
Krummstab 226
Kubaba 170
Kuh (Symbol) 59, 159, 176
Kultlieder 153, 157 ff., 191 f., 216
Kultstandarte 165 f.
Kulturbegriff 25, 30, 147 f., 257, 482, 494, 507
– neuer 411, 507 ff.
Kulturheroen 230, 261, 263 f., 274 f., 339
Kulturpessimismus 288, 354
Kulturtheorie 26, 498
Kunstbegriff 123 f., 519 ff.
Kunststil, weiblicher 513 ff.
Kunst-Leben 514 ff.
Künstler, Künstlerin 124 f., 496, 513 ff.
Kybele 46 f., 74, 84, 170

Labyrinth 174, 179
Laien(-bewegung) 360, 482 f., 486 ff.
Lampe, Licht (Symbolik) 73 f.
Langer, Susanne 239 f., 505 f.

Langhäuser 101
Laotse 202
Larthi-Grab 223
La Tène-Kultur 229
Lebensfeindlich 412
Lebenslüge 405
Lebens(liebes)unfähig 499
Leben-Tod-Symbolik 50 f., 65 ff., 68 f., 243, 376
Leibeigenschaft 281, 466
Leibfeindlichkeit 344 f., 381 ff.
Leidensabwehr 503
Leidenschaften 346, 357, 391, 427, 429, 512
Leistungsbegriff 307 ff., 394, 477 ff., 481
Lenäen 216
Lenk, Kurt 473 f.
Leonardo da Vinci 63, 348
Leopard, Leopardin 49, 60, 227
Lesbianismus 392, 426 f., 430
Lévi-Strauss, Claude 127, 243
Levirat 314
Libationsopfer 74
Libertinage 435, 439
Liebe 246, 319 ff., 354 f., 360 f., 419
– Distanzliebe 377 ff., 384, 398
– Liebe–Ehe 430, 435 ff.
– Liebe–Tod 88 f.
Liebesgöttin 51, 176, 197, 382
Liebeslyrik 157 ff., 186 f., 195, 247 f., 376 ff.
Liebeszauber 50, 80, 386
Lilie, Lilienkrone 175 f.
Lilith 50, 248
Lingam 64, 199
Linos 216
List, Lüge 270 ff., 276 f.
Listen der Ohnmacht 322 f.
Logokratie 347 f.
Logozentrik 344 f., 347 f.
Lorbeerstab 216
Lotos 176, 247
Löwe, Löwin 45 f., 60, 68, 227, 262, 271

Löwentor von Mykene 46
Luapala 104
Lukumonen 226
Luzifer 262

Ma'at 151, 163, 192
Machiavellismus 276, 499
Machismo 247, 369, 380, 391, 395, 417 f.
Machtausübung, weibliche 103, 304
Machtpositionen, männliche 112, 132 ff., 138 f., 345, 477 f.
Madonna (Maria) 59, 63, 93, 262
Magie, magisch 72, 121, 123, 129, 246
Magna Mater 170
Maia 216
Maisgöttin 83, 92
Malinowski, Bronislaw 108 f.
Malta 207
Mänaden 84, 216
Manitu 97
Männerbünde 97, 337 ff.
Männerhaus 337 f., 342 f., 390
Männerwahn (Realitätsverlust) 287, 308, 496 ff.
Männlichkeitswahn 293 f., 295 f., 306 f., 316, 393, 395 f.
Manu 198
Marduk 153, 157, 260
Marianismo 369 f.
Märkte (Handel) 117, 478
Marshall, D. S. 385
Martyrium, Märtyrer 87 ff., 302, 511
Marxismus-Kritik (feministische) 256, 283, 316, 497
Maschine 255, 281 f., 284
Masochismus, männlicher 90, 301, 389 f.
– weiblicher 334, 381, 388 f.
Massai 113, 194
Mater matuta (Bona Dea) 225
Matres, die drei 61, 230
Matriarchat, matriarchal 12, 19, 23, 235 ff.

Matriclan 102 ff.
Matrilineal 22, 24, 41, 81, 96, 101 ff., 111 ff., 154, 185, 190, 194, 202, 212, 294 f., 309 f., 440, 527 (Anm. 6)
Matrilokal 102 ff., 185 f., 191, 194, 246
Matrizentrisch 11, 21, 23, 26, 42, 78, 94 ff., 107, 191, 197 ff., 203, 246, 472, 475
Maui (Trickstergott) 263 f.
Mayombe 134 f.
Mayreder, Rosa 366
McClintock, Barbara 500
Mead, Margaret 122, 289 f.
Medizinmann 80 f., 125
Medusa 45 f., 51, 175, 213 f., 262
Meeresgöttin 92 f.
Meerstern 177
Megalith-Kultur 64, 207
Mehrwert, psychischer 477 f., 493
Me-kraft 192
Mellaart, James 42, 53, 70, 75, 100
Memphitische Theologie 153, 159
Menhire 64
Menschenaffen, Sozialstruktur 119
Menschenbild 411, 472 f.
Mensch = Mann 361 f., 504
Menschenopfer 81 ff., 173, 177, 182, 189 f., 193, 201, 261
Menschenrechte 474 f.
Menstruation 56, 108, 110
Menstruationsblut 120 ff.
Menstruationstabu 120 ff., 126
Metallverarbeitung 43, 118, 209
Metis 265
Meulenbelt, Anja 427
Mies, Maria 283, 287, 479
Militärdienst 305, 413, 493 f.
Miller, Derek 443 f.
Minangkabau 64, 81, 102, 104 f., 106, 128, 131, 135 f.
Minderwertigkeitskomplex 434, 443
Minerva (Menvra) 225

Minne(-sang) 378 f., 430, 435
– niedere 379, 398
Minos, minoisch 153, 175, 179
Missionarsberichte 93, 106, 140 f.
Moiren 89
Moloch 190
Momism 370
Monarchie 155, 167 f.
Mond 56 ff., 225
Mondfarben 62, 66, 68
Mondgötter 56 f., 62, 153 f., 158 f., 193
Mondgöttinnen 58, 171 f., 176, 193, 225, 230, 261
Mondhorn 56 f., 64, 160, 172, 177
Monogamie 141 f., 316, 393, 434
Monopolisierung 122 ff., 134
Monotheismus 97, 190, 192
Morgan, L. H. 22, 100, 102, 111, 125
Morrigan 230
Moses 191
Mot 189
Müller-Karpe, Hermann 211
Müller, K. E. 79, 124
Murdock, G. P. 112
Muschel (Symbol) 200, 247
Mutterbruder 102 f., 108, 167 f., 246, 315
Mütterdämmerung 456
Muttergöttin 41, 45 f., 91 ff., 148, 171, 176, 189, 196, 207, 209 f., 225, 230
Mutterinstinkt/Liebe 325 f., 329, 448 f., 455 ff.
Mutter-Kind-Beziehung 324 ff., 331 ff., 455 ff.
Mutterkomplex 328, 330 ff.
‧Mutterland 186
Mütterlichkeit, neue 414 f., 452
Mutterrecht 19 f., 207
Mutterrolle 323 ff., 331 ff., 431 f.
– neue 455 ff.
Muttersklavin 28, 257, 320 ff., 369, 418
Muttersprache 129

Mutter-Tochter-Idole 49, 61 ff., 176, 193, 208
Mykene 46, 64, 152, 208, 210 f.
Mylitta, Melissai 78, 90, 170, 210, 220
Mysterienkulte 53, 74

Nachahmung im Priesteramt 78 ff., 338 ff.
Nachfolgebestattungen 86, 165 f., 211
Nächstenliebe (s. Altruismus) 357, 511 f.
Nackte Göttin, die 46, 148, 171, 196
Nacktheit 142, 212
Nanna 62
Narzißmus 347, 420 f.
Nationalismus 268, 290, 300 f.
Natur-Geist 25, 29, 178, 359
Naturkatastrophen 82, 131, 402, 407
Naturrecht 310 f., 472 ff., 475 f.
Naturwissenschaft 258, 348 ff., 484 ff.
Navaho 126, 132
Nayar 103 f., 124 f., 128, 130
Nebenwiderspruch 466
Nechbet u. Nephtys 159, 163
Nefertari 166, 169
Nekrophilie 288, 300
Neokonservatismus 491
Neolithische Revolution 36, 115
Nesthocker, Nestflüchter 329
Netzsymbol 66
Neumann, Erich 18, 25, 45, 240, 266, 331, 457
Nihilismus 355
Ninhursang 170
Nomaden 113, 115, 194, 209
Nordwestküstenindianer 133, 139, 339
Noreia 230
Nornen 89
Northia 225
Nü-Küa 94
Numinos, das Numinose 41, 50, 58, 246
Nuth-Neith 51, 58 f., 159, 163, 273

Nymphen, Nixen 74, 227, 232, 266, 367
Nyx 215

Obed-Kultur 148
Obelisk 64
Ober(Hohe-)priesterin 70 ff., 86, 156 ff., 162 ff., 174 ff., 213, 217, 227
Objektivismus 351 ff.
Ödipales Dreieck 327 ff., 442
Ödipuskomplex 327 f., 330 f., 395, 442
Odysseus 276, 386
Offenbarungsreligion 341 f.
Olympische Götter 214 f., 262 f.
Olympische Spiele 96, 212, 306
Omnipotenz, mütterliche 331
Omni-Zukunftsalmanach 403 f.
Omphalos 217
Opfer 81 ff., 241 f. (s. Menschen-, Tieropfer)
Opferpriester/in 71, 84, 181 f., 241
Orgasmus 383, 393 f., 427, 433
Ornamentalsymbolik 65 ff., 519
Orphik 98, 342 f.
Orthodoxie 275 f.
Osiris 52, 89, 154 f., 159
Otto, Rudolf 57 f.
Outsider-Position des Mannes 26, 120, 253, 447 ff.

Pachamama 82
Pan 116, 216
Pandora 274
Pantoffelheld 128, 322
Papua (Neuguinea) 79, 87
Paradigmenwechsel 259
Parallelcousins 314
Parmenides 344 ff.
Parteiensystem 483 f., 488
Parthenogenesis 62
Partnerschaft:
– neue 29, 259, 455
– reziproke 259 f., 424, 433, 437 ff.

Partnerwahl 142 f., 248, 318, 330, 377, 386 ff., 434
Pastoral(Hirten-)kultur 113, 194, 208 f.
Patriarchat, patriarchal 11, 24 ff., 148, 152 f., 190 ff., 200, 208 ff., 225 f., 309 ff., 313 ff.
Patrilineal 109, 136, 205, 223, 231
Patrilokal 107, 315
Pavian (Symbol) 60
Perikles 300, 303
Perls, Fritz 417
Perseus 262
Pferdegöttin 230
Pferde(Roß-)opfer 61, 197
Pfeiler (Symbol) 63 f.
Pflanzer 123
Pflicht-Neigung 359, 510 ff.
Pflug 107, 477
Phallische Symbole 55 f., 64, 155, 160, 216
Phallokratie 249, 347 ff., 369, 503 ff.
Pharao 151, 159 ff., 168 f.
Pharaonin 50, 67, 72, 168 f.
Phersu-Spiel 83, 227 f.
Philosophiebegriff 503, 508 ff.
Phoibe 216, 271
Phönizier 76, 81, 189 f.
Plato 244, 344 f.
Plattform (Diwan) 54
Plutarch 61
Poewe, Karla 104, 112, 140
Polarisierung 69, 178, 214, 243 ff., 507 ff.
Polis, griechische 82, 279, 342, 471
Polyandrie 104, 140 f., 212
Polygamie 140 f., 393
Polygynie 141 f., 393
Ponape (Karolinische Inseln) 80
Pornographie 383, 391, 428 f.
Portmann, Adolf 500
Poseidon 213, 214
Postmoderne 509
Potenz, sexuelle 53, 92, 155 f., 199, 336, 356, 380, 385 f., 434

Potlach 139
Prahlsucht 139
Prestigestreben 97, 125, 135, 139, 247, 278, 353, 385
Priester 43, 54 f., 71, 78 f., 151, 182
Priesterin (s. Ober-, Opferpriesterin) 41, 53 f., 70 ff., 150 f., 166, 180 ff., 191, 197, 205 f., 207 f., 217 f., 241
Privilegien 134 ff., 433
Produktion(-sverhältnisse) 11, 26, 104, 277 ff., 283 ff., 478
Produktionsvorsprung, weiblicher 125
Profitstreben 139, 247, 285, 477 f.
Prometheus 264
Prophetin 73, 191, 226, 231
Prostitution 181, 219, 379, 382 ff.
– sakrale (s. Hierodulen) 77, 385
Psychoanalyse 12, 327 ff., 360 f., 441 f., 496 ff.
– feministische 331 ff., 420 f., 442 ff., 497 f.
Psychosomatische Störungen 17, 371 f.
Ptah 159
Ptah Hotep 185
Pudehepa 165
Puritanismus 53, 61, 281 f., 307, 324, 420, 497
Pyramiden 64, 152
Pythagoras 342 ff., 362 f.
Pythia 216

Qualitatives/quantitatives Denken 350 ff., 481
Quantitätsrausch 481
Quellenheiligtum 74, 216, 230, 274
Quetzalcoatl 261
Quotenlösung 467 ff.

Radikale Bedürfnisse 510 f.
Ramses II. 166, 169
Ranke-Graves, Robert v. 212, 214
Rationalität 239 f., 360, 511
– rationale Anästhesie 349
– rationale Funktion (Jung) 374

- rationale Kontrolle 253, 384, 395
- rationalistisch, Rationalisierung 31, 354, 374, 506

Raub 260, 263 ff., 267 f.
Raute (Symbol) 66, 200, 227
Re 60, 153, 159, 169, 273
Rechtsprechung 126, 132, 134 ff.
Reed, Evelyn 127, 242
Regenbogen 58, 59, 73
Regengöttin 81, 172
Regenzeremonien 123
Regression 328, 355, 365 f.
Reife, menschliche 130, 355, 418 ff., 423 f.
Reinigungszeremoniell 132
Reitia 230
Rentmeister, Cillie 64, 237
Repression 384 f.
Restrisiko 360, 484, 489
Rhea 210, 262
Richterin 164, 191
Rigorismus 359
Rigveda 266
Rivalität (s. Wettbewerb) 306 ff., 330 f.
- unter Geschwistern 442 f., 476

Rollenzuweisung 17 f., 114 ff., 259, 335 ff., 372 ff., 391, 397, 412, 416 ff., 425
Romantisch 29, 113, 242 f., 257, 346 f., 379, 435 f., 473
Rosette (s. Blüte) 220
Rosmerta 230
Rotackerbestattung 70
Rousseau(-kritik) 319 f., 366, 473
Ruhmsucht 97, 298, 300, 302

Saba, Königin von 193, 195
Sachmet 60
Sachzwänge, angebliche 26, 298, 303, 446
Sadismus 302, 388 ff., 394, 428
Sadomasochismus 294, 296, 340, 389 ff.
Salomo 191, 195
Salto mortale 173

Sammlerinnen 80, 114, 119
Sappho 220
Sarah 92
Sarkophag 51, 224
Sartre, J. P. 354 f., 394
Sassulitsch, Vera 492
Sati 211
Säule (Symbol) 63 f.
Sedna 92
Seelenwanderung 98, 242
Seherin 73, 74, 93, 191, 226
Selbstbestätigung 267 f., 442, 477 ff.
Selbstbewußtsein 27, 482 (s. Identität)
Selbstfindung 89 (s. Identität)
Selbstkonstituierung d. Subjekts 240, 332
Selbstlosigkeit 327, 371, 418
Selbstprofilierung 444, 477 f.
Selbstüberforderung 17, 334, 418
Selbstverwirklichung 255, 417 ff.
Selbstwertgefühl 122, 246, 371, 457
Semantik (Semiotik) 239 f., 505 f.
- präsentative 239 f., 506

Sesklo-Kultur 206
Seth 155, 189
Sexualfeindlichkeit 435
Sexualfrömmigkeit 382
Sexualität:
- befreite 425 ff.
- matrizentrische 53, 120 ff., 140 ff., 247 ff.
- Mißverständnisse in der 396 ff.
- patriarchale 336, 337 f., 376 ff.

Sexualmystik 382 f.
Sexualtheorie 387 ff., 392 ff., 397 f.
- feministische 426 ff.

Shakti 192, 199
Shenring 175
Shilluk 156
Shintoismus 205
Shiva 199
Sibylle 129, 226
Sichtermann, Barbara 427
Siegel 151, 172 ff., 213
Sigrist, Christian 472

Simmel, Georg 364 f.
Sin 193
Single 430, 436, 464
Sinnlichkeit 53, 247, 428 f.
– Abwertung der 345 ff., 348 f., 403, 429, 516
Sippe, Großfamilie 24, 103 ff., 313 ff., 439 f., 444
– nicht blutsverwandte 458 ff.
Sisyphos 253
Skarabäus 60, 159
Skelettkörbe 50 f.
Sklave, Sklavin 85, 135, 152, 228, 255, 268, 279 ff., 307, 311, 345, 357, 389 f.
Slocum, Sally 502
Smith, Adam 282
Smolla, Günter 19, 535 (Anm. 1, 3)
Softy 418
Sohn, göttlicher 49, 52, 62 f.
Solidarität 129, 330 f., 358, 415, 430, 422 ff., 472, 474 ff., 492, 511
Sonnenbarke 159
Sonnengott 153, 159 f., 198, 261
Sonnengöttin 58, 164 f., 193, 197 f., 205, 265
Sontag, Susan 516
Sophia 176
Sparta 211 ff., 342
Speisetabu 128
Sphinx 50, 177, 220, 227, 271
Spiegel 72 f., 80, 165, 205
Spinne (Symbol) 93 f., 271, 340
Spirale 65, 68, 174, 200, 227
Sport 306 ff.
Sprachbilder 504 f., 515 f.
Sprachkritik, feministische 503 ff.
Sprachmanipulation 277, 513 f.
Subjekt–Objekt 240, 352 ff., 354 f., 360, 500 f.
Subjektiv–objektiv 351, 360, 363, 515
Subsistenz 24, 42, 119, 317, 479
Sucht 428 f.
Sumer 156 ff., 297 ff.

Surya 198
Symbiose 369 ff., 415, 417, 425, 430 f., 441, 450
Symbolsprache 55 ff., 239 ff.
Symbolsysteme 241

Schachermeyer, Fritz 178 f.
Schade, Sigrid 516 f.
Schaeffer-Hegel, Barbara 319 f.
Schamanismus 76 f., 79 f., 125, 132, 205, 255, 337
Schechina 192
Scheidung 106, 108, 185 f., 194, 314 f., 436, 438, 440 f., 456, 464
Schildkröte (Symbol) 66, 201
Schiller, Friedrich 361
Schimmel (Symbol) 230
Schipibo 131
Schlange 59 f., 68 f., 165, 190, 193, 204, 213 f., 261, 271, 277
Schlangengöttin 173, 175, 213 f.
Schleife (Symbol) 227
Schlesier, Renate 38, 427
Schmetterling (Symbol) 177, 213, 220
Schmied 118, 244, 264
Schminke 71 f., 194
Schmuck 70 ff., 115, 165 f., 220, 223
Schneider, D. M. 22, 109, 546 (Anm. 19)
Schöpfergott 261 f., 270 ff.
Schöpfergöttin 59, 93 f.
Schöpfungsmythen 93 f., 274 f., 338 f.
Schoßdreieck 47 f., 58
Schreibkunst, Göttin der 180
Schröder, Hannelore 465 f.
Schubad, Grab der 166
Schulgi von Ur 156
Schutzgeistsuche 341
Schwein(-eopfer) 82, 271
Schwester-Bruder-Beziehung 96, 102, 123, 127, 246

Staatsgöttin 163 f., 171
Staatstheorie 311 ff., 471 ff.
Stadtkultur, matrizentrische 147

Stalagmitenfigur 48, 63
Statuetten, Kultfiguren 45 f., 148, 166, 189, 196, 206 (s. Idole)
Steatopyg 46, 48
Steckenpferd 81
Stein, Gertrude 514 f.
Steinkult 64, 193, 217
Sterbliche Götter (s. Vegetationsgötter) 199, 210, 216, 260
Stern der Göttin 67, 177, 262
– Meerstern 177
Stier, Stiergottheit 44 f., 55, 57, 59, 61, 158 f., 172 ff., 189, 191, 199
Stierkampf 83, 173 f., 196
Stillen 114, 120, 273, 334, 414, 448 f.
Stoa 357
Strabon 194
Straußenfeder 163
Streß 368, 405, 417
Stute (Symbol) 230

Tabu 120 ff., 126 ff., 242, 265, 395 f., 420, 460
– überschreitung 131 f.
Tahurt, Toëris 51, 60
T'ai Gi 203 f.
Tali-Fest 125, 130
Tamuz, Damuzi 156, 170
Tanaquil 223
Tanit 170
Tantrismus 199, 382 ff.
Tanz, tanzende Göttin 51 f., 77, 94, 161 f., 174, 179, 205
Tao 192, 202 ff.
– der Liebe 383
Tasmanier 115
Taube (Symbol) 60, 176, 190, 193, 220, 227, 271, 277
Taufe 74, 340
Tausch(Masken-)könig 157
Tawanna 165 f.
Technik 237 f., 284 ff., 287, 307, 348 ff., 401 ff., 412, 484 ff., 490
Tell Halaf 148
Tempelwirtschaft 150 f., 183 f.

Theakratie 150 ff., 165, 171 ff.
Themis 216
Theogonie 215
Theologie, feministische 502
Thesmophorien 82, 215, 217
Thot 60
Thronfolge 154
– streit 167 ff.
Thürmer-Rohr, Christine 237
Thurnwald, Richard 312
Thyrsosstab 216
Tiamat 260
Tiergestaltige Götter 44 f., 60 f., 155, 159 f., 230
Tiermaske 75, 191
– t'ao-t'ieh 201
Tieropfer 55, 74, 81 ff., 157, 182, 193
Tiger, Tigerin 201
Tinia 225 f.
Tintenfisch (Symbol) 177
– göttin 213
Titanengeschlecht 262
Tlazolteotl 45
Toba Batak 93
Tochtergottheit 49, 61 ff., 172 f., 193
Toda (Südindien) 140
Todesbewältigung 241
Todesgöttin 49 ff., 60, 89, 177, 199, 204
Todesnähe 89 f. (s. Nekrophilie)
Todesverachtung 89, 254, 301
Toleranz 243, 423
Töpferinnenkunst 116, 295
Töpferscheibe 285, 477
Totemismus 61, 94 ff., 128, 476
Totenkult 49 ff., 75, 165
Totenstädte (Nekropolen) 222
Tragödie, griechische 179, 216
Transformation, symbolische 515
Transvestitentum 79
Transzendenz 30, 243, 254 f., 309, 345, 361, 406, 478, 508
Trauerzeremoniell 75, 125
Trennung von Himmel und Erde 69, 178, 214, 244, 261, 263

Treue, sexuelle 142, 312 ff., 434 ff.
Trigramme 204
Trinität 49, 58, 176, 193, 225, 230
Triptolemos 215
Trobriandinsulaner 95, 108, 132, 134, 142, 337
Trommel 80, 265, 339
Tuareg 113, 194, 550 (Anm. 14)
Tubu (Tschad) 142
Tugend 282, 353, 415 ff.
– Asymmetrie der 421 ff.
Truk 121, 133
Türme des Schweigens 50
Tyar 107

Über-Ich 454
Überlegenheit, (Höherbewertung des Mannes) 346, 362 f., 368, 433
Umdenken 404 ff.
Umweltzerstörung 284 ff., 406 f., 475 ff., 487 ff.
Unbehagen in der Kultur 354, 490
– in der Natur 253
Union-Jack-Muster 66
Unmenschliche Alternative 326
Unreinheit 120 ff., 343, 362
Unsterblichkeit 157, 242, 255, 344 ff.
– skraut 204, 243, 255, 265
Untreue, sexuelle 313, 438 f.
Ur(Stadt) 62, 152, 165 ff., 170, 297
Uräusschlange 163, 169
Urelternpaar 62, 96
Uruk, Göttin von 62
Urvertrauen 431, 457
Usas 197
Uterussymbole 76 f., 338 ff.
Utopie 256
– feministische 482
– Kunst als 521
Uxor-lokal 102, 106 ff.

Vach 198, 265
Vamp 367
Vanth 225
Varnhagen, Rahel 514 f.

Vatergott 52 f., 153, 159, 210, 271 ff.
Vaterlandsliebe 301 f.
Vaterrolle 18, 24, 108 f., 323 ff., 334 f.
– neue 336, 447 ff., 452 ff., 482, 506
Veden 197
Vegetationsgötter 62, 88, 155 f., 159, 166, 173, 189 ff., 197 f., 216, 227
Velchanos 173, 210
Veleda 73
Venus mit dem Horn 59
– Stern 67
– von Willendorf 46
Verfälschung der Mythen 270 ff.
Vergänglichkeit (Angst vor der) 344 f., 404
Vergewaltigung 260, 265 ff., 268 ff., 348 f., 379 f., 384 ff., 389 ff., 427 f.
Vergöttlichung 154, 165 f.
Vermännlichung v. Sakralsymbolen 270 ff.
Verteidigung 118 f., 296, 303, 493
Vesta, Vestalin 73, 222, 227
Vezo 92
Viehzucht (s. Pastoralkultur) 43, 115
Vietnam 87, 289, 303
Violinidole 175
Viri-lokal 106 ff., 186
Vogelsymbolik 59 f.
Voltumna 224
Voodoo-Kult 80
Vulva-Symbolik 47, 58, 65, 158, 200, 247

Wachstumsideologie 307, 478 f., 490
Waffen, kultische 71, 178
Wahlrecht, polit. 466 f., 469 f.
Waiteri(Wildheits-)komplex 293 f.
Wappentiere 97 f.
Warenfetischismus 478
Wassersymbolik (s. Quellen) 74
Wedda 112 f.
Weiler, Gerda 191, 237
Weisheit(-sgöttin) 176, 216 f., 265, 271

Weissagung 74, 205, 216 f., 226
Weisshaupt, Brigitte 509
Wergeld 129
Wertphilosophie 502, 509 ff.
Werturteil (männl./weibl.) 374, 412, 422
Wettbewerb (s. Rivalität) 97, 123, 300, 306 ff., 477 f., 481
Wettergötter 81, 158, 172, 191
Widder (Symbol) 44, 55, 159 f., 166, 216
Widerstand 486 ff., 490 ff.
Wiedergeburt 58, 96, 98, 344 f.
Wiesel (Hermelin) 50
Wilde Mann, der 227
Wirtschaftslobby 402 f., 483 f.
Wirtshausschilder 97 f.
Wissen als Macht 258, 348 ff., 353 ff.
Wissenschaft, Neue 498 ff.
Wissenschaftsbetrieb 495 ff.
Wissenschaftskritik 349 ff., 484 ff., 495 ff.
– feministische 258, 499 ff.
Wittgenstein, Ludwig 350
Wochenbett-Tabu 120, 126
Wohnen, verbundenes 458 ff., 492, 519
Wohnformen, frühe 42 f., 100 ff.
Wolf, Christa 513 f.
Wolf, Wölfin (Symbol) 50, 216, 227
Wolfsnatur des Menschen 288

Xiwangmu 204

Yams 123, 356
Yanomamö 291 ff., 304, 311, 315 f., 342, 390
Yeu-(Junggesellen-)Haus 337 ff.
Yin-Kräfte 383
Yin–Yang 68 f., 202 ff., 259, 362 ff., 376
Yoga 382
Yoni 64

Zähmung der Tiere (Domestikation) 85, 115
Zärtlichkeit 248, 334, 397, 427, 429 f., 437
Zeitbegriff 403 f.
Zeugungstheorie 52 f., 120 ff., 272 ff., 414
Zeus 61, 63, 198, 210, 212, 262, 266, 272 f.
Zickzackband 65
Ziege 83, 176, 199, 210, 271
Ziegenbock 61, 179
Zigeuner 74, 92 f.
Zikade (Symbol) 201
Zikkurat 157
Zillmann, Dolf 388 f.
Zirkusspiele 83, 227 f.
Zoogamie 61
Zwangsheterosexualität 390, 425 f.
Zweiköpfige Tiere 68 f.
Zweitrangigkeit des Mannes 246, 253, 405

Bilddokumentation

Abbildungsnachweis
Andronicos, Manolis: Nationalmuseum. Athen 1980 (11); Antike Kunst, Beiheft 9, 1973 (17); Gallas, Klaus, u. Nottebohm, Rudolf (Hg.): Kreta, Ursprung Europas. München 1984 (13,14); Hampe, Roland, u. Simon, Erika: Tausend Jahre Frühgriechische Kunst. Fribourg, München 1980 (6, 12); Mellaar, James: Çatal Hüyük, Stadt aus der Steinzeit. Bergisch Gladbach 1967 (1, 3, 4, 5, 7); Mythen der Welt. Hg. von Alexander Eliot. Frankfurt a. M. 1976 (S. 9); Mythologie. Hg. von Richard Cavendish u. Trevor O. Ling. München 1981 (2); Neumann, Erich: Die Große Mutter. Olten 1974 (15); Propyläen Weltgeschichte Bd. 1. Gütersloh 1979 (10, Umschlag); Die Römer in Baden-Württemberg. Hg. von Philipp Filtzinger, Dieter Planck u. Bernhard Cämmerer. 3. Aufl. Stuttgart, Aalen 1986 (16); Seipel, Wilfried: Bilder für die Ewigkeit. 3000 Jahre ägyptische Kunst. Konstanz 1983 (Ausstellungskatalog) (8); Seton-Williams, M. V.: Babylonien. Hamburg 1981 (9)

1. Gipsrelief einer schwangeren Göttin mit Armen und Beinen in Gebärstellung. Die ornamentale Bemalung des Körpers setzt sich auf der Wand fort, als ob ein weites Gewand ihn umhüllte. Çatal Hüyük, 7. Jahrtausend v. Chr.

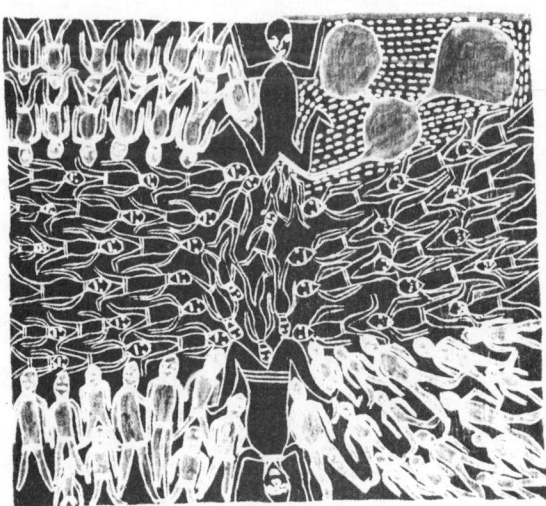

2. Die beiden Urschwestern bringen die ersten Menschenwesen zur Welt. Baumrindenmalerei aus Arnhem-Land, Australien.

3. Gebärende Göttin, auf zwei Raubkatzen gestützt. Tonfigur aus Çatal Hüyük.

4. Sakrale Hirschjagd. Teil eines Wandgemäldes von Çatal Hüyük.

5. Weiße Marmorfigur einer Doppelgottheit. Grabbeilage aus Çatal Hüyük.

6. Zwei kauernde Göttinnen im kretischen Stufenrock (Demeter und Kore?), zwischen ihnen ein Knabe (Pluto?). Figurengruppe aus Elfenbein. Mykene, 14. Jh. v. Chr.

7. Ein riesiger Geier stürzt sich auf eine menschliche Figur ohne Kopf, wahrscheinlich auf eine Leiche in Hockstellung. Teil eines Wandgemäldes in einem Kultraum in Çatal Hüyük.

8. Relief einer Göttin (Isis?) mit Geierhaube. Ägypten, 1. Jh. v. Chr.

9. Die »Göttin« von Uruk. Maske aus weißem Marmor. Mesopotamien, 3200–2900 v. Chr.

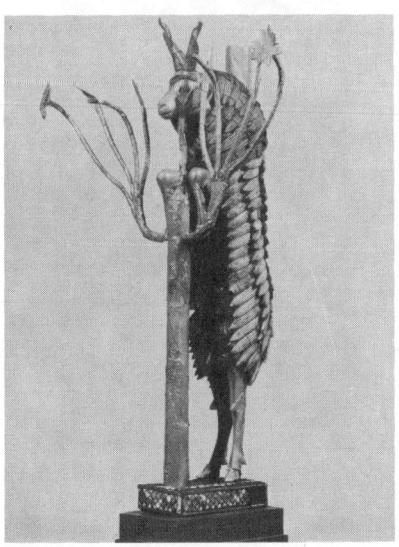

10. Der »Widder auf der Blütenstaude«. Kultstatuette aus Ur. 1. Hälfte des 3. Jahrtausends v. Chr.

11. Große weibliche Marmorstatue. Amorgos, 2800–2200 v. Chr.

12. Vegetationskult. Goldring aus einem Kammergrab in Mykene, 1500 v. Chr.

13. Goldener Bienenanhänger aus Malia, Kreta. Zwei einander zugewandte Bienenkörper mit nur einem Flügelpaar, vermutlich ein Symbol für die Mutter-Tochter-Gottheit. Frühminoisch (um 2000 v. Chr.).

14. Linsenförmiges Gefäß mit Oktopusdekor aus Ostkreta. Spätminoisch (um 1500 v. Chr.)

15. Die ägyptische Göttin Nut als Baumgöttin mit der Sonnenscheibe. Bronzegefäß, Ägypten um 600 v. Chr.

16. Die keltische Göttin Epona. Relief aus Köngen a. Neckar. Römische Kaiserzeit.

17. Spartanisches Wassergefäß (Hydria) aus einem Grabhügel bei Grächwil.
Um 570 v. Chr.

Margaret Forster
Daphne du Maurier
Ein Leben
Aus dem Englischen von
Einar Schlereth und
Brigitte Beier
567 Seiten. Gebunden
53 Fotos

»Niemand ahnte etwas davon – weder ihre Kinder noch ihr etwas braver, als Offizier häufig abwesender Ehemann ›Boy‹ Browning, dem sie in 33jähriger Ehe nicht ganz treu verbunden war. Die Meisterin subtiler Spannung und geheimnisumwobener Geschichten, die mit dem Roman ›Rebecca‹ den klassischen Psychothriller schlechthin schrieb, führte ein Doppelleben. Aus bisher unveröffentlichten Tagebüchern und Briefen hat die bekannte englische Romanautorin Margaret Forster eine faszinierende Biographie herausgefiltert…« Focus

ARCHE